KB192760

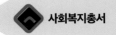 사회복지총서

SOCIAL WORK IN HEALTH CARE

의료사회복지론

윤현숙 · 황숙연 · 유조안 공저

학지사

 머리말

의료사회복지사는 '환경 속의 인간'이라는 생태체계적 관점을 기본으로, 의료와 사회적 서비스 간의 다리 역할을 하는 전문직이라고 할 수 있다. 1895년 영국 왕립무료병원에서 앨머너로 1905년에는 미국의 매사추세츠 종합병원에서 사회복지사로 의료사회복지사의 역할이 시작된 이래 사회경제적 환경과 보건의료 환경의 변화 그리고 클라이언트인 개인과 가족의 욕구 변화 속에서 의료사회복지실천도 끊임없이 변화 · 확장되어 왔다. 우리나라는 해외 선교사의 구호와 자선에서 시작된 병원사회복지가 전문 의료사회복지사 법정 자격증 제도에 이르렀으며, 건강 증진과 사회적 돌봄까지 그 영역이 확대되고 있다.

의료사회복지실천은 이제 새로운 도전에 직면하고 있다. 첫째, 인구 고령화와 만성질환 및 독거가구의 증가, 의료정책 변화, 의료이용 증가에 따른 건강보험재정의 압박과 같은 사회 환경적 변화, 둘째, 자연재해나 사고, 팬데믹, 학대와 폭력, 가정의 붕괴 등으로 인한 트라우마와 정신건강상의 어려움이 증가되었으며, 셋째, 의료사회복지의 필요성이 건강증진과 지역사회의 사회적 돌봄 영역까지 확대되고 있고, 넷째, 보건의료세팅의 다양한 전문직 간 팀 접근에서 유사한 전문직에 대해 경쟁력과 효과성을 입증해야 되는 압박도 커지고 있다. 이러한 변화는 의료사회복지실천에 중대한 도전임과 동시에 기회가 될 수 있다. 환자의 심리사회적 욕구를 다루면서 동시에 개인과 환경을 연계하는 보호의 연속성에 대한 훈련이 되어 있는 의료사회복지사는 취약한 개인과 가족이 자신들의 역량을 강화하고 가능한 한 최선의 재정적 · 경제적 보장을 받을 수 있도록 한다. 또한 회복을 위한 심리사회적 상태가 될 수 있도록 원조하는 필수적인 역할을 담당할 수 있는 전문가이다.

도전을 기회로 만들기 위해서는 무엇보다 의료사회복지사가 제공하는 서비스와 치료적 개입이 클라이언트의 상황에 맞게 개별화되고 사회적으로 인정받아야 할 뿐만 아니라 치료 면에서도 효과적이어야 할 것이다. 즉, 의료사회복지사의 이론적·실천적 전문성이 가장 큰 경쟁력이라고 할 수 있다. 그러나 그 어느 경우에도 인간과 환경에 대한 동시적 초점을 잃어서는 안 될 것이다. 개인에 대한 임상적 개입의 전문성과 함께 의료취약계층에 대한 옹호와 지원, 나아가 거시적 시각과 환경 변화를 위한 노력은 늘 함께 가야 하는 의료사회복지실천의 본질이다.

『의료사회복지론』은 이러한 도전에 대응하기 위한 필요성에서 출발하였다. 이 책의 내용은 건강과 질병 등에 대한 의료사회학적 이해, 변화하는 의료사회복지의 실천 환경으로서 의료보장정책과 지역사회 연계에 대한 이해와 논의, 윤리적 실천가로서의 준비, 증거기반실천에 근거한 치료모델의 이해와 적용, 퇴원계획에 이르기까지의 체계적 실천과정 등을 다루어 이론에 기반한 전문적 실천을 위한 교재로 집필되었다. 따라서 의료사회복지에 관심을 가진 학부 학생은 물론 대학원생, 수련생 및 현장의 의료사회복지사가 활용할 수 있도록 집필하고자 하였다.

제1장에서 제4장은 의료사회복지실천에 필요한 기초적인 개념과 건강과 질병에 대한 이론으로 구성되었다. 제1장에서는 의료사회복지의 개념과 정의 및 필요성을 다루었고, 제2장에서는 건강에 대한 개념 및 건강행동과 관련된 이론들을 소개하였다. 제3장에서는 서구와 우리나라 의료사회복지의 역사적 발달과정을 살펴봄으로써 사회적 맥락에 기반한 실천을 이해하고 의료사회복지의 도전과 변화를 가늠해 보도록 하였다. 제4장에서는 의료사회복지사의 기능과 역할을 명확하게 이해하고 법적 지위에 대해 살펴보았다. 제5장에서는 질병이 개인과 가족에게 미치는 영향을 이해하기 위해 질병과 질병경험 및 질병의 생심리사회적 영향을 기반으로 개인과 가족의 적응과 대처를 설명하였다.

제5장에서 제8장은 임상적 치료와 실천을 위한 내용으로, 증거기반실천에 근거한 의료사회복지의 최신 개입 모델과 기술을 소개하고 적용하는 내용으로 구성되었다. 제6장에서는 의료사회복지의 기본 관점인 생심리사회적 접근을 기반으로, 합리적 정서행동치료와 문제해결치료를, 제7장에서는 해결중심단기치료와 이야기치료를 소개하고 각각 사례 예시를 통해 구체적으로 적용해 볼 수 있도록 하였다. 제8장에서는 최근 자연재해

나 사고, 폭력, 학대와 같은 트라우마 사건들이 증가하면서 더욱 그 중요성이 강조되고 있는 위기개입에 대해 알아보고, 우리나라의 위기개입 시스템을 소개하였다.

제9장에서 제11장은 의료사회복지의 실천과정에 대해 다루었다. 제9장과 제10장에서는 사례 발견에서 평가와 종결까지의 일반적인 의료사회복지실천의 과정을 살펴보고 사례 예시를 통해 현장에서 적용해 볼 수 있도록 하였으며, 제11장에서는 보호의 연속성 증진에 필수적인 퇴원계획에 대해 고찰하였다. 사례를 통해 실제 퇴원계획과정을 이해할 수 있도록 하였으며, 대상별 퇴원계획 모형과 팀 내에서의 역할 및 효과적 퇴원계획의 방향을 논의하였다.

제12장에서 제15장은 의료사회복지의 실천 환경에 대해 다루었다. 제12장에서는 의료사회복지의 중요한 자원이자 돌봄의 연속성에서 가장 중요한 환경인 지역사회와 관련된 의료사회복지사의 역할에 대해, 최근 의료사회복지사 자격증에도 명시된 지역사회 통합돌봄과 관련된 의료사회복지사의 기능과 역할에 대해 논의하였다. 제13장에서는 윤리적 이슈가 가장 첨예하게 나타나는 보건의료 현장에서의 실천윤리에 대해 알아보고 의료사회복지실천 현장의 주된 윤리적 이슈 및 딜레마와 이를 해결하기 위한 윤리적 의사결정에 대해 논의하였다. 제14장에서는 의료사회복지실천의 중요한 환경인 의료보장제도와 노인장기요양보험제도 그리고 의료기관 조직의 특성 및 협력관계에 대해 고찰하였다. 제15장에서는 최근의 의료환경의 변화와 이에 대한 의료사회복지실천의 과제에 대해 논의하였다.

이 책을 전문적 임상실천 수련을 위해 활용하는 경우, 제9장에서 소개한 의료사회복지사 수련과정의 통합사례양식에 따라 실제 사례에 대해 사회적 사정(social study)을 하고, 제6장에서 제8장에 소개한 치료모델과 예시를 기반으로 사회복지실천기술론에서 다루는 다양한 모델을 검토, 적용하여 개입계획을 수립해 보는 연습은 증거기반실천에 대한 전문역량을 함양하는 데 도움이 될 것으로 생각된다.

긴 여정을 거쳐 사회복지총서의 일환으로 『의료사회복지론』이 출간될 수 있음을 영광스럽고 기쁘게 생각한다. 이 과정은 많은 분의 도움을 통해 가능한 작업이었다. 정신없이 바쁜 의료 현장에서 교과서처럼 이론을 적용하고, 체계적으로 기록한 사례를 기꺼이 공유해 주신 한림대학교 부속 병원 의료사회복지사 선생님들께 깊은 마음을 담아 존경과 감사를 드린다. 의료사회복지사 선생님들의 사례는 미래의 전문 의료사회복지사 교육과 양성에 커다란 도움이 될 것으로 생각된다. 또한 이 책이 출판될 수 있게 해 주신 학지사와 길어진 집필과정을 인내하며 도와주신 학지사 성스러움 과장님, 끝까지 꼼꼼하게 편집을 잘해 주신 박현우 선생님께도 진심으로 감사드린다.

의료사회복지실천에 대한 진지한 열정으로 좋은 교과서를 만들고자 시작하였으나 곳곳에 있는 부족한 점들은 이번 교재의 한계로 남을 수밖에 없을 것 같다. 이후 개정 작업을 통하여 새로운 변화와 과제들을 담아내어 더 나은 결과를 만들어 낼 수 있기를 기대한다.

2025년 3월
윤현숙, 황숙연, 유조안

차례

제1장

의료사회복지의 개념

의료사회복지가 무엇인지를 알기 위해서는 의료 현장에서 이루어지고 있는 사회복지 활동에 대해 이해할 필요가 있다. 지금까지 우리가 의료사회복지라고 하면, 일반적으로 대형병원에서 이루어지는 사회복지활동을 떠올리기 쉬운데, 이는 의료사회복지가 나타나게 된 역사적 배경과 매우 밀접한 관련이 있다. 이러한 형태의 의료사회복지는 의료사회복지실천이라고도 한다. 의료사회복지실천은 1895년 처음으로 메리 스트워트(Mary Stewart)가 런던 자선조직협회(Charity Organization Society)에 의해 영국 런던에 있는 Royal Free Hospital에 social almoner로 고용이 되면서 시작되어(Gehlert, 2019), 끊임없이 확장해 왔다. 의료사회복지실천은 가장 먼저 수립된 사회복지 전문영역이며, 현재 미국을 비롯한 서구 사회에서는 가장 큰 사회복지 영역 중 하나로 꼽히고 있다(Cowles, 2012). 하지만 의료사회복지실천은 사회복지 개입 및 서비스를 위해 수립된 1차 세팅이 아닌, 의료서비스 제공이라는 목적을 가진 병원이나 의원 등의 의료기관에서 2차적인 목적으로 사회복지서비스를 제공한다는 특징을 갖는다. 이로 인하여 의료사회복지실천은 전문적인 의료사회복지 지식, 기술 그리고 가치에 의해 규정되기도 하지만, 기관의 목표와 가치에 영향을 많이 받는다(Auslander, 2001). 또한 의사와 간호사를 비롯하여 다양한 전문직이 협업하는 의료 현장의 특성상 의료사회복지실천에 대한 명확한 개념적 정의와 의료사회복지사의 역할 규명은 의료사회복지실천의 효과성뿐만 아니라, 의료사회복지사의 존립에도 지대한 영향을 미친다(Dziegielewski & Holliman, 2020).

1. 의료사회복지의 정의

넓은 의미에서 의료사회복지는 웰니스, 질병 혹은 장애 등 건강의 다양한 측면과 관련된 사회복지 활동을 일컫는다(Dziegielewski & Holliman, 2020). 구체적으로 의료체계에서의 사회복지는 건강문제를 가진 사람들이 자신의 상황에서 기능을 할 수 있도록 지원한다. 의료사회복지사들은 의료사회복지서비스를 통해 클라이언트들과 그 가족이 질병 기간 동안 조금이나마 편안한 삶을 살 수 있도록 돕거나, 질병으로 인해 발생하는 직접적인 결과(consequence)를 해결하는 일을 돕는다(Browning, 2018).

1) 미시적 차원에서의 의료사회복지

의료사회복지에 대한 개념은 미시적인 차원과 거시적인 차원으로 나누어서 정의해볼 수 있다. 먼저, 미시적인 차원에서의 의료사회복지는 의료사회복지실천이라고도 하며, 그 개념적 정의를 살펴보면 다음과 같다. 의료사회복지가 시작되었던 초창기에 캐논(Cannon, 1923)은 병원사회복지(hospital social work)가 "병원에서 환자의 치료와 사회복지 분야에서 제공하는 전문적인 서비스를 밀접하게 연계함으로써 질병의 사회적 원인(social complication)을 이해하고, 이를 해결할 수 있도록 도와주는 것을 목적으로 하는 일이다."라고 언급하였다(Cowles, 2012 재인용). 또한 업햄(Upham, 1951)은 "의료사회복지의 기능이란, 병원에서 제공하는 의료적 치료를 조정, 보강하여 질병의 원인이 될 수도 있고, 치료에 방해가 될 수 있는 사회적·정서적인 인간 내면의 문제를 해결하도록 도와줌으로써 환자가 퇴원한 후에 가정이나 지역사회에 복귀하여 정상적으로 사회적 기능을 발휘하도록 돕는 사회복지의 한 분야"라고 정의하였다(장수미 외, 2021 재인용). 이처럼 이 당시에 의료사회복지실천은 환자가 가지고 있는 건강 문제에 영향을 미치는 심리사회적인 요인들을 발견하고, 이러한 문제를 해결할 수 있도록 도움을 제공함으로써, 환자의 치료를 지원하는 일이라고 보았다(Otis-Green, 2008).

의료사회복지사의 역할은 당시 의료 현장의 변화를 통해 이해할 수 있다. 19세기 이전까지는 의사들의 진료행위가 개인진료소나 왕진을 통해서 이루어졌고, 환자들은 주로 집에서 돌봄을 받았다. 이로 인해 의사들은 환자들이 살고 있는 자연스러운 환경에서 그들을 관찰하며 많은 정보를 자연스럽게 얻을 수 있었다(Gehlert, 2019). 그러나 의료 현장이 대형병원으로 이전되고 더 많은 환자를 병원에서 접하게 됨으로써, 기존에 파악할 수 있었던 환자의 환경적인 맥락에 대한 이해가 더 이상 가능하지 않게 되었다(Cowles, 2012). 의사들은 이 부분이 사회복지사에 의해 보완될 수 있다고 믿었으며, 사회복지사들이 가져오는 환자의 사회적·심리적인 부분에 대한 정보를 통해 진단의 정확성과 치료의 효과성을 높일 수 있을 것으로 기대했다. 당시에 캐봇(Cabot)이 기대한 사회복지사들의 역할은, ① 환자의 가정상태와 사회생활에 관한 정보를 의사와 간호사들에게 제공하고, ② 환자의 퇴원과 퇴원 후의 적응이 용이하도록 돕고, ③ 환자와 가족들에게 지역사회의 자원을 연결시키는 것 등이었다(Cowles, 2012).

초창기에 병원에서 의료진에 대한 보완적 기능으로 출발한 의료사회복지실천은 양차 세계대전을 거치면서 정신적 상처를 입은 군인들에 의한 정신보건서비스 욕구의 증가, 1920년대 미국을 풍미한 프로이트 정신분석 이론의 영향 등으로 인해 이론적 토대의 구축과 환경적 요인 이외의 개입영역 확대 등의 노력을 통해 이론화와 전문화를 추구하기 시작하였다(Gehlert, 2019). 이를 토대로 질병 및 치료와 관련된 개인의 심리사회적 문제에 대한 직접적인 개입이 확산되었다(Cowles, 2012). 1950년대에 불기 시작한 탈시설화 경향과 지역사회 정신건강 운동은 사회복지의 이러한 움직임을 더욱 촉진시켰다. 결과적으로 의료사회복지는 정신분석 이론으로 이론적 토대를 구축하면서 개인의 심리사회적 문제를 새로운 개입 영역으로 확보하고, 지역사회 정신건강 운동의 결과로 창출된 정신보건전문가에 대한 수요 증가로 인해 사회복지사들의 실천 현장을 급속하게 확대시켰다. 이 과정에서 병원사회복지(hospital social work)는 일반의료사회복지(medical

social work)와 정신의료사회복지(psychiatric social work)로 분화·확대되면서 사회복지
사의 역할과 기능이 더욱더 확대되었다.

보다 최근에는 의료기관의 재정적 압박, 질병 기간의 장기화로 인한 의료비 증가와 의
료보험의 재정적 어려움 등 의료환경의 변화로 겪는 어려움, 그리고 건강수명과 건강형
평성에 대한 사회적 관심의 증대로 의료적 돌봄을 넘어서 의료체계 내에 '사회적 돌봄[1]'
을 통합하려는 움직임이 확산되고 있다(Craig, & Muskat, 2013). National Academies of
Sciences, Engineering, and Medicine(2019)은 환자들과 일반 대중의 건강 산물이 더 좋
아지기 위해서는 사회적 돌봄을 의료체계 내에 통합을 시켜야 한다고 주장을 하면서,
의료 현장에서 보완적으로 수행해야 하는 다섯 가지 주요 활동으로 인식(awareness),
조정(adjustment), 지원(assistance), 조율(alignment), 그리고 옹호(advocacy)를 꼽았다
(〈표 1-1〉 참조). 이러한 활동들은 이미 의료사회복지사들이 수행하고 있는 활동들이며,
의료기관에 따라서는 이미 이러한 서비스를 제공하고 있는 기관들도 분명히 존재한다
(McCoyd et al., 2023). 그러나 이렇게 사회적 돌봄을 명시적으로 의료체계에 통합하려는

표 1-1 사회적 돌봄의 통합을 위해 필요한 의료체계 활동들의 정의

활동	정의
인식(awareness)	환자나 일반인들의 사회적 위험과 자산을 확인할 수 있는 활동
조정(adjustment)	확인된 사회적 장애(social barrier)를 바꿀 수 있는 돌봄 활동
지원(assistance)	환자에게 필요한 사회적 돌봄 자원을 연결해 줌으로써 사회적 위험을 줄일 수 있는 활동
조율(alignment)	지역사회 내에 존재하는 사회적 돌봄자원을 이해하고, 시너지를 일으킬 수 있도록 조직화하며, 건강 산물에 긍정적인 영향을 미칠 수 있도록 이러한 자원에 투자하고 배분하는 활동
옹호(advocacy)	의료기관들이 사회서비스 기관들과 함께 건강과 사회적 욕구를 해결할 수 있는 자산과 자원의 창출과 재분배를 촉진시킬 수 있는 정책들을 장려하는 활동

출처: National Academies of Sciences, Engineering, and Medicine (2019).

---

1) 여기서의 사회적 돌봄은 건강관련 사회적 위험과 사회적 욕구에 대한 서비스를 의미한다(National Academies
   of Sciences, Engineering, and Medicine, 2019).

노력은 의료사회복지실천에 대한 보다 명확한 역할 규명, 이에 필요한 인프라 구축 그리고 이를 위한 제도적 근거를 마련하는 초석이 된다.

기존의 의료사회복지실천은 병원 내에서 다양한 진료과(예: 소아과, 정신건강의학과, 재활의학과, 장기이식센터 등)를 통해 환자들이 입원하여 치료받는 병원에서 주로 서비스를 제공하였다. 그러나 기존의 건강 개념을 의료모델에 기초한 '질병이나 장애가 없는 상태'에 맞췄다면, 최근의 건강 개념은 WHO(1984)의 "신체적, 정신적 그리고 사회적 안녕을 추구한 상태"나 웰니스(wellness) 모델에 기초한 "충만하고, 보람되며, 창의적인 삶을 살 수 있는 최적의 체력을 갖춘 상태" 등 보다 포괄적이고 전인적인 정의로 바뀌고 있다(Larson, 1999). 또한 의료 서비스의 초점도 질병치료 중심의 협의의 의료(medical care)에서 벗어나 질병의 예방과 재활, 더 나아가 건강증진을 도모하는 적극적인 광의의 의료(health care)로 전환되기 시작하였다. 이에 따라 의료사회복지실천도 기존의 역할뿐만 아니라, 예방, 재활, 사회복귀까지 그 활동의 범주와 기능이 확대되고 있다(Dziegielewski & Holliman, 2020). 즉, 사회적 돌봄과 의료적 돌봄에 대한 통합적 접근이 강조되고, 만성질환이나 질병으로 인한 장애 등으로 질병 기간이 길어지면서 돌봄의 연속성이 강조되고 있다. 이에 따라 의료사회복지는 병원뿐만 아니라 지역사회 내에 있는 의원이나 보건소 등의 1차 의료기관에까지도 활동 영역을 확장하고 있다.

캐나다 등의 선진 복지국가에서는 이미 오랫동안 이러한 서비스 체계가 구축되어 지역사회 내에서 환자들의 질병관리 및 정신건강 등을 위한 서비스를 제공하고 있다(McCoyd et al., 2023). 크레이그(Craig)와 무스카트(Muskat)에 따르면(2013), 질환이 있는 환자들은 건강과 이로 인해 겪게 되는 사회적 어려움들을 해결하는 실질적인 도움뿐만 아니라 심리 · 정서적인 도움이 필요하다. 지역사회 1차 의료기관에 근무하는 의료사회복지사들은 전체적인 의료팀적 접근을 통해 이와 관련된 서비스를 제공해 주고 있는 것으로 나타났다. 우리나라도 점차 이러한 지역사회 기반의 통합적 접근에 대한 필요성이 대두되면서 지역사회 통합돌봄을 통해 지역사회 내에서 의료서비스와 사회서비스 연계의 중요성이 점차 강조되고 있으며, 지역사회 내에서 의료사회복지사의 역할이 더욱더 확대될 것으로 예상하고 있다.

2) 거시적 차원에서의 의료사회복지

전통적인 의료사회복지실천의 개념이 미시적 차원에서의 의료사회복지에 가까웠다면, 보건(public health) 활동과 맞물려서 진행되는 지역사회 주민들을 위한 건강증진 및 질병 예방사업 그리고 이를 위한 프로그램 개발 및 사회정책 입안 등을 포괄하는 옹호사업 등은 거시적 차원의 의료사회복지로 볼 수 있다. 보건사회복지로 명명되는 거시적 차원에서의 의료사회복지를 이해하기 위해서는 '보건'이 무엇인지를 알 필요가 있다. Institute of Medicine(1988)에 따르면, "보건은 사회적 차원에서 사람들이 건강할 수 있도록 하는 모든 집합적 행동들을 의미한다."라고 정의하고 있다. 또한 미국 보건학회(2020)에 따르면, "보건 분야의 미션은 건강을 증진시키고 질병 및 장애를 일으키는 상황의 예방을 위한 조직적인 지역사회 노력을 통해 인구 전체의 건강을 보장하고 보호함에 있다."라고 한다(Gehlert, Cederbaum, & Ruth, 2021 재인용). "보건은 질병을 예방하고 수명을 연장하는 과학과 예술이며, ① 환경의 위생, ② 전염성 질환의 통제, ③ 개인 위생에 대한 교육, ④ 조기 진단과 예방적 치료를 위한 의료 및 요양서비스의 조직화, 그리고 ⑤ 건강을 유지하기에 적정한 기본적인 생활 수준을 유지할 수 있는 사회적 기제의 개발을 위한 조직적인 지역사회 활동을 의미한다(Winslow, 1920; IOM, 1988 재인용)."

보건과 사회복지 분야의 유사성을 꼽아 보면, ① 응용학문으로서 다학제적 특성을 가지고 있고, ② 정부 정책이나 예산과 관련이 깊으며, ③ 건강과 같은 욕구의 변화에 따라 정책적 어젠다가 끊임없이 변화하고, ④ 프로그램의 효과성을 측정하기가 어려운 경우가 많다는 점들을 꼽을 수 있다(Gehlert et al., 2019). 또한 문제해결을 위해 생태체계적 접근을 쓰거나, 미시체계부터 거시체계까지 다양한 체계의 개입을 활용한다는 점, 사회정의를 강조하고, 불평등을 없애려 한다는 점, 사회적 약자의 삶을 개선하기 위해 서비스를 제공하려고 한다는 점 그리고 이들을 위해 사회 운동(social action) 혹은 옹호 활동을 하고 있다는 공통점을 갖는다(Keefe & Evans, 2012).

구체적으로, 보건도 사회복지와 유사하게 지역사회가 가지고 있는 건강 관련 문제를 해결하기 위해 의학, 사회학, 심리학 등 다양한 학문 분야의 지식을 도입하는 다학제적 접근을 중요하게 여기며, 문제를 해결하기 위해 다양한 서비스 및 프로그램을 개발하여 적용하기 위한 노력을 기울인다. 또한 보건과 사회복지는 사회 정의에 관심을 가지고, 격차, 억압 그리고 차별을 없애기 위한 사회적 노력을 기울인다는 점에서 공통점을 갖는다(Dziegielewski & Hoolliman, 2020). 그리고 문제를 해결하고 재발을 방지하기 위해서는 개인의 변화뿐만 아니라, 가족, 집단 그리고 환경적인 변화까지 다체계적인 접근을 강조한다. 이러한 노력이 지속가능하기 위해서는 중앙 혹은 지방정부의 정책 입안과 예산 확보가 필수적이다. 특히 사회적으로 배제되거나 소외된 집단을 위한 프로그램이 지속가능하기 위해서는 정부 주도의 변화가 필요한 경우가 많은데, 사회복지와 보건 분야의 전문가들은 이들을 위한 사회 운동이나 옹호활동을 통해 이러한 정책적인 변화를 주도한다.

이처럼 사회복지와 보건의 불가분의 관계는 실제로 매우 오래되었다. 1926년 뉴욕 결핵협회 회장이었던 해리 홉킨스(Harry Hopkins)는 "사회복지와 보건 분야는 떼려야 뗄 수 없으며, 인위적인 경계로 둘을 구분할 수 없다."라고 하면서 사회복지가 보건 운동에 미친 영향에 대해 주장하였다(Hopkins, 1926; Ruth & Marshall, 2017 재인용). 이 당시 미국의 보건사회복지 분야의 사회복지사들은 전염성 질환의 통제, 모자 건강 그리고 인보관(settlement house) 등에서 일을 했으며, 질병 예방에 초점을 맞춘 사례관리 그리고 위기 사정을 통한 조기 개입 등을 실시하였다. 그리고 진보주의 시대에 메디케어(Medicare)와 메디케이드(Medicaid), 지역사회 정신건강법 등 다양한 사회복지 및 보건 분야의 정책변화에 관여하면서 보건사회복지 분야의 기초를 확립하였다(Gehlert, 2019).

21세기에 들어서면서 보건사회복지의 중요성이 다시 대두되고 있다. 이러한 움직임은 의료사회복지에서 보건사회복지로의 개념적 확장이 최근의 변화인 것처럼 느껴지게 하기도 한다. 이는 1990년대 후반에 건강의 사회적 결정요인(social determinants of health)[2]에 대한 논의가 WHO를 비롯하여 전 세계에서 활발하게 이루어지고(WHO, 2008), 현대인의 건강증진과 만성질환 예방은 생활방식의 변화와 함께 사회적·정책적

---

2) 2008년에 발표된 WHO의 건강의 사회적 결정요인에 관한 보고서를 살펴보면, 소득과 사회적 보호체계, 교육, 실업과 고용 불안정, 직업 환경, 식품 불안정성, 주거 및 기본적인 생활 한경, 유아기 발달, 사회 통합 및 비차별, 구조적 갈등 그리고 의료 접근성 등을 꼽고 있다(WHO, n. d.).

개입이 반드시 필요하다는 주장이 확산되면서 다시 형성되기 시작하였다. 또한 보건 분야에서 사회과학에 대한 관심의 확산, 생태체계 이론의 활용 등의 변화는 사회복지와의 협업 가능성을 열어 주었고, 이로 인하여 약물중독, HIV 예방, 만성질환 관리, 아동학대 예방 그리고 유해 폐기물 반대 운동 등의 지역 활동은 두 분야의 협업을 이용한 성공 사례로 꼽히고 있다(Ruth, & Marshall, 2017). 2006년에 미국사회복지협회(NASW) 회장은 보건사회복지가 "사회복지의 미래"라고 주장하였고, 그 이후에 예방 등과 같은 보건 분야의 개념들을 사회복지 교육의 중요한 커리큘럼으로 도입하였으며, 사회복지와 보건의 복수 전공 석사 과정들이 점차 미국사회에서 증가하였다(Gehlert et al., 2021).

보건사회복지를 이해하기 위해서 조금 더 자세히 살펴보면 다음과 같다. 사회복지에 대한 정의를 "사회적 기능과 사회적 조건을 향상시키기 위해 개인, 집단, 지역사회의 역량을 증진시키거나 회복시키기 위한 전문적인 활동"이라고 정의를 한다면, 보건사회복지는 "전체인구 집단의 건강상태와 사회적 기능에 영향을 미치는 사회적 문제를 발견하고 해결하기 위해 예방적 차원의 개입을 강조하고, 역학적 접근을 활용하는 특성을 가진" 전문적인 활동이라고 덧붙일 수 있다(Keefe & Evans, 2012). 라운즈와 그 동료(Rounds et al., 2005)들에 따르면, 보건사회복지 분야에서 일하는 사회복지사들은 개인, 가족 그리고 집단의 긍정적인 건강행동의 증진, 환경 개선, 위험 제거 등에 초점을 맞춘다. 또한 이들은 표적 집단의 건강 욕구를 사정하고, 여기서 발견되는 건강 문제와 사회적 요인 간의 관계를 확인한다. 그들은 예방적 접근의 틀에 맞춰서 개입 전략을 계획 및 적용한다. 또한 건강 문제와 관련이 있는 사회적 스트레스를 감소시키고, 안녕감을 증진시키며, 질병을 예방하고, 장애와 시설입소를 최소화할 수 있는 사회적 지지체계의 확대를 강조한다(Rounds, 2005).

미시적 차원에서의 의료사회복지실천과 보건사회복지로 거론되고 있는 거시적 차원의 의료사회복지의 가장 큰 차이점을 꼽자면, 보건사회복지는 건강증진, 환경적 위험으로부터의 보호 그리고 질병 예방에 더 초점을 둔다(Ruth, Wachman, & Marshall., 2019). 또한 보건사회복지는 특정 개인이나 가족보다는 표적 집단(target population) 등의 더 넓은 인구 집단에 초점을 둔다(Watkins, 1985). 보건사회복지 분야의 사회복지사들은 좀 더 넓은 인구 집단을 대상으로 건강 증진, 질병 예방, 위험 감소 그리고 환경 개선을 위해 생각하고, 전략을 짜며, 실천한다(Lee, McCoyd, & Kerson, 2023). 이들은 보건 분야에서 널리 활용되는 역학조사(epidemiology), 지역사회 사정(community assessment), 지리정보시스템(geographic information system) 등의 지식을 실천기술과 함께 사회복지적 가치, 사회복지 실천기술 등에 융합적으로 활용할 수 있다는 장점을 갖는다(Schild, Sable, & Hipp, 2018).

보건사회복지 분야의 사회복지사들은 직접적인 개입 및 치료부터, 정책 결정 및 기관 등의 리더 역할까지 폭넓은 역할들을 담당하고 있다. 구체적으로 사례관리자, 조력자(facilitator), 교육자, 옹호자, 지역사회 조직활동가, 기금을 위한 프로포절 작성자 혹은 기금 관리자, 평가자, 슈퍼바이저, 행정가 및 리더 등 다양한 영역에서 폭넓은 역할을 수행한다(Schild et al., 2018; Dziegielewski & Holliman, 2020). 그러나 아직까지 한국에서는 보건사회복지사의 입지가 확보된 상태는 아니며, 의료사회복지는 여전히 병원을 중심으로 미시적인 서비스가 제공되고 있는 상황이다. 그러나 한국에서도 건강의 사회적 요인에 대한 이해 및 이로 인해 나타나는 건강 격차를 줄이기 위한 노력, 인구 고령화와 노인들의 지역사회 내 연속적 거주(aging in place)를 위한 돌봄 체계 정비, 만성질환 예방 및 관리를 위한 의료 및 사회적 돌봄의 연계의 중요성 등이 부각되면서 보건사회복지가 확산될 가능성이 높아지고 있다.

최근에 보건사회복지는 기후변화, 재난 준비와 대응 그리고 이주민 건강 격차 등의 영역으로의 확장이 진행되고 있다. 지구 온난화와 기후변화는 전 세계적으로 관심을 받는 분야이지만, 기후변화로 인한 부정적 영향이 특정 집단에게 더 큰 피해를 줄 수 있다는 점에서 보건사회복지에서 더 많은 관심을 받는다. 무더위, 홍수 등의 기후 변화와 미세먼지 등과 같은 환경 위험은 취약계층에게 더 큰 영향을 미칠 수 밖에 없다(Singer, 2018). 보건사회복지는 이러한 불균등한 영향을 최소화하고, 더 큰 부정적인 영향을 예방하기 위해 취약계층을 대상으로 한 연구를 진행하여 이러한 불균등한 영향을 기록하고, 다양한 옹호 활동을 통해 대중의 인식을 확대하여 다양한 이해관계자(stakeholder)의 협력을 도모할 수 있다(Gelhert et al., 2021). 그 밖에 재난 준비 및 대응이나 이주민의 건강 또한 사회적으로 소외된 집단이 갖는 취약성을 보여 주는 대표적인 예들이며, 보건사회복지는 이들에게 발생할 수 있는 건강 격차를 최소화하기 위한 다양한 노력을 시도하고 있다.

이처럼 사회복지의 한 분야로 발전 가능성이 높은 보건사회복지가 하나의 독자적인 전문영역으로 인정을 받기 위해서는 지금보다 더 발전되어야 한다는 주장이 제기되고 있다. 먼저, 증거기반의 실천을 적극적으로 도입을 해야 한다. 보건사회복지 분야에서 다양한 프로그램이 개발되었으나, 실제로 효과성이 검증된 프로그램이 많지는 않은 상황이다(Ruth et al., 2019). 또한 증거기반실천의 중요성에 대한 거듭된 강조에도 불구하고, 실천 현장에서 증거기반실천을 위한 전략들의 적극적인 도입이 아직까지 부족한 상황이다(Dziegielewski & Holliman, 2020). 그러나 다학제적 팀에서 전문성을 확보하기 위해서는 과학적 근거에 기반한 실천 기술과 프로그램 도입은 반드시 필요하다.

2. 국내 의료사회복지의 정의

지금까지 미시적 관점에서 의료사회복지실천 그리고 거시적 관점에서 보건사회복지의 개념에 대해 살펴보았다. 외국에서 먼저 발전하기 시작한 의료사회복지는 처음의 개념적 정의를 토대로 발전을 해 왔으며, 각 국의 의료 및 사회체계가 변화하면서 의료사회복지도 변화해 왔다. 한국도 외국의 영향을 받으면서 의료사회복지가 도입되었으나, 이제는 한국의 현실에 기반하여 제도적·정책적으로 변화하고 있다.

대한의료사회복지사협회에 따르면, 의료사회복지사란 "의료기관에서 사회복지사가 진료팀의 일원이 되어 효과적인 진단과 치료에 지장을 주는 환자의 사회적·경제적·심리적 문제를 해결하기 위해, 환자 및 가족 상담 및 진료비지원, 지역사회자원 연계 등의 사회복지 전문기술을 통해 환자와 그 가족을 돕고 나아가 정상적인 사회복귀를 지원하며, 병원에서 지역사회 요구도를 반영한 사회공헌활동, 기부금 모금 및 기부자 관리 등의 공익적 활동을 계획 및 관리하여 환자 및 지역사회 의료복지증진에 이바지하는 역할을 하는 보건의료 영역의 전문사회복지사"로 정의한다(대한의료사회복지사협회, n. d.).

한국의 의료사회복지는 「사회복지사업법」 제2조 "'사회복지사업'이란 다음 각 목의 법률에 따른 보호·선도(善導) 또는 복지에 관한 사업과 사회복지상담, 직업지원, 무료 숙박, 지역사회복지, 의료복지, 재가복지(在家福祉), 사회복지관 운영, 정신질환자 및 한

센병력자의 사회복귀에 관한 사업 등 각종 복지사업과 이와 관련된 자원봉사활동 및 복지시설의 운영 또는 지원을 목적으로 하는 사업을 말한다."에 근거하여 사회복지사업 중 하나로 정의되고 있다. 2018년에 「사회복지사업법」이 개정되면서 의료사회복지사는 정신건강사회복지사와 학교사회복지사와 함께 그 전문성을 인정받아 전문 법정 자격증을 얻게 되었다.

의료사회복지사[3]는 「의료법」 제38조 6항, "종합병원에는 「사회복지사업법」에 따른 사회복지사 자격을 가진 자 중에서 환자의 갱생·재활과 사회복귀를 위한 상담 및 지도 업무를 담당하는 요원을 1명 이상 둔다."는 조항을 근거로 병원에서 활동하고 있다. 이밖에도 '장기 등 이식에 관한 법률 시행령'과 '호스피스·완화의료 및 임종과정에 있는 환자의 연명의료결정에 관한 법률 시행규칙'을 근거로 의료사회복지사들이 해당 의료기관에 배치되어 활동하고 있다. 또한 지역사회 내에 건강이 악화된 위기 가구 발견을 통한 복지 사각지대 해소(보건복지부, 2022), 지역사회 통합돌봄을 통한 보건, 의료 그리고 복지의 연계 강화 등의 정책적 변화는 병원 내에서의 의료사회복지사의 역할 확대뿐만 아니라, 향후 지역사회 내에서의 의료사회복지사의 역할에 대한 확충을 기대하도록 하고 있다.

거시적인 차원에서의 의료사회복지, 즉 보건사회복지 분야에는 아직까지 서양에 비해서 사회복지사의 역할이 미미한 상황이기는 하나, 이에 대한 논의는 지속적으로 이어지고 있다. 예를 들어, 유수현(1999)은 거시적 차원의 의료사회복지가 치료과정에서의 개입뿐만 아니라, 질병 예방, 건강증진 및 지역사회의 의료복지를 달성을 목표로 하는 포괄적인 개념임을 강조하면서, 의료사회복지를 "질병의 예방과 건강의 증진 및 개발지향적인 지역사회 의료복지를 달성키 위해 보건 및 의료 분야에 대한 제반 시책 및 시설을 포함한 제도와 정책에서 사회사업가가 수행하는 제반 활동"으로 정의하였다 (pp. 142-143). 또한 김규수(2004)는 의료사회복지의 정책적 개념을 "질병의 예방과 건강

---

3) 2020년부터 「사회복지사업법 시행령」이 개정되면서 의료사회복지사 자격을 국가자격으로 발급할 수 있게 되었으며, 사회복지사 1급 자격 취득 소지자가 보건복지부 장관이 지정한 수련기관에서 1년 이상의 수련과정을 이수한 경우에 국가 자격을 발급받게 되었다(「사회복지사업법 시행령」).

증진 및 향상을 지향하는 의료복지를 목적으로 보건 및 의료영역에서의 사회복지조사, 사회복지정책 및 행정 등의 방법을 통하여 보건의료의 욕구측정과 의료서비의 전달체계를 평가하여 그 개선과 그 활용을 용이하게 하고, 의료보호와 의료부조의 확대와 질적향상을 기여하는 데 참여하는 사회복지의 한 과정"으로 정의하였다(p. 25). 우리나라에서도 의료사회복지사의 서비스에 대한 의료 수가 개발, 지역사회 통합돌봄에서의 역할 확충을 위한 노력 등 관련 정책 및 제도 개선을 위한 다양한 노력이 이루어지고 있으나, 여러 사회체계 내에서의 다양한 자리매김을 통해 역할 증대를 위한 노력들이 조금 더 이루어져야 할 것으로 보인다.

3. 의료사회복지의 필요성

지금까지 살펴보았던 의료사회복지의 정의를 토대로 브라흐트(Bracht, 1978)가 역설한 의료사회복지사의 필요성을 살펴보면 다음과 같다.

첫째, 사회적 · 문화적 · 경제적 조건들은 건강상태와 질병의 예방 및 회복에 중요하며 이들 모두에 영향을 미친다. 사회문화적 요인에 의하여 질병이 생길 수도 있고, 질병의 예방이나 회복과정에도 영향을 미치게 되므로 사회문화적 요인에 대한 고려 없이 질병문제에 관여할 수 없다. 따라서 사회적 · 환경적 문제에 관여하여 이를 조정하는 사회복지실천은 의료와 불가분의 관계에 있으며, 이로 인하여 의료사회복지가 필요하다.

둘째, 질병과 관련 있는 행동은 개인과 가족의 균형을 깨뜨리고 그들의 대처능력을 분열시킨다. 때문에 한 사람만을 위한 치료보다는 가족 전체 성원을 위한 서비스가 주어져야 한다. 환자의 발생은 가족 간의 역할갈등과 경제적 위기, 심리적 불안을 야기하기 때문에 가족을 하나의 체계로 보고 가족문제에 의료사회복지가 관여해야 한다.

셋째, 사회적 지원과 상담서비스가 뒤따르지 않는 의학적 치료만으로는 그 치료가 불완전하며 경우에 따라서는 치료가 불가능하다. 이는 질병의 원인이 다원적이기 때문에 질병의 어느 한 측면만을 고려한 치료는 효과적일 수 없음을 의미한다. 환자를 전인적 존재로 보고 개인의 신체 · 심리 · 사회 · 환경의 여러 측면에 관여하여야 한다는 것을 역설하고 있다. 신체적인 측면은 의료진이 담당하고, 심리·사회·환경 측면의 개입은 사회복지사가 분담해야 하기 때문에 의료사회복지가 필요하다.

넷째, 의료서비스를 제공받을 수 있고, 이를 적합하게 활용하는 것은 지역사회의 협동적인 노력과 제도적 쇄신이 요청되는 의료전달체계의 중요한 영역이다. 지역사회에 대한 개입과 의료서비스가 원활하게 제공되기 위한 제도와 정책차원의 접근이 필요하며, 의료사회복지실천영역에 의료전달체계의 개선을 위한 노력이 포함되어야 한다.

다섯째, 특정 개인이나 지역사회의 의료문제를 해결하기 위해 전문직으로 구성된 의료팀의 상호 협력은 복잡한 의료문제를 해결하는 데 효과적인 방법이다. 초기 의사중심의 접근에서 환자의 전인적인 측면에 보다 효율적으로 대처하려면, 다양한 전문직 간의 역할 분화가 필요하고, 팀워크 서비스가 불가피하게 요구된다. 이러한 전문직 간의 역할분담에 사회복지도 한 축을 담당한다.

이상의 전제 아래 질병의 예방, 치료, 재활은 물론 건강의 유지와 증진에 사회복지의 필요성이 강조되었다. 또한 질병에 영향을 주는 여러 사회적·문화적·경제적 조건들을 조정하고 재통합함으로써 질병을 가진 개인이나 가족 또는 지역사회의 의료문제를 해결하기 위하여 보건의료팀의 일원으로서 의료사회복지의 필요성이 증대되고 있다.

🔺 참고문헌

보건복지부(2022). 복지 사각지대 발굴·지원체계 개선대책. 보건복지부.

유수현(1999). 의료사회사업. 신학과 선교, 24, 123-185.

장수미, 이영선, 이인정, 임정원, 최경애, 한인영(2021). **의료사회복지론**. 학지사.

Auslander, G. (2001). Social work in health care: What have we achieved? *Journal of Social Work, 1*(2), 201-222.

Bracht, N. F. (1978). *Social work in health care: A guide to professional practice*. The Haworth Press.

Browning, P. E. (2018). Social work in healthcare. In J. L. Longe (Ed.), *The Gale Encyclopedia* of *Nursing and Allied Health* (4th ed., Vol. 6, pp. 3284-3286). Gale.

Cowles, L. A. F. (2012). *Social work in the health field: A care perspective*. The Haworth Press.

Craig, S. L., & Muskat, B. (2013). Bouncers, brokers, and glue: The self-described roles of social workers in urban hospitals. *Health Social Work, 38*(1), 7-16.

Dziegielewski, S. F., & Holliman, D. C. (2020). *The changing face of health care social work*. Springer Publishing Company.

Gehlert, S. (2019). The conceptual underpinnings of social work in health care. In S. Gehlert & T. A. Browne (Eds.), *Handbook of health social work* (3rd ed., pp. 3-20). John Wiley & Sons, Inc.

Gehlert, S., Cederbaum, J., & Ruth, B. (2021). *Public health social work. In Encyclopedia of Social Work*. Retrieved May 2, 2024, from https://oxfordre.com/socialwork/view/10.1093/acrefore/9780199975839.001.0001/acrefore-9780199975839-e-324

Institute of Medicine, Committee for the Study of the Future of Public Health. (1988). *The future of public health. National Academies Press* (US). https://www.ncbi.nlm.nih.gov/books/NBK218215/

Keefe, R. H., & Evans, T. A. (2012). Introduction to public health social work. In R. H. Keefe & E. Jurkowski (Eds.), *Handbook for public health social work* (pp. 3-20). Springer Publishing Company.

Larson, J. S. (1999). The conceptualization of health. *Medical Care Research and Review, 56*(2), 123-136.

Lee, J. E., McCoyd, J. L. M., & Kerson, T. S. (2023). Primer on macro practice in social work in health care. In J. L. M. McCoyd, J. E. Lee, & T. S. Kerson (Eds.), *Social work in health settings: Practice in context* (5th ed., pp. 347-362). Routledge.

McCoyd, J. L. M., Lee, J. E., & Kerson, T. S. (2023). Primer on micro practice in social work in health care. In J. L. M. McCoyd, J. E. Lee, & T. S. Kerson (Eds.), *Social work in health settings: Practice in context* (5th ed., pp. 39-57). Routledge.

National Academies of Sciences, Engineering, and Medicine. (2019). *Integrating social care into the delivery of health care: Moving upstream to improve the nation's health*. The National Academies Press.

Rounds, K. (2005). *Public health social work standards and competencies*. Retrieved May 22, 2024, https://www.brynmawr.edu/sites/default/files/migrated-files/Public%20Health%20Social%20Work%20Standards%20and%20Competencies.pdf

Otis-Green, S. (2008). Health care social work. In *Encyclopedia of Social Work*. Retrieved May 4, 2024, from https://www.oxfordreference.com/view/10.1093/acref/9780195306613.001.0001/acref-9780195306613-e-176

Sable, M. R., Schild, D. R., & Hipp, J. A. (2011). Public health and social work. In S. Gehlert & T. Browne (Eds.), *Handbook of health social work* (2nd ed., pp. 64–97). John Wiley & Sons, Inc.

Singer, M. (2018). *Climate change and social inequality: The health and social costs of global warming*. Routledge.

Ruth, B. J., & Marshall, J. W. (2017). A history of social work in public health. *American Journal of Public Health, 107*, S236–S242.

Ruth, B. J., Wachman, M. K., & Marshall, J. (2019). Public health social work. In S. Gehlert & T. A. Browne (Eds.), *Handbook of health social work* (3rd ed., pp. 93–117). John Wiley & Sons, Inc.

Watkins, E. L. (1985). The conceptual base for public health social work. In A. Gitterman, R. B. Black, & F. Stein (Eds.), *Public health social work in maternal and child health: A forward plan* (pp. 17–33). Rockville, MD: Division of Maternal and Child Health.

대한의료사회복지사협회. (n. d.). 의료사회복지사란. https://kamsw.or.kr/m1_1

제2장
건강과 의료사회복지

　의료사회복지는 질병의 사회적 요인에 개입하는 최초의 사회적 의료(social medicine)
이다(Cowles, 2012). 19세기 말과 20세기 초에 사회복지는 개인의 문제에 대한 개인
적·도덕적 시각에서 벗어나 사회적 관점을 정립하였고, 당시 만연했던 괴혈병, 구루병,
결핵 등과 같은 질병[1]의 환경적 요인에 개입하여 불량한 주거환경이나 영양상태의 개선
운동을 활발히 전개하였다. 이때쯤 질병의 유발과 치료에 미치는 사회적 영향을 인식한
의사들은 이 부분을 담당할 수 있는 전문직으로 사회복지를 인정하여 사회복지사들을 병
원으로 받아들이기 시작하였으며, 그 결과 의료사회복지는 의료 현장에 진출한 최초의 사
회적 의료(social medicine)로 자리 잡게 되었다. 이후 의료사회복지는 사회적 의료의 확
대와 사회적 환경에 관심을 두는 공중보건의 발달에 크게 기여했다(Cowles, 2012).

---

1) 질환(disease)이란, 생화학적으로 정상적 범주에서 벗어난 상태로서 증상이나 징후로 진단될 수 있는 생물학적
　결과를 의미한다. 질병(illness)은 질환의 사회심리학적 의미를 포함하여 불안이나 고통을 경험하는 환자의 주
　관적 상태를 강조한다. 병(sickness)은 사회적 개념으로서 타인에 의해서나 자신 스스로가 부여하는 사회적 역
　할이다. 이 책에서는 필요에 따라 이 세 개념이 구분되어 사용되기도 하고 혼용되기도 한다.

그러나 의료사회복지도 다른 사회복지 분야와 마찬가지로 변화하고 있는 의료체계와 사회복지서비스 체계뿐만 아니라, 더 넓은 사회체계 전반의 영향을 받고 있어, 시대적인 변화에 따라 의료사회복지의 개입 방향이나 의료사회복지사의 역할이 진화하고 있다(Globerman, 1999). 이에 대해 맥코이드 등(McCoyd et al., 2023)은 "맥락 속의 실천(practice-in-context)"이라는 개념을 활용하면서, 의료 및 사회서비스 체계의 맥락이 의료사회복지사로 하여금 클라이언트에게 사회복지서비스를 제공하는 데 필요한 의사결정의 틀을 제시한다고 하였다. 이러한 의료 및 사회복지 체계에 대한 이해를 하기 위해서는 가장 기본적으로 건강과 질병에 대한 이해가 토대가 되어야 하며, 그동안 건강을 바라보는 관점과 건강의 격차나 질병을 발생시키는 요인에 대한 이해가 어떻게 변화해 왔는지를 이해할 필요가 있다. 대표적인 예로, 스트레스로 인한 사회적 질병의 증가, 치료(cure)보다는 관리(care)를 필요로 하는 질환의 증가, 건강권에 대한 인식 증가 등을 포함한 건강과 관련된 광범위한 변화추이는 사회적으로 건강을 바라보는 관점을 바꿔 놓았으며, 사회적 의료에 대한 의료사회복지의 역할범위와 기능을 확대시키고 있다. 이 장에서는 건강에 대한 개념과 그 변화를 살펴보고, 건강의 차이를 사회적 특성들로 설명하는 이론들에 대하여 구체적으로 살펴보고자 한다.

1. 건강과 질병의 개념

오랫동안 건강은 서양의학을 이끌었던 생의학적 모델(biomedical model)에 기초하여 과거에는 "질환(disease)이나 장애(disability)가 없는 상태"로 정의됐었다(Larson, 1999; Wade & Halligan, 2004). 이때 질환(disease)이란, 생리적으로 정상적인 범주에서 벗어난 상태로서 증상(symptom)이나 징후(syndrome)로 진단될 수 있는 생물학적 결과를 의미한다(Amzat & Razum, 2014). 이러한 질환은 환자에게 고통을 주거나, 일상생활에 지장을 주고, 개인의 가족이나 지역사회에 피해를 주며, 건강을 잃은 사람들은 일시적 혹은 영구적으로 사회생활을 못하는 것으로 인식되었다(Morrall, 2009). 가장 최근의 코로나19 상황을 생각해 보면, 코로나에 걸린 사람은 코로나바이러스로 인해 발열, 기침, 몸살 등의 증상이 나타나 고통을 받았으며, 코로나바이러스는 이 환자를 통해서 다른 사람들을 전염시켰다. 그렇기 때문에 코로나바이러스를 가지고 있는 환자는 완치가 될 때까지 일시적으로 격리되는 경험을 하였다.

이처럼 과거에는 생물학적 구조와 질병 과정에서 발생하는 신체적 손상이나 비정상적인 상태를 강조하는 생의학적 모델(biomedical model)에 입각한 건강의 개념을 활용하여 질환의 생리적·생물학적 특성에만 초점을 둠으로써 발병의 원인에 초점을 맞추고, 이를 치료하기 위한 의료적인 노력을 기울였다. 그 결과 질병의 직접적인 원인에 대한 명확한 조작적 정의를 통해 질병의 유무(유병률) 혹은 질병으로 인한 결과(사망률) 등을 분명하고 쉽게 관찰할 수 있어 치료의 효과성을 정확하게 파악할 수 있었다. 더 나아가 질환이 세포 차원의 이상(cellular abnormalities)에 의해 발생한다는 관점을 토대로 질병에 관한 많은 연구가 효과적으로 이루어졌고, 과학적으로 지지되었다(Wade & Halligan, 2004).

생의학적 모델이 바라보는 건강에 대한 관점을 명확하게 이해하기 위해서는 이 모델이 가지고 있는 가정들을 살펴볼 필요가 있다(Nettleton, 1995).

첫째, 심인이원론(mind-body dualism)으로 마음과 몸은 별개로 취급될 수 있음을 의미한다.

둘째, 기계적 비유(mechanic metaphore)로 인간의 몸은 기계와 같이 '수리'가 가능하며, 의사의 치료행위는 기술자가 고장수리를 하는 것과 같다고 본다.

셋째, 기술만능주의(technical imperative)로 기술적 개입의 장점을 과신한다.

넷째, 환원주의(reductioninst)로 질병을 생물학적 요인으로만 설명하고 사회적 혹은 심리적 요인은 상대적으로 등한시한다.

마지막으로, 이러한 환원주의는 19세기의 질환 해석인 세균이론(germ theory)[2]에 의해 더욱 강화되어 모든 질환을 기생충, 바이러스 또는 박테리아와 같은 특정 병원체에 의해 발생되는 것으로 보는 특정 병인론(doctrine of specific aetiology)의 원칙을 강조한다(Nettleton, 1995).

---

2) 세균이 질병의 원인임을 주장한 이론으로 19세기 중엽 루이 파스퇴르에 의해 크게 발전하였다.

그러나 20세기 후반 이후 현대 사회의 질병 양상은 급성 감염성 질환에서 암이나 순환계 질환, 심혈관계 질환, 당뇨병과 같은 만성질환으로 변하고 있다. 또한 의료기술 발달, 영양 및 위생 상태의 급격한 향상 등으로 인해 인류는 일찍이 경험하지 못한 장수와 건강을 누리게 되었다. 이러한 변화는 기존의 급성 감염성 질환에서 비롯된 건강 및 질환에 대한 접근방식에 회의를 제공하게 되었다(Nettleton, 1995). 가장 먼저 질환이 없는 상태로 정의되었던 건강의 개념이 모호해졌다. 현대사회를 살아가는 사람 중에 신체적으로 아무런 증상이나 증후를 느끼지 않고, 본인이 생활하는 데 불편을 느끼지 않지만, 신체기능이 저하되어 심각한 질환으로 발전하였거나 발전하기 직전인 경우가 있다. 특히 만성질환의 발병 초기에 환자들은 별다른 증상을 느끼지 못하지만, 이후에 제대로 건강 관리를 하지 못하면, 심각한 질환으로 발전될 가능성이 높다. 이러한 질환의 특징은 의료적인 개입을 통해 즉각적으로 질환을 '치료'하기 보다는 지속적인 관리를 통해 더 이상 기능이 나빠지거나 질환이 발전하지 않도록 예방하고, 관리를 해야 한다는 속성을 가지고 있다(Straub & Thekkekandam, 2023). 현대사회의 새로운 질병 양상은 첨단의료 기술의 투자를 늘려도 그것의 질병치료적 효능이 크지 않았다는 점, 만성질환은 사회적·행동적 요인에 의해 발생하기 때문에 의료적 개입을 통한 치료에는 한계가 있다는 점, 그렇지만 만성질환의 증가는 궁극적으로 의료 치료에 대한 수요 증가로 이어져 의료서비스의 재정에 부담을 준다는 점을 꼽을 수 있다(Nettleton, 1995). 이러한 건강 및 질환에 대한 시각의 변화는 그동안 지배적이었던 생의학적 모델에 대한 비판적인 시각을 제시하게 되었다.

이 밖에도 생의학적 모델은 의료의 효능에 대한 과잉평가,[3] 인간의 몸에 대한 사회·환경적 맥락의 배제, 수동적 대상으로서의 환자 인식 등이 한계점으로 제기되면서 건강에 대한 다양한 대안적 관점들이 제시되었다. 엥겔(Engel, 1977)은 사회·환경적 모델(sociol-environmental model)에서 경제적 환경과 질병 간의 연관성을 강조하였으며, 기

---

3) 생의학적 모델에서는 의료적 개입을 강조하였다. 그러나 1970년대 이후 의료적 효능이 과대평가 되었다는 주장이 제기되기 시작하였다. 사회의학자인 맥코운(McKeown, 1976)은 자신의 연구를 통해 서구사회의 사망률 감소는 예방접종이나 치료, 기타의 의료적 치료에 의한 것이 아니라 영양, 위생, 출산유형 등과 밀접한 관계가 있음을 규명하였다.

능주의적 관점에서 의료체계와 환자를 설명한 파슨스(Parsons, 1951)는 질병을 사회적 역할과 과제를 수행하지 못하는 '일탈'로 인식함으로써 질병의 사회적 결과에 주목하였다. 심리사회적 모델(psychosocial model)에서는 사회환경을 질병 과정의 결정요인으로 보았고, 클라인만, 아이젠버그 그리고 굿(Kleinman, Eisenberg, & Good, 1978)은 질병의 원인, 발생경위, 질병경험, 치료과정 등이 문화마다 서로 다른 모습을 보이고 있음을 지적하면서 질병에 대한 문화적 영향을 지적하였다(Germain, 1984 재인용). 이들의 공통점은 질병을 단순히 개인의 생물학적 결과로 보는 것이 아니라 개인의 사회적 행위와 이를 둘러싼 사회문화적 환경과의 상호작용의 과정으로 파악한다는 점이다.

이러한 다양한 관점을 토대로 한 건강의 개념적 정의도 다양하게 제시되고 있다. 가장 대표적으로 인용되는 건강에 관한 정의로 WHO(1984)의 "신체적, 정신적 그리고 사회적 안녕을 추구한 상태"를 꼽을 수 있다. 여기서 신체적 건강은 다양한 활동을 할 수 있는 기능적 상태나 능력을 의미하며, 정신 건강은 정동 장애, 불안 장애, 긍정적 안녕 그리고 자기 통제 등에 초점을 맞추어 정의하고 있고, 사회적 건강은 사회적 참여나 대인관계 상호작용 등으로 정의된다(Larson, 1999). 반면에 웰니스(wellness) 모델에서는 건강을 "충만하고, 보람되며, 창의적인 삶을 살 수 있는 최적의 체력을 갖춘 상태"로 보고 있다. 특히 웰니스 모델에서는 개인의 기능성을 볼 때 전인적으로 신체-정신-영성의 통합을 강조한다는 특성을 갖는다(Larson, 1999). 마지막으로 환경적 관점에서 건강은 고통, 불편, 또는 장애가 없는 물리적·사회적 환경에 적응한 상태를 의미한다. 환경적 관점에 따르면, 개인이 환경에 성공적으로 적응하여 성장하고, 기능하며, 번창할 때 건강한 상태라고 본다(Larson, 1999). 이처럼 건강에 대한 개념이 포괄적이고 전인적인 정의로 바뀌면서, 건강한 상태를 유지하기 위한 개인, 의료체계 그리고 사회적 노력 방안들이 많이 달라졌다. 또한 질환의 원인을 생물학적 원인에만 국한되었던 과거에 비해 건강의 사회적 결정요인(social determinants of health), 건강불평등(health inequality) 등 보다 폭넓은 심리·사회·환경적 원인을 포함하는 포괄적인 접근이 이루어지고 있다.

2. 건강의 사회적 결정요인

건강의 사회적 결정요인(social determinants of health)에 관한 연구들은 질병 발생이 생물학적이며 심리학적인 특성들을 포함하는 개인적 요인 외에도 사회경제적 혹은 정치적인 넓은 의미의 환경적 요인들과 관련 있다는 것을 보여 준다. 한 예로 링크와 펠란 (Link & Phelan, 1995)은 근본 원인 이론(fundamental cause theory)을 통해 의학기술이 발전하고, 의료체계가 바뀌며, 질병의 형태가 변했음에도 불구하고 사회경제적 지위와 건강의 관계가 지속되는 이유에 대해 설명하고 있다.

첫째, 사회경제적 지위가 다양한 질환에 영향을 미치는 방식이 매우 유사하며, 사회경제적 지위는 질병의 여러 위험요인에 광범위하게 영향을 미친다(Link & Phelan, 1995).

둘째, 사회경제적 지위는 질환을 예방하거나 질환에 걸렸을 때 그 부정적인 결과를 최소화하기 위해 필요한 자원의 접근성과도 밀접한 관련이 있다.

셋째, 시간이 지나고, 사회경제적 지위가 질환에 미치는 영향을 매개하는 경로가 바뀌어도 사회경제적 지위와 건강의 관계는 지속된다. 이러한 이유들을 종합하여 이들은 사회경제적 지위가 건강불평등의 '근본적인 원인'이라고 주장하고 있다(Link & Phelan, 1995; Phelan, Link, & Tehranifar, 2010).

질병과 사회·경제적 환경 사이에 밀접한 관계가 있다는 것은 무엇보다 질병의 유병률을 통해 살펴볼 수 있다. 영국에서는 이미 19세기 중반부터 가난한 사람이 부자에 비해 병에 걸리기 쉽다는 사실을 규명하였다(Nettleton, 1995). 보다 근래에 사회경제적 지위에 따른 건강 격차를 실증적으로 밝힌 가장 대표적인 연구로 영국공무원들의 유병률을 추적한 Whitehall study를 꼽을 수 있다(Marmot, Smith, Stansfeld, Patel, North, Head, White, Brunner, & Feeney, 1991). 이들은 다양한 직급에 있는 공무원들의 질병 유병률을 살펴보았는데, 직급이 낮을수록 여러 질병의 유병률이 더 높았으며, 주관적 건강 상태도 더 안 좋은 것으로 나타났다. 이 연구에서 밝힌 사회경제적 지위와 건강의 관계 중 가장 특징적인 것은 모든 직급 간의 경사효과(gradient effect)가 존재한다는 점이다. 즉, 특정 직급 이상이 되면, 건강상태가 유사해지는 문턱효과(threshold effect)가 아니라, 직급 간 비교를 했을 때 매 직급 사이에 건강 격차가 나타나는 것이다(Marmot et al., 1991).

사회경제적 지위와 질병과의 이러한 관련성은 여러 나라에서 지속적으로 보고되고 있다. 대표적으로 미국에서는 동일한 연령일 때 교육수준과 소득이 더 높고, 직업적 권위가 높을수록 질병 발생률과 사망률이 낮다는 사실을 많은 연구에서 밝혔으며(Glymour, Avendano, & Kawachi, 2014; Marmot, Kogevinas, & Elston, 1987; Navarro, 1990),

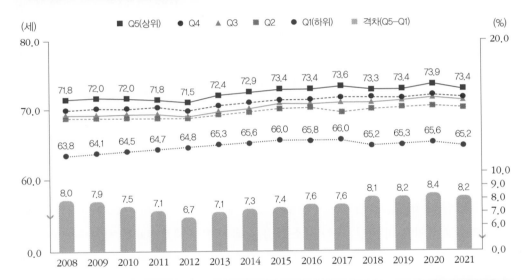

구분	2008	2009	2010	2011	2012	2013	2014	2015	2016	2017	2018	2019	2020	2021
Q5(상위)	71.8	72.0	72.0	71.8	71.5	72.4	72.9	73.4	73.4	73.6	73.3	73.4	73.9	73.4
Q4	70.4	70.7	70.6	70.6	70.3	71.1	71.5	72.0	72.0	72.2	72.1	72.1	72.6	72.1
Q3	69.6	69.6	69.8	69.9	69.6	70.2	70.7	71.3	71.4	71.6	71.5	71.9	72.2	71.9
Q2	69.5	69.5	69.4	69.4	69.3	70.0	70.4	70.8	70.9	70.1	70.8	70.9	71.2	70.9
Q1(하위)	63.8	64.1	64.5	64.7	64.8	65.3	65.6	66.0	65.8	66.0	65.2	65.3	65.6	65.2
격차 (Q5-Q1)	8.0	7.9	7.5	7.1	6.7	7.1	7.3	7.4	7.6	7.6	8.1	8.2	8.4	8.2

그림 2-1 소득 수준별 건강수명 추이

출처: 오유미, 이돈형, 김연희, 안솔이, 최혜선(2021). 건강수명 통계집: 한눈에 보는 건강수명 2021. 한국건강증진개발원.

점차 소득 격차가 커지면서 건강 격차도 커지고 있다는 사실도 보고되고 있다(Bor, Cohen, & Galea, 2017). 한국에서도 사회경제적 지위에 따른 건강 격차가 나타나고 있는데, 대표적으로 소득 수준에 따라 건강수명이 다르게 나타나며([그림 2-1] 참조, 오유미 외, 2023), 다양한 질환과 질환의 예후에서도 사회경제적 지위에 따른 건강 격차가 보고되고 있다. 예를 들어, 소득과 학력수준에 따라 사망률이 달라지는 것으로 나타났으며(Kim & Kim, 2007), 교육수준과 소득 수준이 낮아질수록 만성질환 유병의 위험도가 높아지는 것으로 보고되기도 하였다(김혜련, 김윤신, 2003).

이처럼 건강 불평등 혹은 건강 격차는 건강이 개인의 선택이나 타고나 생물학적 특성 등에 의해서만 결정되는 것이 아니라, 사회가 가지고 있는 구조적인 특성의 영향을 받으며, 이러한 특성에 따라서 건강산물도 차별적인 분포를 갖는 현상을 의미한다(McCartney, Collins & Mackenzie, 2013). 세계보건기구는 사회적인 요인으로 인해 발생하는 건강 격차를 설명하기 위한 개념적 틀을 제시하고 있다(WHO, 2010). 이들에 따르면, 사회, 경제 그리고 정치적인 기제들이 사회경제적 지위를 형성하게 되며, 인구집단은 소득, 교육, 직업, 성별, 인종 그리고 그 밖의 다양한 요인에 의해 계층화가 이루어지게 된다. 이들의 사회경제적 지위는 건강의 중재 요인인 물질적 환경, 건강행태, 사회심리적 요인 등의 차이를 경험하고, 건강위험 요인에 대한 노출 또한 다르게 나타난다. 질병은 역으로 취업 기회 박탈, 소득 감소 등을 통해 개인의 사회경제적 지위에 영향을 주며, 특정 질환은 사회경제적 그리고 정치적 맥락에도 환류를 제공할 수 있다([그림 2-2] 참조; WHO, 2010).

이처럼 사회적 결정요인에 대한 이해를 통해 개인 혹은 국민의 건강 개선을 위한 정책은 의료 및 보건정책에만 국한된 것이 아니라, 모든 사회정책이 건강과 직결되어 있음을 강조하고 있다. 따라서 WHO(2014)에서는 건강 격차를 해결하기 위한 정책적 변화는 모든 정책이 건강에 영향을 미칠 수 있는 건강 정책임을 인식하고, 정책결정 과정에서 해당 정책이 국민 건강에 미칠 영향에 대해 충분히 고려해야 한다는 점(Health in all policies)을 강조하고 있다. 이와 같은 맥락에서 사회복지 프로그램은 건강과 직결되어 있으며, 사회복지 정책은 건강의 사회적 결정요인에 직접적인 영향을 미친다. 그럼에도 불구하고, 지금까지 사회복지 분야에서는 사회복지 개입이 건강에 미치는 영향에 대한

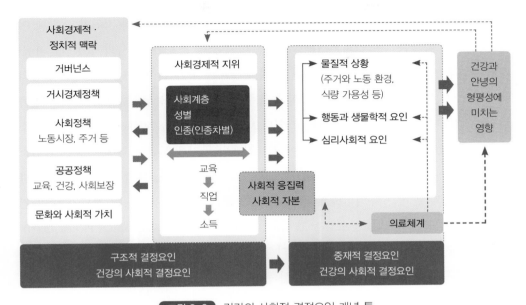

출처: WHO (2010). A conceptual framework for action on the social determinants of health.

고려가 상대적으로 부족했으며, 실제로 사회복지 정책이나 프로그램을 평가하는 과정에서 건강에 미치는 효과를 검증하지 않아서 사회복지의 영향력이나 중요성을 충분히 보여 주지 못하고 있다는 아쉬움이 있다. 그러나 점차 건강에 대한 관심뿐만 아니라 의료적 개입과 사회적 돌봄에 대한 통합 노력이 증대됨에 따라 건강 격차 해소를 위한 사회복지 분야에서의 노력이 더욱더 확산될 것으로 보인다.

3. 소득과 건강

지금까지 넓은 시각에서 사회적 결정요인에 의해 개인의 건강이 영향을 받고 있다는 점에 대해서 살펴보았다. 이번에는 왜 이러한 건강 격차가 발생하는지에 대해 조금 더 구체적으로 살펴보고자 한다. 특히 이 절에서는 건강 격차에 대해 살펴본 여러 요인 중 하나인 소득과 건강의 관계에 집중해 보려고 한다.

소득과 건강에 관한 연구는 크게 개인 소득 자체 혹은 사회경제적 지위가 건강에 어떻게 영향을 미치는지를 살펴본 연구와 한 사회의 소득 분포와 그 사회 구성원들의 건강을 살펴본 연구로 나누어 볼 수 있다. 앞에서 살펴본 바와 같이 개인의 소득과 건강의 관계를 살펴본 연구에서는 개인 소득이 높을수록 더 좋은 건강상태를 보인다는 사실을 다양한 건강지표를 활용하여 보고하고 있다(Mullahy, Robert, & Wolfe, 2011). 반면에 소득 분포와 국민의 건강을 살펴본 연구에서는 저개발 국가에 사는 국민의 건강은 국민소득이 증가함에 따라 건강이 좋아지는 것으로 보고되고 있으나, 선진국에선 국민소득과 국민의 건강의 관계는 유의미하지 않으며, 소득 혹은 사회적 불평등의 정도가 국민 건강에 더 큰 영향을 미치는 것으로 보고 있다(Lynch et al., 2004; Wilkinson & Pickett, 2009). 이처럼 선진국에서 소득불평등과 건강의 관계를 설명하기 위해 학자들은 절대소득가설, 상대소득가설 그리고 소득불평등가설 등 세 가지 가설을 제시하고 있다.

첫째, 절대소득가설에 따르면, 개인의 절대적인 소득과 이를 이용하여 얻을 수 있는 건강 관련 자원들이 직접적으로 건강에 긍정적인 영향을 미친다고 보고 있다(Kawachi & Subramanian, 2015). 개인의 소득은 좋은 주거, 건강에 좋은 식품 섭취, 쾌적한 환경에서의 생활 등을 할 수 있는 구매력을 증대시키며, 이로 인해 영위할 수 있는 더 여유로운 생활은 전염성 질환의 효과적인 예방, 건강증진 행동의 증가 그리고 더 나은 의료서비스에 대한 접근성 향상으로 나타나 궁극적으로는 개인의 건강에 긍정적인 영향을 미친다고 설명하고 있다(Kawachi, Adler, & Dow, 2010). 즉, 개인의 절대적인 소득이 늘어나면, 건강에 이로운 자원을 구매할 수 있는 기회가 늘고, 건강에 이로운 자원을 많이 가진 사람들은 더 건강하게 오래 살게 된다.

그렇다면 소득불평등이 적은 나라의 국민 건강이 소득불평등이 큰 나라에 비해서 건강 지표가 더 좋은 이유는 무엇인가? 이 가설에 따르면, 소득과 건강의 관계가 선형적인 관계가 아닌 비선형적인 관계이기 때문에 나타나는 현상이라고 보고 있다. 즉, 소득이 일정하게 증가했을 때 건강에 미치는 영향력은 소득이 적은 구간에서 더 크게 나타나며, 소득이 많은 구간에서 더 적게 나타난다(Kawachi et al., 2010; Wagstaff & van Doorslaer, 2000). 한 사람이 아무리 돈을 많이 벌어도, 그 벌어들인 돈으로 구매할 수 있는 건강 관련 자원에는 한계가 있으며, 그 사람이 아무리 건강하게 살아도 그 사람의 건강과 수명이 무한하지 않기 때문에 일정 소득 수준부터는 소득이 증가해도 그 증가분이 건강에 미치는 영향이 적어질 수 밖에 없다. 따라서 세금 등을 통해 소득불평등을 줄인 나라에서는 하위 소득 계층에게 경제적인 지원을 제공함으로써 이들의 절대적인 소득을 증가시키고, 이들의 소득 증가 자체가 건강에 긍정적인 영향을 미쳤기 때문에 국가 차원의 건강 지표도 더 좋게 나타난다고 보고 있다(Wagstaff & van Doorslaer, 2000).

  둘째, 소득 분포와 건강의 상관관계를 상대소득가설(relative income hypothesis)로 설명할 수 있다. 상대소득가설에 따르면, 개인의 건강이 절대적인 소득액이 아니라, 그 사회의 소득 분포 안에서 그 개인이 어디에 위치하고 있는지에 따라 달라질 수 있다고 설명한다. 즉, 건강은 한 개인이 소득 분포에서 상위 혹은 하위에 위치하고 있는지 그리고 그 소득이 그 사회의 평균 소득과 얼마나 차이가 있는지에 따라 달라진다고 보았다(Wilkinson & Pickett, 2009). 예를 들어, 어떤 사람의 월평균 소득이 250만 원일 때 평균 소득이 200만 원인 사회에서 사는 것과 평균 소득이 1,000만 원인 사회에서 사는 것, 두 곳에서의 삶을 비교해 보면 평균 소득이 200만 원인 사회에서 살 때 건강이 더 좋을 수 있다는 것이다. 그 이유는 소득 격차가 큰 사회에서 사는 개인은 그 곳에서 계층 간의 갈등을 더 많이 경험할 수 있게 되며, 특히 하위 소득 구간에 살고 있는 사람은 상대적 박탈감이나 개인의 사회경제적 위치에 대한 불만족을 더 크게 느껴 이러한 요소들이 건강에 부정적인 영향을 미치기 때문이다(Elgar, 2010). 또한 소득 격차가 큰 사회에서 살고 있는 개인은 심리사회적으로 만성적인 스트레스와 생리적 · 신체적인 변화를 경험하며(Wilkinson & Pickett, 2006), 건강하지 않은 건강행동을 더 많이 할 가능성이 높아진다(Wilkinson, 1996).

  사회체계가 건강에 미치는 부정적인 영향에 대한 연구들은 먼저 동물실험들을 통해 이루어졌다. 계급체계가 확실하고, 서열을 강조하는 동물집단을 살펴보면, 계급이 낮은 동물들의 건강이 계급이 높은 동물들보다 건강하지 못한 것으로 나타났다(Sapolsky, 2005). 계급이 낮은 동물의 건강이 안 좋은 이유는 계급이 높은 동물로부터 받는 만성적인 스트레스가 이들의 몸에 생리적 · 신체적인 변화를 일으키고, 이러한 변화는 심장질환 등 건강에 악영향을 미치는 것으로 나타났다(Sapolsky, 2005). 따라서 상대소득가설 지지자들은 불평등한 사회에 사는 인간도 이러한 기제를 통해 건강이 나빠진다고 보고 있다(Lynch et al., 2004).

　마지막으로, 소득불평등이 건강에 미치는 부정적인 영향을 설명하는 가설로 소득불평등가설(income inequality hypothesis)을 꼽을 수 있다. 소득불평등가설은 어떤 사회가 소득에 의해 나타나는 불평등한 정도는 단순히 경제적인 격차뿐만 아니라, 사회적 자본, 사회적 응집력, 또는 사회적 신뢰에 영향을 미치며, 더 나아가 사회적 갈등이나 사회적 무질서(예: 범죄율, 폭력)에도 영향을 준다고 보고 있다(Adler & Newman, 2002; Kawachi et al., 1997; Wilkinson, 2005). 사회적 자본[4]이나 응집력의 약화는 교육, 사회 보험, 사회적 안전망, 또는 의료서비스 등의 공공재에 대한 사회적 투자에 부정적인 영향을 미치며(Kaplan et al., 1996; Wu, Perloff, & Golan, 2006), 사회적 투자가 줄어들면, 주요 공공재나 사회서비스 등에 대한 접근성을 약화시켜, 구성원 전체의 건강에 부정적인 영향을 미친다(Lynch et al., 2004). 특히 공공재나 사회서비스 등에 대한 접근성의 제약은 이러한 서비스를 구매할 능력이 적은 취약계층에게 더 부정적인 영향을 미친다(Lynch et al., 2004). 소득불평등가설을 검증한 연구들을 살펴보면, 대인관계 신뢰가 소득불평등과 건강수준의 관계를 매개한다는 사실을 밝혔으며(Elgar, 2010), 사회적 자본과 건강 불평등의 관계는 국가 간 평등의 정도에 따라 그 영향력이 다르게 나타났다(Islam et al., 2006).

4. 스트레스와 건강

1) 건강불평등과 스트레스

　건강 격차를 해소하기 위해서는 집단 간에 왜 건강불평등이 나타나는지, 그 근본원인과 기제에 대한 이해를 할 필요가 있다. 이미 많은 연구에서 사회구조적인 불평

---

4) 세계보건기구에 따르면, 사회적 자본은 '지역사회에 존재하는 사회적 응집력의 정도를 나타내는 개념으로서, 사람들 사이에 네트워크, 규범, 사회적 신뢰를 형성하고 상호 이익을 위해 조직화하고 협력을 촉진하는 과정'을 의미한다(WHO, 1998).

등이 건강에 부정적인 영향을 미치며, 우연히 더 많은 자원을 가지게 되거나 더 평등한 사회가 되었을 때 그 사회의 구성원들의 건강이 향상되는 결과들이 보고되고 있다(McCartney et al., 2013). 또한 동물실험을 통해서도 우두머리가 되기 위한 경쟁이 심하고, 우두머리가 하위집단에 가하는 압력과 착취가 강할수록 하위집단에 속한 동물들의 건강이 더 안좋은 것으로 나타났다. 이처럼 불평등한 사회체계가 부정적인 건강 결과의 직접적인 원인이 될 수 있는가에 대한 질문에 답을 구하기 위해 지금도 많은 연구들이 진행되고 있으며, 이 가운데에서도 스트레스의 부정적 영향에 대한 설명이 하나의 기제로써 지지를 받고 있다(Evans & Kim, 2010; Nurius, Green, Logan-Greene, Longhi, & Song, 2016). 사회경제적 지위가 낮은 집단일수록 물질적인 자원도 적을 뿐만 아니라, 이로 인해 더 많은 사회적 위험에 노출될 가능성이 많으며, 이러한 사회적 위험에 대한 노출은 만성적인 스트레스 경험으로 이어져 건강에 부정적인 영향을 미친다(Evans & Kim, 2010; Repetti, Robles, & Reynolds, 2011).

여기서 말하는 스트레스는 사회환경에 자극을 받은 사람이 보이는 생물학적 · 심리학적 반응을 의미한다(Brunner & Marmot, 2006). 스트레스 반응은 사람이 위험이나 상해로부터 적절하게 대응하기 위한 반응이며, 평상시에 유지하고 있던 항상성(equilibrium)이 깨진 상태를 의미한다. 이러한 반응을 불러일으킬 수 있는 스트레스원은 생애 사건, 이사, 결혼 등과 같은 생활의 변화, 학대나 폭력 등과 같은 개인에게 위협이 되는 상호작용 등을 모두 포함한다. 스트레스는 부신과 시상하부-뇌하수체-부신축(Hypothalamic-Pituitary-Adrenal: HPA)을 자극하여 스트레스 호르몬과 코르티솔 분비를 촉진시키며, 스트레스 호르몬과 코르티솔은 신체적 · 정서적 스트레스에 보다 잘 대응할 수 있도록 신체를 변화시킨다(Taylor, 2018). 투쟁/도피(Fight-or-flight) 반응으로도 알려진 스트레스 반응은 혈압이 높아지고, 심박수 및 호흡수가 증가하며, 혈관이 확장되고 땀이 더 잘 나는 등의 생리적인 변화를 가져옴으로써 위험한 상황에서 보다 효과적으로 생존할 수 있도록 돕는다(Taylor, 2018). 급격한 스트레스 상황이 해결되었을 때 사람은 다시 항상성을 되찾게 되며, 원래의 신체 상태로 되돌아가게 된다.

문제는 스트레스 상황이 사라지지 않을 때 발생하게 된다. 즉, 만성적인 스트레스에 지속적으로 노출이 되었을 때 스트레스 반응은 건강에 부정적인 영향을 미치게 된다

(Brunner & Marmot, 2009). 스트레스 상황에서 빨리 회복하지 못하고, 반복적으로 스트레스 상황에 놓이게 되면, 알로스타틱 부하(allostatic load)가 축적된다(McEwen, 1998). 어릴 때부터 경험했던 여러 가지 부정적 사건은 전신을 소모시키는(wear-and-tear) 효과를 가져오게 되고, 만성적 독성 스트레스(toxic stress)에 노출된 기간이 길어질수록 신체를 소모시키는 효과는 더 커지게 된다. 알로스타틱 부하의 축적은 여러 건강지표와 관련이 있는 것으로 나타났으며, 대표적으로 혈압이나, 심장질환 등과 밀접한 관련이 있는 것으로 나타났다(Beckie, 2012). 이러한 만성적인 스트레스와 독성 스트레스는 사회경제적 지위가 낮은 집단에서 더 많이 경험하게 되며, 이들은 스트레스를 유발하는 환경을 변화시킬 수 있는 힘이나 자원이 부족한 경우가 많아서 이러한 스트레스에 더 취약한 것으로 보고되고 있다(Repetti & Robles, 2011).

2) 스트레스 대처이론

모든 사람이 동일한 스트레스 상황에 노출이 되었다고 하더라도, 모두 같은 반응을 보이거나 같은 방식으로 스트레스에 대처하지는 않으며, 그로 인한 건강 결과도 다르게 나타나게 된다. 그렇다면 왜 다른 반응을 보이는지에 대해 스트레스 대처이론을 활용하여 살펴보고자 한다.

심리학적 관점에서 스트레스에 대한 개념은 외부로부터의 자극(external stimulus), 자극에 대한 반응(response), 개인과 환경의 상호작용 그리고 개인과 환경의 상호교류(transaction) 등으로 나누어 볼 수 있다(Biggs, Brough, & Drummond, 2017; Cox & Grffiths, 2010). 개인과 환경 간의 상호교류에 대한 스트레스의 개념은 개인 혹은 환경 자체가 스트레스를 발생시킨다기보다는 환경 간의 복잡한 상호교류를 통해 스트레스가 발생한다고 보고 있다(Lazarus & Folkman, 1984). 즉, 동일한 스트레스 사건이 발생하더라도, 모든 사람이 그 사건을 똑같이 받아들이는 것은 아니다. 또한 사람은 자신이 스트레스를 인식하는 상황에서 스트레스에 대처하게 되는데, 이때 어떻게 대처하는가에 따라서 대처 결과인 건강 혹은 정신건강이 달라진다.

스트레스 대처 모델을 형성하는 데 가장 큰 영향을 미친 라자루스와 포크먼(Lazarus &

Folkman, 1984)은 인지적 정서이론에 기반하여 스트레스에 대한 인지적 평가(appraisal)와 대처 과정에 관심을 가졌다. 스트레스에 직면하게 되면 사람들은 자신이 가지고 있는 어젠더(예: 가치, 목표, 신념 등)와 환경적인 요인(예: 요구, 자원)에 따라서 스트레스에 대한 평가를 하게 된다(Biggs, Brough, & Drummond, 2017). 라자루스와 포크먼(1984)에 의하면, 스트레스에 대해 일차적 평가와 이차적 평가를 하게 된다. 먼저, 일차적 평가는 스트레스에 의한 상호교류가 개인의 안녕에 어떤 의미를 갖는지를 평가하는 과정이라고 볼 수 있다. 일차적으로 우리는 스트레스를 받으면 이 스트레스가 개인의 안녕(well-being)에 긍정적인 영향, 부정적인 영향(예: 자신에게 위해, 손실, 위협 등을 미칠 것으로 평가) 혹은 유의미하지 않은 영향을 줄 것인지를 평가하게 된다. 우리가 스트레스에 대해 관심을 갖는 경우는 부정적인 영향을 미치는 것으로 평가되는 스트레스 상황에서의 상호교류이다(Biggs et al., 2017). 부정적인 영향을 미치는 스트레스도 위험과 손실의 정도에 따라서 상당한 손실 혹은 위해, 위협적인 손실 혹은 위해 또는 도전으로 다시 나누어서 평가를 하기도 한다(Oliver & Brough, 2002). 반면에 이차적인 평가는 스트레스가 부정적인 영향을 미칠 것으로 판단될 때 진행을 하게 되며, 자신이 가지고 있는 대처 자원, 상황 그리고 대처 방식 등을 고려하여 스트레스 수준을 평가하게 된다. 과거 경험을 토대로 자신이 가지고 있는 대처 자원과 기술로 극복할 수 있는 상황이면 스트레스 수준이 그다지 크게 느껴지지 않을 수 있으나 극복하기 어렵다고 판단되면, 스트레스 수준은 높아진다.

대처란, 부정적인 스트레스로 평가 받은 상황에 대한 내적 · 외적 요구를 관리하기 위해 활용하게 되는 생각과 행동들을 의미한다(Folkman & Moskowitz, 2004). 대처는 자원, 가치, 의지를 가진 개인과 별도의 자원, 요구 그리고 제약을 가진 환경 간의 상호교류의 과정을 통해 변화하는 역동적인 개념임을 강조하고 있다(Folkman & Moskowitz, 2004).

이때 활용되는 수단을 대처 전략이라고 하며, 대처 전략은 정보 수집, 문제해결을 위한 행동 개시, 도움 요청, 심리적 대처, 회피 등을 모두 포함한다. 주요 대처 전략으로 크게 문제집중적 대처과 정서집중적 대처를 꼽을 수 있다. 먼저, 문제집중적 대처는 스트레스 상황을 해결하거나 변화시키려는 직접적인 노력을 의미하며, 정서집중적 대처는 스트레스 상황으로 인해 경험하게 되는 감정을 조절하기 위한 노력을 의미한다(Taylor, 2018). 일반적으로 위협적인 환경을 통제하거나 변화시킬 수 있다고 평가하였을 때 문제집중적 대처를 하게 되며, 이러한 환경에 대해 통제하거나 변화를 가져올 수 없다고 평가하였을 때 정서집중적 대처를 하게 된다(Lazarus & Folkman, 1984).

테일러(Taylor, 2018)는 여러 학자의 연구를 종합하여 스트레스 사건에 대한 대처 과업으로 다섯 가지를 제시하였다. ① 해로운 환경적 조건을 줄이는 것, ② 부정적 사건이나 현실을 참고 견디거나 적응하는 것, ③ 긍정적 자기 이미지를 유지하는 것, ④ 정서적 균형상태를 유지하는 것, ⑤ 다른 사람들과 만족스러운 관계를 유지하는 것이다. 사회심리학적 입장에서 미캐닉(Mechanic, 1974)은 대처의 세 가지 과업을 제시하였다. ① 사회적 요구와 환경적 요구를 다루는 것, ② 이러한 요구를 충족시키기 위해 동기를 유발시키는 것, ③ 심리적 항상성을 유지하여 외적 요구에 대해 에너지와 기술을 동원하도록 하는 것이다. 펄린과 스쿨러(Pearlin & Schooler; Lazarus & Folkman, 1984에서 재인용)도 대처의 과업으로, ① 긴장을 일으키는 상황을 변화시키는 것, ② 이러한 상황이 스트레스를 유발하기 전에 의미를 통제하는 것, ③ 일단 스트레스가 발생하면 스트레스 자체를 통제하는 것을 꼽았다.

대처결과는 스트레스 사건에 대해 개인이 대처를 했을 때 나타나는 결과를 의미한다. 성공적인 대처는 스트레스원(stressor)을 줄이거나 제거했을 때 부정적 현실을 잘 극복했을 때 긍정적인 자기상을 유지했을 때 정서적으로 평온한 상태를 유지했을 때 회복 가능성을 높였을 때(질병 상황의 경우), 생리적 혹은 생물학적으로 스트레스 이전 상황으로 회복이 되었을 때 등을 의미한다(Karatsoreos & McEwen, 2011). 스트레스 사건이 개인에 미치는 영향은 스트레스 사건에 대한 평가와 개인이 활용한 대처 전략에 따라 다르게 나타난다. 그 결과로 심리적 기능을 제대로 수행하거나 스트레스 사건 이전의 일상적인 활동을 회복하거나 스트레스를 극복하지 못하여 심리적 고통을 경험하기도 한다. 또한 대처 과정을 통해 새롭게 얻은 정보와 상황에 대한 이해는 대처의 성공여부와 스트레스를 재평가하는 환류의 과정을 거치게 되며, 이러한 평가는 스트레스에 대한 상황뿐만 아니라 이후의 스트레스 평가의 자료로 활용하게 된다(Biggs et al., 2017).

위협적 사건에 대처하는 방식은 개인이 사용할 수 있는 외적 및 내적 자원과 이러한 자원의 사용을 억제하는 여러 요인에 의해 영향을 받는다. 라자루스와 포크먼(1984)은 일상생활의 요구에 대처하기 위하여 사용하는 자원을 크게 개인적 자원과 환경적 자원으로 구분하여 개인적 자원으로는 신체적 건강과 에너지, 긍정적 신념, 문제해결기술 및 사회적 기술을 포함하였으며, 환경적 자원으로는 사회적 지지와 물질적 자원들을 포함하였다. 반면에 테일러(2018)는 대처자원을 내적 자원과 외적 자원으로 구분하였으며, 내적 자원으로는 대처양식과 성격적 특성을 꼽았다. 성격적 특성은 대처 반응이나 대처 전략에 영향을 미치는 내적 요소들을 의미하며, 우울, 불안 등의 부정적 정서나 낙천성 등을 꼽을 수 있다(Taylor, 2018). 외적 자원은 스트레스 사건을 대할 수 있는 더 많은 방법들을 제공한다는 점에서 스트레스-대처 과정에 영향을 미친다. 대표적으로 시간, 돈, 교육, 생활 수준, 친구, 가족 그리고 다른 스트레스원의 부재 등을 꼽을 수 있다. 테일러(2018)는 여러 학자의 연구결과(Cohen & Lazarus, 1979; Hamburg & Adams, 1967; Lazarus & Folkman, 1984; Moos, 1988; Taylor, 1988; Taylor, 2018 재인용)와 개념적 요인들을 종합하여 스트레스 대처 모형을 다음과 같이 재구성하였다([그림 2-3] 참조).

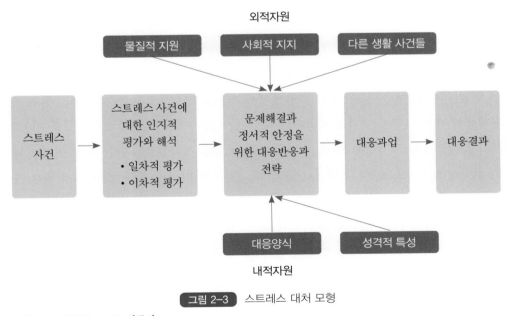

그림 2-3 스트레스 대처 모형

출처: Taylor(2018), p. 139 재구성.

5. 건강행동과 건강

건강 격차를 설명함에 있어서, 사회적 결정요인이나 스트레스 사건 등의 외부 요인으로 인해 발생하는 격차도 존재하지만, 같은 상황에서도 다르게 행동함으로써 발생하는 격차도 존재한다. 건강행동과 관련된 이론은 미시적인 차원에서 클라이언트들의 건강행동에 대한 이해를 도우며, 이러한 공통된 이해를 토대로 클라이언트에 대한 개입을 진행함으로써 증거기반실천을 도모하고자 한다(Gehlert & Ward, 2019).

1) 건강신념 모델

사람들의 건강행동에 대한 이해를 도모하기 위한 첫 번째 이론으로 건강신념 모델(The health belief model)을 꼽을 수 있다([그림 2-4] 참조). 건강신념 모델은 건강심리학에서 가장 많이 활용되는 사회인지 모델이다(Sheeran & Abraham, 1995). 건강신념 모델에서 주요하게 다루어지는 개념으로 위협과 결과 기대를 꼽을 수 있으며, 개인이 건강에 부정적인 영향을 미칠 수 있는 위협에 대해 어떻게 인식하고, 이에 대처하기 위한 건강행동에 대해 어떻게 평가를 하는가에 따라 실제로 수행하는 건강행동이 달라진다고 보고 있다(Gehlert & Ward, 2019). 구체적으로, 위협은 개인이 인식하는 특정 질병에 대한 취약성(Susceptibility)와 질병에 걸렸을 때 개인에게 미칠 수 있는 신체적(예: 죽음, 장애, 질병기간 등) · 사회적(예: 사회적 낙인, 일상생활의 지속, 사회적 관계 유지 등) 영향을 포함한 개념이라고 볼 수 있다(Conner & Norman, 1998). 글란츠 등(Glanz et al., 2015)은 인지된 위협을 인지된 취약성과 질병의 심각성의 조합으로 개념화하였다. 예를 들어, 코로나 백신이 개발이 되고 난 이후에, 백신을 맞는 건강행동에 미치는 요인을 건강신념 모델을 토대로 살펴본 연구들에서는 개인이 코로나에 더 취약하다고 느끼고, 코로나가 건강에 미치는 부정적인 영향이 더 크다고 느낄수록 백신에 대한 망설임이 낮은 것으로 나타났다(Limbu, Gautam, & Pham, 2022). 반면에 결과기대는 특정 건강행동을 하려고 생각했을 때 개인이 느끼는 이득(benefit)과 비용 혹은 장애요인(barriers) 등을 의미한

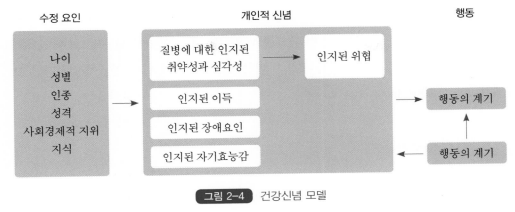

수정 요인   개인적 신념   행동

나이
성별
인종
성격
사회경제적 지위
지식

질병에 대한 인지된 취약성과 심각성 → 인지된 위협

인지된 이득

인지된 장애요인

인지된 자기효능감

행동의 계기

행동의 계기

그림 2-4 건강신념 모델

출처: Glanz et al. (2015).

다(Conner & Norman, 1998). 앞에서 예를 들었던 코로나 연구에서는 개인이 백신이 효과 적이라고 판단할수록 백신에 대한 망설임이 낮아졌으며, 백신에 대한 믿음이 낮을수록, 부작용에 대한 걱정이 많을수록 백신에 대한 망설임이 높은 것으로 나타났다(Limbu et al., 2022). 이러한 상황에서 백신에 대한 망설임이 강한 사람은 백신을 맞을 가능성이 더 낮을 것이다. 추가적으로 건강행동에 영향을 미치는 요인으로 인지된 자기효능감과 행 동의 계기(cues to action)를 꼽을 수 있다. 인지된 자기효능감은 개인이 얼마나 건강행동 을 잘 수행할 수 있을지에 대한 개인의 평가를 의미하며, 행동의 계기는 건강행동을 수 행하게 된 내적(예: 증상 경험) · 외적(예: 미디어 광고, 의사의 권유, 친구의 질병경험 등) 촉 발 요인으로 개념화를 할 수 있다(Glanz et al., 2015). 건강신념의 주요 요인 간의 관계는 연령, 성별, 인종, 성격, 사회경제적 지위, 지식 등에 따라 다르게 영향을 미칠 수 있으 며, 건강신념 모델은 이러한 요인들을 종합적으로 고려하여 개인의 건강행동 수행 여부 를 이해할 필요가 있음을 시사한다([그림 2-4] 참조).

건강신념 모델은 먼저 예방적 건강행동에 관한 연구에서 많이 활용되었으며, 특히 음 주, 흡연, 운동, 건강검진, 백신 등과 관련된 연구를 꼽을 수 있다. 또한 질병을 가진 환 자들이 치료 및 처방에 순응하는 정도를 이해하기 위한 연구에서도 활용되고 있다. 예 를 들어, 고혈압 환자들의 혈압을 낮추기 위한 처방의 순응이나, 당뇨환자들이 혈당을 조절하는 데 필요한 처방의 순응에 영향을 미치는 요인들을 이해하기 위한 연구들이 진

행되고 있다. 마지막으로, 의료이용에 관한 연구에서도 활용되고 있다. 예를 들어, 만성
질환을 가진 환자가 정기적인 질병 관리를 위해 진료를 예약하게 되는데, 어떤 환자가
예약된 진료에 오고, 어떤 환자들이 오지 않는지를 이해하기 위한 연구에 건강신념 모
델을 활용하였다(Mirotznik et al., 1998).

2) 건강행동이론

개인의 건강행동을 설명하는 이론으로 합리적 행동이론(theory of reasoned action)
과 계획된 행동이론(theory of planned behavior)을 꼽을 수 있다. 먼저, 합리적 행동이론
에 따르면, 행동에 가장 주요하게 영향을 미치는 것은 행동하고자 하는 의도(행동 의도)
라고 보았다(Fishbein & Ajzen, 1975, 2010). 행동 의도는 개인이 그 행동에 대해 갖고 있
는 태도와 주변 사람들이나 사회적인 규범을 토대로 개인이 느끼는 주관적 규범에 영향
을 받는다. 태도는 또 다시 행동신념과 행동결과에 대한 평가로 나누어 생각할 수 있다
([그림 2-5] 참조). 행동신념은 어떠한 행동을 했을 때 개인이 예상하는 긍정적 혹은 부정
적 결과 또는 기대를 의미한다. 행동결과에 대한 평가는 행동을 통해 나타난 결과가 개
인에게 얼마나 중요한 의미를 갖는지를 의미한다(Gehlert & Ward, 2019). 즉, 개인이 어
떤 행동을 했을 때 긍정적인 결과가 나타날 것이라는 강한 신념을 가지고 있고, 그 긍정
적인 결과가 개인에게 중요하다고 평가된다면, 그 행동에 대해 개인은 긍정적인 태도를
갖게 된다(Fishbein & Ajzen, 2010).

반면에 주관적 규범은 규범적 신념과 타인의 의견에 대한 순응 동기에 의해 영향을
받는다(Glanz et al., 2015). 규범적 신념은 자신의 행동을 의미 있게 생각하는 사람들이
나 집단이 봤을 때 어떤 반응을 보일지에 대한 예상과 그 의미 있는 사람들이 실제로 특
정 행동을 행하는지 여부 등의 사회적 압력이라고 볼 수 있다(Fishbein & Ajzen, 2010). 타
인의 의견에 대한 순응 동기는 개인이 지각하는 사회적 압력에 얼마나 순응할 것인지에
대한 개인의 동기를 의미한다. 예를 들어, 알코올 섭취에 문제를 가지고 있는 사람에게
금주를 제안하는 한 사회복지사는 금주를 제안하기 전에 주변 사람들 가운데 같이 술을
마시는 사람들은 얼마나 있는지, 금주를 했을 때 그 사람들의 반응은 어떠한지 그리고

그 사람들의 의견이나 평가가 이 사람에게 얼마나 중요하고, 이 사람은 그 사람들의 말을 얼마나 따를 의향이 있는지 등에 대해 먼저 살펴봄으로써 행동 의도와 행동 여부를 더 잘 가늠할 수 있다.

아젠(Ajzen, 1991)은 합리적 행동이론에 관한 후속 연구를 통해 행동 통제에 대한 인식을 추가하여 계획된 행동이론을 개발하였다. 아젠(1991)은 개인이 행동을 함에 있어서 행동의도도 물론 중요하지만, 의도가 강하다고 해서 반드시 행동을 수행하지 않는다는 사실에 주목하였다. 그는 개인의 행동은 자신이 그 행동을 하고자 하는 의도와 함께, 그 행동을 수행함에 있어서 얼마만큼 통제할 수 있다고 인식하는지에 따라 그 수행 여부가 달라진다 보았다(Ajzen, 1991). 이를 지각된 행동통제라고 개념화하였으며, 지각된 행동통제는 통제 신념과 지각된 힘에 영향을 받는다고 보았다. 통제신념은 행동에 긍정적인 영향을 미치는 촉진요인이나 부정적인 영향을 미치는 장애요인에 대한 개인의 신념을 의미하며, 이러한 요인들은 자신의 능력이나 기술 등의 내적 요인이 될 수도 있고, 사회적 지지나 사회 정책 등과 같은 외부적 요인이 될 수도 있다. 지각된 힘은 이러한 요인들이 얼마나 자신의 행동을 촉진 혹은 방해할 수 있는지에 대한 개인의 인식을 의미한다. 예를 들어, 건물 내 금연 정책이 자신의 행동통제에 영향을 미치는 요인이라고 본다면, 건물 내 금연 표시를 얼마나 자주 보는지로 통제신념을 개념화할 수 있으며, 이러한

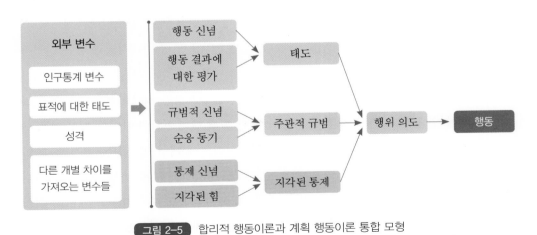

그림 2-5 합리적 행동이론과 계획 행동이론 통합 모형

출처: Glanz et al. (2015).

표시가 금연을 하는 데 얼마나 도움을 준다고 평가하는지를 지각된 힘으로 정의할 수 있다(Glanz et al., 2015).

최근에는 합리적 행동이론(theory of reasoned action)과 계획 행동이론(theory of planned behavior)을 합친 통합 모형을 많이 활용하고 있다([그림 2-5] 참조). 이 두 이론은 음주, 체중조절, 운동 등의 건강행동뿐만 아니라, 암에 관한 예방적 건강검진, 부모의 온라인 건강정보 이용 등의 예방적 의료서비스 이용 그리고 고혈압이나 당뇨 관리 등과 같은 치료에 대한 순응 등 다양한 영역에서 널리 활용되고 있다(Gehlert & Ward, 2019). 또한 이 이론들을 토대로 개발된 개입 프로그램도 증가하고 있다(Steinmetz et al., 2016).

3) 의료이용에 대한 행동 모델

의료이용과 관련하여 가장 많이 활용되는 모델로는 앤더슨(Andersen)의 의료이용에 대한 행동 모델(behavioral model of health service use, 앤더슨의 의료이용 모델)을 꼽을 수 있다. 앤더슨의 의료이용 모델은 조금 더 거시적인 관점에서 개인의 의료서비스 이용에 영향을 미치는 요인들에 대해 설명하고 있다. 여러 차례의 수정 과정을 거친 이 모형은 가장 최근에 취약계층을 위한 행동모형을 제안하고 있으나(Gelbert, Andersen, & Leake, 2000), 이 장에서는 1995년에 발표된 모형을 토대로 의료이용 모델을 설명하고자 한다.

앤더슨(1968, 1995)은 가장 먼저 의료서비스 이용에 영향을 미치는 인구특성으로 선행요인, 가능요인 그리고 욕구요인을 꼽았다. 선행요인은 연령이나 성별과 같은 인구사회통계 변수나 개인이 가지고 있는 건강이나 의료서비스에 대한 신념, 가치 그리고 선입견 등의 건강신념 및 태도를 포함하고 있다. 가능요인으로는 의료이용을 가능하게 하거나 저해할 수 있는 여러 가지 자원을 포함한다. 이때 앤더슨은 개인이 가지고 있는 의료보험이나 임금, 사회적 지지뿐만 아니라, 의료서비스에 대한 접근성을 결정할 수 있는 거주 지역 등도 여기에 포함되며, 의료이용을 돕거나 방해할 수 있는 사회적 관계도 포함될 수 있음을 강조하고 있다(Andersen, 1995). 마지막으로, 욕구요인은 개인이 인지하는 혹은 실제로 진단된 건강문제를 의미한다. 즉, 개인이 경험하고 있는 증상, 건강에 대한 염려, 자신의 건강상태 및 기능에 대한 이해와 함께 이들이 실제로 의료서비스를

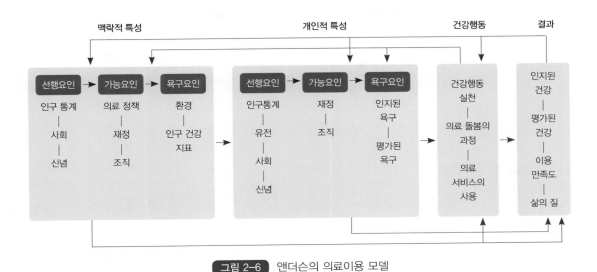

그림 2-6 앤더슨의 의료이용 모델

출처: Andersen & Davidson (2007), p. 35.

통해 진단받은 자신의 건강문제 등을 모두 포괄하고 있다(Andersen, 1995).

선행요인, 가능요인 그리고 욕구요인으로 구분되는 인구특성은 환경적 특성에 영향을 받는데, 이러한 환경적 특성에는 의료체계나 외부 환경을 꼽을 수 있다. 의료체계는 건강보험의 형태(예: 국가의료보험, 민간의료보험 등), 의료체계의 자원 및 조직 등을 포함하며, 이러한 의료체계는 개인의 의료이용뿐만 아니라 이후의 후속경험에도 영향을 미치는 것으로 보았다. 또한 외부환경적 요인은 한 사회의 정치적, 경제적, 사회적 상황 또한 의료이용에 영향을 미친다는 점을 확인시켜 주고 있다.

처음에 앤더슨은 이러한 요인들이 개인의 의료이용에 미치는 영향에 대해서 주로 초점을 맞췄으나, 점차 모델이 확장됨에 따라 이러한 요인들은 건강행동에 영향을 미친다고 보았고, 건강행동에는 개인의 건강 실천(personal health practice)와 의료이용(use of health services)이 포함된다고 보았다([그림 2-6] 참조)(Andersen & Davidson, 2007). 더 나아가, 건강행동은 인지된 건강상태(perceived health status), 평가된 건강상태(evaluated health status) 그리고 의료이용 만족도(consumer satisfaction)로 구분되는 건강결과에 영향을 미치는 것으로 보았다. 여전히 의료이용에 초점을 맞추고 있는 앤더슨의 모형은 궁극적으로 의료이용이 성공적이기 위해서는 건강결과에 대한 긍정적인 평가와 함께 서비스를 이용한 이용자가 서비스 내용에 대해 만족해야 한다고 보았기 때문에 건강결과에 대한 개념을 모델에 포함시키고 있다고 한다(Andersen, 1995).

▲ 참고문헌

김혜련, 김윤신(2003). 만성질환 유병의 사회계층별 차이 분석. 한국보건통계학회지, 28(2), 56-67.

오유미, 이돈형, 김연희, 안솔이, 최혜선(2021). 건강수명 통계집: 한눈에 보는 건강수명 2021. 한국건강증진개발원.

Adler, N. E., & Newman, K. (2002). Socioeconomic disparities in health: Pathways and policies. *Health Affairs, 21*(2), 60-76.

Ajzen, I. (1991). The theory of planned behavior. *Organizational Behavior and Human Decision Processes, 50*(2), 179-211.

Amzat, J., & Razum, O. (2014). Health, disease, and illness as conceptual tools. In *Medical Sociology in Africa*, 21-37.

Andersen, R. M. (1968). Families' use of health services: A behavioral model of predisposing, enabling, and need components. (Unpublished Dissertation). http://docs.lib.purdue.edu/dissertations/AAI6902884

Andersen, R. M. (1995). Revisiting the behavioral model and access to medical care: Does it matter? *Journal of Health and Social Behavior, 36*(1), 1-10.

Andersen, R. M., & Davidson, P. L. (2007). Improving Access to Care in America: Individual and 17 Contextual Indicators. In R. M. Andersen, T. H. Rice, & G. F. Kominski (Eds.), *Changing the U.S. Health Care System: Key Issues in Health Services Policy and Management* (pp. 3-31). Jossey-Bass.

Beckie, T. M. (2012). A systematic review of allostatic load, health, and health disparities. *Biological Research for Nursing, 14*(4), 311-346.

Biggs, A., Brough, P., & Drummond, S. (2017). Lazarus and Folkman's psychological stress and coping theory. In C. L. Cooper & J. Campbell (Eds.), *The Handbook of Stress and Health*, 349-364). John Wiley & Sons, Ltd.

Bor, J., Cohen, G. H., & Galea, S. (2017). Population health in an era of rising income inequality: USA, 1980-2015. *The Lancet, 389*(10077), 1475-1490.

Brunner, E. J., & Marmot, M. G. (2006). Social organisation, stress and health. In M. G. Marmot & R. G. Wilkinson (Eds.), *Social Determinants of Health*, 6-30. Oxford University Press.

Conner, M., & Norman, P. (1998). Editorial: Social cognition models in health psychology. *Psychology & Health, 13*(2), 179-185.

Cowles, L. A. (2012). *Social work in the health field: A care perspective* (2nd ed.). Routledge.

Cox, T., & Griffiths, A. (2010). Work-related stress: A theoretical perspective. In S. Leka & J. Houdmont (Eds.), *Occupational Health Psychology*, 31-56. Wiley Blackwell.

Elgar, F. J. (2010). Income inequality, trust, and population health in 33 countries. *American Journal of Public Health, 100*(11), 2311-2315.

Engel, G. L. (1977). The need for a new medical model: A challenge for biomedicine. *Science, 196*(4286), 129-136.

Evans, G. W., & Kim, P. (2010). Multiple risk exposure as a potential explanatory mechanism for the socioeconomic status-health gradient. *Annals of New York Academy of Sciences, 1186*, 174-189.

Fishbein, M., & Ajzen, I. (1975). *Belief, attitude, intention, and behavior: An introduction to theory and research*. Addison-Wesley.

Fishbein, M., & Ajzen, I. (2010). *Predicting and changing behavior: The reasoned action approach*. Psychology Press.

Folkman, S., & Moskowitz, J. T. (2004). Coping: Pitfalls and promise. *The Annual Review of Psychology, 55*, 745-774.

Gehlert, S., & Ward, T. S. (2019). Theories of health behavior. In S. Gehlert & T. Browne (Eds.), *Handbook of Health Social Work* (3rd ed.). 143-163. Jossey-Bass.

Gelberg, L., Andersen, R. M., & Leake, B. D. (2000). The behavioral model for vulnerable populations: Application to medical care use and outcomes for homeless people. *Health*

Services Research, 34(6), 1273-1302.

Germain, C. B. (1984). Social work practice in health care. The Free Press.

Glanz, K., Rimer, B. K., & Viswanath, K. (Eds.). (2015). *Health behavior: Theory, research, and practice* (5th ed.). Jossey-Bass.

Globerman, J. (1999). Hospital restructuring: Positioning social work to manage change. *Social Work in Health Care, 28*(4), 13-30.

Glymour, M. M., Avendano, M., & Kawachi, I. (2014). Socioeconomic status and health. In L. F. Berkman, I. Kawachi, & M. M. Glymour (Eds.), *Social Epidemiology* (2nd ed., pp. 17-63). Oxford University Press.

Islam, M. K., Merlo, J., Kawachi, I., Lindström, M., & Gerdtham, U. (2006). Social capital and health: Does egalitarianism matter? A literature review. *International Journal of Equity Health, 5*, 3. https://doi.org/10.1186/1475-9276-5-3

Kaplan, G. A., Pamuk, E. R., Lynch, J. W., Cohen, R. D., & Balfour, J. L. (1996). Inequality in income and mortality in the United States: Analysis of mortality and potential pathways. *BMJ (Clinical Research Ed.), 312*(7037), 999-1003.

Karatsoreos, I. N., & McEwen, B. S. (2011). Psychobiological allostasis: Resistance, resilience, and vulnerability. *Trends in Cognitive Sciences, 15*(12), 576-584. https://doi.org/10.1016/j.tics.2011.10.005

Kawachi, I., & Subramanian, S. V. (2015). Income inequality. In L. F. Berkman, I. Kawachi, & M. M. Glymour (Eds.), *Social Epidemiology* (2nd ed.). Oxford Academic.

Kawachi, I., Adler, N. E., & Dow, W. H. (2010). Money, schooling, and health: Mechanisms and causal evidence. *Annals of the New York Academy of Sciences, 1186*, 56-68.

Kawachi, I., Kennedy, B. P., Lochner, K., & Prothrow-Stith, D. (1997). Social capital, income inequality, and mortality. *American Journal of Public Health, 87*(9), 1491-1498.

Kim, Y. M., & Kim, M. H. (2007). Health inequalities in Korea: Current conditions and implications. *Journal of Preventive Medicine and Public Health, 40*(6), 431-438.

Larson, J. S. (1999). The conceptualization of health. *Medical Care Research and Review, 56*(2), 123-136.

Lazarus, R. S., & Folkman, S. (1984). *Stress, appraisal, and coping.* Springer.

Limbu, Y. B., Gautam, R. K., & Pham, L. (2022). The health belief model applied to COVID-19 vaccine hesitancy: A systematic review. *Vaccines, 10*(6), 973.

Link, B. G., & Phelan, J. (1995). Social conditions as fundamental causes of disease. *Journal of Health and Social Behavior, 35*, 80–94.

Lynch, J., Smith, G. D., Harper, S., Hillemeier, M., Ross, N., Kaplan, G. A., & Wolfson, M. (2004). Is income inequality a determinant of population health? Part 1. A systematic review. *The Milbank Quarterly, 82*(1), 5–99.

Marmot, M. G., Kogevinas, M., & Elston, M. A. (1987). Social/economic status and disease. *Annual Review of Public Health, 8*, 111–135.

Marmot, M. G., Smith, G. D., Stansfeld, S., Patel, C., North, F., Head, J., White, I., Brunner, E., & Feeney, A. (1991). Health inequalities among British civil servants: The Whitehall II study. *The Lancet, 337*(8754), 1387–1393.

McCartney, G., Collins, C., & Mackenzie, M. (2013). What (or who) causes health inequalities: Theories, evidence, and implications? *Health Policy, 113*(3), 221–227.

McCoyd, J. L., Lee, J. E., & Kerson, T. S. (2023). *Social work in health settings: Practice in context* (5th ed.). Routledge.

McEwen, B. S. (1998). Stress, adaptation, and disease: Allostasis and allostatic load. *Annals of the New York Academy of Sciences, 840*, 33–44.

Mechanic, D. (1974). Discussion of research programs on relations between stressful life events and episodes of physical illness. In B. S. Dohrenwend & B. P. Dohrenwend (Eds.), *Stressful life events: Their nature and effects*. John Wiley & Sons.

Mirotznik, J., Ginzler, E., Zagon, G., & Baptiste, A. (1998). Using the health belief model to explain clinic appointment-keeping for the management of a chronic disease condition. *Journal of Community Health, 23*(3), 195–210.

Moos, R. H. (1988). Life stressors and coping resources influence health and well-being. *Psychological Assessment, 4*, 133–158.

Morrall, P. (2009). *Sociology and health: An introduction* (2nd ed.). Routledge.

Mullahy, J., Robert, S., & Wolfe, B. (2011). Health, income, and inequality. In D. Grusky (Ed.), *The inequality reader* (2nd ed.). 622–635. Routledge.

Navarro, V. (1990). Race or class versus race and class: Mortality differentials in the United States. *The Lancet, 336*, 1238–1240.

Nettleton, S. (1995). *The sociology of health and illness*. Polity Press.

Nurius, P. S., Green, S., Logan-Greene, P., Longhi, D., & Song, C. (2016). Stress pathways to health inequalities: Embedding ACEs within social and behavioral contexts. *International Public Health Journal, 8*(2), 241-256.

Parsons, T. (1951). Social structure and dynamic process: The case of modern medical practice. In T. Parsons (Ed.), *The social system*, 429-479. The Free Press.

Phelan, J. C., Link, B. G., & Tehranifar, P. (2010). Social conditions as fundamental causes of health inequalities: Theory, evidence, and policy implications. *Journal of Health and Social Behavior, 51*, S28-S40.

Repetti, R. L., Robles, T. F., & Reynolds, B. (2011). Allostatic processes in the family. *Developmental Psychopathology, 23*(3), 921-938.

Sapolsky, R. M. (2005). The influence of social hierarchy on primate health. *Science, 308*(5722), 648-652.

Sheeran, P., & Abraham, C. (1996). The health belief model. In M. Conner & M. Norman (Eds.), *Predicting health behaviour; Research and practice with social cognition models*, 23-61. Open University Press.

Steinmetz, H., Knappstein, M., Ajzen, I., Schmidt, P., & Kabst, R. (2016). How effective are behavior change interventions based on the theory of planned behavior? A three-level meta-analysis. *Zeitschrift Für Psychologie/Journal of Psychology, 224*(3), 216-233.

Straub, L., & Thekkekandam, M. (2023). Chronic disease self-management. In T. P. Daaleman & M. R. Helton (Eds.), *Chronic Illness Care: Principles and Practice* (2nd ed.). 61-69. Springer International Publishing.

Taylor, S. E. (1983). Adjustment to threatening events: A theory of cognitive adaptation. *American Psychologist, 41*, 1161-1173.

Taylor, S. E. (2018). *Health psychology* (10th ed.). Wiley and Sons.

Wade, D. T., & Halligan, P. W. (2004). Do biomedical models of illness make for good healthcare systems? *BMJ (Clinical Research Ed.), 329*(7479), 1398-1401.

Wagstaff, A., & van Doorslaer, E. (2008). Income inequality and health: What does the literature tell us? *Annual Review of Public Health, 21*(1), 543-567.

WHO. (2010). *A conceptual framework for action on the social determinants of health*. WHO.

WHO. (2014). *Health in all policies: Helsinki statement. Framework for country action.* WHO.

Wilkinson, R. G. (1996). *Unhealthy societies: The afflictions of inequality.* London, England: Routledge.

Wilkinson, R. G. (2005). *The impact of inequality: How to make sick societies healthier.* New York, NY: New Press.

Wilkinson, R. G., & Pickett, K. (2006). Income inequality and population health: A review and explanation of the evidence. *Social Science and Medicine, 62*(7), 1768–1784.

Wilkinson, R. G., & Pickett, K. (2009). *The spirit level: Why more equal societies almost always do better.* London, England: Allen Lane.

Wu, X., Perloff, J. M., & Golan, A. (2006). Effects of government policies on urban and rural income inequality. *Review of Income and Wealth, 52*(2), 213–235.

제3장
의료사회복지의 역사적 발달

　　의료사회복지실천의 발달과정은 그 시대의 의료적, 사회적, 경제적 상황과 밀접히 맞물려 있으며, 사회의 요구에 따라 의료사회복지의 역할이나 강조점도 달라져 왔다. 의료사회복지의 역사적 발달과정을 이해하는 것은 의료사회복지의 본질을 파악하는 데서 나아가 향후의 발전 방향을 가늠하는 데도 중요한 역할을 한다고 할 수 있다. 1905년 의사 캐봇(Dr. Cabot)이 처음으로 의료사회복지사를 채용한 이래 의료사회복지의 역사는 이제 100년이 훌쩍 넘었다. 제3장에서는 의료사회복지실천의 출발이자 기반이 된 영국과 미국의 초기 발달에서부터 지금까지의 발전과정을 먼저 살펴보고, 서구에서 도입되었으나 이후 우리나라의 사회적 환경과 상호작용하며 발전해 온 우리나라의 의료사회복지의 발달과정을 알아본다.

1. 미국과 영국의 의료사회복지 발달

1) 의료사회복지실천의 역사적 기반

(1) 초기 의료사회복지실천: 1700년대

의료사회복지의 역사적 기반을 이해하기 위해서는 당시의 의료시설을 비롯한 사회적 환경의 변화에 대해 먼저 이해할 필요가 있다. 미국의 경우, ① 19세기와 20세기 초 이민의 급증으로 인한 인구학적 변화, ② 환자 치료 장소와 치료에 대한 태도의 변화, ③ 건강에 대한 심리사회적 요인의 중요성 부각이라는 세 가지 측면이 상호작용하면서 의료사회복지가 출현하게 되었다(Gehlert, 2019). 이민 인구의 급증으로 미국은 이들의 열악한 주거환경, 위생, 안전, 충분한 음식의 부족, 높은 영아 사망률뿐 아니라 언어 문제, 의료에 대한 신념의 차이 등 다양한 사회적 문제에 당면하게 되었다. 이민자들의 열악한 상황은 보건의료의 대처방식에도 많은 영향을 미쳤으며, 치료장소도 가정 이외에 자선병원, 무료 의무실 등의 의료시설이 생겨났다.

① 치료장소의 변화: 가정에서 자선병원으로

1600년대 후반에서 1700년대 초반에는 환자들을 주로 가정에서 돌보았으며, 전염병 유행 시기에는 전염병 환자들을 수용하기 위해 긴급 시설이 대도시를 중심으로 임시 운영되었다. 그러나 이민으로 미국 인구가 증가하면서 지역사회에 신체·정신 질환자나 노인, 고아 및 노숙인을 돌보기 위해 구빈원이 생겨나게 되었고, 1713년에는 필라델피아에 퀘이커 교도들을 위해 최초의 구빈원이 세워졌다. 1700년대 중반까지 환자들은 구빈원 내 다른 거주자들과 분리되어 수용되었고, 점차 규모가 커지면서 독립된 공공병원이 수립되기에 이르렀다. 이후 1751년에서 1840년 사이 다양한 형태의 공적·사적 기금과 환자비용으로 자선병원이 설립되었다(O'Conner, 1976). 최초의 자선병원은 1751년 필라델피아에 세워졌으며, 1791년에는 뉴욕에, 1821년에는 메사추세츠 종합병원이 문을 열었다. 1834년에는 퀘이커 교인들에 의해 최초의 정신병원이 문을 열었다(Gehlert, 2019, p. 5).

② 의무실(dispensary)의 등장

한편 1700년대 후반에는 일종의 의무실과 같은 형태의 의료시설이 나타나기 시작하였다. 의무실은 병원과는 달리 상속유산이나 자발적 기부금에 의해 운영되었으며, 원래 목적은 통원환자들에게 약을 조제해 주는 것이었다. 그러나 시간이 지나면서 환자 가정을 방문하는 왕진 의사가 고용되었다. 최초의 의무실은 1786년 필라델피아에 세워졌고, 이후 1795년에 뉴욕, 1796년에 보스턴 그리고 1801년에 볼티모어에도 진료소가 세워졌다(Gehlert, 2019, p. 5).

(2) 19세기 공중보건개혁: 여성 의사들의 주도

19세기 후반은 병원과 의무실의 개혁을 위한 노력이 이루어졌고 이는 여성 의사들에 의해 주도되었다. 1820년부터 1924년 사이 3천 5백만에서 4천만 정도의 유럽인들이 이민을 오면서 미국은 이민으로 인한 다양한 문제와 도전에 대처해야 했다. 특히 이민자들이 주로 정착한 북동부 지역을 중심으로 보건의료문제가 심각하게 제기되었다(Gehlert, 2006). 의사인 블랙웰(Dr. Elizabeth Blackwell)은 여성이라는 이유로 병원에서 일자리를 찾지 못하자 1853년 뉴욕의 이스트사이드에 여성과 아동을 위한 진료소를 열었다. 이스트사이드 지역은 당시 유럽으로부터의 대량의 이민 인구가 넘쳐 나는 곳이었다. 이 의무실이 이후 '뉴욕 여성아동병원(New York Infirmary for Women and Children)'이 되었고, 1865년에만 334명의 흑인과 백인 환자들에게 가정방문을 실시하였다. 다음해 흑인 의사인 레베카 콜(Dr. Rebecca Cole)이 '위생방문원'으로 고용되었다. 위생방문원의 역할은 가정을 방문하여 위생 문제나 음식을 고르고 요리하는 법, 교육이나 고용과 같은 문제에 대해 논의하는 것이었다(Nacman, 1990).

뉴욕에서 블랙웰과 함께 일한 최초의 수련의인 마리 자크르제프스카(Marie Zakrzewska)는 뉴잉글랜드 여성의과대학 최초의 산부인과 교수가 되었고, 1862년 보스턴에 '뉴잉글랜드 여성아동병원'을 설립하였다. 이 병원 역시 가정방문을 실시하였으며, 가정방문은 간호사와 의사들 수련교육에 중요한 부분이었다(Gehlert, 2012).

1890년, 소아과 전문의인 채핀(Henry Dwight Chapin)은 자원봉사자들이 아동 환자들의 가정을 방문하여 그 상태에 대해 기록하고 의사의 지시가 잘 이해되고 이행되도록 하는 프로그램을 만들었다. 이러한 채핀의 노력은 부모가 적절한 보호를 제공할 수 없는 아픈 아동과 회복기 아동에 대한 위탁 가정제도로 이어졌고, 1902년 위탁가정을 지원하기 위해 스피드웰 협회(Speedwell Society)를 설립하였다. 스피드웰 협회는 후에 뉴욕병원에 설립된 사회복지과와 밀접한 관계를 가지게 되었다(Gehlert, 2006).

(3) 영국: 병원 사회복지담당자 앨머너(almoner)의 등장

영국에서는 병원 앨머너[1]로 불리는 최초의 사회복지사가 1895년 런던의 왕립무료병원에 고용되었다. 찰스 로크(Charles Lock)는 1875년 런던 자선조직협회의 서기로 임명되었으며 그는 건강의 사회적 측면에 대해 커다란 관심을 가졌다. 그는 자선조직협회의 의료위원회에 있으면서 환자들이 무료 진료를 받기 위해 자신의 상황을 거짓으로 보고하는 것을 심각하게 우려하였다. 1874년 왕립무료병원은 자선조직협회의 환자 중 실제로 빈곤한 사람들이 얼마나 되는지 심사하도록 요청하였고 그 결과 36%만이 서비스 수급자격이 있음을 발견하였다. 로크는 "환자들의 환경과 상태를 판단할 수 있는 교육과 수련을 거친 유능한 사람"이 서비스 신청자들을 심사해야 한다고 생각하였다. 이후 1895년 런던 자선조직협회에서 일하던 메리 스튜어트(Mary Stewart)가 왕립무료병원에 최초의 앨머너로 고용되었다. 그녀는 병원 입구에서 주로 입원 신청자들을 검토하고 적격자를 입원시키는 역할을 담당하였고, 환자들을 다른 서비스로 의뢰하거나 누가 진료를 받아야 할지를 결정하는 일도 하였다. 이후 영국에서 앨머너는 병원의 일부가 되었으며, 1905년에는 7개의 다른 병원에서도 앨머너를 고용하였다(Gehlert, 2012).

1906년에는 병원 앨머너 위원회가 훈련을 담당하게 되었으며, 질병 예방까지 앨머너의 역할이 확장되었다. 그 결과, 출산을 앞둔 예비 아버지들을 위한 강좌나 전염성 질환을 가진 여성을 위한 쉼터 등의 프로그램들이 개발되었다(Cannon, 1952: Gehlert, 2019에서 재인용).

---

1) 앨머너란 영국의 초기 사회복지사 역할을 담당한 직책으로, 서비스 수급 유자격자를 선별하여 자선기금(alms)을 분배하고 지원하는 역할을 담당하였다.

(4) 미국 최초의 의료사회복지

캐봇(Dr. Richard Cabot)과 펠턴(Garnet Pelton) 그리고 캐논(Ida Cannon)은 미국 최초의 의료사회복지 시작에 핵심적인 세 사람이라고 할 수 있다.

의사인 캐봇이 처음으로 사회복지사를 고용하게 된 데에는 질병과 환자에 대한 그의 인식이 바탕에 깔려 있다. 그는 하버드 출신의 의사로서, 원래 철학을 전공하다 의학으로 전공을 바꾸었다. 의과대학 졸업 후 매사추세츠 종합병원 최초의 박테리아학자로서의 임명을 고사하고 1898년 외래의사직을 받아들였다. 1870년대와 1880년대에는 병원균 이론이 팽배하였던 시기였는데, 오히려 그는 환자들을 보면서 신체적 문제가 사회적·정신적 문제들과 관련되어 있으며 순수하게 신체적 문제는 드물다고 생각하게 되었다.

캐봇이 사회복지를 처음으로 접하게 된 것은 사회복지실천의 선구자였던 제인 아담스(Jane Addams)와의 관계를 통해서였다. 특히 그는 의학과 사회복지실천이 상호 간의 연계를 통해 얻는 이점이 많을 것으로 생각했다. 즉, 의학의 강점은 경험주의이지만 이에 의존하여 시각이 너무 협소하고 건강의 사회심리적 요인을 무시한 반면, 사회복지는 폭넓은 관점이 장점이지만 지나치게 선의에만 의존한다는 것이다. 그는 사회복지사의 방법론이 효과적이고 실천에 대한 이론적 기반을 발전시키기 위해서는 좀 더 과학적이고 체계적이 되어야 할 필요가 있다고 하였다(Gehlert, 2019). 캐봇은 사회복지사가 의학적 정보를 환자들이나 가족들이 이해할 수 있는 방식으로 전해 주는 통역자이자 환자나 가족에 대한 사회적·심리적 정보를 의사에게 통역하는 사람으로 보았다. 의료사회복지의 전문성을 '어려움에 처한 성격적 특성의 진단과 치료'로 정의하여 정신건강의 전문성을 포괄하는 것으로 본 것이다(Gehlert, 2019, p. 10).

메사추세츠 종합병원 의사였던 캐봇은 1905년 간호사 수련을 마친 펠턴을 사회복지사로 임명하였다. 펠턴은, ① 의사에게 환자의 가정 및 사회적 조건들에 대해 보고하고, ② 환자들이 의사들의 지시를 실행하도록 도와주며, ③ 병원과 지역사회기관 및 조직과의 연계를 제공하는 일을 수행하였다. 펠턴이 외래병동 복도에서 6개월간 일하였고 1906년에는 캐논이 그 뒤를 이었다(Cowles, 1990). 처음에는 병원이 펠턴의 고용을 지원하지 않았기 때문에 캐봇은 1919년 이사회에서 사회복지과를 영구 존속시키고 그 비용을 전액 부담하기로 결정할 때까지 개인 기금으로 13명의 사회사업가 비용을 지불할 정도로 사회복지를 중요하게 생각하였고 열정도 높았다(Gehlert, 2006, pp. 9-12).

캐논은 간호사 수련을 받고 2년간 간호사로 일하다가 미네소타대학교에서 사회학을 공부하던 중 우연히 제인 아담스의 강의를 듣고 사회복지에 관심을 가지게 되었고 이후 시몬스사회복지대학교에서 공부하였다. 그녀는 1914년 최초의 사회서비스 과장이 되었으며, 1945년까지 근무하고 퇴직하였다. 캐논은 과장으로 있는 동안 매사추세츠 종합병원의 사회복지사들을 위한 교육 프로그램을 개발하였으며, 사회복지과 최초의 교육국장으로 해리엇 바틀렛(Harriett Bartlett)을 고용하였다. 이 외에도 환자와 가족을 위한 저가 점심식당, 결핵의 사회적 관련성을 조사하기 위한 위원회, 사회복지사를 포함한 다학제 회진, 정신과 환자를 위한 점토교실 등을 시작하였다(Gehlert, 2019, p. 10).

캐논과 캐봇은 사회복지 개입의 효과성을 평가하기 위한 체계를 개발하고 이를 의무기록에 포함하였다. 캐봇이 사회복지사의 역할을 의학의 비판자나 개혁자로 생각한 것과 달리 캐논은 병원체제를 수용하고 적응하는 것으로 생각했다. 캐논이 퇴직하던 1945년에는 고용된 사회복지사의 수가 31명에 달할 정도로 사회복지과가 팽창하였으며, 매사추세츠 병원에서 일하던 많은 사회복지사들이 현재의 필라델피아 대학병원이나 로체스터 의과대학 기념병원에 가서 사회복지과를 지도하였다(Gehlert, 2006, p. 8).

(5) 병원 사회복지과의 성장

병원에서 사회복지실천이 처음 시작된 이래 약 30년간은 사회복지가 한 병원에서 다른 병원으로 전파되는 형태의 선형적 발전을 보였고, 병원 내에서 사회복지만이 유일하게 사회적 관점을 도입하는 책임을 수행하였기 때문에 방법론도 매우 단순하였다(Bartlett, 1961). 매사추세츠 종합병원에서의 성공은 미국의 병원협회와 의학협회의 관심을 끌게 되었고, 존스 홉킨스 병원은 자선조직협회에서 일하던 펜들턴(Helen B. Pendleton)을 최초의 사회복지사로 고용하였다. 존스 홉킨스 병원에서 사회복지사들은 처음에는 외과용품 보관실에서 일을 하였으며, 병동은 간호사들이 통제하고 있어서 출입이 허용되지 않았다(Nacman, 1990). 그러나 사회복지사들은 의사들이나 간호사들의 의무기록 접근에 대한 통제권을 가지고 있었으며 모든 무료 의료나 1주일 이상의 처방

을 승인하는 권한도 가지고 있었다(Brogen, 1964). 사회복지과는 번창하였으며 1931년 직원 수는 31명으로 늘어났다(Gehlert, 2012).

펠턴은 1911년 미국 내 병원 사회서비스에 대한 서베이를 실시하였고, 14개 도시에 44개의 사회서비스 부서를 설치하였다. 이 부서들은 다양한 서비스를 제공하였으며 특히 환자에 대한 원조 제공에 초점을 두었다.

미국 병원 사회서비스 부서의 40%가 분포해 있던 뉴욕시는 1912년 최초로 병원사회복지대회를 개최하였다. 이 대회는 1912년부터 1933년까지 정기적으로 개최되었으며, 〈병원 사회서비스(Hospital Social Service)〉라는 보고서를 통해 대회 결과와 다양한 병원 사회서비스 부서의 진전 상황을 보여 주었다. 1913년에 이르러서는 미국 전역 200개 병원에서 사회복지사를 고용하게 되었다(Bracht, 1978). 1905년 1개의 병원에서 1명의 사회복지사로 시작된 의료사회복지는 1913년에는 200개의 병원으로 늘어났고, 1923년에는 400개의 병원으로 현격한 성장을 보였다(Gehlert, 2019, p. 11).

2) 의료사회복지의 발전과 현장의 전문화

의료사회복지 최초의 전문교육과정이 1912년에 개설되었고 1918년에는 캔자스시에 미국병원사회복지사협회가 설립되었다. 협회는 병원 내 의료사회복지사의 훈련을 촉진하고 조정하는 것과 사회복지전문대학원과 실천가들 간의 의사소통을 증진하는 두 가지 목표를 가지고 있었다(Gehlert, 2019, p. 11).

미국병원사회복지사협회는 1928년 60개 병원의 사회복지 부서에서 수집한 1,000개 사례에 대한 연구 결과를 출판하고, 의료 분야에 대한 사회복지사의 주요 공헌으로, ① 환자의 전반적 건강문제를 적절하게 이해할 수 있도록 정보를 확보하고, ② 환자의 건강문제를 환자 자신, 가족 및 지역사회복지관에 해석하며, ③ 환자와 보호자들의 구제를 위해 다양한 조치들을 동원하는 세 가지로 정리하였다. 따라서 기본적인 병원 사회복지 실천은 환자의 건강문제에 관련된 사회적 요인을 발견하고 환자의 케어를 증진시키기 위해 이러한 요인들에 영향을 미치는 것으로 요약할 수 있다(Gehlert, 2006). 미국병원협회의 사회복지사의 역할에 대한 이러한 서술은 메사추세츠 종합병원에서 캐논과 캐봇에 의해 개념화된 병원사회복지와 거의 흡사하다고 할 수 있다.

1929년에 발간된 사회복지전문대학원에 대한 조사 결과, 10개 대학원이 의료사회복지실천에 대해 공식 교과과정을 제공하고 있었고, 18개 대학원은 의료사회복지교과목을 기획 중인 것으로 나타났으며 의료사회복지는 대학원 졸업생 수준의 업무로 간주되었다. 또한 병원 사회서비스 부서장들을 대상으로 해당병원에서 일하는 사회복지사들의 훈련과 경험에 대한 실태조사를 실시한 결과 의료사회복지의 활동으로, ① 의료사회사례관리, ② 자료확보, ③ 건강교육, ④ 추수관리, ⑤ 수가조절, ⑥ 환자를 요양시설이나 공중보건기관 혹은 다른 의료기관으로 전원의 여섯 가지가 제시되었다(Gehlert, 2006, 14). 1932년에는 미국 사회복지 전문대학원협회(the American Association of School of Social Work)가 구체적인 사회복지 교과과정 규정을 채택하게 되었다(Nacman, 1990, p. 12).

1934년 미국 병원사회복지사협회가 미국의료사회복지사협회로 명칭을 변경하였으며, 의료사회복지사 협회는 1954년 2,500명이 연례회의에 참석할 정도로 모든 사회복지 회원조직 가운데 가장 큰 조직이었다. 1955년에는 미국 병원사회복지사협회가 다른 전문단체 및 미국 사회복지사협회(American Association of Social Workers: AASW)와 병합하여 전미사회복지사협회(NASW)가 되었다(Cowles, 2000, p. 7).

3) 의료사회복지실천의 확장과 제도화

(1) 사회보장제도의 확대에 따른 의료사회복지 수요증대: 메디케어와 메디케이드

제2차 세계대전을 겪고 「사회보장법」이 통과된 이후 의료 분야의 사회복지실천은 병원중심에서 그 범주를 점차 넓혀가기 시작하였다. 또한 1950년대 지역사회 정신건강운동의 수립은 정신질환자들의 진단과 치료에 사회적이고 문화적인 요인들의 중요성에 더 큰 강조를 두게 하였다. 지역사회조직가로 훈련받은 사회복지사들이 이러한 프로그램에 투입되었고 이에 따라 사회변화에 영향을 미치려는 시도들이 이루어졌다(Nacman, 1990, p. 15).

특히 「사회보장법」의 변화와 확대는 사회복지서비스에 대한 더 큰 요구를 창출했다.

65세 이상을 위한 메디케어로 수백만의 대상자들이 병원을 찾게 되었고, 나아가 요양시설의 확대를 가져왔다. 메디케이드 역시 사회복지사들에 대한 수요를 가져왔으며, 사회복지사는 이들과 일하는 데 중심적인 역할을 담당하였다. 메디케어의 수립으로 병원 사회복지는 엄청난 팽창을 가져왔다. 비록 사회복지서비스 제공이 병원의 메디케어 참여 조건은 아니었지만, 법령은 어떤 사회복지서비스든지 사회복지 분야의 석사학위를 가진 전문사회복지사의 지도하에 조직되어야 함을 명시하였다. 병원의 메디케어와 관련된 업무량이 증가하게 됨에 따라 병원 사회복지사들의 수도 증가하였으며, 이들은 특히 노인 환자들과 그 가족들의 욕구를 충족시키는 데 결정적 역할을 담당하였다(Rossen, 1987, p. 816).

(2) 사회복지사의 급증

의료 분야에서의 사회복지실천은 그 현장이 다양화됨에 따라 사회복지사의 수도 증가하였다. 1960년과 1970년 사이 의료 분야의 사회복지사 수는 거의 두 배가 되었으며(Bracht, 1974), 1971에는 6,935개의 병원에 11,576명의 사회복지사들이 고용되었고, 4,829개의 요양시설(extended care facility)[2]에 2,759명의 사회복지사가, 2,410개의 재가건강기관에 316명의 사회복지사가 고용되기에 이르렀다. 또한 사회복지사들이 주립 및 지역건강부서에도 고용되었으며 방위청과 같은 연방기관에서도 일하게 되었다. 나아가 예방 및 응급서비스와 같은 새로운 보건영역에도 진출하였다. 이러한 새로운 세팅과 영역을 다루기 위한 새로운 기법들이 추가되었으며 행동, 인지, 가족체계, 위기, 집단이론에 근거한 개입들도 나타나게 되었다(Gehlert, 2006, p. 16).

(3) 사회복지서비스 제도적 승인과 표준화

병원 사회복지 발전에 또 다른 역사적 사건은 1966년 미국병원협회가 병원사회복지과장협회(the society for hospital social work directors)를 설립한 것이다. 이 전국 조직은 병원 사회복지사들에게 병원 산업에 목소리를 낼 수 있게 하였으며, 통합적인 병원

---

2) 회복기의 환자나 신체장애자에 대한 재택, 간호치료

기능의 하나로서 사회복지과의 신뢰도를 높이는 데 기여하였다. 또한 이는 NASW와의 공동노력을 통해 표준을 수립했는데, 1973년 JCAH(Joint Commission on Accreditation of Hospitals)의 병원승인 프로그램에 사회복지서비스 항목이 한 장으로 추가된 것이다(Rossen, 1987, p. 816).

의료비가 급속도로 증가하고 있었기 때문에 연방정부는 비용통제를 위한 조치들을 제도화시키기 시작하였으며, 1967년의 의료이용도 검토[3]나 1972년 의회에서 통과된 PSRO(the Peer Standards Review Act)[4]와 같은 조치들이 시행되기 시작하였다. PSRO에는 동료심사제를 수립하고 병원의 질적 보장 프로그램에 참여하도록 하는 조항이 있었다. 사회복지전문직은 이 조항을 수용하고 전문가 책임성 프로그램을 수립하려는 병원의 노력에 동참하였다. 이는 전문직의 신뢰도를 증진시켰을 뿐 아니라 인정된 기능을 강화시켰다고 볼 수 있다(Rossen, 1987, pp. 816-817).

1978년 의회는 「사회보장법」을 개정하여 말기 신장질환이 있는 환자들에게 확대 급여를 제공하게 되었다. 이 프로그램을 통해 기금을 받으려면 병원이 이러한 환자들의 치료에 석사학위를 가진 사회복지사들을 고용해야만 했다. 이는 석사 수준의 사회복지사들의 참여를 요구하는 최초의 연방지원 건강프로그램이었으며, 따라서 병원 사회복지를 합법화하는 데 상당한 기여를 했다고 할 수 있다. 병원사회복지에 대한 또 다른 중요한 진보는 전체의 약 절반에 해당하는 주들에서 사회복지사 자격증 및 인증에 관한 법(licencing and certification laws)을 입법화한 것이라고 할 수 있다. 또한 메디케어나 메디케이드 이외의 제삼자 지불원들이 사회복지에 판매자의 지위를 부여하여 병원사회복지사들이 특정 상황에서는 행위별 수가제(fee-for service) 형태로 급여를 인정받을 수 있게 되었다(Rossen, 1987, p. 817).

---

3) 메디케어 제공자들이 제공된 의료가 필요하며 비용이 합리적이라는 것을 증명하도록 요구하는 조치
4) 서비스가 적절하게 사용되었음을 확인하기 위해 의료비용을 동료들이 검토하는 제도

(4) 의료비 감축을 위한 조치들: 포괄수가제와 관리의료제도

상승하는 의료비 감축을 위해 의료이용도 검토나 PSRO가 기대한 만큼 효과적이지 못함에 따라 다른 조처들이 시행되기 시작하였는데, 대표적인 예가 1973년의 HMO법이다. HMO법은 피고용인들에게 보험을 좀 더 저렴하게 제공하기 위한 것이었다. 의료비감축을 위한 또 다른 제도적 변화는 1983년 3월 「재정감축법(the Deficit Reduction Act)」의 통과로, 이는 메디케어에 대한 사전 예상진료비 지불방식(prospective payment system)을 수립하게 하였다. 이 제도는 실제 비용과 관계없이 500개의 진단군(Diagnostic-Related Groups: DRGs)에 근거하여 질병의 성격과 인정된 치료 절차에 따라 의료비가 산정되며, 환자가 정해진 의료비나 입원일수를 초과하게 되면 병원이 초과비용을 부담하게 함으로써 병원의 효율성을 장려하기 위한 포괄수가제이다(Marcus, 1987, pp. 707-708; Iglehart, 1990, pp. 301-302). 최근에는 주정부가 관리의료제도(managed care system)를 메디케이드 프로그램에 사용하고 있으며, 1993년에는 보험이 있는 미국인의 70%가 어떤 형태로든 관리의료제도에 가입되어 있는 것으로 나타났다.

4) 정신건강사회복지의 분리

(1) 정신건강사회복지의 출현

1905년 매사추세츠 종합병원의 내과에 펠턴이 최초의 병원사회복지사로 임명된 2년 후인 1907년 이 병원의 신경 클리닉에도 사회복지서비스가 설치되었다. 이를 정신건강 분야에서 사회복지의 시작이라고 보는 견해도 있다(Cowles, 2000). 그러나 이때 의료와 정신의료사회복지 간의 구분이 있었는지는 확실하지 않다.

정신과 사회서비스 부서는 1930년에 처음으로 종합병원에 설립되었지만, 정신의료의 분리는 보통 1919년 스미스대학교(Smith College)가 제1차 세계대전 동안 미군 소속 정신과 참모들을 위한 과정을 개발하면서 시작된 것으로 알려져 있다(Grinker et al., 1964). 1918년 정신의료 사회복지를 위한 훈련학교가 스미스대학교에 설립되었고 1922년에는 정신의료사회복지 분과가 병원사회복지사협회 내에 조직되었다(Cowles, 2000, p. 9). 스미스대학교의 사회복지훈련학교 부과장이었던 메리 자레트(Mary Jarrett)는 1919년 사회복지대회 연설에서 케이스워크가 좀 더 정신의학적인 접근을 해야 한다고 하였고, 개인의 성격에 대한 강조를 통해 사회복지사는 클라이언트의 문제에 좀 더 쉽게 다가갈 수 있고 따라서 치료시간도 절약할 수 있음을 지적하였다(Gehlert, 2006, pp. 14-15).

초기 사회복지사의 역할은 주로 정신질환자의 가족력을 조사하는 것이었으나 정신의료 전문사회복지사가 늘어나면서 제한된 수의 정신과 의사 역할을 대신할 수 있도록 정신과 의사의 지도 감독하에 정신치료 훈련을 받기도 하였다. 정신의료 분야의 사회복지사들은 점차 시설보다 외래에서 중산층 클라이언트를 위해 일을 하게 되었으며, 사회복지의 실천분야로 인정받게 됨에 따라 전문가협회를 구성하고 전문직의 발전을 위한 노력을 지속하며 임상사회복지의 주류를 형성하게 되었다(홍선미, 1999, p. 195). 이른바 '의료 분야에서의 사회복지실천(social work in health care)'으로 시작된 것이 결국에는 일반의료와 정신의료사회복지로 분리되었으며, 이는 1920년경 프로이트의 정신분석 개념의 도입에 큰 영향을 받은 것이라고 할 수 있다.

(2) 정신의학의 영향과 전문화

정신의학과 정신분석의 출현은 의료사회복지실천에 커다란 영향을 미쳤다.

첫째, 정신의학의 등장으로 병원 내에 심리학자나 사회과학자와 같은 다른 전문가가 들어올 수 있게 된 것이다. 이는 건강의 사회적·정신적 영역이 사회복지에만 국한되지 않으며, 따라서 의료사회복지가 처음으로 보건분야에서의 역할을 차지하기 위해 경쟁을 해야 함을 의미하였다.

둘째, 의학분야에서 정신의학의 등장으로 의료사회복지사는 좀 더 개인에 초점을 둔 관점에서 사례를 접근하는 정신분석 이론의 영향을 받게 되었다. 개인의 성격과 사회환경 중 어디에 초점을 둘 것인가에 대한 논란은 정신의료사회복지가 의료사회복지로부터 분리된 이후에도 남게 되었다(Gehlert, 2019).

사회복지실천이 프로이트의 정신분석이론에 끌리게 된 또 다른 발단은 에이브라함 플렉스너(Abraham Flexner)가 1915년 전미 자선교정학회에서 행한 연설이라고 할 수 있다. 그는 사회복지가 전문직이 아니라고 하였으며, 전문직이 되기 위해서는, ① 근본적으로 고도의 지적인 작업을 포함하고, ② 상당한 개인의 책임이 뒤따르며, ③ 원 자료를 과학

과 학습에서 도출하며, ④ 이 자료를 실용적이고 명확한 목적으로 만들어 내고, ⑤교육
적으로 의사소통이 가능한 기술을 보유하고 있으며, ⑥ 조직이 있고, ⑦ 동기 면에서 매
우 이타주의적이 되어야 한다고 하였다. 그런 면에서 사회복지는 전문적 기질은 가지고
있지만, 구성원들이 엄청난 책임감을 갖고 있지는 않으며 문서화된 지식체와 교육적으
로 의사소통 가능한 기술이 결여되어 전문직이 되기 위한 모든 범주를 충족시키지 못한
다고 하였다(Trattner, 1989, pp. 234-235). 플렉스너의 메시지는 사회복지사들이 전문적
지위를 획득하기 위해 필요한 변화를 이루려는 노력을 자극하였으며, 이는 또한 사회복
지의 기본적 사명을 사람들에 대한 환경적 조건을 향상시키는 것으로 보려는 실천가들
과 정신분석이론을 토대로 개인 중심의 문제에 초점을 둠으로써 전문적 지위를 추구하
려는 실천가 간의 균열이 시작된 계기가 되기도 했다. 결국 1940년대에 이르러서는 사
회복지사들이 의학적 진단과 치료계획수립을 수립하기 위해 심리사회적 정보를 점차
더 많이 사용하게 되었다(Nacman, 1990).

(3) 탈시설화와 지역사회 정신건강운동

제1차 세계대전 이후 수천명의 군인들이 신체적 상해뿐 아니라 정신적 상해를 가진
채 미국으로 돌아오게 되었다. 이에 따라 재향군인병원들이 제1차 세계대전 이후 급속
히 팽창하였으며 수많은 사회복지사가 일반의료와 정신의료 사회복지사로 고용되었다
(Cowles, 2000, p. 9).

1950대에는 탈시설화운동이 일어났다. 탈시설화의 배경은, ① 낙후된 정신병원의 유
지와 보수에 막대한 비용이 들어갈 뿐 아니라, 과밀상태로 새로운 정신병원을 지어야
하나 그 비용에 대한 국민의 세금 저항이 매우 컸고, ② 정신병원 내에서 비인도적 처우
가 드러나면서 사회적 비난과 인권보호에 대한 여론이 높아졌으며, ③ 무엇보다 향정신
성 의약품의 발견을 들 수 있다. 즉, 약물을 복용함으로써 시설화에 대한 대안으로 지역
사회에 기초한 치료가 이루어질 수 있게 되었다(Trattner, 1989, pp. 187-188). 이후 1963년
「지역사회정신건강센터법」이 제정되면서 지역사회에 기초한 포괄적인 정신건강센터가
전국적으로 발전하게 되었다(Cowles, 2000, p. 9).

이전의 재향군인병원의 확대와 마찬가지로 지역사회정신건강센터의 발전은 특히 정

신의료 분야의 사회복지에 훨씬 더 많은 고용의 기회를 제공했다. 그러나 1980년도 레이건 정부 시대에 지역사회정신건강센터 기금의 연방정부 부담이 1976년의 24%에서 1984년에는 2%로 급격히 감소되어 필요한 모든 사람에게 포괄적인 서비스를 제공하고 예방과 초기개입을 강조한 센터의 원래 의도는 가장 심각한 문제가 있는 대상들에게만 공적 자금을 지원하는 식으로 감축되었다(Cowles, 2000, pp. 9-10).

5) 의료사회복지실천의 현재: 도전과 기회

1905년 한 병원에서 한 명의 사회복지사에서 시작된 미국의 의료사회복지는 2020년 현재 약 70만 명의 사회복지사들이 일하고 있으며, 이 중 약 18만 명 정도가 의료 및 건강분야에서 개인, 가족 집단에 직접적 서비스를 제공하는 전문적 실천을 하는 것으로 나타났다(https://www.socialworkers.org/nasw/). 또한 2026년까지 건강 및 의료사회복지 분야 고용이 20%나 증가할 것으로 예측될 만큼(U.S.Bureau of Labor Statistics, Employment Projections, https://www.socialworkers.org/nasw/), 의료사회복지 분야는 미국에서 가장 빠르게 성장하는 전문직 중의 하나이다.

건강분야에서의 사회복지는 정신건강 및 다른 전문병원, 공공건강기관, 요양원 및 재활센터, HMO, 지역사회 클리닉, 개인 개업, 가정간호기관 및 호스피스 프로그램에 이르기까지 다양한 의료세팅으로 확대되어왔으며 지역사회에서 일하는 의료사회복지사도 증가하고 있다(Cowles, 2000, p. 6).

나아가 의료사회복지 내 전문화의 흐름에 따라 재가보호 사회복지사 협회에 해당하는 American Network of Home Health Care Social Workers, 종양 사회복지사협회인 the Association of Oncology Social Work, 신장 사회복지사협회인 the Council of Nephrology Social Workers, 그 외에도 분만전후 여성과 태아를 담당하는 the National Association of Perinatal Social Workers, 장기이식 사회복지사들의 the Society for Transplant Social Workers 등 다양한 전문협회가 생겨났다(Gehlert, 2006, p. 14).

최근 미국의 의료사회복지 환경의 변화는 크게 두 가지로 나누어 볼 수 있다. 첫째는 「환자보호 및 건강보험 보장성 강화법(The Patient Protection and Affordable Care Act:

ACA)」과 「정신건강 동등 처우 및 중독치료 형평에 관한 법(the Mental Health Parity and Addiction Equity Act: MHPAEA)」의 도입이고, 둘째는 효과성의 강조이다(Dziegielewski & Holliman, 2020, pp. 3-7).

(1) 공평한 분배 및 부담 가능한 의료제도의 도입

미국의 보건의료환경은 관리의료제도 도입 이후에도 끊임없이 변화하고 있으며, 질적인 서비스에 대한 압력이 높아지면서 공평한 분배 및 부담 가능한 의료에 대한 변화도 일어나고 있다. 특히 소위 오바마 케어로 알려진 「환자보호 및 건강보험 보장성 강화법」으로 의료체계는 커다란 변화를 겪고 있다. 2010년에 발효되어 2014년에 시행된 이 법은 기존의 관리 의료제도를 대체하게 되었다. 이 법의 목적은, ① 모든 미국인이 건강보험에 접근할 수 있도록 하고, ② 의료비를 통제하고 낮추며, ③ 메디케어나 메디케이드와 같은 프로그램에 대한 비용을 감축하는 것이다. 이 법은 계속 수정을 거치면서 개혁의 기준을 설정하고, 더 많은 의료서비스 선택권을 보장하면서 의료비를 통제하는 기초를 마련함으로써 보험회사의 책임성을 부여하는 데 도움을 주었다(Dziegielewski & Holliman, 2020).

「환자보호 및 건강보험 보장성 강화법」과 밀접하게 연관된 법이 2008년의 「정신건강 동등처우 및 중독치료 형평에 관한 법」이다. 이 법은 건강보험회사와 단체의료보험이 정신건강 및 약물사용치료와 서비스에 대해 내·외과적 신체건강 케어에 대해 제공하는 것과 동일한 수준의 혜택을 제공하도록 요구하고 있다. 「환자보호 및 건강보험 보장성 강화법」은 「정신건강 동등처우 및 중독치료 형평에 관한 법」의 요건을 더 확대하여 건강보험회사 시장에서 유자격보험들이 제공될 수 있도록 하였으며, 행동건강치료와 서비스 역시 보험급여에서 제공하도록 하였다. 「정신건강 동등처우 및 중독 형평법」이 포함된 계기는 미국 내 심각한 정신질환으로 일상생활이 어려운 사람들이 증가한 것과 무관하지 않다. 약물사용장애 유병률 증가로 최근 20년간 2천만이 넘는 성인이 알코올이나 약물사용장애로 고통받고 있으며, 마약류 사용장애가 있는 사람들 역시 2백만이 넘는 것으로 나타났고, 특히 정신장애와 약물중독의 공존이환 환자가 8백만 명 이상으로 보고되면서(Center for Behavioral Health Statistics and Quality, 2015; Dziegielewski &

Holliman, 2020에서 재인용) 이들에게 필요한 의료적 케어와 더불어 정신건강 및 약물남용치료에 접근할 수 있도록 보장하는 「정신건강 동등처우 및 중독치료 형평에 관한 법」의 중요성이 부각되었다고 할 수 있다. 이 법은 신체적 케어와 정신건강 케어가 분리되지 않고 모든 국민에게 포괄적 케어를 제공하기 위한 첫걸음이라고 할 수 있다. 모든 사람이 건강보험에 가입해야 한다는 원칙에 대한 법적 논쟁은 남아 있지만 두 가지 법의 제정으로 그동안 건강보험이나 정신건강보험이 없던 사람들도 부담 가능한 보험에 가입할 수 있게 되었다.

이와 같이 변화하는 사회적 환경에서 환자의 심리사회적 욕구를 다루면서 동시에 개인과 환경을 연계하는 보호의 연속성에 대한 훈련이 되어 있는 의료사회복지사는 취약한 가족을 임파워하고 이들이 가능한 최선의 재정적·경제적 보장을 받을 수 있도록 원조하는 필수적인 역할을 담당할 수 있는 전문가라고 할 수 있다. 환자뿐 아니라 가족, 돌봄제공자, 지지체계 및 환경적 변화가 동시에 고려되어야 하는 상황은 환경 속의 인간, 상황 속의 인간이라는 관점과 일치하며, 가정이나 지역사회에서부터 클리닉이나 병원을 비롯한 의료기관에 이르기까지 변화하는 환경에 반응적이면서 직접적이고 지지적·치료적 서비스를 환자와 가족에게 제공하는 의료사회복지사의 역할이 부각되고 있다. 동시에 사회복지사가 제공하는 치료가 치료적으로 효과적임을 넘어서 유사한 치료전략과 기법을 구사하는 다른 분야에 대해 전문적으로 경쟁성을 갖추어야 하는 도전도 제기하고 있다.

(2) 효과성의 입증: 증거기반실천

사회복지사가 제공하는 서비스와 치료적 개입이 클라이언트의 상황에 맞게 개별화되고 사회적으로 인정받아야 할 뿐만 아니라 치료 면에서도 효과적이어야 한다는 요구가 더 커지게 되었다(Donald, 2002). 나아가 만성질환이 개인이나 가족 및 이들의 지지체계에 미치는 영향을 최소화하기 위해 사회복지사가 질병 예방도 포괄해야 하는 시대를 맞고 있다. 또한 의료사회복지사가 제공하는 서비스가 유사한 치료전략이나 기술을 주장하는 다른 전문분야에 비해서도 전문적 경쟁력을 갖추도록 요구받고 있다. 즉, 의료사회복지사는 자신들이 하는 일이 단순히 환자를 도와주는 것을 넘어 지지적이고 치료적 서비스를 제공함과 동시에 필수적이고 효과적임을 계속 증명해 보여야 한다. 이에 따라 사회복지사들은 증거기반실천[5]을 통해 효과성을 입증하는 노력을 기울이고 있다. 의료환경의 변화와 비용 효과성에 대한 강조는 의료사회복지사에게 한편으로는 큰 도전을 제기하지만 유사 영역의 전문가 중에서 적은 비용으로 치료를 제공할 수 있어서 기회가 되고 있다는 평가도 있다(Dziegielewski & Holliman, 2020). 어느덧 100년이 넘는 역사를 가진 의료사회복지실천은 시대에 따라 새로운 도전에 직면하며 끊임없이 변화해 왔고 또한 계속해서 변화하고 있다고 할 수 있으며, 환경 속의 인간이라는 기본관점에 기반하여 증거기반실천을 통한 효과성을 구현해야 하는 과제를 안고 있다고 하겠다.

2. 한국의 의료사회복지 발달

1) 의료사회복지의 시작

우리나라에서도 고대부터 빈민 구제와 가난한 환자의 시료를 위하여 여러 제도가 실시되어 왔으나 현대적 의미의 의료사회복지실천의 시작은 세브란스 병원에서 자원봉사자들이 영국의 초기 의료사회복지실천에서 나타난 앨머너와 유사한 역할을 한 것에서 찾을 수 있다. 그 이후 1958년 한노병원에서 사회복지사인 레케보(Diakon Gotfred Rekkebo)의 지도하에서 결핵환자와 그 가족을 캐나다 유니테리안 봉사회의 인적, 물적 자원의 보조로 돕기 시작하였다(김규수, 2008, p. 63).

특히 1945년 정신의학회가 조직되면서 심리학자와 사회복지사가 함께 청소년문제의 연구에 참여하게 되었고, 6 · 25 당시 미군병원, 1959년 4월에는 국립중앙의료원에, 9월

---

5) 증거기반 보건의료실천이란 환자의 욕구와 가치 및 기대를 고려하면서도 필요한 서비스를 제공할 때 가능한 최선의 증거를 포함하여 결정을 하는 체계적 틀이라고 할 수 있다. 이러한 유형의 실천에서 사회복지사는 자신의 임상적 전문성을 활용해야 하며 엄격한 검증과 조사를 통해 효과적으로 입증된 연구나 자료에 의해 지지된 모든 개입방법을 활용해야 한다. 증거기반실천에는 치료와 개입뿐 아니라 개인과 가족 및 집단에 대한 위험관리 고려사항도 포함한다(Donald, 2002).

에는 원주기독병원이 개원과 동시에 의료사회복지가 시작되었으며, 1962년에는 국립정신병원에서도 의료사회복지가 시작되었다. 또한 1962년 신경정신과 과장인 김종은 교수의 요청에 따라 병원의 허락을 얻고 천주교 사회복지기관의 협조로 가톨릭대학교 의학부 부속 성모병원에서 사회복지과가 정신질환자의 진단과 치료 및 사후지도를 위해 팀워크의 일원으로 일하게 되었다. 이후 가톨릭대학교 부속 성모병원에서는 1966년 사회복지사를 병원의 정식직원으로 채용하게 되었는데, 이는 병원당국과 간부직원들이 의료사회복지의 필요성을 인식하게 되었기 때문이라고 할 수 있겠다. 처음에는 주로 신경정신과 소속으로 일하고 자살예방센터에 오는 환자의 심리사회적 문제의 조사와 해결이 주요 업무였으나 1968년에는 의료사회복지과의 독립 부서로 일하게 되었다(김규수, 1991, p. 70).

1960년대 중반 이후 70년대 중반에 이르기까지는 병원 내에 사회복지과나 실이 정식으로 병원기구 내에 편성되는 시기로, 1964년 1월 연세대학교 의과대학 부속 세브란스병원에서는 미국 감리교 세계선교부에서 파송한 미국인 사회복지사를 과장으로 병원전도사 1명과 미국 감리교 세계선교부에서 파송한 한국인 여비서 1명으로 사회복지과를 시작하였다. 1966년에는 계명대학교 의과대학 부속 동산병원에 당시 원장직무대리였던 시브리 박사에 의해 사회복지사 1명이 자원봉사자로 종사하다가 1968년에 중단되었다. 그러나 1970년에는 신경정신과 과장에 의해 정신의료사회복지사 1명이 채용되어 활동하였고, 1974년에는 2명으로 증원되어 신경정신과 이외 일반의료까지 확대하여 활동하였다. 1976년에는 사회복지과가 신설되었으며 신경정신과 2명과는 별도로 전문사회복지사 4명이 활동하였다(김규수, 2008, p. 64).

1968년 전주 예수병원에 사회복지과가 신설되었고 이때의 주요 업무는 구호와 자선이었다. 같은 해 중앙대학교 의과대학 부속 성심병원, 고려병원 등에서도 사회복지 업무가 시작되었다. 1971년에는 한강성심병원, 안양정신병원, 혜동의원(정신과) 등에서도 사회복지 업무가 시작되었다(김규수, 1991, pp. 70-71).

이상에서 보듯이 한국에서 현대적 의료사회복지가 시작되고 병원에 정식으로 사회복지 업무가 시작된 계기는 주로 미국이나 캐나다의 선교사들에 의해 그 필요성이 도입되었으며, 이들의 주요 업무도 구호와 자선에서 시작되었다고 볼 수 있다. 이것은 미국의 역사적 발달과는 차이를 보이는 것으로, 우리나라의 의료사회복지실천의 시작은 미국과 같이 의료 분야에서 자생적인 필요성에 의해 시작되어 사회적인 변화와 함께 발전과 전문화가 이루어졌다기보다는 이미 상당한 발전을 이룬 미국의 사회복지실천이 아직 사회복지의 개념조차 생소한 우리나라의 병원에 그대로 도입되었다고 할 수 있다.

2) 의료사회복지의 제도적 발전

(1) 의료사회복지의 법적 공인

한국에서 의료사회복지가 공인되고 확대된 결정적 계기는 1973년 9월 20일 「대통령령」 제6863호 개정 「의료법」의 공포라고 할 수 있다. 왜냐하면 이때 '종합병원에는 환자의 갱생, 재활과 사회복귀를 상담 지도하기 위해 「사회복지사업법」이 규정하는 유자격자를 1인 이상 두도록' 함으로써 의료사회복지를 법적으로 인정하게 되었기 때문이다. 그리고 또 다른 발전의 계기는 1973년 의료사회복지의 전문화를 위하여 대한의료사회복지사협회가 설립된 데서 찾을 수 있다. 특히 1977년 7월 1일부터 시행된 의료보험에서 정신의료사회복지사의 치료활동에 대한 보험수가를 청구할 수 있게 됨에 따라 많은 병원에서 정신의료사회복지사를 채용하게 되었다.

이러한 일련의 제도적 발전에 따라 병원에서의 의료사회복지실천은 확대 발전되기 시작했는데, 1974년 이화여자대학교 의료원 부속 병원, 서울기독병원, 안양정신병원, 고려대학교 의과대학 부속 병원, 1975년 성분도병원, 1976년 가톨릭학교 의과대학 부속 산업재해병원과 서울 백제병원, 1977년 대구 파티마병원, 국립보훈병원 등에서 사회복지과(실)가 병원 내에 편성되었다(김규수, 1991, p. 71).

(2) 의료보험수가 인정과 병원표준화 심사제도

1977년 7월 의료보험의 확대 적용과 함께 의료보험수가 청구기준에 '정신의학적 사회복지'가 포함됨으로써 정신의료사회복지사가 제공하는 서비스에 대해 의료수가를 산정할 수 있게 됨에 따라 여러 종합병원에 의료사회복지사의 고용이 확대 신설되었다. 즉, 1978년 부산 한병원(정신과 전문), 1979년에 부산 메리놀 병원, 1980년 부산 아동병원, 1981년 한림대학교 부속 신림종합복지관, 1983년 서울 적십자병원, 연세대학교 의과대학 영동병원, 목포 성골롬반병원, 마산 고려병원 등에서 의료사회복지실천이 시작되었다(김규수, 1991, p. 72).

그리고 한국에서 의료사회복지가 발전하게 된 또 하나의 계기는 1983년 병원신임제도의 일환으로 시작된 병원 표준화심사제도라고 할 수 있다. 이 제도는 1977년 의료보험제도가 시행되면서 의료수요가 증가함에 따라 의료기관이 급격히 증설되었고, 이 과정에서 의료의 질이 저하되는 것에 대한 우려로 의료계의 자율적인 관리를 위해 도입된 제도이다. 1981년도에 수련병원 실태조사와 함께 118개의 수련병원을 대상으로 병원표준화 심사가 실시되었다(대한병원협회, 1998; 강홍구, 2014, p. 66에서 재인용). 의료사회사업 부문은 1983년부터 병원표준화 심사제도에 포함되어 병원의 사회복지실천에 대한 인식과 평가를 새롭게 하게 되었다(강홍구, 1998, p. 27).

3) 의료사회복지의 확대와 전문화

1950년대 후반 자선과 선교를 목적으로 도입된 의료사회복지는 1990년대에 들어서면서 그 분야가 확대되고 전문화되는 단계에 들어서게 된다. 1990년대 말 조사된 의료사회복지사의 주된 역할은 심리사회적 문제의 사정, 상담, 교육 및 정보제공 그리고 자원연결, 행정, 교육, 연구 등으로 나타났다(김기환 외, 1997). 1990년대에는 새로운 제도들이 실시됨에 따라 의료사회복지가 법적으로 그 지위가 인정받게 되면서 의료사회복지의 실천분야가 공식적으로 확대되었다.

(1) 장기이식 분야 역할 인정

1992년 골수이식기관 인정기준에 훈련된 사회복지사 상근규정이 포함되었다. 이후 2000년에는 「장기 등 이식에 관한 법률 시행령」 제17조에 장기이식 의료기관으로 지정을 받고자 하는 의료기관이 갖추어야 하는 시설, 장비 및 인력 기준에는 "장기 등의 적출, 이식을 위한 상담, 연락업무 등을 담당하는 간호사와 사회복지사 각 1인 이상을 두어야 한다."고 규정하여 골수이식뿐 아니라 다른 장기이식 분야에서 사회복지사의 역할

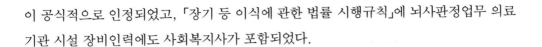

이 공식적으로 인정되었고, 「장기 등 이식에 관한 법률 시행규칙」에 뇌사판정업무 의료기관 시설 장비인력에도 사회복지사가 포함되었다.

(2) 재활의료사회사업 수가의 인정

1994년에는 재활의료사회사업 수가가 인정되었으며, 1995년에는 의료서비스 평가제가 도입되었고 「정신보건법」이 제정되어 정신건강사회복지사가 정신보건임상심리사, 정신보건간호사와 함께 정신보건전문가로 인정받게 되었다. 또한 2000년에는 「국민건강보험법」의 조혈모세포이식 요양급여기준에도 사회복지사의 상근이 실시기관의 인력·시설 및 장비기준에 포함되었다. 2008년에는 노인 장기요양보험제도가 실시되었다.

(3) 협회 차원의 수련제도

의료사회복지사들의 질적 관리에서도 상당한 진보가 이루어졌다. 의료사회복지사에 관한 「의료법」의 규정은 사회복지사 1급으로 되어 있으나, 의료사회복지사의 수련을 위해 1991년부터 협회 비인준으로 의료사회복지사수련제도가 시작되었으며 1995년에는 협회 인준으로 수련사회사업가 교육과정을 위한 수련병원을 공식 추인하게 되었다.

4) 의료사회복지의 현재

(1) 의료사회복지사 국가 자격제도와 퇴원계획

의료사회복지는 2018년 「사회복지사업법」이 개정되면서 정신건강사회복지사, 학교사회복지사와 함께 의료사회복지사 자격증이 법제화되면서 새로운 전기를 맞게 되었다. 물론 그동안 대한의료사회복지사협회 차원에서 수련제도와 자격증 제도를 자체적으로 실시하고 있었으나 국가자격증 제도의 시작으로 1983년 사회복지사 자격증 제도 도입 이후 35년 만에 의료사회복지사가 공식적으로 전문성을 인정받게 되었다고 할 수 있다. 그 배경으로는 최근 추진하는 '지역사회 중심 통합 돌봄서비스(커뮤니티 케어)'와 관련하여 의료기관 내에서 의사, 간호사 등 다직종으로 구성된 연계팀을 구성하여 입원 초기부터 환자의 퇴원계획을 수립하고 지역 돌봄 자원을 연계하는 등 입원환자의 지역사회 정착을 지원하는 역할의 필요성이 자리하고 있다.

특히 고령화에 따른 의료비 상승으로 불필요한 입원을 억제하고 노인의 삶의 질 향상을 위해 '자신이 살던 곳에서 나이 들어가기(Aging in Place)'를 지향하면서 퇴원 전에 환자에게 필요한 서비스들을 미리 연계하여 안전하게 자신이 살던 집에서 생활하게 하는 퇴원계획의 중요성이 대두하였다. 이에 2019년부터는 요양병원에 환자지원실 설치를 법제화하여 퇴원환자 지역사회 연계를 하도록 하였고 이에 대해 지역사회 연계료도 산정하도록 하였다. 2020년 12월부터는 일부 국공립 종합병원으로 확대하여 지역연계실 시범사업을 실시하여 급성기 퇴원환자의 원활한 지역복귀를 원조하도록 하고 있다.

(2) 호스피스 완화의료 분야의 활동

2016년에는 「호스피스 완화의료 및 임종 과정에 있는 환자의 연명의료결정에 관한 법률」이 제정되었는데, 호스피스 전문기관으로 지정받기 위한 인력 기준에 사회복지사가 법적으로 포함되면서 호스피스 완화의료 분야에도 사회복지사가 활동하게 되었다.

2019년 7월 의료사회복지사 협회 기준 의료사회복지사는 889명으로(이전의 협회 자격증 소지자 포함), 상급종합병원 43개 기관 모두가 의료사회복지사 협회에 등록되어 있고 평균 의료사회복지사 수는 5.02명이다(장수미 외, 2021).

의료사회복지는 경제적 지원 업무 이외에도 장기이식, 소아당뇨, 암환자, 화상환자, 재활의학, 입양 등 다양한 분야에서 임상전문가로서의 전문성을 증진시켜 오고 있으며, 동시에 고령화나 연명의료 결정과 사회의 변화와 요구에 맞추어 전문적 역할을 지속적으로 확대하고 변화를 모색하고 있다. 나아가 의료사회복지사 자격증 실시와 함께 요양병원, 호스피스, 나아가 지역사회까지 그 활동의 영역이 확대되고 있다고 할 수 있다.

5) 정신건강사회복지의 발전

정신의학 분야에서 사회복지사의 활동은 앞에서도 언급한 바와 같이 1945년 정신의학회가 조직되면서 심리학자와 사회복지사가 함께 청소년문제의 연구에 참여하면서부터 시작되었다고 할 수 있으며, 6·25 당시 미군병원의 정신의료사회복지사였던 모건

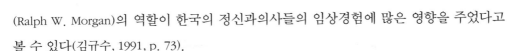

(Ralph W. Morgan)의 역할이 한국의 정신과의사들의 임상경험에 많은 영향을 주었다고 볼 수 있다(김규수, 1991, p. 73).

그러나 우리나라에서 정신보건영역에 사회복지사가 처음으로 개입하게 된 것은 한국 전쟁 이후 1958년 성모병원의 자살예방센터와 정신건강센터프로그램이다. 같은 해 서울시립아동상담소가 개설되면서 정신의학자, 정신의료사회복지사, 심리학자, 법률학자 등의 팀워크가 시도되었고 그 이후 1962년에는 국립정신병원에서 정신의료사회복지사를 처음으로 병원의 직원으로 고용하였으며, 1963년에는 성모병원이 정신과 전담 사회복지사를 채용하였고, 1965년에는 세브란스병원에 사회복지과가 설치되어 일반의료업무와 정신과 업무를 담당하였다(홍선미, 1999, p. 197).

정신건강사회복지가 발달하게 된 계기는 1973년 개정된 「의료법 시행령」에서 종합병원에 사회복지사를 두도록 규정한 것과, 나아가서는 1977년 의료보험의 확대실시로 정신의학적 사회복지 부문에서 의료수가를 청구할 수 있게 된 데서 찾을 수 있다. 이를 계기로 대학병원을 중심으로 한 많은 종합병원이 주로 정신과를 우선하여 사회복지사를 고용하게 되었다.

특히 1980년대 이후에는 미국의 지역사회 정신건강 접근법이 소개되고, 정신장애인들의 사회복귀를 위한 지역사회 정신보건 프로그램이 개발, 보급되면서 병원을 중심으로 이루어졌던 정신건강 사회복지의 영역이 지역사회로 확대되어 예방과 재활을 담당할 정신보건전문 사회복지사에 대한 요구도 증가하였다. 즉, 1986년에는 미국의 심리사회적 재활 모델의 하나인 클럽하우스 모델을 수용한 '태화 샘솟는 집'이 개원되었고 1990년 초반에는 사회복지사가 주축이 된 지역사회 정신건강사업들이 잇달아 시도되었다. 그리고 1994년 보건복지부가 주도한 지역사회 정신보건 시범사업 등에 사회복지사가 팀의 일원으로 참여하면서 지역사회 정신건강 영역에서 사회복지사의 참여가 더욱 활발해졌다. 또한 의료보험이 낮 병원에도 적용됨으로써 낮 병원 프로그램이 활성화되기 시작하였고, 이에 따라 정신보건사회복지사의 역할도 확대되었다(임상사회복지연구회 편, 1999, pp. 103-105).

결국 1993년에는 대한의료사회복지사협회로부터 분리되어 한국 정신의료사회복지학회가 창립되었으며, 1995년 12월 「정신보건법」의 제정으로 정신보건사회복지사는 정신보건간호사나 정신보건심리사와 함께 정신보건전문요원으로 인정하여 법적 자격을 부여받게 되었다(제7조 제2항). 한국 정신보건사회복지학회에서는 1996년부터 보건복지부로부터 위임받아 정신보건사회복지사 양성을 위한 수련과정을 두고 있으며, 1997년부터 정신보건사회복지사 1급과 2급 자격증이 보건복지부로부터 교부되고 있다(한국사회복지사협회, 1997). 2001년에는 한국정신보건사회복지사회가 한국정신보건사회복지사협회로 명칭을 변경하였고 정신보건 영역에서의 전문단체로 활동하고 있다(홍선미, 1999, p. 197).

2017년에는 모든 국민의 정신건강 증진 및 정신질환 조기발견 · 예방 분야를 확대하고 정신장애인의 인권과 복지를 강화하기 위해 기존의 「정신보건법」이 「정신건강증진 및 정신질환자 복지서비스 지원에 관한 법률」로 개정, 시행되기에 이르렀다.

6) 의료사회복지의 도전과 변화

서구의 경우와 마찬가지로 보건 의료환경의 변화와 함께 의료사회복지도 지속적으로 도전에 대응하며 변화할 수밖에 없다.

첫째, 건강보험 정책의 변화나 인구구조의 변화와 같은 거시적 환경의 변화는 의료사회복지사에게 때로는 도전으로 때로는 기회로 다가올 수 있다. 의료사회복지사 자격증의 법제화와 함께 퇴원계획 및 지역사회 연계에 대한 역할기대는 구체적으로 다가온 과제이며 기회이다. 이 영역이야말로 의료사회복지가 오랜 기간 전문성을 축적해 온 분야이기 때문이다.

둘째, 거시적 환경의 변화뿐 아니라 2차 세팅의 특성상 다른 보건의료 전문직과 함께 일하는 의료사회복지사는 단순히 환자를 원조하는 데서 나아가 지지적이고 치료적인 서비스를 통해 자신들이 하는 일이 필요하며 효과적임을 끊임없이 증명해 보여야 한다. 이런 상황에서 환경 속의 인간이라는 사회복지실천의 기본 관점이자 핵심 가치야말로 오히려 다학제 전문직이 함께 일하는 보건의료 환경에서 가장 차별성을 입증할 수 있는 부분일 것이다. 동시에 사회복지사가 제공하는 개입이 치료적으로 효과적일 뿐 아니라 유사한 치료전략과 기술을 제공하는 다른 전문직과 전문적으로 경쟁할 수 있어야 할 것이다.

셋째, 의료사회복지사들은 다양한 세팅에서 클라이언트에 대한 의료적·사회적·경제적·심리적 측면의 전문적 실천을 모색하고 대응하고 있다. 한국의료사회복지사협회에서는 의료지원제도, 공공 및 민간자원에 대한 최신의 정보를 비롯하여, 세부 분야별 전문 분과모임을 통해 전문성을 도모하고 있다. 또한『암환자 디스트레스 평가도구』『암환자 퇴원계획 의료사회복지가이드북』『사회적 욕구 및 디스트레스 선별도구』등 전문적 사정과 개입방법에 대한 매뉴얼과 가이드라인을 공동 연구하거나 작성 배포하고 있다(http://www.kamsw.or.kr/00_main/main.php). 미국과 마찬가지로 증거기반실천이 강조되는 보건의료 분야에서 의료사회복지사 역시 효과성이 입증된 개입 이론의 활용이 강조되고 있으며, 관련 연구의 축적을 통해 보건의료 분야에서의 전문성을 더욱 증진시킬 필요가 있다. 이러한 측면에서 2024년 의료사회복지학회가 창설되어 연구와 실천 현장 간의 시너지를 통해 의료사회복지실천의 전문적 발전이 기대되고 있다.

▲ 참고문헌

강흥구(1998). 97병원 표준화 심사에 나타난 한국 의료사회사업의 실태, 대한의료사회사업협회 워크숍 자료집, pp. 27-41.

강흥구(2014). 의료사회복지실천론(제3판). 정민사.

김규수(1991). 의료사회사업론, 형설출판사.

김규수(2004). 의료사회복지실천론, 형설출판사.

김기환, 서진환, 최선희(1997). 의료사회사업가의 직무표준화를 위한 연구, 한국사회복지학, 33호

대한의료사회복지사 홈페이지 http: // www. kamsw.or.kr

임상사회사업 연구회 편(1999). 사회복지실천과 임상사회사업. 학문사.

장수미, 이영선, 이인정, 임정원, 최경애, 한인영(2021). 의료사회복지론. 학지사.

한국사회복지사협회(1997). 한국사회복지사의 실태.

홍선미(1999). 임상사회사업의 발전과 과제, 사회복지연구. 44(겨울호), 191-214.

Bartlett, H. M. (1961). *Analyzing Social Work Practice by Fields*, New York: National Association of Social Workers.

Bracht, N. F. (1974). Health care: The largest human service system, *Social Work*, 19, 532-542

Bracht, N. F. (1978). *Social Work in Health Care' A Guide to Professional Practice*, Binghamton, NY: The Haworth Press, Inc.

Brogden, M. S. (1964). The Johns Hopkins Hospital Department of Social Service, 1907-31. *Social Service Review, 38*(1), 88-98.

Cowles, L. A. (1990). *Medical social work in hospitals: Interdisciplinary expectations of the role*. The University of Wisconsin-Madison.

Cowles, L. A. (2012). *Social work in the health field: A care perspective*. Routledge.

Donald, A. (2002). Evidenced-based medicine: Key concepts. *Medscape Psychiatry and Mental Health, 7*(2). 1-5. Retrieved from www.medscape.com/viewarticle/430709

Downey, M. M., Neff, J., & Dube, K. (2019). Don't just call the social worker: training in structural competency to enhance collaboration between healthcare social work and medicine. *Journal of Sociology & Social Welfare, 46*(4). 77-96.

Dziegielewski, S. F., & Holliman, D. C. (2020). *The Changing Face of Health Care Social Work: Opportunities and Challenges for Professional Practice*. NY : Springer.

Ellis, A., & Dryden, W. (2007). *The practice of rational emotive behavior therapy* (2nd ed.). Springer publishing company.

Gehlert, S. (2019). The conceptual underpinnings of social work in health care, in Gehlert, S. & Browne, T., *Handbook of Health Social Work* (3rd ed.). San Francisco, CA: John Wiley & Sons, Inc., 3-19.

Gehlert, S., & Browne, T. (2011). Handbook of health social work (2nd ed.). John Wiley & Sons.

Grinker, R. R., MacGregor, H., Selan, K., Klein, A., & Kohrman, J. (1961). The early years of psychiatric social work. *Social Service Review, 35*(2), 111-126.

Iglehart, A. P. (1990). Discharge planning: Professional perspectives versus organizational effects. *Health & social work, 15*(4), 301-309.

Marcus, L. J. (1987). Discharge planning: An organizational perspective. *Health & Social Work, 12*(1), 39-46.

Nacman, M. (1990). Social Work in Health Settings: A Historical Review. In K. W. Davidson, & S. S. Clarke (Eds.), *Social Work in Health Care: A Handbook for Practice*. Part I, New York: The Haworth Press.

O'Conner, R. (1976). American hospitals: The first 200 years, *Journal of the American Hospital Association, 50*, 62–72.

Rossen, S. (1987). Hospital Social Work, In *Encyclopedia of Social Work* (18th ed.), NASW.

Sheafor, B. W., & Horejsi, C. R. (2008). *Techniques and Guidelines for Social Work Practice* (8th ed.). 남기철, 정선욱, 조성희 역(2010). 사회복지실천 기법과 지침. 나남.

Trattner, W. I. (1989). *From Poor Law to Welfare State' A History of Social Welfare in America* (4th ed.), New York : The Free Press.

U.S. Bureau of Labor Statistics, Employment Projections, https://www.socialworkers.org/nasw/

NASW 홈페이지 www.socialworkers.org/nasw/

제**4**장
의료사회복지사의 기능과 역할

1. 의료사회복지실천의 기능

　미국사회복지사협회는 의료사회복지실천의 기능을 "의료사회복지를 실천하는 기관의 사명에 부합하는 서비스를 클라이언트 집단과 지역사회에 제공하는 것으로, 여기에는 직접적 서비스, 자문, 교육, 정책과 프로그램 계획, 지역사회와의 연결, 조사연구 등이 포함된다."고 규정하였다(NASW, 1987, pp. 6-7).

　이 정의에 기초하여 카울스(Cowles, 2012, p. 34)는 의료사회복지실천의 기능을 좀 더 구체적으로 직접적 기능과 간접적 기능으로 분류하였다. 전자에는 심리사회적 개입이나 경제적 지원과 같이 사회복지사가 환자와 가족에게 직접 제공하는 서비스들이 포함되고, 후자에는 사례자문이나 건강교육, 프로그램 개발과 같이 병원이나 지역사회에 대한 개입을 통해 특정한 환자나 가족뿐만 아니라 잠재적 클라이언트까지 도움이 되는 서비스들이 포함된다. 예컨대, 환자와 관계된 병원 스태프에게 자문을 함으로써 환자를 지원하는 것은 특정한 환자에 대한 간접적 기능인 반면에 프로그램 개발과 같은 기능은 현재의 클라이언트뿐만 아니라 잠재적 클라이언트까지 개입대상으로 포함하는 것이다. 칼튼(Carlton, 1984, p. 150)은 의료사회복지실천 기능의 속성을 역동적이며 다방향성이라고 규정하였는데, 카울스에 비해 구체성은 떨어지지만 의료사회복지실천의 기능적 다양성을 지적한 점에는 대동소이하다고 하겠다.

　의료사회복지실천 기능은 클라이언트, 즉 환자와 그 가족에게 직접적으로 수행되는 기능과 조직과 지역사회를 거쳐 간접적으로 수행되는 기능으로 분류될 수 있다. 후자는 다시 조직을 대상으로 하는 것과 지역사회를 대상으로 하는 것으로 세분화될 수 있다. 이러한 시도는 개념적 이해를 돕기 위한 것으로 실제로 실천 현장에서는 이러한 기능들은 환자와 가족, 의료사회복지실천 현장, 의료사회복지실천의 목표 등에 따라 기능적 조합을 달리하여 임상적으로 서로 다르게 수행된다. 즉, 의료사회복지실천의 여러 기능이 모든 환자와 가족에게 모두 수행되는 것이 아니라 각각의 상황에 따라 필요한 기능들이 조합되어 실시되며, 대규모의 종합병원에서 수행되는 기능과 소규모 병원에서의 그것은 서로 다르다는 것이다.

　칼튼(1984, pp. 147-149)은 건강 관련 현장에서 의료사회복지사가 수행하는 기능 중에서 핵심적인 기능 19개를 제시하였다. NASW(1987, pp. 6-7)는 의료사회복지실천의 기능을 클라이언트 집단에 대한 것과 지역사회에 대한 것을 나누어 모두 17개를 제시했는데, 내용적으로 칼튼의 그것과 거의 유사하다. 이 기능들을 특정의 환자와 가족을 대상으로 제공되는 서비스와 불특정 다수를 대상으로 제공되는 서비스로 나누어 제시하면 다음과 같다. 이 분류 기준에 따르면 전자에는 의료사회복지사가 환자와 가족에게 제공되는 직접적 서비스와 간접적 서비스가 포함되며, 후자에는 주로 잠재적인 클라이언트나 현재 서비스를 받고 있는 환자와 가족 다수에게 도움이 되는 서비스들이 포함된다.

1) 환자와 가족에 대한 기능

　환자와 가족에 대한 기능이란 의료사회복지사에 의해 클라이언트에게 직접적으로 수행되는 것으로 다음과 같다.

- **사례 발견과 고위험환자 발견**: 사회복지서비스 욕구를 가진 환자를 발견하고, 서비스를 연결시킨다.
- **입원 전 계획**: 입원과 관련된 클라이언트 문제를 확인하고 원조한다.
- **심리사회적 사정**: 환자와 가족의 사회적, 심리적, 문화적, 경제적 부문에 관한 정보를 수집하여 심리사회적 사정과 치료계획에 활용한다.
- **심리사회적 개입**: 환자와 가족들이 건강과 의료서비스와 관련된 자신들의 상황에 좀 더 효과적으로 대처할 수 있도록 지원한다.
- **경제적 지원**: 환자와 가족들의 경제적 욕구를 확인하여 병원이 제공할 수 있는 서비스로 연결시킨다.
- **건강교육**: 계획적인 프로그램을 통해 환자와 가족들에게 질병과 건강에 관한 지식을 제공한다.
- **퇴원계획**: 환자의 입원기간 동안 퇴원 이후의 문제를 확인하고 지원계획을 수립한다.
- **정보 제공과 의뢰**: 환자와 가족에게 지역사회의 활용 가능한 자원에 대한 정보를 제공하고 연결시킨다.
- **지역사회 의뢰 활성화**: 환자와 가족을 지역사회의 자원과 기관에 적극적으로 연결시킨다.
- **지역사회기관에 사례자문**: 환자와 가족에게 건강보호서비스를 제공하는 지역사회기관에 환자와 가족의 심리사회적 상황과 문제에 대해 지식을 제공한다.
- **병원 스태프에게 사례에 대한 자문**: 환자와 가족의 사회심리적 상태, 의료서비스 수급과정과 서비스 이용에서 오는 어려움 등에 관해 병원 스태프에게 일 대 일 혹은 집단으로 정례적 모임을 통해 자문을 제공한다.
- **병원 스태프에게 프로그램 자문**: 충족되지 않은 환자와 가족의 욕구를 사정하여 이 문제와 관련된 부서에 정보를 제공하거나 환자의 권리와 관련된 병원 정책이나 절차에 대해 수정 건의한다.

2) 병원에 대한 기능

병원을 대상으로 수행되는 의료사회복지사의 기능은 간접적 서비스이다. 이 중 특정 환자와 가족을 위한 기능은 앞의 환자와 가족에 대한 기능으로 포함시켰으며, 여기에는 불특정의 잠재적 클라이언트를 위한 기능만을 포함시켰다.

- **병원서비스 이용활성화**: 관련된 병원부서와 스태프에게 환자와 가족의 이해와 입장을 옹호한다.
- **병원이용도 검토**: 병원서비스만족도, 진료의 적정성과 효율성 등에 대한 표준화된 평가과정에 참여한다.
- **서비스 평가**: 병원, 사회복지 부서의 서비스에 대한 평가를 실시한다.
- **병원의 프로그램 계획에 참여**: 아웃리치나 지역사회서비스와 같은 병원의 장·단기 프로그램 계획과 개발에 참여한다.

3) 지역사회에 대한 기능

특정의 환자와 가족을 위해 지역사회를 대상으로 실시되는 간접적 서비스는 앞의 환자와 가족에 대한 기능으로 포함시켰으며, 여기서는 지역사회를 대상으로 수행되는 의료사회복지실천의 기능 중 불특정의 잠재적 클라이언트를 대상으로 수행되는 것만을 포함시켰다.

- **지역사회기관에 프로그램 자문**: 지역사회기관에 지식을 제공한다.
- **지역사회서비스**: 지역사회의 사회복지실천 활동에 병원을 대표하여 참여한다.
- **지역사회자원 동원**: 환자와 가족을 위한 지역사회의 프로그램과 자원을 개발한다.

2. 의료사회복지사의 역할과 직무

김기환(1997)은 의료사회복지사들이 수행하는 직무 수준을 임상직무와 행정직무, 교육 및 연구조사직무, 기타직무로 분류하고 임상직무의 하위 차원으로 심리사회적, 정신적 문제해결 직무, 경제적 문제해결 직무, 지역사회자원과 연결 직무, 사회복귀 및 재활 문제해결 직무로 나누고, 전국의 의료사회복지사의 업무 수행도와 필요도를 조사하여 표준 직무를 제시하였다. 이 표준 직무는 네 가지 차원으로 제시되었는데, 병원의 규모에 따라 대학 부속 병원과 그 이하, 임상과에 따라 정신의료사회사업과 그 외 분야로 나누어 4개의 집단별 표준직무를 제시하였다. 여기서 제시된 의료사회사업의 핵심직무는 다음과 같다.

① 심리사회적 문제의 원인 조사 및 사정
② 치료 계획에 의한 환자의 개별 치료
③ 환자와 환자가족의 교육
④ 환자와 가족에게 질병에 대한 정보제공
⑤ 후원자 연결 등을 통한 병원 외적 자원과 연결
⑥ 지역사회자원과 연결
⑦ 퇴원계획 상담
⑧ 사례분석 평가
⑨ 보고서 및 업무일지의 기록
⑩ 사회사업 부서의 운영에 관한 회의
⑪ 전문성 제고를 위한 교육 참여

강흥구 등(2003)은 2003년 1월부터 6월까지 대한의료사회복지사협회의 연구용역을 받아 의료사회복지실천의 표준, 기준, 지표를 개발하였다. 도나베디안(Donabedian, 1980)의 연구모형을 참조하여 구조, 과정 차원에서 13개의 표준과 31개의 기준, 103개의 하위 지표를 제시하였다.

표준 1: 의료사회복지실천 업무는 문서화된 규정에 의해 실시되어야 한다.

기준	지표
1-1. 의료사회복지실천의 근거가 기관의 정관 또는 규정집 등에 명시되어야 한다.	① 의료사회복지실천의 직제 규정이 있다. ② 의료사회복지실천 부문의 정원이 책정되어 있다.
1-2. 의료사회복지실천 업무는 직무 매뉴얼에 의해 수행되어야 한다.	① 직무 매뉴얼에는 의료사회복지실천의 개입 대상이 제시되어 있다. ② 직무 매뉴얼에는 사회복지사의 서비스 내용이 제시되어 있다. ③ 직무 매뉴얼에는 사회복지사의 역할이 기술되어 있다.

표준 2: 의료사회복지실천 업무는 독립적인 구조를 갖추어 실시되어야 한다.

기준	지표
2-1. 의료사회복지실천 부서는 자율적인 업무 수행에 필요한 독립적 구조를 갖추어야 한다.	① 사회복지 부서는 절절한 단위 이상으로 운영되고 있다. ② 사회복지 부서는 진료나 진료지원 부분에 편재되어 있다. ③ 사회복지 부분의 예산이 별도로 편성되어 있다. ④ 사회복지 업무는 1급 이상의 사회복지사에 의해 수행되고 있다. ⑤ 사회복지 업무 수행에 필요한 적정한 수의 사회복지사가 근무하고 있다.

표준 3: 의료사회복지실천 업무는 유자격자에 의해 시행되어야 한다.

기준	지표
3-1. 의료사회복지실천 업무는 책임 있는 사회복지사에 의해 지도·감독되어야 한다.	① 사회복지 부서의 책임자는 사회복지사 1급 자격증을 소지하고 있다. ② 사회복지 부서는 책임자는 사회복지 석사학위 이상의 학력을 소지하고 있다. ③ 사회복지 부서의 책임자는 의료사회복지실천 업무 5년 이상이다.

표준 4: 사회복지사는 적절한 훈련과 교육, 슈퍼비전을 받아야 한다.

기준	지표
4-1. 사회복지사는 책임 있는 서비스를 제공하기 위해 적절한 훈련과 교육을 받아야 한다.	① 사회복지사의 교육계획이 수립되어 있다. ② 사회복지사의 훈련계획이 수립되어 있다. ③ 외부교육에 참가한다. ④ 외부교육 참가 시에는 교육비 지원이 이루어진다. ⑤ 협회에서 주관하는 자격 유지에 필요한 교육에 참석한다.
4-2. 사회복지사는 업무의 적절성 유지와 전문성 향상을 위해 슈퍼비전을 받아야 한다.	① 사회복지사의 슈퍼비전은 정기적으로 이루어 진다. ② 슈퍼비전은 협회가 인정한 슈퍼바이저에 의해 시행된다.

표준 5: 의료사회복지실천의 내용은 많은 사람이 이용하도록 홍보되어야 하며, 이용절차가 알려져야 한다.

기준	지표
5-1. 잠재적인 클라이언트에게 사회사업 업무가 홍보되어야 하며 의료사회사업 업무의 이용절차가 알려져야 한다.	① 기관의 홍보물을 활용하고 있다. ② 사회사업 업무를 리플릿이 구비되어 있다. ③ 입원생활 안내책자 등에 사회사업서비스에 대해 소개되어 있다.

표준 6: 사회복지 상담실은 사회복지사의 상담에 적합한 구조를 갖추어야 한다.

기준	지표
6-1. 상담실은 접근이 용이해야 한다.	① 상담실은 기관의 주 통로에 인접해 있다. ② 상담실을 안내하는 표지판(signage)이 있다.
6-2. 상담실의 구조는 상담을 진행하는 데 적합하여야 한다.	① 상담실은 비밀이 보장된다. ② 상담실은 심리적 안정감을 제공한다.
6-3. 상담실은 상담의 형태에 따라 달리 활용될 수 있어야 한다.	① 개별상담을 할 수 있는 상담실이 있다. ② 가족과 집단을 상담할 수 있는 상담실이 있다.

표준 7: 의료사회복지실천 업무는 적절한 업무 절차에 의해 수행되어야 한다.

기준	지표
7-1. 의료사회복지실천 업무는 공식적인 의뢰절차에 의해 이루어져야 한다.	① 의료진의 협의 진료(consultation)가 이루어진다. ② 지역사회로부터 의뢰를 받는 체계가 있다. ③ 사회사업의 개입 대상에 대한 스크리닝이 이루어진다. ④ 자발적인 방문자에게 서비스가 제공된다. ⑤ 아웃리치에 의해서 서비스가 제공된다.
7-2. 사회복지사의 개입은 시의적절해야 한다.	① 의뢰된 지 48시간 이내 초기 면접이 이루어진다. ② 위기개입 대상자의 경우 24시간 이내 개입이 이루어진다. ③ 협의 진료 의뢰에 대한 응답은 72시간 내에 이루어진다.
7-3. 사회복지사는 클라이언트와 의미 있는 원조 관계를 수립해야 한다.	① 의뢰자의 의뢰 사유와 욕구를 파악한다. ② 클라이언트의 욕구를 파악한다. ③ 필요한 경우 다른 기관으로 의뢰한다. ④ 클라이언트에게 사회복지사의 역할을 설명한다. ⑤ 질병과 관련된 심리사회적 문제의 중요성과 영향력을 설명한다. ⑥ 질병으로 발생된 어려움을 경청하고, 민감하게 반응한다.
7-4. 사회복지사는 클라이언트의 욕구와 문제를 규명하기 위해 필요한 자료를 수집하고 사정하여야 한다.	① 사정을 위해 환자 외에 가족, 의미 있는 타자와 상담을 진행한다. ② 의료적 상태에 대한 객관적 정보(현재 상태, 치료 기간 및 내용, 예상 입원기간, 외래 후속 조치 필요 여부 등)를 수집한다. ③ 현재 클라이언트가 갖고 있는 심리사회적 문제가 의료적 상태 변화와 어떤 연관성을 갖는지 평가한다. ④ 클라이언트의 질병에 대한 시각, 태도, 치료 동기를 확인한다. ⑤ 이용 가능한 자원을 탐색한다.

	⑥ 사정의 내용에는 클라이언트의 자아기능, 의료적 상황, 심리적 상태, 가족체계, 역할수행수준, 경제력, 지지체계 등이 포함된다. ⑦ 객관적인 사정의 결과를 얻기 위해 사정도구를 활용한다. ⑧ 상황의 변화에 따른 재사정이 이루어진다.
7-5. 사정의 결과 개입목표와 실행계획은 표적문제를 중심으로 수립되어야 한다.	① 개입목표는 클라이언트의 의료적 상황, 치료계획을 고려하여 현실성 있게 수립한다. ② 개입계획은 문제의 중요성과 변화의 시급성을 기준으로 선정한다. ③ 개입계획은 클라이언트와 함께 문제해결을 위한 대안들의 장단점을 확인한 이후에 선정한다.
7-6. 사회복지사는 개입목표가 달성되도록 구체적인 실행계획을 수립하고, 사례의 진행과정을 점검하면서, 문제해결을 도모해야 한다.	① 실행과정은 구체적인 변화 전략과 계획에 따라 진행한다. ② 문제해결에 필요한 자원을 동원하고 활성화한다. ③ 현재의 실행과정이 건강 회복에 어떻게 도움이 되는 것인지 설명함으로써 적극적인 참여를 격려하고 유도한다. ④ 필요한 경우 클라이언트, 의료진이 함께 치료일정과 사회사업적 개입의 계획을 조정하거나 수정한다.
7-7. 일정 시점에 이르면, 개입목표의 달성 정도를 평가해야 한다.	① 평가계획은 개입에 대한 계획 수립 시 미리 고려한다. ② 어떤 평가방법을 사용할 것인지에 관하여 미리 정한다. ③ 평가에 필요한 도구를 구비하고 있다. ④ 평가의 결과는 업무개선에 반영되고 있다.
7-8. 사례의 종결은 달성된 개입목표가 유지되도록 이루어져야 한다.	① 목표가 달성되었거나 개입기간이 종료될 때 사례를 종결한다. ② 종결 시에는 종결에 따른 클라이언트의 불안과 긴장을 다루어 준다.

	③ 개입을 통해 획득한 효과가 유지될 수 있도록 클라이언트에게 강화와 지지를 제공한다. ④ 클라이언트의 문제가 해결되지 않은 경우 다른 기관에 의뢰한다. ⑤ 일정 기간이 지난 후 클라이언트가 잘 적응하는지 사후관리를 실시한다.

표준 8: 사회복지사는 다른 전문직과 팀 협력 활동을 해야 한다.

기준	지표
8-1. 사회복지사는 팀 협력 활동에 참여하여야 한다.	① 사회복지사는 치료 팀의 일원으로 활동한다. ② 치료 팀은 클라이언트의 특성과 개입 세팅의 특성에 따라 특화되어 있다. ③ 사회복지사는 회진을 참여한다.

표준 9: 사회복지사의 활동은 기록 관리되어야 하며, 그 내용은 정기적으로 보고되어야 한다.

기준	지표
9-1. 사회복지사의 활동은 체계적으로 기록되어야 한다.	① 기록의 형식, 방법 등에 관한 원칙이 있다. ② 인테이크, 경과기록 등의 표준기록 양식이 있다. ③ 기록의 보존 연한에 따라 사례기록이 관리되어 있다.
9-2. 사회복지사의 기록은 활용되어야 한다.	① 기록의 검토가 정기적으로 이루어지고 있다. ② 기록의 검토는 정해진 방법과 기준에 따른다. ③ 기록의 내용을 검색할 수 있는 체계를 갖추고 있다.
9-3. 사회복지가 제공한 사회사업서비스에 따른 기록(recording)은 환자의 의무기록에 포함되어야 한다.	① 의무기록에 포함될 사회복지사의 기록범위가 공식적으로 인정되어 있다. ② 협의진료의뢰기록지가 의무기록에 포함된다.
9-4. 사회복지사의 활동은 정기적으로 보고 되어야 한다.	① 통계작성에 관한 원칙이 있다. ② 통계는 일정기간을 단위로 정기적으로 이루어진다. ③ 통계와 업무활동 결과는 기관장에게 보고된다.

표준 10: 사회복지사는 의료사회복지실천의 질 향상을 위해 사업에 지속적으로 참여하여야 한다.

기준	지표
10-1. 사회복지의 질 향상 업무는 계획이고 체계적인 절차에 의해 수행되어야 한다.	① 질 향상 활동은 기준에 의해 수행된다. ② 질 향상 활동 방법은 구조화되어 진행된다. ③ 질 향상 활동에는 전 부서원이 참여한다.
10-2. 질 향상 활동의 결과는 문서화되고 적절하게 활용되어야 한다.	① 질 향상 활동결과는 문서화되어 있다. ② 질 향상 활동의 결과는 기관의 질 전담부서에 전달되거나 기관장에게 보고된다. ③ 질 향상 활동의 결과는 업무개선이나 슈퍼비전 시 활용되고 있다.

표준 11: 사회복지사는 지속적으로 지역사회와 교류하여야 한다.

기준	지표
11-1. 사회복지사는 지역사회로부터 인적·물적 자원을 확보하는 체계를 갖추고 있어야 한다.	① 자원봉사자 등 인적 자원을 공급받을 수 있는 체계를 갖추고 있다. ② 기금 등 물적 지원을 공급받을 수 있는 체계를 갖추고 있다.
11-2. 사회복지사는 클라이언트를 의뢰할 수 있는 지역사회자원 연계망을 구축하여야 한다.	① 활용 가능한 지역사회자원목록을 구비하고 있다. ② 지역사회자원목록에는 대상자, 이용 가능한 서비스 내용, 이용절차 등이 나타나 있다. ③ 자원목록은 연 1회 이상 보완된다.

표준 12: 사회복지사는 퇴원계획과정과 문제환자 처리과정에 참여해야 한다.

기준	지표
12-1. 사회복지사는 퇴원계획에 참여하여 클라이언트의 권익옹호를 도모해야 한다.	① 퇴원계획은 기준에 의해 실시되고 있다. ② 퇴원계획은 팀 협력에 의해 이루어지고 있다. ③ 퇴원계획 대상이 되는 클라이언트의 기준이 제시되어 있다.
12-2. 사회복지사는 문제환자 처리과정에 참여하여야 한다.	① 문제환자 처리과정은 기준에 의해 수행되고 있다. ② 사회복지사가 관여하는 문제환자의 범위가 제시되어 있다.

표준 13: 사회복지 업무에 대한 결과를 측정하고 평가하여야 한다.

기준	지표
13-1. 사회복지서비스를 받은 클라이언트를 대상으로 만족도 조사를 실시하여야 한다.	① 만족도 조사도구가 있다. ② 만족도 조사는 분석되어 업무개선에 활용된다.
13-2. 프로그램을 시행한 후에는 프로그램 평가를 시행하여야 한다.	① 프로그램 평가의 도구를 갖고 있다. ② 프로그램 평가의 결과는 문서화되어 있다. ③ 프로그램 평가의 결과는 업무개선에 반영되고 있다.

3. 의료사회복지사의 법적 지위

1) 사회복지사업법

「사회복지사업법」(법개정 2011. 8. 4.) "제2조(정의) ① 이 법에서 "사회복지사업"이라 함은 다음의 법률에 의한 보호・선도 또는 복지에 관한 사업과 사회복지상담・직업지원・무료숙박・지역사회복지・의료복지・재가복지・사회복지관 운영・정신질환자 및 한센병력자의 사회복귀에 관한 사업 등 각종 복지사업과 이와 관련된 자원봉사활동 및 복지시설운영 또는 지원을 목적으로 하는 사업을 말한다."고 되어 있어, 사회복지사업에 있어서 의료사회사업분야에 대한 활동의 근거를 명확히 하고 있다.

또한 의료사회복지사는 사회복지사 자격 1급 자격을 취득한 후,「사회복지사업법」제11조(사회복지사 자격증의 발급 등)(일부개정 2020. 3. 31.) ② (정신건강・의료・학교 영역에 대해서는 영역별로 정신건강사회복지사・의료사회복지사・학교사회복지사의 자격을 부여할 수 있다.), ③ (사회복지사 1급 자격은 국가시험에 합격한 사람에게 부여하고, 정신건강사회복지사・의료사회복지사・학교사회복지사의 자격은 1급 사회복지사의 자격이 있는 사람 중에서 보건복지부령으로 정하는 수련기관에서 수련을 받은 사람에게 부여한다.)에 따라 수련기관에서 1년 이상 보건복지부령으로 정하는 수련기과정을 이수한 자를 말한다.

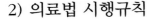

2) 의료법 시행규칙

의료사회사업이 법적으로 처음 규정된 것은 1973년 9월 20일 개정 「의료시행령」(「대통령령」 제6863호) 제24조 2항 5호에서 "종합병원에는 「사회복지사업법」의 규정에 의한 사회복지종사자 자격증을 가진 자 중에서 환자의 갱생, 재활과 사회복귀를 위한 상담 및 지도업무를 담당하는 요원을 1인 이상 둔다."고 한 데서 비롯되었다.

그 후, 사회복지종사자라는 용어가 1983년 5월 21일 「사회복지사업법」의 개정에 따라 사회복지사라는 용어로 대체되었으며, 현재는 「의료법 시행규칙」 제38조의 ②의 6(의료인 등의 정원)에 "종합병원에는 「사회복지사업법」에 따른 사회복지사 자격을 가진 자 중에서 환자의 갱생·재활과 사회복귀를 위한 상담 및 지도업무를 담당하는 요원을 1인 이상 둔다."라고 규정되어 있다.

3) 장기 등 이식에 관한 법률

(1) 장기 등 이식에 관한 법률 시행령

「장기 등 이식에 관한 법률 시행령」 제25조(이식의료기관의 지정기준) 제2항에 따라 "이식의료기관으로 지정받으려는 의료기관이 갖추어야 할 시설·장비·인력 등은 별표 4와 같다."에서 별표 4를 보면 "……장기 등의 적출·이식을 위한 상담·연락업무 등을 담당하는 간호사와 사회복지사 각 1인 이상을 두어야 한다. 다만 안구만을 이식하는 경우는 그렇지 않다."라고 되어 있어, 장기이식의료기관에서 전문직으로 승인된 사회복지사에 대한 규정이 있다.

(2) 장기 등 이식에 관한 법률 시행규칙

「장기 등 이식에 관한 법률 시행규칙」 제10조(뇌사판정의료기관의 기준) "제9조에 따라 통보한 의료기관(이하 "뇌사판정의료기관"이라 한다)은 법 제16조 제2항에 따라 다음 각 호의 시설·장비·인력 등을 갖추어야 한다. …… 3. 신경과 전문의 1명, 4. 뇌파검사를 담당하는 임상병리사 1명, 5. 뇌사판정을 위한 상담 연락업무를 담당하는 간호사 1명,

6. 사회복지사 1명"으로 규정되어 있어, 뇌사판정 의료기관에서 사회복지사를 전문직으로 승인하고 있다.

4) 정신건강증진 및 정신질환자 복지서비스 지원에 관한 법률

제17조 제1항에서 "보건복지부장관은 정신보건 분야에 관한 전문지식과 기술을 갖추고 보건복지부령으로 정하는 수련기관에서 수련을 받은 자에게 정신보건전문요원의 자격증을 교부할 수 있다(② 제1항에 따른 정신건강전문요원은 그 전문분야에 따라 정신건강임상심리사, 정신건강간호사, 정신건강사회복지사 및 정신건강작업치료사로 구분한다. 개정 2020. 4. 7.)"고 되어 있어 정신보건 영역에서 전문직으로서 사회복지사에 대하여 전문요원 자격을 부여할 수 있도록 제도적 승인을 규정하고 있다.

5) 호스피스 · 완화의료 및 임종과정에 있는 환자의 연명의료결정에 관한 법률

이 법령은 호스피스 · 완화의료와 임종과정에 있는 환자의 연명의료와 연명의료중단 등결정 및 그 이행에 필요한 사항을 규정함으로써 환자의 최선의 이익을 보장하고 자기결정을 존중하여 인간으로서의 존엄과 가치를 보호하는 것을 목적으로 하여 개정되었다. 제20조 1항 호스피스전문기관의 지정기준 [별표 2]에 따르면 인력 기준에는 의사 또는 한의사, 간호사, 1급 사회복지사를 필수인력으로 규정하고 있다. 특히 입원형 호스피스전문기관의 경우 사회복지사는 호스피스 병동당 1급 사회복지사 1명 이상을 두며, 가정형 및 자문형의 경우에는 1급 사회복지사 1명 이상 두어야 한다고 규정하고 있다.

6) 국민건강보험법 요양급여기준

「국민건강보험법」 국민건강보험 요양급여의 기준에 관한 규칙을 살펴보면, 다음과 같이 제한된 범위이기는 하지만, 사회복지사만 할 수 있는 전문적 활동을 규정하여 이를 인정하고 있다.

① 국민건강보험 요양급여기준, "건강보험 행위 급여 · 비급여 목록표 및 급여 상대가치 점수" 제 2부 행위급여목록 · 상대가치점수표 및 산정지침 제7장 이학요법료 제3절 전문재활치료에서는 "사—128 재활사회사업—주: 1. 재활의학적 치료목적으로 사회복지사가 직접 실시한 경우에 산정한다."고 되어 있다(보건복지부고시 제2007-139호, 2008. 1. 1. 시행. 2018. 7. 1. 개정).

② 요양급여기준, "건강보험 행위 급여 · 비급여 목록표 및 급여 상대가치점수" 제1편 제2부 제8장 정신요법료[산정지침] (3)을 보면 "… 다만, 정신의학적 사회사업(아—11)은 사회복지사가 직접 실시한 경우에만 산정한다."라고 되어 있다(보건복지부고시 제2007-139호, 2008. 1. 1. 시행. 2018. 7. 1. 개정).

③ 요양병원 입원환자의 퇴원 후 원활한 지역사회 복귀를 지원하기 위한 요양병원 지역사회 연계료가 2019년 신설되었다. 요양병원 지역사회 연계 평가료는 입원일로부터 120일 경과 후 퇴원이 예정되어 있고 지역연계가 필요한 환자를 대상으로, 환자지원팀이 환자(또는 보호자)를 대상으로 [별지 제17호 서식]에 따라 환자지원 심층평가를 실시하고 작성한 경우 산정한다. 또한 요양병원 지역사회 연계 관리료는 환자지원팀이 환자(또는 보호자)를 대상으로 [별지 제 18호 서식]에 따라 퇴원지원 표준계획을 수립 · 작성하고 지역사회자원 연계 계획에 따라 연계가 이루어진 경우 산정한다(보건복지부고시 제2019-183호).

④ 가정형 호스피스 통합환자관리료 산정기준에 따르면, 호스피스팀(의사, 간호사, 사회복지사)이 환자관리를 위한 주기적 팀회의를 통해 환자상태 평가 및 계획을 수립하며, 환자 방문 중 또는 후의 팀원 간 전화 보고, 환자 · 가족의 전화 상담 등 상시적 환자관리 및 서비스를 제공하고, [별지 제22호 서식] 가정형 호스피스 초기 평가지 또는 [별지 제23호 서식] 가정형 호스피스 환자관리기록지를 작성 · 보관한 경우 산정한다(보건복지부고시 제2020-187호).

⑤ 전인적 돌봄 상담료는, 호스피스병동에서 말기암환자와 그 가족을 대상으로 의사, 간호사, 사회복지사가 환자의 신체적, 심리사회적 지지를 위하여 전인적 돌봄 상

담을 실시한 경우 산정한다(보건복지부고시 제2024-160호).

이 외에도 병원 내 사회복지사의 역할은 지속적으로 확대되고 있으며, 다양한 영역에서 재활요법, 재활사회사업 등 수요 증가하고 있다. 또한 회복기 재활 시범사업, 호스피스, 자살예방 사업등을 통해 관련 수가가 개발 중에 있으며, 「연명의료결정법」 제정 · 시행 등으로 지속적으로 역할이 강화될 것으로 전망된다.

7) 의료기관 평가 및 인증제도

병원표준화심사제도와 서비스평가제도를 법적 근거로 볼 수는 없으나 의료기관의 의료사회복지사 채용을 공식적으로 인정하는 제도이다. 1996년도부터 보건복지부와 의료기관서비스 평가협의회에서 주관, 실시한 의료기관서비스평가제도에서는 2번 항목, '일반관리 및 지원 서비스' 중 사회사업실에 대하여, 현지준비서류로 조사시행 전년도 1년 동안의 활동실적 기록을 요구하고, 실적에 대한 환자확인작업을 병행하도록 하였다(보건복지부, 1996).

한편, '병원 표준화 심사'를 독립된 기구가 아닌 대한병원협회가 담당한다는 점에서 평가의 객관성 문제가 제기됐고, 평가 결과를 공개하지 않아 신뢰성이 떨어진다는 불만이 생겼다. 이에 보건복지부는 2009년 6월 평가제도를 인증제도로 전환해 자율적으로 의료기관이 참여하도록 했다. 인증의 객관성 확보를 위해 인증평가 전담 기관인 의료기관평가인증원을 설립하였고, 의료기관평가인증원은 환자 안전, 의료기관의 인력관리 및 운영, 환자의 만족도 등을 평가할 수 있도록 문항을 구성하고 '의료기관 평가 인증제도'를 만들어 2010년부터 시범조사를 실시했다(월간헬스조선, 2015. 02. 12.).

병원급 이상 의료기관은 자율적으로 인증을 신청할 수 있다. 단, 요양병원과 정신병원은 의료 서비스의 특성 및 환자의 권익 보호 등을 고려하여 2013년부터 의무적으로 인증 신청을 하도록 「의료법」에 명시되어 있다. 「의료법」 제58조의 7(인증의 공표 및 활용)에 따라 의료기관평가인증원 홈페이지에 그 결과를 공표하고 있다.

이전에 실시해 오던 '의료기관 평가제도'를 보완하여 2010년부터 실시하고 있는 의료기관 인증평가에서도 의료사회복지체계를 명시하고 있어 병원의 등급결정에 중요한 변수 중의 하나로 작용하고 있다. 급성기 병원 4주기 인증기준(2021년 공표)에 따르면 6장 환자권리존중 및 보호 챕터 중 6.4 의료사회복지체계 여부가 평가항목에 들어가 있다. 또한 6.2 취약환자 권리보호 기준에 따라 장애인, 노인, 외국인 등 취약환자에 대한 권리보호 규정이 명시되어야 하며, 이때 의료사회복지 활동이 포함되기도 한다. '수련병원실태조사 및 병원신임평가'의 지원부서편에 의료사회사업부문이 포함되어 있어 체계적인 의료사회사업서비스를 제공하는지를 평가하는데, 이때 사회복지사의 유자격 여부를 파악하기 위하여 대한의료사회복지사협회의 회원증사본을 제출토록 하므로 의료사회복지사협회의 실체를 인정하고 있다. 또한 대한재활의학회 재활의학 수련프로그램 평가에서 기타 인력평가에 언어재활사, 임상심리사, 사회복지사가 포함되어 있으며, 사회복지사는 재활의학과 전담인력이 있는지에 따라 점수를 차등 측정한다.

▲ 참고문헌

강흥구, 이상진, 박미정(2003). 의료사회사업의 표준, 기준, 지표 개발에 관한 연구. 한국사회복지행정학, 5(3), 197-222.

김기환, 서진환, 최선희(1997). 의료사회사업가의 직무표준화를 위한 연구. 한국사회복지학, 33, 1-28.

Carlton, T. O. (1984). Clinical social work in health settings: A guide to professional practice with exemplars. (*No Title*).

Cowles, L. A. (2012). *Social Work in the Health Field: A Care Perspective*. Routledge.

National Association of Social Workers. (1987). *NASW Standards for Social Work in Health Care Settings*, Washington, DC: NASW press.

제5장

질병, 질병경험, 가족에 대한 심리사회적 이해

　같은 질병이라도 질병을 경험하는 환자 그리고 질병에 대한 사회문화적 인식에 따라 그 의미가 다르며 대응하는 방식과 결과도 달라진다. 예를 들어, 암이나 에이즈, 장애에 대해 개인과 사회가 부여하는 의미는 다를 수 있으며, 이에 따라 치료방식에 대한 선택과 이후의 사회적 역할도 변화하게 된다. 질병은 생물학적 현상이면서 동시에 우리의 삶을 재구성하는 사회적 현상이기도 하다. 질병의 심리사회적 측면에 대한 이해 없이 클라이언트인 환자와 가족의 욕구를 이해하고, 체계적으로 사정하고, 효과적인 개입계획을 수립하기는 어렵다. 의료사회복지사는 질병이 가지는 심리사회적 차원에 대한 지식과 기술에서 전문성과 차별성을 가지게 된다. 이 장에서는 건강과 질병, 만성질환 및 장애와 같은 질병의 여러 차원에 대한 심리사회적 이해와 함께 질병행동과 질병경험의 의료사회학적 이해 그리고 이를 기반으로 한 환자와 가족의 대처에 대해 다루고자 한다.

1. 건강, 질병, 만성질환과 장애

1) 건강의 정의

'건강(health)'의 개념은 생의학적 의미에서 보면 질병이 없는 상태를 의미한다. 그러나 증상이 없어도 질병이 있을 수 있으며, 반대로 발견될 만한 질병은 없는데 아프다고 느낄 수 있다. 질병의 부재라는 건강에 대한 생의학적 정의는 안녕(wellness)의 증진보다는 이상(disorder)에 초점을 두는 경향이 있으며, 또한 건강과 질병의 개인적, 환경적 차원을 간과함으로써 환자를 전인으로 보는 견해와 상반된다(Germain, 1984, p. 34).

1940년대 WHO는 건강을 완전한 신체적·정신적·사회적 안녕의 상태이며 단순히 질병이나 상해의 부재가 아니라고 정의하였다. 이 정의는 건강하다는 것이 그 사람이 아픈지 혹은 상해를 당했는지를 단순히 결정하는 것을 훨씬 넘어서며, 나아가 적극적인 차원에서 안녕의 상태를 경험하는 것을 의미한다는 점에서 기존의 전통적인 생의학적 관점에서 진일보하였다고 볼 수 있다.

한편 건강은 질병이나 상해의 부재를 의미할 뿐 아니라 디스트레스의 부재나 일상적 활동을 수행하는 능력의 손상이 없는 것을 의미한다. 유럽의 여러 연구에 의하면, 많은 사람이 건강을 일차적으로 기능적으로 적합한 상태로 보며, 이러한 건강의 정의를 자신들의 사회적 상황에 적용한다는 것이다(Evans & Stoddart, 1990; Cockerham, 1995, p. 2에서 재인용).

건강은 개인이나 사회가 적절한 기능을 수행하기 위한 선결조건이다. 건강하면 우리는 수많은 형태의 활동을 할 수 있지만, 아프거나 디스트레스 상태에 있거나 상해를 당하게 되면 일상적 활동을 줄여야 하고 또한 자신의 건강상태에 지나치게 몰입하여 다른 인생의 목표들은 부차적 중요성을 띠거나 거의 의미 없는 것이 될 수 있다. 따라서 뒤보(Rene Dubos)는 "건강이란 기능하는 능력으로 정의될 수 있다."라고 설명하였다(Cockerham, 1995, p. 2). 이 뜻은 건강한 사람들이 건강문제에서 자유롭다는 것이 아니라 자신이 원하는 것을 할 수 있을 만큼 기능할 수 있다는 의미이다. 이와 같은 건강에 대한 정의는 기존의 생의학적 접근에서의 정의나 WHO의 정의보다 훨씬 포괄적이며, 건강을 질병이나 허약한 상태에서 벗어난 상태를 의미하는 데서 나아가 사회적 역할수행에 주안점을 두고 있다는 점에서 전인적 접근(holistic approach)으로 지칭된다. 건강에 대한 전인적 접근은 클라이언트의 사회적 기능수행의 향상이 의료사회복지실천의 주요 목표인 점을 감안할 때 우리에게 가장 적합한 정의라고 할 수 있다. 결국 의료사회복지실천의 관점에서 보면 건강이란 질병과 상해, 디스트레스 및 일상적 활동을 수행하는 능력의 손상이 없이 적절한 사회적 기능을 수행할 수 있는 상태를 의미하는 것으로 정의할 수 있다.

2) 질병의 개념

의학이 건강이나 질병을 생물학적 현상으로 본다면 의료사회학에서는 생물학적 현상을 넘어 사회적 관계가 작용하는 사회적 사실이나 사회적 실재로 파악한다(조병희, 2015, p. 71). 의학에서 규정되는 병이 질환(disease)이고, 개인이 그 병을 경험하는 차원이 질병(illness)이며, 사회제도적으로 범주화되는 경우가 병(sickness)이다.[1]

(1) 질환, 질병 및 병

A는 며칠 전부터 목이 아프고 콧물이 나오고 있다. 열과 통증을 느끼며 가슴이 답답한 느낌이 있다. A는 아무것도 하고 싶지 않다고 한다.

B는 지난 6개월 동안 매우 피곤했다. 그는 아침에 일어나자마자 피로감을 느끼며, 가끔 몇 분 동안 어지러움을 느끼기도 한다. B는 자신이 평소에 일했던 만큼 일하고 싶지 않았다.

---

1) 사실상 이 용어들을 상호 배타적인 적절한 한국말로 번역하기는 쉽지 않은 일이다. 그러나 이미 의료사회학 등에서 disease는 질환, illness는 질병, sickness는 병으로 번역해 사용하고 있어서 여기서는 그 용어들을 그대로 사용하기로 하였다. 그러나 이 책의 전반을 통하여 세 용어는 의료사회학적 의미와 관계없이 혼용된다.

앞의 예시는 질환과 질병의 개념을 잘 보여 준다. '질환'(disease)은 의사들이 진단하고 치료하는 대상으로 독감, 암, 결핵 등이 그 예이다(Radley, 1994). 질환은 신체의 병리적 변화를 의미하는 것으로 열, 종양, 심한 기침 등을 포함할 것이다.

이에 비해 질병(illness)은 질환의 경험으로, 신체 상태의 변화나 그러한 변화로 인해 생긴 결과와 관련된 느낌을 포함한다. 예를 들면, 정기건강검진 과정에서 에이즈 양성이나 고혈압으로 판명될 수 있다. 그러나 당사자가 그동안 건강에 문제가 없다고 느끼고 지냈다면 질환의 진단은 질병경험에 앞서 나타나며, 의사가 환자에게 검사결과를 통보한 후 곧바로 나타날 수 있다. 반대로, 질병경험이 진단에 앞서 나타나 일정 기간 중상경험을 하면서 자가치료를 하거나 견딜 수도 있고, 의사를 찾았는데, 질환이라 할 만한 것이 없는 것으로 판명이 되기도 한다. 질환은 생물학적 개념으로 의학의 영역이라면 질병은 심리사회적 개념이며, 환자나 그 가족에게 주는 문화적 불편이나 고통의 의미를 포함하므로 사회과학의 관심사라고 할 수 있다. 따라서 질환은 신체적 사건이며 의료인의 일차적 관심사항인 반면, 질병은 '병자와 가족 또는 병자를 둘러싼 사회적 연계망이 중상과 장애를 인식하고 그것과 더불어 살며 반응하는 방식'이라고 할 수 있다 (Nettleton, 1995).

한편, 병(sickness)은 질환이나 질병과는 달리 사회적 개념이다. 우리가 '병에 걸렸다.'라고 하는 의미는 개인의 호소뿐 아니라 사회적 인식과 관계가 있다. 즉, 병의 개념은 다른 사람들에 의해 적용되고 자신이 수용한 사회적 명칭으로 환자의 사회적 역할에 관심을 가진다(Nettleton, 1995, p. 25). 예를 들어, 에이즈 양성이라고 통보받은 사람은 이 사실을 다른 사람에게 알릴 것인가 하는 문제가 제기된다. 만약 에이즈에 대한 사회적 편견이 강하다면 그는 말하지 않을 것이다. 즉, 환자로서의 사회적 역할을 수용하는 것은 에이즈의 중상에 시달리는지와 관계없이 사회적으로 범주화된다는 것을 의미한다 (Radley, 1994, p. 23). 그러므로 과거 죄로 낙인이 찍혀 종교적 개입이 이루어지거나 범죄로 분류되어 처벌 되었던 조건들이 지금은 아픈(sick) 것으로 간주되어 의료전문가의 개입을 필요로 한다. 예를 들면, 과거의 사회규범에서 일탈로 간주된 아동학대, 알코올중독 및 약물중독, 비만 그리고 정신질환으로 분류되는 행동들이 지금은 병으로 분류되어 병원에서 치료를 받게 되었다는 것이다. 반대로, 최근 서구에서는 출산이나 사망과 같이 병원에서 이루어졌던 행위들이 점차 집에서 자연스럽게 이루어지는 경우가 늘어나면서 어떤 행위들은 점차 탈의료화되어 가고 있기도 하다(Germain, 1984, p. 35).

이처럼 질병개념의 변화는 점점 더 개인의 경험이 중시되고 과거의 의학적 패러다임에서 벗어나고 있음을 보여 주며, 객관적 상태인 질환과 별개로 주관적 상태인 질병의 개념이 필요해진 것은 환자가 주체적이고 능동적으로 되었기 때문이다. 의료체계 역시 치료(cure)에서 전인적 돌봄(caring)으로 변화하고 있으며 치료장소도 병원에서 지역사회와 가정으로 확대된 것이다(조병희, 2015, p. 72).

3) 만성질환에 대한 이해

질병이 의료사회학적 관점에서 질환, 질병 및 병으로 구분되는 것과 함께 질병의 조건에 따라 급성질환과 만성질환으로 구분되기도 한다.

만성질환에 대한 관심은 특히 최근에 현저하게 나타나고 있는데, 그것은 20세기 이후 의료 분야의 가장 두드러진 특징 중 하나가 치료가 쉽지 않은 장기적이고 만성적인 질환의 증가라는 데서 그 이유를 찾을 수 있고, 또 하나는 만성질환의 광범위한 심리사회적 영향 때문이다. 즉, 현대의학과 생명기술의 획기적 발달은 인간수명의 연장과 급성·감염성 질환의 감소를 가능하게 하였지만 역설적 의미에서 보면 인구구조의 노령화로 만성질환의 종류 및 만성질환자의 수는 현저하게 증가하게 되었다. 만성질환은 그 특성상 치료보다는 어떻게 잘 관리하고 돌보는가 하는 케어(care)가 더 중요하며 그 영향이 환자뿐 아니라 가족 및 주위에까지 미친다. 그렇다면 만성질환의 정의와 개념은 무엇인지 알아보기로 하자.

(1) 만성질환의 정의와 특성

고혈압, 당뇨, 심장병, 천식, HIV/AIDS, 관절염 등과 같은 만성질환은 급성질환과 그 특성의 차이가 크다. 만성질환은 증상이 나타났다 사라지기도 하고 호전되었다 악화하는 등 진행과정이 불규칙하고, 예후를 판단하기가 어렵다. 질병상태가 수십 년 계속될 수도 있어 '환자'로만 있을 수가 없고 동시에 '정상인'으로 살아가는, 소위 '질병을 안고 살아가야 하는' 삶이 시작된다(조병희, 2015).

현재 나와 있는 정의들 가운데 가장 일반적으로 사용되는 정의는 1956년 만성질환위원회(Commission on Chronic Illness)에서 제시한 것으로, "만성질환이란 다음의 한 가지 혹은 그 이상의 특징을 지닌 모든 손상이나 정상적인 상태로부터의 일탈을 말한다. 즉, 영속적이고 부분적 장애를 남기며, 돌이킬 수 없는 병리학적 변화로 야기되고, 환자의 재활을 위해 특별한 훈련이 필요하며, 장기간의 감독, 관찰 혹은 보호가 필요한 경우"이다. 이 정의는 그 포괄성에도 불구하고 생리학적인 이상에만 초점을 두고 있고 장기적 조건을 지닌 만성질환자라는 대상의 연구에 필요한 틀을 제시해 주지 못한다는 한계를 지닌다(Dimond & Jones, 1983, pp. 33-34).

슈트라우스 등(Strauss et al., 1984)은 이러한 관점에서 만성질환의 특성을 다음과 같이 정의하였다.

- 장기적이다.
- 예후를 비롯한 여러 가지 측면에서 불확실하다.
- 증상으로 인한 통증 완화에 상당한 노력이 필요하다.
- 합병증이 발생할 수 있는 다중성 질환(multiple disease)이기 때문에 환자 생활 전반에 큰 영향을 미쳐 가족 전체의 일상이 재조정되어야 한다.
- 다양한 보조적 서비스가 필요하다.
- 경제적으로 상당한 비용을 초래한다.

또한 슈트라우스(1975)는 의학적 위기와 관리, 증상 통제, 의사가 처방한 치료법 실천과 이러한 치료법에 부수된 문제의 처리, 타인과의 접촉 저하로 야기된 사회적 고립의 예방과 고립된 삶의 영위, 병의 악화나 완화 등 질환과정의 변화에 대한 적응, 타인과의 상호작용 및 삶의 방식을 정상화시키려는 노력, 치료비를 부담하고 직업을 전부 또는 일부 상실한 상태에서 살아가기 위한 호구지책 등을 만성질환자가 당면하게 되는 핵심적 문제들로 제시하였다(Nettleton, 1995, pp. 120-121).

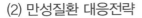

(2) 만성질환 대응전략

만성질환은 장기간에 걸쳐 질병이 진행되며 그 결과 신체적 기능이 취약해질 수 있고, 자아 정체성이 훼손될 수도 있으며, 나아가 사회생활이나 사회적 관계에도 부정적 영향을 줄 수 있다. 만성질환에 대한 대응방식에는 부인, 정상화, 병 역할, 적응이 있다 (Kelly, 1991, 1992; 조병희, 2015, pp. 121-123에서 재인용).

첫째, 부인(denial)은 병 자체를 인정하지 않는 것이다. 주변 사람들은 환자의 신체적 변화를 인지하는데도 본인은 인정하지 않을 수 있다. 이는 만성질환을 수용하기 위한 시간이 필요함을 의미할 수 있다.

둘째, 정상화(normalization)이다. 만성질환 증상을 인정하나 이를 정상적 현상으로 인식하는 것이다. 예를 들면, 혈압약을 복용하는 고혈압 환자가 고혈압을 병이라고 생각하지 않는 것이다.

셋째, 병 역할(sick role)로의 후퇴로, 질병이 환자의 생활 전체를 압도하고 환자는 전적으로 병 역할을 자임하는 것이다.

넷째, 적응(accommodation)의 대응전략이다. 즉, 질병을 인정하나 부분적으로만 병 역할을 자임하고 다른 부분에서는 정상적 역할을 수행하는 대응방식이다.

이 네 가지 대응전략은 고정된 것은 아니며 환자는 때와 상황에 따라 적합한 전략을 유연하게 선택할 수 있다.

게하르트(Gerhardt)는 만성질환자가 낙인으로 인해 어려움을 경험하며 사회적 지위의 변화가 초래되는 위기에 직면하게 되는 것을 '위기 모형'이라고 하였으며, 동시에 정상성을 유지하기 위한 노력을 하는 측면을 '협상 모형'이라고 하였다(조병희, 2015). 협상 모형은 만성질환으로 자아의 상실을 초래할 수 있고 질환의 불확실성이 있지만 환자가 정상성을 유지하려고 노력하는 것을 말하는데, 이 과정에서 환자의 정체성을 한순간에 채택하는 것 아니라 서서히 환자 상태로 적응해 간다는 것이다. 즉, 만성질환의 대응과정에서 환자들은 질병으로 인한 한계에 순응하면서 동시에 질병 이전의 삶을 유지하는 것 사이에서 타협하게 된다는 것이다.

(3) 만성질환에 대한 질병적응양식

환자는 만성질환으로 인해 자신의 몸에 대한 자신감을 상실할 수 있고, 이에 따라 자아정체성을 바꾸거나 사회적 활동과 상호작용을 재조정하게 된다. 소위 '생애의 붕괴 (biographical disruption)'라고 표현될 만큼(Bury, 1982) 일상사가 무너지는 경험을 하게 된다(조병희, 2015, p. 122). 예를 들면, 만성신부전으로 매주 신장투석을 받아야 하는 환자는 정신적·사회적 역할 수행이 어렵게 되고 미래에 대한 희망이나 계획을 포기하거나 수정하지 않을 수 없게 된다. 또한 질병으로 인해 다른 사람에 대한 일방적 의존관계로 자아의 훼손을 경험할 수도 있다.

그러나 만성질환의 경험이 생애의 붕괴로만 나타나는 것은 아니며, 라들리(Radley, 2004)는 질병으로 인하여 사회참여가 유지되는지 혹은 상실되는지, 질병이 자아를 보완하는지 혹은 대립되는지에 따라 다음과 같은 네 가지 형태의 질병 적응양식이 만들어진다고 하였다([그림 6-1] 참조).

첫째, 질병이 자아에 보완적이라는 것은 질병으로 인한 제약을 받아들이면서 이러한 새로운 상황에 적극적으로 적응하는 것으로, 사회활동을 적극적으로 하면서 질병을 보완적 자아로 인정하는 경우가 '적응' 유형에 해당한다.

둘째, 사회참여는 적극적으로 하지만 질병과 관련된 부분을 최소화하는 경우가 '적극부인'이다. 병을 중요하게 생각하지 않거나 이야기하기 싫어하는 사람들의 반응이라고 할 수 있다.

셋째, 질병으로 자신감을 상실하고 활동을 제한하는 경우로 '포기'의 형태가 있다.

넷째, 사회참여를 못하게 되었지만 질병으로 인해 부차적 이득을 얻었을 경우 '이차적 이득'의 반응이 나타나게 된다.

여기서 중요한 것은 질병의 파괴적 영향력의 크기이기도 하지만 개인을 둘러싼 지지망 역시 중요하다. 사회적 지지망이 있는 경우 '적응'이나 '적극적 부인'의 양식으로 대처해 나갈 수 있지만 이러한 지지망이 없으면 '포기와 사퇴' 또는 '이차적 이득'으로 갈 수 있다(조병희, 2015, p. 125). 예를 들면, 에이즈와 같이 사회적 낙인이 있는 만성질환의 경우 가장 가까운 지지망인 가족과의 관계도 단절되고 직장을 구하는 것도 어려워져 모든 사회적 관계를 단절하고 은둔하는 결과를 초래하기도 한다.

4) 장애의 개념

앞에서 언급한 바와 같이 만성질환은 그 특성상 장애를 남기게 되는 경우가 많으며, 따라서 만성질환에 대한 이해를 도와줄 수 있는 또 하나의 개념은 '장애'라고 할 수 있다.

2022년 기준 전 세계의 약 13억 명, 즉 세계 인구의 6명 중 한 명이 심각한 장애를 경험하고 있으며,[2] 따라서 의료사회복지사들은 태어나서 처음으로 장애에 직면한 사람들을 상담하고 지원해야 하는 경우가 많다. 선천적 장애가 있는 태아를 가졌다는 사실을 알게 된 부모들을 상담하거나 소아당뇨로 진단받은 아이를 학교에서 만날 수도 있고, 중환자실에서 척수손상으로 걸을 수 없게 된 환자나, 뇌졸중으로 장애가 생긴 노인을 둔 가족을 상담해야 할 수도 있다.

장애는 보통 손상(impairment), 기능제약(disability), 사회적 불리(handicap)로 다시 구분된다(조흥식, 1993, pp. 41-43).

- **손상**: 유전, 사고 또는 질병에 의하여 심리적, 생리적, 해부학상 구조나 기능이 일부 상실되었거나 비정상성을 나타낸 상태를 말한다.
- **기능제약**: 손상으로 인하여 인간에게 정상적이라고 고려되는 방법이나 범위에 속

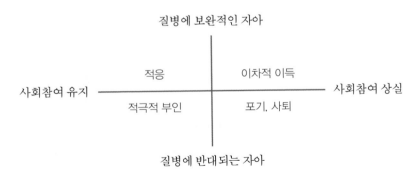

그림 5-1 만성질환에 대한 4가지 형태의 적응양식

출처: Radley (2004), Making Sense of illness: the Social Psychology of Health and Disease.

---

2) https://www.who.int/health-topics/disability#tab=tab_1 2022. 12. 1. 접속

하는 행동이 불가능하거나 제한된 상태를 말하며, 이는 개개 장애인의 능력을 표시하는 것으로, 손상은 동일한 장애로 표시될 수 있으나 기능제약은 개인적 차이가 있다.

- **사회적 불리**: 개인이 처한 환경이나 역할을 고려하여 그 자신의 의학적 장애, 기능적 제약 또는 개인적 특성으로 인하여 자신에게 돌아오는 불이익, 기회의 배제와 같은 것으로 사회적 장애라고 할 수 있다. 즉, 손상이나 기능제약의 결과, 정상적인 역할완수를 저해하거나 제한하는 사회적 불이익을 받게 되는 상태를 사회적 불리라고 한다. 이렇게 보면 장애라는 개념은 신체적이기도 하지만 사회적이라고 할 수 있다.

의료사회복지사는 시기상으로 볼 때 발병하여 손상이 야기된 이후 환자 자신이 의료진의 치료과정을 통하여 기능제약을 최대한 극복하고 사회로 나가기 전, 다른 의료팀과 함께 기능제약을 극복하는 심리사회적 과정을 원조할 뿐 아니라 사회로 나간 이후의 부적합한 사회적, 물리적 환경으로 인하여 대상 클라이언트들이 겪게 되는 사회적 불리를 최소화시키는 역할을 담당한다고 볼 수 있다.

한편 WHO의 「기능수행, 장애 및 건강에 대한 국제분류」(WHO, 2016)에 따르면 장애란 손상(impaitments), 활동제약(activity limitations)과 참여제한(participation restrictions)을 포함하는 용어이다. 장애는 생심리사회적 모델에 따르면 건강상의 조건(예: 뇌성마비, 다운증후군, 우울)을 가진 개인과 개인적 · 환경적 요인들(예: 부정적 태도, 운송수단 접근성 미비, 공공건물 및 사회적 지원의 부족) 간의 상호작용이라고 할 수 있다. 장애를 상호작용으로 설명하게 되면 장애가 더 이상 당사자의 특성이 아니게 된다. WHO(2017)의 정의에서 손상이란 신체 기능이나 구조상의 문제를, 활동제약이란 개인이 과업이나 활동을 실행하는 데 있어 마주치게 되는 어려움을, 참여제한은 직장이나 건물 등의 생활상황에서 경험하게 되는 문제를 말한다(Moro & Brashler, 2019).

2. 질병행동과 질병경험

1) 질병경험의 사회적 의미

(1) 병 역할(sick role)

질병은 흔히 사회적 의무를 이행하거나 달성할 수 있는 능력과 연관된다. 그러나 질병이 있다는 사실을 의료전문가가 판정해 주어야 한다. 이것은 파슨즈(Parsons)의 '병 역할' 개념에서 핵심적 전제를 이룬다. 그는 질병의 생물학적 기반과 사회적 기반을 구분하며, 아프다는 것은 생물학적으로뿐만 아니라 사회적으로도 변화된 상태라고 주장한다(Nettleton, 1995, p. 104).

병 역할이란 파슨즈가 『사회체계』에서 소개한 개념으로, 파슨즈는 질병을 일종의 일탈상태로 규정하였고 범죄로서의 일탈행동과는 구분하였다(Cockerham, 2017). 범죄적 일탈은 나쁘며 처벌받아야 하지만 질병으로 인한 일탈은 나쁜 것이 아니라 아픈 것이고 따라서 치료받아야 한다고 보았다. 즉, 병자가 의도적이거나 알고 아픈 것을 선택한 것이 아니라는 가정에 기초한다. 따라서 범죄자는 자신이 원해서 사회규범을 위반한 것이지만 병자는 '어쩔 수 없이' 일탈한 것으로 간주한다. 병 역할은 사회에서 질병의 파괴적 효과를 통제하기 위한 목적을 가진다. 이는 환자가 병 역할에서 규정된 책임을 준수함으로써 달성된다. 그러나 파슨즈는 정상적인 자신의 의무에서 벗어나기 위해 환자역할에 이끌리는 사람들도 있을 수 있다고 경고하였다. 아픈 사람에 대한 가장 주된 사회의 기대는 이들이 자신을 돌볼 수 없다는 것이다. 따라서 아픈 사람은 의료적 의견을 구하고 의료전문가들과 협력해야 한다는 것이다. 이러한 행동은 아프다는 것이 바람직하지 않은 상태이므로 아픈 사람은 회복하기를 원한다는 가정에 따른 것이다(Cockerham, 2017).

구조기능주의자인 파슨즈는 병이 사회적 압력에 대해 사회적 책임을 회피할 수 있게 해 주는 반응양태를 나타내기 때문에 역기능적이라고 주장한다. 어떤 사람은 정상적인 의무에서 면제되고 아픈 사람에게 일반적으로 부여되는 다른 특권을 취득하게 되는, 이른바 '부차적 이득' 때문에 병 역할에 오래 남아 있기를 원할 수도 있다. 따라서 의사는 의료체계의 문지기로서 누가 정당한 환자인가를 공식적으로 규정하는 역할을 수행하며, 의료적 실천은 사회체계가 아픈 사람을 가능한 한 정상적인 기능 상태로 되돌려 놓음으로써 일탈적인 아픈 사람의 질병을 통제하기 위한 기제가 된다는 것이다 (Cockerham, 1995, 2017).

파슨즈의 병 역할은 다음과 같이 두 가지 특권과 두 가지 의무로 규정된다(조병희, 2015).

① 병자는 '정상적'인 사회적 역할 수행책임을 면제받는다.
② 병자는 자신의 상태에 대해 책임이 없다.
③ 병자는 가능한 한 빨리 회복하기 위해 노력해야 한다.
④ 병자는 전문가의 도움을 얻고 의사에게 협력해야 한다.

파슨즈의 병 역할 개념이 갖는 의의는 의학적 관점과는 다른 차원에서 병의 개념을 정립하고 질병을 사회현상으로 생각할 수 있게 해 주었다는 점이다. 따라서 이 개념은 질병과 관련된 행동을 설명하는 이론적 틀로서 유용하고 의료사회학의 기본 개념이 되었으나 다음과 같은 비판을 받았다(Cockerham, 2017; 조병희, 2015).

첫째, 병 역할은 질병행동 내의 다양성을 설명하지 못한다. 즉, 연령, 성, 사회적 역할의 중요성과 증상에 대한 학습된 반응에 따라 다른 질병행동을 보인다는 것이다.

둘째, 질병의 특성에 따라 병 역할에 적합하지 않은 질병이 있다. 즉, 증상이 심각하고 단기간에 치료가 가능한 질환(예: 폐렴, 맹장염)에는 해당되나 증상이 사소하거나 만성질환(예: 당뇨병)의 경우에는 질병을 일시적 일탈상태로 보고 그에 따른 권리와 의무를 규정하는 병 역할 개념이 적합하지 않다는 것이다.

셋째, 환자와 의사와의 관계에 영향을 미치는 다양한 세팅과 상황을 설명해 주지 못한다. 그의 모델은 환자와 의사 간의 전통적인 일대일 상호작용에 근거한다.

넷째, 그의 모델은 중산층의 행동양식에 대한 것으로 사회경제적 지위가 낮은 환자들의 행동을 설명하는 데는 한계가 있다(예: 질병이 초래할 사회적 지위하락에 대한 불안이나 치료비 걱정으로 환자역할을 거부할 수도 있음).

파슨즈가 서술한 병 역할의 개념은 환자의 경험적 타당성에 기반하기보다는 이념형이므로 경험적 실재와 반드시 대응되지는 않는다. 그러므로 질병경험의 연구와 관련하여 이념형적 모형으로서 실제 질병관련 행동과 질병경험을 평가할 수 있는 발견적 도구(heuristic device)를 제공한다는 데 초점을 두어야 할 것이다(Nettleton, 1995, p. 108).

(2) 사회반응이론

질병은 환자의 정체성을 구성할 수 있으며 만성질환자의 경우에는 이 점이 특히 중요성을 띤다. 아픈 사람의 변화된 정체성은 타인의 반응으로 결정되며 사람들의 반응은 질환 자체의 성격에 달려 있다. 예를 들어, 사람들은 매우 심각한 병에 걸린 사람과 경미한 병을 앓는 사람을 다르게 대할 것이다. 이에 대해 프리드슨(Friedson, 1970)은 '사회반응이론'(societal reaction 혹은 낙인이론)을 원용하여 파슨즈의 개념을 확장하였다. 그에 의하면 어떤 사람이 환자역할을 부여받는 정도는 발단이 된 질환의 심각성과 정당성에 비례한다는 것이다. 또한 그는 질환에 대한 세 가지 종류의 정당화를 가정하였다.

첫째, 질환이 치료 가능하여 환자가 나을 수 있어서 조건부로 환자역할을 정당화시켜 주는 경우가 있다.

둘째, 불치병의 경우 환자는 스스로 낫게 할 수 없으므로 환자역할은 무조건 정당한 것이 된다.

셋째, 낙인이 부여되는 병에 걸린 경우에는 환자역할을 맡는 것이 정당하지 않다고 취급되며, 환자역할의 권리와 특권이 부여되지 않는다. 파슨즈의 병 역할은 〈표 5-1〉의 프리드슨의 정당화 유형 중에서 5번에 해당된다(Nettleton, 1995, pp. 106-108).

그러나 사회반응론은 당시의 질병에 대한 반응을 중심으로, 1970년대 미국 중산층 백인 사회에 해당한다는 비판을 받는다. 그럼에도 불구하고 프리드슨의 유형론은 질병의 경험이 사회적 맥락과 결부되어 있으며, 질병에 부여된 의미가 환자의 경험과 정체성에 영향을 미칠 수 있다는 점을 확인시켜 준다는 점에서 의미가 있다.

표 5-1 정당화의 사유와 정도에 따라 개인의 책임이 면제된 일탈유형

병의 심각성	정당성 결여	조건부 정당화	무조건 정당화
경미한 일탈	1. 말더듬 일상적 의무의 일부 정지, 특권은 적거나 없음, 새로운 의무의 추가.	2. 감기 소수 일상적 의무의 한시적 정지, 일상적 특권의 한시적 증가, 회복할 의무.	3. 화상흉터[3] 의무나 특권의 특별한 변화 없음.
심한 일탈	4. 뇌전증 몇 가지 일상적 의무의 정지, 새로운 의무의 추가, 특권은 적거나 없음.	5. 폐렴 일상적 의무의 한시적 면제, 일상적 특권의 추가, 치료를 요청하거나 협력할 의무.	6. 암 많은 일상적 의무의 영구적 정지, 다수의 특권 추가

출처: Friedson (1970); Nettleton(1995), p. 107에서 재인용.

2) 질병행동

(1) 질병행동

질병행동(illness behavior)이란 아프다고 느끼는 사람이 그 질병을 정의하고 그 질병에서 벗어나기 위한 목적으로 수행하는 활동을 말한다(Cockerham, 2017). 질병행동은, ① 신체 증상의 발현과 인지, ② 일상행동과 모습의 변화, ③ 주변 사람들의 동의, ④ 병 역할 수행이라는 단계를 밟게 된다. 당사자의 아프다는 주장은 그 자체로 당연하게 인정되는 것이 아니라 사회적으로 그 정당성을 인정받는 과정이 있게 되고, 이 과정은 주변 사람들과의 협상을 통해 이루어진다. 인지된 증상은 최종적으로 병원을 방문하여 의사의 진단을 받은 후에 제도적으로 환자로 인정된다. 자신이 아픈 것으로 결론짓게 되면 사람들은 의료적 치료나 민간치료와 같은 치료방법을 찾게 되며 이를 '도움추구(help seeking)'라고 한다.

어떤 사람은 통증이나 고열, 메스꺼움 등의 신체적 증상을 경험하고 치료를 받기 위해 의사를 찾는 반면, 자가요법을 시도하거나 그 증상을 아무것도 아닌 것으로 무시해 버리는 사람도 있다. 의학적 관리를 구할지 여부를 결정하는 데 대한 이러한 차이는 의

---

3) 프리드슨은 '두혼'(천연두를 앓고 난 후의 생긴 얽은 자국)을 예시로 제시하였으나 WHO는 1980년 이후 천연두가 완전히 사라진 것으로 보고하여 여기서는 화상흉터로 대치하여 제시하였음.

료사회학의 오랜 탐구영역이었다. 현재 의학적 관리를 구하게 되는 정확한 의사결정과 정이 밝혀진 것은 아니지만 신체적 기능상의 일탈에 대한 개인적 해석과 사회, 심리적 요인 간의 관계를 지지할 만한 상당한 연구결과들이 제시되었다. 고어(Gore, 1989)의 설명대로 질병이 심각한 경우에는 고통스럽고, 파괴적이며 가시적인 신체적 변화가 의학적 원조를 구하는 데 기본적 결정요인이 되지만, 만성질환의 초기단계와 같이 신체적 변화가 분명하지 않을 경우에는 질병 과정 이외의 요인들, 즉 사회적·심리적 요인들이 중요한 역할을 한다(Cockerham, 2017). 따라서 느낌에 대한 주관적 해석은 의학적으로 매우 중요한 의미를 지닌다. 즉, 원조를 구하는 과정을 이해함으로써 더 나은 의료를 제공할 수 있고, 의학적 원조가 필요한 사람들에게 의료의 접근성을 높여 주어 사람들이 의료서비스를 최대한 이용할 수 있도록 의료서비스를 구조화하는 데 도움을 준다. 여기서는 미시적, 개인적 동기에 초점을 두고 의료이용을 설명한 대표적인 두 학자, 미캐닉(Mechanic)과 슈만(Schuman)의 이론을 설명하고자 한다.

(2) 미캐닉의 질병행동에 영향을 미치는 요인

미캐닉은 스트레스를 받는 사람들이 이를 극복하기 위한 일련의 방책들을 가지고 있다고 하였다. 이 중 하나가 파슨즈가 이야기한 것처럼 환자역할을 취득하여 의료전문가의 도움을 얻는 것이지만 모든 사람이 동일하게 의료이용을 하는 것은 아니라는 것이다. 그렇다면 질병행동과 관련하여, 아픈 사람이 전문적 의료서비스를 이용하기로 결정하는 데 영향을 미치는 심리사회적 요인들은 무엇일까?

미캐닉은 질병행동에 관한 대표적 학자로, 질병행동에 대한 개념은 개인이 증상과 질병 및 장애를 어떻게 경험하고 정의하는가, 거기에 어떤 식으로 의미를 귀속시키는가 그리고 이에 대해 어떤 행동을 취하는가를 지칭하는 것이라고 했다. 중요한 측면은 증상의 성격과 질이며, 증상이 능력과 기능수행에 미치는 영향의 정도이다. 증상에 부여된 의미는 문화적 유형, 삶의 어려움, 연령, 성, 동료로부터의 압력, 의료시설에 대한 사회적, 지리적 접근성 등에 의해서도 영향을 받는다(Mechanic, 1976, pp. 2-6).

특히 미캐닉(1978, pp. 268-269; 조병희, 2015, pp. 109-113)은 의학적 원조를 구하는 데 대한 일반이론을 구성하였는데, 이에 따르면 어떤 사람이 의료서비스를 구할지는 다음의 열 가지 요인에 의해 결정된다고 한다.

① 이상 증상의 인지여부
② 증상이 위중하다고 인지되는 정도
③ 증상이 가족, 직장 및 다른 사회활동에 지장을 주는 정도
④ 증상이 발현되는 횟수와 지속 기간
⑤ 증상을 가지고 있는 사람의 인내력
⑥ 얻을 수 있는 정보, 지식 및 문화적 배경과 이해도
⑦ 증상을 부정하게 하는 기본적 욕구(예: 증상에 대한 두려움이 너무 크거나 작을 때는 의료이용이 일어나지 않음)
⑧ 증상에 대한 반응보다 더 중요한 다른 욕구의 존재(예: 경제적 고려)
⑨ 증상이 인지되었을 때 그 증상을 다르게 해석할 수 있는지 여부
⑩ 병원, 약국 등 치료자원, 물리적 근접성 및 행동을 취하는 데 드는 심리적·재정적 비용

이 열 가지 요인들은 증상의 인지(①, ②, ⑥), 증상의 심각성(③, ④, ⑤), 다른 욕구와 비교할 때의 중요도(⑦, ⑧, ⑨), 기타 제도적 요인(⑩)으로 요약된다. 즉, 개인이 증상을 인지하고 이를 심각하게 느끼며, 이것이 병이 아닌 다른 현상으로 설명하기 어렵고 일상생활에 지장을 줄 때 의료이용을 하게 된다는 것이다. 이러한 요인들은 서로 다른 두 가지 차원에서 작용하게 된다.

첫째, 다른 사람들에 의해 정의되는 차원이다.

둘째, 자신에 의해 정의되는 차원이다. 다른 사람들에 의해 정의되는 차원이란 다른 사람들이 그 개인의 증상을 질병이라고 정의하고 그에게 증상에 대한 주의를 불러일으키려는 노력을 말하며, 자신에 의해 정의되는 차원이란 그 개인이 자신의 증상을 정의하는 것을 말한다. 따라서 열 가지 결정요인들과 두 차원에서의 정의가 상호작용하면서 개인이 건강문제에 대한 원조를 구할 것인지 결정하게 된다는 것이다.

미캐닉 이론은 의료이용의 동기화 과정을 설명하는 데 초점이 있으며, 질병행동이 문

화적으로 그리고 사회적으로 학습된 반응이라는 것이다. 특히 미캐닉의 이론은 파슨즈의 병 역할 개념을 상당부분 보완해 주고 있는데, 파슨즈는 증상인식 과정에서 증상발현을 곧 발병으로 간주하고 병 역할을 가정하여 증상발현부터 의료이용까지를 매우 단순하고 단선적 과정으로 본다. 그러나 미캐닉은 증상인식 과정이 단순하지 않음을 처음으로 개념화하였다고 할 수 있다. 그러나 이 이론의 한계는 의사와 접촉하게 되는 의사결정과정을 설명하고는 있지만 초기 접촉이 이루어지고 난 후에는 무슨 일이 일어나는지에 대해서는 설명해 주지 못한다. 또한 두 차원에서의 정의의 결정인자와 수준이 어떤 방식으로 상호작용하는지에 대해서도 상세하게 설명해 주지 못한다는 것이다. 따라서 그의 이론은 건강관리를 위해서 의사를 방문하기로 결정하는 초기과정에 대한 이론으로 적절하다고 보아야 하겠다.

(3) 질병경험의 단계

미캐닉의 초기과정을 넘어서 질병경험의 일련의 과정을 통찰해 주는 접근법이 있는

표 5-2 Suchman의 질병경험의 단계

	I 증상경험	II 환자역할 가정	III 의료 접촉	IV 의존적 환자역할	V 회복과 재활
결정	어딘가 잘못되었다.	정상적 역할을 그만둔다.	전문적 충고를 구한다.	전문적 치료를 수용한다.	환자역할을 그만둔다.
행동	민간요법이나 자가치료 적용	주변 사람들로부터 잠정적 환자역할 인정받음/ 민간치료 지속	환자역할에 대한 권위 있는 정당화(전문가 확인)/ 치료과정 협의	병에 대한 치료를 받음/처방대로 따름	정상적 역할 재개
결과	← 부정 (건강으로) ↓ 지연 ↓ 수용	← 부정 ↓ ↓ ↓ 수용	← 부정 ↓ 의사쇼핑 ↓ 수용	← 거부 ↓ 이차적 이득 ↓ 수용	← 거부 (만성적 환자역할) ↓ 꾀병 ↓ 수용

출처: Friedson (1970); Nettleton (1995), p. 107에서 재인용.

데 바로 슈만(1965, pp. 114-128)의 질병경험의 단계에 대한 모형이다. 슈만에 의하면 사람들이 자신을 아프다고 인식하게 되는 데는 자신의 질병경험에 대한 해석에 따라 다음과 같은 다섯 단계를 거치게 된다고 한다. 이 단계들은 〈표 5-2〉에 나타나 있는 것처럼 ① 증상경험, ② 환자역할 가정, ③ 의료 접촉, ④ 의존적 환자역할 ⑤ 회복과 재활의 다섯 단계를 거친다.

① 증상경험 단계

질병의 경험은 증상경험 단계에서 시작되며, 신체적 이상을 감지하는 단계이다. 여기서 개인은 '어디가 잘못되었는지' 여부에 대한 결정에 직면하게 된다. 이 결정은 증상을 부정할 수도 있고, 증상이 좀 더 확실해질 때까지 결정을 연기할 수도 있으며, 증상을 건강상의 문제의 증거로 수용할 수도 있다. 또한 자가치료나 민간요법의 적용을 시도해 볼 수도 있다.

② 환자역할 가정 단계

만약 증상 경험을 질병의 표시로 받아들이기로 결정한다면, 슈만의 두 번째 단계인 환자역할로 들어가게 된다. 여기서 그는 주변 사람들인 일반인 자문단(lay-referral system)으로부터 환자역할을 인정받고 정상적인 사회적 의무를 면제받게 된다. 이 단계에서도 환자역할을 부정하고 단순한 증상으로 생각할 수도 있으며, 결국에 수용할 수도 있다. 그러나 환자역할을 맡아도 좋다는 '공식(official)' 허락은 의사에게서만 받을 수 있으며, 이때 의사는 질병에 대한 권위자로서 사회의 대리인 역할을 하게 된다. 따라서 민간요법이 계속되더라도 개인은 질병을 부인하고 질병경험을 버리거나 아니면 잠정적인 아픈 역할을 수용하고 의학적 치료를 구하는 결정에 직면하게 된다.

③ 의료 접촉 단계

전문적 치료를 찾게 되면 세 번째 단계인 의료 접촉의 단계로 들어가게 된다. 의료 접촉 단계는 환자역할에 대한 전문가의 확인을 받고 치료과정을 협의하는 단계이다. 질병의 경험은 의사에 의해 확인되거나 부정될 수 있다. 이 단계에서 의사로부터 확인을 수용하지 않고 여러 병원이나 의사를 찾아 재확인하는 의사쇼핑 과정을 거친 이후 수용할 수도 있다.

④ 의존적 환자역할 단계

환자와 의사 모두 치료가 필요한 것이라고 동의하면 의존적 환자역할 단계에 들어가게 된다. 의존적 환자역할 단계는 본격적인 치료를 받으면서 의사 처방대로 약을 복용하거나 수술 등 다른 처치를 받는 단계이다. 이 단계에서도 치료를 종결하거나 계속하는 선택 가능성이 있다. 즉, 환자들은 아픈 사람에게 부여된 특권(예: 진단/치료와 관련된 휴가나 다른 보상)을 즐길 수 있는 '이차적 이득'을 얻기로 결정하여 회복하기 위해 심각하게 노력하지 않을 수도 있다.

⑤ 회복과 재활 단계

모든 치료를 마치고 회복하여 환자역할을 그만두고 정상적인 역할을 재개하는 단계이다. 그러나 만성질환이나 치료 가능성이 없는 경우 그리고 기술적으로는 회복되었으나 꾀병과 같이 질병경험에 계속 머물러 있기로 한다면, 사회적 역할재개가 일어나지 않고 만성적 환자역할에 머무를 수 있다.

슈만의 모형은 주로 급성기 질환 이후 증상이 점차 악화되면서 의료이용을 한 이후 회복되는 일반적 과정을 설명하는 데 적합하다(조병희, 2015, pp. 113-115). 비록 질병경험이 슈만의 모델에서 기술된 모든 단계를 다 포함하지 않고 부정을 통해 어떤 특정 단계에서 종결될 수도 있지만 슈만의 모형의 중요성은 각 단계가 아픈 사람으로 하여금 다양한 결정과 행동들을 취할 가능성을 포함한다는 점에서 높은 현실적합성을 가진다. 질병의 경험을 평가할 때 아픈 사람은 자신의 증상만을 해석하는 것이 아니라 동시에 가용자원, 대안적 행동 및 성공 가능성의 면에서 무엇이 필요한지를 함께 해석해야 한다는 것이다.

3. 질병의 생심리사회적 영향에 대한 이해

개인과 가족을 위한 의료사회복지실천에서 사회복지사들에게 특히 요구되는 지식의 분야는, ① 질병의 신체적 증상이나 치료에 대한 생물학적 지식이며, ② 이러한 질병의 생물학적 특성에 대한 개인과 가족의 내적·외적 반응 및 이에 대한 대처와 적응에 대한 지식이라고 할 수 있다. 질병은 신체가 기능하는 능력을 일시적으로 혹은 영구히 손상시킬 수도 있고, 나아가 그 능력 자체를 완전히 제거하여 죽음을 초래할 수도 있다. 이러한 신체적 현상들이 효과적인 사회적 기능에 주는 의미는 분명하며, 따라서 의료 분야의 사회복지사들은 이러한 현상과 그 함의에 대해 잘 이해해야 할 필요가 있다. 질병에 대한 생물학적 지식에는 특정 건강상태의 원인, 증후와 증상, 의학적 진단, 치료과정 및 소견 그리고 예후 등이 포함된다. 고위험 지표와 같은 면역학적 요인들 역시 중요하다. 메일릭(Mailick)은 생의학적 지식의 결핍은 전문가 간의 효과적 협동을 저해하기 때문에 의료 분야의 사회복지사들에게 큰 부담이 된다고 지적하였다(Carlton, 1984, p. 30).

그러나 효과적인 의료사회복지사의 개입을 위해서는 의학에서 사용되는 생물학적 접근에서 나아가 질병을 포괄적으로 이해하는 틀이 필요하다. 따라서 이 절에서는 우선 질병의 신체적 특성에 대한 이해를 심리·사회적 유형화를 중심으로 제시한 롤랜드(Rolland)의 '가족체계-질병 모델(Family Systems-Illness Model: FSI Model)'을 소개하고 질병이 개인과 가족에 미치는 심리사회적 영향을 살펴본다. 그리고 마지막으로, 질병에 대한 개인과 가족의 적응과 대처에 대해 알아본다.

1) 롤랜드의 가족체계-질병 모델

가족은 개인의 일차적 관계의 근원으로, 건강이 유지되거나 질병이 발생하고 해결되는 가장 중요한 사회적 맥락이다(Carlton, 1984, p. 35). 질병이 부부, 부모 및 형제자매 체계, 의료체계 및 광범위한 지역사회를 포함하는 확대된 사회망과 가족과의 관계에 미치는 영향에 대한 많은 연구에 비추어 볼 때 질병경험의 상호성은 명백해진다. 가족 간 의사소통, 애정적 분위기, 대처, 규칙 만들기 및 역할 할당과 같은 가족의 기능 역시 영향을 받는다. 갑작스러운 질병이나 사고는 가족을 위기로 몰게 되며 가족체계 유지에 극적인 영향을 미친다.

의학기술의 발달로 만성질환을 가지고 오래 살아가는 경우가 늘어나고 이는 질병을 가진 개인뿐 아니라 가족에게 미치는 영향과 부담 역시 증가하고 있다는 의미이다. 질병의 요구가 가족 생활주기상 특정 단계의 발달과제와 상충한다면 만성질환이나 장기적 재활 과정이 가족체계를 변화시킬 수 있다(Rolland, 1987, pp. 203-221). 어떤 경우에는 질병의 요구가 장기적이어서 거의 회복할 수 없을 만큼 가족의 적응능력이 침해받기도 한다(Ell & Northen, 1990, p. 41). 대부분의 질병관리는 가족환경 맥락에서 이루어지며 의료사회복지의 개입은 개인과 가족이 질병이나 장애의 요구에 적응하며 살아간다. 그리고 필요한 의료체계를 찾아내며 전체 가족의 삶의 질을 향상시키는 것을 목표로 한다. 특히 만성질환에서 가족의 가장 기본적 과업은 유능감과 통제력을 유지할 수 있도록 질병상황에 대한 의미를 만드는 것이다(Rolland, 2019).

의료 현장에서 사용되는 표준 질병분류는 환자와 가족에 대한 심리사회적 요구보다는 순수하게 의학적 진단과 치료계획수립을 위해 모아 놓은 생물학적 범주에 기초하고 있다. 따라서 질병이 개인과 가족에게 독특한 요구를 하게 만드는 주요 생리학적 유사

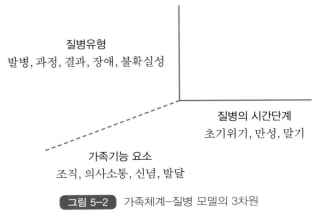

그림 5-2 가족체계-질병 모델의 3차원

출처: Rolland (2019).

성과 차이점에 따라 질병을 분류하려는 노력이 시도되었고, 롤랜드(Rolland, 1994)는 생물학적 체계와 심리사회적 체계의 연계를 제공하고 만성질환과 가족 간의 관계를 명확히 하는 '가족체계-질병 모델'이라는 대안적 분류 도식을 제시하였다. FSI 모델은, ① 건강상태의 '심리사회적 유형', ② 시간에 따른 건강상태의 주요 발달단계, ③ 주요 가족체계 변수, 세 가지 차원으로 구분된다(Rolland, 2019; [그림 5-2] 참조). 따라서 이 모델은 시간에 따른 질병의 심리사회적 요구와 가족의 강점과 취약성 간의 적합성을 강조한다.

(1) 질병의 심리사회적 유형

이 분류의 목적은 일생에 걸쳐 개인에게 영향을 미치는 광범위한 만성질환에 대해 유사한 심리사회적 요구를 중심으로 의미 있고 유용한 범주를 정의하는 것이다. 만성질환에 대한 심리사회적 유형화는 만성질환자와 가족에게 독특한 요구를 하게 만드는 주요 생리학적 유사성과 차이점에 따라 만성질환을 분류한 것이다(Rolland, 2019, pp. 333-335). 이 유형화는, ① 발병의 특성(급성, 점진적), ② 질병의 과정(진행성, 지속성, 재발성/삽화성), ③ 질병의 결과(치명적, 수명단축 가능, 비치명적), ④ 장애의 특성에 따라 분류되었으며, 이 범주들은 질병과 환자 및 가족 간의 공유영역에서 가장 의미 있는 것들을 중심으로 구성되었다. 따라서 이 분류는 전통적인 의학적 치료나 예후 목적으로 고안된 것이 아니라 환자의 역동이나 가족과 질병과의 관계를 검토하기 위한 것으로, 임상적 목적과 연구 모두에 활용될 수 있다는 장점이 있다.

① 발병(onset)

질병은 뇌졸중과 같이 급성으로 시작되는 것과 알츠하이머처럼 점진적으로 발현되는 것으로 구분할 수 있다. 급성으로 발병하는 질병은 정서적이고 현실적 변화가 단기간에 압축되어 나타나므로 가족에게 고도의 적응성, 문제해결, 역할 재할당과 같은 빠른 위기관리능력이 요구된다. 반면, 파킨슨병과 같이 점진적인 경우에는 상대적으로 가족이 대처하고 적응할 수 있는 시간을 가질 수 있다(Rolland, 2019, p. 333).

② 과정(course)

만성질환의 과정은 보통 진행성(progressive), 지속성(constant), 재발성/삽화성 (relapsing/episodic)의 세 가지로 구분된다(Rolland, 2019, pp. 333-334).

첫째, 알츠하이머나 파킨슨병과 같은 진행성의 경우이다. 가족은 질병의 점진적 악화에 따라 자신들의 역할이 계속해서 변화할 것을 예상하고 이에 계속되는 상실에 적응해야 하며, 간병 부담이 계속 늘어나는 상황에 대비해야 한다.

둘째, 심장마비나 척수손상과 같은 지속성의 경우이다. 이 경우에는 단일 사건 이후에는 비교적 안정된 생물학적 과정을 보이고 결함이 그대로 유지되므로 가족은 상당 기간 안정되고 예측 가능한 변화에 당면하므로 장기적으로 소진의 가능성은 있지만 새로운 역할요구에 따른 부담은 거의 없다.

셋째, 재발성/삽화성의 경우이다. 허리 문제나 천식과 같이 안정된 낮은 증상기와 갑작스런 재발과 악화가 자주 나타나며, 따라서 가족은 지속적인 보호의 역할이나 역할재할당은 덜 요구되는 반면, 항상 두 형태의 가족구조 사이를 오갈 수 있는 유동성이 필요하다.

③ 결과

만성질환이 사망이나 수명 단축으로 이어지는 정도는 중대한 심리사회적 영향을 지닌다. 즉, 질환이 사망을 초래할 것인지에 대한 초기 기대가 가장 중요한 요인으로, 연속선상에서 보면 알레르기나 관절염과 같이 수명에 영향을 미치지 않는 비치명적인 질병에서 진행성 전이암과 같이 진행성이며 치명적인 질병의 양극단이 존재한다. 그 가운데에는 심장질환과 같이 수명단축 가능성이 있거나 혈우병처럼 돌연사 가능성이 있는 예측 불가능한 범주가 있다. 질병의 결과를 구분하는 주된 차이는 예견된 상실과 가족이 상실의 광범위한 영향력을 얼마나 경험하는가이다(Rolland, 2019, p. 334).

④ 장애

장애에는 인지(예: 알츠하이머병), 감각(예: 실명), 운동장애(예: 뇌졸중으로 인한 마비), 체력(예: 심장질환), 외모(예: 유방절제술), 및 사회적 스티그마와 관련된 상태(예: 에이즈)

의 손상이 포함된다. 장애의 종류나 범위 및 시기에 따라 가족 스트레스의 정도가 달라진다. 예를 들어, 뇌졸중으로 인한 인지 및 운동 결손은 인지기능 손상이 없는 척수손상 보다 가족의 재조직화가 더 많이 요구된다. 척수손상은 주로 초기에 장애가 가장 극심하며, 알츠하이머병과 같은 진행성 질환은 장애의 문제가 점차적으로 증가하게 되어 가족이 예상되는 변화에 준비할 시간을 가지게 된다. 질병의 예측성 면에서 다발성 경화증과 같은 예측이 어려운 질병 과정은 예기불안과 모호함으로 가족의 대처와 적응 및 장래계획을 어렵게 한다(Rolland, 2019, p. 335).

(2) 질병의 시간 단계

시간적 단계라는 차원은, ① 초기 위기단계, ② 만성기, ③ 말기로 구분되며, 이는 만성질환의 진행 과정에서 대두되는 핵심적인 심리사회적 주제들을 파악하기 위한 것이다([그림 5-3] 참조). 각 단계는 환자나 가족에게 매우 다른 힘과 태도 및 변화를 요구하는 나름대로의 심리사회적 과제를 가진다. 의료사회복지사와 가족은 만성질환을 장기적으로 바라보고 시간적 단계에 따른 환자 및 가족의 장점과 취약성을 사정하여 적절하게 개입할 수 있다(Rolland, 2019, pp. 335-338).

(3) 가족체계-질병 모델의 활용

롤랜드의 FSI 모델은 사정과 임상적 개입의 틀을 제공해 준다. 시간의 단계와 질병의 유형화는 인간발달과 유사한 만성질환에 대한 규범적인 심리사회적 발달모델의 틀을 제공한다. 예를 들어, 발병이 급성인 질병은 높은 수준의 적응성, 문제해결, 역할 재할당 및 가족 간의 균형 잡힌 응집력을 요하므로 사회복지사는 가족이 유연성을 최대화하도록 도와 성공적 적응을 할 수 있도록 해야 한다. 또한 사회복지사는 심리교육적 접근을 활용하여 가족과 함께 심리사회적 지도를 작성하고, 통제력과 현실적 희망을 최대화하도록 구체적 목표를 결정한다. 특히 환자와 가족을 대상으로 한 심리교육 혹은 지지집단의 활용이 가족의 질병에 대한 관심사를 다루는 비용 효과적 방법으로 점차 증가하고 있으며, 질병조건의 유형에 따라(예: 진행성, 재발성, 치명적) 내용을 설계할 수 있다. 또는 질병의 특정 시간 단계에 따라 혹은 요구되는 대처 기술에 맞추어 단기 심리교육

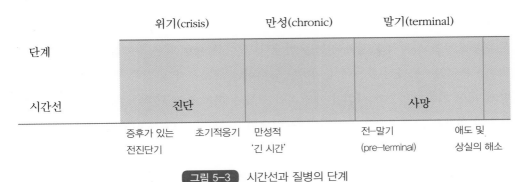

그림 5-3 시간선과 질병의 단계

출처: Rolland (2019).

모듈을 구성할 수도 있다. 폐암이나 간암과 같이 진행성이고 치명적인 만성질환인 경우, 뇌졸중이나 척수손상과 같이 발병이 급성이며 기능상실을 수반하는 경우와 같이 질환의 특성에 따라 각기 다른 욕구를 충족시키도록 집단을 구성하고 계획할 수 있다. 심리교육집단의 목적은 가족이 하나의 팀으로서 만성질환의 계속된 도전에 대처하고 환자의 자연적 지지망을 동원하는 데 있으며, 의료서비스 제공자와의 협력을 통해 정보적 지지 제공, 사회적 관계망 형성 및 기술을 습득하게 함으로써 성취될 수 있다(Rolland, 2019, pp. 339-340).

심리교육집단은 부정적 · 병리적 관점을 최소화하고 레질리언스 관점을 강조하며, 가족강점과 긍정적 대처기법 및 문제해결기술 개발에 초점을 둔다. 이때 사회복지사는 사회기술과 문제해결훈련과 같은 도구를 활용하며 세션 중에 이러한 기술을 연습하고 자신의 경험들을 공유하도록 하는 등 촉진자로서 역할을 담당하게 된다.

2) 질병과 장애가 개인과 가족에 미치는 영향

(1) 질병과 장애의 사회적 결과

"질병의 결과는 사회적 손실을 의미한다."라는 바틀레트(Bartlett)의 표현은 의료사회복지에서 중요한 개념을 제시하는데, 이는 건강 및 질병과 장애라는 연계선상에서 개인이 지역사회에서 다른 사람들과 기능하는 능력에 직접적으로 관련된 사회적 현상이라는 것이다. 즉, 질병이나 장애는 한편으로는 정상적인 신체 체계를 파괴하고, 또 다른 한편으로는 사회적 관계와 기능을 방해한다. 아픈 사람 혹은 장애를 당한 사람은 사회적 · 종교적 · 문화적 활동에 참여하는 능력이나 생계유지 및 가족 부양능력에 영향을 받게 되어 가족성원들과 사회가 재정적인 소득과 지지를 제공해야 한다. 의료 및 추후보호의 비용은 가용자원을 고갈시킬 수 있으며, 이에 따라 더 큰 사회적 심리적 스트레스가 초래된다. 즉, 질병이나 장애의 영향은 아픈 사람 혹은 장애를 당한 사람에게만 한정되는 것이 아니라는 것이다(Carlton, 1984, p. 12).

(2) 의료사회복지실천에서 가족의 중요성과 의미: 질병이 가족에 미치는 영향

효과적 서비스를 제공하기 위해 사회복지사는 때에 따라 클라이언트라는 개념의 정의를 환자를 넘어서서 확대할 필요가 있다. 사회복지적 관점에서 보면 클라이언트와 일차적 관계에 있는 다른 사람들, 특히 가족도 클라이언트가 될 수 있다. 즉, 가족은 개인의 일차적 관계의 근원으로, 건강이 유지되는 혹은 질병이 발생하고 해결되는 가장 중요한 사회적 맥락이라고 할 수 있다(Carlton, 1984, p. 35).

많은 연구가 질병이 환자뿐 아니라 동시에 가족의 경험임을 증명해 주고 있다. 부부, 부모 및 형제자매 체계 그리고 의료체계 및 광범위한 지역사회를 포함하는 확대된 사회망과 가족과의 관계에 미치는 질병의 영향에 대한 많은 자료에 비추어 볼 때 질병경험의 상호성은 명백해진다. 가족 간의 의사소통, 애정적인 분위기, 대처, 규칙 만들기 및 역할 할당과 같은 가족의 기능 역시 영향을 받는다. 갑작스러운 질병이나 사고는 가족을 위기로 몰게 되며 가족체계 유지에 극적인 영향을 미친다. 만성질환이나 장기적 재활은 특히 질병의 요구가 가족 생활주기상 특정 단계의 발달과제와 상충된다면 가족체계를 변화시킬 수도 있다(Stuifbergen, 1987, pp. 43-51; Rolland, 1987, pp. 203-221). 어떤 경우에는 질병의 요구가 장기적이어서 거의 회복할 수 없을 만큼 가족의 적응능력이 침해받기도 한다(Ell & Northen, 1990, p. 41).

많은 연구가 질병과 장애가 가족에 직접적으로 미치는 영향에 대해 보고하고 있다. 예를 들면, 백혈병으로 진단받고 치료받은 40가족을 조사한 연구에 의하면 대상 가족의 88%가 아동의 질병에 의해 야기된 심리사회적 문제들을 경험하였고, 이 가운데 80%는 진단이 이루어진 이후에 문제를 경험한 것으로 나타났다. 이들 가족이 경험한 문제들은 광범위하여 부부간·형제간의 문제, 주요 사회적 역할수행상의 어려움, 위궤양, 장염, 고혈압, 알코올 중독 및 병적인 슬픔과 같은 건강상의 문제들이 포함되었다(Kaplan, Grobstein, & Smith, 1976; Carlton, 1984, p. 35에서 재인용). 또한 암환자의 배우자 역시 심각한 디스트레스를 경험하며(Northouse, 1985; Northouse & Swain, 1987), 나아가 환자가 발병한 이후 배우자들은 신체적 증상이 자신의 심리적 적응과 연관된다고 보고하였다(Ell et al., 1988). 암의 재발이나 환자의 죽음에 대한 공포, 사회적 고립과 같은 배우자의 디스트레스는 환자의 경우보다 더 큰 것으로 나타났으며(Gotay, 1984; Kaye et al., 1993; Lichman et al., 1987), 환자와 배우자는 암에 대해 동일한 심리적 적응을 경험한다는 메타연구결과도 보고되었다(Hagedoorn et al., 2008). 심각한 아동기의 질병과 장애는 부모에게 그리고 부모의 대처와 양육에 중대한 영향을 미치며, 질병의 영향을 받는 아동의 부모들은 신체적 질환, 우울증 및 고도의 불안을 경험하고, 나아가 심각한 재정적 문제를 경험하며, 이전에 설정되었던 인생의 목표달성에 대한 희망을 잃게 된다고 한다(Stein & Riessman, 1980, pp. 465-472).

4. 질병과 장애에 대한 개인과 가족의 적응과 대처

1) 질병과 장애에 대한 적응과 대처 기술

앞에서 살펴본 것처럼 환자뿐 아니라 가족과 친구들 역시 질병이라는 위기에 의해 영향을 받으며, 동일한 혹은 유사한 적응적 과제에 직면하게 되고, 동일한 유형의 대처 기술을 사용하기도 한다. 생활양식, 기준 및 질서의 변화를 요하는 구체적 과제들, 새로운 사고 및 행동방식들이 부과될 수도 있다. 아픈 사람, 장애를 당한 사람 및 이 상황에 관련된 주변 사람들이 이러한 요구들에 어떻게 대처해 나가는가는 연령, 성, 종교, 종족, 민족, 문화, 교육수준 및 사회경제적 지위에 의해 결정된다(Carlton, 1984, pp. 12-13; Germain, 1984, pp. 63-66). 그러므로 사회복지적 관점에서 보면 질병이 클라이언트만 경험하는 독립된 사건이 아니며, 적응 과제 역시 클라이언트만 직면하는 것이 아니라는 결론을 내릴 수 있다.

무즈와 추(Moos & Tsu)의 모델은 개인의 생심리사회적 완전성(biopsychosocial integrity)에 대한 욕구에 초점을 두고 신체적 질병이나 장애는 개인의 생물학적 균형을 파괴하며, 생물학적 균형의 파괴는 개인의 심리사회적 기능을 위협하는 것으로 이해하였다(Carlton, 1984, pp. 33-34). 이러한 불균형이 무한정 지속될 수는 없으며 항상성(homeostasis)이 회복되어야 하므로 질병으로 인한 위기를 과도기적 시기로 파악하였다. 이 기간 동안 환자와 가족은 위기를 극복하기 위하여 적응과업을 수행해야 한다. 사회복지사는 이 과도기에 클라이언트와 가족이 위기에 대처하여 심리사회적 성장과 사회적 기능을 향상하도록 원조한다.

(1) 질병과 장애에 대한 개인과 가족의 적응과제

무즈와 추는 위기에 건강하게 적응하기 위해 반드시 성취되어야 할 일곱 가지 적응과제를 구체적으로 제시하였다(Carlton, 1984, pp. 33-35). 이 가운데 세 가지 과제는 특정 건강조건과 관련된 과제이며 나머지 네 가지 과제는 좀 더 일반적 성취과제이다. 모델의 일곱 가지 과제는〈표 5-3〉에 요약된 것과 같다.

질병 관련 과제 1과 2는 일차적으로 환자의 생리적 특성과 관련 있고, 일반적 과제 2 역시 어느 정도는 마찬가지이다. 질병 관련 과제 2와 3 그리고 일반적 과제 1, 2, 3, 4는 아픈 사람의 심리사회적 특성과 관련이 있어 결국 일곱 가지 과제 모두 범주에 상관없이 개인의 생심리사회적 통합에 대한 균형 있는 인식을 반영한다고 할 수 있다.

표 5-3 건강상의 위기에 대한 적응적 과제들

질병과 관련된 과제	일반적 과제
1. 고통과 쇠약을 다룸	1. 합리적인 정서적 균형 유지
2. 병원 환경과 특별한 치료절차를 다룸	2. 만족스러운 자아상 유지
3. 의료전문가들과 적절한 관계 개발	3. 가족 및 친구들과 관계를 유지
	4. 불확실한 장래를 준비

출처: Moos & Tsu (1977); Carlton(1984), p. 33에서 재인용.

또한 무즈와 추의 모델은 환자와 가족이 동일한 혹은 밀접하게 연관된 적응과제에 직면하게 된다고 하여 클라이언트의 개념을 가족까지 포함하고 있어 의료사회복지실천에 적합한 모델로 볼 수 있으며, 이러한 적응과제의 성취는 환자뿐 아니라 가족 및 밀접한 친구에게도 역시 중요하다(Carlton, 1984, p. 35).

(2) 개인과 가족의 대처 기술

무즈와 추의 모델의 두 번째 요소는 일곱 가지 적응과제를 수행하기 위한 일곱 유형의 대처 기술로 구성된다. 이 모델은 적응과제 수행을 돕기 위해 사용하는 모든 대처 기술을 고려하고 있는데 이들은 상호배타적이 아니라 여러 가지가 동시에 필요할 수도 있다. 〈표 5-4〉는 이 모델에서 확인된 주요 기술의 예시와 기능들을 요약해 놓은 것이다. 표에 제시된 대처 기술의 기능과 결과는 질병에 의해 야기된 스트레스를 감소시켜 클라이언트가 생심리사회적 균형을 회복하도록 고안되었다. 즉, 이들은 사회적 관계를 효과적으로 관리하는 데 필요한 기술이다(Carlton, 1984, p. 37-38).

이 모델은 배경, 개인적 특성, 질병과 관련된 요인 및 물리적·사회적 환경상의 특성을 건강과 관련된 행동에 대한 영향요인이자 그 결과에 대한 결정요인으로서 보고 있다. 환경적 변수는 인간관계, 사회문화적 규범과 기대, 의료제도 및 광범위한 지역사회 내의 사회적 지지를 포함한다. 그러므로 보호제공자로서 의료진은 다양한 건강상의 위기에 대한 환자의 다양한 반응을 알고 이해할 필요가 있다(Carlton, 1984, p. 38).

표 5-4 해로운 건강조건에 대한 주요 대처 기술

기술	예	기능
위기의 심각성을 부정하거나 최소화	• 심근경색이 소화불량이라고 주장 • 진단을 받아들인 이후에도 치료법을 찾아 쇼핑(shopping) • 억압, 투사 혹은 분노의 전치 • 임상적 분리(detachment)	• 자기보호 • 압도당한 느낌에서 구해 줌 • 다른 대처자원을 비축할 시간을 제공

관련된 정보를 구하고 사용	• 정보와 지적인 자원을 효과적으로 사용 • 의사와 간호사에게 병원절차에 대해서 질문 • 최근 정보를 얻기 위해 신문, 잡지 및 전문학술지를 구독	• 불확실성, 잘못된 정보 및 죄의식에 의해 야기된 불안을 완화 • 통제력의 회복 • 예상되는 상실에 직면하도록 도와줌
의미 있는 타자들로부터의 재확신과 정서적 지지를 요청	• 감정을 표현 • 위로를 찾음 • 친척이나 배우자, 형제들을 위한 특별한 집단에 가입	• 긴장의 완화 • 재확신을 제공 • 심리사회적 지지의 제공
구체적인 건강과 관련된 절차를 학습	• 영향을 받는 사람에게 관심을 가짐 • 특별한 기계(예: 투석)의 사용(주사 맞기)	• 개인적 능력과 효과성을 확인 • 자존심의 근원: 환자도 자신을 돌볼 수 있음 • 안심의 근원: 친척들이 '구체적' 도움을 제공할 수 있음
구체적 목표 설정	• 문제들을 작고 다룰 수 있는부분으로 나눔 • 걷는 방법을 새로 학습 • 특별한 행사에 참석	• 앞으로 기대할 만한 의미 있는 것을 제공 • 성취감을 제공 • 자신과 타인에 대한 점진적 둔감화
대안적 결과 연습	• 정신적 준비(기대와 연습) • 가능한 결과를 가족 및 친구와 논의 • 예비적인 애도	• 예상되는 어려움에 대비 • 불안, 공포를 완화: 자신감의 회복 • 임박한 상실을 인정
일반적 목표나 의미유형을 찾음	• 신의 목적에 대한 믿음 • 신성한 존재의 보편적인 자비에 대한 믿음 • 초월적 재방향 설정	• 위로를 제공 • 어려움을 다루기 위해 최선을 다하도록 격려를 제공 • 가치감을 회복 • 사건을 다루기 쉽도록 장기적 관점을 제공

출처: Moos & Tsu (1977); Carlton(1984), pp. 36~37에서 재인용.

▲ 참고문헌

조병희(2015). 질병과 의료의 사회학 (개정판). 집문당

조흥식(1993). 만성정신장애와 재활. 한국정신건강복지소 편. 만성장애와 사회복지서비스. 인간과 복지.

Bury, M. (1982). Chronic illness as biological disruption, *Sociology of Health and Illness, 4*, 167–187.

Carlton, T. O. (1984). *Clinical social work in health settings: A guide to professional practice with exemplars*. New York, NY: Springer Publishing Company.

Cockerham, W. C. (2017). *Medical sociology* (14th ed.). New York, NY: Routledge.

Dimond, M., & Jones, S. L. (1983). *Chronic illness across the life span*. Norwalk, CT: Appleton-Century-Crofts.

Ell, K., & Northen, H. (1990). *Families and health care: Psychosocial practice*. New York, NY: Aldine de Gruyter.

Ell, K., Nishimoto, R., Mantell, J., & Hamovitch, M. (1988). Longitudinal analysis of psychological adaptation among members of patients with cancer. *Journal of Psychosomatic Research, 32*(4–5), 429–438.

Friedson, E. (1970). *Profession of medicine: A study of the sociology of applied knowledge*. New York, NY: Harper & Row.

Germain, C. B. (1984). *Social work practice in health care*. New York, NY: The Free Press.

Gotay, C. C. (1984). The experience of cancer during early and advanced stages: The views of patients and their mates. *Social Science & Medicine, 18*(6), 605–613.

Hagedoorn, M., Sanderman, R., Bolks, H. N., Tuinstra, J., & Coyne, J. C. (2008). Distress in couples coping with cancer: A meta-analysis and critical review of role and gender effects. *Psychological Bulletin, 134*(1), 1–30.

Kaye, J. M., & Gracely, E. J. (1993). Psychological distress in cancer patients and their spouses. *Journal of Cancer Education, 8*(1), 47–52.

Lichtman, R. R., Taylor, S. E., & Wood, J. V. (1987). Social support and marital adjustment after breast cancer. *Journal of Psychosocial Oncology, 5*(3), 47–74.

Mechanic, D. (1976). Stress, illness, and illness behavior. *Journal of Human Stress, 2*(2), 6-12.

Moro, T., & Brashler, R. (2019). Social work practice and disability issues. In S. Gehlert & T. Browne (Eds.), *Handbook of health social work* (3rd ed., pp. 209-228). San Francisco, CA: John Wiley & Sons.

Nettleton, S. (1995). *The sociology of health and illness.* Cambridge: Polity Press. 조효제 역 (1997). 건강과 질병의 사회학. 한울아카데미.

Northouse, L. (1985). The impact of cancer on the family: An overview. *International Journal of Psychiatry in Medicine, 14*(3), 215-242.

Northouse, L., & Swain, M. A. (1987). Adjustments of patients and husbands to the initial impact of breast cancer. *Nursing Research, 36*(4), 221-225.

Radley, A. (1994). *Making sense of illness: The social psychology of health and disease.* London: Sage Publications. 조병희, 전신현 역(2004). 질병의 사회심리학. 나남.

Rolland, J. S. (1987). Chronic illness and the life cycle: A conceptual framework. *Family Process, 26*(2), 203-221.

Rolland, J. S. (1994). *Families, illness, and disability: An integrative treatment model.* New York, NY: Basic Books.

Rolland, J. S. (2019). Families, health, and illness. In S. Gehlert & T. Browne (Eds.), *Handbook of health social work* (3rd ed., pp. 179-194). San Francisco, CA: John Wiley & Sons.

Stein, R. E. K., & Riessman, C. K. (1980). The development of an impact-on-family scale: Preliminary findings. *Medical Care, 18*(4), 465-472.

Stuifbergen, A. K. (1987). The impact of chronic illness on families. *Family & Community Health, 9*(3), 43-51.

Suchman, E. A. (1965). Stages of illness and medical care. *Journal of Health and Human Behavior, 6*(2), 114-128.

WHO. (2016). *Disability and health* (Fact sheet).

WHO. (2017). *Health topics: Disability.*

WHO. (2022). *Health topics: Disability.*

제6장

의료사회복지실천의 관점 및 개입 모델 I

　최근 의학, 행동건강(behavioral health) 분야를 비롯해 의료사회복지실천에서도 증거기반실천(evidence-based practice)이 강조되면서, 효과성이 입증된 개입 모델에 기반한 실천의 중요성이 부각되었다. 이는 우리나라 의료사회복지사 수련과정에서 활용하는 통합사례양식에서 클라이언트의 강점과 문제평가에 기반하여 개입 계획을 수립할 때 문제해결에 적합한 개입 모델을 적용하고 그 이론적 근거를 제시하도록 하는 데서도 확인할 수 있다.[1] 사회경제적 환경의 변화와 함께 클라이언트인 환자의 욕구도 변화하며, 이에 대응하는 의료사회복지의 이론적 강조점과 접근도 변화하고 있다. 그러나 '상황 속의 인간' 혹은 '환경 속의 인간'이라는 사회복지실천의 기본 관점은 여전히 핵심 관점이다. 생태체계적 관점에서 비롯된 생심리사회적 접근은 환경적 맥락 속에서 클라이언트의 한 측면이 아닌 전인(全人)을 고려하며, 사회복지사가 다차원적인 관점에서 개인의 욕구를 스크리닝하고 사정할 수 있도록 균형된 시각을 제공한다.

---

1) 의료사회복지사 수련과정의 통합사례양식은 이 책의 제9장 3절에서 소개됨.

이 장에서는, 먼저 의료사회복지실천의 기본 관점이라고 할 수 있는 생심리사회적 접근을 이해하고, 이를 기반으로 의료사회복지 임상실천에서 활용되는 치료 모델에 대해 기술하고자 한다. 사회복지실천 모델은 매우 다양하며, 실천 모델 내에서도 계속 분화 발전하고 있다. 다양한 이론적 기반의 사회복지실천 모델에 대해서는 사회복지실천기술론에서 이미 많이 소개되고 있으므로 이 장에서는 최근 의료사회복지 현장에서 사용되고 있고 증거기반실천으로 효과성이 확인된 몇몇 주요 모델을 실제 의료사회복지실천 현장에 적용할 수 있도록 사례 예시와 함께 소개하고자 한다. 우선, 제6장에서 인지행동 모델 중에서 합리적 정서행동치료와 문제해결치료를 소개하고, 제7장에서는 해결중심단기치료와 이야기치료에 대해 알아본다.[2] 사실상 개념적으로는 이러한 실천 모델들이 명료하게 구분되어 있지만 실천 현장에서는 클라이언트의 욕구와 주요 문제에 따라 여러 모델이 동시에 또는 조합하여 절충적으로 활용될 수 있다.

1. 의료사회복지의 기본 관점: 생의학적 접근에서 생심리사회적 접근으로

1) 생의학적 접근에 대한 비판

전통적으로 의학은 신체기능과 질병에 관한 생물학적 이론에 치중하였으며, 이러한 의학의 기본이 되는 이론적 · 방법적 모델을 생의학적 모델(biomedical model)이라고 한다. 생의학적 모델은 일차적으로 질환의 원인, 증상과 증후를 비롯한 의료적 상태와 이에 따른 치료절차, 과정 및 예후에 대한 이해를 증진시키는 데 초점이 있다(Dziegielewski & Holliman, 2020). 따라서 생의학적 모델은 환자의 신체적 증후를 보고하는 데만 초점을 두어 문제의 체계적이고 상호연관된 속성을 간과하며, 이와 관련된 사회적 행동 역시 다

---

2) 이 외에도 심리사회 모델, 과업중심 모델, 동기강화 모델, 위기개입 모델 등 다양한 모델이 실천 현장에서 활용되고 있으며, 단지 지면의 한계상 몇 가지 모델만을 소개함을 밝혀 둔다.

루지 못한다는 한계가 있다. 생의학적 모델은 질병이나 장애가 개인과 가족에 미치는 심리사회적 영향과 의료행위에 영향을 미치는 사회문화적, 경제적 환경을 고려하지 못한다는 다음과 같은 오류가 지적된다(정경균 외, 1998, pp. 21-28).

첫째, 생의학적 모델에서는 질병을 '측정 가능한 생물학적 변이의 기준에서 벗어난 상태, 즉 일탈된 상태'로 규정하여 건강과 질병을 생물학적 기준에 의하여 구분함으로써 건강을 단지 '질병이 없는 상태'로 해석한다. 반면, 세계보건기구에서는 "건강이란 단순히 질병이 없는 상태가 아니라 신체적·정신적·사회적 안녕 상태"로 정의하였으며, 다른 학자들도 "건강이란 균형을 유지할 수 있는 유기체의 능력으로 부당한 고통과 불편, 무능력, 행동의 제약으로부터 자유로운 상태를 의미한다."고 하여 사회문화적·심리적 요인들이 건강에 중요한 영향을 미친다는 것을 강조하였다.

둘째, 생의학적 모델에서는 특정 병인론에 의거하여 특정 병균이 인체에 침투하여 질병이 발생하는 것으로 본다. 특히 전염성 질환에 대한 연구가 이러한 병인론을 발전시켰으며, 이는 질병의 예방과 치료에 크게 공헌하였으나 질병의 발생과 치료에 영향을 미치는 환경적 요인인 생활수준의 향상이나 영양 및 위생환경의 개선 등이 미치는 영향을 무시하는 결과를 가져왔다. 질병의 원인을 하나의 특정 병균에서 찾기보다 질병의 발생에 영향을 미치는 여러 원인을 추구하고 이러한 원인 간의 상호작용을 탐색하며, 개인의 신체적·심리사회적 요인과 환경 간의 상호작용과 적응과정을 연구하는 새로운 접근이 필요하게 되었다.

셋째, 생의학적 모델은 모든 질병이 인류에게 보편적인 형태로 나타난다고 가정한다. 즉, 질병의 증상과 과정은 역사적으로나 문화적으로 서로 다른 사회에서 동일하게 나타나는 것으로 가정한다. 그러나 문화인류학이나 민속의학 등의 여러 연구에서는 '과학적 의학'이란 서구문화에 바탕을 둔 하나의 의료체계일 뿐 반드시 보편적으로 모든 문화권에 대하여 우위를 점하는 것이 아니라는 점을 강조한다. 이러한 주장은 생물학적 과정이나 기능, 구조의 타당성에 대한 의문을 제기하는 것이 아니라 생물학적 기능에서의 일탈적 상황이 질병이 야기되는 조건 중의 하나일 뿐이라는 것이다. 의학에서 규정하는 '병리적'이라는 기준은 절대적인 것이 아니고 상대적이다. 어떤 사람은 생물학적으로 손상이 있지만 그 적응능력이 정상범주를 넘지 않기 때문에 건강한 것으로 판정될 수 있다. 반면, 객관적인 증상은 없지만 주관적으로 건강함을 느끼지 못하기도 한다. 또한 '병리적'이라는 기준은 의학적 관행에 의하여 규정되는 것으로, 이 의학적 관행이 변화한다는 것이다. 예를 들어, 과거에는 동성연애를 질병으로 규정하였으나 이제는 더 이상 질병으로 보지 않고 있다. 한 문화권 내에서도 의학적 기준이 변화하며 문화권 간의 차이도 큰 것이다.

넷째, 의학은 과학적 방법의 합리성을 채택하고 과학자로서의 윤리적 기준인 객관성과 중립성을 유지한다고 생각한다. 그러나 과학으로서의 의학이나 가치중립성은 사회제도로서의 의학을 유지하는 이데올로기로서 기능할 수는 있어도 실제 그것이 실현된다고 보기는 어렵다. 의학은 사회체계를 구성하고 있는 하나의 제도로 정치적, 경제적, 문화적 제도들과 긴밀한 관계를 유지하고 있으며, 이러한 사회체계는 의학의 기능수행과 업무추진을 위한 합법적인 지위를 부여해 주고 있다. 의료체계의 형성에 정치적, 경제적인 이해 관련 집단의 영향력과 의사 자신의 이해관계도 개입되는 것이다.

2) 생심리사회적 접근

(1) 생심리사회적 접근의 배경

신체적 질병이나 장애는 개인과 가족의 생심리사회적 균형(biopsychosocial equilibrium)을 파괴하여 신체기능의 손상은 물론 불안이나 우울 등과 같은 심리적 고통을 동반하며, 일상생활 과업을 수행하고 사회적 관계를 유지하는 사회적 기능에 손상을 가져온다. 특히 현대 의학기술이 발달하면서 만성질환이 증가하게 되었고, 완전한 치료가 이루어질 수 없는 상황이 많아졌다. 따라서 중증질환을 지닌 상태에서 단지 증상을 줄이거나 더 이상의 악화를 막고 개인이 지닌 기능적 능력을 최대한 향상하는 것을 목표로 하는 치료상황이 증가하게 되었다. 만성중증질환의 증가로 과거 질병에 대한 생의학적(biomedical) 혹은 생기계학적(biomechanical) 접근으로는 해결할 수 없는 많은 심리사회적 문제가 발생하게 되었으며, 질병에 대한 생심리사회적 모델(biopsychosocial model)에 기반한 새로운 접근이 필요하게 되었다.

의료사회복지실천은 질병에 대한 생심리사회적 접근(biopsychosocial approach)에 기반하여 질병이나 장애로 인해 환자들이 경험하는 심리사회적 문제를 해결하고 사회적 기능을 회복할 수 있도록 도움을 제공하는 전문적 활동이다. 생물학적이고 신체적 측면에만 초점을 둔 생의학적 치료만으로는 질병이나 장애가 개인에게 미치는 심리사회적 측면을 다루지 못하기 때문에 환자의 전반적 욕구를 충족시키기 어렵고, 회복과 재활 과정에도 부정적 결과를 가져올 수 있다는 것이다.

(2) 생심리사회적 접근의 이해와 적용

생심리사회적 접근은 생의학적 접근과 심리사회적 접근이 통합된 것으로, 환자의 생물학적·심리적·사회적 측면의 기능수행을 다룬다. 여기서 '생물학적'이란 환자의 건강과 안녕에 관련된 신체적·생물학적·의료적 측면을, '심리적'이란 인지적 측면과 함께 건강상태와 관련된 자기가치, 자기존중과 같은 정서적 측면을, '사회적'이란 환자를 둘러싸고 영향을 미치는 사회적 환경을 의미한다. 즉, 가족, 이웃뿐 아니라 지역사회, 문화 및 정치적 환경을 고려한다(Beder, 2006; Dziegielewski & Holliman, 2020). 이는 환자의 의료적 상황을 복합적 맥락을 통해 바라보는 정신-신체 관점으로 간주된다. 생심리사회적 접근의 가장 유익한 점은 건강에 사회적이고 행동적 요소를 고려하는 전체적 접근이라는 데 있다.

예를 들면, 만성중증질환 중 악성신생물, 뇌혈관질환, 만성 간질환 및 경변증, 만성신부전증, 척수손상을 앓고 있는 85명의 환자를 대상으로 삶의 질 정도를 측정한 연구에서 전체적인 심신기능의 손상정도는 23.3%였으며, 이 중 일상생활기능 25.1%, 신체기능 28.1%, 심리사회적 기능 16.8%의 손상이 있는 것으로 나타났다. 특히 직업활동의 손상 정도가 37.1%로 가장 높게 나타났다. 이러한 연구 결과는 만성중증질환자들이 신체적 증상 외에 심각한 심리사회적 문제를 겪고 있으며, 따라서 만성중증질환에 대한 생의학적 접근 혹은 의학적 치료만으로는 환자들의 심리사회적 문제를 해결하지 못한다는 점을 분명히 보여 준다(윤현숙, 1995, pp. 105-128).

브라흐트(Bracht, 1987)는 개인의 심리사회적 기능이 질병 원인이 되기도 하지만 동시에 치료과정과 결과에 중요한 영향을 미치기 때문에 질병에 대한 심리사회적 접근이 반드시 필요하며, 따라서 의료사회복지활동이 의료기관에 존재해야 한다고 하였다. 의료보건 분야에서 생심리사회적 접근은 초학제적(transdispilnary) 실천과 보호의 연속성을 촉진하는 사회복지실천의 기초이다(Mann et al., 2016). 질병에 대한 생의학적 접근만으로는 불완전한 치료가 될 수 있으므로 사회복지사를 포함한 여러 의료전문직 간의 협력적인 팀 접근이 강조되는 것이다.

여기서 유의할 점은 의료사회복지사가 생심리사회적 접근을 적용할 때 심리사회적 요소를 고려하되 생물학적 요소도 간과해서는 안 된다는 점이다(Hyde et al., 2015). 의료사회복지사는 이 세 가지 영역이 모두 중요하게 포함하도록 하는 데 유념해야 한다. 따라서 '생물학적' 측면이 심리사회적 과정에 어떻게 영향을 미치는지(예: 암으로 인한 우울이나 실직), 심리사회적 측면이 어떻게 '생물학적' 측면을 형성하고 변화시키는지(예: 스트레스나 외상이 건강에 미치는 영향)를 잘 고려할 필요가 있다. 예를 들면, 급성질환의 경우 당연히 의료적(생물학적) 측면이 먼저 다루어져야 하며, 환자의 이러한 위급한 의료적 욕구가 충족되고 나면 심리적(우울, 죽음에 대한 이슈 등) 측면과 사회적 측면(경제적 지원, 직업, 가족관계 등)도 중요하게 함께 다루어지게 된다. 세 가지 측면을 분리하게 되면 인간을 전체적 관점에서 바라보기 어려우며 '상황 속의 인간'이라는 사회복지실천의 기본관점과도 부합하지 않게 된다.

특히 의료사회복지사는 다른 의료전문직과 다학제 혹은 초학제 간 협력관계에서 일을 하게 되므로 다른 의료전문직과 의사소통을 위해 의학용어나 자신이 주로 담당하는 환자의 치료과정 등에 대한 기본적 이해가 필요하며, 이는 사회복지사가 독립적으로 일하거나 팀의 일원으로 효과적으로 일하는 데 모두 도움이 된다.

최근에는 생심리사회적 접근에서 나아가 생심리사회적 · 영적 관점(biopsychosocial-spiritual perspective)의 중요성이 대두되고 있다(Dziegielewski & Holliman, 2020). 즉, 인간의 본질적 존재, 삶에 있어 종교의 역할, 개개인이 가지고 있는 신념 체계, 문화 등도 중요한 역할을 하며, 영적 관점이 환자의 케어 선택에도 영향을 미칠 수 있으므로 의료사회복지사는 환자의 영적 측면 역시 고려할 필요가 있다.

2. 합리적 정서행동치료

2절과 3절에서 소개하는 합리적 정서행동치료(Rational Emotive Behavior Therapy: REBT)와 문제해결치료(Problem Solving Therapy: PST)는 인지행동 모델에 속하는 치료이다. 인지행동 모델은 문제에 초점을 둔 시간제한적 접근으로, 비용 면에서 그리고 현실적으로 장기간의 개입이 어려운 의료 현장의 단기치료적 흐름과 부합하는 측면이 많다. 인지행동 모델은 하나의 실천 모델이라기보다 1960년대 이후 나타난 다양한 인지행동 모델을 총칭[3]하는 용어이다(김혜란 외, 2022). 인지행동 모델의 장점은 기본적으로 장기적인 정신분석적 치료와 달리 빠른 변화를 유발하려고 시도하며, 특히 클라이언트가 자신의 역경의 설계자이므로 자신의 사고와 행동을 통제할 수 있다고 보기 때문에 개인을 삶의 능동적인 주체로 본다는 점이다(Dobson & Dozois, 2014). 클라이언트는 치료과정에서 의뢰한 문제를 극복할 뿐 아니라 치료과정에 대해 직접 배우게 되므로 클라이언트가 반복적 문제를 겪고 있는 경우 자신의 문제에 스스로 대처할 수 있는 치료적 기술을 습득하게 된다는 점에서 교육적이기도 하다. 또한 증거기반실천을 지향하여 우울, 불안을 포함하여 다양한 정신장애와 만성질환 관리, 암으로 인한 정신건강 등에 대한 치료효과를 입증한 결과들이 제시되어 있다는 점도 강점이라고 할 수 있다.

다양한 인지행동 모델 중에서 2절에서는 합리적 정서행동치료를, 3절에서는 문제해결치료에 대해 살펴본다.

1) 합리적 정서행동치료란

인지행동치료의 선구자라고 할 수 있는 엘리스(A. Ellis)의 합리적 정서행동치료(REBT)

---

3) 인지행동 모델의 주요 치료에는 엘리스(Ellis)의 합리적 정서행동치료, 벡(Beck)의 인지치료, 마이켄바움(Meichenbaum)의 자기지시훈련, 골드프라이드(Goldfried)의 자기통제치료, 즈릴라와 골드프라이드(D'Zurilla & Goldfried)의 문제해결치료, 기다노와 리오티(Guidano & Liotti)의 구조주의/구성주의 심리치료 등이 있으며, 최근에는 제3의 물결이라고 불리는 마음챙김과 수용·전념치료까지 포함된다(Dobson & Dozois, 2016).

는 우울, 불안을 비롯해 다양한 정신건강 문제에 대해 효과성이 입증되어 임상 현장에서 널리 사용되는 치료이다. REBT는 인지가 인간의 정서를 결정하는 가장 중요한 요인이며, 역기능적 사고는 정서적 고통의 핵심적 결정요소이므로 우리가 느끼는 정서적 문제에서 벗어나기 위해 인지적 사고를 먼저 분석해야 한다고 한다. 즉, 외부적 요건 그 자체가 아니라 외부적 요건을 이해하는 내부적인 불합리한 인지방법이 정서적 혼란을 가져오는 주요 원인이라는 것이다(Ellis & Dryden, 2007). REBT에서는 인지, 정서, 행동이 서로 구분되는 것이 아니라 이들이 기본적으로 통합되고 전체적인 것으로 본다. 인지, 정서, 행동이 인간을 이루는 핵심 영역이며, 이 세 가지가 상호작용하는 과정에서 인지가 핵심이 되어 정서와 행동에 영향을 준다는 것이다(박경애, 1997).

치료의 목표는 부정적 감정의 뿌리가 되는 비합리적 신념을 규명하고 도전하여 이를 재구조화하는 것이며, 비합리적 사고의 교정을 통하여 부적절한 정서를 적절한 정서로, 부적응 행동을 적응적 행동으로 교정하는 데 있다(박경애, 2022). 따라서 REBT 상담 과정을 통해 클라이언트는 비합리적 신념을 효과적이고 합리적인 인지로 대체하는 방법을 배우게 되고, 그 결과 상황에 대한 정서적 반응을 변화시키게 된다(천성문 외, 2021, p. 217). 사회복지사는 클라이언트가 지금 경험하는 문제뿐 아니라 삶의 다른 문제들과 미래에 부딪힐 수 있는 문제들에 대해서도 REBT의 원리를 활용할 수 있도록 돕는다. 즉, 사회복지사는 사고 전략을 가르치는 등 여러 가지 면에서 '교사'의 역할을 하게 되며 클라이언트는 치료에서 배운 새로운 기술을 일상생활에서 실천하게 된다.

REBT의 두 가지 기본가정은 다음과 같다(Ellis & MacLaren, 2005).

첫째, 사람들은 합리적 신념과 비합리적 신념을 모두 가지고 있지만 비합리적 신념에 깊이 근거하고 비합리적 신념의 수가 많을 때 더 많은 고통을 겪는다.

둘째, 치료 또는 자조를 통해서라도 개인이 가진 비합리적 신념을 합리적 신념으로 변화시킬 때 심리적 고통이 유의미하게 감소할 것이다.

REBT는 그 명칭에서 알 수 있듯이 인지적인 측면만 강조하기보다 정서와 행동까지 아우르며, 변화 과정에서 필요하면 행동적, 정서적 기법 등의 다양한 기법을 활용하는 다중 양식적(multi-modal) 접근(박경애, 2022)으로, 우울, 불안, 강박, PTSD 등으로 고통받는 환자들에게 효과적으로 활용되고 있다(Corsini & Wedding, 2014).

2) REBT의 주요 개념과 특성

(1) REBT의 주요 명제

REBT의 주요 특징과 명제는 다음 〈표 6-1〉과 같다(Ellis & Ellis, 2014, pp. 166-169).

표 6-1 REBT의 주요 명제

- 사람들은 합리적(자기 건설적)으로 될 잠재성뿐만 아니라 비합리적(자기 파괴적)으로 될 잠재성도 가지고 태어난다.
- 사람들의 비합리적 사고, 자해적 습관, 소망적 사고 및 편협성은 종종 문화 및 가족에 의해 악화된다.
- 인간은 지각하고, 사고하고, 감정을 표현하고, 행동하는 것을 동시에 한다.
- 주요 심리치료들이 다양한 인지적, 정서적, 행동적 기법을 사용하며 이를 통해 사람들을 원조하지만 그 효과나 효율성이 모두 같지는 않다. REBT처럼 고도로 인지적이며, 활동적 · 지시적이고 과제를 부과하며, 훈육 지향적 치료들이 단기간에 더 큰 효과를 보이는 것 같다.
- REBT는 무조건적 수용의 철학을 강조한다. 특히 무조건적 자기수용, 무조건적 타인수용, 무조건적 삶의 수용을 강조한다.
- 합리적 정서행동치료자들은 클라이언트와 상담가 사이의 따뜻한 관계가 바람직하기는 하지만 효과적 성격변화를 가져오는 데 필요조건이거나 충분조건이라고 믿지 않는다.
- 합리적 정서행동치료자들은 역할연기, 주장훈련, 둔감화, 유머, 조작적 조건형성, 암시, 지지와 이외 모든 전략을 사용한다.
- REBT는 대부분의 신경증적 문제들이 비현실적이며, 비논리적이고, 자기파괴적 사고를 포함하고 있으며, 장애를 일으키는 관념들을 논리적, 경험적 그리고 실증적 사고로 단호하게 논박한다면 그런 관념은 최소화할 수 있다는 입장을 취한다.
- REBT는 사람들의 생활에서 일어나는 활성화 사건이나 역경이 정서적 결과에 기여할 수는 있지만 이것을 일으키지는 않는다는 것을 보여 준다. 결과는 사건에 대해 사람들이 해석한 비현실적이고 과잉 일반화된 신념들에서 나온다.

(2) REBT의 주요 원리

REBT의 주요 원리는 다음과 같다(박경애, 1997).

첫째, 인간 정서의 가장 핵심적 요소는 인지다. 어떤 외부적 사건이나 다른 사람의 행동과 말이 우리의 기분을 좋게 혹은 나쁘게 만드는 것이 아니라 우리 스스로의 생각이 그렇게 만드는 것이다. 따라서 과거나 현재의 객관적 사건보다 사건에 대한 인지적 평가가 인간의 정서반응에 더 직접적이고 강력한 영향을 미친다.

둘째, 역기능적 사고는 정서장애의 주요 결정요인이다. 과장, 과잉일반화, 과잉단순화, 잘못된 추론, 절대적 신념과 같은 역기능적 사고가 정신병리의 원인이 된다.

셋째, REBT는 사고의 분석에서 시작한다. 인간이 지닌 고통이 비합리적 신념과 사고의 산물이라면 그 고통을 해결하기 위해 사고를 분석하고 변화시키는 것이다.

넷째, REBT는 과거보다 행동에 영향을 미치는 '현재'의 인지에 초점을 둔다.

(3) 비합리적 신념

엘리스의 이론에 따르면 일상생활에서 정서적 고통을 겪는 이유는 생활에서 일어나는 다양한 사건 자체가 아니라 사건에 대한 왜곡된 지각 때문이라는 것이다. 사람들이 일반적으로 가지고 있는 비합리적 신념들을 살펴보면 다음 〈표 6-2〉와 같다.

3) 이론적 모형

(1) ABC 이론

엘리스는 감정, 사고, 사건, 행동 등의 상호관계를 설명하기 위해 이들 간의 관계를 이해하는 틀로 ABC 이론을 제안하였다. 따라서 ABC 이론은 REBT에서 핵심이라고 할 수 있다. REBT는 ABC 이론을 더욱 정교하게 발전시켜 ABCD, ABCDE, ABCDEF 모형으로까지 확장하였다.

A(**A**ctivating event)는 클라이언트에게 혼란을 야기하는 문제 장면 혹은 선행사건, 상황, 환경 등을 말하며, C(the emotional **C**onsequences)는 선행사건(A)에 대한 개인의 반응이나 정서적 결과이다. REBT모델은 보통 A가 C를 일으킨 것처럼 보이지만, 실제로 정서적 결과인 C는 개인의 신념체계 B(**B**eliefs)에 의해 생겨난다고 본다. 극심한 불안과 같은 바람직하지 않은 정서적 결과가 발생하게 되는 것은 개인이 가지고 있는 비합리적 신념과 관련이 있다.

 **표 6-2** 비합리적 신념

비합리적 신념
- 좋은 일이 생기면 반드시 나쁜 일도 생길 것이다.
- 내가 하고 싶은 대로 솔직하게 말하면 다른 사람들은 나를 싫어할 것이다.
- 나는 내가 알고 있는 모든 사람으로부터 사랑받고, 인정받고, 이해받을 만한 가치 있는 사람이다.

잘못된 추론
- 이번 일에 실패한다면 나는 무능력한 사람이 될 것이다.
- 사람들은 내가 원하는 방식대로 하지 않을 것이다.

역기능적 기대
- 뭔가 안 좋은 방향으로 일이 흘러가고 있다.
- 아마도 끔찍한 일이 발생할 것이다.

자신에 대한 부정적 관점
- 다른 사람은 항상 나보다 잘난 것 같다.
- 나는 한 번도 제대로 한 적이 없다.

부적응적 속성
- 너무 긴장하여 시험을 잘 볼 수 없었다.
- 만약 이기면 운이 좋은 것이고, 지면 내 잘못 때문이다.

기억왜곡
- 내 인생은 끔찍하고 앞으로도 계속 그럴 것이다.
- 나는 결코 성공할 수 없을 것이다.

자기패배적 전략
- 다른 사람이 나를 거부하기 전에 내가 먼저 거부할 것이다.

출처: Pervin et al. (2005); 김수정 외(2023), pp. 151-152에서 재인용

따라서 이러한 신념들을 합리적이고 행동적으로 도전하여 효과적으로 논박할 때 혼란스러운 결과가 줄어든다(Ellis & Ellis, 2014). 즉, 클라이언트의 비합리적 신념을 치료자가 계속 논박하여(Disputations of beliefs) 생각을 바꾸도록 하며, 논박을 통해 클라이언트는 합리적 신념과 효과적인 철학인 E(the Effective new approach)를 얻게 된다는 것

이다([그림 6-1] 참조). 여기서 주의할 점은 클라이언트를 논박하는 것이 아니라 그의 비합리적 신념을 논박한다는 것이다. 지적, 설득, 논박뿐만 아니라 문제 장면에 대한 역할 연습, 자기대화를 과제로 내주는 것 등의 여러 기법이 사용되며, 특히 비합리적 신념에 대해 질문하고 이에 대해 클라이언트의 답변에 대해 반복적으로 질문함으로써 클라이언트가 자기신념의 비합리성을 깨닫도록 하는 소크라테스 문답법을 사용한다(김수정 외, 2023).

ABCDEF 모형은 ABCDE 모형에서 더 확장된 것으로, 클라이언트가 합리적 신념으로 대체한 이후(E) 얻게 되는 새로운 감정(Feeling)과 행동으로, 긍정적 감정과 자기수용적 태도를 가리킨다. 즉, 효과적·합리적 신념과 철학을 발달시킴으로써 심한 불안이나 우울이 상황에 적절한 느낌으로 대체되는 것을 의미한다.

4) 상담과정

(1) 상담목표

REBT의 상담목적은 클라이언트의 핵심적인 자기 파괴적 생각을 최소화하고 삶의 철학 자체를 변화시키는 데 있다. 즉, 클라이언트의 증상을 없애는 데에만 관심을 가지는

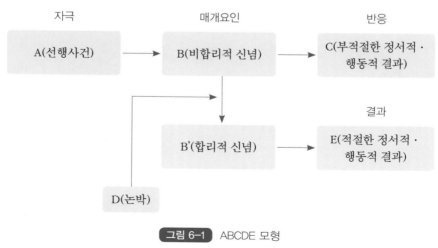

그림 6-1 ABCDE 모형

출처: 박경애(2022), p. 119.

것이 아니라 문제를 일으키는 신념과 가치체계를 새로 학습시키는 것을 목표로 한다(천성문 외, 2021). 비합리적 신념체계를 없애고 합리적 신념체계를 강화하기 위한 상담목표의 예를 몇 가지 제시하면 다음과 같다(Ellis & Dryden, 2007).

- **자기관심과 사회에 대한 관심**: 정서적으로 건강한 사람은 자신과 다른 사람과의 소통에 관심을 갖는다.
- **자기지향**(self-direction): 정서적으로 건강한 사람은 다른 사람의 지지를 좋아할 수는 있으나 이를 요구하지 않으며 자신의 삶에 책임을 가지고 자신의 문제를 독립적으로 해결할 수 있다.
- **관용**: 성숙한 개인은 다른 사람의 실수를 수용할 줄 알고, 이를 경멸하지 않는다.
- **유연성**: 건강한 사람은 사고가 유연하고 변화에 개방적이며 다른 사람들에 대해 고집스럽지 않은 관점을 가진다.

이 외에도 불확실성에 대한 수용, 전념(commitment), 자기수용, 과학적 사고, 위험감수, 비이상주의(non-utopianism) 등이 있다. 엘리스는 이러한 상태가 정신건강적 기준이라고 하였고 정신건강적 기준을 갖게 되는 것이 결국 REBT 상담의 목표라고 할 수 있다.

(2) 상담과정

REBT는 기본적으로 클라이언트가 가진 문제에 ABC 이론을 적용하여 비합리적 신념을 확인하고 논박을 통해 이를 합리적 신념으로 바꾼 후 적절한 정서와 행동을 경험하도록 하는 과정이다. REBT의 기본과정을 요약하면 〈표 6-3〉과 같다(박경애, 2022, pp. 127-137). ABC sheet를 기본으로 다음의 구체적 상담 과정을 따르게 되면 의료 현장에서도 REBT를 원활하게 적용할 수 있다.

표 6-3 REBT 상담의 과정

① 문제, 즉 부적절한 정서적·행동적 결과를 탐색한다(C).
② 상담의 목표를 설정한다.
  • 결과적 목표: 건강한 정서와 행동을 획득한다.
  • 과정적 목표: 비합리적 생각(신념)을 합리적 생각(신념)으로 변화시켜서 합리적 생각이 행동양식에 영향을 미치도록 한다.
③ 그 결과와 관계된 반응을 일으키는 사건이 무엇인지 탐색한다(A).
④ 정서적·행동적 결과와 신념 간의 관계를 교육한다(B-C).
⑤ 그 결과를 일으킨 근본적인 원인인 사고를 탐색한다(B): 비합리적 신념을 탐색
⑥ 탐색된 신념체계를 논박을 통해 바꾸어 준다(D).
⑦ 신념이 바뀜에 따라 나타나는 정서적·행동적 효과를 알게 한다(E).
⑧ 바뀐 신념이 완전히 내재화되기 위해서는 과제를 통한 꾸준한 실천적 노력이 요구됨을 알게 한다.
⑨ 종결하기
  • 상담의 종결 시점이 적절한지 검토한다(클라이언트가 자신의 문제를 스스로 해결할 수 있는 여러 기술을 습득했다는 충분한 증거가 있을 때 상담가의 도움 없이도 자율적인 삶을 꾸려갈 수 있을 때).
  • 상담을 통해 배운 것과 효과를 정리한다.
  • 자가상담 및 자기조력을 하도록 권유한다.
  • 인지행동 상담의 전 과정을 정리한다.
  • 종결 후의 행동지침에 대해 논의한다.
  • 고양회기를 정한다. 종결 후 추수면접을 통해 클라이언트의 상태를 확인하고 필요한 경우 상담이 재개될 수 있음을 알려 준다. 이를 통해 종결로 인한 심리적 허탈감이나 외로움 등을 예방할 수 있다.

5) 주요 치료기법

REBT는 인지, 정서, 행동이 실제로 상호의존적 과정이라고 보고 있으며, 따라서 상담기법은 다음의 인지적·정서적·행동적 기법을 클라이언트의 특성에 따라 적절하고 자유롭게 사용한다(Dryden et al., 2014, pp. 251-256).

(1) 인지적 기법

REBT에서 가장 자주 사용되는 기법은 비합리적 신념에 대한 논박(인지재구성)이다. 이 논박 과정은 세 단계로 이루어진다. ① 상담가는 클라이언트가 자기패배적 정서 및 행동의 기저에 있는 비합리적 신념을 알아차리게 한다. ② 상담가는 진실 혹은 거짓에 대해, 또한 비합리적 신념의 유용성이나 유용성 결여에 대해 토론한다. ③ 이 과정에서 상담가는 비합리적 신념과 합리적 신념을 구분하는 세 번째 단계를 클라이언트가 밟아 나갈 수 있게 돕는다. 예를 들면, 토론은 '반드시 그렇게 해야 하는 근거가 무엇인지?' '원한다고 반드시 가져야 한다는 생각은 어디서 나온 것인지?' '그런 식으로 생각하는 게 정말 도움이 되는지?' 등의 소크라테스식 문답법으로 이루어지며, 숙련된 REBT상담가 는 클라이언트에게 다양한 재구성/토론 양식을 사용한다.

다양한 유형의 쓰기 과제는 클라이언트 스스로가 비합리적 신념을 논박할 수 있게 한 다(예: ABCD 기록지). 경우에 따라 클라이언트는 치료회기의 녹음을 듣고 녹음된 자신의 비합리적 신념들에 대해 논박할 수도 있다. 또한 여러 의미론적 방법이 사용되는데, 정 의하기 기법(defining technique)을 통해 클라이언트가 자기패배적 언어를 덜 사용하도록 한다. "나는 할 수 없어." 대신에 "나는 아직 못했어."라고 말하게 하는 것이다.

(2) 정서적 기법

REBT는 일반적으로 알려진 것과 달리 정서적 측면을 중요하게 생각한다. 즉, 인지의 변화는 그 자체가 목적이 아니라 고통과 건강하지 못한 부정적 느낌에 영향을 미치기 위한 수단이다. 따라서 상담가는 다양한 정서적 기법을 자주 사용한다.

심상기법은 합리적 정서적 심상을 활용하는 것으로 클라이언트가 (A)에서 부정적 사 건의 생생한 심상을 유지하는 동안 부정적 정서를 건강정서(C)로 바꾸도록 격려한다. 시간 투사 심상기법도 활용되는데, 예를 들면 클라이언트가 특정 사건이 발생한다면 끔 찍할 것이라고 말할 때 상담가는 비합리적 신념에 대해 직접적으로 도전하기보다 '끔찍 한' 사건 이후 일정시간이 지난 시점에서 삶이 어떨 것 같은지 상상하게 함으로써 클라 이언트가 '끔찍한' 사건 이후에도 삶이 지속되고, 회복되며 원래 목표를 이어가거나 새 로운 목표를 개발할 수 있다는 것을 알게 하는 현실화를 통해 간접적으로 비합리적 신념을 변화시킬 수 있게 한다.

또한 클라이언트가 너무 진지하게 생각하지 않게 함으로써 합리적으로 사고하게 하는 다양한 유머의 활용이나 상담가 자신의 자기노출을 통해 클라이언트와 비슷한 문제를 경험했다는 것을 솔직하게 인정하고 REBT를 통해 극복한 것을 알려 주는 등이다. 또한 수치심-공격훈련이나 위험-감수훈련을 활용하는데, 이는 클라이언트가 부끄럽게 여기거나 창피해하는 행동을 의도적으로 해 보도록 함으로써 자신이 생각하는 것보다 사람들이 타인에 대해 관심을 두지 않는다는 것을 알게 하고 다른 사람의 비난에 과도하게 영향받지 않게 하는 것이다.

(3) 행동적 기법

REBT는 인지적 변화가 주로 행동적 변화에 의해 촉진된다고 보아 행동적 기법을 사용한다. 행동적 기법에는 행동주의에서 사용하는 보상과 강화의 기법, 역할시연과 연기, 기술훈련, 자기주장훈련, 실제 상황에서 구체적 행동을 해 보도록 하는 행동지향과제 등이 활용된다.

6) 인지정서행동치료 사례 예시

다음은 화상환자에 대한 인지정서행동치료를 적용한 사례 중 일부를 발췌한 것이다(〈표 6-4〉 참조). 공장 폭발사고로 급성 외상후 스트레스 장애(PTSD) 증상을 보이는 산업재해 화상환자의 트라우마 회복을 위해 인지행동치료를 적용한 사례로, SOAP 양식에 따라 정리된 내용이다. 총 9회기에 걸쳐 진행되었으며, 다음 예시는 사례의 개념화와 전체 회기 중 7회기와 8회기를 발췌한 것이다.[4] 이 사례에서는 주 치료 모델로 인지정서행동치료를 적용하였으며, 환자의 자동적 사고와 중간신념 그리고 핵심신념을 찾아 사례를 개념화하여 벡의 인지치료도 같이 활용되었다.

---

4) 권승신(2022), 인지행동치료: 산업재해 화상환자의 외상후 스트레스 장애 완화를 위한 인지행동치료, 「2022 한림 사회복지 우수프로그램 포럼」, 일송재단 사회복지위원회에서 일부 내용을 발췌함.

표 6-4 화상환자에 인지행동치료를 적용한 사례

● 사례개념화

주 호소문제	화상사고 이후 업무 자신감 저하 및 직장복귀에 대한 불안감 "화상사고 이후 직장 일을 제대로 할 수 없을 것 같아요. 직장에 돌아가면 사람들이 화상을 안 좋게 볼 것 같고 저도 능력이 저하돼서 업무를 제대로 할 수 없을 것만 같아요."
문제목록	1. 급성 PTSD 증상으로 인한 정서조절의 어려움 문제목록 2. 역기능적 사고로 저하되는 업무 자신감 3. 화상에 대한 사회적 시선으로 인한 직장복귀의 불안감
이면기제	1. 자동적 사고: 화상은 직장에서 업무 실패로 이어질 것이며 다른 사람에게 민폐만 끼칠 것이다. 2. 중간신념 (태도) 직장에서 업무를 제대로 하지 못하는 것은 무능한 것이다. (태도) 나를 통제할 수 없는 것은 무능한 것이다. (태도) 업무 실패는 다른 사람에게 민폐를 끼치는 것이다. (규칙) 내가 맡은 업무는 성공적으로 해내야만 한다. (가정) 다른 사람에게 민폐를 끼치지 않는다면 성공이다. 3. 핵심신념: 나는 무능하다.
보상전략(대처방략)	화상에 대한 사회적 시선 때문에 가족, 친구 외 외부인과 접촉을 최소화한다.
이면기제와 현재문제의 연관성	내담자는 유능함이 직장에서 업무를 완벽하게 하는 것(스스로 모든 것을 완벽하게 통제할 수 있어야 함)에서 비롯된다고 생각한다. 화상 사고 이후 직장에서 자신이 통제할 수 없는 요소(급성 PTSD 증상, 역기능적 사고 등)가 업무 수행능력을 떨어뜨리는 장애물(방해물)이라고 생각한다. 이러한 장애물(방해물)을 통제하지 못할 때 업무 자신감이 하락하며 다른 사람에게 민폐만 끼치게 될 것이라고 여겨 역기능적 사고패턴이 강화되고 있다.
현재 문제들의 촉발 요인	화상흉터, 피부착색, 가려움(소양증)
현재 문제들의 지속 요인	1. 급성 PTSD 증상(사고 재경험, 인지 및 기분의 변화, 과도한 각성) 2. 역기능적 사고 3. 화상 이후 사회적 상황에서의 대처 전략 부재
상담목표	1. 급성 PTSD 증상 완화 상담목표 2. 인지재구조화를 통한 합리적 사고 도출 3. 화상 이후 사회적 상황에서의 적응력 향상

상담계획	1-1. PTSD 교육 1-2. 신체 & 심리적 안정화(호흡이완/나비포옹/안전지대/마음챙김명상/향기치료) 2-1. 역기능적 사고(자동적 사고) 탐색 상담계획 2-2. 인지재구조화를 통한 대안적 사고 발전 3-1. 사회적 편안합 및 자신감을 위한 전략 교육 3-2. 화상 경험 산재 근로자 지지모임 형성
내담자의 강점	1. 치료 및 회복 동기가 강하다. 2. 개별 및 집단 상담에서 배운 내용을 잘 이해하고 활용한다.

● 7회기

S: "시간이 지나도 나아지지 않는 것 같아서 회사 복귀를 못 할 것 같아 걱정돼요. 화상으로 인한 변화들 때문에 일상에서도 경험하는 변화들이 이렇게 많은데 직장에서는 어떨까요. 답이 없어요."

A: 역기능적인 사고(자동적 사고)로 인한 인지 및 기분의 변화

I:

1. 한 주간의 변화 및 과제 점검

1) 화상 이후 사회적 상황에서의 불안을 야기하는 자동적 사고 탐색(ABC sheet 작성)

A 일어난 사건	B 나 스스로에게 한 말	C 내가 느끼고 있는 것
대창 냄새를 맡았다.	"직장에서 황 냄새를 맡으면 얼음이 돼서 아무것도 할 수 없을 것이다."	역겨움-100% 긴장-100%
병원에서 번호표 벨소리(딩동 소리)를 들었다.	"H/C가 뿜어져 나왔을 때 사방에서 울리던 Gas detector 소리와 흡사하다." "나는 무능하다. 직장으로 돌아가면 패닉이 돼서 아무것도 할 수 없을 것이다."	불안-90% 공포-90%
하루에 두 번씩 보습제를 발랐다.	"낫는 게 안 보이는데, 원래대로 돌아갈 일은 없을 거야." "일하느라 바쁠 텐데, 어떻게 다 바를까." "일에 지장이 너무 많을 것 같아."	걱정-100%
낮에는 외출을 하지 않고 거의 집에서만 지냈다.	"해를 보지 않는 이 생활에 익숙해져서 나중에 직장으로 복귀했을 때 정상적으로 생활이 가능할지 모르겠다."	걱정-100% 무기력-100%

2) 사고 진술문 작성

　－사고 진술문 작성 시 특히 어렵거나 힘들었던 내용 혹은 수정했던 부분 없는지 확인(없음)

2. 사고 기록지 작성(자동적 사고 탐색 + 지지/반박 증거 탐색 ⇨ 대안적 사고 발전)

어디에 있었습니까?(A)	병원 대기석(번호표 벨 소리 들리는 곳)
감정 또는 느낌(C)	불안－90% 공포－90%
부정적 사고(B)	나는 무능하다. 직장으로 돌아가면 패닉이 돼서 아무것도 할 수 없을 것이다.
생각을 뒷받침하는 증거	사고 현장에서 들었던 소리만 접해도 몸이 긴장하고 얼어버리기 때문이다. 분명 일을 할 때도 지장을 받을 것이다.
생각을 뒷받침하지 않는 증거(D)	실제로 직장에 돌아가서 패닉을 경험해 본 적이 없지 않은가? 나의 단순 추측일 뿐이다.
대안적 사고(E)	패닉이 왔다고 해서 아무것도 할 수 없지 않다. 그런 상황이 왔을 때 나를 안정화시킬 수 있는 방법을 시도해 보며 대처해 보는 것도 방법 일 수 있겠다.
감정 혹은 느낌 (F)	불안－50% 희망－20% 공포－90% 인정－30%

3. 과제 부여

1) 행동실험

　"사고 현장에서 들었던 기계음 소리와 유사한 소리(번호표 벨소리)를 들으면 아무것도 할 수 없는 패닉 상태가 될 것이다."라는 신념을 가진 내담자의 신념이 사실인지 실험을 통해 확인해 보라고 제안

　　－행동실험의 성공 가능성을 최대화 할 수 있는 방법 안내함(호흡이완법, 안전지대 등)

2) 사고 기록지 작성을 통한 지지/반박증거 탐색

　(계속)

● 8회기

S: "번호표 소리 들으면 멈칫하는데, 그래도 눈을 감고 심호흡을 길게 하면서 어깨를 토닥이니까 좀 괜찮아졌어요. 이번 주는 집을 구하느라고 부동산 여기저기 돌아다니느라고 화상 사고 생각날 수조차 없이 바빴어요. 오랜만에 외부활동이라 낯설기도 했고요."

O:

−화상 이후 긍정적 변화(외부활동)에 대해 감탄하는 모습 관찰

−직장복귀 상황에 대한 막막함 이야기하며 금세 표정 어두워지고 걱정이 가득한 표정 보임

A: 역기능적인 사고(자동적 사고)로 인한 인지 및 기분의 변화

I:

1) 한 주간의 일상 및 변화 점검

−급성 PTSD 증상 또는 트리거 촉발 상황 없음

−외부활동을 긍정적 변화로 발견, 칭찬하기

−일상변화에 따른 삶의 만족도 매기기 : 50/100 "여전히 일상 회복 중이다."

4. 과제 점검

1) 행동실험

−병원 외래 치료 시 번호표 벨 소리가 있는 곳에 간다.

−환자가 예상하는 아무것도 할 수 없는 패닉 상태(숨을 쉬기 어렵다. 무서워서 아무것도 할 수 없다 등)의 반응이 맞는지 살펴본다.

−행동실험 결과를 통해 얻은 결론

"30초에서 1분 정도 눈을 감고 가정 편안한 곳을 떠올리니 금세 괜찮아졌어요."

"내가 예상했던 결과가 아니었구나."

2) 사고 기록지(자동적 사고 탐색 + 지지/반박 증거 탐색 ⇨ 대안적 사고 발전)

어디에 있었습니까? (A)	낮에는 외출을 하지 않고 거의 집에서만 지냈다.	대창 냄새를 맡았다.	하루에 두 번씩 보습제를 발랐다.
감정 또는 느낌(C)	걱정−100% 무기력−100%	역겨움−100% 긴장−100%	걱정−100%
부정적 사고(B)	해를 보지 않는 이 생활에 익숙해져서 나중에 직장으로 복귀했을 때 정상적으로 생활이 가능할지 모르겠다.	직장에서 황냄새를 맡으면 얼음이 돼서 아무것도 할 수 없을 것이다.	나아지고 있는 것이 안 보이는데, 원래대로 돌아갈 수 있을까? 일하느라 바쁠 텐데, 어떻게 이걸 다 바르고 있을 수 있겠어?

생각을 뒷받침하는 증거	화상 피부가 착색될까 봐 염려되어 햇빛을 거의 보지 않으려고 한다. 내가 주간에 출근하는 날에는 해를 안 볼 수가 없다. 분명히 일에 지장이 있을 것이다.	화상 사고를 당한 당시 살과 털이 타는 냄새와 너무 흡사해서 얼음이 되어버렸다. 순간 너무 놀라는 나를 발견했다.	나아지고 있는 것이 안 보인다고 판단한 근거? → 빨간 피부색(사고 직전과 유사함). 이전 피부색이 아니다. 지금도 하루에 두 번 챙겨 바르고 있는데, 굉장히 성가시고 귀찮은 작업이다. 일까지 병행하다 보면 바르기 힘들 것 같다.
생각을 뒷받침 하지 않는 증거(D)	−화상 피부 착색을 막기 위한 방법으로 외출을 금지하는 것이 최선인가? 선크림이나 모자 등 다른 방법을 활용해 볼 수 있다. −시도해 본 적 있는가? 있다. 모자를 쓰고 새 집을 구하기 위해 외출을 한 적이 있다.	−사고 당시 맡았던 유사한 냄새를 맡았을 때 정말 아무것도 할 수 없었나요? 네. 그 이후로 어땠나요? 아무것도 할 수 없어서 호흡을 크게 쉬었던 것 같아요. 10분 정도 안정을 취하니 괜찮아졌어요. −호흡이완법 이후 증상이 한결 나아지던가요? 마음이 차분해지고 떨리는 가슴도 가라앉았어요.	−회복 중인 증거 없는가? 더 이상 가렵지가 않다. −보습제 바르는 데 시간은 얼마나 걸리는가? 익숙해져서 10∼15분. −주로 보습제 바르는 시간대? 기상 직후, 취침 직전 −업무 시간과 겹치는가? 아니다
대안적 사고(E)	직장복귀 시 원활한 적응을 위해서는 사고 이전의 일상으로 돌아가는 것이 중요하다.	나는 트라우마 증상을 조절할 수 있다. 이러한 반응들을 인정하고 받아들이자.	더디지만 화상 후 여전히 회복 중임을 믿는다. 화상 이후 달라진 내 모습에 더 적응해 보자.
감정 혹은 느낌 (F)	걱정−70% 무기력−90%	역겨움−95% 긴장−20%	걱정−70%

7) 합리적 정서행동치료의 평가

(1) REBT와 인지치료의 차이

REBT와 벡(Beck)의 인지치료는 그 기법에서 중첩되는 부분이 있지만 기본적으로 REBT는 다음과 같은 면에서 인지치료와 차이가 있다(Ellis & Ellis, 2014, p. 184).

① REBT는 보통 인지치료보다 더 적극적이고 더 지시적이며, 더 빠르고 더 강력하게 클라이언트의 불합리한 신념을 논박한다.

② REBT는 인지치료보다 당위성을 강조하며 대부분의 주요한 비합리성은 독단적인 절대성이나 당위성에서 유래한다고 본다.

③ REBT는 책, 팸플릿, 시청각 자료, 대화, 워크숍 같은 심리교육적 접근을 본질적으로 사용하며 인지치료보다 더 많이 사용할 것을 강조한다.

④ REBT는 건강한 부정적 감정(예: 슬픔과 좌절)과 건강하지 못한 부정적 감정(예: 우울과 적대감)을 명확히 구별한다.

⑤ REBT는 인지치료가 무시하는 수치심–공격 연습, 합리적 정서적 심상 및 강한 자기진술과 자기대화 같은 여러 정서 유발적 방법을 강조한다.

⑥ REBT는 인지치료보다 실제적 둔감화를 좋아한다.

⑦ REBT는 사람들이 과제를 수행하는 것을 돕기 위해 강화뿐 아니라 처벌도 자주 사용한다.

⑧ REBT는 인지치료보다 근본적으로 자기와 타인과 세계에 대한 철학적이고 무조건적인 수용을 강조한다.

(2) REBT의 효과성과 평가

REBT의 효과성 및 긍정적 기여를 요약하면 다음과 같다(Corsini & Wedding, 2017; Dobson, 2014; 천성문 외, 2021).

첫째, REBT의 다양한 상담기법이 강박장애, 불안, 우울, 적대감, 중독, 성문제, 사회공포증을 가진 사람들의 사고, 감정 및 행동을 변화시키는 데 효과적임이 입증되어 왔다(Corsini & Wedding, 2017). REBT에 대한 메타분석에 따르면 광범위한 정신의학적 문제 및 임상적 성과에서 효과가 있는 것으로 나타났으며, 연령이나 성별과 무관하게, 개인과 집단 모두에서 효과적인 것으로 나타났다(David, Szentagotai et al., 2005).

둘째, 논리적 설명과 간결함, 단기치료라는 강점과 함께, 상담가의 직접적 개입 없이도 책 읽기나 행동하고 사고하는 것 기록하기, 워크숍 참석과 같은 보충적 접근을 통해 스스로 치료를 이행할 수 있는 방법을 교육하여 상담가에게 지나치게 의존하지 않고 클라이언트 스스로 변화할 수 있게 된다는 강점이 있다.

셋째, 사건(A)–신념(B)–결과(C) 모형은 심리적 · 행동적 혼란이 일어나는 방식과 문제행동이 변화할 수 있는 방법을 간단명료하게 제시하여 모든 인지행동적 심리치료의 기본틀이 되고 있고 임상 현장에서 널리 인정받고 있다.

그러나 합리적 신념과 비합리적 신념이 무엇인가에 대한 명확한 규정과 평가가 부재하며 적극적이고 지시적인 치료의 성격으로 클라이언트 입장에서는 자신의 사고를 보다는 상담가가 원하는 목표와 가치를 선택하도록 강요받는 것으로 느낄 수 있다는 비판이 제기된다(Ellis, 2001: 천성문, 2021에서 재인용). 그러나 이에 대해 엘리스는 상담가가 지나치게 지시적이지 않도록 클라이언트에 대해 대한 무조건적 수용과 긍정적 존중의 태도를 강조하고 있음을 상기할 필요가 있다. 즉, 클라이언트의 부적응적 행동과 사고는 바로잡아야 하지만 클라이언트 자체는 무조건적으로 수용해야 한다는 것이다(Ellis & MacLaren, 2005). 또한 상담가와 클라이언트 간의 치료적 동맹이 형성되지 않았을 경우 직면을 사용하는 것은 관계를 해칠 수 있다는 점도 유의해야 한다. 또한 인지이론에 주로 제기되는 문제로, 인간의 실패와 성취를 설명하는 사회적 변수보다 개인적 수준의 변수를 강조한다는 점이다(Forte, 2007; 김수정 외, 2023에서 재인용). 이러한 지적은 REBT 적용에서 생심리사회적 접근을 기반으로 클라이언트의 내적 요인과 함께 사회적 맥락과 다양성의 이슈에 대해서도 관심을 가지고 사정하는 의료사회복지사가 오히려 상당한 강점을 가질 수 있음을 보여 준다고 할 수 있다.

3. 문제해결치료

문제해결치료(PST)는 스트레스를 유발하는 삶의 경험에 대처하는 개인의 능력을 증진시키기 위한 인지행동주의적 개입이다. PST는 문제에 대한 대처능력에 초점을 두고, 문제해결에 대한 적응적 관점과 문제해결기술을 강조하는 심리사회적 개입으로, 다양한 임상 집단과 비임상 집단에 적용되어 왔고, 그 효과성이 입증되어 왔다(이혜선, 권정혜, 2018). 특히 우울, 불안, 자살생각 등의 정신적 고통이나 암, 심장질환, 당뇨병 등의 질병 또는 신체적 고통을 경험하는 다양한 집단에서 증상감소와 삶의 질 개선에 효과적인 것으로 나타나 최근 의료사회복지 현장에서 많이 활용되는 치료 방법이기도 하다.

1970년대 즈릴라와 골드프라이드(D'Zurilla & Goldfried)에 의해 처음 개발되었으며, 이후 즈릴라와 네주(D'Zurilla & Nezu)에 의해 더 확장되고 이후 다양한 연구 결과들이 축적되면서 이론과 실제적 측면들이 정리되고 발전되었다. 최근에는 네주와 동료들이 PST와 관련된 성과연구와 신경과학 및 정신병리에 대한 최신 연구결과를 바탕으로 기존의 기본 문제해결치료를 개정하여 '최신 PST(Contemporary Problem-Solving Therapy)'라고 명명하였으며, 마음챙김 명상 훈련까지 포함하는 개정이 이루어졌다.

한편, 사회적 문제해결 모델을 바탕으로 PST를 실행하기 위한 다양한 매뉴얼이 개발되었다. 지역사회 1차 의료기관의 전문가들이 지역사회의 클라이언트들을 대상으로 PST를 실행할 수 있도록 한 영국 옥스퍼드대학교 카탈란 교수팀(Catalan et al., 1991)의 「Problem Solving Treatment Model for Primary Care(PST-PC)」, 경증에서 중증도 수준의 정신장애 클라이언트를 대상으로 지역사회 1차 의료기관에서 적용할 수 있도록 만들어진 매뉴얼인 「Problem-Solving Therapy for Primary Care Medicine」(Mynors-Wallis et al., 1997), 이를 소개받은 미국의 아레안과 헤겔(Arean & Hegel, 2011)이 주요우울증과 기분부전을 지닌 우울한 노인을 대상으로 수정한 「Problem-Solving Treatment for Primary Care(PST-PC): A Treatment Manual for Depression」, 2013년 University of California, San Francisco(UCSF) 연구팀이 지역사회에서 활용할 수 있도록 Mynors-Wallis 팀의 매뉴얼을 수정 · 보완한 「Problem-Solving Therapy for Primary Care」 등과 같이 대상자의 문제에 적합하고 현장에서 적용이 용이한 간편화된 매뉴얼들이 개발되었다(윤현숙, 임연옥, 2021에서 재인용). 우리나라에서는 PST를 일부 수정하여 의료기관뿐 아니라 지역사회에서도 활용 가능한 우울 노인을 위한 치료 매뉴얼이 출간되었다.[5]

1) 기본 전제와 개념

(1) PST의 기본전제

PST에서는 '정신병리'를 비효과적이거나 부적응적 대처행동의 결과로 이해한다. 즉,

---

5) 윤현숙, 임연옥(2021), 문제해결능력 향상을 위한 상담의 길잡이: 노인 우울 예방을 위하여, 박문사.

사람들이 겪는 어려움이나 정신병리가 삶의 크고 작은 스트레스 자극에 대해 계속해서 비효과적인 대처를 하는 데서 발생한 것으로 본다. 따라서 문제해결의 가장 중요한 목표는 스트레스가 많은 생활사건에 대한 개인의 적응능력을 향상시키고 일반적인 행동능력을 기르는 것이다. 따라서 좀 더 적응적 방식으로 문제를 해결할 수 있도록 긍정적 관점과 기술훈련을 강조하는 문제해결양식에 초점을 둔다(이혜선, 권정혜, 2018).

여기서 말하는 생활상의 문제에는 반복적인 일상의 문제(제한된 재정자원, 감소된 사회적 지지 등)뿐 아니라 주요 부정적 사건(예: 중대한 질병경험, 이혼 절차를 밟음, 배우자의 사망, 해고 등)이 포함된다. 사람들이 이러한 상황을 해결하거나 대처하는 방식이 장기적인 정신병리나 행동 문제(예: 임상적 우울, 불안, 통증, 분노, 관계상의 어려움)를 얼마나 경험할지를 결정할 수 있다는 것이다(APA, 2022). 예를 들어, 스트레스를 주는 문제를 성공적으로 다루면 즉각적인 정서적 디스트레스를 감소시킬 것이고 장기적인 심리적 문제가 발생하는 것도 예방할 수 있다. 반대로, 심각한 트라우마와 같이 사건 자체의 압도적 특성이나 혹은 비효과적인 대처시도의 결과로 부적응적이거나 성공적이지 못한 문제해결을 하게 되면 장기적으로 부정적인 정서상태와 행동상의 문제들이 나타나게 된다는 것이다.

(2) 문제해결능력 치료 상담의 원리

다양한 PST 매뉴얼이 개발되어 활용되고 있으며 기본적으로 다음의 세 가지 원리는 동일하게 적용된다(윤현숙, 임연옥, 2021, pp. 39-40).

첫째, 문제해결능력 향상을 위한 상담은 인지행동치료의 원리를 활용한다. 즉, 문제와 문제해결을 긍정적으로 인식하여 문제를 합리적이고 계획적으로 해결할 수 있도록 클라이언트의 인식을 변화시킨다는 점에서 인지행동치료의 원리를 활용하고 있다.

둘째, 학습에 초점을 둔다. 클라이언트가 문제에 대해 긍정적 태도를 가지도록 하고 합리적이고 계획적인 문제해결기술을 학습함으로써 상담이 종결된 이후에도 클라이언트가 문제해결과정을 스스로 실행하여 문제를 해결할 수 있도록 변화됨을 의미한다.

셋째, 창의성을 활용한다. PST에서 창의성은 기존에 익숙하게 사용하던 잘못된 방법과 패턴에서 벗어나 문제를 해결할 수 있는 새롭고 다양한 방안을 생각해 내는 브레인

스토밍 과정을 통해 최선의 새로운 방안을 찾도록 한다.

(3) 주요 개념

최신 PST의 주요 개념을 소개하면 다음과 같다(이혜선, 권정혜, 2018; D'Zurilla & Nezu, 2014).

① 문제(problem)

'문제(혹은 문제가 있는 상황)'는 적응적 요구와 이용 가능한 효과적 대처 반응 간의 불균형이나 불일치로 정의된다. 즉, 즉각적이거나 장기적인 부정적 결과를 예방하기 위해 적응적 반응이 요구되는 상황, 또는 다양한 장애물로 인해 효과적 반응이 즉시 분명하게 떠오르지 않거나 적응적으로 반응하기 어려운 상황을 말한다. 장애물에는 서투름, 양가감정, 예측불가능성, 목표와 관련된 갈등, 수행 기술 부족, 심각한 정서적 각성, 자원 부족 등이 포함될 수 있다. 문제 상황에 대한 압력은 주위 환경(예: 직업적 요구, 중요한 타인의 기대 등)이나 개인 내부(예: 개인적 목표, 욕구, 관여)로부터 발생할 수 있다. 문제는 단일 시간-한정적 사건(예: 중요한 약속을 잊음, 급성질환), 유사하거나 서로 관련 있는 연속된 사건(예: 직장에서의 반복적 요구, 자녀의 반복적 약물사용) 또는 만성적이면서 진행 중인 상황(예: 지속적 통증이나 외로움)일 수 있다(Nezu, Greenfield, & Nezu, 2016).

② 해결책(solution)

특정 문제에 대한 문제해결과정의 결과로, 문제 그 자체나 상황에 대한 부정적인 정서적 반응 또는 그 둘을 모두 바꾸기 위한 상황 특정적 대처반응이나 반응패턴이다. 효과적 해결책은 문제해결목표(상황 개선 시도, 부정적 정서 감소, 긍정적 정서 증가)를 성취하면서 긍정적 결과를 극대화하고 부정적 결과를 최소화하는 대처반응이다.

③ 사회적 문제해결(social problem-solving)

사람들이 인생에서 마주치는 갑작스럽거나 만성적 문제에 대한 대처방안을 확인하고 선택 및 실행하는 과정으로, 네주 등(Nezu, Nezu, & Colosimo, 2015)은 사회적 문제해결이 특정 활동이나 행동이라기보다는 주어진 시점에 주어진 문제의 고유한 측면을 적응적으로 다루기 위해 다양한 대처반응을 찾아내고 선택하는 다차원적 메타프로세스(meta-process)라고 보았다.

④ 문제 지향(problem orientation)

최신 사회적 문제해결이론에서는 문제해결성과가 '문제지향(Problem Orientation)'과 '문제해결양식(Problem-Solving Style)'이라는 일반적이지만 부분적으로는 독립적인 두 차원에 의해 결정된다고 본다(Nezu, Greenfield, & Nezu, 2016).

문제지향은 일련의 인지·정서적 도식으로, 삶의 문제와 그러한 문제에 성공적으로 대처할 수 있는 자신의 능력에 대한 일반화된 신념, 태도 그리고 정서적 반응을 의미한다. 문제지향에는 문제해결에 대한 낙관성과 자기효능감, 성공적인 문제해결을 위해 시간과 노력이 필요하다는 태도 등을 포함하는 '긍정적 문제지향'과 문제해결에 대한 비관적 시각, 성공적인 문제해결에 필요한 자신의 능력에 대한 의심, 문제를 위협으로 바라보는 태도 등을 포함하는 '부정적 문제지향'이 있다(이혜선, 권정혜, 2018).

⑤ 문제해결양식(problem-solving style)

문제해결양식은 스트레스 문제에 대처하거나 문제해결시도를 위해 사람들이 사용하는 일련의 인지행동적 활동을 의미한다. 연구자들은 누적된 연구결과를 통해 '계획적 문제해결양식' '충동적이고 부주의한 문제해결양식' '회피적 문제해결양식'이라는 세 가지 양식을 확인했다(D'Zurilla, Nezu, & Maydeu-Olivares, 2004; Nezu, Nezu, & D'Zurilla, 2013).

- 계획적 문제해결양식(Planful Problem-Solving Style): 일련의 기술을 사용하여 체계적이고 계획적으로 문제를 다루는 건설적 접근방식이다.
- 충동-부주의 문제해결양식(Impulsive-Careless Problem-Solving Style): 충동적이며 부주의한 방식으로 문제해결을 시도하는 접근법이다. 이러한 방식으로 문제해결을 하는 사람들은 대개 문제해결을 위해 숙고하기보다 가장 처음 떠오른 해결책을 시도하는 경향이 있다.

- 회피적 문제해결양식(Avoidant Problem-Solving Style): 지연 및 수동적 태도, 타인에 대한 의존을 특징으로 한다. 문제에 직면하기보다는 회피하고 가능한 한 문제해결을 미루려고 하며 문제가 저절로 해결되길 바라고 자신의 문제에 대한 책임을 타인에게 전가하려고 시도한다.

2) PST 상담의 목표

PST는 개인이 스트레스를 유발하는 삶의 어려움을 예방하고 대처하기 위한 적응적 대처 기술을 적용하도록 가르친다. 구체적인 PST의 목표는 다음과 같다(American psychological association, 2022).

① 대상자의 긍정적 문제지향을 강화한다.
② 부정적인 문제지향을 감소시킨다.
③ 합리적이고 계획적 문제해결을 촉진한다.
④ 회피적 문제해결을 최소화 한다.
⑤ 충동적/부주의한 문제해결을 최소화한다.

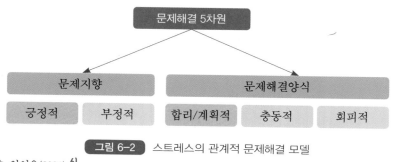

그림 6-2 스트레스의 관계적 문제해결 모델

출처: 윤현숙, 임연옥(2021).[6]

---

6) 임연옥, '문제해결능력 향상을 위한 상담' 교육자료에서 저자동의하에 발췌함.

3) 문제해결 치료과정과 실제

문제해결 치료과정은 기본적으로 행동계획의 실행을 위한 동기화, 준비, 실행과 성과 감찰, 자기강화, 어려움이 있는 영역의 보완 등의 단계를 통해 해결책을 실행하도록 돕는 과정으로 이루어져 있으며, 프로그램으로 구성할 수 있도록 모듈형태로 되어 있다. 이러한 모듈이 기본이 되며, 필요한 경우에는 다른 인지행동에 기반한 부가적 훈련 전략을 함께 활용한다. 스트레스에 효과적으로 대처하는 능력을 향상시키기 위해 환자나 일반인을 위한 자조적 문제해결훈련 가이드북도 개발되었다. 여기서는 우선, 네주 등 (Nezu, Nezu, & Zurilla, 2007)의 문제해결단계와 현장에서 바로 적용할 수 있도록 우리나라 노인 우울증치료를 위한 PST 프로토콜[7]과 우울노인을 위한 문제해결 매뉴얼(윤현숙, 임연옥, 2021)에서 소개된 양식들을 중심으로 실제 사례 예시와 함께 PST의 과정을 소개하고자 한다.

(1) 문제해결치료의 과정과 회기 구성

PST의 회기는 학자에 따라 짧게는 4회기부터 12회기까지 제안하고 있으나 UCSF 팀은 가장 이상적 회기 수를 6회로 보고하고 있다(윤현숙, 임연옥, 2021). PST는 다양한 매뉴얼이 만들어져 있어 의료사회복지사나 임상가들이 적용하기 쉽고 다소 표준화되어 있다는 장점이 있다. 우울증 노인을 대상으로 6회기 기준으로 작성된 윤현숙과 임연옥 (2021)의 PST 매뉴얼 내용을 간략하게 소개하면 다음과 같다.

① 1회기

- 대상자 선정과 문제해결능력의 평가

  우선 대상자 선정은 PST를 적용하고자 하는 대상자의 주된 문제를 파악하는 척도를 활용하여 실시한다. 예를 들어, 대상자의 주된 문제가 우울이면 PHQ-9이나

---

7) 윤현숙, PST프로토콜, 한림대학교 사회복지학과 대학원 교육자료, 미발간.

CES-D와 같은 척도를, 불안이면 GAD-7과 같은 척도를 활용하여 스크리닝하는 것과 같다. 그다음으로 대상자의 문제지향과 문제해결양식을 사회적 문제해결능력척도(Social Problem Solving Inventory-Revised-Short Form: SPSI-R-SF)[8]를 통해 측정·파악한다. 이 척도 측정 결과 긍정적 문제지향과 합리적 문제해결양식의 점수가 높을수록 사회적 문제해결 정도가 높음을 의미하며, 부정적 문제지향, 충동적 문제해결양식과 회피적 문제해결양식 점수가 높을수록 사회문제해결 정도가 낮음을 의미한다. 이 두 차원은 어느 정도 독립적이어서 두 개 지향이 모두 높을 수도, 낮을 수도 있다. 따라서 두 차원의 점수가 모두 높은 경우에는 부정적 지향을 낮추는 것으로, 두 차원의 점수가 모두 낮은 경우에는 긍정적 지향을 높이는 것으로 상담의 목표를 정하게 된다.

• 1회기의 구성과 내용

1회기는 약 60분으로 구성되며 1회기 전반과 후반은 다음과 같이 구성된다.

1회기 전반(약 30분)	1회기 후반(약 30분)
문제해결치료 원리와 문제해결단계 설명	문제해결단계 실습(문제해결 7단계)
• 환영 인사하기	• 작업지 제시하기
• 상담자 소개하기	• 1단계: 문제 선정하고 문제 정의하기
• 오리엔테이션	• 2단계: 목표 수립하기
• 상담목적 설명하기	• 3단계: 다양한 해결방안을 찾기
• 문제와 문제지향에 대해 설명하기	• 4단계: 각각의 해결방안에 대한 장단점 살펴보기
• 우울 관련 증상에 대한 설명하기	• 5단계: 최선의 해결방안 선택하기
• 우울과 문제해결 간의 관계 설명하기	• 6단계: 실행계획 만들어 해결방안 실행하기
• 문제해결 7단계 설명하기	• 7단계: 실행결과 평가하기
• 즐거운 활동과제 설명하고 계획하기	

출처: 윤현숙, 임연옥(2021), pp. 73-82의 내용을 요약함.

---

8) 이는 즈릴라와 네주(D'Zurilla & Nezu, 2002)에 의해 개발되었으며, 김홍석, 최이순, 장효강(2013)에 의해 한국어판 타당화가 이루어졌다. 원래 25문항이었으나 한국어판에서는 충동형 문제해결양식의 타당도가 낮아 1개 문항을 삭제하고 총24문항으로 구성되었다.

여기서 중요한 요소이자 팁은 매 회기마다 '즐거운 활동하기' 과제가 부여된다는 것이다. 즐거운 활동을 통해 긍정적 정서를 경험하게 되고, 이 경험이 문제를 바라보는 태도를 긍정적으로 변화시켜 문제해결을 성공적으로 이끄는 단초로 작용하므로 이를 설명하고 매 회기 마지막에 클라이언트가 수행 가능한 즐거운 활동하기를 계획하고 이를 과제로 부여하여 다음 회기에 이를 확인하게 된다.

② 2회기부터 마지막 회기 전까지의 구성

2회기부터 마지막 회기 전까지는 다음과 같이 구성되며 회기 당 약 30분 정도로 진행된다.

표 6-5 PST 2회기~마지막 회기 전 구성내용

회기	주제	상세 내용
2회기~ 마지막 회기 전 (30분)	회기에서 다룰 주요 내용 설명하기	• 환영 인사하기 • 오늘의 진행 순서 설명하기
	과제 실천결과 확인하기 (5분 이내)	• 실행계획 실천결과 확인하기 • 즐거운 활동 실천결과 확인하기 • 성공경험 강화하기 • 실패원인에 따라 문제해결 재시도 또는 다른 문제로 전환하기
	문제해결 7단계 복습하기	• 7단계 그림/글을 보고 함께 읽거나 써 보기(그림자료 제시)
	문제해결단계 연습하기(20분)	• 1~6단계
	과제 부여하기	• 즐거운 활동 계획한 후 과제로 부여하기 • 실행계획 실천하기 과제로 부여하기
	마무리하기	• 종결 2~3회기 전부터는 종결을 준비하기 • 다음 회기 일정 확인하기 • 마무리 인사하기

출처: 윤현숙, 임연옥(2021).

다음 사례는 실제로 노인 암환자를 대상으로 PST를 적용한 예시이다.[9]

PST 적용사례

김씨(가명)는 만 72세 여성 노인으로 국가검진에서 종양이 의심되어 병원에서 추가 검사 후 대장암으로 진단되어 수술을 받았고 퇴원하여 통원치료를 받고 있는 환자이다. 배우자와 함께 생활하다가 아들이 갑자기 이혼하여 6년 전부터 아들, 손자, 손녀와 함께 생활하면서 가사활동, 손자녀 양육 등으로 스트레스를 받아 왔고, 현재 딸이 주 간병인 역할을 담당하고 있다. 우울수준(PHQ-9), 사회적 문제해결지수, 자살사고에 대한 평가가 이루어졌으며, 검사결과 PHQ-9은 중도-중중도(moderate-severe) 수준으로 평가되었고 자살위험도는 저위험으로 나타났다. 1회기에서 문제리스트를 작성하고 이 중에서 해결하기를 희망하는 문제를 선별하였으며, 즐거운 활동 계획하기와 과제를 부여하였다. 클라이언트가 가장 해결하고 싶어 하는 문제해결 대안은 '웃는 일을 많이 만들어서 즐거운 시간을 보내고 싶다.'였다.

개인 및 가족사항	아들(46)은 버스 운전기사로 일하고 있으며 음주사고 및 부채가 많아 경제적으로 부모님에게 의존하고 있음. 손자(중2)와 손녀(중1)는 환자에게 반찬투정, 참견에 대한 짜증을 많이 내고, 남매끼리도 사이가 좋지 않음.
Stress coping Skill	• 꽃을 좋아해 화분 가꾸는 일을 좋아하며 아파트 단지에서 버리는 화분을 가져다가 살려서 주위에 선물하기도 했음. 꽃이 유일한 낙이고 벗이라고 표현하고 있음
Assessment	• 환자는 5인 가족이며 함께 살고 있는 배우자, 아들이 모두 경제활동을 하고 있음. 암보험에 가입되어 있어 치료유지에는 어려움 없을 것으로 평가됨. • 이 환자의 경우 국가에서 시행한 건강검진을 통해 암 진단을 받은 분으로 의료보험료 기준에 해당되어 보건소 암환자의료비 지원 사업에 해당됨. 이에 대한 안내가 필요함. • 환자는 이혼한 아들과 함께 생활하면서 가사활동 증가 및 손자녀 양육에 대한 부담 등으로 스트레스 가중되었음 • 치료를 받지 않고 이대로 죽었으면 좋겠다는 생각을 할 정도로 우울감 높은 상태임. DT(the Distress Themometer) 10점으로 체크되었으며, PHQ-9 15점으로 우울정도는 moderate to severe로 나타남.
개입 내용	1. 보건소 암환자의료비 지원 사업 신청할 수 있도록 안내 2. 환자의 우울감 감소를 위한 지지 상담 ▶환자의 충격과 우울감 ventilation 할 수 있도록 기회 제공하고, 강점(희망, 의지)에 초점을 맞춘 지지 상담 진행 ▶암환자의 심리적인 특성에 대해 설명하여 현재 자신의 감정을 잘 이해할 수 있도록 지원 ▶PHQ-9 측정에서 moderate to severe depression 측정되어, 의료진에게 공지하고 정신건강의학과 협진 권유함. 자살사고에 대한 평가 실시함. ▶PST 프로그램 안내하고 6회기 시행하기로 함.

9) 한림대학교 성심병원 사회사업팀 이경애 의료사회복지사가 문제해결치료매뉴얼에 따라 진행한 사례로 전체 내용 중 PST 실제 적용을 보여 주기 위해 몇몇 회기의 일부 내용만 발췌하였음.

1. 1회기

1) 노인문제리스트를 작성하고 이 중에서 다음의 세 가지 문제 체크리스트를 선별함

2) 문제 체크리스트

1. 수술 후 건강이 빨리 회복되었으면 좋겠다.
2. 아들이 문제가 생기면 말을 좀 해 주었으면 좋겠다
3. 삶에 재미가 없다.

3) 즐거운 활동 계획하기: 클라이언트의 스트레스 대처 기술인 꽃과 관련된 활동, 즉 집 밖에 있
   는 꽃 사진 5장 찍어 오기를 계획함

2. 2회기

1) 즐거운 활동 계획의 실천여부 확인하고 피드백 제공함

"집 밖에 잇는 꽃 5장 찍어 오기"

• 컨디션이 좋지 않아 외출을 못해 집에서 기르고 있는 예쁜 꽃을 찍어 왔다고 함 　→ 대안을 찾아 실천한 것에 대해 격려함. • 컨디션이 회복되면 서울대공원에 가서 사진을 찍고 싶다고 함 • 활동에 대한 점수 6점 → 실천하고자 한 노력에 대해 격려. 외출하지 못한 데 대한 아쉬움

2) SPSI-R(사회적 문제해결지수) 검사를 시행하고 함께 그 결과에 대해 이야기함
   (1) SPSI-R 검사결과에 매우 만족해함. 검사결과지를 시각화된 자료로 제공하여 자신의 문
       제해결 스타일과 강점, 약점 등을 파악할 수 있도록 기회 제공함
   (2) 회피하는 부분은 가족들과의 관계나 타인과의 관계에서 상처받을까 봐 회피하게 된다고
       이야기함

3) 문제정의 워크시트

1. 문제정의 　내가 몸이 아프고 피곤하니까 모든 것이 의욕이 없다.
2. 이것이 나에게 왜 문제인가? 　되는대로 그냥 시간을 보내고 어디 나가기 싫다. 너무나 답답하여 눈물이 난다.
3. 현실적인 목표 　웃는 일을 많이 만들어서 즐거운 시간을 보내고 싶다. 손자들과 대공원에 가서 재미있게 자전거 타며 즐기고 싶다.
4. 장애물 　나의 건강. 손자가 대응을 안 해 주는 것.

4) 위의 문제정의 워크시트를 기반으로 문제해결 대안 리스트와 문제해결방안 의사결정 워크시트를 작성함.[10] 브레인스토밍을 통해 많은 해결방안을 찾아보고 그중 가장 좋은 해결방안을 찾도록 도와줌

5) 2회기 개입과정 및 회기 평가
  (1) 환자가 기운이 없어 아무것도 할 수 없다고 이야기하면서도 과제수행을 위해 노력하는 모습 보임
  (2) 문제정의 및 문제해결대안 리스트 작성 어려움 없이 수행함
  (3) "최근에 자꾸 세상을 헛산 것 같고 결국에는 이렇게 될 걸 왜 이렇게 아등바등 살았는지 모르겠어요."라고 하며 눈물 보임. 감정표현 통해 환기할 수 있게 하고 자신의 이야기를 충분히 하도록 기회제공. 환자의 치료과정에 대한 이해정도와 병식 점검함

3. 3회기

1) 즐거운 활동 계획의 실천여부 확인하고 피드백 제공

"남편과 백운호수 다녀오기"

• 수술이 끝이라고 생각했다가 항암치료가 결정되면서 환자 우울감 높아짐 • 컨디션이 좋지 않아 즐거운 활동을 못하였다고 함 • 그러나 보고 싶던 조카들이 집에 방문하여 기분이 좋았고, 손녀에게 이불을 밟으라고 했더니 말을 들어주어 기분이 좋다고 함 • 조카들 방문, 손녀랑 이불 빨래하기에 대해 10점이라고 표현함

---

10) 문제해결 대안 리스트와 문제해결방안 의사결정 워크시트 내용은 지면상 생략함.

2) 문제해결방안 의사결정 워크시트

"웃는 일을 많이 만들어서 즐거운 시간을 보내고 싶다."

해결방안	이 해결방안이 문제를 해결하는가?	나는 실제로 이것을 실행할 수 있는가?	나에게 미치는 장·단기 영향은 무엇인가?	타인에게 미치는 장·단기 영향은 무엇인가?
1. 아들에게 본인이 할 수 있는 것은 하라고 이야기함	○	○	내 몸이 편하다. 기분이 좋아진다	조금씩 본인이 스스로 하려고 한다
2. 손자녀에게 참견이나 잔소리 안하기	○	○	참아야지 참아야지 속은 부글거린다	손자녀들이 좋아할 것 같다
3. 손자랑 오목하기	○	○	승부욕이 생겨 기운이 날 것 같다	핸드폰 게임이 줄어들 것 같다
4. 남편과 백운호수 바람 쐬러 가기	○	○	마음이 편안해지고 시원하고 웃음이 날 것 같다	남편이 제일 좋아할 것 같다. 서로 의지가 많이 됨.
5. 몸이 회복되면 자전거 타러 가기	○	×	지금은 어렵고	손자랑 사이가 가까워진다
6. 배드민턴도 재미있게 하기	○	×	바람도 쐬고 재미있을 것 같다	
7. 서울대공원 식물원 꽃 구경가기	○	○	기분전환이 될 것 같다	가족들도 다 좋아할 것 같다. 함께 기뻐해 줄 것 같다

3) 문제해결 워크시트

> 지난 한 주 동안의 노력에 대한 평가입니다.
> 당신의 노력에 얼마나 만족하는지 적어 주세요(0~10). (0=전혀 만족스럽지 않다; 10=매우 만족한다) _4_
> 문제가 어느 정도 해결되었다고 느끼십니까?(0~10) _4_

  (1) 문제: 내가 몸이 아프고 피곤하니까 모든 것에 의욕이 없다

  (2) 목표: 웃는 일을 많이 만들어서 즐거운 시간을 보낸다/울지 않는다

  (3) 항목/해결책[11]

  (4) 이익과 비용

---

11) 여기서는 문제해결방안 워크시트 일곱 가지 중에서 한 가지만 예시로 제시하였으나 원 사례에서는 일곱 가지 항목(해결책)에 대해 각각 이와 같은 워크시트를 작성함.

2) 손자, 손녀에게 참견, 잔소리 안하기	1) 이익(+) 이 방법이 왜 좋다고 생각하셨나요? 아이들이 나의 이야기를 들어 준다	1) 비용(−)	적음	보통	많음
		노력	( )	( )	(○)
		시간투자	( )	( )	(○)
		돈	(○)	( )	( )
		감정적 소모	( )	( )	(○)
		다른 사람들의 도움	(○)	( )	( )
		기타	( )	( )	( )

(5) 선택한 해결방안: 애기들(손자손녀)에게 참견, 잔소리 안하기

(6) 활동계획

문제해결을 위한 단계별 과정	문제해결을 위해 해야 할 과업
잔소리 안 하고 우리 이렇게 하자 이야기한다	아이들에게 따뜻하게 천천히, 화난 감정 싣지 않고 이야기하기
두 번 하면 내가 화나니까 한 번만 이야기한다	실제로 해 보기
아들에게 이야기하라고 넘긴다	실제로 해 보기
아이들이 좋아하는 반찬은 아들에게 만들라고 한다	실제로 해 보기

(7) 즐거운 활동계획

날짜	활동 내용	활동이 얼마나 만족스러웠는지 평가해 주세요(0~10점)
	조카들 왔다 갔음	10
	손녀랑 이불 빨래하기(손녀에게 밟으라고 했더니 말을 들어주어 기뻤다)	10

4) 과제부여: 손자랑 오목하기 5판

5) 3회기 개입과정 및 회기 평가

- 환자는 자신의 친정어머니, 시아버지가 자살로 사망하였음을 이야기함. 암 진단을 받고 그냥 이대로 죽었으면 좋겠다는 생각을 했지만 친정어머니와 시아버지처럼 그랬다고 손가락질 당할까 봐 그러지 못했다고 함
- 본인이 여기 이렇게 오는 것은 살려고 오는 것 같다고 이야기하며 웃는 모습을 보임
- 아들, 손자, 손녀에게 자신의 상황을 I-message 전달법으로 할 수 있도록 함
- 14일 항암치료 위해 입원예정으로 불안감 있음. 치료과정에 대해 다시 한번 설명하고, 나타날 수 있는 부작용에 대해 대처할 수 있는 방법들에 대해 교육함. 불편한 증상들이 있을 경우 의료진에게 꼭 문의할 수 있도록 당부함

4. 4회기

1) 4회기에서 클라이언트는 스스로 세운 해결책 안에서 계획적으로 실천하려고 노력하는 모습을 보임
2) 즐거운 활동과 실천계획을 적절하게 균형을 맞추며 수행하는 모습을 보임
3) 과제를 통해 가족들이 자연스럽게 프로그램에 참여하게 되었으며 환자의 만족도도 높음. 환자의 우울감소에 가족의 지지체계가 중요한 요인임을 인식하게 됨

5. 5회기에서도 유사한 구조와 내용을 진행됨

③ 마지막 회기

마지막 회기 역시 약 30분 정도로 진행되며 다음과 같은 주제로 이루어진다. 여기서

표 6-6 마지막 회기의 내용

회기	주제	상세 내용
마지막 회기 (30분)	회기에서 다룰 주요 내용 설명하기	• 환영 인사하기 • 오늘의 진행 순서 설명하기
	과제 실천결과 확인하기(5분 내)	• 실행계획 실천결과 확인하기 • 즐거운 활동 실천결과 확인하기
	미처 해결하지 못한 문제 언급하기	• 해결하지 못한 문제에 대한 안타까움 표현하기
	우울증상의 경고 싸인 이야기하기	• 우울 경고 싸인 이야기하기(우울증상 그림자료 제시) • 우울 징후 대처 방법 이야기하기
	문제해결 성공경험 돌아보기	• 발전한 부분 이야기 나누기 • 성취한 것들 정리하기 • 자기효능감 강화하기
	미래의 가상문제 다루기	• 문제해결 7단계 복습하기(그림자료 제시) • 가까운 미래의 잠재된 문제/가상의 문제 이야기하기 • 일상생활에서 문제해결단계 적용을 강조하기
	프로그램 종료 후 사후관리 안내하기	• 위기 상황에서의 기관 연락처와 담당자 이름 알려 주기 • 사후관리 프로그램이 있다면 안내하기

출처: 윤현숙, 임연옥(2021).

우울증상의 내용은 클라이언트의 다른 문제로 대치할 수 있다.

4) PST의 평가

PST는 건설적인 문제해결 태도와 기술훈련에 초점을 맞춘 긍정적인 임상 개입으로, 클라이언트가 현재 경험하고 있는 정신적 건강과 신체적 건강의 문제를 완화하기 위한 목적으로 진행된다. 따라서 다양한 건강 및 정신건강 분야에서 그 효과성을 검증한 수많은 연구결과가 보고되었다.

장애의 유형별로는 우울증 관련 연구가 가장 많으며, 이에 관한 메타연구에서 PST는 우울증에 효과적인 치료법으로 나타났다(Cuijpers, van Straten, & Warmerdam, 2007; Bell & D'Zurilla, 2009). 또한 조현병, 다양한 불안장애, 고혈압이나 당뇨 등의 신체적 질병을 앓고 있는 환자들, 지적장애 집단, 전투지역에서 복무한 군인들의 정서적 어려움 등의 증상감소에 효과적인 것으로 보고되었다(이혜선, 권정혜, 2018). 그리고 척수 손상, 외상성 뇌 손상 등 다양한 환자보호자를 대상으로 한 연구도 진행되었고 노인우울, 학대 피해자, 아동 청소년을 대상으로 한 연구들도 대부분 PST가 효과적인 것으로 나타났다.[12] 특히 요통이나 고혈압, 두부손상, 관절염, 재발성 두통, 암, 당뇨병과 같은 다양한 의료적 문제를 가진 환자와 가족들에게도 효과적인 것으로 나타났다(D'Zurilla &Nezu, 2014).

국내에서도 PST의 성과연구가 이루어졌는데, 그중 신체건강 및 정신건강 관련 연구들을 보면 노인 암환자 및 노인 우울의 개선(윤현숙 외, 2010; 윤현숙 외, 2018), 발달장애 아동환자의 보호자와 간병인(권혜림, 2006) 등을 대상으로 문제해결능력과 자기효능감의 향상 등이 보고되었다. 이러한 결과들을 기반으로 PST는 다양한 만성질환과 이로 인한 심리정서적 어려움을 경험하는 환자와 가족을 대상으로 하는 의료사회복지실천 모델로 그 유용성이 매우 높은 것으로 평가된다.

---

12) 각각의 효과성 연구에 대한 정리는 이혜선, 권정혜(2018)를 참조할 것.

▲ 참고문헌

권승신(2022). 인지행동치료: 산업재해 화상환자의 외상후 스트레스 장애 완화를 위한 인지행동
치료, 2022 한림 사회복지 우수프로그램 포럼: 사회복지전문가로서의 배움과 실천. 학교법인 일송
학원 사회복지위원회.

권혜림(2006). 복지간병인의 문제해결능력 향상을 위한 프로그램의 효과성 연구, 숭실대학교 석
사학위논문.

김수정, 장수미, 오창순(2023). 인간행동과 사회환경. 학지사.

김혜란, 홍선미, 공계순, 박현선(2022). 사회복지실천기술론. 학지사.

박경애(1997). 인지 · 정서 · 행동치료. 학지사.

박경애(2022). 인지정서행동치료. 학지사.

윤현숙(1995). 'Sickness Impact Profile'을 이용한 신체질환자의 삶의 질에 관한 연구, 한국사회복
지학, 25, 105-128.

윤현숙, 구본미, 이강, 이제연(2010). 노인 우울증에 대한 문제해결치료(Problem-Solving
Treatment)의 효과성 연구. 한국노년학, 30(3), 871-894.

윤현숙, 김여진, 최경원, 임연옥, 남일성, 김운정, 함혜진(2018). 노인 암환자의 우울증에 대한 문
제해결치료 프로그램 효과성. 대한임상건강증진학회지, 18(1), 60-70.

윤현숙, 임연옥(2021). 문제해결능력 향상을 위한 상담의 길잡이: 노인 우울 예방을 위하여. 박문사.

이혜선, 권정혜(2018). 최신 문제해결치료의 이해와 활용, 인지행동치료. 18(2), 225-246.

임정원, 장수미, 유조안, 김민영(2019). "종합병원 의료사회복지사의 퇴원 계획 모델 개발과 수가
적용방안". 한국사회복지학회 한국사회복지학, 71(4), 31-65.

정경균, 김영기, 문창진, 조병희, 김정선(1998). 보건사회학. 서울대출판부.

천성문, 이영순, 박명숙, 이동훈, 함경애(2021). 상담심리학의 이론과 실제(제4판). 학지사.

American psychological association, 2022, https://www.apa.org/pubs/videos/4310852?tab=2
2022.12.18. 접속

Beder, J. (2006). Hospital social Work: The interface of medicine and caring, New York:
Routledge.

Bell, A. C., & D'Zurilla, T. J. (2009), Problem-solving therapy for depression: a meta-analysis.
Clinical Psychology Review, 29(4), 348-53. doi: 10.1016/j.cpr.2009.02.003.

Berg, I. K., & Miller, S. D. (1992), Working with the problem drinker: *A solution-focused approach*, W. W. Norton & Company.

Corsini, R.J., & Wedding, D. (2014), *Current Psychotherapies* (10th ed.), 김정희, 정성경, 남상인, 김인규, 최은영, 방기연, 김은하 역(2017), 현대심리치료, 박학사.

Cuijpers, P., van Straten, A., & Warmerdam, L. (2007). Problem solving therapies for depression: A meta-analysis. *European Psychiatry, 22*, 9-15

D'Zurilla T. J. & Nezu, A. M. (2014), Problem solving therapy, In K. S. Dobson (Ed.), (2014) *Handbook of cognitive Behavioral Therapies* (3rd ed.), The Guilford Publishers.

Dobson, K. S., & Dozois, D. J. A. (2014), Historical and Philosophical Bases of the Cognitive-Behavioral Therapies, In Dobson, K.S. (Ed.). *Handbook of Cognitive Behavioral Therapies* (3rd ed.), 3-38. New York: The Guilford Publishers.

Dobson, K. S. (Ed.). (2014) *Handbook of cognitive Behavioral Therapies* (3rd ed.). New York: The Guilford Publishers.

Dryden, W., David, D., Ellis, E. (2014), Rational Emotive Therapy, In K. S. Dobson (Ed.), *Handbook of Cognitive Behavioral Therapies* (3rd ed.), 226-276. New York: The Guilford Publishers.

Dziegielewski, S. F. & Holliman, D. C. (2020). *The Changing Face of Health Care Social Work: Opportunities and Challenges for Professional Practice.* NY: Springer.

D'Zurilla, T. J., Nezu, A. M., & Maydeu-Olivares, A. (2004). Social Problem Solving: Theory and Assessment. In E. C. Chang, T. J. D'Zurilla, & L. J. Sanna (Eds.), *Social problem solving: Theory, research, and training* (pp. 11-27). American Psychological Association. https://doi.org/10.1037/10805-001

Ellis, A., & Dryden, W. (2007). *The Practice of Rational Emotive Behavior Therapy* (2nd ed.). https://www.pdfdrive.com/a-practitioners-guide-to-rational-emotive-behavior-therapy-e174617836.html

Ellis, A., & Ellis, D. J. (2014), In D. Wedding, & Corsini, R. J. (Eds.), *Current Psychotherapies* (10th ed.), pp. 165-216. 김정희, 정성경, 남상인, 김인규, 최은영, 방기연, 김은하 역(2017), 현대심리치료, 박학사.

Ellis, A., & MacLaren, C. (2005). *Rational Emotive Behavior Therapy: A Therapist's Guide* (2nd ed.). Atascadero, CA: Impact Publishers.

Hyde, B., Bowles, W., & Pawar, M. (2015). We're still in there–Consumer voices on mental health inpatient care: Social work research highlighting lessons for recovery practice, *British Journal of social Work*, 162–178. doi:10.1093/bjsw/bcv093

Mann, C. C., Golden, J. H., Cronk, N. J., Gale, J. K., Hogan, T., & Washington, K. T. (2016). Social workers as behavioral health consultants in the primary care clinic, *Health & social Work, 41*(3), 196–200.

Nezu, A. M., Greenfield, A. P., & Nezu, C. M. (2016). Contemporary problem–solving therapy: A transdiagnostic intervention. In C. M. Nezu & A. M. Nezu (Eds.), *The Oxford Handbook of Cognitive and Behavioral Therapies*. New York: Oxford University Press.

Nezu, A. M., Nezu, C. M., & D'Zurilla, T. J. (2007). *Solving life's problems: a 5 Step Guide to enchanted well-being*, New York: Springer Publishing Company.

Nezu, A. M., Nezu, C. M., & D'Zurilla, T. J. (2013). *Problem–solving therapy: A Treatment Manual*, New York: Springer Publishing Company.

Nezu, C. M., Nezu, A. M., & Colosimo, M. M. (2015). Case formulation and the therapeutic alliance in contemporary problem–solving therapy (PST). *Journal of Clinical Psychology: In Session, 71*, 428–438.

Szentagotai, A., David, D., Lupu, V., & Cosman, D. (2008). Rational emotive behavior therapy versus cognitive therapy versus pharmacotherapy in the treatment of major depressive disorder: Mechanisms of change analysis. Psychotherapy: Theory, *Research, Practice, Training, 45*(4), 523.

제7장

의료사회복지실천의 관점 및 개입 모델 Ⅱ

제6장에 이어 제7장에서는 의료사회복지 개입 모델 중 1980년대 이후 발전한 해결중심단기치료와 이야기치료에 대해 살펴보고자 한다.

1. 해결중심단기치료

해결중심단기치료(Solution Focused Brief Therapy: SFBT)라고 불리는 해결중심 모델은 기본적으로 클라이언트 중심의 강점관점에 기반한 단기 개입 실천 모델로, 김인수(Insoo Kim Berg), 드세이저(de Shazer) 그리고 밀워키 단기가족치료센터의 치료자들이 클라이언트와 함께 1980년대 초에 발전시킨 모델이다(de Shazer et al., 2021). 이 모델은 귀납적 방법으로 개발되었으며 문제의 원인에 초점을 두고 많은 이야기를 나누기보다 문제해결에 초점을 두고, 치료자가 '알지 못함'의 자세로 클라이언트와 관계를 잘 형성하여 문제해결에 필요한 클라이언트의 강점과 자원을 이끌어 낸다는 면에서 기존의 치료와 차별성을 가진다. 가족치료, 우울증, 중독, 외상, 가정폭력가해자 등 다양한 대상과 집단에 활용되고 있으며 그 효과성도 입증되어 왔다.

해결중심 모델은 기존의 치료들처럼 엄격하고 이론 중심적이기보다 실용적 접근방법으로, 모델의 이론적 토대는 베이트슨(Bateson)의 의사소통이론, 밀턴 에릭슨(Milton Erikson)의 전략적 심리치료의 영향을 받았으며, 인식론적으로는 사회구성주의에 기반을 두고 있다(De Jong & Berg, 2013; de Shazer et al., 2021). 쉐리(Sharry) 등은 해결중심단기치료를 하나의 운동이자 마음가짐이며 세계관이자 실제라고 하였다(Sharry et al., 2003: Nelson & Thomas, 2007에서 재인용). 즉, 단순히 해결중심치료의 몇 가지 질문을 첨가한다고 해결중심치료가 되는 것이 아니며 해결지향적 접근으로의 인식의 전환이 필요한, 기존의 모델과는 인식의 패러다임 자체가 다른 모델이라는 점에 주목할 필요가 있다.

1) 해결중심단기치료의 기본가정과 주요 원칙

(1) 기본가정

클라이언트의 결핍, 단점, 약점, 문제보다는 해결책과 강점을 중시하는 해결중심치료의 기본가정과 변화원리를 정리하면 다음과 같다(de Shazer et al., 2021; Nelson & Thomas, 2007).

- 변화는 지속적이며 피할 수 없다. 사람이 의사소통하지 않고는 변화하지 않을 수 없는 것처럼.
- 고장나지 않았다면 고치지 마라. 일단 무엇이 효과가 있는지 알게 되면 그것을 더 많이 하라. 만약 효과가 없다면, 그것을 다시 하지 말고 뭔가 다른 것을 하라!
- 클라이언트는 개인적 · 환경적 자원과 강점을 가지고 있다. 치료자가 할 일은 그것을 알아내고, 중요하게 다룰 수 있는 환경을 만들어 주는 것이다.
- 문제와 해결책 간에는 반드시 논리적인 관계가 있어야 하는 것은 아니다. 치료자의 역할은 클라이언트의 장애를 진단하고 고치는 것이 아니라 잠재적인 해결방안을 발견하고 확장하는 것이다.

- 어려운 것이나 다룰 수 없는 것보다는 가능한 것, 변화하는 것에 초점을 두는 것이 좋다.
- 작은 변화가 더 큰 변화를 가져올 수 있다.
- 치료는 클라이언트 중심적이다. 클라이언트가 자신의 경험에 대한 전문가이다.

(2) 주요 원칙

해결중심치료는 클라이언트야말로 자신이 무엇을 원하고 삶에서 어떤 변화가 일어나기를 바라는지 가장 잘 알고 있는 전문가이며, 따라서 사회복지사의 역할을 클라이언트가 문제해결을 위한 열쇠를 사용하도록 돕는 자문가 역할로 본다. 따라서 다음과 같은 원칙에 기반을 두며(정문자 외, 2008; 엄명용 외, 2015, pp. 239-240), 이러한 원칙들은 치료 기술과 기법에 그대로 반영되어 있다.

- 병리적인 것보다 건강한 것에 초점을 둔다. 따라서 클라이언트의 실패보다는 성공 경험과 그 방법에 초점을 두고 이를 치료에 활용한다.
- 클라이언트의 강점, 자원, 건강한 특성을 발견하여 치료에 활용한다. 이는 강점관점을 이론적 기반으로 하는 해결중심 모델의 특성을 그대로 보여 준다.
- 탈이론적이고 비규범적이며 클라이언트의 견해를 존중한다. 기존 이론들에서처럼 인간 행동에 대한 가설적 이론 틀에 맞추어 클라이언트의 문제를 사정, 평가하지 않고, 클라이언트가 표현하는 견해와 불평 방법을 그대로 수용하며, 개별성을 최대한 존중한다.
- 간단하고 단순한 방법을 일차적으로 사용한다. 치료목표 달성을 위해 치료방법의 경제성을 추구하며, 클라이언트가 달성할 수 있는 작은 것을 목표로 정한다. 이는 작은 변화가 또 다른 변화를 가져온다고 생각하기 때문이다.
- 변화는 항상 일어나며 불가피하다. 그런데 클라이언트는 문제에만 관심을 두기 때문에 예외적인 것, 즉 문제가 발생하지 않는 상황은 인식하지 못하고 무시한다. 해결 중심 모델에서는 문제가 발생하지 않는 상황, 예외적인 상황이 발생하는 이유를 파악하여 클라이언트가 가지고 있는 강점을 파악한다.
- 현재에 초점을 두며 미래의 해결방안 구축에 관심을 가진다. 과거에 대한 이해는 현재

문제의 이해에 도움이 되는 경우 매우 제한적으로 시도한다.

• 사회복지사와 클라이언트가 함께 해결방안을 발견하고 구축하는 과정에서 클라이언트의
자율적 협력을 특히 중시한다.

2) 치료자와 클라이언트의 관계

(1) 클라이언트와 치료자 관계의 중요성

치료에 긍정적 성과를 가져오는 요소에 대한 연구들을 검토한 결과 클라이언트-치
료자 관계가 가장 큰 영향을 주는 요소로 제시되었다. 즉, 라포나 유대감, 클라이언트의
신뢰가 없다면 치료가 클라이언트에게 도움이 되지 않는다는 것이다. 해결중심치료에
서는 클라이언트-치료자 관계를 방문형, 불평형, 고객형의 세 가지 유형으로 제시하였
다(Berg & Miller, 1992; Nelson & Thomas, 2007). 여기서 유의할 것은 이 유형이 클라이언
트 유형이 아니라 그 관계의 유형이라는 것이다. 클라이언트의 성격적 특성이 방문형,
불평형, 고객형이라기보다는 치료자와의 관계 유형을 말하는 것이므로, 치료자 역시 책
임이 부여되며 각각의 유형에 따라 치료자의 역할도 달라진다. 치료자는 궁극적으로 방
문형과 불평형에서 고객형 관계로 나아갈 수 있도록 지원해야 한다(정문자 외, 2008).

① 방문형 관계(Visitor-Type Relationship)

방문형 관계에서는 클라이언트와 실천가가 함께 해결해 나갈 불평거리나 목표를 공
동으로 정의할 수가 없다. 목표나 문제에 대한 공동의 관점(view)이 없다면 방문형 관계
의 클라이언트는 변화를 위한 노력을 하지 않을 것이다. 그야말로 클라이언트는 단지
치료자를 방문하고 있는 것뿐이다.

물론, 치료자는 클라이언트의 부정을 직면하거나 도전하고 클라이언트가 문제와 변
화에 대한 필요를 인식하도록 도와야 하지만, 이 유형의 관계에서 치료자가 직면을 통
해 클라이언트의 인식을 변화시키는 것은 매우 어려운 일이다(De Jong &, Berg, 2013).
넬슨과 토마스(Nelson & Thomas, 2007)는 이 유형에서 치료자는 클라이언트가 편안하게
느끼도록 돕고, 그 요구를 경청하며, 연민을 표현하고, 이들을 위해 무엇을 해 주어야 할

지 물어보는 훌륭한 집주인 역할을 하도록 권장한다. 방문형 클라이언트는 치료자가 치료를 잘하는지, 자신의 문제에 대해 믿을 만한지를 살펴보기 위해 소위 '그냥 둘러보러 온' 경우가 많으며 이러한 관계에서 해결구축을 위한 시도(예: 과제주기)는 결실을 거두기 힘들다. 이 관계 유형에서는 클라이언트가 자기만의 방식으로 쇼핑하고 질문할 수 있도록 자유를 주는 것이 더 나은 전략이 될 수 있다. 치료자는 상담에 온 것에 대한 어려움에 공감하고 다음 회기에서 무엇을 할지에 대한 메시지를 전달하는 정도로 마무리할 수 있다.

② 불평형 관계(Complainant-Type Relationship)

이 관계 유형에서 클라이언트는 문제해결이나 변화의 필요성은 인정하지만 그러한 변화를 위해 자신은 노력하지 않겠다는 입장을 취한다(예: " 네, 하지만…"과 같은 반응). 클라이언트는 자신의 걱정거리를 열거하는 것으로 치료를 시작하는 경우가 많으며 이때 자신에 대한 것보다는 다른 사람에 대한 걱정거리를 이야기한다. 자신이 문제라고 보는 사람(예: 남편, 아들, 친구 등)을 치료자가 변화시켜 주기를 바라는 것이다(정문자 외, 2008, pp. 87-88).

따라서 이 관계에서 초점은 클라이언트의 관점을 다른 사람이 아닌 자신에게 돌릴 수 있도록 지원하는 데 두어야 한다. 천식으로 병원의 입퇴원이 잦은 동생을 둔 형이 어머니에게 반항적 행동을 하고 동생을 챙기는 일에도 비협조적이어서 힘들다고 불평하는 어머니에게는 적극적 경청과 함께 '그동안 이렇게 힘든 상황을 어떻게 견디셨나요?'와 같은 질문이 더 효과적이며, 큰아들이 문제가 되는 행동을 하지 않은 상황이 있었는지, 그런 예외적 상황에서 클라이언트인 어머니의 행동은 어떻게 달랐는지와 같은 예외상황에 대해 이야기해 보고 과제를 내주는 것이 도움이 될 수 있다.

③ 고객형 관계(Customer-Type Relationship)

고객형 관계 유형은 클라이언트가 상담을 요청한 경우 주로 나타난다. 클라이언트와 치료자는 공동의 목표와 해결방안을 공유한다. 클라이언트는 문제인식도 있고, 상담을 통해 무엇을 얻고자 하는지 알고 있으며, 새로운 아이디어, 제안, 재구성, 격려 등에 마음이 열려 있어서 해결책 구축이 본격적으로 시작될 수 있다.

치료자는 클라이언트의 적극적 의지와 노력을 칭찬하고 지지하는 역할을 하게 된다. 클라이언트의 문제해결시도를 탐색하고 확장할 수 있는 질문을 하며, 그동안의 시도 중 효과적 시도를 찾아내고 여기에 더 초점을 둘 수 있는 과제를 준다.

(2) 상담가의 태도와 역할

해결중심단기치료는 클라이언트가 의미있는 목표를 정의하는 능력과 자신의 문제해결을 위한 자원을 가지고 있다고 가정하므로 치료 목표도 클라이언트에 의해 설정된다. 클라이언트가 자신의 문제에 대한 전문가이며 해결책을 가지고 있다고 보는 해결중심단기치료자는 전문가로서 해결책을 제시하는 전통적 치료방식과 태도에서 벗어나 치료에 대한 인식론적 패러다임의 전환이 필요하다. 해결중심 모델에서 상담가의 태도와 역할을 살펴보면 다음과 같다(강진령, 2022; de Shazer et al., 2021).

표 7-1 해결중심단기치료 상담가의 태도와 역할

1. 문제보다는 해결에 초점을 두고, 이에 대한 논의방식을 중시한다.
2. 클라이언트가 자신의 삶에 대해 가장 잘 알고 있다고 가정한다.
3. 진단, 평가, 치료의 전문가로 보지 않으며, 이러한 의미의 단어를 사용하지 않는다.
4. 문제 개념화에서 어휘 선택을 중시한다.
5. 돌봄, 관심, 존중하는 태도를 지닌 호기심, 개방성, 공감, 접촉, 매력 등의 개념을 관계의 필수요소로 간주한다.
6. 상호존중, 대화, 탐색, 지지 분위기를 조성하여 클라이언트가 새로운 이야기를 자유롭게 재작성하도록 돕는다.
7. 클라이언트를 치료한다기보다 클라이언트와 함께 치료하고자 한다.
8. 클라이언트의 건설적 변화에 영향을 주는 자원활동을 위한 이해 · 수용 분위기를 조성하고자 한다.
9. 치료과정에서 평가 또는 기법보다 공감과 협력적 동반자 관계를 더 중시한다.

3) 치료기법

해결중심단기치료의 실천기술과 기법들은 해결책 구축을 위한 질문기법으로, 해결중심단기치료를 다른 모델과 차별화하는 주요 요소라고 할 수 있다. 해결중심단기치료의 대표적 접근기술로 발전된 질문기법은 심리학, 언어학, 사회구성주의, 의사소통이론, 대인관계이론의 측면에서 학자들의 계속 수정·보완해 온 것이며 효과성이 측정된 매우 전략적인 질문이다. 기본적으로 클라이언트의 참여와 반응을 촉진하며, 질문을 받고 응답하는 과정에서 클라이언트가 자신의 강점과 자원을 발견하고 활용하여 스스로 해결책을 구축하는 성장과정을 경험하도록 돕는 질문기법들이다. 기적질문, 예외발견질문, 척도질문 등의 질문기법을 통해 클라이언트가 다르게 행동할 것에 대한 탐색을 돕게 되며, 클라이언트가 목표를 설정하고 성취하도록 돕는 것이 그 기능이며 목적이라고 할 수 있다(정문자 외, 2008). 해결중심치료에서 주로 사용되는 기법은 다음과 같다(노혜련, 김윤주, 2021; 송성자, 최중진, 2003; De Jong & Berg, 2013; De Jong & Miller, 1995; Nelson & Thomas, 2007). 실제 상담에서는 다음의 질문들이 연결되어 이루어지며, 해결을 구축해 나가게 된다.

(1) 첫 면담 전의 변화에 대한 질문

사람들은 일상생활을 중심으로 발생하는 문제를 해결하기 위해 계속 노력하고 있으며, 그 방법의 하나로 상담 약속을 하게 되는 것이다. 상담 약속은 매우 적극적이고 긍정적 방법을 모색하는 것으로, 약속을 정하고 상담에 오기까지 사이에 클라이언트의 행동이 긍정적으로 변화하기도 한다.[1] 예를 들면, "전화로 약속하고 오늘 여기 오기까지 어떤 변화가 조금이라도 있었나요?" "상담신청 이후 문제에 변화를 가져오기 위해 어떤 행동을 하였나요?"와 같은 질문을 통해 클라이언트가 목표를 성취하기 위해 상담가보다는 자신의 강점과 자원에 의지하도록 격려하게 된다. 첫 면담 전 변화에 대한 질문(pre-

---

1) 실제로 약 2/3정도의 클라이언트가 면담약속을 한 이후 첫 번째 면담약속을 한 사이에 긍정적 변화를 보고한다고 한다(Weiner-Davis, de Shazer, & Gingerich, 1987).

session change)에서 척도질문을 함께 활용할 수 있다.

> 우울한 기분을 0에서 10까지의 척도로 본다면 0은 침대에서 일어나 상담에 올 수도 없는 정도
> 라고 할 수 있겠지요. 그렇다면 상담 약속을 할 때는 우울함이 몇 점 정도에 해당되었을까요? 그
> 렇다면 지금은 몇 점에 해당될까요? 최근 상담약속을 하고 오늘 여기 오시기까지가 그 이전과
> 무엇이 좀 달랐을까요?

(2) 기적질문

기적질문은 적어도 두 가지 이유에서 유용하다.

첫째, 기적에 대해 질문함으로써 클라이언트는 무한한 가능성에 대해 생각해 볼 기회
를 갖게 된다.

둘째, 이 질문은 미래에 초점을 둔다. 즉, 자신의 문제가 더 이상 문제가 아닌 삶의 사
기를 끌어낸다. 이 질문은 현재와 과거의 문제에 대한 초점에서 좀 더 만족한 삶으로 움
직이게 한다. 예를 들어, 우울증으로 고통받고 있는 클라이언트에게 기적질문은 그 초
점을 우울과 절망에서 벗어나 우울증 저편에 무언가가 존재하고 있음을 시사하고, 그렇
기 때문에 논의할 가치가 있음을 함축한다. 그곳을 보는 것이 치유의 첫 번째 단계가 되
는 것이다. 클라이언트는 기적 속에 있는 자신의 모습을 그려 보는 것에서부터 점차 그
밑에 있는 신념까지 수용하게 되며, 이것이 첫 번째 희망의 싹이 된다. 클라이언트는 이
전에 즐거웠던 활동을 다시 하는 자신의 모습, 친구를 만나고, 숙면하고, 에너지를 가지
고 하루를 살아가는 자신의 모습을 상상으로 그려 보면서 우울증을 일시적이고 통제 가
능한 문제라는 시각으로 보게 되는 것이다(Nelson & Thomas, 2007).

드종과 버그(De Jong & Berg, 2013)는 기적질문을 다음과 같이 접근하도록 권고하고
있다.

> 이제 제가 조금 이상한 질문을 하려고 해요. 오늘 밤 당신이 잠자고 있고 온 집이 조용한 사이
> 기적이 일어났다고 생각해 보세요. 기적이란 당신이 여기 상담받으러 온 문제가 해결된 것입니
> 다. 그러나 당신이 잠을 자고 있었기 때문에 당신은 기적이 일어났는지를 모릅니다. 그렇다면 당

신이 내일 아침 깨어났을 때 무엇이 달라지면 기적이 일어나서 당신이 상담을 받으려고 한 문제가 해결되었다는 것을 알 수 있을까요?

질병이나 장애를 다루는 의료 환경에서 기적질문이 위험하거나 무의미하다고 여기는 사람들도 있을 수 있다. 그러나 생각보다 클라이언트는 자신의 현실적 상황을 잘 알고 있고, 그 상황에 적절한 것을 원할 줄 아는 능력이 있다. 산재로 왼쪽 팔을 잃은 사람이 아침에 일어났을 때 왼쪽 팔이 돌아와 있으면 좋겠다고 대답할 수 있다. 그러나 곧바로 "그런 일보다는 가능한 일을 이야기해야겠지요?"라고 말하고 이후 자신이 한쪽 팔로 어떻게 아침을 준비했는지와 같이 실현 가능한 일들에 대해 이야기하게 된다. 즉, 기적질문은 한쪽 팔이 돌아온다거나 장애가 없어진다거나 하는 상황보다는 클라이언트가 관찰 가능한 효과를 발견하고 인식하며 반복할 수 있게 하는 데 목적이 있다(de Shazer et al., 2021).

(3) 예외질문

예외질문의 목적은 문제해결을 위해 우연적이며 성공적으로 시행한 방법을 찾아보고 의도적으로 그 방법을 시행하도록 돕는 것이다. 문제가 일어날 수도 있었지만 무언가를 해서 문제가 발생하지 않았던 클라이언트의 지난 생활경험을 검토하는 것은 해결을 위해 노력할 가능성을 높인다. 이러한 예외를 탐색함으로써 클라이언트는 문제가 절대적이지 않고, 영원히 존재하는 것도 아니라는 사실을 깨닫게 된다. 나아가 내면의 자원을 활성화하고 강점을 활용하여 가능한 해결방안을 모색하게 된다(강진령, 2022). 클라이언트가 자신의 문제와 병리적인 것을 상담가에게 솔직하게 이야기하는 것은 힘든 일이며, 이는 부정적 자아상으로 연결될 수 있다. 그러나 예외질문을 이어가는 과정에서 클라이언트는 자신의 강점과 자원을 발견하고 새로운 의미를 부여하면서 자신감을 회복하고 긍정적 자아상을 갖게 되며, 결과적으로 문제해결책을 구축하며 목표를 성취하게 된다(정문자 외, 2008).

최근 우울하지 않았다고 느낀 적이 있었나요? 조금이라도 기분이 나아졌다고 느낀 적이 언제

였죠?

　그 때는 다른 날과 뭐가 좀 달랐을까요?

　어떻게 그런 일이 가능했죠?

　클라이언트는 사실상 처음에는 문제에만 집중하므로 예외를 인지하기가 어렵다. 그러므로 대체로 기적 질문을 먼저하고 이어 예외를 탐색하는 질문을 하도록 권장하기도 한다(De Jong & Berg, 2013). 즉, "기적이 일어난다면 당신의 삶이 어떻게 다를 것 같은지?"를 질문하고, 어느 정도 구체적으로 달라진(문제가 해결된) 삶을 스스로 기술할 수 있게 되면, 그다음 예외를 탐색하는 질문("이와 유사하다고 생각되는 때가 최근에 언제 있었는지?" "그때는 무엇이 조금 달랐는지?" 등)으로 자연스럽게 넘어가는 것이다. 예외가 바로 클라이언트가 원하는 것과 가장 직접적으로 관련되어 있으므로 해결책 구축에 가장 유용하게 활용될 수 있다는 것이다. 클라이언트는 처음에는 생각나는 대로(random) 예외를 이야기하게 되며 점차 그 예외가 어떻게 일어났는지를 상담가의 질문을 통해 단계적으로 찾아 나가게 된다(De Jong & Berg, 2013).

(4) 척도질문

　척도질문은 클라이언트가 자신의 과거 경험에 대한 직관적 관찰과 미래가능성에 대한 추정을 표현할 수 있게 한다. 상담가는 클라이언트가 자신의 관찰, 인상, 예측 등을 0에서 10까지의 척도에 놓아 보게 한다. 예를 들어, 우울증으로 고통받는 클라이언트는 자신이 '항상' 우울하다고 말하며 이것이 자기충족적 예언이 되고 나아가 정체성이 될 수 있다. 클라이언트는 대체로 문제를 변하지 않는 특성으로 보며 이에 대한 어떤 예외도 알아차리지 못한다. 치료자는 척도질문을 통해 클라이언트가 가진 문제의 불변성에 도전하는 것이다. 척도질문은 복잡한 클라이언트의 삶을 좀 더 구체적이고 접근 가능하게 해 주는 기법이다. 항상 우울하고, 우울에서 벗어날 수가 없다고 말하는 클라이언트와의 척도질문을 예로 들어 보자.

척도질문 사례 1

> 상담가: 1에서 10까지의 척도에서, 1은 ○○ 씨가 한 약속을 지키기 위해 침대에서 일어날
> 수조차 없는 상태를 말합니다. 그 약속이 얼마나 중요한지와는 상관없이 말이죠.
> 그리고 10은 아무리 우울해도 인생을 잘 살아갈 수 있다는 것을 의미합니다. 그렇
> 다면 ○○ 씨는 오늘을 몇 점이라고 하시겠습니까?
> 클라이언트: 글쎄요. 그렇게 말씀하시니 저는 3점이라고 하겠습니다.
> 상담가: 오, 3점이요! ○○ 씨가 저에게 하신 말씀들을 생각해 보면 꽤 높은 점수군요. 이렇
> 게 높은 점수를 주게 만든 일이 있다면 무엇인가요?
> 클라이언트: 글쎄요. 제가 지금 이곳에 있으니까요. 여기 오기가 정말 힘들었지만, 왔잖아
> 요. 오기 전에 샤워도 했어요. 그리고 저는 지난주 딸의 학교 모임에도 참석했어요.
> 꼭 가야만 했으니까요.
> 상담가: 당신의 기분이 그런데도 불구하고 두 개의 약속을 모두 지켰다는 것과 샤워까지 했
> 다는 점이 정말 인상적이네요. 어떻게 자신이 그렇게 할 수 있도록 하셨나요?

출처: Nelson & Thomas (Ed.), 김희정 역(2017), p. 175의 우울증 클라이언트 치료예시에서 발췌함.

앞의 예시에서 보듯이 상담가는 클라이언트의 문제를 분석하고 해결책을 제시하기보다 척도질문에서 시작하여 예외 질문으로 이어 감으로써 자신의 변화 가능성을 스스로 찾아가도록 도와준다. 척도질문은 클라이언트가 문제해결을 위해 적극적으로 노력할 동기화가 얼마나 되어 있는지를 함께 알아가는 데도 유용하게 활용될 수 있다.

(5) 대처질문

클라이언트는 문제가 너무 복잡하고 심각하여 희망이 없다고 생각하는 경우가 많다. 그러나 대부분의 클라이언트는 예외적인 것을 가지고 있을 뿐 아니라 어려운 문제를 성공적으로 대처한 경험이 있음을 발견하게 된다. 대처질문은 어떤 환경이나 상황에 압도된 클라이언트에게 그런 상황에서도 자신이 어떻게 견뎌내고 있는지를 묻는 것으로, 클라이언트가 어려움을 어떻게 극복하고 생존해 왔는지 그리고 희망을 버리지 않고 유지해 올 수 있었는지에 대해 질문하는 동시에 생존능력을 인정하고 간접적으로 칭찬하는

것이다(정문자 외, 2008). 나아가 대처 기술과 관련된 강점을 발견하고 인식하도록 돕는 질문을 하고 대답하는 과정에서 클라이언트가 자기존중감과 자신감을 회복할 수 있도록 도와준다(De Jong & Miller, 1995).

대처질문의 예시 ⋯⋯✎

　그렇게 힘든 항암치료과정에서도 포기하지 않고 끝까지 치료를 다 마치셨는데, 어떻게 그렇게 하실 수 있었나요?

　그런 책임감은 어디에서 나왔다고 생각하시나요?

　그렇게 하시면 도움이 되리라는 것을 어떻게 아셨는지요?

　이런 경험이 자신과 자녀들에게 어떤 도움이 될 것이라고 생각하시나요?

대처질문 사례 ⋯⋯✎

　남편분을 휠체어에 태워야 하는데, 몸이 무거워 옮기기도 힘드시고 재활치료를 잘 받게 하려고 남편분한테 전자 오르간 사진을 보여 줬는데 인상만 쓰시고 또 몸이 괜찮아졌는지 물어보면 소리내고 화내고 하시는 바람에 간병하시는 데 정말 힘드셨을 것 같아요. 그런데 그렇게 힘들었음에도 불구하고 어떻게 끝까지 버티고 옆에서 남편분을 간병하실 수 있었을까요?

출처: 〈해결중심치료학회 2021년 1차 강원사례발표회〉 자료집 중 "뇌졸중 환자 보호자를 대상으로 해결중심상담 적용사례"(한림대학교 춘천성심병원 사회사업팀 김선형)에서 일부를 발췌함

　대처질문은 특히 인생의 지난한 경험을 해 온 노인이나 빈곤, 성폭력, 가정폭력, 우울증 등 힘든 상황을 견뎌 온 클라이언트에게 매우 유용하다(노혜련, 김윤주, 2020). 위와 같은 질문을 계속하다 보면 대처질문이 앞에서 기술한 예외를 탐색하는 질문의 한 형태라는 것을 발견할 수 있다(De Jong & Berg, 2013).

(6) 관계성 질문

많은 클라이언트가 자신의 문제에 집중하다 보면 다른 사람의 입장과 의견에 관하여

생각하지 못하는 경향이 있다. 관계성 질문은 클라이언트에게 중요한 사람과의 관계를 활용한다. 클라이언트에게 중요한 사람의 입장에서 클라이언트의 상황과 변화의지, 나아진 모습 등을 무엇을 보고 알 수 있는지 질문함으로써 클라이언트가 미처 생각하지 못했던 새로운 가능성을 발견하게 도울 수 있다. 즉, 다른 사람의 의견, 생각, 가치관 등에 관하여 생각하고 이해하도록 돕는 것이다(정문자 외, 2008). 예를 들면, 다른 가족원이 입장이 되어서 자신의 행동을 보도록 하고, 가족관계 속에서 자신의 위치와 역할을 의식하도록 한다. 클라이언트와 주변의 관계 그리고 클라이언트의 변화가 주변에 가져올 긍정적인 영향에 대해 탐색함으로써 클라이언트는 이러한 변화가 클라이언트가 속한 체계에 장기적으로 어떤 영향을 미칠지, 그래서 어떤 의미 있는 변화를 가져올 수 있을지 이해할 수 있다. 해결중심 개입은 클라이언트가 자신에게만 몰두하는 것에서 벗어나 자신에게 중요한 사람들에게 초점을 맞추도록 해 준다.

관계성 질문 예시

> 만약 남편분이 여기에 있다면, 어떤 점이 변화되면 두 분 사이가 달라질 거라고 답변하실까요? 따님에게 전화를 받을 때 우울하지 않은 밝은 목소리로 대화하신다면 따님과의 관계는 어떻게 달라질까요? (유방암수술과 항암치료과정에서 자신을 돌보아 주는 딸에게 자신의 우울함과 분노를 표출하여 관계가 악화된 환자)

(7) 칭찬

클라이언트는 조금 나아진 경우에 대해 종종 이야기한다. 이때 상담가는 클라이언트가 작은 변화를 이루기 위해 무엇을 하였는지 발견할 수 있는 기회가 생긴다. 이때 "어떻게 그렇게 할 수 있었나요?"와 같이 이러한 것들을 발견하고 칭찬해 주는 것은 매우 효과적이다(Nelson & Thomas, 2007). 클라이언트는 자신의 변화를 감지하지 못하는 경우가 많고, 그동안의 잘못된 선택과 미래에 대해 낙심하고 있기 때문에 칭찬은 극적인 효과를 가져올 수 있다(De Jong & Berg, 2013).

효과적인 칭찬 방법은, ① 먼저 클라이언트의 성취에 대해 긍정적인 놀라움을 표현하고, ② 클라이언트가 어떻게 그렇게 하였는지 물어보는 2단계 과정이다(Nelson & Thomas, 2007). 클라이언트는 자신과 다른 상담가의 지각과 긍정적인 놀람과 칭찬을 경험하면서 자신의 행동과 상황에 대한 지각에 도전을 받는다. 자신이 간과했으나 상담가가 칭찬하는 것들을 발견할 수 있게 되는 것이다.

(8) 요약/피드백

요약/피드백은 한 회기 동안 상담가가 관찰한 클라이언트의 강점, 희망의 단서, 문제의 예외에 대한 설명, 현재 행동 중 클라이언트가 원하는 방향으로 나아가는 데 유용한 행동 등을 요약하여 클라이언트에게 주는 기법이다(강진령, 2022). 상담가는 각 회기 종료 전 5~10분 정도의 휴식시간을 갖고 이 시간에 요약/피드백을 작성한다. 요약/피드백은 칭찬, 연결문, 과제제안의 세 부분으로 구성된다.

칭찬은 앞에서 설명한 내용으로, 요약/피드백에서는 클라이언트가 하고 있는 것을 강화하여 문제해결을 촉진하기 위해 사용한다. 연결문은 칭찬과 제안을 연결해 주는, 과제의 근거를 제공하는 진술이다. 과제제안은 클라이언트가 자신의 문제해결방안 모색에 도움이 될 행동에 대한 의견을 제시하는 것이다. 과제는 관찰하는 과제나 직접 행동하는 과제를 제안할 수 있다(De Jong & Berg, 2013). 다음의 예시를 통해 요약/피드백의 과정을 살펴보자.

요약/피드백의 예시(칭찬-연결문-과제제안)

오늘 보호자 분과 상담을 하면서 남편분에 대한 애정이 얼마나 깊은지 알 수 있게 되었습니다. 고집을 부리고 화를 많이 내는 남편분이지만 그럼에도 불구하고 증상이 호전될 수 있도록 어떻게 해서든 재활치료를 받게 하려고 남편의 무거운 몸을 들어서 휠체어에 앉게 하고 전자 오르간 사진도 보여 주시는 등의 다양한 노력을 하신 것이 대단합니다(**칭찬**).

이번 상담을 통해 남편분의 손의 힘 정도가 0점에서 3점 정도로 향상되길 희망하였고 그렇게 되기 위해 작업치료사에게 마사지 방법을 배워 병실에서 적용하고 남편분께 격려의 메시지를 전달해 보겠다고 하셨는데, 아주 좋은 결정이라고 생각합니다(**연결문**).

그러나 남편분 손의 힘을 3점이나 올린다는 것이 쉽지는 않은 일임을 알고 계셨으면 좋겠습니다. 마지막으로, 남편분께서 성질을 내서 힘들다고 하셨는데 다음 주 저랑 만나기까지 남편분이 성질을 내지 않았던 상황, 다시 말해서 소리를 지르지 않거나 화를 내지 않았던 상황이 어떨 때 나타나는지 관찰해서 저한테 알려 주시면 되겠습니다(**과제제안**).

출처: 〈해결중심치료학회 2021년 1차 강원사례발표회〉 자료집 중 "뇌졸중 환자 보호자를 대상으로 해결중심상담 적용사례"(한림대학교 춘천성심병원 사회사업팀 김선형) 중 일부를 발췌, 편집한 내용임.

4) 해결중심단기치료의 실천과정

해결중심단기치료의 과정은 클라이언트의 목표 인식, 자원, 피드백에 의해 가장 효과적으로 진행된다. 해결중심 모델의 과정은, ① 면담 전 변화확인, ② 협력관계 형성, ③ 문제규정 ④ 목표설정, ⑤ 문제에서 해결로의 초점이동, ⑥ 목표성취, ⑦ 종결단계 순으로 진행된다(정문자 외, 2008; De Jong & Berg, 2013; Nelson & Thomas, 2007). 이 과정에서 앞서 설명한 다양한 질문의 기법이 적절하게 활용된다.

(1) 면담 전 변화확인 단계

면담 전 변화확인 단계에서는 첫 회기 전에 약속 시간을 정한 이후 첫 만남 전까지 클라이언트에게 어떤 변화가 있었는지 파악하도록 요청하는데,[2] 이때 상담가는 클라이언트의 행동과 경험의 의미를 당연히 알 수 있다고 생각하지 않으며, 클라이언트 자신이 자기 삶에 대한 전문가라는 지위를 부여한다.

(2) 협력관계형성 단계

협력관계형성 단계에서 치료자는 클라이언트와의 사이에서 잠재적 권력 차이를 줄이고 경청, 공감, 수용적 태도로 클라이언트가 자신의 힘과 자원을 찾도록 돕는다. 치료자의 태도는 상담결과를 결정하는 중요한 요인으로 두 사람 사이의 신뢰감이 형성되어야

---

2) 이 내용은 앞의 '첫 면담 전의 변화에 대한 질문기법'을 참조할 것.

다음 회기에 클라이언트가 나타나며 과제도 기꺼이 수행하게 된다. 치료자는 자신의 언어에 주목하고 클라이언트의 희망과 낙관성을 높이며 가능성과 변화에 대해 열린 자세로 경청한다.

(3) 문제규정 단계

문제규정 단계에서 치료자는 해결에 초점을 맞추기 전 먼저 클라이언트의 문제를 경청한다(De Jong & Berg, 2013). 이를 통해 클라이언트가 첫 회기 동안 편안함을 느끼도록 하며, 동시에 클라이언트가 해결을 위한 목표설정에 관심을 기울이도록 돕는다. 상담가는 클라이언트가 삶이 어떻게 달라지기를 원하는지와 이런 변화를 가져오려면 무엇을 해야 할지 상상하도록 한다. "상담을 통해 무엇을 얻고 싶은가요?" "~님께서 원하는 변화를 얻는다면 삶이 어떻게 달라질까요?" "변화를 이루기 위해 지금 무엇을 할 수 있으신가요?"와 같은 질문을 하게 된다(강진령, 2022). 여기서 중요한 것은 목표수립을 하기 전에 클라이언트가 자신의 관심사를 상담가가 충분히 잘 듣고 이해했다고 느낄 수 있어야 한다.

(4) 목표설정 단계

이 단계에서 상담가는 클라이언트가 원하는 미래에 대한 질문에 답하게 한다. 상담가는 진실한 호기심과 관심, 존중, 개방적 태도로 질문을 하며, 클라이언트는 경험을 자신의 말로 이야기한다. 이를 통해 클라이언트가 스스로 목소리를 내고, 미래의 가능성에 대해 생각해 볼 기회를 제공함으로써 건설적인 해결책 마련을 위한 목표를 설정하도록 돕게 된다. 클라이언트의 목표설정을 돕기 위한 지침은 다음과 같다(Murphy, 2015; 강진령, 2022에서 재인용).

- 클라이언트의 언어로 긍정적으로 기술한다.
- 행동 중심의 언어로 기술한다.
- 지금, 여기에서 구성한다.
- 성취가능하고, 구체적이며, 개별적이고, 측정가능한 목표를 세운다.

• 클라이언트가 통제하도록 한다.

(5) 문제에서 해결로의 초점이동 단계

이 단계에서는 해결중심치료의 다양한 질문(예외질문, 대처질문 등)을 통해 클라이언트가 문제보다 해결에 초점을 맞추도록 돕는다. 치료자는 다양한 방법을 통해 클라이언트가 새로운 해결책을 찾도록 도우며, '지난 상담 이후 어떤 일을 했고, 어떤 변화가 있었는지?' '어떤 점이 좋아졌는지'와 같이 우선 규모가 작고 현실적이며 성취 가능한 변화에 집중한다.

(6) 목표성취 단계

첫 상담 이후 다음 상담에 참여할 때까지 세부목표를 실행하고 목표성취를 위해 노력함으로써 맞이하는 단계이다. 이 단계에서 상담가는 척도질문을 통해 클라이언트가 사용한 방법의 효과성을 평가하도록 돕고 변화촉진을 위해 클라이언트에게 효과적인 방법을 기반으로 다음 상담 목표를 수정할 수도 있다. 또한 칭찬을 통해 목표성취를 촉진한다.

(7) 종결 단계

해결중심단기치료 상담가는 첫 회기부터 종결을 염두에 둔다고 할 수 있다. 클라이언트가 만족스러운 해결방안을 마련한다면 상담을 종결할 수 있기 때문이다. 따라서 상담 시작부터 명확한 목표설정은 효과적인 종결의 기초가 된다. 상담가는 목표설정을 위해 "저와 만날 만한 가치가 있었다고 이야기하려면, 여기 온 결과 당신의 생활에서 무엇이 달라져야 할까요?"라는 질문으로 시작하게 되며, "더 이상 저와 상담하기 위해 이곳에 오지 않아도 되기 위해서는 몇 점이 되어야 할까요?"와 같은 척도질문을 통해 클라이언트가 언제 상담에 다시 오지 않아도 되는지 그 시점의 상황을 결정하게 할 수 있다(De Jong & Berg, 2013). 이미 해결책이 구축되었다면 상담가는 클라이언트가 만족할 만한 해결책을 달성하기 위해 어떻게 하고 있는지를 클라이언트와 함께 지속적으로 평가한다. "무엇이 나아졌습니까?"와 같은 개방질문을 통해 클라이언트가 아무리 작은 성취라도 인식할 수 있게 돕고, 자신이 원하는 방향으로 나아지고 있음을 알게 한다(김혜란 외, 2022).

상담가는 클라이언트가 이미 이룬 변화가 미래에도 이어지도록 무엇을 할지를 클라이언트가 정하게 한다. 또한 변화유지의 걸림돌이 될 만한 것을 생각해 보게 하며, 언제라도 새로운 발달상의 문제를 경험하거나 새롭게 이야기할 필요가 있을 때면 언제든지 다시 상담을 신청할 수 있음을 알려 준다(강진령, 2022).

5) 해결중심단기치료의 평가

(1) 인지행동 모델과의 차이

해결중심단기치료는 지금-여기에서의 변화에 초점을 두며, 목표중심적이고, 클라이언트의 사고와 가정에 도전한다는 면에서 인지행동접근과 유사한 점이 있다. 그러나 다음과 같은 세 가지 핵심적인 면에서 차이가 있다(Nelson & Thomas, 2007:170).

첫째, 원하는 해결책에 있어 치료자의 위치이다. 인지행동치료에서는 치료자가 클라이언트와 함께 문제를 해결하고, 가능한 해결책을 찾는다. 이 접근에서는 가능한 해결책을 찾기 위해 적어도 문제의 요소들을 이해할 필요가 있다. 그러나 해결중심 모델에서 치료자는 문제가 이미 해결된 장소(미래)에서부터 질문을 하려고 한다. 이는 더 호기심을 갖게 하고 미래지향적 태도를 가져온다.

둘째, 인지행동치료에서 치료자는 전문가로서 역할을 한다. 치료를 위해 치료자의 의견과 조언이 무엇보다 중요하게 여겨진다. 그러나 해결중심단기치료에서는 클라이언트가 자기 삶에 있어서 전문가로 여겨진다. 이는 클라이언트가 본래 가지고 있는 힘과 희망을 볼 수 있게 해 준다.

셋째, 전통적인 인지행동적 접근은 클라이언트의 감정을 변화시키기 위한 열쇠로 인지와 행동에 주로 초점을 맞춘다. 그러나 해결중심치료는 클라이언트의 사고방식을 고려하고 클라이언트의 행동과 그로 인한 감정에 대해 질문은 하지만, 원인과 결과를 직선적인 인과관계로 보는 접근을 지양한다. 성공하기 위해 클라이언트가 무엇을 변화해야 하는지에 대한 어떤 가설도 세우지 않으며 궁극적으로 목표로 삼는 변화는 클라이언트가 결정한다고 본다.

(2) 해결중심단기치료의 효과성

해결중심단기치료의 치료효과에 대해서는 많은 대상과 문제에 대해 효과성이 보고되고 있다. 메타분석결과(Kim, 2008; Kim et al., 2019) 해결중심치료는 클라이언트의 불안, 우울, 및 자아존중감과 같이 내현화된 문제를 다루는 데 효과적인 것으로 나타났다. 또한 다양한 심리사회적 문제를 가진 아동, 청소년뿐 아니라 성인에게도 효과적이며 (Franklin et al., 2017), 미국에서는 약물과 정신건강, 청소년범죄, 비행예방 모델 프로그램 안내 등에서 증거기반실천으로 해결중심치료를 제시할 만큼(최중진, 2017) 해결중심치료의 효과성이 인정받고 있다.

프랭클린 등(Franklin et al., 2012)은 해결중심치료가 가정폭력 가해자, 파트너 폭력을 경험하는 커플, 아동보호, 학교사회복지, 알코올 치료를 받는 사람 등에게도 효과가 있다고 하였다. 나아가 다양한 양식의 적용에 대한 효과성 보고도 이루어졌다. 예를 들면, 아동 청소년 정신건강클리닉에서 부모자녀관계 문제, 반항장애, 불안장애, ADHD 등의 문제를 가진 참여자들을 대상으로 2시간 단일 세션 개입 모델을 시행한 결과 치료 4주 후 통제집단에 비해 유의미한 개선이 이루어졌음을 보고하였다(Perkins, 2006; Walsh, 2014에서 재인용).

이러한 연구 결과들은 의료사회복지나 정신건강 영역에서 증거기반실천으로서 해결중심치료의 다양한 활용을 지지해 주는 결과라고 할 수 있다.

2. 이야기치료

이야기치료(narrative practice)는 1980년대 호주의 마이클 화이트(Michael White)와 뉴질랜드의 데이비드 엡스턴(David Epston)에 의해 개발되었다. 해결중심치료와 함께 대표적인 포스트모던 접근으로 분류되며, 포스트모더니즘과 사회구성주의의 철학적 가설에 토대를 두고 있다. 이야기치료에 의하면 사람들은 해석적 이야기로 삶의 의미를 구성하고 이것을 '진실'이라고 생각한다. 즉, 사람들은 사회 환경(가족, 문화, 사회 등)에서 만나는 타인과의 지속적 담론 속에 있고, 이러한 상호작용을 통해 자신에 대한 개념을 만든다고 본다. 따라서 이야기치료는 클라이언트의 이야기/내러티브(narratives)를 이해하고 문제로 가득한 이야기를 해체하며, 클라이언트가 자신을 이해하는 방식으로 이야기를 재구성하도록 돕는다(White & Epston, 1990). 그러므로 클라이언트가 자신을 힘이 있고, 자신이 원하는 삶을 사는 존재로 인식하도록 돕기 위해 클라이언트와 상담가의 협력을 강조하는 강점기반 접근이라고 할 수 있다(강진령, 2022).

프리드만과 콤즈(Freedman & Combs, 1996)는 상담가들이 이야기치료를 '기법'으로서 접근하거나 임상적 실천을 자신의 세계관에서 우러나온 견고한 지식 없이 사용하지 않아야 한다고 지적하고 있다. 즉, 이야기치료에서는 사회구성주의 세계관의 패러다임과 철학적 기반을 이해하는 것이 매우 중요하며, 따라서 이야기치료에 대한 많은 저서가 상당 부분을 이야기치료의 패러다임과 철학적 기반에 대한 설명에 할애하고 있다. 이러한 내용은 기존의 저서들을 참조하도록 권장하며, 여기서는 주요 원리와 치료기법 및 실천 과정과 구체적 예시를 중심으로 설명하고자 한다.

1) 이야기치료의 기본전제

이야기치료의 지침이 될 수 있는 이야기 치료의 전제는 다음과 같다(Mann & Russell, 2004; 정문자 외, 2018, pp. 371-374에서 재인용). 다음의 전제들에서 이야기치료의 구체적인 기법들도 나오게 된다.

① 인간은 능동적 행위자로 자신의 경험을 만들고 해석하는 존재이다.
② 경험은 사회적으로 구성된다.
③ 정체성은 사회적으로 구성되고 재구성된다. 정체성은 타인과의 상호작용 속에서 만들어지고 또다시 만들어지는 과정을 반복한다.
④ 사람과 문제는 별개이다. 문제가 되는 것은 문제 그 자체이지 사람이 아니다.
⑤ 이야기는 삶이고 삶은 곧 이야기이다.

⑥ 삶은 다양한 목적을 가진 복합적인 이야기이다.

⑦ 인간은 능동적 행위자로서 자신의 삶에서 무언가를 지향하며 사는 존재이다.

2) 이야기치료자의 역할과 치료기법

(1) 이야기치료자의 역할과 자세

이야기치료의 목표는 단기적으로는 문제로 가득 찬 이야기가 클라이언트나 가족에게 미치는 부정적인 영향을 감소시키는 데 있다(정문자 외, 2018). 따라서 클라이언트가 새롭고 신선한 언어로 자신의 경험을 말하도록 돕는다. 이를 통해 클라이언트는 가능성에 대한 새로운 전망을 갖게 되며, 새로운 언어를 통해 새로운 의미를 개발하게 된다. 따라서 상담가인 사회복지사는 기본적으로 참여자, 관찰자, 과정촉진자로서 '알지 못함(not-knowing)'의 자세로, 정중한 호기심을 가지고 주로 클라이언트에게 질문하며 질문에 대한 대답에 기초하여 더 질문한다. 이야기치료의 기법을 사용하기 위해서는 이야기치료자의 이러한 역할이 중요하다. 이야기치료자의 역할과 자세를 요약하면 다음과 같다(강진령, 2022; Freedman & Combs, 1996).

표 7-2 이야기치료자의 역할과 자세

1. 호기심과 끈기, 체계적이고 존중하는 방식으로 클라이언트의 이야기를 주의 깊게 경청한다.
2. 클라이언트와 협력관계를 형성한다.
3. 클라이언트의 삶에서 자원이 풍부했던 시기를 탐색한다.
4. 질문을 통해 문제가 클라이언트에게 미치는 영향과 그 영향을 감소시키기 위한 조치를 함께 탐색한다.
5. 클라이언트를 진단 또는 분류하지 않는다.
6. 문제를 중심으로 클라이언트를 설명하지 않는다.
7. 문제가 클라이언트의 삶에 미치는 영향을 클라이언트가 그려 보도록 돕는다.
8. 클라이언트가 문제와 자신을 분리시켜 대안적인 이야기 생성을 돕는다.

(2) 이야기치료 기법

이야기 치료에서 기법이란 결국 치료적 대화라고 할 수 있으며, 따라서 클라이언트와의 대화를 축어록으로 기술한 내용이 이야기치료 기법을 설명하는 핵심이다. 이야기 치료의 주요 기법을 의료 현장의 적용사례 예시와 함께 설명하고자 한다(이선혜, 2020; White, 2007).

① 외재화: 문제와 사람을 분리하는 대화

외재화(externalizing conversation) 대화란 사람을 대상화하는 전통적 인식에 반기를 들고, 사람이 아닌 문제를 대상화하려는 접근으로, 클라이언트로 하여금 자신의 정체성을 문제로부터 분리시키는 경험을 하게 해 준다. 즉, 사람이 문제가 아니라 문제가 문제인 것이다. 외재화 대화 과정을 통해 클라이언트는 자신이 호소하는 문제가 더 이상 자신의 본질을 반영하는 것이 아님을 알게 되며, 이때 성공적 문제해결을 위한 대안이 가시화된다고 할 수 있다.

외재화 대화는 문제에 대한 클라이언트의 입장 진술(statement of position)로서, ① 경험에 가깝게 문제 정의하기, ② 문제의 결과탐색, ③ 문제의 영향력 평가, ④ 평가의 근거 제시의 네 단계로 진행된다. 우선, 클라이언트와 문제를 가급적 자신의 경험과 가깝게 '나름대로' 정의하도록 한다[예: 동일한 ADHD라도 자신이 경험하는 ADHD를 나름의 방식으로 정의하거나, 유분증이 있는 아동과 가족에서 유분증을 '사고쟁이씨(Mr. Mischief)'[3]로 정의하고 문제를 '말썽'이라 명명함]. 그런 다음, 문제가 가정, 직장, 학교, 또래집단, 자신과의 관계, 가족관계, 정체성, 클라이언트의 삶 등에서 어떤 영향을 미치고 있는지, 이에 대한 클라이언트 자신의 입장은 무엇인지를 평가한다. 마지막으로, 클라이언트의 평가에 대해 '왜'라는 질문을 통해 클라이언트의 삶에서 중요한 것이 무엇인지에 주목하고 이해할 수 있게 한다. 때로 클라이언트에게, 특히 아동의 경우 문제가 어떻게 생겼는지 그려 보도록 하는 것이 도움이 된다. 외재화된 문제를 그리거나 만드는 활동을 통해 치료적 대화를 촉진할 수 있다(Morgan, 2003, p. 45).

---

3) White(2007)의 예시에서 인용함

외재화 대화를 통해 클라이언트는 다음과 같은 긍정적 결과를 얻을 수 있다(이선혜, 2020, pp. 102-104; White, 2007).

첫째, 클라이언트의 정체성과 문제를 분리해서 보게 된다.

둘째, 문제해결을 위한 대안수립의 출발점이 된다.

셋째, 자기 정체성에 대한 부정적 결론을 약화시킨다.

넷째, 개인의 힘이나 자원을 풍부히 할 수 있다.

〈표 7-3〉은 좌측 유방암 진단받고 수술 및 항암치료 이후 추적관찰 중에 5년여 만에 뼈와 폐에 전이되어 3주 간격으로 항암치료가 계획되어 있는 환자로, 암 재발로 인해 향후 치료에 대한 의욕을 상실하고 무기력함을 호소하여 이야기 치료를 적용한 A씨의 사례[4]이며 첫 번째 단계로 외재화 작업을 진행한 내용의 예시이다. 이 단계에서 의료사회복지사는 클라이언트가 암 재발로 향후 치료에 대한 의욕을 상실한 문제에 대해 '하나의 맛'으로 표현하게 한 후, 클라이언트가 호소하는 문제를 외부적으로 표현하기 위해 선택한 맛을 나타내는 식재료로 정의하는 등의 외재화 작업을 실시하였다.

② 독특한 결과 발견하기

독특한 결과란 처음에는 예측하기 어려웠을 수 있으나 커다란 의미와 변화잠재력의 원천이 될 수 있는 사건을 말한다(이선혜, 2020, p. 104). 독특한 결과를 이야기하는 대화는 첫 번째의 외재화 대화와 동일한 구조로 진행되지만, 문제 대신 문제 중심의 이야기에 가려진 생각이나 느낌, 문제에 대한 반응으로, 일반적이지 않고 조금은 다르게 행동한 일, 문제와 다른 관례를 가지려고 준비하거나 잘된 일, 문제와 직접 관계가 없더라도 자신이 추구하는 자기 모습을 담고 있는 경험 등 지배적 이야기와 대조되는 독특한 결과를 이야기한다는 점에 차이가 있다. 예를 들면, 앞의 A씨 사례에서, 클라이언트가 문제를 명명(암 재발로 인한 향후 치료에 대한 의욕상실과 무기력감)하고, 과거에 비슷한 경험

---

4) 출처: 한정민(한림대학교 동탄성심병원 의료사회복지사), 이야기치료: 암 재발로 인한 심리적 어려움이 있는 환자에 대한 이야기치료 적용, 2022 한림 사회복지 우수프로그램 포럼: 사회복지전문가로서의 배움과 실천, 2022. 9. 29. 학교법인 일송학원 사회복지위원회.

표 7-3 외재화

단계	상담자의 질문(요약)	내담자 답변(요약)
1) 문제 정의	내담자의 문제를 나타내는 맛은 무엇입니까?	"쓴맛"
	이 문제를 대표하기 위해 어떤 식재료가 있을까요?	"쑥갓"
2) 문제의 영향 파악	언제 처음 그 쑥갓 맛이 나타났나요?	"재발 진단을 받게 되었을 때"
	그 쑥갓은 일상에서 어떤 영향을 주나요?	"아무것도 하지 않으려고 하고 멍때리고 게을러지는 제 모습을 발견해요."
	그 쑥갓이 가족들에게는 어떤 영향을 주나요?	"제가 표정에도 변화가 별로 없고 리액션도 적고 하니까 아이들이 제 눈치를 보기 시작하는 것 같아요. 어려서 아직 뭘 모를 줄 알았는데, 다 알고 있더라고요. 남편은 저 대신 아이들 케어하기도 바쁠텐데, 저처럼 이렇게 무기력한 아내까지 신경 써야 하니까……. 내색은 안 하지만 많이 힘들 거예요."
3) 문제의 영향 평가	쑥갓 맛이 느껴질 때 받는 영향들에 대해 어떻게 생각하세요?	"무기력하고, 아무것도 하지 않으려는 제 모습이 싫어요."
4) 문제의 영향 평가 근거	그런 모습들이(무기력하고 게으른 모습) 왜 싫으세요?	""아무것도 안 할수록 제가 더 좌절하게 되니깐요."
	원하는 삶이 무엇인데 안 괜찮으신 건가요?	"활동적이고 이것저것 다 해 볼 수 있는 적극적인 그런 모습이요."

을 했을 때 클라이언트가 극복했던 경험이나 개인의 자질과 믿음을 발견하면서 독특한 결과를 확인하는 것이다(〈표 7-4〉 참조).

③ 재저작 대화: 자기 이야기를 다시 쓰는 대화

화이트는 브루너의 내러티브 은유에 관한 연구에서 많은 아이디어를 얻었으며 결국 치료자의 역할이 클라이언트가 자신의 인생 이야기를 구성하는 데 온전히 참여하고 또한 그 이야기의 저자로서 더욱 강력한 목소리를 낼 수 있도록 하는 것으로 보았다

표 7-4 독특한 결과 발견하기

상담자의 질문(요약)	내담자 답변(요약)
과거에도 쓴맛이 나는 쑥갓과 같은 경험을 한 적이 있나요?	아무래도 첫 암진단 받았을 때였던 것 같아요
이 쓴맛이 나는 쑥갓을 쓴맛이 안나고, 맛있게 먹기 위해서는 어떤 요리를 만들어 볼 수 있을까요?	요리를 잘 못해서 잘은 모르겠지만, 쑥갓무침을 만들면 맛이 괜찮아질 것 같아요
쑥갓무침을 만들려면 양념장이 필요할 것 같은데, 양념장은 어떤 재료들로 만들어 볼 건가요?	음…… 고추가루, 다진 마늘, 참기름, 간장 정도요.
재료들을 레시피처럼 비율을 따져 보면 어떻게 될까요?	고춧가루3, 다진마늘1, 참기름2, 간장2, 이 정도요.
그렇다면 말씀하셨던 과거에도 쑥갓무침을 만들었다면 어떤 재료들이 들어갔었나요?	일단 남편과 아이들의 사랑과 항상 버팀목이 되어 준 엄마에 대한 감사함 그리고 나는 할 수 있다는 자신감과 같은 믿음이 있었어요.
'남편과 아이들의 사랑'이라는 재료는 쓴 쑥갓을 어떻게 맛있는 쑥갓무침으로 만들어 주었나요?	뭐…… 존재 자체죠. 그때 당시에 큰아이가 5살, 작은애가 3살이라서 엄마손길이 많이 필요했어요. 그런 어린아이들이 엄마가 필요하다는 사실만으로도 힘이 났었어요. 남편도 제 몫까지 역할 하느라 고생이 많았고 그런 사랑이 제가 치료를 이겨 낼 수 있게 도와줬어요.
특별한 양념(남편과 아이들의 사랑)이 ○○님에게 도움이 되었나요?	도움이 당연히 되었죠. 다시 생각해 보면, 그때 당시에 제가 치료기간을 잘 이겨낼 수 있었던 것은 저를 응원해 주고 지지해 주는 가족이 한몫했던 것 같아요.
그러면 '나는 할 수 있다'는 믿음(자신감)은 어떤 건가요?	말 그대로 나는 할 수 있다, 나는 이겨 낼 수 있다. 나는 강하다 이런 마음인 것 같아요. 보란 듯이 이겨 내서 다시 일상으로 돌아가겠다는 다짐을 했죠.
그 다짐을 실천할 수 있도록 도와줬던 생각이 있나요?	그때 당시에는 오롯이 제가 우선이라고 생각하고 제가 먼저라고 생각하고 나 자신에게 집중하자고 생각했어요.
'나 자신이 우선이 되기'라는 생각에 대해서는 지금 어떻게 생각하세요?	지금도 유효하다고 생각해요. 저는 다시 치료를 시작했기 때문에 나 자신을 먼저 생각하고, 저한테 집중하는 게 필요하거든요.

(White, 2007). 재저작 대화(re-authoring conversation)는 이러한 관점에서 클라이언트로 하여금 계속해서 자신의 이야기를 발전시키고 이야기하도록 하기 위한 것으로, 이야기 의 지배적 줄거리에서 벗어나 현재는 간과되고 있으나 잠재적으로 중요한 어떤 사건, 경험, 자질에 초점을 두고 그 이야기를 자기 이야기 속에 포함시키도록 돕는다. 즉, 앞서 설명한 독특한 결과 혹은 예외상황에서 출발하여 클라이언트 삶에 관한 대안적 이야기를 시작하여 치료적 대화가 진행됨에 따라 더욱 풍부한 이야기로 발전하게 되고, 클라이언트의 과거 경험에 뿌리를 둔 근거 있는 이야기로 자리 잡게 된다.

　화이트(White, 2007)는 이야기의 영역을 행동영역과 정체성(의식) 영역으로 나누고, 재저작 지도 위에 치료적 대화를 표시하는 방식을 만들었다. 재저작 지도는 시간대를 표시한 두 개의 평행선으로 이루어져 있으며 각각은 행동영역과 정체성 영역을 의미한다. [그림 7-1]은 앞의 A씨 사례에서 '내가 우선순위가 되어 스스로에게 집중한 경험'이라는 독특한

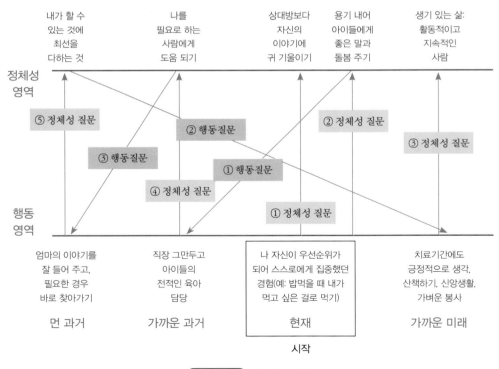

그림 7-1 재저작 대화

결과를 바탕으로 재저작 대화를 통해 클라이언트의 가치, 지향하는 삶의 방향성 등의 이야기를 통해 클라이언트의 정체성을 강화하고자 하는 것을 보여 준다. [그림 7-1]에서 보듯이 치료적 대화는 현재 시점에서 출발하여 행동에서 정체성으로 그리고 정체성에서 다시 행동으로 두 영역 사이를 번갈아 이동하는 방식으로 흐르고 있다. 여기에서 의료사회복지사는 행동영역의 질문과 정체성 영역에 대한 질문을 적절하게 진행할 필요가 있다.

④ 회원 재구성 대화: 인생 회원을 재구성하는 대화

회원 재구성 대화(re-membering conversation)란 인간의 정체성이 내면에 기초하는 것이 아니라 대인관계에 기초하고 있다는 생각에서 비롯된다. 이야기치료에서 회원이란 클라이언트의 과거나 현재 혹은 미래의 삶에서 중요한 위치를 차지하면서 클라이언트의 정체성 구성에 영향력을 행사할 수 있는 사람이나 존재를 말한다. 이야기치료에서 회원 재구성 대화는 수동적으로 하는 회상이 아니라 중요한 사람들과의 관계, 자신의 현재 모습과 미래 모습에 대해 의도적으로 다시 생각하는 회상을 말한다. 회원 재구성 대화의 상대가 클라이언트와 직접적 관계를 갖고 있지 않더라도(예: 책의 저자나 영화의 주인공, 애완동물 등) 대화는 의미 있게 진행될 수 있다. 회원 재구성 대화는 클라이언트로 하여금 중요한 사람들과의 관계, 현재 자신의 정체성과 미래 모습에 대해 의도적으로 다시 생각하게 한다(White, 2007). 회원 재구성 대화가 중요한 이유는 이를 통해 클라이언트는 말하자면 자신의 삶의 일부를 이루고 있는 '인생클럽'에서 자신의 역할과 위치를 수정함으로써 정체성을 재구성할 수 있는 기회를 갖게 된다는 것이다.

⑤ 정의예식: 정체성을 재정의하는 예식

정의예식(definitional ceremony)이란 클라이언트가 자신이 선호하는 정체성을 외부증인(outsider witness),[5] 즉 선택된 친구 또는 배우자/동반자가 지켜보는 앞에서 인정받는

---

5) 외부증인이란 상담대화에 초대된 제삼자를 말하며, 청중의 입장이 되어 클라이언트의 선호하는 이야기와 정체성에 대한 주장을 들어 주고 인정해 주는 역할을 수행한다. 외부증인은 가족, 친구 등 주변 사람이 될 수도 있고 상담자집단과 같이 기존 네트워크 외부에 있는 사람이 될 수도 있다(이선혜, 2020).

경험을 갖도록 하는 행하는 의식을 말한다(White, 2007). 이러한 외부증인은 클라이언트의 이야기를 들은 후 특정 형식에 맞추어 다시 말하기(retelling)로 응답한다. 그러나 여기서 주의할 점은 외부증인의 응답이 현대적 개념의 칭찬, 전문적 평가 또는 해석의 형태를 띠지 않으며, 선언을 한다거나 조언 또는 교훈을 주거나 훈계를 하는 것이 아니라는 것이다. 외부증인은 클라이언트의 이야기를 들으면서 그중 자신의 마음에 와닿은 표현이나 그로 인해 연상된 이미지, 자신의 경험, 그 표현이 자기 삶에 어떤 공명을 일으켰는지에 대한 자신의 생각을 나눈다.

⑥ 정의예식의 구조

정의예식의 대화는 다음의 세 가지 단계로 진행된다(이선혜, 2020; White, 2007).

- 말하기(telling): 정의예식의 주인공이 자신에게 의미 있는 삶의 이야기를 말하도록 하며, 이때 외부증인들은 청중의 입장이 되어 그 이야기를 경청한다.
- 다시 말하기(retelling): 적당한 시점에서 치료자는 정의예식의 중심인물인 클라이언트와 외부증인의 위치를 바꾸어 클라이언트가 외부증인의 다시 말하기를 듣는 청중이 된다. 상담가는 먼저 외부증인과 '다시 말하기'에 대해 설명하고 이야기를 나누는 준비과정을 거치게 되는데, 이때 다음의 4단계의 질문을 중심으로 설명하게 된다. 〈표 7-5〉는 이 4단계 질문을 적용한 예시이다.
  - 1단계: 표현(expression)
    클라이언트가 이야기를 들으면서 가장 마음에 와닿은 것, 특별히 관심이 생긴 것을 중심으로 이야기해 달라고 요청한다("방금 들은 이야기 중에 인상 깊었던 단어, 표현, 장면은 어떤 것인가요?").
  - 2단계: 이미지(image)
    이야기를 들으면서 어떤 이미지가 떠올랐는지, 특히 와 닿는 표현을 들었을 때 떠오르는 이미지를 질문한다("그 부분과 관련하여 어떤 이미지나 생각이 떠올랐나요?").

-3단계: 공명(resonance)

외부증인의 삶의 경험과 연관지어 특별히 관심을 가지게 된 것을 이야기하게 한다("그 부분이 특히 인상적이었던 이유가 있을까요?" "당신의 개인적 경험과 어떤 연관이 있나요?")

-4단계: 이동(transport)

이야기를 직접 듣게 된 기회가 자신에게 어떤 생각의 변화를 가져오게 했는지 이야기하도록 한다("이 대화를 하면서 새롭게 든 생각이나 깨달음이 있을까요?").

• 다시 말하기에 대한 다시 말하기(retelling of retelling): 다시 말하기가 끝나면 외부증인은 다시 청중의 입장으로 돌아가고, 상담가는 클라이언트와 함께 외부증인의 다시 말하기에 대해 이야기를 나눈다. 즉, 클라이언트는 외부증인의 다시 말하기에 대해 다시 말하기를 하게 되는 것이다. 이 과정 역시 〈표 7-5〉의 4단계 질문(표현 이미지, 공명, 이동)을 통해 이루어진다. 정의예식은 여기서 종료될 수도 있고, 주인공인 클라이언트와 외부증인을 포함한 모든 참여자가 함께 모여 정의예식 전체에서 경험한 것들을 이야기하는 다시 말하기의 다시 말하기를 다시 말하는 과정이 이어질 수도 있다.

앞서 예시로 들었던 A씨의 사례로 돌아가서 정의예식의 예를 살펴보자.

상담자가 A씨에게 가장 기억에 남는 이야기가 무엇인지 질문하자 A씨는 "과거에 한번 이겨 낸 경험이 있었는데, 그때 많은 사람의 도움을 받았고, 나를 응원해 주는 사람이 있다는 것을 이번 상담을 통해 다시 생각할 수 있었으며, 치료기간 동안 자신의 마음의 소리에 집중하고, 자신을 소중하게 아껴서 지난번 항암치료를 잘 마칠 수 있었던 것처럼 이번에도 생기 있게 이겨 내고 싶다."고 답하였다. 이에 상담자는 외부증인의 다시 말하기 4단계 구조에 맞춰 외부증인이 되어 다음과 같은 정의 예식을 진행하였다. 이 사례에서 정의예식 진행 후 다시 말하기에 대한 다시 말하기를 진행하지는 못하였으나, 상담자의 다시 말하기를 듣고 클라이언트는 웃음을 보였고, 상담자가 표현한 '절벽 위에 핀 꽃'이 마음에 들며 다시 시작하는 항암치료를 활짝 핀 꽃처럼 생기 있게 임하고 싶다고 대답하였다.

표 7-5 정의의식의 예

반영구조	상담자의 외부증인
1. 표현	"매 순간 주어진 역할에 대해 충실히 생활해 온 모습들이 인상적이며, 특히 나를 필요로 하는 사람들에게 제 역할을 다하기라는 내용을 반복했던 부분이 인상 깊었음"
2. 이미지	"그러나 그 역할을 다하기까지 평탄하지만은 않았던 상황이었던 것 같은데, 꿋꿋이 자신이 원하는 삶을 살아온 내담자를 보면서 절벽 위에 핀 꽃이 생각남. 왜냐하면 절벽이라는 환경이 꽃을 피우기 힘든 환경인데, 내담자는 그 환경에서 예쁘게 핀 꽃 같음"
3. 공명	"'최근 바쁜 일들이 많이 생겨서, 일부는 포기를 해야 할까?'라고 고민을 했었는데, 어려운 상황에서도 나와는 다르게 생각하고 행동하는 내담자의 이야기가 인상 깊음"
4. 이동	"내담자의 이야기를 들으면서 '포기보다는 상담자, 나 자신도 다시 한번 도전해 보자'라는 생각을 가지게 됨"

3) 이야기 치료의 구성과 과정

이야기 치료의 과정은 기본적으로 문제의 경청과 해체, 부수적 이야기 구축, 대안적 이야기 구축 및 대안 정체성 구축의 4단계로 이루어지며, 이는 나선적 구조로 진행된다 (정문자 외, 2018).

이야기치료의 회기는 상당히 유동적이어서 1~2회에 종결되기도 하고 여러 회기로 이어지기도 한다. 1회기는 단독으로 진행하는 경우 50~60분 정도, 외부증인을 활용하는 경우에는 2시간을 초과하기도 한다. 클라이언트나 가족이 새로운 일을 생각하고 시도할 수 있도록 회기는 보통 1주일 이상의 간격을 두고 정해지지만 클라이언트와 협의하여 조정할 수 있다(정문자 외, 2018). 다음은 이야기치료의 과정을 적용하기 쉽도록 단계별로 목표와 개입의 과정을 구체적으로 제시한 것이다(이선혜, 2020, pp. 82-83).

표 7-6 이야기치료의 과정

1. 시작단계

• 목표:
  - 공조관계 및 목표를 수립한다.
  - 클라이언트의 이야기가 나올 수 있도록 대화를 열어 준다.
  - 문제의 영향과 내력을 파악한다.
  - 문제에 대한 클라이언트의 영향을 파악한다.
  - 클라이언트를 문제와 분리하기 시작한다.
  - 선호하는 내러티브(narrative)나 정체성을 탐색한다.

• 개입:
  - 민감한 유형의 질문을 던지기 전 동의를 구한다.
  - 문제를 의인화하는 질문을 던진다.
  - 클라이언트를 문제와 분리하여 이해하기 위한 질문을 던진다.
  - 문제가 어떤 방식으로 클라이언트를 끌어들이는지 질문한다.
  - 문제를 외재화하고 대상화하는 언어 표현을 활용한다.
  - 클라이언트가 문제를 통제한 경험과 방법을 질문한다.
  - 문제와 대조를 이루는 예외나 독특한 결과를 질문한다.

2. 중간단계

• 목표:
  - 문제가 발생하는 맥락을 해체한다.
  - 클라이언트가 문제와 새로운 관계를 맺도록 돕는다.
  - 대안적 내러티브를 찾아내고 풍부하게 발달시킨다.
  - 클라이언트의 역량과 클라이언트 자신에 대해 알고 있는 것이 드러나도록 돕는다.

• 개입:
  - 문제와 대조를 이루는 예외나 독특한 결과에 주목한다.
  - 해체질문을 던진다.
  - 클라이언트의 내적상태(자원)와 함께 지향상태(자질)를 탐색한다.
  - 선호하는 내러티브나 정체성을 도출하기 위한 질문을 던진다.
  - 클라이언트의 자기 내러티브를 다시 쓰는 작업을 촉진한다.
  - 클라이언트의 대안적 행보를 매주 점검한다.

3. 마무리 단계

• 목표:
  - 클라이언트의 새로운 내러티브를 강화한다.
  - 클라이언트의 새롭고 대안적인, 클라이언트가 선호하는 내러티브를 널리 알린다.
  - 새로운 내러티브를 미래로 확장한다.
  - 상담을 종결한다.

• 개입:
  - 상담이 종결된 이후 클라이언트를 지지해 줄 사람들과 관심공동체를 찾는다.
  - 새로운 내러티브를 널리 알리기 위해 치료적 문서의 작성을 독려한다.
  - 새로운 내러티브를 미래로 확장하기 위한 질문을 던진다.
  - 새로운 내러티브를 지지하는 의식이나 전통이 있는지 확인한다.
  - 대안적 내러티브를 풍부히 하기 위해 기념식을 하거나 증서를 수여한다.

4) 이야기치료의 평가

포스트모더니즘과 구성주의를 기반으로 한 이야기치료는 현대 심리학이 말하는 자율적이고 독립적인 자아라는 개념이 인간을 대상화, 객체화하고 자기 삶에 대한 통제의 상실 상태를 가속화한다는 점을 비판하는 데서 출발하였다. 인간 삶의 문제를 의료화하고, 정상성 규범의 광범위한 적용, 비정상에 대한 스티그마가 배제와 소외로 이어지는 현상 그리고 이 모든 과정이 정신병리에 대한 식견을 가진 전문가에게 부여된 권력에 의해 정당화되고 심화되고 개인 차원의 문제로 환원되는 현상 등을 비판한다(White, 2007).

최근 이야기치료는 가족치료분야에서 해결중심치료와 함께 가장 주목받고 있으며, 이는 이야기치료가 추구하는 세계관과 인간관이 클라이언트가 살아온 내력으로 인해 상처받고 비난받고 수치심을 느끼며 소외되는 경험을 하기보다, 그 내력의 의미가 다른 방식으로 해석되고 그럼으로써 내가 살아온 삶의 지식과 기술이 보다 명백하게 제 모습을 드러내고 현재의 곤경을 다루는 자원으로 화하는 경험의 장을 만들어 주기 때문이다(이선혜, 2018).

한편, 이야기치료는 후기 구조주의적 접근과 언어화하기, 재저작과 같이 평범한 단어들을 특이하게 사용함으로써 이론의 이해와 적용이 어렵고, 다른 모델을 사용하는 상담가들과의 효과적인 교환의 어려우며 그리고 외재화가 개인적인 책임을 회피하도록 도와준다는 비판이 제기되기도 한다(Kottler & Shepard, 2015). 이는 이야기치료의 패러다임 자체가 달라서 제기되는 문제로 보인다. 이야기치료의 철학적 기반이 계량적 연구와 부합하지 않는 면이 있어 증거기반실천으로서의 효과성에 대한 검증에 어려움이 있음에도 불구하고 상당한 연구들이 이야기치료의 효과성을 보고하였다. 이야기치료는 애착장애, 식이장애, 신체이미지 장애, 외상후 스트레스 장애, 우울, 말더듬, 약물중독, 공황장애, 청소년 행동문제, 아동기 적응장애, 학대 피해자, 일반적인 관계상의 문제 및 정신건강 문제에 적용되고 있으며, 개인뿐 아니라 가족 및 집단에도 효과적인 것으로 나타났다(Walsh, 2014).

구체적으로, 약물중독 클라이언트(Kuehnlein, 1999), 선천성 심장질환을 가진 신생아 부모(McCusker et al., 2009), 성인 암환자(Cepeda et al., 2008)의 경우 유의미한 통증의 감소와 높은 안녕감 수준이 보고되었고, 외상후 스트레스 장애를 가진 클라이언트들(Schall, Elbert, & Neuner, 2009)에게도 효과가 있는 것으로 보고되었다. 성인 우울환자에 대해서도 유의미한 효과성이 보고되었다(Bohlmeijer, Westerhof, & Emmerik-de Jong, 2008).

우리나라에서도 노인우울, 학대 피해 아동, 대인관계상의 어려움 등 다양한 클라이언트를 대상으로 이야기치료를 적용한 과정연구 및 성과연구들이 진행되어 왔다.[6] 향후 현장에 적용할 수 있는 증거기반실천을 위한 검증된 연구들이 더 많이 이루어져야 할 것으로 생각된다.

---

6) 국내연구와 관련해서는 이선혜, 박지혜(2018), pp. 343-377을 참조할 것.

🔺 참고문헌

강진령(2022). 상담과 심리치료: 이론과 실제(2판). 학지사.

김선형(2021). 뇌졸중 환자 보호자를 대상으로 해결중심상담 적용사례(한림대학교 춘천성심병원 사회사업팀 김선형), 해결중심치료학회 2021년 1차 강원사례발표회 자료집, 2021. 4. 24.

김혜란, 홍선미, 공계순, 박현선(2022). 사회복지실천기술론. 학지사.

노혜련, 김윤주(2021). 강점관점 해결중심 사례관리(2판). 학지사.

송성자, 최중진(2003). 강점관점의 사회복지실천을 위한 해결지향적 질문기법, 한국가족치료학회지, 11(2), 1-27.

엄명용, 노충래, 김용석(2015). 사회복지실천기술의 이해(4판). 학지사.

이선혜(2020). 이야기치료. 학지사.

이선혜(2018). 한국 사회복지실천의 현실 재구성을 위한 패러다임. 한국사회복지학, 70(1), 181-188.

정문자, 송성자, 이영분, 김유순, 김은영(2008). 해결중심단기치료. 학지사.

정문자, 정혜정, 이선혜, 전영주(2018). 가족치료의 이해(개정판). 학지사.

최중진(2017), 해결중심단기치료의 변화 여정 고찰: 서구문헌을 중심으로, 가족과 가족치료, 2591, 1-24.

Berg, I. K., & Miller, S. D. (1992). *Working with the problem drinker: A solution-focused approach*. New York, NY: W.W. Norton & Company.

Bohlmeijer, E. T., Westerhof, G. J., & Emmerik-de Jong, M. (2008). The effects of integrative reminiscence on meaning in life: Results of a quasi-experimental study. *Aging & Mental Health, 12*(5), 639-646. https://doi.org/10.1080/13607860802343209

Cepeda, M. S., Chapman, C. R., Miranda, N., Sanchez, R., Rodriguez, C. H., Restrepo, A. E., Ferrer, L. M., Linares, R. A., & Carr, D. B. (2008). Emotional disclosure through patient narrative may improve pain and well-being: Results of a randomized controlled trial in patients with cancer pain. *Journal of Pain and Symptom Management, 35*(6), 623-631. https://doi.org/10.1016/j.jpainsymman.2007.08.01

De Jong, P., & Berg, I. K. (2013). *Interviewing for solutions* (4th ed.). Pacific Grove, CA: Brooks/Cole.

De Jong, P., & Miller, S. D. (1995). How to interview for client strengths. *Social Work, 40*(6), 720-736.

De Shazer, S., Dolan, Y., Korman, H., Trepper, T., McCollum, E., & Berg, I. K. (2021). *More than miracles: The state of the art of solution-focused brief therapy* (2nd ed.). New York, NY: Routledge.

Franklin, C., Trepper, T. S., Gingerich, W. J., & McCollum, E. E. (2012). *Solution-focused brief therapy: A handbook of evidence-based practice*. New York, NY: Oxford University Press.

Franklin, C., Zhang, A., Froerer, A., & Johnson, S. (2017). Solution-focused brief therapy: A systematic review and meta-summary of process research. *Journal of Marital and Family Therapy, 43*(1), 16-30.

Freedman, J., & Combs, G. (1996). *Narrative therapy: Social construction of preferred realities*. 김유숙, 전영주, 정혜정 공역(2009). 이야기치료: 선호하는 이야기의 사회적 구성. 학지사.

Kim, J. S. (2008). Examining the effectiveness of solution-focused brief therapy: A meta-analysis. *Research on Social Work Practice, 18*(2), 107-116. https://doi.org/10.1177/1049731507307807

Kim, J. S., Jordan, S. S., Franklin, C., & Froerer, A. (2019). Is solution-focused brief therapy evidence-based? An update 10 years later. *Families in Society: The Journal of Contemporary Social Services, 100*(2), 127-138.

Kottler, J. A., & Shepard, D. (2015). *Introduction to counseling: Voices from the field* (8th ed.). Stamford, CT: Cengage Learning.

Kuehnlein, F. (1999). Sad stories for a better future: Narratives and functions of depression stories in elite athletes' autobiographies. *European Journal for Sport and Society, 17*(3), 196-213. https://doi.org/10.1080/16138171.2020.1792074

McCusker, C. G., Doherty, N. N., Molloy, B., Rooney, N., Mulholland, C., Sands, A., Craig, B., Stewart, M., & Casey, F. (2009). A controlled trial of early interventions to promote maternal adjustment and development in infants born with severe congenital heart disease. *Child Care & Health Development, 36*(1), 110-117. https://doi.org/10.1111/j.1365-2214.2009.01026.x

Morgan, A. (2000). *What is narrative therapy?* 고미영 역(2003). 이야기치료란 무엇인가? 청목출

판사.

Nelson, T. S., & Thomas, F. N. (2007). *Handbook of solution-focused brief therapy: Clinical applications*. New York, NY: Haworth Press. 김희정 역(2017). 해결중심단기치료: 이해와 실제. 학지사.

Schall, S., Elbert, R., & Neuner, F. (2009). Narrative exposure therapy versus interpersonal psychotherapy: A pilot randomized controlled trial with Rwandan genocide orphans. *Psychotherapy and Psychosomatics, 78*(5), 298-306. https://doi.org/10.1159/00022976

Walsh, J. (2014). *Theories for direct social work practice* (3rd ed.). Stamford, CT: Cengage Learning.

Weiner-Davis, M., de Shazer, S., & Gingerich, W. J. (1987). Building on pretreatment change to construct the therapeutic solution: An exploratory study. *Journal of Marital and Family Therapy, 13*(4), 359-363.

White, M. (2007). *Maps of narrative practice*. New York, NY: W.W. Norton & Company.

White, M., & Epston, D. (1990). *Narrative means to therapeutic ends*. New York, NY: W.W. Norton & Company.

제**8**장

위기개입

일반적으로 사람들은 일상생활을 하면서 심리적으로 균형이 잡힌 평형상태를 유지하면서 살아가고 있다. 우리는 일상생활에서 경험하게 되는 문제로 인해 일시적으로 스트레스를 받고, 분노나 슬픔같은 부정적인 감정을 느끼기도 하지만, 각자가 가지고 있는 문제해결능력이나 대처 기술을 활용하여 대체로 잘 해결하고, 원래의 심리 · 정서 상태로 되돌아온다. 하지만 어떠한 사건이나 강력한 스트레스를 유발하는 상황으로 인해, 또 때로는 심리적인 취약성이 있는 상태에서 이러한 스트레스원에 대한 노출로 인해 사람이 가지고 있던 심리적 평형 상태가 깨질 수 있다. 예를 들면, 한 대학생이 도서관에서 공부하다가 집으로 돌아가는 길에 강도를 만나서 가진 것을 다 빼앗기게 되었다고 가정하자. 대학생은 범죄 피해에 대해 신고했지만, 아직까지 가해자가 잡히지 않은 상황이다. 이 학생은 그날 이후로 그때의 장면이 계속 머릿속에서 지워지지 않고, 반복적으로 재생되면서 고통을 받고 있으며, 또 다른 범죄의 피해자가 될까 두려워 밖을 나가지 못하고 있어 다시 학교에도 등교를 하고 있지 못하고 있다. 이 대학생은 자신이 스트레스를 받을 때 즐겨하던 온라인 게임이나 동영상 시청 등을 통해 이 상황이 나아지기를 희망하지만, 점점 더 밖을 나가기 두려워하고, 일상생활이 힘들어지는 것을 보며 절망감을 느끼게 된다. 일상에서의 평형이 깨진 이 대학생은 자신이 활용하고 있던 여러 가지 대처 기술을 활용해 보지만, 이 상황을 해결하지 못하고 있다. 우리는 이 상황을 위기라고 한다. 이 장에서는 위기에 대해 이해하고, 위기를 경험하고 있는 사람들에게 도움을 줄 수 있는 위기개입에 대해 살펴보고자 한다.

1. 위기 이론

1) 위기의 개념적 정의

사회복지에서 이야기하는 위기란, 위험한 사건이나 상황의 결과로 나타났고, 기존에 가지고 있는 대처 전략으로는 해결될 수 없는 심각한 문제로 인해 심리적 평형이 깨진 시기로 정의한다(Yeager & Roberts, 2015). 즉, 위기는 대처능력과 기능이 심각하게 훼손되어 개인의 안정성에 영향을 줄 정도로 강력한 스트레스 경험에 대한 주관적인 반응을 의미한다(Bard & Ellison, 1974). 캐플란(Caplan, 1964)은 위기를 개인이 늘 사용하던 문제해결 방식으로는 대처할 수 없는 특수한 상황이라는 특성과 극단적으로 긍정적 혹은 부정적인 결과를 낳을 수 있는 특성을 가지고 있는, 일시적으로 속상하고 혼란스러운 상태로 정의하였다(Sandoval, 2013 재인용). 이렇듯 위기에 대한 여러 정의를 종합해 보면, 위기는 개인이 가지고 있는 자원이나 대처 전략으로는 해결할 수 없는 상황이나 사건을 경험하고 있거나 또는 그러한 상황이나 사건에 대한 인식이라고 볼 수 있다(Auerbach & Kilmann, 1977).

위기 이론에서는 위기에 대해 다음과 같은 가정을 제시하고 있다(Cavaiola & Colford, 2018). 첫째, 위기에는 촉진 사건(precipitating event)이 존재한다. 이러한 촉진 사건은 결혼, 이혼, 졸업, 임신 및 출산, 은퇴 등 예측이 가능한 생활 사건일 수도 있고, 자연재해, 사고, 트라우마 사건, 가까운 지인의 죽음 등과 같이 예측이 불가능한 사건이 될 수도 있다.

위기에 대한 두 번째 가정은, 위기는 시간 제한적이라는 점이다. 캐플란(1964)에 따르면, 위기의 직접적인 영향은 대체로 4~6주 정도 지속된다고 보았으며, 그 기간이 지나고 나면 평형이 깨진 위기 상태는 복원이 된다고 보았다(Sandoval, 2013). 다른 학자들에 따르면, 위기가 이 기간 보다 더 오래 지속될 수도 있다는 의견도 있으나(Salzer & Bickman, 1999), 위기는 시간 한정적(time-limited)이라는 점에 대해서는 의견이 일치한다.

위기에 대한 세 번째 가정은, 위기가 개인에게 혼란을 가져오며, 심리적으로 평형(equilibrium)이 깨진 상태를 유발한다는 것이다. 따라서 어느 정도 예측 가능하고 안정된 삶을 살았던 사람들은 위기 사건이 깨어 있는 모든 순간을 지배하고 있어서 대혼란으로 가득한 나날들을 보낼 가능성이 있다.

위기에 대한 네 번째 가정은, 위기 사건이 발생하고 난 이후 사건에 대한 인지적 해석과 평가가 뒤따른다는 것이다. 예거와 로버츠(Yeager & Roberts, 2015)에 따르면, 위기는 강력한 스트레스를 유발하는 사건 그 자체가 아니라, 그 상황에 대한 개인의 인식과 반응이라는 점을 강조하고 있다. 따라서 유사한 위기 사건을 경험하더라도 모든 사람이 똑같은 반응을 보이지 않는다.

위기에 대한 다섯 번째 가정은, 위기가 기존에 개인이 가지고 있는 대처 기술을 가지고는 해결할 수 없는 상태라는 점이다. 따라서 위기개입의 목표는 균형과 평형상태를 되찾기 위해 클라이언트가 자신의 대처 자원을 동원하고, 새로이 개발할 수 있도록 도와주는 것이다(Sandoval, 2013).

2) 위기의 특성

위기개입에서 논의하는 위기는 개인이 경험하고 있는 아주 특수한 상황을 의미한다. 유사한 사건을 두 사람이 경험했더라도 어떤 사람은 긍정적으로 이 사건에 대처하고, 조절 가능한 수준에서 스트레스를 경험하여 위기를 경험하지 않은 반면에 다른 사람은 부적절한 대처 기술과 위기 상담의 부재로 위기를 경험할 수 있다. 이처럼 동일한 사건을 경험하더라도 위기 상태가 되는지 여부는 두 가지에 의해 결정이 되는데, 첫 번째는 상황이나 사건에 대한 개인의 인식이며, 두 번째는 전통적인 대처 기술을 활용할 수 있는 개인의 능력이다. 보다 구체적으로 위기의 특성을 꼽으면 다음과 같다(James & Gilliand, 2017, pp. 11-12).

① 위험과 기회의 공존

한자어로 위기는 위험 위(危)와 틀 기(機)를 사용하며, 위험과 계기의 뜻을 동시에 지니고 있다(Cavaiola & Colford, 2018). 즉, 위기는 위험과 기회의 두 가지 측면을 동시에 가지고 있다. 위기는 자살 등의 심각한 정신적 질병을 가져올 수 있을 정도로 사람을 압도할 수 있기 때문에 위험(danger)이라고 볼 수 있다. 하지만 이 경험이 외부의 도움을 요청할 정도로 너무나 고통스럽고, 적절한 개입으로 위기를 극복하는 과정에서 개인적 성장과 함께 내적 힘을 기를 수 있기 때문에 위기는 또 다른 기회(opportunity)라고 볼 수 있다(Aguilera & Messick, 1986; Cavaiola & Colford, 2018; Sprangers, Tempelaar, van den Heuvel, & M de Haes, 2002).

② 변화와 성장의 씨앗

위기는 개인이 항상 유지하던 항상성(equilibrium)이 깨진 상태를 의미한다. 이러한 불균형(disequilibrium)으로 인해 개인은 불안감이나 불편감을 느끼게 되며, 이러한 감정적인 변화는 사람을 변화시키는 원동력이 될 수 있다. 사람들은 일반적으로 어느 정도의 불편감이나 불안감은 감수하면서 살다가 어느 임계점을 넘기면, 자신이 경험하고 있는 문제는 매우 심각하며, 더 이상 물러설 곳이 없다고 인식을 하게 된다. 이렇게 궁지에 몰리기 시작했을 때 사람들은 이를 해결하기 위해 외부의 도움이 필요하다고 인지하며, 도움을 찾아 나서기 시작한다. 이러한 순간은 개인에게 있어 인생의 한 분기점이 될 수 있으며, 이 시기에 사람들은 스스로 변화하고자 하는 동기가 가장 크다.

③ 만병통치약이나 미봉책이 부재

상당수의 사람은 약간의 도움을 받으면, 심각한 생애 사건을 경험하더라도 그 상황을 잘 극복할 수 있다. 그러나 심각한 위기 상황을 겪고 있는 클라이언트의 문제들은 대체로 오랜 기간 지속된 문제들이 많으며, 처음에는 쉽게 고치기 위한 피상적인 전략들을 사용하지만, 근본적인 문제를 해결하지 못하기 때문에 더 심각한 위기로 빠지는 경우가 많다.

④ 필요조건으로서의 선택

삶은 우리가 직면하거나 회피하는 서로 연관된 위기와 도전의 연속이라고 볼 수 있다. 위기에서는 아무것도 선택하지 않는 것 또한 하나의 선택이라고 볼 수 있다. 그러나 대체로 아무것도 선택하지 않을 때의 결과는 보통 부정적이거나 파괴적인 경우가 많다. 하지만 무엇인가를 하기로 선택한다면, 적어도 성장의 씨앗을 심을 수 있는 기회가 주어지며, 그 사람으로 하여금 상황을 극복해 나아갈 수 있는 목표를 정하고 계획을 세울 수 있게 해 준다.

⑤ 보편성과 특수성

위기는 보편적이면서도 특수하다. 위기는 특정 상황이 발생했을 때 모든 사람이 겪을 수 있기 때문에 보편적이다. 그러나 같은 상황에서도 어떤 사람은 성공적으로 극복하지만, 다른 사람은 극복할 수 없기 때문에 특수하다고 볼 수 있다.

⑥ 회복탄력성

위기개입의 주요 과제 중 하나는 지지체계와 대처 기제의 적절한 조합을 찾아서 이를 행동 계획으로 수립하여 사람들이 위기를 극복하고 더 나은 성장을 할 수 있는 회복탄력성을 길러 주는 일이다.

⑦ 인식

촉진 사건(precipitating event)은 위기의 원인이 아니며, 그 사건에 대한 개인의 인식과 해석이 위기를 유발하는 가장 중요한 역할을 한다. 위기개입에서는 개인이 촉진 사건을 어떻게 평가(appraise)하고, 상담가가 재난적인 해석을 어떻게 재구성하고 바꿀 수 있는지를 중요하게 여기며, 이에 따라 클라이언트가 얼마나 잘 그리고 얼마나 빨리 위기를 완화할 수 있는지가 달라질 수 있다.

⑧ 복잡한 증상

위기는 단순하지 않다. 위기는 복잡하고 이해하기 어려우며, 단순한 인과관계의 기술로는 설명하기 어렵다. 이미 어떠한 사건이 위기를 촉발했을 때 너무나도 복합적인 문제들이 얽혀 있는 경우가 많으며, 위기개입 상담가는 여러 영역에 직접적인 개입을 진행해야 할 수도 있다. 또한 그 사람이 속한 환경도 위기를 얼마나 쉽게 혹은 어렵게 해결할 수 있는가에 영향을 미친다. 가족, 친구, 동료 그리고 기관들은 문제를 해결하고 안정을 되찾는 데 모두 직접적인 영향을 미칠 수 있다. 그리고 여러 사람이 동시에 위기를 경험하는 사건이 발생했을 때 지역사회, 지리적인 지역, 나라 전체에 대한 개입이 필요할 수도 있다.

3) 위기의 종류

위기는 같은 촉진 사건을 경험하더라도 개인이 그 상황이나 사건에 대해 어떻게 인식을 하는가와 기존에 개인이 가지고 있는 대처 기술과 그 활용능력에 따라 위기가 될 수도 있고, 위기가 되지 않고 잘 넘어갈 수도 있다. 잠재적으로 위기가 될 수 있는 촉진 사건에 따라서 위기를 분류할 수 있다. 위기는 크게 발달적 위기, 트라우마 사건 촉발 위기, 존재적 위기, 정신과적 위기(psychiatric) 등 네 가지로 구분하여 살펴볼 수 있다 (Cavaiola & Colford, 2018).

① 발달적 위기

발달적 위기는 정상적인 성장의 과정에서 촉진 사건이 발생한다는 특성을 갖는다. 인간은 살아가면서 각 발달 단계마다 수행해야 하는 발달 과업이 있다. 에릭슨의 발달 단계나 듀발(Duvall, 1988)의 가족 발달 단계를 살펴보면, 개인이 성장하면서 끊임없이 변화하고 있으며, 생애 단계에서 지속적인 전환(life transition)을 경험하고 있다. 이러한 발달 과업 혹은 생애 전환을 경험하는 과정에서 위기가 발생할 수 있다(Cavaiola & Colford, 2018). 대표적으로 사춘기 시기에 자신의 정체성 찾기, 결혼, 이혼, 은퇴, 함께 살던 자녀가 독립할 때 경험하는 빈 둥지 증후군(empty nest syndrom) 등을 꼽을 수 있다. 실제로 모든 사람이 각 각의 발달 단계를 지날 때 위기를 경험하지 않으며, 발달적 위기를 경험하고 있더라도 자신이 위기를 경험하고 있다고 인식하지 못할 가능성도 높다. 또한 발달적 위기는 여러 가지가 동시에 촉발되어 나타날 수 있다. 예를 들어, 중년 남성이 중년의 위기를 경험하면서 가족의 불화로 인해 이혼을 동시에 경험할 수 있다.

② 트라우마 사건으로 인한 위기

우리가 일반적으로 위기를 떠올릴 때 가장 먼저 떠올리는 촉진 사건이 아마도 트라우마 사건일 것이다. 트라우마 사건은 예측이 가능하지 않고, 개인이 통제할 수 없다는 특성을 갖는다(Cavaiola & Colford, 2018). 개인차원에서의 트라우마 사건은 실업, 암진단이나 심장마비 등과 같은 급성질환으로 인한 입원, 응급수술, 전염병, 가까운 지인의 사망, 자동차 사고 등으로 인한 심각한 부상을 꼽을 수 있다. 또한 범죄(예: 구타, 가정폭력, 성폭력, 학교 폭력, 아동학대, 사망사건, 테러 등), 자연재해(예: 홍수, 태풍, 지진 등) 그리고 사고(예: 비행기 사고, 배 사고, 버스 사고, 기차 사고, 다수의 사상자가 발생하는 그 밖의 사고 등) 등은 한 개인뿐만 아니라 지역사회 더 나아가 국가 수준에서 다수의 사람들에게 위기를 촉발할 수 있는 사건들로 꼽힌다(Cavaiola & Colford, 2018; Yeager & Roberts, 2015).

③ 존재적 위기

존재적 위기는 가장 개입하기 어려운 위기의 형태이다. 존재적 위기는 개인이 삶의 의미에 대해 혹은 자신의 존재의 가치, 다른 사람과의 관계 단절 그리고 자신이 하고 있는 일에 대한 무용성에 대해 의문을 가지면서 시작된다(Cavaiola & Colford, 2018). 존재적 가치는 인간이 느끼는 삶과 죽음에 직결되어 있으며, 운명과 죽음, 공허함과 무의미함 그리고 죄책감과 비난 등은 존재적 위기와 직접적인 연관이 있다(Berman, Weems, & Stickle, 2006). 예를 들어, 실직으로 인하여 오랜 기간 동안 근무했던 직장에서 더 이상 근무할 수 없게 된 가장은 자신이 살아온 인생에 대한 공허함을 느낄 수 있으며, 자신이 가장으로서의 역할을 하지 못하고 있다는 죄책감과 스스로에 대한 비난으로 존재적 위기를 경험할 수 있다. 그리고 이러한 존재적 위기를 경험하는 사람은 극단적인 경우에는 자살로 이어질 수 있다는 위험성을 안고 있다(Lybbert, Ryland, & Bean, 2019). 이러한 심각성에도 불구하고, 사회복지사는 클라이언트의 존재적 위기를 발견하기가 매우 어렵다. 이는 상담을 진행할 때 존재적 위기를 경험하고 있는 사람은 이러한 문제를 호소문제(presenting problem)로 제시하는 경우는 거의 없으며, 수면 장애, 신체화 등의 다른 문제에 대해 상담을 하면서 더 깊게 문제를 파고 들었을 때 발견하는 경우가 많기 때문이다(Cavaiola & Colford, 2018).

④ 정신과적 위기

정신과적 위기는 현장에서 여러 가지 의미로 사용되고 있으나, 이 가운데 한 가지만 살펴보면 실제로 정신질환을 앓고 있는 사람이 현재 가지고 있는 임상적 혹은 사회적 문제가 너무 심각하여 응급 입원이 필요한 경우를 의미한다(Cornelis et al., 2018). 반면에 미국 정신건강가족연맹에 따르면, 정신건강 위기란, "개인의 행동이 자신이나 다른 사람을 다치게 할 위험이 있고, 자신을 돌보거나 지역사회 내에서 효과적으로 기능을 하기에 어려운 상황을 의미한다"라고 정의하였다(Brister, 2018). 정신과적 위기는 특별한 원인 없이 갑자기 나타나는 경우가 많으며, 정신질환을 가진 사람이 위기 상황이나 트라우마 사건을 경험했을 때 정신적으로 엄청나게 황폐해질 수 있다(Cavaiola & Colford, 2018).

4) 위기경험의 단계

위기경험의 단계는 애도의 과정과 유사하며, 항상 선형적인 과정을 따르지 않아 때에 따라서는 단계를 건너뛰기도 하고, 어떤 단계에서 다음 단계로 넘어가지 못하기도 하며, 두 단계를 왔다갔다 하는 경우도 많다. 녹스와 로버츠(Knox & Roberts, 2022)는 위기경험의 단계를 다음 네 가지로 기술하고 있다.

(1) 1단계: 절규(outcry)

이 단계에는 촉진사건이 발생하고 난 이후에 나타나게 되는 반추적, 감정적, 또는 행동적인 초기 반응을 포함하고 있다. 이때 위기 반응은 개인이나 상황에 따라 패닉, 기

절, 소리 지름, 쇼크 분노, 방어적인 태도, 신음, 무감각함, 히스테리, 울음, 과호흡 등의
형태로 나타날 수 있다.

(2) 2단계: 부정(denial) 또는 침입(intrusiveness)

절규의 단계 다음으로 감정적 마비, 분리, 인지 왜곡, 축소 등의 기제를 이용하여 위
기의 영향을 막으려는 부정의 단계로 이어질 수 있다. 또 절규의 단계 다음으로 침입이
이어질 때 플래시백, 악몽, 자동적 사고(automatic thoughts) 그리고 발생한 일에 대한 몰
두 등의 형태로 본인의 의지와 상관없이 위기 사건이나 트라우마에 대한 감정과 생각이
홍수처럼 끊임없이 지속되는 상태를 포함한다.

(3) 3단계: 노력의 과정(working through)

위기의 생각, 감정 그리고 이미지가 표현되고, 인식되며, 건강하고 적절한 대처 기술과
전략의 활용을 통해 재처리(reprocessed)되는 회복 또는 치유의 과정이다. 그렇지 않으
면, 개인은 막힘(blockage) 또는 침체(stagnation)를 경험하게 되고, 위기와 관련된 영향,
이슈 그리고 감정을 회피하기 위해 건강하지 못한 방어기제가 형성될 가능성이 있다.

(4) 4단계: 완결(completion) 또는 해소(resolution)

이 마지막 단계는 몇 달 또는 몇 년이 걸릴 수도 있으며, 사람에 따라서는 이 단계에
이르지 못할 수도 있다. 개인의 회복은 위기사건의 통합, 삶에 대한 개편, 성장, 변화 그
리고 위기를 경험하는 타인에 대한 서비스 등의 긍정적인 의미로의 트라우마 해결로 이
어진다. 위기를 벗어난 상당수의 사람들은 유사한 트라우마를 겪는 사람들을 지지하고
도와주기 위해 자원봉사나 서비스 등의 활동을 하게 된다.

위기개입 모델에 따라 각 단계의 개수나 명칭은 달라질 수 있으나, 대체로 위기를 경
험하고 있는 사람들은 위의 단계에 따른다고 보는 것이 일반적이다. 모든 사회복지실천
과 마찬가지로 위기개입도 위기경험 단계에서 더 빨리 개입이 이루어질수록 위기를 더
빠른 시일 내에 더 성공적으로 극복할 수 있다.

2. 위기개입

위기개입은 문제를 인식하고, 그 영향을 파악하며, 유사한 상황이 다시 발생했을 때 대처할 수 있는 새로운 혹은 더 효과적인 방법을 배울 수 있도록 함으로써 위기를 겪고 있는 클라이언트에게 효과적인 대처를 증진시킬 수 있도록 도와주는 치료적 실천 방법이다(Baker & Cormier, 2014). 위기개입은 사회복지사가 직접적인 영향을 받은 사람의 자원을 개발하고 동원하여 위기의 영향을 완화시킬 수 있도록 개인 또는 가족의 삶에 개입할 때 이루어진다(Yeagers & Roberts, 2015). 앞에서도 이야기했듯이 위기는 시간 제한성이 있으므로, 위기개입은 빠른 사정과 시기적절한 개입이 정말 중요하다. 이런 측면에서 위기개입은 단기치료 모델과 유사한 특성을 갖지만(Knox & Roberts, 2022), 단기치료는 심리 · 정서적 문제를 해결하는 데 초점을 맞춘다면, 위기개입은 촉진사건으로 인해 일시적으로 나타나게 된 정서적, 행동적 그리고 인지적 왜곡을 인식하고 고치도록 도움을 주는데 초점을 맞춘다(James & Gilliland, 2017). 또한 위기개입은 실행지향적(action-oriented) 모델로 현재를 중심으로 지금 여기에 존재하고 있는 위험한 사건(hazardous event), 상황 그리고 문제에 대해 초점을 맞춰서 진행하는 개입 방법이라고 볼 수 있다(Knox & Roberts, 2022). 위기개입의 개입 기간은 기관의 미션과 서비스, 클라이언트의 욕구와 자원 그리고 위기나 트라우마의 종류에 따라 정해진다. 예를 들어, 생명의 전화에서 진행하는 전화 위기상담은 1회 동안 모든 개입 과정이 이루어질 수도 있으며, 기관에 따라서는 위기를 경험하는 4~6주의 기간 동안 위기개입이 지속적으로 이루어지는 경우도 있다.

위기개입은 오랫동안 다양한 모델이 개발되었다(Aguliera, 1998; Everly & Mitchell, 2008; Greenstone & Leviton, 2002; James & Gilliland, 2017; Yeagers & Roberts, 2015). 대체로 기본적인 요소나 과정은 위기 이론을 토대로 개발되어 유사한 형태를 띠지만, 강조하는 점이나 개입의 단계 등에서 약간의 차이를 보인다. 다음에서는 이 가운데 가장 일반적으로 활용되고 있는 세 가지 개입 모델에 대해 간략하게 소개해 보고자 한다.

1) 로버츠의 7단계 위기개입 모델

가장 많이 활용되고 있는 위기개입 모델로 로버츠(Roberts)의 7단계 위기개입 모델을 꼽을 수 있다([그림 8-1] 참조). 이 모델은 클라이언트의 상황에 따라서 단계가 겹칠 수도 있기 때문에 정확한 개입 순서라기보다는 위기개입에 대한 전체적인 가이드로 이해하는 것이 더 적합하다. 각 개입의 단계를 살펴보면 다음과 같다(Yeagers & Roberts, 2015).

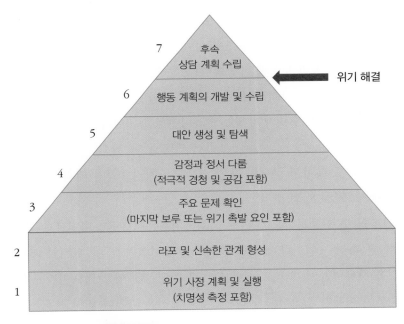

7   후속 상담 계획 수립   ← 위기 해결
6   행동 계획의 개발 및 수립
5   대안 생성 및 탐색
4   감정과 정서 다룸 (적극적 경청 및 공감 포함)
3   주요 문제 확인 (마지막 보루 또는 위기 촉발 요인 포함)
2   라포 및 신속한 관계 형성
1   위기 사정 계획 및 실행 (치명성 측정 포함)

그림 8-1 로버츠의 7단계 위기개입 모델

출처: Roberts & Ottens (2005), p. 333.

(1) 1단계: 위기(치명성 포함) 사정을 계획하고 실시한다

이 초기 개입의 단계에서 사회복지사는 기본적인 정보부터 수집하기 시작한다. 이때 가장 먼저 그리고 가장 빠르고 정확하게 해야 할 과업은 바로 위험 사정이다. 예를 들어, 상담가는 이 사람이 응급 의료의 개입이 필요한 상황인지(예: 약물과복용, 자살시도, 폭력 피해 등), 자살을 시도할 가능성이 있는지, 가해자로부터 또 다른 폭력 피해를 입을 수 있는 상황은 아닌지, 현장을 벗어나는 데 도움이 필요한 상황인지, 다른 사람이나 자신에게 위해를 가할 수 있는 상황은 아닌지 등 다양한 위험 상황에 대한 종합적인 사정을 빨리 진행해야 한다. 만약 클라이언트가 긴박한 위험 상황에 처해 있다면, 119나 경찰에 신고하여 즉각적인 도움을 받을 수 있도록 해야 하며, 폭력 가해자가 다시 돌아올 수 있는 위험한 상황이라면, 안전한 장소로 대피할 수 있도록 도움을 제공해야 한다.

(2) 2단계: 라포를 형성하고 협력적인 치료관계를 재빨리 형성한다

이 단계에서 사회복지사는 클라이언트와 라포를 형성하고 정서적인 유대 관계를 맺는 것을 목표로 한다(Cavaiola & Colford, 2018). 이때 사회복지사는 클라이언트에게 도움을 줄 수 있으며, 필요한 도움을 제공할 수 있는 적절한 기관이라는 점을 잘 설명하여 안심을 시켜야 한다. 또한 사회복지실천론에서 배웠던 클라이언트와 라포를 형성하는 데 필요한 태도인 존중과 수용의 자세로 클라이언트를 대해야 한다.

(3) 3단계: 위기를 촉발한 문제를 포함하여 클라이언트의 문제의 다각적인 측면들을 파악하고 정의한다

클라이언트의 문제를 파악하기 위해 사회복지사는, ① 클라이언트로 하여금 도움을 요청하도록 한 촉진 요인이나 최후의 한계가 무엇이었는지, ② 과거의 대처 전략은 주로 어떤 것을 사용했는지, 그리고 ③ 위험성과 치명성은 어느 정도인지 등과 같은 내용에 대한 충분한 이해가 필요하다. 이때 문제의 초점은 과거나 원인보다는 '현재' 그리고 '어떻게'에 맞춰져야 한다.

(4) 4단계: 감정과 정서를 탐색할 수 있도록 독려한다

이 단계는 3단계와 매우 밀접한 관련이 있으나, 예거와 로버츠(2015)에 따르면, 이 부분을 4단계로 따로 분류한 이유는 사회복지사가 문제해결에 너무 초점을 맞추다 보면 이 부분을 간과할 수 있기 때문이라고 한다. 사회복지사가 적극적인 경청과 공감을 통해 수용적이고, 지지적이며, 비판단적인 세팅에서 클라이언트로 하여금 자기 경험에 대한 감정과 정서를 충분히 표현할 수 있는 기회를 제공하는 일은 치료적인 차원에서 매우 중요하고 가치 있는 일임을 강조하고 있다.

(5) 5단계: 대안을 제시하고 탐색한다

위기는 일반적으로 기존에 활용하던 대처 방식이 효과적이지 않을 때 나타나기 때문에 위기개입의 핵심 가운데 하나는 클라이언트의 대처 기술을 확인하고, 이를 바꾸는 데에 있다. 특히 무의식적으로 활용하던 대처 기술들에 대해 클라이언트가 의식할 수 있도록 도와주는 것이 중요하며, 그다음에 부적응적인 대처 기술을 바꿀 수 있도록 도와주어야 한다. 예거와 로버츠(2015)는 이때 강점관점과 해결중심적 개입의 중요성을 언급하면서 클라이언트가 가지고 있지만, 활용되지 않았던 내재적 자원이나 바람직한 대처 기술을 이끌어 낼 수 있도록 하는 것이 중요함을 강조하고 있다. 이는 클라이언트가 과거에 성공적으로 대처했던 경험을 떠올리도록 함으로써 자신이 가지고 있는 강점에 대해 스스로 인지하도록 도와주어 클라이언트가 스스로 대안을 찾을 수 있는 통찰력과 힘을 길러 주고, 회복탄력성을 키울 수 있도록 도와주어야 한다.

(6) 6단계: 활동 계획을 수립한다

위기 이론에 따르면, 개인이 위기를 경험하는 이유는 촉진사건 그 자체보다는 이로 인해 발생하게 되는 인지적인 왜곡 때문이라고 볼 수 있다. 따라서 위기를 극복하기 위해 필요한 인지적 숙달(cognitive mastery)은 3단계를 통해서 이루어진다고 보았다.

첫째, 클라이언트는 어떤 일이 발생을 했고, 무엇이 위기를 초래하였는지에 대한 현실적인 이해가 필요하다.

둘째, 클라이언트는 촉진 사건에 대한 경험이 자신의 기대치, 삶의 목표 그리고 신념 체계와 어떤 갈등을 빚는지 등과 같은 구체적인 의미를 이해할 필요가 있다. 이때 사회복지사는 클라이언트의 말에 주의를 기울이면서 인지적 오류, 왜곡 혹은 비이성적인 신념 등을 파악하고, 클라이언트가 스스로 이러한 인지적 왜곡을 발견할 수 있도록 도와야 한다.

셋째, 인지적 숙달을 위해서 클라이언트는 인지를 비이성적인 신념이나 인지 오류를 대체할 수 있는 새로운 신념과 생각들로 재구조화하고 재건해야 한다. 이러한 재구조화의 과정은 정확한 정보 제공, 유사한 위기를 경험한 사람들과의 소통 등을 통해 이루어질 수 있다.

(7) 7단계: 사후 계획을 수립한다

위기가 해결이 되었어도 클라이언트가 실제로 잘 적응하고 있는지를 보기 위한 사후 개입이 필요할 수 있다. 또한 당장의 위기는 해결이 되었어도 필요한 경우에는 심리상담으로의 의뢰, 자조집단 모임 소개 등의 형태로 사후 계획을 수립하여 또 다른 위기를 예방할 수 있도록 클라이언트의 지지체계를 더 강화시킬 수 있다(Cavaiola & Colford, 2018).

2) SAFER-R 모델

SAFER-R 모델은 보다 최근에 많이 활용되고 있는 위기개입 모델이다. SAFER-R 모델은 급성 위기 반응을 보이는 사람을 위한 모델이며, 이들이 경험하고 있는 심각한 디스트레스를 완화시키고, 이후에 정신건강 치료를 받을 수 있도록 도와주는 데 목적을 가진 모델이다(Everly & Mitchell, 2008). SAFER-R은 상황 안정화(stabilize), 위기 인정하기(acknowledge), 이해 촉진하기(facilitate understanding), 적응적 대처 기술 장려하기(encourage adaptive coping), 기능회복 및 의뢰(restore function or refer)의 앞글자를 따서 만든 단어이다(Everly & Mitchell, 2008). SAFER-R 모델은 촉진 사건을 경험한 사람이 즉각적으로 필요한 생심리사회적 욕구를 다루기 위해 개발되었다(Neals, n. d.). 에벌리와 미첼(Everly & Mitchell, 2008)이 제안한 각 단계를 구체적으로 살펴보면 다음과 같다.

(1) 상황 안정화(stabilize)

사회복지사는 클라이언트에게 자신을 먼저 소개하고, 주변 환경을 빨리 파악하여 클라이언트의 안전을 비롯한 기본적인 욕구가 충족될 수 있도록 조치를 취해야 한다. 또 이 단계에서는 현재 갈등이 고조되거나, 더 이상 현 상황이 자신과 타인에게 해를 입힐 수 있는 상황으로 악화될 수 있는 가능성을 낮추는 것이 가장 중요하다. 따라서 위기를 경험하고 있는 사람과 적대적으로 대치하고 있는 사람이 있다면, 둘을 떨어뜨려 놓아야 하며, 만약 위기를 고조시키는 스트레스원이 존재하는 장소에 있다면, 가능한 한 다른 곳으로 이동하여 이야기를 나눌 수 있도록 해야 한다(Eaton-Stull & Miller, 2015). 클라이언트나 주변에 있는 사람이 위험할 수 있다는 판단이 들면, 구조대원이나 경찰 등의 도움을 요청할 필요가 있다.

(2) 위기 인정하기(acknowledge)

위기 인정하기 단계에서 사회복지사는 무슨 일이 일어났는지 그리고 클라이언트는 이 상황에 대해 어떻게 반응하고 있는지를 이해하기 위해 경청과 전문적인 의사소통 기술을 활용한다. 이 단계에서 클라이언트는 무슨 일이 일어나고 있는지를 설명할 수 있는 기회뿐만 아니라, 누군가 자신의 이야기를 비판단적이고 지지적인 환경에서 경청하고 있다는 정서적 안정감을 얻을 수 있다. 따라서 잘잘못을 따지거나 오류를 지적하기보다는 클라이언트가 솔직하게 자신의 이야기를 전달할 수 있는 분위기 조성이 필요하다.

(3) 이해 촉진하기(facilitate understanding)

이 단계에 이르렀다면, 이제 사회복지사와 클라이언트는 위기에 대해 어느 정도 공유한 상태라고 볼 수 있다. 세 번째 단계에서 사회복지사는 좀 더 위기에 대한 깊은 이해를 이끌어 낼 필요가 있다. 이때 사회복지사는 클라이언트가 촉진 사건의 영향에 대해 보다 잘 이해하고, 클라이언트가 느끼고 있는 여러 가지 복합적인 감정들을 표현할 수 있도록 도와준다(Eaton-Stull & Miller, 2015). 또한 이러한 위기 반응이 지극히 정상적이며, 다양한 형태의 위기 반응이 있다는 것을 클라이언트에게 알려 줌으로써 클라이언트가 조금 더 자유롭고 편안하게 자신의 감정을 표현할 수 있도록 독려한다. 위기는 촉진 사건에 대한 클라이언트의 인식과 해석에 의해 발생하기 때문에 클라이언트가 자신의 언어로 자신의 반응과 감정을 이해하고 표현하는 일이 중요하다. 이 때 사회복지사는 클라이언트가 표현한 위기 반응과 감정에 대해 공감과 인정을 제공해야 한다.

(4) 적응적 대처 기술 장려하기(encourage adaptive coping)

어느 정도 위기 반응에 대한 이해가 이루어졌다면, 이제는 그 위기에 어떻게 대처할 것인지 살펴보고 구체적인 활동 계획을 세울 차례이다. 이 단계에서는 클라이언트가 어느 정도의 기능이 가능한지 파악할 필요가 있으며, 클라이언트의 상황에 맞는 행동 계획을 세워야 한다(Eaton-Stull & Miller, 2015). 만약 클라이언트의 위기가 너무 심각하여 위험하다고 판단된다면, 보다 전문적인 응급 개입이 필요하며, 클라이언트의 동의를 얻어 의뢰의 과정을 직접 진행하거나, 클라이언트가 직접 방문할 수 있도록 도움을 제공할 수 있다. 그러나 클라이언트가 어느 정도 기능 수준이 된다면, 먼저 다양한 개입과 대처 전략을 살펴보고, 클라이언트가 가장 적절한 대처 방안을 세울 수 있도록 도와주어야 한다(Eaton-Stull & Miller, 2015). 예를 들어, 클라이언트가 가지고 있는 지지원에는 어떤 것이 있는지, 전에 성공적으로 활용했던 대처 전략에는 어떤 것들이 있었는지 그리고 스트레스를 관리하기 위해 자주 활용했던 방법들은 어떤 것인지를 파악할 필요가 있다. 사회복지사는 지지원이나 대처 자원에 대한 이해를 통해 기존의 자원 활용을 권유할 수 있으며, 또한 지금까지 클라이언트가 활용해 보지 않았던 스트레스 관리 방법이나 이완 훈련 방법 등을 소개할 수 있다(Eaton-Stull & Miller, 2015). 이때 클라이언트가 당장 시도해 볼 수 있는 활동으로 계획을 세우는 것이 중요하다(Eaton-Stull & Miller, 2015).

(5) 기능회복 및 의뢰(restore function or referral)

마지막 단계는 클라이언트가 성공적으로 위기를 해결했거나 해결 계획이 수립되었을 때 이루어진다. 이상적으로 클라이언트는 이때 어느 정도 상황에 대한 통제력이 생겼다고 느끼며, 감정적으로도 더 안정된 상태이다. 좀 더 장기적으로 클라이언트의 심리적인 문제를 해결하기 위한 개입이 필요하다고 판단되면, 전문적인 상담 서비스로 의뢰할 수 있다. 또한 클라이언트의 적응 정도를 파악하기 위해 사회복지사는 추후에 언제 다시 연락할 것인지에 대한 약속을 정하기도 한다.

3) 카바이올라와 콜포드의 L-A-P-C 모델

카바이올라와 콜포드(Cavaiola & Colford, 2018)는 다양한 위기개입 모델을 분석한 결과, 궁극적으로는 다음과 같은 네 가지 단계로 귀결된다고 정리하였다.

① L-경청(Listen)
② A-사정(Assess)
③ P-계획(Plan)
④ C-실행(Commit)

(1) 경청(Listen)

경청 단계는 사회복지사가 클라이언트의 위기에 대한 설명을 듣는 단계라고 볼 수 있다. 이 단계에서 사회복지사는 적극적인 경청을 활용하여 클라이언트가 자유롭게 언제, 어디서, 어떤 사건들로 인해 위기가 발생하게 되었으며, 그 당시에는 누가 있었고, 그 이후에 무슨 일이 일어났는지 등에 대해 설명할 수 있도록 독려하고 도와준다. 사회복지사는 적극적으로 클라이언트가 하는 말들을 들어주고, 지지해 주면서, 추가 질문을 통해 위기에 대한 명확한 이해를 추구한다. 이때 사회복지사는 클라이언트에게 다음과 같은 세 가지 메시지를 전달할 필요가 있다.

첫째, 클라이언트는 이제 안전하다는 확신을 주어야 한다. 사회복지사는 자신이 안전한 사람이라는 인상을 클라이언트에게 주어야 하며, 신뢰관계를 수립하는 데 필요한 근간을 마련해야 한다.

둘째, 사회복지사는 위기 촉진 사건에 대한 즉각적인 통제를 통해 클라이언트가 안전함을 느낄 수 있어야 한다. 예를 들어, 클라이언트가 공개된 장소에 노출되어 있다면, 프라이버시가 보장될 수 있는 사무실로 이동하여 안전감을 느끼도록 할 수 있다. 가능하면 클라이언트에게도 선택할 수 있는 일들을 제공하여 상황에 대한 통제력을 조금씩 회복하도록 도와준다.

셋째, 클라이언트의 이야기를 경청하고 있다는 인식을 심어 주어야 한다. 카바이올라와 콜포드(2018)는 이때 클라이언트의 이야기를 충분히 깊게 들어 주어야 한다는 점을 강조한다. 간혹 열성적인 사회복지사들은 클라이언트가 위기에 대한 이야기를 다 하기도 전에 섣부르게 개입함으로써 중요한 사실을 놓치거나, 이미 여러 차례 실패했던 전략을 제안하여 개입을 그르치는 경우가 있다고 지적하였다. 하지만 반대로 클라이언트를 심문하여 위기에 대한 아주 구체적인 정보까지 수집을 하는 일도 피해야 한다. 경청

단계에서는 클라이언트가 지지적이고 공감적인 분위기에 자신의 이야기를 풀어 놓을 수 있도록 독려해야 한다는 점을 강조하고 있다.

(2) 사정(Assess)

사정 단계는 클라이언트가 위기에 어떤 반응을 보이고 있는지 이해하는 과정이라고 볼 수 있다. 클라이언트의 행동, 감정적 상태, 사건에 대한 해석과 인식 등에 대해 심도 있는 사정을 진행해야 하며, 클라이언트가 가지고 있는 강점, 잠재적인 지지체계 등에 대해서도 파악해야 한다. 이때 사회복지사는 언어적 정보뿐만 아니라 비언어적 의사소통을 통해 얻은 정보를 활용하여 사정을 진행해야 한다.

(3) 계획(Plan)

계획 단계는 클라이언트가 실행하고, 사회복지사가 지원할 수 있는 다양한 행동 계획을 클라이언트 스스로 세우는 일을 도와주거나, 사회복지사가 직접 다음에 취해야 행동들에 대해 계획을 알려 주는 단계라고 볼 수 있다. 궁극적으로 위기개입의 목표는 두 가지라고 볼 수 있다. 첫 번째 목표는 위기의 직접적인 영향으로부터 클라이언트가 회복할 수 있도록 도와주는 것이다. 두 번째 목표는 행동계획을 통해 클라이언트에게 희망과 임파워먼트를 제공하는 것이다. 대체로 클라이언트들은 자신들이 생각하는 것에 비해 더 다양한 문제해결능력과 대처 전략을 가지고 있다. 따라서 클라이언트들이 가지고 있지만, 잘 활용하지 않았던 내적 자원을 조금 더 잘 활용할 수 있도록 도와주는 것이 위기개입을 진행하는 사회복지사의 역할이다.

(4) 실행(Commit)

실행 단계는 클라이언트는 사회복지사와 함께 세운 행동계획을 적용하고 실행한다. 위기개입 과정에서는 여러 가지 계획과 대안에 대해 논의할 수 있으나, 실제로 클라이언트는 이 가운데 실행할 수 있는 옵션을 선택하여 결정을 해야 한다. 이 가운데 한 가지 계획을 결정하면, 클라이언트는 이를 실행하면서 사회복지사와 주기적으로 진행 과정에 대해 이야기하거나, 필요에 따라서는 의뢰를 통해 보다 전문적인 의료진 혹은 상담가가 개입하도록 할 수도 있다. 이 단계는 실행할 계획을 결정하고 난 이후에 위기가 종결될 때까지의 모든 과정이 포함된다고 볼 수 있다.

이 밖에도 상당히 많은 종류의 위기개입 모델이 있다. 각 모델에 대한 효과성 검증은 아직까지 진행 중이며, 결과도 일관되게 나타나고 있지는 않다. 그러나 효과적인 위기개입은 위기를 경험하고 있는 사람의 정신건강에 더 심각한 문제가 발생하는 것을 예방할 수 있으며(Roberts & Everly, 2006), 실제로 정신질환이 있는 사람의 응급실 방문과 재입원을 예방하는 효과가 있는 것으로 나타났다(Visser, Comans, & Scuffham, 2014). 가정에서 이루어지는 집중적인 위기개입은 아동의 분리보호 조치를 감소시킬 수 있는 효과를 지니고 있으며(Roberts & Everly, 2006), 가까운 지인의 자살을 목격한 이후에 받은 위기개입은 이들의 자살시도를 예방하는 효과가 있는 것으로 나타나기도 하였다(Visser et al., 2014).

3. 국내 의료 현장에서의 위기개입

의료 현장에서의 위기개입은 다양한 위기에 대한 개입으로 이루어진다. 가장 대표적인 위기로는 심각한 중증 질환에 대한 진단을 받거나, 갑자기 응급수술을 받게 되었을 때를 꼽을 수 있다. 또 때로는 중대한 치료 결정을 내려야 하는 위기를 경험하게 되기도 한다. 예를 들어, 암진단을 처음에 받았을 때는 비교적 적응적인 방식으로 대처가 잘 이루어졌고, 수술 및 항암치료도 성공적이었으며, 의사의 처방을 성실히 따르면서 순조롭게 회복되고 있다고 여겼던 암환자가 암이 재발되었다는 사실을 알게 되었을 때 위기를 경험할 수 있다. 또 뇌졸중으로 갑자기 장애가 발생하여 자신이 예전과 같은 신체적 기능을 갖고 있지 않다는 사실을 깨닫게 되었을 때도 위기를 경험할 수 있다. 이처럼 중증 질환을 앓게 된 사람은 위기에 취약할 수 있으며, 의료적 위기를 경험할 수 있는 다양한 촉진 요인이 존재한다. 예를 들어, 클라이언트는 갑작스럽게 자신에게 질환이 있다는 것을 알게 되었을 때 질환으로 인하여 자신의 삶이 달라졌다는 것을 인정해야 할 때 병원 내 전문가의 돌봄에서 벗어나 혼자 혹은 가족들과 함께 생활을 시작해야 할 때 등 다양한 순간에 위기를 경험할 수 있다.

의료 현장에서의 위기는 질환으로 인해 나타날 수도 있지만, 촉진 사건으로 인해 병원 치료를 받아야 하는 위기 상황도 많다. 2022년 응급의료 통계연보에 따르면, 응급실을 이용한 사람 가운데 약 24.4%는 질병외 손상의 이유로 응급실을 이용하였으며, 이 가운데 미끄러짐(22.4%), 부딪힘(18.0%), 교통사고(14.4%), 베임·찔림(14.1%) 등의 이유로 응급실을 이용하였다(중앙응급의료센터, 2023). 대부분의 응급실 이용자는 치료를 받은 이후에 귀가(84.7%)를 하였지만, 입원(13.3%)을 한 비율도 유의미하게 높았다(중앙응급의료센터, 2023). 더 나아가 2022년 우리나라 사망통계를 살펴보면, 0~9세 사망원인 가운데 가해(타살)로 인한 사망이 4위였으며, 10~29세의 사망원인 가운데 운수사고가 3위로 나타나 위기로 이어지는 트라우마나 촉진 사건 자체로 응급실을 이용할 가능성이 높음을 시사한다(통계청, 2023). 또한 위기로 인해 응급실을 이용할 가능성도 매우 높다. 2022년 사망통계를 살펴보면, 전체 인구에서는 고의적 자해(자살)로 인한 사망률이 6번째로 높았으며, 10~39세의 사망원인 1위가 고의적 자해(자살)인 것으로 나타났다(통계청, 2023). 더욱이 40대와 50대에서도 암 다음으로 높은 사망원인으로 고의적 자해(자살)로 꼽히고 있어 자살은 매우 심각한 사회적 문제라고 볼 수 있다(통계청, 2023). '2021~2022 응급실 자해·자살 시도자 내원현황'을 보면, 2022년 전국 응급실 이용 건수 가운데 자해·자살 시도는 약 43,268(전체 0.56%)건인 것으로 나타나 응급실에서 자해·자살에 대한 위기개입의 필요성을 보여 주고 있다(국립중앙의료원 중앙응급의료센터, 2023).

이처럼 의료 현장에서는 다양한 곳에서 위기개입이 필요하며, 특히 응급실을 이용하는 환자에 대한 위기개입이 적극적으로 이루어질 필요가 있다. 다음은 우리나라 의료 현장에서 이루어지고 있는 위기개입 사업들에 대해 간략한 소개이다.

1) 생명사랑 위기대응센터

우리나라는 10대부터 50대까지 자해 및 자살로 인한 높은 사망률을 보일 정도로 자살은 심각한 문제임을 앞서 언급하였다. 모든 자해 및 자살 시도자가 병원을 이용하는 것은 아니지만, 심각한 손상을 입은 사람들은 대체로 응급실을 방문하기 때문에 자살자를 발견하고 이후의 자해 및 자살을 예방하기 위한 개입의 기회로써 응급실은 매우 중요한 관문이라고 볼 수 있다(전홍진, 2011). 자살시도자의 자살위험은 일반인과 비교했을 때 약 25배 이상인 것으로 나타나 자살시도자에 대한 자살 재시도 예방 노력이 반드시 필요하다(안용민 외, 2014).

우리나라는 응급실을 이용한 자살시도자의 재시도를 방지하기 위해 2013년부터 응급실 기반 자살시도자 사후관리사업을 진행하고 있다. 응급실 기반 자살시도자 사후관리사업은 「자살예방 및 생명존중문화 조성을 위한 법률」 제7조를 근거로 2013년 7월부터 시행되었다. 이 사업은 응급실에 내원한 자살시도자의 정서적 안정을 촉진하고, 필요한 치료·상담 서비스 등을 연계하여 자살 재시도 및 자살 예방을 목적으로 하고 있다. 응급실 기반 자살시도자 사후관리 사업은 보건복지부가 수행기관인 '생명사랑 위기대응센터'를 공모하고 선정하며 한국생명존중희망재단이 위탁 관리 및 지원을 하는 체계로 운영되고 있다. 현재 '생명사랑 위기대응센터'로 선정된 병원은 2023년에 약 84곳으로 확대되었으며(한국생명존중희망재단, 2023), '생명사랑 위기대응센터'에는 정신건강의학과, 응급의학과, 사례관리자(정신건강전문요원, 간호사, 사회복지사, 임상심리사 등)로 사례관리팀을 구성하여 운영하고 있다(보건복지부, 2023a). '생명사랑 위기대응센터'에서 정신건강의학과, 응급의학과 그리고 사례관리팀의 주요 업무를 살펴보면 〈표 8-1〉과 같다.

구체적으로 사례관리팀의 업무를 살펴보면(보건복지부, 2021a), 먼저, 초기상담을 진행하면서 응급실 기반 자살시도자 사후관리 사업에 대한 소개도 하고, 사후 관리 서비스에 대한 동의를 얻으며, 환자에 대한 주요 정보를 수집하고, 정신건강의학과에 자살시도에 대한 정신의학적 평가를 의뢰한다. 그 이후에 자살시도자의 초기평가, 정신의학적 평가 그리고 환자 및 가족과의 면담결과를 토대로 사례관리 계획을 수립한다. 사례관리 계획을 바탕으로 주 1회 이상 대면 혹은 비대면 사례관리 면담을 진행하며(총 4회), 이때 자살 위험성에 대한 모니터링 및 상담을 시행한다. 병원에서의 사례관리가 종료된 이후에 지역에서도 지속적인 사례관리가 이루어질 수 있도록 정신건강복지센터·자살예방센터로 연계한다. 또한 사례종결 이후 혹은 사례관리에 동의하지 않은 사례에 대해

표 8-1 생명사랑 위기대응센터 업무

영역	주요업무	업무 정의
사례 관리팀	의뢰 환자 연계관리	• 일반응급의료기관에서 의뢰된 환자의 외래일정 모니터링 • 일반응급의료기관에서 의뢰된 환자의 심층평가 참여 독려
	초기상담	• 응급의학과에서 연계된 자살시도자와 초기면담 진행 • 응급실 기반 자살시도자 • 사후관리서비스 제공 동의 요청
	정신과적 평가의뢰	• 초기평가 결과 바탕으로 정신건강의학과 의뢰
	사례관리 대상등록	• 서비스 제공에 동의한 자살시도자는 퇴원 후 사례관리팀과 4주 동안 접촉(전화, 대면상담) • 정신과적 치료를 위한 외래치료 연계
	지역서비스 연계	• 사례관리 후 지속관리를 위한 지역정신건강복지센터 또는 자 살예방센터 연계
	종결 · 모니터링	• 자체 종결사례 또는 사례관리에 동의하지 않은 자살시도자에 대한 사후 모니터링, 서비스 재진입 유도
응급 의학과	신체적 평가	• 신체적 상해에 대한 응급처치 수행
	자살 시도 확인	• 자살시도자의 상해가 자살 시도로 인한 것인지 확인
	초기안정화	• 신체적 안정화 및 초기 정서적 안정화 과정 수행 • 자살시도자 초기평가지 작성
	사례관리팀 의뢰	• 응급실 진료 중 과거 자살 시도 또는 현재 자살사고가 확인된 경우 동의를 얻어 사례관리팀으로 의뢰 • 응급처치 시 발견한 정보를 자살시도자 초기평가지에 작성 후 의뢰 시 첨부
정신건강 의학과	진단평가	• 자살 시도와 관련한 정신과적 진단평가 • 정신건강의학과 의뢰는 응급의학과 의료진 또는 사례관리자 에 의해 의뢰될 수 있음
	입원 치료	• 자살 시도에 대한 위험성이 있는 경우라 판단될 경우 입원치료
	사례 슈퍼비전	• 사례관리서비스에 대한 슈퍼비전

출처: 보건복지부(2021), p. 11.

서도 사후 모니터링을 하며, 필요에 따라서는 서비스 재진입을 유도하기도 한다.

2022년에 응급실 기반 자살시도자 사후관리 사업에 참여하여 사례관리 서비스를 완료한 1만 1,321명을 대상으로 서비스 효과를 분석한 결과, 사례관리 면담 당시에 전반적 자살위험도가 높은 사람의 비율이 약 60% 감소(15.6% → 6.5%)하였다(보건복지부, 2023b). 김태한 등(2022)의 연구에서도 실제로 응급실기반 자살시도자 사후관리 사업에 참여했던 환자의 자살에 의한 사망률이 참여하지 않았던 환자의 사망률과(4.5% vs. 12.4%, P<0.001) 통계적으로 유의미한 수준에서 차이가 있는 것으로 나타나 생명사랑 위기대응센터에서 제공하는 사후관리 사업이 어느 정도 효과적인 것으로 나타나고 있다.

2) 해바라기 센터

병원에서 운영하는 또 다른 위기개입 사업으로 성폭력 피해자 지원을 위한 해바라기 센터 사업을 꼽을 수 있다. 해바라기 센터는 성폭력 피해자 통합지원센터를 일컫는 명칭으로 「성폭력 방지 및 피해자 보호 등에 관한 법률」 제18조(피해자를 위한 통합지원 센터의 설치 · 운영)를 근거로 2004년에 처음 설립되었다. 현재는 전국에 약 39개의 센터가 설립되었으며, 성폭력 · 가정폭력 · 성매매 피해자에게 365일 24시간 상담, 의료, 법률, 수사지원을 통합적으로 제공함으로써, 피해자가 폭력 피해로 인한 위기 상황에 대처할 수 있도록 지원하고, 2차 피해를 예방하는 데 그 목적이 있다(여성가족부, 2023). 또한 19세 미만 성폭력 피해를 입은 아동 · 청소년과 지적장애인, 개입이 필요한 성인 등에 대하여 의학적 · 심리적 진단과 평가 및 치료, 사건조사, 법률지원, 사회적 지원, 지지체계로서의 가족기능 강화를 위한 상담 서비스 등을 통합적으로 한 곳에서 지원하고 있다(여성가족부, 2023).

성폭력은 성과 관련이 있는 여러 가지 형태의 가해행위를 포괄하는 개념으로 다양하게 정의되고 있다. 심혜선 등(2015)에 따르면, 성폭력은 "피해자가 원하지 않거나 동의 없이 행하여진 직 · 간접적인 성적행위"로, 신체적 손상뿐만 아니라 정신적 손상도 포함하는 개념임을 강조하고 있다. 성폭력 피해자는 강간외상 증후군(rape trauma syndrome)을 경험하기도 하는데, 강간외상 증후군은 총 3단계로 이루어져 있다(RAINN, 2016).

(1) 급성기(acute stage)

성폭력이 발생한 직후에 나타나며, 보통 몇일에서 몇주 동안 지속된다. 주요 반응에 따라 분류해 보면 표현형, 통제형 그리고 쇼크로 인한 불신형으로 나눌 수 있다. **표현형**은 주로 감정을 솔직하게 표출하며 경우에 따라서는 감정적으로 흥분된 상태거나 히스테리를 부리는 것처럼 보이고 울거나 과도한 불안 상태가 지속되기도 한다. **통제형**은 아무 일도 일어나지 않은 것처럼 행동하고, 감정을 전혀 표출하지 않는 상태를 보인다. 마지막으로, **쇼크로 인한 불신형**은 피해자가 심각한 혼란 상태를 보이고 집중하거나, 의사결정을 하며 일과를 수행하는 데 어려움을 경험할 수 있다. 그리고 당시 상황에 대해 잘 기억을 하지 못하는 경우도 있다.

(2) 표면적 적응기(the outer adjustment stage)

성폭력 피해자들은 속으로는 엄청난 감정적 고통을 경험하면서도 겉으로는 일상생활로 복귀한 것으로 보여지는 시기이다. 이때 다양한 생리적(지나친 주위 경계, 불면증, 과도하게 깜짝깜짝 놀람, 공황장애, 섭식 장애, 자해 등) 그리고 심리정서적 반응(쇼크, 부인, 분노, 우울, 사회적 위축, 무감각, 악몽, 집중의 어려움, 자존감 하락, 타인에 대한 신뢰 하락, 기억 장애 등)을 보이며, 이러한 증상들에 대처하기 위해 축소하기(아무일도 일어나지 않았다고 여김), 드라마화 시키기(지속적으로 일어난 일에 대해 이야기함), 억압하기(말하는 것을 거부하기), 설명하기(사건에 대한 지나친 분석), 피하기(고통을 피하기 위한 여러 가지 시도) 등과 같은 다섯 가지 대처 기술을 활용한다(Cavaiola & Colford, 2018).

(3) 회복기(the renormalization stage)

이 시기에는 성폭력이 더 이상 피해자의 삶을 지배하지 않는다. 성폭력이 일어났다는 것을 인정하고, 이 사건을 잊을 수 없다는 것을 인식하지만, 언제까지 여기에 얽매일 수 없다고 판단하여 이후의 삶을 의미 있게 살아가기 위해 노력하는 단계라고 볼 수 있다.

이처럼 성폭력 피해자들은 사건 직후에 엄청난 신체적 · 생리적 · 정신적 고통을 경험하지만, 성폭력 가해자를 제대로 처벌하기 위해서는 사건이 발생한 직후에 증거를 잘 수집해야 하는 과업도 수행해야 한다. 해바라기 센터에서는 성폭력 피해자가 최대한 심리적으로 안정된 상태에 대해서 사건에 대해 진술하고, 증거를 확보할 수 있도록 수사·상담·의료지원을 제공하고 있다(여성가족부, 2021). 또한 성폭력 피해로 인해 피해자가 가지고 있는 심리사회적 욕구를 파악하고, 이를 해결할 수 있는 개입 방안을 수립하여 진행한다. 피해자는 성폭력 피해로 인하여 신체적·생리적·심리정서적 어려움을 경험하고 있으므로, 이러한 어려움에 잘 대처하고, 성폭력 피해로부터 잘 회복될 수 있도록 개입을 진행하거나, 피해자의 동의를 얻어 전문적인 지역사회자원으로 연계한다. 그리고 가족 등의 주변환경 체계에 개입하여 피해자가 주위로부터 적절한 옹호와 지지를 받을 수 있도록 한다(여성가족부, 2023).

2023년을 기준으로 해바라기 센터를 이용한 사람은 약 23,419명이며, 이 가운데 성폭력 피해로 센터를 이용한 사람은 약 16,221명인 것으로 나타났다. 해바라기 센터에서 제공한 서비스 건수는 약 401,167건이며, 이는 1인당 약 17.1건으로 파악되었다. 이 가운데 상담지원이 126,683건으로 가장 많았으며, 그다음으로 의료지원이 101,081건으로 나타났다. 이 외에도 수사 법률지원(61,912건) 그리고 심리지원(32,086건) 등의 서비스를 제공하고 있다. 이처럼 위기로 이어지기 쉬운 성폭력 범죄 사건 이후에 해바라기 센터에서는 다양한 서비스를 한 곳에서 제공함으로써 피해자가 적극적으로 그리고 적응적인 방법으로 위기를 극복할 수 있는 방안을 마련하는 데 도움을 제공하고 있다. 그러나 해바라기 센터 운영에 대한 의료기관의 부담, 365일 24시간 서비스를 제공해야 하는 운영상의 어려움 그리고 해바라기 센터 근무자들의 과중한 업무 부담으로 인하여 센터 유지에 대한 어려움을 호소하는 기관이 늘고 있으며, 센터 사업을 중단한 사례도 발생하고 있어 이에 대한 근본적인 해결책이 필요한 상황이다(이미정, 홍세은, 정다은, 이인선, 2022).

3) 새싹지킴이병원

2022년 아동보호전문기관에 아동학대 의심사례로 신고된 사례는 약 44,531건이며, 이 가운데 아동학대사례로 판정된 사례는 약 27,971 사례로 전체 아동학대 의심사례 가운데 62.8%를 차지하고 있다(아동권리보장원, 2023a). 2022년의 아동학대 의심사례 수는 2021년의 사례 수(52,083)보다는 약간 감소하였으나, 지금까지 거의 해마다 증가하고 있어 아동학대가 우리 사회에 여전히 심각한 문제로 존재하고 있음을 보여 주고 있다. 아동학대가 의심되면, 누구나 신고를 할 수 있지만, 특히 초·중·고 교사, 의료인, 사회복지사, 구급대원, 사회복지시설 종사자 등의 직종에 종사하는 사람들은 「아동학대범죄의 처벌 등에 관한 특례법」에 근거하여 아동학대 범죄를 알게 된 경우나 그 의심이 있는 경우 즉시 수사기관에 의무적으로 신고하도록 법적으로 규정하고 있다. 따라서 병원에서 일하고 있는 의료진, 사회복지사 등은 아동학대를 발견하게 되었을 때 학대를 신고하고 이에 필요한 지원을 해야 하는 신고 의무자들이다.

아동학대로 인해 심각한 손상을 경험한 아동들이 병원을 내원하는 경우가 많기 때문에 병원은 아동학대를 발견할 수 있는 하나의 게이트웨이(gateway) 역할을 수행할 수 있다는 높은 기대에도 불구하고, 지금까지는 여러 가지 한계로 인해 그 역할에 소극적이었다. 이를 해결하기 위해 2017년에 「아동복지법」을 개정하여 학대 피해 아동의 치료를 전담하는 아동학대 전담의료기관을 설립할 수 있는 법적 근거를 마련하였으며, 2021년부터 본격적으로 아동학대 전담의료기관을 지정하여 운영하기 시작하였다(정대희, 김민아, 지현경, 곽영호, 2022). 아동학대 전담의료기관 사업은 새싹지킴이병원 사업으로 명칭을 변경하여 2023년부터 전국적으로 사업이 확산되고 있다. 새싹지킴이병원 사업은 피해 아동의 의료 사각지대를 방지하며, 기관별 아동학대 대응에 대한 협력을 강화하고, 피해 아동의 신체적·정신적 회복을 지원함으로써 피해 아동의 보호 및 회복지원을 강화하는데 목적이 있다(아동권리보장원, 2023b).

새싹지킴이병원으로 명명되는 아동학대 전담의료기관은 지역 전담의료기관(이후 지역 새싹지킴이병원)과 광역 전담의료기관(이후 광역 새싹지킴이병원)으로 나뉜다([그림 8-2] 참조). 지역 새싹지킴이병원은 학대 피해나 학대 피해 의심 아동을 우선 진료하고, 진단서나 소견서를 통한 신속한 학대 판단을 진행하며, 피해 아동의 회복을 위한 지속적이고 장기적인 치료 등을 제공한다(보건복지부, 2021b). 반면에 광역 새싹지킴이병원에서는 지역 새싹지킴이병원을 대상으로 교육을 진행하고, 고난이도 아동학대 판단에 대한 자문을 진행하며, 중대 아동학대 사건에 대한 전문적인 치료 등을 제공함으로써 지역의 아동학대 전담의료기관의 거점 역할을 수행한다(보건복지부, 2021b).

광역 새싹지킴이병원은 소아청소년과, 정신건강의학과, 응급의학과 등의 관련 진료과의 다학제적 접근이 가능한 상급종합병원이 채택되며, 채택된 병원에서는 여러 진료과의 의사, 변호사, 임상심리사, 의료사회복지사가 함께 신속하게 아동학대 사례에 대응할 수 있도록 아동보호위원회를 설치하여 운영한다(정대희 외, 2022). 의료사회복지사는 아동학대 사례가 발생했을 때 즉각적인 대응을 한다. 담당 의료사회복지사는 의료진을 통해 신고된 아동학대 피해 사례에 대한 기존 아동학대 대응체계(아동보호전무기관, 아동학대전담공무원, 경찰 등)와 협력하여 아동학대 의심사례에 대한 병원 내의 일원화된 창구를 통해 대응할 수 있도록 한다(정대희 외, 2022). 또한 아동학대 피해 아동과 가족에 대한 면담을 진행하고, 아동학대 피해 아동에 대한 사례관리를 수행하여 피해 아동에게 필요한 지역사회자원을 연계한다. 또한 병원 내에 아동보호위위원회의 운영과 관련하여 전반적인 실무를 담당하며, 대체로 새싹지킴이병원과 관련된 업무도 의료사회복지사가 담당하는 경우가 많다.

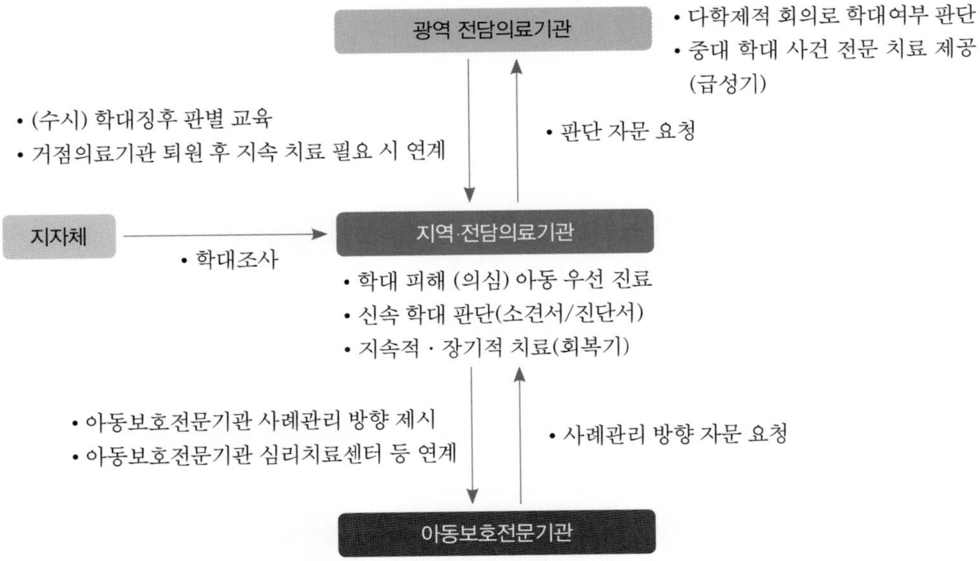

그림 8-2 아동학대 전담의료기관 운영 체계

출처: 보건복지부(2021). 아동학대 대응체계 보완방안, p. 16.

외국의 병원 내 아동학대 대응체계를 살펴보면, 대체로 많은 나라의 병원에서는 아동 및 아동학대와 관련된 전문성을 갖춘 사람들(예: 의사, 간호사, 사회복지사 등)로 아동학대전담팀을 구성하여, 이들을 중심으로 의심사례에 대한 아동학대 여부를 판단하고, 아동학대로 판단된 사례에 대해서는 아동보호 관련 국가 기관에 신고를 한다(Alfandari & Taylor, 2023). 그러나 신고 이후에 아동학대 전담팀이 피해 아동과 그 가족에게 개입하는 정도는 나라마다 편차가 있는 것으로 나타났다. 아동학대전담팀이 적극적으로 아동학대 사례에 개입하는 경우에는 아동학대전담팀에서 피해 아동에게 치료 및 상담 · 지원 서비스 등을 직접 제공하거나 연계한다(Alfandari & Taylor, 2023).

아동학대에 노출된 피해 아동은 대체로 가족이나 가까운 관계에서 발생하는 반복적이고 지속적인 트라우마의 노출을 의미하는 '복잡한 트라우마'을 경험하게 된다. 복잡한 트라우마를 경험한 아동은 애착, 생리적 체계, 감정 조절, 행동조절, 인지, 자기 개념 등 다양한 발달적 혹은 기능적 측면에서 취약성을 갖는다(Webster, 2013). 아동학대 자체도 피해 아동에게는 너무나도 큰 트라우마로 작용하지만, 아동학대 신고로 인해 경험하게 되는 일들도 아동에게는 촉진 사건이 될 수 있을 정도로 큰 트라우마가 될 수 있다. 따라서 아동이 병원에서 치료를 받을 때 적절한 위기개입을 통해 현재 경험에 대한 자신의 감정과 생각을 잘 표현할 수 있도록 도와주고, 심리적인 디스트레스를 줄이며, 부적절한 방어기제가 작동하기 전에 적응적으로 대처할 수 있는 대처 전략과 기제를 강화시켜 줄 필요가 있다(Webb, 2015).

위기개입의 과정에 맞춰서 의료사회복지사는 아동과의 상담을 통해 학대 사건에 대한 아동의 생각과 감정을 충분히 들어 줘야 하는 동시에, 아동의 안전이 보장될 수 있도록 조치를 취해야 한다. 아동은 이미 너무나도 많은 트라우마에 대한 노출로 인하여 급박하게 돌아가는 현재 상황에 대해 큰 불안감을 느낄 수 있다. 따라서 의료사회복지사는 아동에게 아동보호전담공무원, 경찰 그리고 의료사회복지사의 역할에 대해 이해할 수 있도록 도와주고, 신고 이후에 일어날 일들에 대해 아동의 발달에 맞게 설명해 주어야 한다(Webster, 2013). 학대에 대한 경험에 대해서 학대 가해자는 대체로 아무에게 말하지 말라고 강요하는 경우도 많기 때문에 학대 경험에 대해 이야기하는 것 자체가 피해 아동에게는 매우 힘든 경험이 될 수 있다. 따라서 아동에게 피해 경험에 대해 이야기하는 일이 얼마나 용기 있는 일인지 독려하고, 아동이 너무 힘들지 않게 적정선을 유지하면서 이야기하는 것이 중요하다(Webb, 2015). 그리고 피해 아동은 학대의 원인이 자신 때문이라고 인식하거나, 분리 조치도 자신의 탓으로 돌리는 경우가 많기 때문에 이러한 인지 왜곡이 일어나지 않고 아동이 학대에 대해 올바르게 인식할 수 있도록 도와주어야 할 필요가 있다(Cavaiola & Colford, 2018). 학대의 원인에 대해 정확하게 이해하고 있는 아동일수록 이후 회복 과정에서의 산물이 더 좋은 것으로 나타나기 때문에(Grych, Jouriles, Swank, McDonald, & Norwood, 2000), 이에 대한 의료사회복지사의 주의가 필요하다. 학대 피해 아동은 이미 어른과의 관계에서 너무나도 많은 고통을 받아 왔기 때문에 가능한 한 지지적이면서 긍정적인 관계를 형성할 수 있도록 노력하되, 신뢰관계를 구축할 수 있도록 지나치게 안심을 시키거나 지킬 수 없는 약속은 하지 않는 솔직한 자세로 대해야 한다. 신고의무자로서 의료사회복지사는 아동보호전문기관에 신고를 해야 할 의무가 있으나, 피해 아동과 이에 대해 위개개입을 통해서 아동에게 이후의 계획에 대해 설명하고, 아동의 동의를 얻는 과정은 아동의 참여권을 보장하기 위해 의료사회복지사들이 매우 중요하게 여겨야 할 과정이다.

의료사회복지사는 학대 피해를 신고하기 위해서 무슨 일이 있었는지를 알아볼 필요는 있으나, 아동학대를 조사하는 아동학대 전담공무원은 아니기 때문에 학대 피해 경험에 대해 이야기를 털어놓은 아동에게 위안과 지지를 보내는 역할을 수행하는 것이 더 중요하다(Cavaiola & Colford, 2018). 현재 우리나라 아동학대 전담의료기관의 담당 사회복지사들은 학대 피해 아동을 인계받은 이후에 피해 아동과의 상담뿐만 아니라 의료시스템에서 소외되지 않도록 모든 치료과정에 동행하며, 또한 일부 기관에서는 학대 피해 아동의 심리적 외상의 정도에 따라 혹은 심리 · 정서적인 상태에 따라 정서적 지원을 제공하고, 필요한 경우에는 병원에 머무는 동안 보호자의 역할까지도 수행한다(정대희 외, 2022).

참고문헌

보건복지부(2021a). 응급실 기반 자살시도자 사후관리 시범사업 운영지침. 보건복지부.

보건복지부(2021b). 아동학대 대응체계 보완방안. 보건복지부.

보건복지부(2023a). 2024년도 응급실 기반 자살시도자 사후관리 사업 공고. 보건복지부.

보건복지부(2023b). 2022년 응급실 기반 자살시도자 사후관리사업 결과 및 10개년 주요 실적 발표 보도자료. 보건복지부.

심혜선, 전종설, 김지현(2015). 성폭력 피해자들의 귀인양식과 외상 후 스트레스 장애의 관계에서 대처방식의 매개효과. 보건사회연구, 35(2), 287-314.

아동권리보장원(2023a). 2022 아동학대 주요통계. 아동권리보장원.

아동권리보장원(2023b). '자라나는 새싹을 보호한다' 2023년 1차 새싹지킴이병원 운영협의체 회의 개최 보도자료.

안용민, 박종익, 지선하, 김경일, 김보라, 이상욱, 정금지, 서종한(2014). 2013년 자살실태조사. 보건복지부.

여성가족부(2023). 2023년 해바라기센터 사업안내. 여성가족부.

이미정, 홍세은, 정다은, 이인선(2022). 해바라기센터 운영성과 분석 및 발전방안. 한국여성정책연구원.

정대희, 김민아, 지현경, 곽영호(2022). 아동학대 전담의료기관 담당 의료사회복지사의 실천 경험: 전담의료기관 지정 이후의 변화와 어려움을 중심으로. 한국사회복지질적연구, 16(2), 191-228.

전홍진(2011). 우울증과 자살. 대한의사협회지, 54(4), 370-375.

중앙응급의료센터(2023). 2022년 응급의료 통계연보. 국립중앙의료원, 중앙응급의료센터.

통계청(2023). 2022년 사망원인통계 결과. 통계청.

한국생명존중희망재단(2023). 절망을 끄고 희망을 켜다: 2023 한국생명존중희망재단 연보. 한국생명존중희망재단.

Aguilera, D. C. (1998). *Crisis intervention: Theory and methodology*. St. Louis, MO: Mosby-Year Book.

Aguilera, D. C., & Messick, J. M. (1986). *Crisis intervention theory and methodology* (5th ed.). St. Louis, MO: C. V. Mosby.

Alfandari, R., & Taylor, B. J. (2023). Processes of multiprofessional child protection decision making in hospital settings: Systematic narrative review. *Trauma, Violence, & Abuse, 24*(1), 295-312. https://doi.org/10.1177/1524838019887396

Auerbach, S. M., & Kilmann, P. R. (1977). Crisis intervention: A review of outcome research. *Psychological Bulletin, 84*(6), 1189-1217.

Baker, L. R., & Cormier, L. A. (2014). *Disasters and vulnerable populations*. Springer Publishing Company.

Bard, M., & Ellison, K. (1974). Crisis intervention and investigation of forcible rape. *The Police Chief, 41*, 68-73.

Berman, S. L., Weems, C. F., & Stickle, T. R. (2006). Existential anxiety in adolescents: Prevalence, structure, association with psychological symptoms and identity development. *Journal of Youth and Adolescence, 35*, 285-292. https://doi.org/10.1007/s10964-006-9032-y

Brister, T. (2018). *Mental health crisis planning for adults: Learn to recognize, manage, prevent and plan for your loved one's mental health crisis*. National Alliance on Mental Illness.

Cavaiola, A. A., & Colford, J. E. (2018). *Crisis intervention: A practice guide*. Sage.

Cornelis, J., Barakat, A., & Dekker, J. (2018). Intensive home treatment for patients in acute psychiatric crisis situations: A multicentre randomized controlled trial. *BMC Psychiatry, 18*, 55. https://doi.org/10.1186/s12888-018-1632-z

Duvall, E. M. (1988). Family development's first forty years. *Family Relations, 37*(1), 127-134.

Eaton-Stull, Y., & Miller, M. (2015). Models for effective crisis intervention. In K. R. Yeagers & A. R. Roberts (Eds.), *Crisis intervention handbook: Assessment, treatment, & research* (4th ed.). 681-692. Oxford Press.

Everly, G. S., & Mitchell, J. T. (2008). *Integrative crisis intervention and disaster mental health*. Chevron Publishing Co.

Greenstone, J. L., & Leviton, S. (2002). *Elements of crisis intervention: Crises & how to respond to them* (2nd ed.). Brooks/Cole Pub. Co.

Grych, J. H., Jouriles, E. N., Swank, P. R., McDonald, R., & Norwood, W. D. (2000). Patterns of adjustment among women of battered children. *Journal of Consulting and Clinical Psychology, 68*, 84-94.

James, R. K., & Gilliland, B. E. (2017). *Crisis intervention strategies* (8th ed.). Brooks/Cole.

Kim, T. H., Song, K. J., Shin, S. D., Hong, K. J., & Lee, J. K. (2022). National implementation of emergency department-based follow-up program for suicidal attempts. *Journal of Korean Medical Science, 37*(31), e245. https://doi.org/10.3346/jkms.2022.37.e245

Knox, K. S., & Roberts, A. R. (2022). The Crisis intervention model. In K. Bolton, J. C. Hall, & P. Lehmann (Eds.), *Theoretical Perspectives for Direct Social Work Practice: A Generalist-Eclectic Approach* (4th ed). Springer Publishing Company.

Lybbert, R., Ryland, S., & Bean, R. (2019). Existential interventions for adolescent suicidality: Practical interventions to target the root causes of adolescent distress. *Children and Youth Services Review, 100*, 98-104.

Neals, T. (n. d.). ICISF SAFER -R Model Addresses Immediate Biopsychosocial Model Needs. https://icisf.org/icisf-safer-r-model-addresses-immediate-biopsychosocial-model-needs/

RAINN(Rape, Abuse & Incest National Network). (2016). Rape Trauma Syndrome. https://www.justice.gov/file/982261/dl?inline=

Roberts, A. R., & Everly, G. S., Jr. (2006). A meta-analysis of 36 crisis intervention studies. *Brief Treatment and Crisis Intervention, 6*(1), 10-21. https://doi.org/10.1093/brief-treatment/mhj006

Salzer, M. S. & Bickman, L. (1999). The short-and long-term psychological impacto of disasters: Implications for mental health interventions and policy. In R. Gist & B. Lubin (Eds.) *Response to disaster: Psychological, community and ecological approaches*, 63-82. New York: Brunner/Mazel.

Sandoval, J. (2013). Conceptualizations and Principles of Crisis Counseling, Intervention, and Prevention. In J. Sandova (Ed.), *Crisis Counseling, Intervention and Prevention in the Schools* (3rd ed., pp. 1-18). Routledge.

Sprangers, M. A. G., Tempelaar, R., van den Heuvel, W. J. A., & M de Haes, H. C. J. (2002), Explaining quality of life with crisis theory. *Psycho-Oncology, 11*, 419-426.

Visser, V. S., Comans, T. A., & Scuffham, P. A. (2014), Evaluatio n of the effectiveness of a community-based crisis intervention program for people bereaved by suicide. *Journal of Community Psychology, 42*, 19-28. https://doi.org/10.1002/jcop.235

Webb, N. B. (Ed.). (2015). *Play therapy with children and adolescents in crisis* (4th ed.). The

Guilford Press.

Webster, L. (2013). Child Maltreatment. In J. Sandoval (Ed.), *Crisis counseling, intervention and prevention in the schools*, 106–127. Taylor & Francis Group.

Yeager, K. R., & Roberts, A. R. (2015). Models for effective crisis intervention. In K. R. Yeagers & A. R. Roberts (Eds.), *Crisis Intervention Handbook: Assessment, Treatment, & Research* (4th ed., pp. 681–692). Oxford Press.

제9장
의료사회복지실천 과정 I

　의료사회복지실천 과정은 기본적으로 일반적인 사회복지실천의 과정과 크게 다르지 않다. 그러나 의료기관과 클라이언트인 환자의 특성상 1회기로 종결되거나 입원기간에 맞추어 진행되는 경우처럼 상당한 유동성이 요구되는 과정이다. 제9장과 제10장에서는 의료사회복지 현장의 특성을 반영한 전반적인 실천 과정을 다루었으며, 제9장에서는 사례 발견, 접수와 원조관계수립, 자료수집과 사정에 대해, 제10장에서는 자료수집과 사정에 기반한 계획수립과 개입, 평가와 종결 과정에 대해 기술하였다. 제9장에서는 의료 현장에서 사례를 발굴하게 되는 과정이 아웃리치 이외에도 의료진의 의뢰나 전산기록 등을 통해 이루어지는 경우가 많아 이 부분을 좀 더 상세하게 다루었다. 각 과정은 가급적 의료사회복지실천의 사례와 함께 제시되었으며, 특히 사정 부분에서는 의료사회복지사의 사회조사양식(social study) 등 의료 현장에서 사용되는 양식들을 소개하였다.

1. 사례 발견

1) 사례 발굴

취약가구나 위기가구 사례 발굴은 사회복지 현장에서 매우 중요하게 다루어지고 있으며, 사회복지사들은 이를 위해 늘 적극적으로 노력해 왔다. 병원에서도 보다 효과적으로 병원 치료 및 사후 관리가 이루어질 수 있도록 의료사회복지사들은 시기적절한 사례 발굴과 개입을 위한 노력을 한다. 그러나 사회복지서비스 전달이 주목적인 1차 세팅과는 달리, 병원은 환자의 질병을 치료하기 위한 목적으로 세워진 기관이며, 사회복지서비스는 기관의 목적을 보다 잘 수행할 수 있도록 지원하는 2차 세팅의 특성이 있다. 따라서 사회복지 개입을 위한 사례의 발굴은 여러 구성원들의 협조와 협력을 통해 이루어져야 하는 경우가 많다(Cowles, 2012).

사례 발굴의 정의는 특정 목적을 위해 구체적인 특성을 가진 사람들을 찾는 체계적 혹은 기회적인 과정을 의미한다(NHS, 2015). 의료사회복지 분야에서 사례 발굴이 원활하게 이루어졌을 때 바이워터스(Bywaters, 1991)는 다음과 같은 특성들이 나타난다고 이야기한다.

첫째, 충족시키지 못하는 욕구가 있고, 사회복지 개입을 통해 도움을 받을 수 있는 모든 환자에게 서비스를 제공할 수 있다.

둘째, 개입이 도움이 되지 않는 환자들은 의뢰가 되지 않아서 불필요한 초기사정의 과정을 갖지 않아도 된다.

셋째, 가장 효과적인 시점에 개입할 수 있다.

넷째, 비용 효과성을 높일 수 있다.

다섯째, 제한된 자원으로 서비스를 제공해야 하는 사람들의 우선 순위를 명확하게 결정할 수 있도록 한다. 따라서 입원, 치료 그리고 퇴원까지 매우 촉박한 일정으로 이루어지는 병원 체계 내에서 시기적절한 사례 발굴은 적절한 기간 동안의 개입을 통해 의료사회복지서비스의 효과성을 높이기 위해 매우 중요하다(Bywaters, 1991). 시기적절한 개입을 위한 사례 발굴 방식은 크게 다음과 같은 네 가지 방식을 꼽아 볼 수 있다.

2) 병원 내 의료진의 의뢰를 통한 사례 발굴

병원 내의 의료진을 통해서 의료사회복지사에게 상담 의뢰가 들어오는 방식은 매우 다양하게 존재한다. 가장 전통적으로는 의료진의 개별적인 의뢰를 통해 사례가 발굴되는 것이 일반적이었다. 병원이라는 기관의 특성상 의료진이 환자를 가장 먼저 만나게 되며, 이들이 가진 다양한 욕구를 가장 먼저 파악하게 되어 있다. 또한 건강상의 문제를 치료하는 것이 병원이 갖는 일차적인 목적이므로, 치료에 필요하다고 판단되는 적절한 개입에 대한 의뢰를 의료진에서 먼저 제시하는 것이 전통적인 병원의 역동이었다(Stilborn, 1961). 특히 경제적인 욕구, 건강행동의 문제, 정신 건강의 문제 혹은 퇴원 이후의 돌봄의 문제 등 치료 외적인 부분에서의 욕구를 가진 환자들의 다양한 욕구를 해결하기 위해 의료진은 의료사회복지사에게 환자를 의뢰한다.

보다 최근에 의료사회복지사는 팀 어프로치를 통해 의료팀에 소속되어 사례 회의 등에 정기적으로 참석하면서 전체적인 치료 사례들을 파악하고, 사회복지서비스에 대한 욕구가 있는 사례들에 대해 의견을 교환하면서 적절한 시기에 개입한다(Cowles, 2012). 대표적인 예로 재활의학과 내에서의 의료사회복지사들의 활동 방식을 꼽을 수 있다. 재활의학과에 입원을 하거나 치료를 받는 환자들과 그 가족은 변화된 신체 기능으로 인하여 심리·정서·신체적인 어려움을 경험할 뿐만 아니라, 가족의 역동 또한 변화의 가능성이 매우 크기 때문에 환자와 가족에 대한 적절한 지원이 빠른 퇴원과 퇴원 이후의 예후에도 매우 큰 영향을 미친다. 따라서 재활의료 담당 사회복지사는 주기적으로 다학제간 정기적인 팀 사례 회의에 참여하면서 새로운 환자에 대한 업데이트와 사회복지사의 개입에 대한 논의를 적극적으로 진행한다. 이와 유사하게, 장기이식팀에 소속되어 있는 의료사회복지사도 팀 내에서 정기적인 사례회의를 통해 사례를 발굴하게 되며, 국가로부터 장기의식 승인을 받기 위해 의무적으로 시행되고 있는 '장기기증 순수성 평가'를 사회복지사들이 주로 작성하고 있기 때문에(이병은, 2007), 의료사회복지사 또한 이식팀의 한 일원으로서 함께 사례회의에 참여하며, 사례에 대한 개입을 진행하게 된다.

3) 사회복지사의 적극적인 아웃리치를 통한 사례 발굴

요즘 병원에서 근무하고 있는 의료사회복지사들의 역할에 대해서 의료진, 병원 관계자 그리고 일반인들의 인식이 많이 좋아지기는 하였으나, 아직까지도 의료사회복지사들의 다양한 역량과 역할에 대해서 충분히 이해하지 못하고 있는 경우가 많다(장수미, 황영옥, 2007; Downey, Neff, & Dube, 2019). 또한 의료사회복지사가 심리상담, 교육, 지역사회자원 연계, 경제적 지원 등 다양한 역할을 하고 있음에도 불구하고, 경제적 지원에 국한된 역할에 대해서만 이해를 하고 있는 경우도 많아서 실제로 의료사회복지 개입을 통해 보다 효과적으로 문제를 해결할 수 있는 클리이언트임에도 불구하고, 알지 못해서 필요한 도움을 받지 못하는 경우도 자주 발생한다.

이러한 문제를 해결하기 위해 의료사회복지사들은 사회복지서비스에 대한 욕구가 있는 클라이언트를 발굴하기 위해 아웃리치(outreach) 활동을 진행한다. 이때 의료사회복지사들은 자신의 역할이나 프로그램에 대한 홍보를 진행하면서 새로운 사례들을 발굴하기도 한다. 아웃리치 활동이란, 일반적으로 서비스를 필요로 하는 개인이나 집단에 의해 요청되지는 않았지만, 미리 규정된 도움을 주기 위한 체계적인 노력으로 정의하고 있다(Collins English Dictionary, 2020). 의료사회복지 분야에서의 아웃리치 활동은 먼저 서비스를 필요로 하는 환자군이 많이 모여 있을 것으로 판단되는 진료과나 병동에서 근무하고 있는 의료진이나 병원 내의 다른 전문직 대상의 활동을 꼽을 수 있다. 이때 의료사회복지사들은 다른 전문가들과 의료사회복지사의 역할이나 사회복지서비스를 통해 도움을 받을 수 있는 환자군, 그리고 이들에게 제공할 수 있는 도움의 종류에 대한 이해를 증진시키는 일뿐만 아니라, 이들과의 협력적인 관계를 맺기 위한 다각적인 노력을 진행한다(Downey, Neff, & Dube, 2019). 또한 사례 발굴은 의료진뿐만 아니라 환자들의 가족이나 직접적인 환자의 방문을 통해서도 이루어질 수 있으므로, 일반인들을 대상으로 하는 아웃리치 활동도 가능하다. 특히 일반인들을 대상으로 하는 아웃리치 활동은 발굴이 어려운 사례(hard-to-reach population) 혹은 숨겨진 사례(hidden cases)를 찾기 위한 노력이 수반되는 활동인 경우가 많아서 이들의 서비스 접근성을 높이기 위한 다각적인 노력이 필요하다. 구체적으로, 표적 집단(target population)을 만날 수 있는 현장을 직접 찾아가서 관계를 맺으며 이들이 서비스에 대한 이해도를 높이고, 서비스에 대한 필요성을 인식할 때까지 기다려 주는 과정을 거친다. 이처럼 의료사회복지사들은 서비스를 필요로 하는 대상에게 효과적인 서비스를 제공하기 위해 사무실이 아닌 현장에 나가서 이들을 찾고, 관련 서비스를 교육하고 알리는 아웃리치 활동을 한다.

4) 전자의무기록을 활용한 사례 발굴

최근에는 보건의료정보통신기술의 발달로 병원에서 환자의 의료 기록을 전산화하여 내원 이후에 발생하는 환자의 모든 진료 기록을 전자의무기록(Electronic Medical Records: EMR)에 기록하는 병원들이 대다수이다. 의료기록의 전산화는 흩어져 있던 환자 정보를 하나의 표준화된 양식으로 취합하고 기록하여 환자에 대한 진료 기록의 정확성을 높이고, 임상적 의사결정에 도움을 주며, 돌봄의 지속성(continuity of care)을 높일 수 있는 의료체계의 획기적인 변화 중 하나로 손꼽히고 있다(Zhang & Zhang, 2016). 전자의무기록은 환자의 질병 이력, 건강지표, 진단내역, 치료내역 등의 의료정보뿐만 아니라, 의료비청구 내역, 입·퇴원기록 등의 행정기록 등을 모두 포괄하고 있어 환자의 종합적인 상황을 이해하는 데 용이해졌다(Spitzer & Davidson, 2013). 더 나아가 이러한 정보와 위험도 사정척도 등을 활용하여 고위험 집단을 일차적으로 스크리닝을 하고, 이들에 대한 심층적인 개입을 진행하는 병원들이 늘고 있다(Cowles, 2012).

전자의무기록의 활용으로 환자의 정보가 실시간 업데이트되고, 그 정보가 의료팀 혹은 병원 내에서 손쉽게 공유되기 때문에 사례를 발굴하는 과정도 용이해졌다. 전자의무기록을 통한 사례 발굴은 다양한 형태로 존재할 수 있다. 가장 먼저, 특정 요건을 가진 환자들은 자동적으로 의료사회복지사에게 통보하는 자동화된 의뢰를 꼽을 수 있다. 예를 들어, 환자의 보호자 부재나 몇 회 이상의 병원비 체납 등의 문제가 발생했을 때 자동으로 의료사회복지사에게 의뢰될 수 있도록 병원 내 시스템을 구축할 수 있다. 또한 병원 내 의료진의 직접적인 의뢰를 실시간으로 전달할 수 있다. 의료진이 여러 가지 이유(예: 정신건강문제, 가족문제, 치료 순응도)로 의료사회복지사의 상담 및 사회복지서비스가 필요하다고 판단했을 때 전자의무기록을 통해 의뢰할 수 있으며, 의료사회복지사는 이를 확인하여 환자와의 면담을 계획하고 진행할 수 있다. 신속한 의뢰와 개입은 입원 기간을 가능한 한 줄이기 위한 의료환경의 변화와도 잘 맞아서, 최근에는 전자의무기록을 통한 환자 의뢰 방법을 적극적으로 활용하고 있는 추세이다. 의료사회복지사는 전자의무기록 시스템을 통해 자신에게 의뢰된 환자의 정보와 간략한 의뢰 이유 등을 바로 확인할 수 있으며, 신속하게 환자와의 면담을 계획할 수 있다(Burrows, 2020). 또한 환자를 담당하고 있는 의료팀은 의뢰의 결과를 효과적으로 검토할 수 있기 때문에 의뢰에 대한 모니터링도 용이하다는 장점을 갖는다(Peters, Sadler, Miller, & Radovic, 2018). 이러한 정보공유의 용이성과 효율성으로 인하여 전자의무기록을 활용한 사례 발굴이 점차 활성화되는 추세이다.

5) 외부 기관에서의 의뢰를 통한 사례 발굴

지역사회나 다른 사회복지 기관에서 의료사회복지사에게 의뢰하여 사례를 발굴하는 경우들도 있다. 특히 최근에 지역사회와 공공의료의 연계를 강화하고, 돌봄의 연속성을 강조하는 방향으로 사회복지 정책들이 변화하면서 지역사회 내에서도 통합사례 관리 등을 통해 클라이언트가 가지고 있는 복합적인 욕구에 대한 파악이 가능해졌으며, 통합사례 관리를 담당하는 지역사회복지관, 공공기관 등의 사회복지사들이 병원으로 환자 및 클라이언트를 의뢰하여 사례가 발굴되는 경우가 증가하고 있다. 특히, 병원을 활용한 위기가구 지원방안의 하나로 의료사회복지사와 지역사회의 연계 체계 강화를 제시하면서(관계부처 합동, 2022), 지역사회기관에서의 의뢰를 통한 사례 발굴 체계가 더욱더 강화될 것으로 예상하고 있다. 또한 2019년부터 정부에서 공공보건 의료의 기능을 강화하고, 필수보건의료의 공급을 보장하기 위한 공공보건의료 협력체계 구축사업(보건복지부, 2024)을 통해 지금까지는 지역사회기관의 사회복지사들은 의료기관의 접근성, 보건·의료 지식의 한계 등으로 인하여 지역사회 내에 있는 위기 사례에 대한 의뢰의 어려움(이동림, 김용득, 2021)을 조금씩 해소할 수 있을 것으로 전망한다.

의료사회복지에서 주로 사용하는 사례 발굴의 방식은 시대에 따라, 병원에 따라 그리고 의료진의 인식에 따라 다른 접근을 요한다. 과거에 의료사회복지에 대한 인식이 부족했을 때는 의료사회복지사가 직접 아웃리치를 통해 사례를 발굴하려는 노력이 더 많았다. 그러나 점차 의료진, 병원관계자, 타 분야 전문가 그리고 일반인들의 의료사회복지사에 대한 인식이 높아지면서 의료사회복지사가 다학제적 팀의 구성원으로서 함께 사례회의(case conference)에 참여하면서 환자가 입원을 할 때부터 이들에 대한 정보를 공유하고, 필요한 사례에 대해서는 즉각적인 개입을 진행하는 경우가 늘고 있다. 또한 장기이식과 같이 의무적으로 의료사회복지사의 개입을 필요로 하는 경우에는 대상자들이 모두 자동적으로 의뢰가 되기도 한다. 그러나 이러한 개입 방식은 여전히 병원에 따라서 혹은 의료진의 인식에 따라서 그 편차가 크기 때문에 보다 체계적인 사례 발굴 과정에 대한 개발이 필요하다.

2. 접수와 원조관계수립

1) 접수

접수(intake)는 문제를 가진 사람이 전문적 도움을 얻기 위해 의료사회복지팀에 찾아오거나, 앞에서 기술한 사례 발굴 과정을 통해 만나게 되었을 때 의료사회복지사가 그의 문제와 욕구를 확인하여 그것이 의료사회복지팀의 정책과 서비스 범주에 있는지를 판단하는 과정을 말한다. 접수를 통해 원조를 받기로 결정되면 공식적으로 클라이언트가 되는 것이다. 접수는 사전 준비단계와 참여유도단계로 이루어진다.

(1) 준비단계

사회복지사는 대부분 의사나 간호사, 치료사 등 병원 직원을 통해서 환자와 가족을 만나게 된다. 사례가 의뢰되는 경우인데 누가, 어떤 이유로 의뢰하였는지를 정확하게 파악하는 것이 중요하다. 경우에 따라서는 클라이언트가 다른 전문가에게 의뢰되는 것을 원하지 않거나 의뢰되는 이유에 동의하지 않을 수도 있기 때문에 조심스럽게 접근할 필요가 있다. 물론 환자나 가족이 직접 사회복지사를 찾아와 도움을 요청하기도 하며,

사회복지사가 적극적으로 도움을 필요로 하는 환자나 가족을 찾아 나서기도 한다. 특히 환자나 가족을 직접 만나기 전에 진단명이나 장애만으로도 심각한 심리사회적 문제를 동반할 것이라는 것을 충분히 알 수 있는 경우에는 미리 목록을 작성하여 바로 찾아가 도움을 제공할 수 있어야 한다. 이러한 경우를 '심리사회적 고위험군(psychosocial high-risk group)'이라 하며, 사회복지사가 먼저 찾아가 문제를 파악하고 우선적으로 도움을 제공하는 것이다. 예를 들어, 자살위험환자, 절단환자, 심한 화상을 입은 환자, 하반신 혹은 전신마비환자, 장기이식환자, 소아암환자 등이 포함된다.

저메인과 기터먼(Germain & Gitterman, 1980, pp. 102-107)은 사회복지사는 환자와 만나기 전에 감정이입과 사려 깊은 반응, 계획을 통해 환자나 가족, 집단에 적절하게 관여할 수 있도록 준비해야 한다고 하였다. 정서적 · 인지적으로 환자나 가족, 집단이 경험하고 느끼는 것을 예상하고 면접을 통해 다음과 같은 역할을 수행한다.

첫째, 질병으로 인해 생긴 환자의 걱정, 두려움, 희망과 욕구들을 명확히 하고 적절하게 반응한다.

둘째, 환자의 욕구에 적절한 서비스를 제공한다.

셋째, 환자와 의료사회복지사 사이의 연령, 성별, 사회계층상의 차이와 이러한 차이들이 초기 면접회기에 미칠 수 있는 잠재적 영향에 민감해야 한다.

넷째, 환자의 상황, 외모, 예후 등에 의해 야기되는 의료사회복지사 스스로의 주관적 상태를 잘 조절할 수 있도록 준비한다.

실제로 환자나 가족을 만나기 전에 이루어지는 예비감정이입은 첫 면접회기에서 감정이입적인 관계형성을 위한 준비과정이다. 의료 현장에서 이러한 정서적인 과정은 환자역할, 질병과 입원으로 인한 영향, 특정한 상황에 관련된 인구학적, 사회적, 문화적, 정서적 요인들에 대한 지식과 이론을 사려 깊게 검토함으로써 잘 수행될 수 있다. 병자나 가족을 개별화하기 위해서는 연령집단이나 질병의 범주 또는 사회문화적 집단에 대한 선입관을 차단할 수 있어야 한다. 의료사회복지사는 특정한 환자나 가족 또는 집단을 만나기 전에 그들이 가질 수 있는 느낌이나 욕구, 감정을 예상하지만 실제 면접에서 자신의 예상이 틀릴 수 있음을 인식해야 한다. 준비단계는 사회복지사의 자아인식을 높이는 데도 도움이 된다. 사회복지사가 경험해 보지 못한 심한 고통이나 보기 흉한 모습과 역겨운 냄새, 기능상실이나 사별로 인한 슬픔 등의 새로운 경험에 대한 스스로의 반응을 준비할 수 있다.

(2) 초기면접: 참여유도

① 클라이언트의 저항감과 양가감정 해소

초기면접에서 사회복지사가 주의를 기울여야 하는 것은 변화에 대한 환자나 가족의 저항감이다. 사람들은 현재의 상태를 계속 유지하고 싶은 경향이 강하므로 작은 변화에도 불편함을 느끼는 경우가 흔하다. 더욱이 원조과정은 클라이언트가 지금까지 익숙한 생각, 태도, 행동 등에 변화를 야기하고 이것이 클라이언트에게는 나름대로 균형을 와해시키는 하나의 위협으로 느껴질 수 있으며, 이러한 두려움이 원조 자체에 대한 저항감으로 나타나게 되는 것이다.

원조과정에 대한 클라이언트의 저항감은 변화에 대한 희망과 두려움이 동시에 존재하는 양가감정과 관련되어 있다(Shulman, 2016). 그러나 저항감은 이처럼 단순히 양가감정 때문만이 아니라 클라이언트와 사회복지사의 특성으로 인해 더욱 강화되기도 한다. 사회복지사는 자발적 클라이언트 외에 비자발적인 클라이언트에게 도움을 제공하는 경우도 많다. 비자발적 클라이언트는 전문적 원조나 변화를 원하지 않는 상태에서 원조과정에 놓이게 됨으로써 강한 저항감을 가지고 사회복지사에게 적대적이며 방어적인 태도를 취하게 된다(조흥식 외, 2009, pp. 207-209). 예를 들어, 심각한 알코올 문제를 지닌 알코올 중독자의 경우, 대부분 자신의 문제를 인정하지 않고 강력하게 부인하여 치료를 거부한다. 가족이나 주위 사람들의 강압에 의해 혹은 길에 쓰러진 채 발견되어 비자발적으로 병원치료를 받게 되기 때문에 강한 저항을 보인다. 그러나 대부분은 동시에 술로 인한 건강을 염려하고, 직장을 잃거나 가족이 떠나갈지도 모른다는 두려움을 지니고 있어 치료에 대한 양가감정을 지니는 것이다.

클라이언트의 저항감을 강화시키는 또 다른 요인은 사회복지사에게서도 찾아볼 수 있다. 사회복지사의 지나치게 권위적인 태도, 전문적 용어의 남용, 도덕적으로 심판하는 듯한 태도 등은 클라이언트의 수치심, 열등감 등을 자극하여 오히려 저항하는 태도

표 9-1 참여유도기술

1. 의료사회복지사의 기능과 역할을 분명히 설명하고, 의사, 간호사, 다른 전문가들과 의료사회복지사와의 관계를 명확히 제시하며, 의료사회복지사의 서비스가 특정 질병과 환자의 개별적 상황에 적합하도록 연결하기
2. 사회복지사의 원조, 재정적 문제, 자녀양육, 교통, 직장, 환자의 스트레스, 퇴원계획 등 질병의 영향에 관한 환자와 가족의 걱정에 민감하게 반응하기
3. 감정의 수용, 존중, 지지, 현실적인 희망과 함께 좌절의 실마리나 신호에 대해 감정이입적으로 반응하기
4. 언어적인 의사소통과 일치하지 않는 비언어적 행동을 인식하고 암묵적 내용에 대해 반응하기
5. 클라이언트와 사회복지사에 의해 수행될 다음 단계를 언제, 어디서, 누구와 함께할지를 고려하여 명료화하기
6. 초기의 양가감정과 저항을 다루기
7. 첫 면접회기 전에 구성원들이 일시적으로 갖게 되는 기대와 지각, 가정(특히 연령이나 성별, 사회계층과 관련한)의 타당성을 이론적인 관점에 근거하여 점검하기
8. 가족이나 집단구성원 간의 상호작용을 격려하고 모두가 참여할 수 있는 기회를 가지고 있다는 사실을 확신시키기

출처: Germain (1984), p. 107.

를 유발시키기 쉽다(Shulman, 2016). 의료 현장에서 의료서비스 전달은 서비스를 기다리는 환자 수, 환자 욕구의 강도, 조직의 요구 등으로 인해 매우 급하게 이루어질 수 있지만, 그럼에도 불구하고 의료사회복지사는 항상 환자와 라포를 형성하기 위해 시간을 들여야 한다. 라포형성은 오히려 치료과정이 빠르게 진행되도록 해 주므로 라포형성에 들인 시간은 그만큼 가치가 있다(Hepworth et al., 2017).

② 문제 체크리스트 활용

접수면접 단계에서 클라이언트는 자신의 문제를 정의하는 데 어려움을 갖는다. 부끄럽고 당황해서 자신의 생각을 말로 표현하지 못하거나 자신의 관심사를 표현할 적당한 말을 찾지 못하기도 한다. 문제 체크리스트를 사용함으로써 클라이언트가 문제를 확인하고 말하는 것이 쉬워지며, 문제를 발견하고 정보교환을 촉진하는 데 도움을 줄 수

있다.

문제 체크리스트는 특정 집단의 클라이언트가 공통적으로 보고하는 문제목록으로 클라이언트가 자신의 관심사나 문제를 명확히 하도록 돕기 위해 고안된 자료수집 도구이다(Sheafor & Horejsi, 2008, p. 304). 이 목록은 특정상황에서 클라이언트가 갖는 전형적 사고와 느낌에 익숙한 사회복지사가 집계하여 만든 것이다. 클라이언트는 목록의 각 항목을 살피고 자신의 문제에 가장 가깝게 설명하는 것을 선택하게 되며, 완성하는 데 몇 분밖에 걸리지 않는다. 이 목록은 클라이언트의 개인적 생각을 포함하기 때문에 클라이언트를 안심시킬 수 있다. 즉, 클라이언트가 특별한 문제를 가진 첫 번째 사람이 아니라는 것을 알려 준다.

클라이언트는 사회복지사가 제공할 수 있는 서비스를 잘 모를 수 있다. 사회복지사와 클라이언트가 함께 문제 체크리스트를 검토하면, 클라이언트는 사회복지사 혹은 기관이 어떤 도움을 줄 수 있는가에 대해 이해하게 된다. 이러한 의미에서 문제 체크리스트는 교육적 도구로 기능한다. 또한 체크리스트는 면접 동안의 초점과 구조를 제공하기 위해 사용될 수 있다. 이것은 쉽게 주의가 산만해지는 클라이언트와 활동할 때 더욱 중요하다. 문제 체크리스트는 흔히 첫 번째 면접에서 사용되지만 처음과 두 번째 만남 사이에 과제로 내줄 수도 있다(Sheafor & Horejsi, 2008, pp. 304-309).

〈표 9-2〉는 화상환자와의 의사소통을 촉진하기 위해 고안된 문제 체크리스트이다. 심한 화상은 환자는 물론 그 가족에게도 경제적, 심리사회적으로 심각한 어려움을 가져오기 때문에 대부분의 환자와 가족은 어려움에 압도되어 문제가 무엇인지, 어떤 도움을 필요로 하는지 미처 생각하지 못하거나 정확하게 표현하지 못하는 경우가 많다. 이때 문제 체크리스트를 활용하여 자신의 문제를 보고 도움을 요청할 수 있도록 한다.

표 9-2 화상환자의 문제 체크리스트

　　화상은 심한 고통과 힘든 치료과정을 요구하기 때문에 누구나 많은 어려움을 겪게 됩니다. 다음은 이 병원에서 화상으로 치료를 받았던 환자들이 표현했던 근심과 문제들의 목록입니다. 목록을 읽고 귀하가 지금 갖고 있는 문제와 유사한 항목에 모두 표시해 주시기 바랍니다. 귀하의 대답은 엄격히 비밀이 보장됩니다.

1. 화상 흉터로 인해 마음이 답답하고 불안하며 우울하다.
2. 화상 흉터로 인해 다른 사람과 관계를 맺는 데 어려움이 있다.
3. 화상 흉터로 인해 자신감이 많이 떨어졌다.
4. 화상 흉터로 인해 다른 사람이 자꾸 쳐다봐서 괴롭고 우울하다.
5. 화상으로 인한 충격 때문에 잠을 자는 것이 어렵다.
6. 불에 대한 공포로 불을 가까이하기 힘들다.
7. 장기간 병원에 입원해 있으니 너무 답답하다.
8. 화상으로 인해 예전처럼 움직이지 못하게 되니 답답하다.
9. 계속해서 화상 치료를 받으니 너무 아프고 힘들다.
10. 계속해서 재활 치료를 받게 되니 너무 힘들고 지친다.
11. 아동이 나 때문에 화상을 입은 것 같아 괴롭다.
12. 화상으로 인해 내가 병원에 입원하면서 자녀 및 부모 등 가족 간에 문제가 생겨 힘들다.
13. 화상을 입은 후 부부 사이에 문제가 생겨 힘들다.
14. 화상을 입은 후 친구(동성 및 이성) 문제로 인해 힘들다.
15. 퇴원 후 무엇을 하며 어떻게 살아가야 할지 막막하다.
16. 산재 사고로 인한 회사와의 갈등 때문에 힘들다.
17. 치료비에 대한 부담 때문에 답답하고 불안하다.
18. 앞으로의 치료과정 및 치료 후 생기는 화상 후유증에 대해 잘 몰라 답답하다.
19. 산재 및 장애인 복지 등과 관련해 잘 모르기 때문에 답답하다.
20. 장기간 병원에 입원해 있었고, 나의 상황이 많이 변화되어 퇴원하기가 두렵다.
21. 퇴원 후, 어디에서 살아야 될지 몰라 답답하다(집이 불에 탔거나, 치료비로 인해 집을 팔았기 때문에 등).

　　이제 귀하께서 표시한 항목을 보고 가장 중요한 한 개나 두 개에 동그라미를 치십시오. 사회복지사는 귀하의 문제에 대해 성의껏 도와드릴 것입니다.

출처: 한림대학교부속 한강성심병원 사회복지과.

3. 자료수집과 사정

자료수집과 사정은 동시에 이루어지며 구별하기가 어렵지만 완전히 동일한 개념은 아니다. 엄밀하게 말하면 자료수집은 사실적 자료를 모으는 일이라면, 사정은 여기서 더 나아가 사실적 자료를 해석하고 의미를 부여하여 실천적 개입을 위한 함의를 도출해 내는 활동이라고 할 수 있다(조흥식 외, 2009, p. 298). 사정은 사회복지사의 지적 활동으로서 그의 실무경험, 가치, 이론적 정향 등 전문적 지식기반에 근거해 이루어진다. 다시 말해 사정이란 클라이언트의 문제와 상황을 이해하여 개입을 위한 계획으로 연결시키는 것으로서 클라이언트의 문제가 무엇인지 이해하고 문제의 원인을 규명하여 그것을 해결하거나 감소시킬 수 있는 방법에 대해 전문적 판단을 하는 작업이다(Kirst-Ashaman & Hull, Jr, 2016). 이러한 판단은 객관적 증거에 의해 지지가 돼야 하며 자료수집을 통한 객관적 증거를 활용하게 된다.

의료 현장에서 사정은 개인적, 환경적, 문화적 요인들이 어떻게 질병요인과 상호작용하는지, 스트레스의 정도 및 대처자원의 질과 양은 어떠한지를 고려해야 한다. 그렇다고 사정이 환자와 의료사회복지사에 의해 탐색되고 이해되는 '내용'에 국한되는 것은 아니며, 면접을 통해 발전되어 가는 인지적이고 감정이입적인 '과정'이라고 할 수 있다

표 9-3 사정내용

1. 진단, 예후, 예상할 수 있는 후유증을 포함한 질병과 관련된 요인
2. 환자의 발달단계의 연령이나 성별과 관련된 과업들, 지위와 역할, 정서적·심리적인 특징, 사회문화적인 특징을 포함한 개인적인 요인
3. 가족의 발달단계, 관련된 과업들; 의사소통과 관계; 구조적 관점들을 포함한 대인관계적 요인
4. 장애와 자원을 포함한 물리적·사회적·환경적 요인
5. 문화적 요인들: 규범, 가치, 목표, 질병에 대한 태도, 사회계층, 종교, 직업으로부터 생긴 모든 것
6. 스트레스의 유지와 생성, 대응자원(내부적·외부적)의 존재유무와 관련한 위의 다섯 가지 요인들의 상호작용

출처: Germain (1984), Social Work Practice in Health Care, p. 113.

(Germain, 1984, p. 113). 의료사회복지사와 환자는 환자와 가족의 생활영역에 대한 정보뿐 아니라 질병과 관련된 경험과 느낌, 사고 등을 계속해서 점검해 나가는 과정이라는 것이다. 저메인이 제시한 사정내용은 〈표 9-3〉과 같다.

의료사회복지실천에서 중요하게 다루어지는 문제영역별로 문제사정의 내용을 살펴보면 다음과 같다.

1) 사회적 기능수행 사정

의료사회복지사는 질병이 개인과 가족에 미치는 영향에 초점을 두고 질병이나 장애가 환자의 사회적 기능수행에 미친 영향을 파악한다. 즉, 환자의 기능수행과 그의 상황에 관련된 사회적, 관계적 혹은 상호작용적 측면에 초점을 둔다. 사회적이란 단어는 사람과 사람 사이, 사람과 중요한 사회환경 체계(예: 가족, 학교, 직장, 병원 등) 사이의 상호작용을 말한다. 사회복지사는 특히 환자의 욕구와 그 욕구를 충족시키기 위해 활용 가능한 자원(공식적, 비공식적) 사이의 적합성(혹은 적합성의 결핍)에 관심을 둔다. 사회력이라고 불리는 사정은 특정 클라이언트에게 가장 적합한 서비스나 프로그램의 유형에 관한 결정을 내리고, 새로운 환경(예: 치료프로그램, 위탁가정, 요양원)에 대한 클라이언트의 적응력을 촉진시키기 위해 전문가가 책임을 져야 할 경우에 유용하다(Sheafor & Horejsi, 2008, pp. 265-266).

사정에서 유의할 점은 욕구 혹은 문제사정과 함께 강점사정도 반드시 함께 이루어져야 한다는 점이다. 정신병리나 질병으로 인한 어려움, 가족의 해체, 개인적 약점과 한계점 등으로 선입견을 갖지 않도록 한다. 클라이언트와 가족이 할 수 없는 것보다는 할 수 있는 것에 초점을 둔다. 성공적인 개입은 클라이언트의 강점을 기초로 이루어진다. 치료에 대한 동기, 낙관적 성격, 자신의 질환에 대한 병식, 가족의 지지 등이 포함될 수 있다.

① 사회적 사정보고서 구성
다양한 제목을 사용하여 주제별로 정보를 찾기 쉽도록 분류한다. 사회적 사정보고서에서 주로 포함하는 사회적 사정보고서의 항목들은 다음과 같으며, 기관의 특성에 따라 자체적으로 양식을 작성하게 된다(Sheafor & Horejsi, 2008).

- 개인정보(이름, 생년월일, 주소 등)
- 보고의 이유
- 사회복지나 기관참여의 이유
- 클라이언트의 문제나 관심사에 관한 진술
- 클라이언트의 가족배경(가족력)
- 현재 가족의 구성과 동거가족
- 중요한 타자와의 관계
- 인종, 종교와 영성
- 신체적 기능, 건강상태, 영양, 가정의 안정성, 질병, 장애, 의료 상태
- 교육적 배경, 최종학력, 지적 기능
- 심리적, 정서적 기능
- 강점, 대처방식 그리고 문제해결능력
- 고용, 소득, 작업경험 그리고 기술
- 주택, 지역사회 이웃 그리고 교통수단
- 현재와 최근의 지역사회와 전문적 서비스의 이용
- 사회복지사의 소견과 사정
- 개입과 서비스 계획

다음 〈표 9-4〉, 〈표 9-5〉는 의료사회복지사 수련과정에서 사용하는 자료수집과 사정 양식이다.

표 9-4 의료사회복지사 수련과정 사회조사(social study) 양식

Ⅰ. social study

1. 일반적 사항

성명		성별/연령		결혼상태	
주소				주보호자	
학력		종교		직업	
의료보장		진단명		장애	
진료과			주치의		
의뢰사유			의뢰경로/의뢰일		
최초 내원일[1]			사례 개시일[2]		

2. 정보제공자[3]

관계	성별/연령	직업	상담태도	초기상담일시	총상담횟수

3. 의뢰경위[4]

◆ 예시) 2019.1.4. 혈액내과(HEM) 주치의로부터 의뢰됨

4. 가족 및 사회문화적 배경

　　1) 가계도(Genogram)[5]

----

1) 환자가 사회사업팀을 최초 내원한 날짜
2) 본 사례를 작성하는 담당 사회복지사가 환자를 최초 개입한 날짜
3) 본 사례 개입에 있어 환자의 정보를 제공한 주요 정보제공자 작성
4) 환자가 사회사업팀에 의뢰되어 개입한 경위
5) 가계도는 보웬(Bowen, 1978)의 다세대 가족체계이론에 기초해 세대를 통해 지속되는 가족역동성을 이해하기 위해 개발된 것으로, 복잡한 가족유형을 한눈에 알아볼 수 있도록 기록하는 방법임. 3세대 이상에 걸친 가족구성원에 대한 정보와 관계양상을 가족나무 형태로 제시.

2) 가족력

3) 환자의 개인력
   (1) 발병 전
   (2) 발병 후

4) 사회경제적 상황

목록	내용		
의료보장			
주소득원/월소득			
주거형태			
재산		차량	
예금		발생 진료비	
부채		자부담 가능액	
사보험		과거 수혜여부	

5) 병력 및 의료적 상태

일시	기관	내용

   (1) 질환 리뷰

위암	
정의	
증상	
치료법	
예후/관리	

6) 생태도(eco-map)[6]

---

6) 자스트로(Zastrow, 1999)의 3분법과 로스(Ross)의 구분을 참조하여 개인, 가족체계, 집단체계를 미시체계로, 병원체계와 지역사회를 중간체계로, 외적체계와 환경을 거시체계로 분류함(출처: 강흥구(2004). 의료사회복지실천론. 학현사)

표 9-5 의료사회복지사 수련과정 사정 양식

II. 사정(assessment)

1. 강점사정

개인	
가족	
환경	

2. 문제 평가를 위한 틀[7]

1) KCD(Z55-Z65)에 근거한 사정

▶ 한국표준질병·사인분류 중 사회경제적 및 정신사회적 상황에 관련된 잠재적 건강 위험이 있는 사람(Z55-Z65)에 근거하여 다음 문제가 평가되었음

문제목록	세부내용

2) PIE 체계에 근거한 사정

▶ PIE 체계에 근거하여 다음과 같이 문제 사정되었음.

문제목록	세부내용	
요소 I. 사회적 역할 문제	ex) 1320.514	• →
요소 II. 환경 속의 개인/환경 속의 문제		
요소 III. 정신건강 문제의 규명		
요소 IV. 신체건강 문제의 규명		

---

7) 1) KCD 2) PIE 3) Minnesota의 세 가지 평가도구 중 한 가지 이상의 틀을 사용해야 하며, 이 외 4) NCCN 과 같이 근거중심적인 평가도구 사용 시 근거 제시 후 사용 가능

3) Minnesota Hospital의 24가지 심리사회적 문제목록에 근거한 사정

▶ 총 24가지 문제목록 중 4가지 문제 체크됨.

문제목록	세부내용

4) [암환자의 경우] NCCN 디스트레스 척도에 근거한 사정[8]

▶ NCCN 디스트레스 온도계 : _____ 점

▶ NCCN 문제목록: 실생활(____), 정서적 문제(____), 가족문제(____), 신체적 문제(____)

문제목록	세부내용

3. 문제 평가[9]

① 예시) 진료비 마련의 어려움
– Minnesota Hospital의 심리사회적 문제목록: – KCD(Z55–Z65):
②
– Minnesota Hospital의 심리사회적 문제목록: – PIE:
③
– Minnesota Hospital의 심리사회적 문제목록:

---

8) NCCN 디스트레스 척도: 암환자의 디스트레스를 측정하기 위한 선별도구로서, 암환자의 디스트레스의 정도 및 이에 영향을 미치는 심리사회적 문제(필요)를 찾아내는 데 효과적인 도구임(출처: 『NCCN Guidelines For Patients』, 대한의료사회복지사협회 암개입사회복지사연구회, 2018. 대한의료사회복지사협회 홈페이지 자료실 참조)

9) 평가도구 및 개입하는 대상자의 욕구에 근거하여 평가된 문제의 우선순위 작성

2) 클라이언트의 정신적 상태 사정

① 정신상태검사

주어진 시간 안에 클라이언트의 정신기능을 사정하기 위해 주로 정신상태검사(mental status examination)를 활용하게 된다. 정신상태검사는 면담과 관찰을 통해 환자의 정신기능을 평가하고 정신병리를 체계적으로 탐색하는 과정을 말한다(대한신경정신의학회 편, 2017, p. 131). 말하자면 신체적 질환에 대한 신체검사에 해당하는 것이라고 할 수 있다. 정신상태검사는 간이정신상태검사(mini-mental state examination)와 같은 인지선별검사를 포함하는 좀 더 광범위한 개념이다. 정신상태검사의 기본적 영역은 다음 〈표 9-6〉과 같다(대한신경정신의학회 편, 2017, pp. 131-136).

 표 9-6 정신상태검사(Mental State Examination)

1. 외모, 행동과 태도
   a) 외모와 행동: 클라이언트의 용모가 연령, 사회경제적 지위에 부합하고 적절한지를 고려(자세, 몸짓, 표정, 위생상태 등)
   b) 태도: 면담에 협조적인지, 방어적인지 등
2. 운동활동: 신경학적 문제나 약물 부작용으로 인한 운동장애, 정신질환으로 인한 운동과다 혹은 저하.
3. 기분(mood)과 정동표현(affect expression)
   a) 기분: 우울, 절망, 짜증, 불안, 분노, 공허, 죄책감, 공포 들뜸 등
   b) 정동 표현: 환자의 얼굴 표정과 같은 표현행동을 근거로 추정되는 환자의 감정. 기분과 일치할 수도 아닐 수도 있음
4. 말: 유창성, 양, 속도, 어조, 음량을 평가
5. 지각
   a) 환각(hallucination): 외부자극이 없는데, 생기는 지각(예: 청각, 시각, 냄새, 맛, 촉감 관련 환각)
   b) 착각(illusion): 실제하는 외부자극을 잘못 받아들일 때.
6. 사고
   a) 사고과정: 사고를 어떻게 형성하고 구조화하고 표현하는가에 대한 것(정확성, 형태, 양을 고려함), 사고단절, 사고의 비약, 사고 지체, 우원증, 사고이탈, 연상의 이완, 보속증 등.
   b) 사고내용: 환자가 어떤 생각을 하고 있는지에 대한 것. 집착, 강박사고, 망상, 자살사고 등이 포함됨.

7. 감각과 인지

  a) 의식수준: 주위 환경을 인식하는 정도 혹은 의식이 깨어 있는 정도(명료함–졸음–반혼수–
    혼수로 구분)

  b) 지남력: 시간, 장소, 사람에 대한 지남력

  c) 집중력: 주의(한 가지 주제에 초점을 맞추는 능력)와 집중(시간이 지나도 주의를 지속할 수
    있는 능력)

  d) 기억력:

    –즉각회상(무엇인가가 나타난 몇 초 후에 기억하는 능력. 예: 성인은 앞으로 5~6단위 숫자,
    거꾸로 3~4단위 숫자를 기억해서 따라하는지)

    –최근기억(수분에서 수시간 전 일어난 사건 기억하는 능력. 예: 세 가지 관련 없는 물건 이
    름 불러 주고 5~10분 후 기억하는지)

    –장기기억(2년 이상 전의 사건 기억하는 능력. 예: 어디서 태어났는지, 어디서 학교에 다녔
    는지 등을 물어봄)

  e) 계산력: 간단한 덧셈, 뺄셈, 곱셈 등으로 평가.

  f) 상식과 지능: 개인의 교육수준이나 사회경제수준과 같은 환경적 요인 고려하여 평가

  g) 추상적 사고능력: 일반적 개념과 구체적 예시들을 연결할 수 있는 능력

8. 판단과 병식

  a) 판단력: 환자가 사회적 규범을 인식하고 이를 따를 수 있는가? 의학적 평가와 치료에 협조할
    수 있는가?

  b) 병식(insight): 환자가 자신의 병에 대해 얼마나 이해하고 있고 이를 받아들이는가?

② DSM-5-TR

DSM(Diagnostic and Statistical Manual of Mental Disorders)이란 미국 정신의학회에서 출판한 『정신질환의 진단 및 통계편람』으로, 정신질환과 관련된 모든 정보를 지속적으로 수집하고 정리하여 각종 정신질환의 정의 및 증상을 판단하는 기준을 제공한다. 2022년에 DSM-5-TR이 출판되었으며, DSM-5-TR에서는 정신질환을 약 20개 범주로 분류하였다.

- 신경발달장애
- 조현병 스펙트럼 및 기타 정신병적 장애

- 양극성 및 관련 장애
- 우울장애
- 불안장애
- 강박 및 관련 장애
- 외상 및 스트레스 관련 장애
- 해리장애
- 신체증상 및 관련장애
- 급식 및 섭식장애
- 배설장애
- 수면-각성 장애
- 성기능부전
- 성별 불쾌감
- 파괴적, 충동조절 및 품행장애
- 물질-관련 및 중독장애
- 신경인지장애
- 성격장애
- 변태성욕장애
- 기타 정신장애

DSM 진단분류체계는 클라이언트의 특정 정신, 정서, 행동상의 문제에 대해 공통의 용어를 기반으로 정신건강의학과 의사, 임상심리사, 사회복지사, 간호사와 같은 다학제 전문직 간 의사소통의 효과성을 높이고, 개념적 정의에 기반한 체계적 연구의 용이성을 높여 연구를 통한 원인나 결과에 대한 이해증진을 도모할 수 있다는 장점이 있다(강상경, 2022). 그러나 환자의 고유한 특성이나 강점은 간과하고 진단분류 집단의 하나로 인식하게 하여 낙인의 가능성을 높일 수 있으며, 개인의 정신병리적 질환으로서 환경과의 상호작용이 배제되어 있다는 부정적 측면도 있다(Kirst-Ashman & Hull, Jr, 2016). 따라서 사회복지사는 이러한 장단점을 고려하여 DSM을 효과적으로 활용할 필요가 있다.

3) 가족사정

신체적 질병과 장애는 환자 개인은 물론 가족에게도 중요한 영향을 미치며, 동시에 가족은 환자의 치료와 회복에 중요한 영향을 미칠 수 있는 환경이며 자원이다. 의료사회복지사는 환자뿐만 아니라 환자의 보호자 혹은 가족과 상담하게 되는 경우가 많으므로 가족에 대한 사정이 필요하며 이를 위해 가족과의 관계형성, 가족 대상의 자료수집 기술 및 의사소통 기술이 요구된다.

가족은 복잡하고 역동적인 구조와 관계를 지녔으며 크게 다음의 세 가지 측면에서 살펴볼 수 있다(조흥식 외, 2009, pp. 323-324).

첫째, 가족의 의사소통으로 가족구성원 사이에 이루어지는 감정과 생각의 상호교환에 대해 사정해야 한다. 가족구성원 간의 의사소통의 향상은 개입의 주요 목표가 되는 경우가 많다.

둘째, 가족구조에 대한 사정으로 여기에는 가족구성원 간의 경계, 하위체계를 포함한 체계로서의 가족의 기능, 구성원의 행동을 규제하는 가족규범, 구성원들의 역할, 가족 내 권력의 균형, 가족내력이 현재의 가족에 미치는 영향 등에 대한 사정이 주요 내용이다.

셋째, 출산, 죽음, 결혼 등의 가족주기에 따른 전환에 어떻게 적응했는지를 사정한다.

넷째, 부부간 불화, 부모자녀 관계상의 문제, 구성원 개인의 문제 등 가족갈등의 주요 문제를 사정한다.

4) 자원사정

클라이언트의 자원사정은 그의 문제해결능력, 필요한 자원과 한계, 성격 등의 측면에서 이루어진다. 특히 강조되는 것은 클라이언트가 보유하고 있는 자원에 대한 사정이다. 왜냐하면 클라이언트의 자원을 활용한 개입은 문제해결의 가능성이 크기 때문이다. 클라이언트의 자원으로는 다음과 같은 다양한 자원을 사정할 수 있다(Kirst-Ashman & Hull, Jr, 2016).

① 가족과 친구

지지와 자원을 제공할 수 있는 가족과 친구는 중요한 자원이 된다. 나아가 이러한 가족과 친구들이 클라이언트를 도와줄 동기가 얼마나 있는지, 이러한 도움이 클라이언트가 당면한 상황을 해결하는 데 얼마나 의미가 있는지를 사정할 필요가 있다.

② 교육정도와 취업경험

클라이언트의 문제가 실업이거나 혹은 경제적 문제인 경우에 특히 이 부분에 대한 사정이 중요하다. 취업에 필요한 교육배경과 기술 그리고 경력 등에 대한 사정이 주요 내용이다. 남편이 갑자기 사망하여 가장으로서 경제적 책임을 지게 된 여성의 경우를 예로 들어 보면 이 클라이언트의 교육 정도와 내용, 그 외 습득한 기술, 과거의 취업경험과 일의 내용 등을 사정한다면 그의 취업가능성과 취업분야를 결정하는 데 유용한 자료가 된다.

③ 문제해결능력과 의사결정기술

클라이언트가 어려운 문제를 해결해 본 경험 그리고 현재의 문제와 유사한 문제해결에 동원되었던 방법, 이 방법의 재적용 가능성 타진 등에 대한 사정은 현재의 문제를 해결하는 데 중요한 단서를 제공한다.

④ 개인적 자질과 성격

클라이언트의 자원이라고 할 때 이 부분이 차지하는 비중이 가장 크다. 대인관계가 원만한 사람인지, 지적 능력이 있는지, 상담에 임하는 태도는 진지한지, 약속시간을 정확히 지키는 사람인지 등은 좀 더 성공가능성이 큰 개입방법을 선택하는 데 매우 유용한 정보가 된다. 긍정적인 자질과 성격을 발견하여 강화시키는 것 자체가 클라이언트의 자부심을 향상시켜 문제해결에 도움이 된다. 또한 문제해결을 위한 진행방법을 모색하는 데도 도움이 된다.

⑤ 물리적 · 재정적 자원소유

주택, 자동차, 저축 등에 대한 조사는 클라이언트의 문제해결에 요긴한 자원으로서 반드시 사정되어야 한다.

⑥ 태도와 관점

문제해결에 대한 클라이언트의 의지와 동기, 변화에 대한 긍정적이며 적극적 자세 등은 원조과정에 매우 의미가 큰 자원이다.

5) 4Rs에 의한 사정

도무스(Doremus, 1976)는 환자와 그 가족이 경험하는 문제를 사회체계적인 관점에서 파악하기 위해 역할(roles), 반응(reactions), 관계(relationships) 및 자원(resources)의 4Rs 개념을 적용하였다. 질병에 걸리기 전과 그 후에 환자 개인과 가족, 친구, 직장 등으로 구성되는 환경에 어떠한 변화가 일어났으며, 어떻게 극복해 나갈 것인지를 파악하는 데 매우 유용하다.

① 역할
- 환자가 생활에서 가진 역할과 책임은 무엇인가(부모, 배우자, 직장인 등)?
- 다른 사람들(가족, 고용주 등)은 환자에게 무엇을 기대하는가?
- 환자가 자신의 역할을 수행하고 역할수행의 문제를 해결하고 역할기대에 대처하기 위해 사용했던 능력과 행동패턴, 강점은 무엇인가?
- 환자는 자신의 역할수행에 대해서 얼마나 만족하는가?

② 반응
- 현재의 상황이나 문제에 대한 환자의 반응(심리적, 행동적, 신체적 등)은 어떠한가? 이 반응들은 환자의 일상적인 그리고 이전의 행동패턴과 비교하여 어떤가? 환자는 위기 상황에 있는가?

③ 관계
- 환자의 생활에서 중요한 사람들은 누구인가(가족, 친구 등)?
- 그들은 환자의 문제나 상황에 의해서 어떤 영향을 받는가?
- 주요한 타인들의 행동과 환자의 현재 문제나 상황과는 어떤 관계가 있는가?

④ 자원

• 환자가 문제에 대처하기 위해서 과거에 효과적으로 사용해 온 공식적 · 비공식적 자원은 무엇인가?

• 현재의 문제나 상황에 대처하기 위해서 필요한 부가적 자원은 무엇인가?

• 환자는 이 자원들에 접근하고 있는가? 그는 이 자원들을 이용할 수 있고 이용할 의사가 있는가? 환자는 필요한 공식적 자원을 받을 수급자격이 있는가?

도무스의 의료–사회적 진단 모델(medical-social diagnosis model)을 소개하면 〈표 9–7〉과 같다.

표 9–7 의료–사회적 진단 모델

1. 환자의 개별화
   환자를 전인적인 인간(as a whole person)으로 파악하며, 동시에 각 개인이 지닌 독특한 가치를 인정한다.
2. 환자의 질병 또는 장애를 분석
   1) 기술적인 정보: 진단과 예후
   2) 사회적, 인종적, 문화적 영향
   3) 사회적 의미: 질병 또는 장애가 겉으로 보이는 것인지, 생명에 지장을 줄 정도로 심각한 것인지, 만성질환으로 장기간의 치료를 필요로 하는 것인지, 앞으로 어떻게 될 것인지, 예측이 가능한 것인지를 분석
3. 환자의 사회환경에 대한 질병의 심리사회적 영향분석
   1) 환자의 문제와 목표에 대한 환자와 가족의 생각
   2) 사회체계 검토
       (1) 역할(roles)과 주요한 사회기능 · 생활양식
       (2) 질병과 생활상황에 대한 반응(reactions): 감정, 태도, 대처동기
       (3) 사회환경 내의 대인관계(relationships): 대상자와 관계의 성질
       (4) 문제에 대처하기 위한 자원(resources)
           ① 경제적 자원: 진료비의 출처, 경제적 지원의 출처
           ② 환경적 자원: 지역사회의 주택환경, 물리적, 정서적 안정도

③ 제도적 자원: 직업, 교육정도, 종교, 사회단체

④ 인적 자원: 가족, 친구, 친지의 친밀도(행동 또는 경험에 영향을 주는 대처능력)

4. 의료-사회적 진단(초기의 느낌과 계획)

1) 역할, 반응, 관계, 자원 등 사회체계적인 검토를 통하여 제시된 문제를 사정

2) 의료적, 개인적, 대인관계적, 실천적 인상(impression)

3) 개입방법과 실천가

출처: Doremus (1976), p. 127.

표 9-8 문제지향적 의무기록

1) 사회복지자료 근거(social work data base)

2) 문제번호와 명칭(problem no. & title)

3) 의뢰출처와 의뢰사유(sources of referral & reason)

4) 자료출처와 획득방법(sources of data: how obtained)

5) 가족구성(family constellation)

S: 주관적(subjective)

문제의 기대에 대한 환자 또는 가족의 주관적인 보고자료

1) 환자의 현재 역할: 최근의 사회적 기능과 적절한 배경자료

2) 환자의 중요한 대인관계의 성질

3) 동원가능한 자원 또는 부족한 자원으로서 중요하게 보고된 자원(경제적, 환경적, 제도적, 인적)

O: 객관적(objective)

환자와 가족에 대한 사회복지사의 전문적 평가

A: 사정(assessment): 의료적 · 사회적 진단

환자의 역할기능, 대인관계, 생활환경의 문제에 대한 반응과 개입이 필요한 문제를 사정하고, 우선순위를 결정

P: 계획(plan)

사회적 치료나 모든 환경적 서비스 등의 개입 또는 다학문적인 행동(interdisciplinary action)을 포함한 계획수립

출처: Doremus (1976), p. 136.

의료-사회적 진단모델을 문제지향적 의무기록(problem-oriented medical record)에 적용하면 〈표 9-8〉과 같다. 문제중심기록은 의료 분야에서 개발된 기록방법으로, 의료 및 정신건강 세팅과 같이 서로 다른 여러 전문분야가 함께 같은 문제에 개입할 때 유용한 것으로 알려져 있다.

다음은 SOAP 양식을 사용한 의무기록의 예이다.[10]

표 9-9 SOAP 양식에 따른 의무기록

〈S〉

선생님 자꾸 입원이 반복되니깐 힘드네요……. 병원비야 보건소 지원도 받고 해서 괜찮을 것 같은데……. 부기가 다 얼굴로 가나 봐요. 자꾸 붓고 배도 나오고……. 그러니깐 사람들 만나기도 힘들고…….
이렇게 변한 모습이 별로일 것 같고 사람들이 절 안 좋아할 것 같고……. 어떻게 해야 될지 모르겠어요.

〈O〉

-당뇨병성 말기신부전으로 본원 신장내과 치료, 복막투석 치료 유지하고 있는 환자임
-2021년 1월, 2021년 9월 사회사업팀 통해 의료비 지원 연계한 바 있음
-금번 입원하여 구토와 얼굴 부종이 심해 입원하여 치료받음

〈A〉

-클라이언트는 반복되는 치료과정과 외모변화로 인해 우울감을 호소하고 있는 상황임
-투석 이후에 자신의 모습이 변화하였고, 사람들이 자신을 좋아하지 않을 것 같다고 생각하며 지인들과의 관계를 정리, 단절하는 등의 모습 보이고 있음
-이에 환자의 부정적인 인지, 행동에 대한 변화를 위한 상담이 필요할 것으로 사료됨

〈P〉

-인지행동치료 상담 진행을 통해 내담자의 외모에 대한 부정적 인지를 긍정적으로 변화할 수 있도록 지원함
-내담자가 단절, 정리하고 있는 지인들과의 관계를 회복하고 강화할 수 있도록 지원함

---

10) 이 사례는 엄태준(2022), 인지행동치료: 투석 후 외모변화로 우울감, 대인관계 회피 모습을 보이는 환자에 대한 인지행동치료 적용, 「2022 한림 사회복지우수 프로그램 포럼사례」, 일송재단 사회복지위원회에서 발췌하였음.

▲ 참고문헌

강상경(2022). 정신건강사회복지론. 학지사.

대한신경정신의학회 편(2017). 신경정신의학. 아이엠이즈컴퍼니.

엄태준(2022). 인지행동치료: 투석 후 외모변화로 우울감, 대인관계 회피 모습을 보이는 환자에 대한 인지행동치료 적용. 「2022 한림 사회복지우수 프로그램 포럼」, 일송재단 사회복지위원회.

이병은(2007). 장기이식업무에 있어서 사회복지사의 직무수행도. 임상사회사업연구, 4(1), 177-193.

장수미, 황영옥(2007). Q 방법론을 활용한 의료사회복지사의 역할인식에 대한 탐색적 연구. 한국사회복지학, 59(2), 223-249.

조흥식, 김연옥, 황숙연, 김융일(2009). 사회복지실천론 (개정3판). 나남.

Burrows, D. (2020). *Critical hospital social work practice* (1st ed.). Routledge.

Collins Dictionary. (2020). *Outreach. Collins English Dictionary*. Retrieved from https://www.collinsdictionary.com/dictionary/english/outreach

Cowles, L. A. (2012). *Social work in the health field: A care perspective* (2nd ed.). Routledge.

Doremus, B. L. (1976). The four Rs: Social diagnosis in health care. *Health & Social Work, 1*(4), 120-139. https://doi.org/10.1093/hsw/1.4.120

Downey, M. M., Neff, J., & Dube, K. (2019). Don't just call the social worker: Training in structural competency to enhance collaboration between healthcare social work and medicine. *Journal of Sociology & Social Welfare, 46*(4), 77-96.

Germain, C. B. (1984). *Social work practice in health care*. New York, NY: The Free Press.

Germain, C. B., & Gitterman, A. (1980). *The life model of social work practice*. New York, NY: Columbia University Press.

Hepworth, D., Rooney, R. D., Rooney, G. D., & Strom-Gottfried, K. Y. (2017). *Direct social work practice: Theory and skills* (10th ed.). Boston, MA: Cengage Learning.

Jiao, S., Slemon, A., Guta, A., & Bungay, V. (2022). Exploring the conceptualization, operationalization, implementation, and measurement of outreach in community settings with hard-to-reach and hidden populations: A scoping review. *Social Science & Medicine, 309*, 115232.

Kirst-Ashman, K. K., & Hull, G. H., Jr. (2016). *Understanding generalist practice* (8th ed.). Boston, MA: Cengage Learning.

NHS England. (2015). *Using case finding and risk stratification: A key service component for personalised care and support planning*. Retrieved from https://www.england.nhs.uk/wp-content/uploads/2015/01/2015-01-20-CFRS-v0.14-FINAL.pdf

Peters, K. M., Sadler, G., Miller, E., & Radovic, A. (2018). An electronic referral and social work protocol to improve access to mental health services. *Pediatrics, 142*(5), e20172417.

Bywaters, P. (1991). Case finding and screening for social work in acute general hospitals. *The British Journal of Social Work, 21*(1), 19-39.

Sheafor, B. W., & Horejsi, C. R. (2008). *Techniques and guidelines for social work practice* (8th ed.). 남기철, 정선욱, 조성희 역(2010), 사회복지실천 기법과 지침 (개정2판). 나남.

Shulman, L. (2016). *The skills of helping: Individuals, families, groups, and communities* (8th ed.). Boston, MA: Cengage Learning.

Spitzer, W. J., & Davidson, K. W. (2013). Future trends in health and health care: Implications for social work practice in an aging society. *Social Work in Health Care, 52*(10), 959-986. https://doi.org/10.1080/00981389.2013.834028

Stilborn, E. J. (1961). *Social service referrals in a general hospital: An evaluative survey of 23 outpatient clinics of the Vancouver General Hospital, 1960* (Master's thesis). University of British Columbia. Retrieved from https://open.library.ubc.ca/collections/ubctheses/831/items/1.0106054

Zhang, X., & Zhang, X. (2016). Recent perspectives of electronic medical record systems (Review). *Experimental and Therapeutic Medicine, 11*, 2083-2085. https://doi.org/10.3892/etm.2016.3233

제10장

의료사회복지실천 과정 II

제10장에서는 제9장에 이어 의료사회복지실천 과정 중 계획수립 및 개입 그리고 종결 및 평가과정에 대해 기술하고자 한다.

1. 계획수립 및 개입

일단 자료수집과 사정이 이루어지고 나면 이에 근거하여 사회복지사와 클라이언트가 상호 합의하여 목표를 설정하고, 이를 실행하는 단계에 들어가게 되는데, 이것이 목표설정, 즉 개입계획 수립과 개입의 단계이다.

1) 계획수립 과정

개입목표의 설정이란 개입을 위한 계획을 형성하는 것으로, 사정에 이어 행해진다.

즉, 개입계획은 환자와 가족의 상황, 문제, 욕구 및 강점에 대한 사정에 근거하여 이루어지며, 따라서 어떻게 이들을 도와 나가야 할지에 대한 지침의 역할을 한다고 할 수 있다.

커스트-애쉬만과 헐(Kirst-Ashman & Hull, Jr., 2016)은 계획의 과정을 다음의 7단계로 구체화시켰다. 계획과정을 구체화하면 개입이 훨씬 용이해지고 개입효과도 커질 수 있다. 무엇을 어떻게 할 것인가가 명확하게 제시되기 때문이다. 여기서는 계획과정을 의료사회복지실천 현장에 적합하도록 수정하여 제시하였다.

(1) 클라이언트(환자 및 가족)와 함께 일하기

모든 개입과정에 클라이언트를 포함시키는 것은 무엇보다 중요하다. 따라서 클라이언트가 가능한 사정과 계획의 개발에 많이 참여하도록 해야 하며, 클라이언트와 함께 계획하는 것이어야지 클라이언트를 위한 계획이 되어서는 안 된다. 특히 의료사회복지실천의 현장은 모든 것이 매우 신속하고 급박하게 돌아가기 때문에 자칫하면 의료사회복지사는 자신이 수립하고 싶은, 자신이 생각하기에 효과적인 계획을 클라이언트가 받아들이도록 무의식중에 압력을 가할 수 있다. 만약 클라이언트가 자신이 포함되지 않았다고 느낀다면 클라이언트를 동기화시키는 일은 매우 어려워진다.

(2) 문제의 우선순위 정하기: 어떤 문제를 먼저 다룰 것인가

질병과 장애의 과정과 결과를 경험하는 환자나 가족은 매우 복합적인 문제를 가지고 있다. 따라서 이들은 어디서, 무엇부터 시작해야 할지 막연해하고, 무기력하게 느낄 수 있다. 그렇다면 수많은 범주의 문제 가운데 어떤 문제에 우선순위를 둘 것인가(Kirst-Ashman & Hull Jr., 2011)?

첫째, 클라이언트가 그 문제가 존재한다고 인식해야 한다. 예를 들어, 자신의 알코올 중독을 부정하는 클라이언트라면 의료사회복지사와의 면접에서 이 문제에 관해 논의하기를 거부할 수 있다. 그러나 이때 유능한 사회복지사라면 알코올 중독과 관련된 문제들, 예를 들면 음주로 인한 아동학대 혹은 실직으로 인한 경제적 곤란과 같이 클라이언트에게 중요한 문제들을 확인함으로써 클라이언트가 동의하는 문제의 리스트를 만들 수 있다.

둘째, 문제가 이해할 수 있는 용어로 분명하게 정의되어야 한다.

셋째, 의료사회복지사와 클라이언트가 함께 무엇인가 할 수 있는, 현실적으로 해결가 능한 문제여야 한다. 예를 들면, 소아 당뇨환자의 경우에 당뇨의 완치는 불가능한 목표 가 될 수 있다. 따라서 소아당뇨에 대해 이해하고 오히려 이와 더불어 살아가는 것을 배 우기와 같은 것이 더 현실적인 목표가 될 수 있다.

(3) 문제를 욕구로 전환

문제와 욕구 및 목적은 모두 상호 관련되며, 사회복지사의 목표는 문제를 일으킨 욕 구를 충족시키는 것이다. 따라서 문제를 욕구로 전환하는 것은 목표를 수립하도록 방향 을 정해 준다. 다시 말해 무엇을 할지를 파악하기 위해서는 먼저, 클라이언트의 문제를 욕구로 바꾸어 기술해야 한다. 이렇게 함으로써 무엇이 잘못되어 있는지보다는 잘못된 것을 어떻게 수정할 것인가에 초점을 둘 수 있게 된다(Kirst-Ashman & Hull Jr., 2011). 예 를 들면, 알코올 중독의 문제는 지속적인 단주로, 아동학대라는 문제는 학대를 멈추고 정서적 통제와 함께 아동관리 기술의 습득으로, 우울증은 우울의 완화를 위한 치료로, 사랑하는 사람의 상실에 대한 애도는 애도의 관리로 바꾸어 기술할 수 있다. 이렇게 하 고 나면 클라이언트에게 가능한 목표가 무엇이며 이러한 목표를 달성하기 위한 전략을 생각하기가 훨씬 쉬워진다. 예를 들어, 알코올 중독의 문제를 지속적인 단주라는 클라 이언트의 욕구로 전환하고 나면, 지속적인 단주를 위해 활용할 수 있는 자원에는 어떤 것들이 있고(예: 단주모임), 또 클라이언트는 무엇을 해야 하는지(단주모임에 빠지지 않고 참여)가 분명해지게 된다.

(4) 개입 수준 평가: 전략의 선택

클라이언트와 함께 의료사회복지사는 구체화된 문제의 해결과 관련된 목표를 달성하 기 위한 다양한 전략을 찾아내고 평가해야 한다. 이때 미시적, 중범위적 및 거시적 수준 에서 각각 어떤 전략들이 가능한지를 확인하는 것이 중요하다(Kirst-Ashman & Hull Jr., 2011). 즉, 관심의 단위, 다시 말해 변화의 표적이 될 표적체계를 결정하는 것이 중요하 며, 특히 의료사회복지사는 환자의 문제상황에 대해 미시적 측면에만 초점을 두지 않도 록 하는 것이 중요하다. 여러 연구에서 이미 지적되었듯이 가족의 욕구가 반드시 포함되어야 하며, 이는 개입에 대한 중범위 수준의 접근을 의미하다. 중범위 수준의 개입을 통해 유방암 환자집단이나 척수손상환자 집단과 같은 치료집단 혹은 자조집단으로부터 도움을 받을 수도 있다. 한편 이러한 미시적 혹은 중범위적 접근 외에 퇴원 이후 환자가 거주하는 지역의 사회복지관이 제공하는 서비스에 연결시켜 주거나, 산업재해 보상 보험의 혜택을 제대로 받지 못하는 환자에게 법적 절차를 도와주는 등의 거시적 기술을 포함하는 전략이 문제해결에 더 적합할 수도 있다.

전략을 수립할 때 개입수준을 평가하는 것 못지않게 중요한 것은 클라이언트의 강점을 강조하고 통합하는 것이다(Kirst-Ashman & Hull Jr., 2011). 특히 환자나 가족들은 질병이나 장애가 초래한 결과로 인하여 상당히 무기력해져 있을 수 있으며 자신이 할 수 있는 것은 아무것도 없다고 느끼기 쉽다. 따라서 클라이언트의 문제에 초점을 두는 대신 강점에 초점을 둠으로써 의료사회복지사는 환자와 가족의 능력을 고취하고 긍정적인 자원을 찾아낼 수 있다.

예를 들어, 당뇨의 합병증으로 인한 만성 신부전증으로 투석을 받고 있는 환자와 가족은 질병이 그의 생활 전체에 가져다준 포괄적이고 부정적인 결과에 그대로 압도당할 수 있다. 그러나 의료사회복지사는 이 환자가 가지고 있는 정신적인 건강과 깊은 신앙심, 가족의 적극적인 지지, 교회 친구들의 지지와 같이 환자가 가진 강점에 초점을 둠으로써 환자와 가족은 자신들이 가진 능력을 재발견하게 되고 무엇을 할 수 있을지를 생각할 수 있게 된다.

(5) 일차적 목표수립

목표수립은 개입목적을 분명히 하기 위해서다. 분명하게 서술된 목표는 개입이 성공적으로 이루어졌는지를 결정할 수 있게 해 준다. 의료사회복지사는 목표를 설정함으로써 클라이언트 체계가 사회복지사와 클라이언트와의 관계 내에서 무엇을 성취하기를 원하는지 찾아내고 구체화하도록 원조할 수 있다. 개입수준과 관계없이, 목표를 구체화하는 일은 매우 중요하다(Kirst-Ashman & Hull Jr., 2011). 그러므로 '2개월간 유방암 환자 지지집단에 참여한다.'와 같이 성취하고자 하는 일차적 목표를 명확하고 직설적으로 수립한다.

(6) 목적의 구체화

만일 클라이언트의 목표가 그렇게 복합적인 것이 아니라면 목적(goal)과 목표(objective)는 같을 수 있다(예: 6개월간 알코올 중독 환자의 배우자를 위한 모임에 참석한다). 그러나 일차적 목적(goal)은 대체로 광범위하게 서술되기 때문에 그 목적을 성취하기 위한 방법은 알려 주지 못한다. 따라서 다음 단계는 일차적 목적을 더 작은 목표(objective)들로 나누게 되며, 이것은 일종의 하위 목표라고 할 수 있다(Kirst-Ashman & Hull Jr., 2016). 예를 들어, 실업계 고등학교에 다니던 학생이 교통사고를 당해 휴학을 하게 되었고, 일련의 치료와 재활 과정이 끝났을 때 의료사회복지사와 클라이언트는 다음과 같은 일차적인 광범위한 목적을 수립할 수 있다. '전공하던 자동차 부품수리 계통의 회사에 취직한다.' 이를 위해 우선 다음과 같은 하위 목표들을 수립할 수 있다. ① 우선 다니던 실업고등학교에 복학하여 졸업한다, ② 장애인들을 위해 마련된 기술훈련 프로그램에 참여한다.

이때 주의할 것은 목표를 명확히 기술하는 것이며, 이것은 '누가' '무엇을' '언제까지' 할 것인지를 명시함으로써 가능해질 수 있다는 것이다. 한 예로 발달장애가 있는 청소년 클라이언트의 진전상황을 검토하기 위해 담당 의료사회복지사, 심리학자, 직업상담가, 의사, 언어치료사, 작업치료사, 물리치료사로 이루어진 팀 회의가 열렸다. 여기서 각 전문가는 그동안 이루어진 진전상황과 앞으로의 계획을 논의하였으며, 그 결과 제시된 한 목표는 클라이언트의 구체적인 기술과 능력 및 직업에 대한 관심을 결정하기 위해 심층적인 검사를 실시하는 다른 기관에 의뢰하는 것이었다. 그러나 누가 언제까지 그것을 수행할 것인지 명시하지 않은 상황이라면 두 달 뒤 클라이언트의 진전상황을 평가하기 위해 전체가 다시 만났을 때 아마도 서로가 서로의 얼굴만 바라보며 당황하는 일이 생길 것은 뻔하다. 모두가 너무도 바쁜 일정에서 자신의 책임으로 주어지지 않은 일에 대해서는 잊고 있었을 가능성이 높기 때문이다. 그러므로 설정된 목표를 달성하기 위해서는 이와 같이 누가 무엇을 언제 수행할 것인지를 명확히 하는 것이 중요하다.

(7) 계약수립

계획과정의 마지막 단계는 개입계약을 수립하는 것이다. 계약이란 쉽게 말하면 개입과정에서 무엇이 일어날지에 대한 클라이언트와 사회복지사 간의 합의이다. 따라서 여

표 10-1 계약의 기술

1. 문제, 욕구의 성격에 대해 상호교류적 용어로 합의에 도달하기
2. 스트레스를 감소시키고 대처자원(내적, 외적)을 증진시키는 현실적이고 적절한 목표에 대한 합의에 도달하기
3. 서두르지 않고 적절한 보조로, 목표달성에 필요한 다음 단계(클라이언트의 과제; 사회복지사의 과제)에 대한 합의에 도달하기
4. 사용될 양식(개인, 가족 및 집단)과 세션에 대한 시간적 공간적 배열에 대해 합의하기
5. 클라이언트나 사회복지사의 과제에 대한 진전을 정기적으로 점검할 때 합의점을 이용하기

출처: Germain (1984), p. 118.

기에는 목적, 목표, 시간표 및 관련된 사람들의 책임이 포함된다(Kirst-Ashman & Hull, 2016). 뇌졸중 환자의 경우를 예로 들어 설명하면, 계약의 수립이란 뇌졸중 환자의 기본적인 욕구와 환자를 돌보는 가족의 과제에 대해 대략적인 일정에 따라 함께 일하기로 합의하는 것을 의미한다. 이때 이들은 집이 환자가 퇴원할 수 있는 환경이 되도록 준비하기 위해 함께 계획하고 여기에 필요한 절차들을 수행하는 데 참여하게 된다. 퇴원 전 남아 있는 시간 동안 공동면담이 이루어지는 것이 바람직하며, 이때 사회복지사는 장애에 대한 적응과 관련된 중요한 이슈들에 대하여 함께 이야기하도록 지지할 수 있다. 계약은 문서로 혹은 구두로 수행될 수 있으며, 그 형식 역시 기관이나 병원에 따라 달라질 수 있다.

저메인은 계약에 필요한 기술을 〈표 10-1〉과 같이 요약하고 있다(Germain, 1984, p. 118).

학자에 따라 다소 용어상 차이가 있긴 하지만 계약단계에서 주로 사용되는 기술은 슐만(Shulman, 2016)이 제시한 '목적의 명확화' '역할의 명확화' 및 '클라이언트의 환류에 도달하기' 등이다. 새로운 관계라는 역동을 고려하여 사회복지사는 간단하고 직접적이며 전문적이지 않은 말로 만나는 목적을 설명해야 하며, 여기에는 기관 혹은 병원의 목적과 클라이언트의 목적이 반영되어 있어야 한다. 몇 가지 예를 통해 어떻게 하면 역할과 목적을 명확히 하면서 자연스럽게 계약수립에 이르는 대화를 할 수 있는지를 간단히 소개하겠다.[1]

---

1) 이 예들은 슐만(Shulman, 1992, p. 86, 88)에 제시된 예를 일부 한국에 맞게 수정하여 제시한 것임.

예 1: 사회복지사

　제 이름은 박○○이고 이 병원의 사회복지과에 근무하고 있습니다. 강○○ 씨를 담당하고 계신 의사 선생님께서 (암)수술을 받고 회복하시는 동안 강○○ 씨가 겪을 수 있는 심리적 문제들이나 집에 있는 아이들을 돌보는 것 같은 문제들에 대해서 제가 도울 수 있는지를 알아봐 달라고 부탁하셔서 오게 되었습니다. 지금이 정말 어려운 시기일 수 있다는 것을 알기 때문에 원하신다면 정말 도와드리고 싶습니다. 이러한 문제들이나 혹은 수술과 관련된 문제들 또한 수술 후 병원에 입원해 계시는 동안 걱정되는 것들에 대해 도움을 원하시는지 함께 의논하고 싶군요.

예 2: [후천성 면역결핍증(AIDS) 환자를 상담하는] 사회복지사

　제가 담당하고 있는 많은 다른 환자들이 저에게 말하기를 이러한 진단을 받았을 때 마치 지진을 경험하는 것과 같았다고 하더군요. 사실 너무나 엄청난 일이어서 이것을 어떻게 받아들여야 할지, 어디서 어떻게 시작해야 할지 모르는 게 당연하지요. 그래서 제가 앞으로 몇 달 동안 의료적 문제, 경제적 문제, 직장, 친구들이나 가족과 관련된 문제들을 정리할 수 있도록 도와드리겠습니다. 또한 저희 병원에 이러한 분들로 구성된 모임이 있는데, 저는 ○○ 씨에게도 이 모임에 참석하도록 권하고 싶군요. 아마도 이 모임을 통해 다른 분들이 ○○ 씨를 많이 도와주실 것이고 또한 ○○ 씨도 다른 분들에게 도움이 되실 수 있을 겁니다. 이러한 과정을 통해 혼자라는 느낌을 덜 수 있거든요. 중요한 것은 이 병에 대해 어쩔 수 없다는 느낌이 드시더라도 앞으로 ○○ 씨의 인생에 대해 통제력을 가지려고 노력하는 일입니다. 어떻게 생각하십니까?

　이러한 예들을 통해 계약의 수립이 기관 혹은 병원이 제공하는 서비스의 종류에 따라 그리고 구체적인 클라이언트의 욕구에 따라 다른 형식으로 이루어질 수 있음을 알 수 있다(Shulman, 2016). 특히 아동 클라이언트의 경우에는 이해할 수 있는 능력에 맞추어 이들이 이해할 수 있는 말로 이루어져야 한다. 예를 들어, 성폭력이 있었는지를 탐색하는 과정에서 그 목적은 "어떤 어른이 너를 만져서 불편하게 했는지를 알아보려고 한

단다."와 같이 설명될 수 있으며, 이때 아동이 관련된 신체의 부위를 이해할 수 있도록 인형을 사용할 수 있을 것이다. 그러나 어느 경우에서든지 사회복지사는 슐만이 제시한 정교화 기술이나 침묵의 의미에 도달하기, 표현된 감정에 대한 감정이입 및 표현되지 않은 클라이언트의 감정을 분명하게 하기와 같은 기술을 사용하여 회기가 진행됨에 따라 필요한 경우 새로운 계약을 수립해 나가야 한다. 이러한 기술들은 특히 라포가 형성되기까지 다소 방어적이고 적극적인 의사표현을 하지 않는 많은 한국의 클라이언트와 일할 때 유용한 계약의 기술이라고 할 수 있다.

2) 개입단계

개입계획을 수립하고 사회복지사와 클라이언트가 동의하는 계약 수립이 이루어지고 나면 그 계획을 실행하는 개입단계로 들어가게 된다. 따라서 개입이란 클라이언트와 사회복지사의 상황에 대한 사정 및 목표와 과제에 대한 동의에서 비롯된다고 할 수 있다. 이러한 사정 및 동의는 질병의 진행단계에 따라, 다른 조건들이 변화함에 따라 혹은 새로운 자료가 나타남에 따라 계속 변화할 수 있다. 특히 의료사회복지사는 질병의 조건이 어느 때라도 변화할 수 있고, 치료가 어려워지거나 예상했던 긍정적 치료의 결과가 나타나지 않을 수도 있기 때문에 개입의 어느 단계에서라도 사정과 계약 및 개입의 과정을 자유롭게 오갈 수 있는 능력과 기술이 요구된다.

(1) 개입단계에서의 의료사회복지사의 과제와 역할

기본적으로 개입단계에서의 사회복지사의 과제는 스트레스를 감소시키고, 대처에 필요한 개인적, 환경적 자원을 강화시키며, 스트레스에 의해 야기된 고통스러운 감정을 관리하고 질병이나 장애로 저해된 개인-환경 간의 관계를 개선하도록 원조함으로써 클라이언트가 자신의 목표와 과제를 달성하도록 지지하는 데 초점이 맞추어져 있다. 개입단계에서의 환자나 가족 혹은 집단과제와 의료사회복지사의 과제 및 이에 따른 사회복지사의 역할을 요약하면 〈표 10-2〉와 같다.

개입단계에서의 과제를 달성하기 위해서는 사회복지사의 구체적 역할이 요구된다.

표 10-2 개입단계에서의 클라이언트의 대처과제와 의료사회복지사의 실천과제 및 역할

클라이언트의 대처과제	• 의료사회복지사의 실천과제	클라이언트에 초점을 둔 의료사회복지사의 역할	환경에 초점을 둔 의료사회복지사의 역할
질병이나 장애의 계속적인 요구에 대처하기 위한 동기	• 대처노력에 대한 인센티브와 보상의 제공, 양가감정과 저항을 다룸 • 환경에 영향을 미쳐 대처노력에 대한 인센티브와 보상을 제공하도록 함	동원자	동원자
질병이나 장애 혹은 다른 스트레스로부터의 요구를 다루는 문제해결활동	• 대처 기술에 대한 지시를 개인 및 집단에게 제공 • 환경이 대처 기술에 대한 지시를 제공하도록 유도	교사, 감독	조력가 중개인
고통스러운 감정을 관리하고 자기존중감을 유지하여 최적의 대처노력이 이루어지게 함	• 정서적 지지를 제공 • 회복, 장애의 관리 혹은 효과적 대처에 저해가 될 경우 저항 및 과도한 의존이나 과도한 독립성을 다룸 • 자연적 지지체계를 조직하고 함께 일함	조력가	조직가
자율성의 유지	• 효과적 대처에 필요한 정보, 시간 및 공간을 제공, 신체적 조건에 적합한 선택이나 의사결정 및 행동의 기회를 제공, 과도한 의존이나 독립을 완화 • 필요한 경우 조직과 외부환경이 변화하도록 함	촉진자	촉진자 창안자 변호자

출처: Germain (1984), p. 78.

저메인(Germain, 1984, p. 126)은 클라이언트의 효과적 대처능력에 관한 것일 때는 동원자, 교사, 지도자, 조력가 및 촉진자의 역할을 수행하며, 환경적 자원의 효과적 대처에 관한 것일 경우에는 동원자, 촉진자, 중개인, 조직가, 조력가, 창안자 및 변호자로서의 역할을 수행하게 된다고 했다. 즉, 의료사회복지사는 환자나 가족과 환경 간의 적합성이 최대한으로 이루어져 이들의 사회적 기능이 증진될 수 있도록 항상 동시적 이중초점을 두고 역할을 수행한다. 여기서는 사회복지사의 구체적인 과제와 역할 및 이를 수행

하기 위해 필요한 기술들에 초점을 두고 구체적인 개입과정을 알아보자.

① 클라이언트를 동기화: 동원자로서의 역할

초기단계에서 원조를 수용하기로 혹은 함께 문제를 해결해나가기로 한 환자, 가족 및 집단은 이미 일에 대한 동기를 분명히 했다고 할 수 있다. 그러나 개입단계에서 치료가 어려워지거나 진전이 없게 되면 동기는 사라지고 대신 절망이 자리 잡게 되며, 환자가 새로운 문제에 당면하거나 질병의 요구가 증대됨에 따라 동기는 저하될 수 있다(Germain, 1984, p. 126).

사회복지사는 급성질환의 전 과정을 통하여 혹은 만성질환이나 장애를 성공적으로 관리하기 위해 장기간에 걸쳐 동기를 동원하고 유지하도록 원조하는 동원자로서의 역할을 해야 한다. 사회복지사는 환자, 가족 혹은 집단을 도와 희망을 유지하고 변화하는 요구에 직면하도록 함으로써 동기화를 할 수 있다. 이때 사회복지사는 새로운 선택 가능성을 열어 주거나 확인할 수 있다. 클라이언트의 강점을 확인 및 재확인하고, 문제나 요구를 다룰 수 있는 형태로 부분화시키며, 요구와 대처노력의 속도를 조절하고, 이미 합의된 목표나 과제를 재협상하는 기술들은 동기를 재수립하고 유지하는 데 도움을 줄 수 있다. 격려, 이미 보여 준 효과적인 대처 영역의 확인, 칭찬 및 계속된 노력으로부터 얻을 수 있는 것의 반복 등이 중요하다. 새로운 요구를 해석하고 대처과제를 재정의하고 실제 요구–능력 간의 균형에 대한 잘못된 지각을 분명히 하는 것은 동원자로서의 역할에 요구되는 또 다른 기술들이다(Germain, 1984, pp. 126-127).

클라이언트가 보여 주는 간접적 단서들을 통해 클라이언트가 가진 감정과 그 감정 뒤편에 있는 저항에 다다르고 이를 직접적으로 다루는 기술은 양가감정과 저항을 다루는 가장 유용한 기술이라고 할 수 있다. 집단세션에 나타나지 않거나 갑자기 말이 없어지고 침묵하거나, 자신에게 파괴적인 행동으로 행동화(예: 심장병 환자가 과다한 행동을 함)하거나, 무조건 사회복지사의 말에 동조하는 클라이언트의 행동(간접적 단서)을 잘 읽고, 비판적이거나 적대적이 아닌 말로 저항적 행동에 대해 언급함으로써 클라이언트로 하여금 무엇이 그를 괴롭히고 있는 것인지를 논의할 수 있다. 이때 공감기법을 씀으로써 클라이언트가 사회복지사에게 감정을 쉽게 표현하도록 도울 수 있다. 예를 들어 보자.[2]

양가감정과 저항을 다루기: 예시

남편과 갈등이 있고 우울증을 겪고 있는 환자에게 인지치료적 접근을 설명하고, 사회복지사와 환자는 인지치료적 기법들을 함께 사용하기로 동의하였다. 이후 환자는 느낌과 생각을 구분하기, 느낌, 생각, 행동을 구분하기와 같은 과제에 적극적으로 동참하였다. 즉, 부정적 사건에 대해 그 사건에 대한 느낌(~구나), 사건에 대한 긍정적 해석(~겠지), 그 사건에 대해 다행인 점 찾기(~에 대해 감사)와 같이 기록하는 과제를 내주었다. 그런데 긍정적인 사고전환을 시도하는 과제를 준 이후 환자가 약속시간에 나타나지 않았다. 사회복지사가 전화를 걸어 왜 약속에 오지 않았는지를 물어보자 처음에는, "몸이 별로 안 좋아서요."라고 했다. 이에 사회복지사가 자신의 생각을 변화시키고 그에 따라 행동이 변하는 것이 쉬운 일이 아니며 그럼에도 불구하고 환자가 그동안 참 열심히 잘해 오고 있다고 지지해 주었다(클라이언트의 저항의 감정에 도달하고 이를 감정이입적으로 지지). 그러자 클라이언트는 사실 자기만 이 상황에서 변해야 되는 것 같아 갑자기 너무 억울한 생각이 들었고 그래서 사회복지사를 만나기가 망설여졌다고 했다.

앞의 예에서 나타난 것과 같이, 일이 진행되면서 진행에 대해 양가감정을 갖고 있는 클라이언트의 저항에 직면하는 것은 그렇게 이상한 일이 아니다. 즉, 저항은 초기 단계에서뿐 아니라 의료사회복지실천의 어느 과정에서나 일어날 수 있으며, 개인, 가족세션, 집단세션에서도 나타날 수 있다. 클라이언트의 한 부분은 성장과 변화를 향해 움직이면서 동시에 또 다른 부분은 뒤로 물러나 편안하고 이미 익숙한 것을 고수하려고 한다. 이러한 양가감정은 그 회기의 일이 막 잘 진행되려고 할 때 종종 발생한다. 이것은 회피적 반응(예: 한 관심사에서 다른 관심사로 건너뛰기), 방어, 절망의 표현 등으로 나타날 수 있다. 이때 사회복지사는 이러한 저항을 '읽고' 탐색하여, 클라이언트로 하여금 중요한 다음 단계를 취하도록 일에 대한 요구를 하는 능력을 발휘하는 것이 가장 중요하다. 잊지 말아야 할 것은 저항은 일의 부분이라는 것이다. 즉, 저항은 정상적이고 당연히 기

---

2) 이 예는 최경애(1997), 동통환자에 대한 인지치료적 접근사례, 한림대학교 의료원 사회복지과, 『의료사회복지의 실제』, p. 149-163에 실린 사례를 일부 발췌, 수정한 것임.

대되는 것으로, 일종의 일이 잘 되어 가고 있다는 표시로 볼 수 있다는 것이다. 사회복지사들은 종종 클라이언트의 저항이 자신들이 무엇인가 잘못했다는 표시로 받아들인다. 그러나 사실은 정반대이다. 즉, 저항의 결여는 오히려 사회복지사가 충분히 강하게 추진하지 않았다는 것을 의미할 수 있다(Shulman, 1992, p. 105).

때로 저항은 사회복지사에 대한 부정적 감정에 의해 생겨날 수도 있다. 일반적으로 이러한 부정적 감정은 공감적 표현으로 대응해야 하며, 목표를 향한 움직임이 계속될 수 있도록 탐색과 논의로 이끌어야 한다. 그러나 여기서 진전에 장애가 되는 좀 더 만연된 부정적 감정과 일에 방해가 되지는 않지만 사회복지사에게 일시적으로 불편한 감정은 구별되어야 한다(Germain, 1984, pp. 127-128). 부정적 감정은 사회복지사가 해야 할 일을 하지 않았거나 부적절한 일을 했을 경우 생겨날 수도 있지만, 클라이언트와 워커 간의 관계와 전혀 상관없이 일어날 수도 있다. 전자의 경우에는 분명히 실수를 인정하고 이것이 개인이나 집단에 미칠 수 있는 영향에 대해 관심을 표명해야 한다. 후자의 경우에는 먼저 사회복지사가 클라이언트와의 관계를 어떻게 경험하는지 및 클라이언트에 대한 긍정적 시각을 공유함으로써 클라이언트가 경험하는 관계가 이전에 경험한 관계들과 어떤 패턴을 형성하는지 등을 명확히 해야 한다.

개입단계가 진행됨에 따라 클라이언트와 사회복지사 간의 관계상의 요소가 장애로 작용할 수 있다. 사회복지사가 일에 대한 요구를 하면 클라이언트는 사회복지사에게 반응을 하게 되고, 이러한 반응이 원조관계에 영향을 미칠 수 있다. 그러므로 이러한 장애나 클라이언트의 일을 방해하는 다른 장애들에 대해 주의를 기울여야 한다. 사회복지사와 클라이언트 간의 관계는 클라이언트가 앞으로 다루어 나가야 할 다른 관계와 유사하기 때문에 관계상에서 나타나는 감정을 논의하는 것은 클라이언트의 이해에 도움을 줄 수 있다(Shulman, 2016).

동기와 관련하여 사회복지사는 인접한 물리적·사회적 환경이 대처동기를 지지하는지를 확인해야 한다. 그렇지 못한 경우에는 사회복지사가 동원자로서의 기술을 이용해 의료조직 내 팀 성원들이나 다른 의료진들에 개입해야 한다. 예를 들면, 같은 의료팀에게 환자의 욕구와 행동을 해석해 주거나 어려운 행동을 관리하기 위한 제안을 한다든지 하는 것이다.

외부환경과 관련해서는 사회복지사가 클라이언트의 동기를 유지시키는 데 필요한 자원을 제공하기 위해 지역사회서비스와 사회망을 동원할 수 있다. 지역사회서비스와 관련된 개입으로는 의뢰, 연계가 이루어졌는지 확인하기 위한 추수관리 및 클라이언트의 현실적인 욕구를 충족시키는 방향으로 기관의 관심을 불러일으키기 등을 들 수 있다. 사회망과 관련해서는 클라이언트의 연계망에 있는 성원들을 도와 동기를 지지하거나 회복하기 위한 조치들을 개발하도록 하고, 필요한 경우 자조집단에 의뢰하는 일 등을 할 수 있다(Germain, 1984, p. 128).

② 클라이언트의 문제해결: 교사나 지도자의 역할

개입단계에서 의료사회복지사는 환자와 가족들에게 문제해결의 기술, 대인관계상의 기술 및 의사소통의 기술, 서비스와 자격을 확보하는 기술, 만성질환이나 장애의 심리적, 사회적 결과를 다루는 기술을 가르침으로써 교사 혹은 지도자의 역할을 담당한다. 이는 개별 혹은 집단으로 이루어질 수 있으며, 종종 의사나 간호사와 협력을 통해 이루어지기도 한다(Germain, 1984, p. 132). 예를 들어, 유방암 환자를 위한 심리교육집단의 경우 유방암의 특성이나 원인 및 치료 등에 대해서는 외과의사가, 재건과 성형에 관해서는 성형외과 의사가, 식이요법에 관해서는 영양사가, 심리사회적 대처나 가족관계 등에 대해서는 사회복지사가 교육을 담당할 수 있다.

교육에 사용되는 기술은 다양하며 질병에 대한 홍보책자(brochures)나 영화 등은 정보를 전달하는 유용한 방법이다. 환자의 부모를 원조하기 위해서는 직접적 지시가 유용할 수도 있다. 예를 들면, 자녀의 수술을 앞둔 부모에게는 나이에 따라 나타날 수 있는 반응들을 설명해 주어 부모들이 자녀들을 도와 수술에 대한 마음의 준비를 할 수 있게 한다. 즉, 부모들은 자녀가 수술에 대한 감정과 공포를 표현하고 입원기간 동안 원조하는 방법을 배울 수 있다. 또한 사회복지사가 바람직한 행동을 모델링함으로써 교육이 이루어질 수도 있다. 예를 들면, 취업을 통한 정신장애인의 사회복귀를 돕는 의료사회복지사는 면접상황에서의 바람직한 행동을 시연함으로써 환자들에게 면접의 기술을 가르칠 수 있다. 따라서 교육은 환자나 가족의 욕구나 인지유형 및 준비된 정도에 따라 다양한 도구를 사용하여 이루어지는 것이 바람직하다(Germain, 1984, pp. 132-136).

특정 질병이나 장애를 다루기 위해서는 그 심리사회적 결과를 다루는 구체적인 정보와 기술을 가질 필요가 있다. 의료사회복지사는 단순한 위안의 말보다는 구체화된 정보와 지식을 통해 환자나 가족들이 필요로 하는 도움을 줄 수 있다.

사회복지사는 중립적이어야 한다는 일부의 견해와 반대로 사회복지사가 사실이나 견해 혹은 가치판단과 같은 자료를 공유하는 것은 원조관계에서 중요한 부분이 된다. 사회복지사가 자료를 공유하는 것은 클라이언트와의 일에 관련된 자료의 경우에 한하여 이루어지며, 이러한 자료는 공개적으로 공유되어야 하고 클라이언트가 사회복지사의 견해를 자유롭게 수용하거나 거부할 수 있도록 해야 한다(Shulman, 2016).

교육과 정보의 중요성에 대해서는 이미 많은 연구가 지적하고 있고, 특히 암 환자의 경우 암에 대한 의학적 정보 제공이 매우 긍정적 영향을 미치는 것으로 보고되고 있다. 즉, 자신의 질병에 대한 정보와 이해가 있을 경우 막연한 공포에서 벗어날 수 있기 때문에 질병에 더 잘 대처할 수 있다는 것이다(Cain et al., 1986; Schwartz, 1977). 그러므로 의료사회복지사는 질병의 특성에 따라 다양한 집단을 구성할 수 있으며, 집단을 통해 환자들에게 문제해결에 필요한 정보와 지지를 효과적으로 제공할 수 있다. 그러나 어떠한 경우에라도 감정과 인지 측면 모두를 고려하는 것이 필요하며, 그 어느 한쪽을 배제할 경우 클라이언트에게 효과적으로 도달하기 어렵다.

지도자(coach)의 역할은 교사에 비해 지시나 충고 및 제안을 많이 한다고 볼 수 있다. 이 두 역할은 클라이언트의 개인적 특성에 따라 적절하게 조절하여 사용될 수 있다.

문제해결이라는 과제와 관련하여 빼놓을 수 없는 교사 및 지도자의 역할에 대한 보충적 역할이 중개인(mediator)으로서의 역할이다. 즉, 이 역할은 환경이 문제해결에 필요한 자원을 제대로 공급해 주는지를 확인하는 것이다. 예를 들면, 의료팀이 클라이언트의 문제에 대해 좀 더 반응적이 되도록 하고, 의학적 정보나 대처 전략에 대한 교육을 적극적으로 제공하도록 하는 일, 환자나 가족이 질병이나 장애로 인해 생긴 변화들을 다루고 새로운 역할을 학습할 수 있도록 필요한 경우 재활시설이나 가족 서비스기관에 의뢰하고 이를 수용하도록 원조하는 일, 질병 및 장애의 관리에 필요한 자연적 원조자들을 찾도록 돕는 일 등이다(Germain, 1984, pp. 138-139).

③ 자기 존중감의 유지: 조력가 및 조직가로서의 역할

조력가(enabler)로서의 역할이란 기본적으로 클라이언트의 상황과 과제를 명확히 하고 그 감정을 표현하도록 하여 궁극적으로는 클라이언트가 스스로 자신의 해석과 결론에 도달할 수 있게 하는 사회복지사의 역할로서, 설정된 원조목표를 달성하기 위해 클라이언트로 하여금 그 자신의 내부에서 문제대처능력이나 자원을 찾아내도록 클라이언트를 돕는 것을 의미한다(조흥식 외, 2009). 따라서 의료사회복지사는 클라이언트에게 정서적 지지를 제공하고, 저항을 다루며, 과도한 의존이나 독립성을 다루게 된다. 지지적 개입은 환자가 고통스러운 감정들을 관리하고, 자아상을 유지하거나 혹은 질병으로 변화된 현실 속에서 새로운 자아상을 형성하도록 하며, 자아존중감을 유지하도록 원조하는 것을 말한다.

의료사회복지사가 지지를 사용할 때 주의할 점은 환자에게 과도한 지지를 제공하거나 비현실적인 확신을 주게 되면 환자가 의료사회복지사에게 지나치게 의존적이 될 수 있다는 점이다. 다시 말하면, 지지는 클라이언트의 성장을 위해 사용되어야 하지 그 상황을 유지하기 위해 사용되어서는 안 된다. 이러한 의존성에 대해 대상관계이론에서는 유아기 때의 해결되지 못한 자율성, 분리 및 개별화라는 발달적 문제로 보기도 하지만, 생태체계적 관점에서 개입하는 의료사회복지사라면 질병과 관련된 현재의 문제들이나 환자의 현재의 지각, 경험 및 목표에 초점을 두며, 과거 문제에 대한 직면이나 강조보다는 앞으로의 대처과업에 관심을 둔다. 의료사회복지사는 가족이나 다른 의료진들이 환자로 하여금 부정적인 태도와 감정들을 이해하고 조정하여 자아인식을 가질 수 있도록 원조하며, 이들의 성장을 촉진하는 환경이 될 수 있도록 하는 역할을 담당한다(Germain, 1984, pp. 159-161).

반면, 지나치게 독립적인 환자들은 만성질환이나 장애로 인한 상실감이 이들의 자아개념을 위협하기 때문에 더 고통스러울 수 있으며, 의료진이나 가족들에게 상황에 맞지 않는 과도한 분노를 표현하거나 때에 따라서는 우울함과 같은 자기처벌적인 방법으로 자신에 대한 분노를 표현하기도 한다. 의료사회복지사는 이러한 반응들이 주는 의미를 잘 파악해서 이들이 가진 슬픔과 분노를 표현하고 상실의 경험을 이야기할 수 있도록 격려하는 기술이 필요하다(Germain, 1984, pp. 161-162).

특히 의료사회복지사와 환자 혹은 가족과의 관계가 진행되고 구체적인 과제가 수행될 때 회피, 부정, 투사 등의 방어기제가 종종 나타나기도 한다. 이때 의료사회복지사는 환자나 가족이 적응적인 대처를 할 수 있도록 지지하고 부적응적인 방어기제는 완화시키도록 원조하며, 직면이나 명확화 혹은 해석기법을 사용하여 클라이언트의 감정을 분명하게 해 주고 클라이언트가 당면한 현실적인 문제를 깨닫도록 할 수 있다.

조력자의 역할과 관련하여 중요한 사회복지사의 기술 중 하나는 클라이언트로 하여금 메시지의 정서적 측면을 공유하도록 원조하는 공감기법을 사회복지사가 사용하는 것이다. 특히 심각한 질병이나 장애의 치료과정과 그 결과로 고통받는 환자들은 의료사회복지사는 아무런 문제가 없는 '정상인'이기 때문에 자신들의 경험을 전혀 이해하지 못하며 따라서 쉽게 '이렇게 하십시오.' 혹은 '그렇게 생각해서는 안됩니다.'라고 요구하는 것이라고 불만을 표하기도 한다. '당신도 이렇게 아파 보면 그렇게 못할 것'이라고 생각하는 것이다. 즉, 개입단계에서 클라이언트가 가질 수 있는 정서적 반응을 사회복지사가 민감하게 이해하고 공감적 기법으로 지지해 주지 못하면 클라이언트를 적극적으로 과정에 끌어들이기가 매우 어려워진다.

이 단계에서 많은 관심주제는 금기영역과 관련된 것이기 때문에 사회복지사는 클라이언트로 하여금 자유로운 논의를 방해하는 규범을 극복하고 금기와 관련된 감정들을 탐색하도록 도와야 한다(Shulman, 2016). 이를 위해 각 세션에 임하기에 앞서 의료사회복지사가 그 회기 동안 대두될 수 있는 잠재적 주제들에 대해 자신을 민감하게 하도록 노력하는 것은 매우 중요하다. 이것은 '각 세션에 대한 동조하기(sessional tuning in)'로, 지난 세션 및 클라이언트나 가족 혹은 다른 사람들에 의해 전달된 정보들에 대한 검토, 클라이언트와 일하는 동안 대두되는 미묘한 패턴의 확인과 같은 작업을 말한다. 이 과정에서 사회복지사는 간접적인 단서에 대해 어떻게 직접적으로 반응할지에 대한 사전전략을 개발할 수도 있다. 특히 우리나라의 문화나 의료사회복지실천의 현장을 고려할 때 흔히 대두될 수 있는 금기의 영역들에는 환자나 가족들과 함께 다가올 죽음에 대해서 논의하거나 질병의 결과가 부부간의 성에 미치는 영향을 논의하는 것을 들 수 있다.

자신들의 상태가 절망적이라는 것을 정말로 알고 싶어 하지 않거나 인정하기를 원치 않는 환자들도 있으며, 그러한 경우 사회복지사는 이를 존중해야 할 필요가 있다. 그러나 환자 자신은 죽음이 임박했음을 알고 이에 대해 이야기하고 싶어 하며, 오히려 자신의 슬픔과 공포 및 가족에 대한 걱정을 표현하고 싶어 하는데도 불구하고 가족이 이를 원하지 않기 때문에 못하는 경우에는 사회복지사가 이를 직접적으로 다루어야 한다. 정서적 지지를 제공하면서 죽음이라는 이슈에 대해 직면하고 이를 다룰 수 있도록 하는 것이야말로 또 다른 조력자로서의 사회복지사의 역할이라고 할 수 있다.

과정이 진행됨에 따라 다양한 환경적 요소들의 지지를 찾아내고 활용할 수 있도록 하는 역할이 중요하게 대두된다. 특히 건강 및 정신건강 분야와 관련하여 비공식적 지지체계에 대한 많은 연구가 제시되고 있다. 사회적 지지는 스트레스나 다른 건강에 대한 위협에 직면했을 때 생리적 혹은 행동상의 적응을 증진시킴으로써 그 유기체를 유지, 지지시켜 주며, 사회적 지지가 환자들에게 심리적 디스트레스의 시기에 호전의 기능을 하는 것으로 나타났다. 이러한 관계는 특히 폐암환자, 유방암 환자, 천식환자 및 심부전 환자와 같은 만성질환자들에게서 확인되었다(Ell, 1984; Quinn et al., 1986).

최근에는 사회적 지지의 적절성에 관한 연구들이 나오면서, 지지에는 긍정적인 지지뿐 아니라 부정적인 지지도 있을 수 있으며, 어떤 종류의 지지를 언제 어떻게 제공할지를 사회복지사가 잘 고려해야 한다고 한다. 예를 들어, 진단을 받기 위해 검사를 받는 동안에는 불확실성이 주는 디스트레스와 불안을 감소시키는 정서적 지지가 필요하겠지만 일단 진단이 이루어지고 나면 오히려 환자가 치료를 잘 운영해 나가고 필요한 변화와 다음 단계로의 이행을 쉽게 할 수 있도록 하는 유형적 지지나 정보적 지지가 효과적일 것이다. 이때 단순한 안심과 위로를 제공하는 것은 부적절할 뿐 아니라 다음 단계의 적응과정에 해를 줄 수도 있다(황숙연, 2000, p. 258). 또한 많은 환자가 환자대기실 등에서 만나게 되는 다른 환자나 보호자들로부터의 정서적 지지는 긍정적으로 받아들이지만 정보나 조언 등에 대해서는 부정적으로 인식하는 반면, 의사로부터의 정보나 지지는 긍정적으로 받아들인다고 한다(우국희, 1997). 따라서 의료사회복지사는 단순히 많은 사회적 지지를 찾아내고 연결시키려 할 것이 아니라 환자의 질병의 단계와 욕구를 잘 고려해 적절한 지지를 연결해 주는 노력을 하는 것이 중요하다.

한편 이러한 지지는 가족이나 친척, 친구 이외 자조집단이나 지지집단을 통해서도 효과적으로 제공될 수 있다. 유사한 질병과 그 결과를 경험하는 사람들로 구성된 자조집단이나 지지집단은 공통된 경험의 공유로 오히려 더 효과적인 지지를 제공할 수 있다. 그러므로 의료사회복지사는 개입단계에서 가능한 집단들을 소개시켜 주고 연결시켜 주는 역할도 함께 담당해야 한다. 집단에 대한 참여가 암 환자의 경우 유의미한 장기생존율을 보였고, 부적응적 대처반응의 감소와 적극적 대처의 증진을 가져다준 것으로 보고되고 있다(Fawzy et al., 1990; Spiegel et al., 1989).

④ 클라이언트의 자율성의 유지와 증진: 촉진자로서의 역할

촉진자로서의 사회복지사의 역할은 다른 대처노력을 원조하는 것과도 관계가 있지만, 특히 클라이언트의 자율성과 관련하여 중요한 역할이라고 할 수 있다. 즉, 질병의 치료나 만성질환, 장애 및 치명적 질병의 관리에서 클라이언트가 좀 더 적극적인 역할을 담당하고, 자신의 생활을 통제할 때 시간과 공간의 문제를 관리하며, 현재 및 장래의 실제적 욕구와 자원에 대한 정보를 확보하고, 독립성-의존성이나 수동성-능동성, 퇴행과 같은 문제를 다루며, 환경이 클라이언트의 자율성에 대한 욕구에 반응하도록 하는 것 등이 포함된다(Germain, 1984, p. 152).

자율성은 독립적인 의사결정 및 행동과 밀접한 관계가 있기 때문에 의료사회복지사는 의사나 간호사들이 치료일정이나 절차를 결정할 때 가급적 환자와 가족을 포함하도록 해야 한다. 의사결정과정에서 통제력의 상실이 이후의 신체적·정신적 건강에 영향을 미칠 수 있으며, 이때 학습된 무기력이 이후에도 부정적 영향을 미칠 수 있기 때문에(Coulton et al., 1982; Coulton et al., 1988) 클라이언트가 의사결정에 참여하고 자율성을 연습하고 학습할 수 있도록 해야 한다. 예를 들어, 노인 만성질환자의 경우 퇴원 이후 자신에게 주어진 선택의 여지가 거의 없으며 자녀에게 의존할 수밖에 없다는 절망감이 퇴원 후의 보호에 대한 의사결정과정의 참여에 부정적 영향을 미친다면, 사회복지사는 그 원천을 탐구하거나 긴장완화, 정확한 정보전달 등의 여러 기법 등을 통해 구체적 공포를 감소시키고, 환자에게 재확신이나 희망을 전달하여 절망감을 감소시킬 필요가 있다. 이때 클라이언트로 하여금 이전의 성공적인 문제해결의 경험을 활용하도록 원조하는 기술도 중요하다. 동시에 환자의 자녀들이 건강과 질병, 가족의 책임, 독립 등에 대한 자신들의 가치와 감정을 명확히 하도록 도와주고, 환자와 가족이 적극적인 탐색과

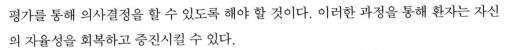

평가를 통해 의사결정을 할 수 있도록 해야 할 것이다. 이러한 과정을 통해 환자는 자신의 자율성을 회복하고 증진시킬 수 있다.

특히 장기이식이나 투석에 의존해야 하는 환자들은 자율성에 심각한 침해를 받을 수 있다. 치명적인 질환이나 계속적인 치료과정으로 인해 직장에서나, 가족에게서 자신이 그동안 담당했던 역할을 더 이상 동일하게 수행할 수 없을 뿐 아니라 이들에게 의존해야 되는 상황이 더 많이 발생하기 때문에 능력감이나 자율성에 심각한 위협을 받게 된다. 그러므로 촉진자로서의 의료사회복지사는 환자가 이러한 새로운 역할을 수용하고 적응할 수 있도록 원조함과 동시에 가족이 환자에게 지나치게 방어적 태도를 취함으로써 환자의 자율성을 침해하지 않도록 하고 이러한 유형이 반복적으로 나타날 경우, 환자나 가족이 이를 인식하고 이러한 유형을 감소시킬 수 있도록 원조해야 할 것이다. 투석환자의 경우에는 의료진 및 환자와 함께 투석 일정을 함께 계획함으로써 환자의 무기력감을 감소시키고 자율감을 증진시킬 수 있다.

(2) 이론에 기반한 개입 예시

의료사회복지실천은 증거기반실천을 강조하며 많은 경우 이론적 근거에 기반하여 개입이 이루어진다. 활용되는 이론과 치료 모델들은 이미 제6장과 제7장에서 설명하였으며, 여기서는 실제 사례를 통해 개입과정을 예시하고자 한다. 의료사회복지사는 이론에 기반한 개입을 진행하는 과정에서 앞에서 설명한 다양한 의료사회복지사로서의 역할과 과제를 수행하게 된다.

다음은 투석 후 외모 변화로 우울감, 대인관계 회피모습을 보이는 환자에게 인지행동치료를 적용하여 개입한 총 7회기[3] 사례의 일부로서, 여기서는 사례에 대한 이론적 개념화(〈표 10-3〉 참조)와 개입단계 중 3~5회기(〈표 10-4〉 참조)를 발췌하였다.[4]

---

3) 총 10회기를 계획하였으나 설정한 목표가 달성되어 상담을 7회기에 종결함.
4) 출처: 엄태준(2022), 인지행동치료-투석후 외모변화로 우울감, 대인관계 회피모습을 보이는 환자에 대한 인지행동 치료 적용, 2022 한림 사회복지 우수프로그램 포럼 사례, 알송재단 사회복지위원회.

표 10-3 사례개념화

주 호소 문제	"투석을 하고서는 몸이 바뀌고 이상해져서 아는 사람을 만나기가 힘들어요." "배가 나오니까 옷도 못 입고 자신감도 떨어지고 외형적으로 바뀌니까 사람들을 만나기가 꺼려져요." "제가 원래 노는 걸 되게 좋아해서 사람도 많이 만나고 했는데, 투석을 하고서부터는 한 번도 안 만났어요. 연락이 와도 피하게 되고."
문제목록	−외모 변화에 따른 우울 [PHQ−9 점수 13점(moderate)] −대인관계에서의 회피 행동
이면기제	• 중간신념 −외모가 훌륭하지 않으면 사람들이 나를 좋아하지 않을 것이다. −나는 호감을 주지 못하는 존재이다. −나는 절대로 호감을 받을 수 없다. • 핵심신념 −나는 매력이 없는 존재다.
보상전략 (대처방략)	• 회피 −지인들과 만나는 약속을 잡지 않는다. −사람들을 만나는 것을 피한다.
이면기제와 현재 문제의 연관성	−내담자는 평소 사람들을 만나 노는 것과 모습을 꾸미는 것에 대해 즐겨 왔지만, 복막투석을 하고 난 뒤에, 머리가 빠지고, 배가 나오는 등 신체외형이 변하면서 타인에게 자신을 드러내는 것에 대한 거부감을 보이고 있음.
핵심문제의 근원	−2022년 5월 18일∼5월 27일 입원하여 오심 및 가슴 통증으로 치료받게 됨. 내원 시, 현재 진행 중인 복막투석을 혈액 투석으로 전환할 것을 고려하였으나 호전 되어 복막 투석을 유지하게 되었음.
현재 문제들의 촉발 요인	−내담자는 평소 '자신이 잘 꾸미고, 멋지게 하고 다닌다'라는 생각을 하고 지내 왔으나, 복막투석을 하고 얼마 되지 않았을 때 동생에게 신체의 외형이 바뀌어 전에 입던 옷이 잘 어울리지 않는다는 이야기를 듣게 되면서 자신의 외형에 대한 부정적인 생각을 하게 된 것으로 사료됨.
현재 문제들의 지속 요인	−매일 3회 복막투석을 하고 있으며, 신장이식을 받지 않는 한 투석 치료를 유지해 야 함.

상담목표	−내담자의 행동변화를 통한 우울감을 감소함. 　[PHQ−점수를 9점(miner) 이하] −지인/친구 만나기를 통하여 대인관계에 대한 새로운 신념을 만듦 　(고향에 가서 친구들 만나기, 인증사진 찍어 SNS 남기기)
상담계획	# 10회기 상담 진행 　−주 1회 대면상담(전화상담) 　−PHQ−9 진행 통한 우울감 변화 확인 　−행동 실험 해 보기 　　(친구들을 만나거나, 다른 사람을 만났을 때 내담자의 모습에 대하여 긍정적 　　반응 확인하기)
내담자의 강점과 예상되는 장애요소	• 강점 　−내담자의 긍정적인 성향 　−안정적인 직장(소득) 　−가족에 대한 책임감, 치료에서의 적극성, 지지적인 가족지지체계 • 장애요소 　−내담자의 증상 약화, 부종에 대한 등 현재 겪고 있는 증상의 질환의 악화를 예 　　측하기 어려움

표 10−4 개입 과정(3~5회기)

일시	2022. 00. 00.	장소	사회사업팀 상담실
회기목표	3회기 # 자동적 사고 찾기 연습, # 내담자의 주 호소 문제 파악		
개입 내용	# 내담자 사회사업팀 내방하여 상담 진행함. 〈S〉 제가 원래 ○○시 사람이에요. 평소에 노는 것도 되게 좋아하고, 사람들 만나서 술 마시고 어울리는 걸 엄청 했었는데……. 작년 9월에 복막 투석 시작한 뒤에 배도 나오고, 피부도 나빠지고, 얼굴도 변했다는 이야기 듣고부터는 아무도 안 만나고 있어요. 만나자고 해도 피하고……		

〈I〉

내담자가 갖고 있는 자동적 사고, 주 호소 문제에 대해서 확인하기로 함.

－내담자가 자동적 사고에 대하여 이해할 수 있도록 하기 위해 내담자의 경험을 토대로 자동적 사고 찾기, 사고기록지 작성해 보기 실습함.

[자동적 사고 찾기 연습/사고기록지 작성]

자동적 사고 찾기
상황:
친구의 돌잔치에 초대되었다.
감정 강도(최대 10점):
－처량하다.(8점) －우울하다.(7점)
자동적 사고: 감정적 추론
－투석으로 변한 나의 외모는 호감을 주지 못할 것이다. －예전과 다른 모습으로 나를 사람들이 좋아하지 않을 것이다.
인지적 오류/대안적 사고
감정적 추론/ 사람들이 볼 때 나의 외모가 호감을 주지 못한다거나, 변한 나를 좋아하지 않을 것이라는 근거가 없다.
결과(기분과 행동의 변화)
－처량하고 우울한 감정이 절반씩 줄어들었다.

사고기록지
어디에 있었습니까?: 　－퇴근 후 집에서 휴식 중 돌잔치에 초대하는 연락을 받았다.
감정 또는 느낌: 　－처량하다.(80점) 　－우울하다.(70점)
부정적인 자동적 사고: 　－투석으로 변한 나의 외모는 호감을 주지 못할 것이다. 　－예전과 다른 모습의 나를 사람들이 좋아하지 않을 것이다.
생각을 뒷받침하는 증거: 　－투석 치료 이후, 동생과 아버지가 외모가 이상하게 변했다고 이야기했고 내가 보기에도 피부가 안 좋아지고 배가 나오는 등의 외형적인 변화가 있다.
생각을 뒷받침하지 않는 증거: 　－아버지와 여동생을 제외한 사람들이 생각하는 나의 외모에 대한 생각은 알 수 없다.

개입 내용

개입 내용	# 대안적 사고 −나의 외모가 변하긴 했지만, 치료과정에서 있을 수 있는 자연스러운 모습이다. −나의 외모에 대해 다른 사람들이 부정적으로 생각할지 알 수 없으며, 지인들과 나의 친밀한 관계를 생각할 때 나에 대해 부정적으로 생각하지 않을 것이다. #결과 −처량하고 우울한 감정이 절반씩 줄어들었다.

→ 문제를 목록화(사례개념화 참고)하면서, 내담자의 우울감에 대하여 평가함(PHQ-9, 13점)

→ 다음 회기 상담을 통하여 내담자의 주 호소 문제에 대하여 정리하고 중간신념 및 핵심신념에 대하여 확인하기로 함.

일시	2022. 00. 00.	장소	사회사업팀 상담실
회기목표	4회기 # 주 호소 문제에 대한 정리, # 중간신념, 핵심신념 확인		
개입 내용	# 내담자가 사회사업팀으로 내방하여 상담을 진행함. 지난주 상담을 통해 정리할 문제목록을 검토하여, 핵심신념을 함께 찾고 확인해 보기로 함. 〈1〉 # 주 호소 문제에 대한 정리, 핵심신념 확인 −내담자가 갖고 있는 주 호소 문제 중, 인지행동치료가 필요한 문제에 대하여 특정함. −어떤 부분을 바꿔야 할지, 필요성이 있을지에 대하여 내담자와 함께 확인함. # 주 호소 문제: "투석을 하고서는 몸이 바뀌고 이상해져서 아는 사람을 만나기가 힘들어요." "배가 나오니까 옷도 못 입고 자신감도 떨어지고 외형적으로 바뀌니까 사람들을 만나기가 꺼려져요." "제가 원래 노는 걸 되게 좋아해서 사람도 많이 만나고 했는데, 투석을 하고서부터는 한 번도 안 만났어요. 연락이 와도 피하게 되고……."		

개입 내용	# 내담자 사례개념화에 대한 도식 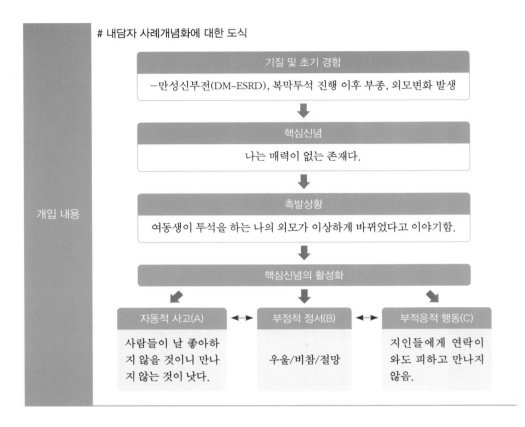

일시	2022. 00. 00.		장소	사회사업팀 상담실
회기목표	5회기 # 목표 성정, # 과제 부여(행동실험)			
개입 내용	# 내담자 본 팀 상담실로 내원함에 따라 상담 진행함. 〈S〉 다음번에는 친구들이랑 다시 만나 보는 것도 괜찮을 것 같아요. 속초에 안 간지도 엄청 오래되었고…… 마침 만나자고 연락 오는 친구들도 있고……. 〈I〉 # 상담 목표 설정: 　－내담자와 지난 회기 진행한 핵심 신념에 대하여 다시 확인하였으며 이를 변화하기 위한 목표와 방법에 대하여 함께 논의함. 　－이를 토대로 상담 목표를 설정하였으며 이와 함께 행동 변화를 위한 과제도 함께 설정함.			

개입 내용	# 인지행동 치료 목표 　　−내담자의 행동변화를 통한 우울감 감소 　　　[PHQ−9 점수를 9점(miner) 이하] 　　−지인/친구 만나기를 통하여 대인관계에 대한 새로운 신념을 만듦 　　　(고향에 가서 친구들 만나기, 인증사진 찍어 SNS 남기기) 　　　⇒ 　−PHQ−9 척도 평가: 　−PHQ−9 점수 12점 moderate, 자살 자해 사고 無 　⇒ 내담자 치료 이후 구토 등의 증상 감소하면서 자살/자해 관련 사고가 감소하였으며, 아직 큰 변화는 없지만 자신의 문제를 확인하고 수정해야겠다는 생각을 하면서 점수 또한 감소하였음을 보고함. 　⇒ 이에 지인(친구)들을 만나는 과제를 함께 정해, 그동안 만나지 않고 피했던 지인들을 만나 보기로 함. 그 경험에 대하여 이야기해 보고 새로운 신념을 찾아보기로 함.

2. 평가와 종결

종결단계는 클라이언트나 워커 모두에게 또 다른 새로운 과업을 제시해 준다. 종결단계의 과정에는 결과에 대한 평가와 의뢰를 포함한 원조관계에 대한 종결이 포함된다.

1) 평가

평가는 사회복지사의 개입이 효과적이었는지, 효율적이었는지, 서비스 전달에서 시정되어야 할 문제점이 있는지 등을 점검하는 것이다. 효과는 개입목표가 달성되었는지에 관한 것이며, 효율은 개입을 위해 사용된 자원과 개입결과 사이의 비율을 말한다. 이상적으로는 개입은 효과적이면서 동시에 효율적이어야 한다. 그러나 대개의 경우 효과가 높을 경우에는 효율이 낮아지는 경향이 있는데, 개입목표를 달성하기 위해서는 시간과 노력 등 많은 양의 자원이 필요하기 때문이다.

사회복지실천에 대한 평가는 형성평가(formative evaluation)와 총괄평가(summative

evaluation)로 나누어 설명된다. 형성평가는 원조과정에 초점을 두어 사회복지사와 클라이언트가 서비스 기간 동안 주기적으로 진전(progress)상황을 검토하고 필요한 경우에는 개입계획을 수정할 수 있도록 한다. 총괄평가는 계획된 변화과정의 시작시점에서 기대하였던 결과가 성취되었는지를 평가하는 데 목적이 있으며, 계획된 변화과정이 끝난 후에 이루어진다. 요약해 보면 형성평가는 계획된 변화과정이 진행중인 상태에서 이루어지고 총괄평가는 변화과정이 종결된 시점에 이루어진다. 총괄평가는 이미 발생한 것을 평가하는 데 목적이 있으며, 반대로 형성평가는 미래지향적이며 앞으로 오게 될 것에 영향을 미치고자 함이다(Kirst-Ashman & Hull, Jr., 2011).

사회복지사는 항상 목적과 목표를 명확하게 설정하여 개입해야 한다. 목표를 설정하지 않고서는 이후의 개입이 성공적이었는지 평가할 수 없다. 실천에 대한 평가는 변화가 일어났는지 아닌지, 변화가 얼마나 일어났는지를 보여 줄 수 있는 측정도구 혹은 측정절차를 선택하고 설계하는 것이 필요하다. 평가에 대한 자세한 설명은 이 책에서 다루지 않고 여기에서는 사회복지실천에서 널리 활용되는 평가기법에 대해 간략하게 살펴보도록 한다.

(1) 단일사례설계

단일사례설계(single-subject design)는 단일한 실천상황(예: 개인, 가족이나 소집단, 조직이나 지역사회)에 적용되었기 때문에 붙여진 명칭이다. 단일사례설계는 개입 이전의 상태와 개입 이후의 상태를 비교하는 것으로 흔히 AB설계라고도 한다. 여기에서 A는 개입 이전 상태 그리고 B는 개입 상태를 의미한다.

단일사례설계는 우선 측정할 수 있는 표적행동을 설정하고 개입 이전에 나타나는 표적행동의 빈도나 강도, 지속기간을 관찰하여 기초선을 설정한 후 개입을 통한 변화를 기록하여 이를 도표에 표시함으로써 변화를 쉽게 살펴볼 수 있다. 사회복지실천에서는 기초선을 측정할 수 없는 상황도 많으며 이러한 경우 클라이언트와의 면접, 클라이언트의 가족이나 중요한 타인들과의 면접, 기관의 기록, 경찰이나 학교의 보고서 등에 나타난 정보를 통해 기초선을 설정하기도 한다.

단일사례설계는 사회복지실천 상황에 따라 다양한 형태로 적용될 수 있다. 예를 들어, 단일사례에 두 가지의 개입방법을 적용하였을 때는 ABC 설계 그리고 개입을 한 후 일정 기간 동안 중단하였다가 다시 원래의 방법으로 개입하는 ABAB 설계 등으로 변형하여 사용할 수 있다. 단, ABAB 설계는 사회복지실천에서 윤리적 문제를 야기할 가능성이 있다. 즉, 개입의 효과성을 측정하기 위해서 개입을 중단한다는 것은 윤리적으로 문제가 될 수 있다는 것이다. 그러나 사회복지기관의 사정 혹은 사회복지사 개인의 사정으로 개입을 하지 못하는 경우가 생긴다면 ABAB 설계에 의한 평가를 적용할 수 있을 것이다.

(2) 목적달성척도

목적달성척도(goal-attainment scaling)에서는 목적달성을 결과기준으로 사용한다. 이 방법은 클라이언트의 문제(예: 실업)가 아니라 희망 상태(예: 취업)에 초점을 두고 있다는 점에서 긍정적이다. 단일사례설계로 클라이언트에 대한 개입을 평가하는 것이 적합하지 않을 때 이 방법을 사용할 수 있다. 보다 구체적으로 클라이언트가 여러 목적을 가지

표 10-5 목적달성척도

결과 수준	목적 1	목적 2	목적 3
최악의 결과	클라이언트가 가해자에게 돌아가고 목적을 포기함	클라이언트가 가해자에게 돌아가고 목적을 포기함	클라이언트가 가해자에게 돌아가고 목적을 포기함
기대 이하의 결과	클라이언트가 접근금지 명령을 얻기 위해 법원과 접촉함	클라이언트가 한 군데 취직서류를 제출함	클라이언트가 옛 친구 한 명에게 연락함
기대 수준의 결과	클라이언트가 접근 금지명령을 획득함	클라이언트가 2, 3군데 취직서류를 제출함	클라이언트가 친구들과 시간을 보냄
기대 이상의 결과	클라이언트의 배우자가 접근 금지 명령을 위반하지 않음	클라이언트를 고용하겠다는 곳이 있으나 클라이언트가 이를 원하지 않음	클라이언트가 몇 명의 친구와 시간을 보냄
최상의 결과	배우자가 집을 떠나서 클라이언트가 집에서 지낼 수 있게 됨	클라이언트가 좋은 직장에 취업을 함	클라이언트가 새로운 친구를 사귐

출처: Hagedorn et al(1976), p. 282에서 재인용.

고 있으며 이들이 서로 연관된 경우 그리고 목적이 쉽게 측정되지 않는 경우 등이 이에 해당된다.

예를 들어, 매 맞는 여성을 위한 쉼터에 거주하는 클라이언트가 가해남편에 대한 접근금지명령을 획득하고, 직장을 구하고, 가족과 친구로 구성된 사회적 지지망을 재수립하는 세 가지 목적을 가지고 있다고 하자. 클라이언트가 남편과 헤어지며 좋은 직장을 찾고 새로운 친구를 사귀는 궁극적인 목적을 달성하지는 못했지만, 자아존중감과 독립심에서 상당한 향상이 있었다고 할 때 이를 목적성취척도를 활용하여 〈표 10-5〉와 같이 차트화할 수 있다.

(3) 과제달성척도

과제달성척도(task-achievement scaling)는 과제가 성취된 정도를 평가하는 방법이다. 사회복지실천에서는 클라이언트의 목적을 달성하기 위하여 과제중심의 개입이 널리 활용되고 있다. 과제성취척도는 사회복지사와 클라이언트가 합의한 과제를 완수하는 정도를 평가하게 되며, 전형적으로 5점 척도를 사용한다. 리드와 엡스타인(Ried & Epstein, 1977)은 4(과제를 완전히 성취함)에서 3(과제를 상당히 성취함), 2(과제를 부분적으로 성취함), 1(과제를 최소한으로 성취함) 그리고 0(과제를 수행할 기회가 없었음)까지의 5점 척도를 사용한다(Reid & Epstein, 1977; Kirst-Ashman & Hull, Jr, 1993, p. 284에서 재인용).

표 10-6 과제달성척도

과제	성취수준	등급
1. 가정봉사원 서비스 연계	대기자 명단에 등록하였으며 서비스는 일주일 안에 개시될 것임	3
2. 반찬배달 서비스 확보	클라이언트의 퇴원일부터 반찬배달이 시작될 것임	4
3. 병원침대 확보	병원침대를 임대하였으며, 퇴원 시 집으로 배달해 줄 것임	4
4. 눈 치우기 보조자 확보	눈 치우기 작업을 도와줄 가능성이 있는 사람들의 명단 작성	2
5. 아들과 며느리 접촉	진전이 없음—현재 가족은 오지에 나가 있으므로 2주일 후에나 연락이 될 것임	1

출처: Reid & Epstein(1972), p. 314에서 재인용.

(4) 클라이언트 만족도 설문

이 방법은 상품에 대한 만족도를 조사하기 위해서 기업에서 널리 사용되며 사회복지 실천에서도 상황에 따라 개입에 대한 반응을 알아보기 위하여 클라이언트 만족도 설문 방법을 사용하기도 한다. 클라이언트 만족도 설문은 개인뿐 아니라 집단 혹은 기관에서 서비스를 제공받고 있는 모든 클라이언트에게 적용될 수 있으며, 직접적 서비스뿐 아니라 프로그램 전체를 평가하는 데 적용될 수 있다. 원칙적으로 클라이언트 만족도 설문은 개입 후에 사용하는 것이지만 개입 도중에 서비스를 모니터하는 도구로도 유용하다 (Kirst-Ashman & Hull, Jr, 2016).

〈표 10-7〉은 한림대학교의료원 강동성심병원 사회사업과에서 활용하고 있는 클라이언트 만족도 설문지이다.

 표 10-7 사회사업과 이용 만족도 조사

저희 사회사업과 이용 만족도 조사에 응해 주셔서 감사합니다.
질문에 대한 귀하의 응답은 사회사업과 서비스를 향상시키는 데 도움이 될 것입니다.
다음 질문에 대해 느끼신 대로 솔직하게 응답해 주십시오.

■아래의 각 질문에 해당하는 곳에 ✓표 해 주십시오.
1. 환자의 성별　　　1) 남자　　　　2) 여자
2. 환자의 나이 ____ 세
3. 현재 환자가 진료받는 과
4. 환자는 어떤 질환으로 치료를 받고 계십니까?
5. 응답자는 환자와 어떤 관계입니까?
6. 사회사업과는 어떻게 알고 방문하시게 되었습니까?
　　1) 의료진을 통해 알게 되었다.
　　2) 주변 환자와 보호자를 통해 알게 되었다.
　　3) 사회사업과 안내물을 보고 알게 되었다.
　　4) 사회복지사의 방문을 통해 알게 되었다.
　　5) 기타

7. 사회사업과를 방문하게 된 동기는 무엇입니까?

   1) 병으로 인한 심리적인 고통 때문에

   2) 퇴원 후 생활에 대한 걱정 때문에

   3) 치료비 문제로

   4) 정보를 얻기 위해서(산재, 의료보호 전환, 장애진단 등)

   5) 재활 문제로

   6) 기타(문제)

8. 귀하께서 사회복지사와 면담을 원해 방문하셨을 경우 사회복지사와의 만남이 가능하셨습니까?

   1) 그렇다   2) 아니다   3) 해당없음

9. 면담 시간이 적당하다고 생각하십니까?

   1) 너무 길다   2) 적당하다   3) 너무 짧다

10. 면담 횟수가 적당하다고 생각하십니까?

    1) 너무 많다   2) 적당하다   3) 너무 적다

11. 사회사업과에 찾아오기 쉬우셨습니까?

    1) 그렇다   2) 보통이다   3) 아니다

12. 면담실은 깨끗하였습니까?

    1) 그렇다   2) 보통이다   3) 아니다

13. 면담실은 면담이 방해되지 않을 정도로 조용했습니까?

    1) 그렇다   2) 보통이다   3) 아니다

14. 비밀이 보장될 수 있는 장소였습니까?

    1) 그렇다   2) 보통이다   3) 아니다

15. 사회사업과에 오셔서 기대하신 바를 이루셨습니까?

    1) 완전히 이루었다.   2) 어느 정도 이루었다.

    3) 이루지 못했다.   4) 전보다 상황이 더 나빠졌다.

16. 귀하께서 사회복지사와 면담 약속을 했을 경우 사회복지사가 약속시간을 엄수했습니까?

    1) 그렇다   2) 보통이다   3) 아니다   4) 해당없음

17. 사회복지사는 믿음(신뢰, 능력, 열정)이 가는 사람이었습니까?

    1) 그렇다   2) 보통이다   3) 아니다

18. 사회복지사는 귀하의 문제를 돕기 위해 열심히 노력하였습니까?

    1) 그렇다   2) 보통이다   3) 아니다

19. 사회복지사는 귀하의 이야기를 주의 깊게 들었습니까?

    1) 그렇다   2) 보통이다   3) 아니다

20. 사회복지사는 귀하에게 자세하고 이해하기 쉽도록 설명했습니까?

　1) 그렇다　　　2) 보통이다　　　3) 아니다

21. 다음에도 도움이 필요한 경우 사회복지사와 면담하실 의향이 있으십니까?

　1) 그렇다　　　2) 보통이다　　　3) 아니다

22. 사회사업과를 이용하면서 건의하실 사항이나 평소 느끼셨던 소감이 있으시면 적어 주십시오.

출처: 한림대학교의료원 강동성심병원 사회사업과.

(5) 동료검토

　동료검토(peer review)의 과정은 기관의 클라이언트, 정책, 절차를 이해하고 있는 동료 사회복지사가 사회복지사의 수행을 정기적으로 검사하는 것을 말한다. 본질적으로 동료검토는 품질관리의 한 형태이다. 병원과 같은 세팅에서는 특정 조직이나 기관에 위임하여 동료검토체계를 설정하도록 요구된다.

　동료검토절차를 개발하는 첫 단계는 사회복지사들이 자신들의 세팅에서 좋은 실천은 어떤 것인가 하는 기준과 원칙에 동의하는 것이다. 그 과정을 상대적으로 단순하게 유지하기 위해 그 기준의 수는 10을 초과해서는 안 된다. 또한 참여하는 사람들은 검토할 사례를 선정하는 절차에 동의할 필요가 있다. 사회복지사들이 활동중인 사례파일들에서 무작위 추출하는 것이 일반적인 접근법이다. 동료검토회합은 한 달에 한 번처럼 정기적으로 계획되어야 하고 한 회합은 약 30분 정도로 제한되어야 한다. 번갈아 가며 하는 체제가 각 사회복지사들이 다른 모든 사회복지사와 그들의 단위나 부서에서 동료검토를 수행할 기회를 가지게 한다. 이것은 가치 있는 학습의 기회가 된다. 이 검토의 결과는 정해진 양식에 기록되어야 한다. 한 사회복지사의 업무수행에서 반복되어 나타나는 문제는 치료나 개인적인 개선이 필요하다. 그리고 모든 사회복지사에게서 반복되는 문제는 체계적 문제의 신호가 되고 현재의 정책이나 절차를 시험할 필요가 있다(조홍식 외, 2009).

　한림대학교의료원 사회복지과에서는 동료 간에 사례기록을 검토하는 업무평가방식을 활용하고 있다. 미국 미네소타주립대학병원 사회사업실에서 활용하는 양식을 우리의 실정에 맞게 수정하였으며, 병원의무기록실에 보관되어 있는 사례기록 중 무작위로 5개를 선정하여 세 명의 동료사회복지사가 검토한다.

표 10-8 동료검토양식

방침: 각 사회복지사들은 동료점검과 자문에 돌아가면서 참여하게 된다. 슈퍼바이저는 동료점검 스케줄을 개발해야 하는 책임이 있다. 매달 각 사회복지사는 동료로부터 2개의 사례를 점검받고 다른 사회복지사의 사례 2개를 점검하게 된다. 사례는 각 사회복지사들의 실제 사례에서 무작위로 선정한다. 점검자는 동료점검양식을 작성하여 슈퍼바이저에게 제출한다.

슈퍼바이저는 매 분기별로 동료점검 기록을 분석하고, 공통적으로 나타나는 문제를 확인하여, 직원회의에서 공통된 문제를 해결하기 위한 계획을 수립한다.

스케줄

점검자	11월	12월	1월	2월
그레타	메리	래리	루스	짐
짐	그레타	메리	래리	루스
루스	짐	그레타	메리	래리
래리	루스	짐	그레타	메리
메리	레리	루스	짐	그레타

월간 동료 점검 양식

일시 _____ 사회복지사 _____ 점검자 _____

사례 이름과 번호 _____

	예	아니요	NA
1. 클라이언트의 문제가 명확히 기록되었다.	___	___	___
2. 클라이언트/가족구성원은 치료 계획에 참여하였다.	___	___	___
3. 치료계획이 기록되었다.	___	___	___
4. 개입방법은 클라이언트의 문제에 적합한 것이다.	___	___	___
5. 클라이언트의 접촉 빈도와 기간은 문제와 관련하여 적합하였다.	___	___	___
6. 치료계획, 사회복지사의 행위, 사용된 접근이 영구적인 계획에 대한 관심을 반영한다.	___	___	___
7. 지역사회자원을 적절하고 효과적으로 사용하였다.	___	___	___
8. 목표를 향한 발전이 명확하다.	___	___	___
9. 사례기록이 명확하고, 간결하며 서술적이다.	___	___	___
10. 필요한 기관 양식이 기록하였다.	___	___	___

기타

표 10-9　사회사업기록에 관한 동료검토 평가표

Case No.:

평가기간:

평가날짜:

평가대상자:

평가자:

■ 환자와 가족에 관한 정보

1. 다음은 의뢰경로와 퇴원/종결에 관한 사항입니다. 해당 사항에 ✓표 해 주시기 바랍니다.

항목	기록되었다	기록 안 되었다
1-1. 의뢰된 날짜	( )	( )
1-2. 처음 상담한 날짜	( )	( )
1-3. 의뢰경위	( )	( )
1-4. 의뢰사유	( )	( )
1-5. 입원일	( )	( )
1-6. 퇴원일	( )	( )
1-7. 종결일	( )	( )

2. 다음은 사회사업 기록에 환자의 기본적인 사항이 나타나 있는지에 관한 내용입니다. 해당 사항에 ✓표 해 주시기 바랍니다.

항목	기록되었다	기록 안 되었다
2-1. 등록번호	( )	( )
2-2. 생년월일	( )	( )
2-3. 연령	( )	( )
2-4. 성별	( )	( )
2-5. 직업	( )	( )
2-6. 결혼상태	( )	( )
2-7. 교육정도	( )	( )
2-8. 경제상태	( )	( )
2-9. 사회보장상태	( )	( )
2-10. 종교	( )	( )

2-11. 진료과	( )	( )
2-12. 진단명	( )	( )
2-13. 담당 주치의	( )	( )
2-14. 입원/외래구분	( )	( )
2-15. 정보제공자	( )	( )
2-16. 가족력	( )	( )

■ 문제나 상황에 대한 정보

3. 다음은 정보수집과 사정단계의 충실도에 관한 사항입니다. 해당 사항에 ✓표 해 주시기 바랍니다.

항목	매우 부족	부족	보통	충분	매우 충분
3-1. 현 문제를 야기한 사회심리적 요인에 관한 정보	( )	( )	( )	( )	( )
3-2. 사정은 수집된 정보를 통합하고 이해하도록 해 주는가?	( )	( )	( )	( )	( )
3-3. 사정은 체계적이고 직접적으로 문제형성 및 목적과 치료 계획 등을 도출해 주고 있는가?	( )	( )	( )	( )	( )
3-4. 환자의 문제가 분명하게 명시되어 있는가?	( )	( )	( )	( )	( )
3-5. 문제는 의뢰 요구와 맥락을 같이 하는가?	( )	( )	( )	( )	( )
3-6. 만약 그렇지 않다면 그에 대한 사유가 설명되어 있는가?	( )	( )	( )	( )	( )
3-7. 어떤 문제에 사회사업가가 개입할 것인가 명시되었는가?	( )	( )	( )	( )	( )
3-8. 개입이나 무개입이 필요한 설명의 근거가 제시되어 있는가?	( )	( )	( )	( )	( )

■ 개입목표와 계획

4. 다음은 개입목표와 치료계획에 대한 내용입니다. 해당 사항에 ✓표 해 주시기 바랍니다.

항목	매우 부족	부족	보통	충분	매우 충분
4-1. 목표가 명시되어 있는가?	( )	( )	( )	( )	( )
4-2. 목표는 현실적으로 실현 가능한가?	( )	( )	( )	( )	( )
4-3. 만약 목표가 한 가지 이상 명시되어 있다면 그 목표들 중에 가장 우선적으로 해결해야 할 것이 분명하게 명시되었는가?	( )	( )	( )	( )	( )
4-4. 치료계획이 설정되어 있는가?	( )	( )	( )	( )	( )

■ 사회사업의 개입과정

5. 다음은 과정 전반의 진행에 관한 사항입니다. 해당 사항에 ✓표 해 주시기 바랍니다.

항목	매우 부족	부족	보통	충분	매우 충분
5-1. Progress Note가 있는가?	( )	( )	( )	( )	( )
5-2. Progress Note가 치료계획과 비교해 볼 때 적절한가?	( )	( )	( )	( )	( )
5-3. Progress Note가 진행과정을 분명히 기술하고 있어 다른 사회사업가가 본 사례를 진행하더라도 문제가 없는가?	( )	( )	( )	( )	( )
5-4. Progress Note는 타 전문직에도 유용하게 참고될 수 있는가?	( )	( )	( )	( )	( )
5-5. Progress Note는 다른 사람이 읽기 쉽게 또는 내용을 충분히 이해할 수 있도록 기술되었는가?	( )	( )	( )	( )	( )

6. 다음은 치료활동과 그 결과에 관련된 사항입니다. 해당 사항에 ✓표 해 주시기 바랍니다.

항목	매우 부족	부족	보통	충분	매우 충분
6-1. 치료계획에 따른 사회사업가의 활동이 있는가?	( )	( )	( )	( )	( )
6-2. 팀으로 개입해야 할 경우 사회사업가는 팀의 일원으로 활동하는가?	( )	( )	( )	( )	( )
6-3. 계획을 성취하기 위해 적절하게 개입하였는가?	( )	( )	( )	( )	( )
6-4. 사례는 시간 계획에 따라 진행되고 있는가?	( )	( )	( )	( )	( )
6-5. 목표는 달성하였는가?	( )	( )	( )	( )	( )
6-6. 만약 치료계획이 수행되지 않았다면 그에 대한 이유가 분명히 설명되었는가?	( )	( )	( )	( )	( )

■ 종결 및 요약 기록

7. 다음은 종결과정에 관한 사항입니다. 해당 사항에 기입하거나 ✓표 해 주시기 바랍니다.

항목	매우 부족	부족	보통	충분	매우 충분
7-1. 퇴원과 관련된 기록이 있는가?	( )	( )	( )	( )	( )
7-2. 퇴원 기록은 환자 퇴원 후 48시간 이내에 행해졌는가?	( )	( )	( )	( )	( )
7-3. Conclusion Note가 있는가?	( )	( )	( )	( )	( )

7-4. Conclusion Note는 전반적인 개입과정을 이해하기 쉽도록 기술되었는가?	( )	( )	( )	( )	( )
7-5. Conclusion Note에는 F/U의 필요도가 제시되었는가?	( )	( )	( )	( )	( )
7-6. 사례가 적절한 시기에 종결되었는가?	( )	( )	( )	( )	( )
7-7. 적절한 F/U이 진행되었는가?	( )	( )	( )	( )	( )

■ 구조와 형식

8. 다음은 기록의 구조와 형식에 관한 사항입니다.

항목	예 = 1	아니요 = 0
8-1. 각각 시간과 날짜가 기록되어 있는가?	( )	( )
8-2. 각각 서명은 잘 되어 있는가?	( )	( )
8-3. error는 똑바로 수정되어 있는가?	( )	( )
8-4. 기록은 읽기 쉽게 되어 있는가?	( )	( )

2) 종결

종결은 원조 과정의 필수적이고 계획적인 성분으로 간주된다. 효과적인 실천의 핵심 요소는 원조 관계가 원활하고 만족스럽게 끝나도록 이끌어 가는 것이다. 클라이언트가 긍정적인 성과를 얻게 한 다음에 적절한 시점에서 원조 관계를 끝내는 일은 상당한 기술과 계획이 필요하다(조흥식 외, 2009, pp. 391-392). 그리고 이 단계는 필요한 경우 퇴원계획으로 연결되며, 퇴원계획은 최근 의료복지실천에서 가장 중요한 업무 중의 하나로 제시되고 있다.

종결단계가 전문적 의료사회복지실천에서 중요한 이유는 자명하다. 질병이나 장애의 심리적이고 사회적인 결과에 대처하면서 획득된 이득과 최적으로 증진된 자존감, 능력, 자율성 및 관계성은 종결단계가 제대로 잘 이루어질 경우 이후에도 그대로 지속될 수 있기 때문이다. 따라서 사회복지사는, ① 클라이언트나 사회복지사에게 일어날 수 있는 반응들에 대한 공감적 검토, ② 양측이 이 경험을 적응적으로 통합하는 데 필요한 단계들을 고려하는 것과 같은 준비가 필요하다(Germain, 1984, pp. 166-167).

종결의 모든 단계 및 관련 과제는 개별 환자뿐 아니라 가족이나 집단에게도 똑같이 중요하다. 집단성원들은 전체 회기에 걸쳐 공유한 자신들의 경험을 검토하고, 질병과 장애의 요구에 대처하는 방식을 개발하면서 이룬 개인적, 집단적 성공을 인정받을 필요가 있다. 개인이나 집단을 막론하고 클라이언트가 종결단계를 새로운 시작으로 경험하는 것이 중요하며, 사회복지사는 클라이언트가 성공적인 새로운 시작에 대해 새롭게 발견한 능력이나 희망에 대한 자신감을 표현해 줄 필요가 있다(Germain, 1984, p. 169).

(1) 종결단계 기술

사회복지실천단계를 통틀어 클라이언트는 세 번의 결정에 직면한다고 한다(Shulman, 2016). 시작단계에서 클라이언트는 필요하다면 방어를 낮추고 사회복지사와 원조관계를 시작할 것인지를 결정해야 한다. 감정적 고통이 따를 수도 있으며, 자신의 문제에 대해 어느 정도 책임을 져야 할 수도 있음을 이해하고 나면, 클라이언트는 사회복지사와 계속 일할 것인지를 결정해야 한다. 이 결정이 초기단계에서 진행단계로의 이행을 나타낸다고 할 수 있다. 그다음 세 번째 결정은 원조관계가 끝나감에 따라 클라이언트가 내리게 되는 결정으로, 종결단계는 강력하고 중요한 작업을 할 수 있는 가장 큰 잠재력을 제공한다. 왜냐하면 클라이언트는 이제 별로 남은 시간이 없음을 인식하게 됨에 따라 일종의 긴박감을 느끼게 되며, 이러한 긴박감은 더 어렵고 중요한 관심 주제를 꺼내 놓게 해 주기 때문이다. 또한 각자가 서로에게서 헤어질 준비를 하게 됨에 따라 사회복지사와 클라이언트 간의 정서적 역동은 이 단계에서 가장 고조된다. 관계의 종결은 클라이언트나 사회복지사 모두에게 강력한 감정을 유발하며, 사회복지사는 이러한 감정에 대한 논의를 클라이언트의 일반적인 관심사나 과제와 연결시킬 수 있다. 종결단계를 잘 이끌어 가기 위해서는 의료사회복지실천에서 종결단계가 갖는 역동을 잘 이해해야 하며, 특히 시간이 종결에 주는 의미, 종결에 따른 감정의 해결 및 관계의 종결이라는 세 가지 요소를 잘 이해하고 활용할 수 있어야 한다.

① 종결과정의 역동과 기술

▣ 시간

시간은 종결단계에 영향을 미치는 중요한 요소로, 접촉의 기간이라는 면에서 그리고 종결의 속도(tempo)라는 면에서 모두 고려되어야 한다(Germain, 1984, pp. 164-165).

시간이 구조화되는 방식은 세팅에 따라 다양하다. 클라이언트와 의료사회복지사의 접촉이 단기적이어서 모든 원조과정의 단계들이 겹치게 되는 급성진료기관이나 간헐적으로 불규칙하게 접촉이 이루어지는 통원치료기관에서는 아예 종결에 대한 감정이 없거나 있다 해도 그렇게 강하지 않다. 그러나 만성보호나 장기 통원치료에서와 같이 접촉이 규칙적이고 상대적으로 빈번한 경우에는 종결의 과정이 클라이언트나 워커 모두에게 강한 정서적 감정을 일으킬 수 있다.

한편 종결의 속도는 임상적으로 중요한 의미를 지닌다. 의료 분야에서 개별화되고 유용한 퇴원계획을 개발하는 데는 상당한 시간이 걸린다. 속도에 대한 관심을 둔다는 것은 마지막 회기에 앞서 감정을 표현하고 이러한 감정을 다루며, 환자나 가족이 필요한 결정을 내리고, 원조과정에 대한 평가를 할 만한 적절한 시간을 주어야 함을 의미한다. 따라서 속도에 대한 관심은 가능하면 퇴원계획이 입원 시부터 원조과정에 통합되어야 한다는 것을 의미한다.

한편 의료사회복지실천에서의 종결이 더 쉬울 수도 있는데, 이는 대부분의 의료세팅이 시간 제한적이어서 이미 종결의 시기가 처음부터 그 과정에 짜여 있기 때문이다. 따라서 이별과 관련된 강한 감정은 덜 유발될 수 있다. 이런 면에서 시간제한은 그 자체로 수행해야 할 과제에 초점을 둘 수 있게 하는 강력한 역동이며, 따라서 종결에 수반되는 비합리적 반응들을 감소시킬 수 있다. 그러나 이 경우에도 생산적이고 유용한 관계를 끝내기를 주저할 수 있기 때문에 종결을 위한 회기를 반드시 남겨 두어야 한다.

▣ 종결에 따른 감정

㉠ 부정

일반적으로, 중요한 관계의 종결과 관련된 감정을 직면하기가 어렵기 때문에 첫 번째 단계는 종종 부정이라는 반응으로 나타난다. 이 단계의 특징은 클라이언트가 종결을 논의하기를 거부하거나, 있지도 않은 동의에 근거해 종결시기를 훨씬 지나서도 세션을 계속하기를 고집하거나, 정해진 종결날짜를 잊어버리는 등 클라이언트가 "준비되지 않았다."고 느끼기 때문에 세션의 연장을 요구하는 식으로 나타난다. 사회복지사 역시 종결에 대한 자신의 감정을 부정이나 회피로 다룰 수 있다. 클라이언트들이 자신들의 감정을 다룰 수 있도록 도울 수 있으려면 먼저 이 단계에서 사회복지사가 자신의 감정을 다룰 수 있어야 한다.

사실 사회복지사나 클라이언트에게 부정적 감정을 다루는 것보다 더 어려운 것은 긍정적 감정을 다루는 것일 수도 있다. 상대적으로 감정 표현이 많은 미국에서도 사회복지사가 클라이언트의 진심 어린 감사와 같은 긍정적 감정을 수용하는 것이 어려운 것으로 나타났다(Shulman, 2016). 아마도 우리나라의 경우에는 이러한 긍정적 감정을 수용하는 것이 더 어려울 수 있으며, 클라이언트의 감사에 대해 "제가 한 게 뭐 있나요. ○○ 씨가 다 하신 거지요."와 같이 반응함으로써 클라이언트로 하여금 원조의 효과를 과소평가하는 인상을 줄 수 있다. 질병이나 장애에 대처할 수 있도록 원조해 주고 자신의 슬픔과 기쁨을 공유한 사회복지사에 대해 클라이언트는 진심으로 감사를 표할 수 있다. 여기에는 자신이 이러한 과정을 잘 이겨 냈다는 긍정적 평가도 포함되기 때문에 긍정적 감정들을 상호공유하는 것은 클라이언트나 사회복지사로 하여금 그동안 일어났던 것을 높이 평가하고 이를 적절하게 종결로 이끌 수 있게 한다는 면에서 관계의 종결에 매우 중요하다.

의료사회복지사와 클라이언트가 자신들의 감정을 구별해 내고 이 단계를 생산적으로 사용할 수 있도록 하기 위해서는 종결과정에 충분한 시간을 주어야 한다. 갑작스러운 종결은 필요한 일을 단축해야 하기 때문에 사회복지사나 클라이언트 모두에게 어려울 수 있다. 종결을 갑작스런 마감보다 하나의 과정으로 경험되기를 원한다면 '종결을 미리 알리는(pointing out endings early)' 기술은 관계가 종결되기 어느 정도 전에 사용되어야 한다. 즉, 관계의 길이에 따라 적절한 시기에 클라이언트에게 임박한 종결을 상기시켜 주어야 한다(Shulman, 2016). 장기입원환자나 다른 시설로 혹은 집으로 퇴원하는 만성질환자의 경우에는 갑작스러운 퇴원이 되지 않도록 미리부터 퇴원을 알려 주고 함께 퇴원계획을 수립하는 것이 퇴원에 대한 부정적 감정들을 줄일 수 있는 효과적인 방법이 될 수 있다.

ⓛ 분노에 대한 간접적 · 직접적 표현

종결에서 부정의 단계 다음에는 주로 사회복지사에 대한 클라이언트의 간접적, 직접적 표현이 따른다. 적절하게 종결이 이루어지는 경우에도 종결은 일종의 거부로 인식될 수 있기 때문에 사회복지사는 이러한 감정들을 직접적으로 대면해야 하며 회피해서는 안 된다. 또한 지각을 한다든지 약속을 빼먹는다든지 하는 경우에서와 같이 내재된 감정을 간접적으로 전달할 수도 있으며, 클라이언트가 갑자기 적대감을 표시하거나 관계가 끝나게 되어 정말 기쁘다는 식의 표현들은 사회복지사가 주의 깊게 받아들여야 할 반응들이라고 할 수 있다. 왜냐하면 이러한 반응 뒤에는 슬픈 감정이 숨어 있는 경우가 많기 때문이다. 그러므로 어려운 일이긴 하지만 분노의 표현을 허용하고 이를 인정하는 것은 매우 중요하다.

여기에 관련된 기술은 사회복지사가 '간접적인 단서에 직접적으로 반응하기'를 들 수 있다. 사회복지사는 이러한 단서들을 인식하게 되면 클라이언트에게 그 단계의 역동을 지적해 주어야 한다. 분노의 경우에는 간접적 단서를 넘어서 클라이언트가 어떤 감정이든지 직접적으로 표현하도록 해야 한다. 종결과정의 각 단계를 사회복지사가 지적해 줌으로써 클라이언트는 그 경험에 대한 자신의 이해를 높일 수 있게 된다. 이러한 이해를 통해 클라이언트는 종결단계의 작업에 생산적으로 참여할 수 있게 된다.

ⓒ 애도

앞에서 지적한 것과 같이 분노의 감정 뒤에는 종종 슬픔이 내재되어 있다. 이러한 감정이 드러나면 종결과정에서 애도의 단계가 시작된다. 이 단계에서 클라이언트는 그동안 억누르기 힘들었던 감정들을 모두 경험하게 되며, 이때 자신의 감정을 직접적으로 표현하는 클라이언트도 있지만, 대부분은 간접적으로 이러한 감정들이 드러난다. 예를 들면, 활발하던 클라이언트가 갑자기 무관심하거나 무기력해져서 면접에서 오랫동안 침묵하거나 주제와 벗어난 대화를 하는 경우를 보게 된다. 근본적으로 이때의 감정은 의미 있는 관계를 종결하는 데 대한 슬픔이라고 할 수 있다. 부정과 분노는 지났고 이제 종결에 직면해야 하는 것이다. 이 단계에서 유용한 두 기술은 클라이언트의 종결에 대한 감정을 인정하고 사회복지사의 종결감정을 공유하는 것이다. 이 두 기술은 개입단계에서도 유용하면서도 사용하기 힘든 기술로 지적되었고, 종결단계에서는 감정이 더 강하기 때문에 또한 이러한 감정을 직접적으로 표현하는 것에 대한 사회적 금기 때문에 더욱 어려워진다. 대부분의 사회복지사는 이러한 감정들에 대한 단서를 포착했다 하더라도 당황스럽기 때문에 이를 인정하고 공유하지 않는다. 어떻게 보면 이 단계에서 사회복지사는 먼저 자신의 슬픈 감정에 직면해야 하며, 그래야 클라이언트의 감정을 열고 다룰 수 있게 된다. 이것이야말로 사회복지사의 기능이자 전문적 기술의 한 척도라고 할 수 있다.

상호감정을 인정하고 난 다음 단계는 사회복지사가 클라이언트로 하여금 관계에 대해 되돌아보도록 하는 것이다. 사회복지사와 클라이언트 간의 관계에 대한 이해는 클라이언트가 장래 또 다른 밀접한 관계를 형성할 때 중요한 도움이 될 수 있다.

▣ 원조관계의 종결

사회복지사에게나 클라이언트 모두에게 종결 세션은 가장 어렵다고 할 수 있다 (Shulman, 1992, p. 174). 긴장의 원천은 중요한 관계가 종결될 때 나타나는 일반적인 문제에서 비롯된다. 사회복지사와 클라이언트의 관계는 이러한 대인관계 종결의 한 구체적인 예이다. 밀접한 관계를 종결하는 것은 고통스러울 수 있다. 한 관계에 자신을 유의미하게 투자했을 경우, 자신의 가장 중요한 감정들을 공유했을 경우 그리고 다른 사람으로부터 도움을 주고받았을 경우 발전된 유대는 강하기 마련이다. 이것은 사실상 모든 인간관계에서 공통적으로 나타난다.

이와 같은 종결의 어려움이 밀접한 전문적 원조관계를 종결할 때도 나타나게 된다. 스트린(Strean, 1978, pp. 227-228)에 의하면 이러한 '중요한 타인'(significant others)으로부터의 분리는 불가피하게 복합적이고 양가적인 감정을 유발하게 된다고 한다. 특히 의료 사회복지사와의 관계가 장기적인 경우 종결은 더 강한 정서를 일으키는데, 이러한 장기적 관계는 보통 의존욕구와 소망, 전이반응, 비밀의 노출, 당황스러운 순간들, 희열, 슬품 및 기쁨 등을 자극하기 때문이다. 면접이나 집단 회합은 클라이언트의 매주 일과의 일부분이 되어 버렸고, 따라서 이것을 끝내는 것은 소중한 가족성원이나 친구와 헤어지는 것과 같을 수 있다.

이러한 관계상의 요소는 관련된 개개인들에 대한 애착(attachment)과 분리(separation)가 갖는 상징적 의미 그리고 클라이언트—사회복지사 간의 관계라는 비합리적이면서도 현실적인 요소 모두를 포함한다. 분리는 인생의 도처에서 나타나는 한 특성으로, 우리는 인생의 아주 초기에 이를 다양한 정도로 경험하게 되며, 후의 반응들은 이런 초기의 경험들에 의해 또한 인생의 과정에 걸쳐 계속되는 이별과 종결의 경험에 의해 형성된다(Germain, 1984, p. 166).

따라서 클라이언트와 사회복지사가 종결과정에서 보이는 반응들은 관계 및 종결에 부여된 상징적인 의미에 의해 영향을 받게 되며, 이 의미는 다시 과거의 경험뿐 아니라 정서적이고 문화적인 요소들에 의해 형성된다. 신체적 상태, 연령, 심지어 성별 역시 종결에 대한 반응에 영향을 준다. 이러한 요소들이 불안, 죄의식, 분노, 슬픔, 거부, 의존이나 독립에 대한 공포, 새로운 시작에 대한 기대감 혹은 성취에 대한 만족과 같이 비현실적·현실적이거나 무의식적·의식적인 감정들을 유발할 수 있다.

특히 노인 환자나 아주 어린 환자 혹은 장애인은 연령이나 장애의 정도로 인해 자율성이나 능력의 개발이 손상되어 자신의 환경에 매우 의존적이다. 이들은 보통 사회적으로나 정서적으로 고립되어 있고, 무기력, 희망의 상실 및 절망과 같은 감정에 빠져 있기가 쉽다. 따라서 따뜻하고 도움이 된 사회복지사와의 관계의 상실이 고통스러울 수 있으며, 분노, 자기혐오 및 슬픔을 일으키게 된다. 사회복지사 역시 그러한 클라이언트를 '버린'(abandoning) 것에 대한 죄책감을 느낄 수 있다(Germain, 1984, p. 165).

원조양식에 따라서도 종결단계가 달라질 수 있는데, 관계의 종결과 관련된 감정은 가족과의 실천에서보다 개인과의 실천에서 더 강하게 나타날 가능성이 높다. 다시 말하면, 가족 내 관계는 서비스가 종결된 이후에도 계속되며 사회복지사와 가족과의 관계의 강도는 일 대 다수라는 측면에서 볼 때 희석될 수 있다. 환자집단의 경우에는 종결이 더 어려울 수 있는데, 그것은 개별 성원과 사회복지사와의 관계가 종결되면서 집단 내 성원들과의 관계도 함께 종결되기 때문이다(Germain, 1984, pp. 165-166).

원조관계의 종결은 사회복지사나 클라이언트 모두에게 가장 깊은 감정을 촉발할 수 있다. 종결단계에서 가장 효과적인 실천이 이루어질 수 있음에도 불구하고, 그렇지 못한 결과가 나타나는 것은 종결단계에서 나타나는 이러한 감정들이 제대로 다루어지지 않았기 때문이다(Shulman, 2016).

② 이행(transition)의 기술

원조관계의 종결에는 새로운 시작이 내재되어 있음을 기억해야 한다. 즉, 장기간 입원해 있던 클라이언트나 재활센터를 떠나게 되는 클라이언트는 질병이나 장애 때문에 면제되었던 정상적인 역할을 다시 수행해야 하는 것과 같이 외부세계와 협상하는 새로운 경험에 직면해야 한다. 알코올 중독자의 경우 치료센터를 떠나는 것은 이제는 사회복지사나 알코올의 도움 없이 혼자서 해내야 함을 의미한다. 어느 경우에서나 종결의 시기는 동시에 강력한 시작을 의미한다.

종결단계의 이행과정에 대해 사회복지사는 종결과정뿐 아니라 그동안 함께했던 일의 내용에 대해서도 초점을 두어야 한다. 관계의 모든 단계가 그렇듯이 사회복지사와 클라이언트의 상호작용은 계약과 관련된 풍부한 학습의 기회를 제공한다. 사회복지사는 종결과정의 역동을 이용하여 클라이언트가 그동안 학습한 것을 새로운 경험에 일반화할 수 있도록 원조할 수 있다. 그다음 마지막으로, 사회복지사는 클라이언트가 그러한 새로운 경험이나 다른 사회복지사 및 사용할 수 있는 다른 대안적 지지원으로 직접 옮겨 갈 수 있도록 원조할 수 있다.

▣ 학습한 주요 내용들을 확인

종결은 경험을 체계적으로 더해 가는 시기이다. 의료사회복지사는 클라이언트로 하여금 그동안 함께 했던 일을 되돌아보게 하고 배운 것을 확인하게 한다. 이때 사회복지사는 일반적인 요약보다는 좀 더 구체적으로 물어보아야 한다. 예를 들어, 클라이언트가 그동안 자신에 대해 많은 것을 배웠고 따라서 세션들이 매우 가치 있었다고 말한다면 사회복지사는 "구체적으로 당신이 배웠다고 하는 것 중에 중요하다고 생각되는 것은 무엇입니까?"와 같은 질문을 통해 클라이언트가 학습한 것을 공고하게 할 수 있다. 이러한 과정을 통해 클라이언트 또한 그동안 개발된 새로운 능력에 대해 인식할 수 있게 되며, 이러한 인식은 클라이언트로 하여금 관계를 끝낼 준비를 할 수 있도록 클라이언트를 강화시킨다. 이러한 학습의 과정은 사회복지사에게도 적용되므로 요약을 할 때 사회복지사와 클라이언트 양측이 이 경험으로부터 무엇을 얻어 가고 있는지에 대한 논의를 포함해야 할 것이다(Shulman, 2016).

■ 앞으로 더 다루어야 할 영역의 확인

종결이 끝난 다음에도 클라이언트가 해야 할 일이 남아 있음을 알려 주는 것이 중요하다. 물론 아직 해결되지 않은 문제가 남아 있을 수도 있으며, 사회복지사는 이러한 마지막 순간에까지 남아 있는 문제들에 뛰어들어 해결하려고 하는 유혹을 잘 이겨 내야 한다. 시작할 때와의 차이는 이제는 클라이언트는 이러한 문제들을 어떻게 더 잘 해결할 수 있는지를 배웠다는 것이다. 사회복지사의 과제는 클라이언트가 앞으로 해결해야 할 과제들을 목록으로 만들고, 앞으로의 일들에 대한 일정을 만들며, 자신의 경험을 이용해 클라이언트가 이러한 문제들에 대해 계속 일할 수 있을 것인지를 결정하는 것이다(Shulman, 2016). 이것은 퇴원계획을 수립하면서 구체적으로 이루어질 수 있다. 특히 완전히 회복되지 않은 상태로 퇴원하는 환자나 그 가족의 경우, 자신들이 앞으로 질병으로 인한 결과들을 병원이 아닌 집에서 잘 다루어 나갈 수 있을지에 대해 의심을 표현할 때 근거 없는 재확신을 주지 않도록 조심해야 한다. 오히려 이러한 두려움을 인정하고 이해해 주는 것이 더 도움이 되며, 앞으로의 길이 쉽지 않을 것임을 인정하면서 동시에 이러한 장래의 과제를 다룰 수 있는 환자와 가족의 잠재력에 대한 확신을 전달하는 것이 중요하다.

■ 종결의 과정과 내용을 통합

의료사회복지사와의 관계가 클라이언트가 앞으로의 인생에서 다루어야 할 많은 관계들 중 하나라는 것을 인식한다면, 이 관계는 클라이언트를 위한 훈련의 장으로 간주될 수 있다. 사회복지사와의 관계에서 개발된 기술들은 다른 상황에도 적용될 수 있기 때문이다(Shulman, 2016). 예를 들어, 부모를 비롯해 많은 관계에서 상처를 받아 단지 상처만을 기억하는 청소년들은 가까워지고 싶어 하면서도 상처받을까봐 관계에 몰입하는 것을 꺼린다. 사회복지사는 관계가 갖는 친밀함이 여기서 가장 중심이 되는 문제임을 인식하고 비록 상처받는 경우가 있다 하더라도 인생이 의미가 있으려면 사람들에게 가까워질 수밖에 없음을 알게 해야 한다. 왜냐하면 이것은 이후 배우자나 파트너를 만나는 과정에서도 경험하게 되는 문제이기 때문이다.

▣ 새로운 경험과 지지체계로 전이

종결단계에서 사회복지사와 클라이언트와의 공동작업에서 클라이언트가 중요하게 생각하는 것이 무엇인지를 확인하고 이러한 지지를 어떻게 계속 받을 수 있을지를 논의하는 것은 매우 유용하다. 즉, 사회복지사는 클라이언트에게 도움을 제공할 수 있는 동료집단이나 가족, 친구 혹은 지역사회자원들을 찾아내도록 원조한다. 또한 사회복지사는 앞으로의 인생의 여러 시점에서 이러한 원조가 필요할 때가 많이 있을 수 있음을 클라이언트가 인식하고 그때마다 적절한 지지를 찾아내고 이용할 수 있도록 해야 한다 (Shulman, 2016). 예를 들어, 성 학대를 경험한 아동은 일단의 외상이나 그에 따른 문제들이 해결되었다 하더라도 이후 10대가 되어서, 성인이 되어서, 인생의 주기에서 나타나는 정상적인 문제에 덧붙여서 생존자들이 경험하는 독특한 문제들로 인하여 도움이 필요하게 된다. 그러므로 사회복지사는 클라이언트가 문제를 완전히 해결한 것이 아니라 그러한 문제들에 대해 대처할 수 있도록 사회적 지지를 이용하는 방법을 배웠다는 것을 깨닫도록 해야 할 것이다. 따라서 클라이언트는 다시 원조가 필요하더라도 이것을 실패의 증거로 보지 않게 된다.

(2) 기타 종결의 여러 유형

종결에는 지금까지 다루어 온 종결과는 다른 많은 경우가 있을 수 있다. 예를 들면, 클라이언트가 종결에 대해 전혀 아쉬움이 없거나, 종결하게 되어 사회복지사가 오히려 기쁜 경우 혹은 사회복지사가 실직하게 되어 종결하는 경우, 클라이언트의 사망으로 인한 종결 등과 같이 종결의 모델에도 다양한 경우가 있을 수 있다. 종결의 여러 유형에 대해서는 이미 많은 책에서 다루고 있기 때문에 여기서는 특히 의료사회복지실천에서 주로 나타날 수 있는 종결의 예외적 유형들에 초점을 두고 설명하겠다.

① 시작되지도 않은 관계를 끝내기

실습을 나간 학생이나 경험이 부족한 사회복지사는 종종 앞에서 다룬, 종결에서 나타날 수 있는 여러 가지 감정이 전혀 나타나지 않을 정도로 관계가 수립되지 못한 상태에서 종결해야 하는 사례들을 경험하게 된다. 이 경우 사회복지사는 죄책감과 무능력감으로 인해 '실패'를 전적으로 자신의 탓으로 돌리고, 클라이언트와의 경험을 평가하는 과정을 회피하면서 종결이나 이행과정을 제대로 넘지 못하게 되기도 한다. 특히 질병이나 장애의 진행과정이나 급작스러운 변화, 퇴원이라는 시간의 요소에 의해 움직이는 의료세팅에서 환자 및 가족과 효과적인 원조관계를 수립하는 것은 초보 사회복지사에게는 더 큰 도전이 될 수 있고, 또한 좌절의 원인이 될 수 있다. 이런 경우 사회복지사는 다음의 두 가지를 기억할 필요가 있다.

첫째, 사회복지실천과정의 상호작용적 성격에 대한 분명한 시각을 가져야 한다. 이 뜻은 다시 말해 아무리 효과적이고 유능한 사회복지사라도 모든 클라이언트에게 도움이 될 수는 없다는 것이다.

둘째, 사회복지사는 자신의 전문적 경력에서 특정시기에 자신이 할 수 있는 최선만큼만 할 수 있다는 것이다. 이러한 시각이 분명해지면 사회복지사는 슈퍼바이저나 동료를 지지의 원천으로 인식할 수 있게 되고, 종결 시기를 클라이언트에게 부가적 원조를 제공할 수 있는 시기로 활용할 수 있게 된다(Shulman, 2016).

또한 그동안의 과정이 제대로 이루어지지 못했을 경우에 종결을 논의하는 것은 더 중요하다. 이러한 경우 종결과정에 대한 초점은 원조관계에 대한 솔직한 평가가 될 것이다. 의료사회복지사는 이 과정에서 자신의 역할을 검토할 뿐 아니라 원조관계를 피상적으로 만든 클라이언트의 책임에 대해서도 검토하도록 해야 한다. 만약 이러한 논의가 비난이 아닌 건설적 방식으로 이루어진다면 클라이언트의 성장에 사회복지사가 중요한 도움을 줄 수 있으며, 전문가로서의 사회복지사의 성장도 이러한 대화에서 비롯될 수 있다.

② 클라이언트의 사망으로 인한 종결

클라이언트의 죽음이나 임종을 앞둔 클라이언트와 일하는 것은 의료사회복지사에게 외상(trauma)이 될 수 있다.

▣ 클라이언트의 자살

클라이언트의 자살은 다른 사회복지사나 그 체계에 있는 클라이언트뿐 아니라 해당 사회복지사에게 엄청난 영향을 미친다. 원조관계에 대한 갑작스럽고 영원한 종결은 사회복지사에게 죄의식을 불러일으킬 수 있다. 예를 들면, 자신이 담당했던 환자가 종결 이후 자살로 이른 경우 그 사회복지사가 그 이후 자신의 감정에 대해 적절히 다루지 못한다면 죄의식에서 벗어나지 못할 수 있으며, 그다음부터는 혹시라도 사례를 종결한 이후 클라이언트가 또 자살로 이를까봐 사례를 종결시키지 못하고 몇년씩 계속 상담을 지속할 수 있다. 물론 사회복지사는 사전에 이러한 일이 일어나지 않도록 민감하고 효과적으로 일해야 하겠지만, 불가피하게 그러한 일이 발생했을 경우에는 이를 잘 다루고 대처하는 것도 못지않게 중요하다.

이러한 경우 세 가지 단계 모델이 매우 유용하며 이는 자살뿐 아니라 어떤 외상적 사건에 대해서도 적용될 수 있다(Shulman, 2016).

첫째, 애도와 상실 및 죄의식을 표현하도록 한다.

둘째, 기관 차원에서나 슈퍼바이저가 해당 사회복지사뿐 아니라 기관에 속한 전체 사회복지사들에 대해 지지를 제공하도록 한다. 왜냐하면 클라이언트의 자살은 해당 사회복지사뿐 아니라 다른 모든 사회복지사에게도 미치는 파급효과가 엄청나기 때문이다. 만약 이러한 지지가 적절하게 제공되지 못할 경우 그 부정적 영향은 사회복지사들을 통해 클라이언트들에게까지 미칠 수 있다.

셋째, 자살(혹은 다른 외상적 사건)이 다른 환자나 클라이언트에게 미치는 영향과 그 의미에 대해 검토하는 것이다.

▣ 임종을 앞둔 환자

호스피스와 같이 말기질환을 다루는 세팅이나 암병동과 같은 의료세팅은 물론이고

AIDS의 출현으로 인해 사회복지사들은 점차 임종을 앞둔 클라이언트를 다룰 기회가 증가하게 되었다.

퀴블러 로스(Kübler-Ross, 1969)는 종래의 임종심리학에 대한 연구가 철학, 종교, 개인 체험, 통계에만 치우쳐 과학적이고 객관적이며 임상적인 측면이 결여되어 있음을 주목하고 종합병원에 입원하고 있는 임종환자와 말기환자들을 찾아다니며 직접 면담을 통해 이들의 심리상태와 심리과정변화를 조사한 뒤 이들의 심리가 변모하는 과정을 다음과 같이 5단계로 나누어 설명하였다(조두영, 1999, pp. 267-269에서 재인용).

㉠ 부정의 시기

이 시기에는 병이 위중하다는 의학적 증거가 나와도 환자는 이를 믿으려 하지 않고 다른 병원들을 전전하며, 때로는 주위의 만류를 뿌리치고 이전처럼 직장에 나가 마치 아무 일도 없다는 듯이 근무하곤 한다. 그러나 이때 의사나 가족 중 누구라도 이 환자를 진실로 대해 주는 사람이 있다면 부정은 오래 가지 못한다. 왜냐하면 부정은 '남들이 이제 나를 저버릴지도 모른다.'는 두려움에서 나온 것이기 때문이다.

㉡ 분노의 시기

'왜 하필이면 나야?'라는 식의 심리상태를 말한다. 이 시기에 환자는 의사나 간호사에게 사사건건 따지거나 무례한 언행을 보이며, 가까운 가족들에게까지 함부로 대하게 된다. 사실 이런 행동은 그 대상 개개인에 대한 분노라기보다는 자기가 지금 잃어가는 모든 것을 대표하는 무언가를 향해 분노하는 것이다.

㉢ 협상의 시기

이 시기에 환자는 운명, 신, 하늘, 시간 등 그가 협상해 볼 수 있는 모든 대상을 향해 손을 뻗친다. 예를 들어, 어머니인 환자는 자식이 대학을 졸업할 때까지만이라도 살기를 원할 것이다. 이런 종류의 협상은 일시휴전과 같은 것이며, 그 목적은 다시 정신적 에너지를 긁어모아 최후 단계의 여행을 편하게 하려고 용기와 힘을 축적한다는 데 있을 것이다.

㉣ 우울의 시기

환자는 자기 직장이나 능력같이 이미 자기가 상실한 것들에 대해 이때야 비로소 애도하고 자기가 죽게 된 사실을 슬퍼한다. 이때는 흔히 온종일 천장만 보고 누워서 방문객도 사절하고 혼자 있으려고 한다. 주위에서 자칫 "별 것 아니니 힘을 내라"라는 식의 격려는 역효과만 낸다. 오히려 당분간 그대로 자연스럽게 애도과정을 밟을 수 있도록 하면 얼마 후 스스로 마음을 가다듬고 가족과 친지들을 한 번 더 보려고 불러들일 것이다.

㉤ 수용의 시기

이때는 패배를 자인하는 체념의 시기이다. 이러한 수용은 어떻게 보면 승리이며 내적 평화이기도 하다. 이 시기가 되면 통증이 심할 때도 진통제를 놓아 달라고 보채지 않으며, 비록 의식은 맑지만 대화를 통한 인간관계를 애타게 그리지도 않는다. 오히려 편안하게 "이제 죽을 때가 되었다."라고 하며 다른 사람의 손을 가만히 잡아 주는 초연함을 보인다.

죽음이나 말기질환 혹은 극도의 상실에 대처하는 사람을 원조할 때 유용한 지침을 소개하면 다음과 같다(Kirst-Ashman & Hull, 2016).

첫째, 클라이언트로 하여금 자신의 상실을 사회복지사 및 다른 가까운 사람들과 이야기하도록 한다. 애도에 대해 이야기하는 것은 외로움을 완화시켜 주고 자신의 감정을 발산하도록 도와준다.

둘째, 위기에 대처하려고 분투할 때는 분노, 우울 혹은 애도와 같은 여러 가지 부정적 감정이 나타날 수 있다는 것을 이해해야 한다. 이러한 부정적 감정 역시 표현하도록 함으로써 클라이언트가 여기에 대처하고 앞으로 나아갈 수 있게 한다.

셋째, 언어적·비언어적으로 사회복지사가 클라이언트의 어떤 관심사든지 함께 이야기할 의사가 있음을 알린다. 즉, 사회복지사는 클라이언트가 슬픔에 대처하도록 원조하고 이들에게 지지를 제공할 정서적 준비가 되어 있음을 알린다.

넷째, 우는 것을 막지 말라. 오히려 필요한 경우, 울도록 해야 한다. 우는 것은 슬픔의 한 부분인 긴장을 완화시켜 준다.

▲ 참고문헌

엄태준(2022). 인지행동치료: 투석 후 외모변화로 우울감, 대인관계 회피 모습을 보이는 환자에 대한 인지행동치료 적용. 2022 한림 사회복지우수 프로그램 포럼.

우국희(1997). 치매노인 수발인의 수발 및 사회적 지지에 대한 주관적 경험(박사학위논문). 서울 대학교.

조두영(1999). 임종과 환자심리. 서울대학교 의과대학 의학교육연수원 편, **임상윤리학**. 서울대학 교출판부.

조홍식, 임연옥, 황숙연, 김융일(2009). **사회복지실천론**(개정 3판). 나남.

최경애(1997). 동통환자에 대한 인지치료적 접근사례. 한림대학교 의료원 사회복지과, 「의료사 회복지의 실제」.

황숙연(2000). 의료문제와 사회복지실천. 조홍식 외 공저, **사회복지실천분야론** (pp. 243-267). 학 지사.

Abramson, J. S. (1990). Enhancing patient participation: Clinical strategies in the discharge planning process. *Social Work & Health Care, 14*(4), 53-71. https://doi.org/10.1300/J010v14n04_06

Cain, E. N., Kohorn, E. I., Quinlan, D. M., Latimer, K., & Schwartz, P. E. (1986). Psychosocial benefits of a cancer support group. *Cancer, 57*(1), 183-189.

Coulton, C. J., Dunkle, R. E., & Goode, R. A., & MacKintosh, J. (1982). Discharge planning and decision-making. *Health & Social Work, 7*(4), 253-261. https://doi.org/10.1093/hsw/7.4.253

Coulton, C. J., Dunkle, R. E., Chow, J. C., Haug, M., & Vielhaber, D. P. (1988). Dimensions of post-hospital care decision-making: A factor analytic study. *Gerontologist, 28*(2), 218-223. https://doi.org/10.1093/geront/28.2.218

Ell, K. (1984). Social networks, social support, and health status. *Social Service Review, 58*(1), 133-145.

Fawzy, F. I., Cousins, N. W., Kemeny, M. E., Elashoff, R., & Morton, D. (1990). A structured psychiatric intervention for cancer patients: Changes over time in methods of coping and affective disturbance. *Archives of General Psychiatry, 47*(8), 720-725.

Germain, C. B. (1984). *Social work practice in health care*. New York, NY: The Free Press.

Kirst-Ashman, K. K., & Hull, G. H., Jr. (2016). *Understanding generalist practice* (8th ed.). Boston, MA: Cengage Learning.

Kirst-Ashman, K. K., & Hull, H. (1993). *Understanding generalist practice*. Chicago, IL: Nelson-Hall.

Kirst-Ashman, K. K., & Hull, H. (2011). *Understanding generalist practice* (6th ed.). Pacific Grove, CA: Brooks Cole.

Quinn, M. E., Fontana, A. F., & Reznikoff, M. (1986). Psychological distress in reaction to lung cancer as a function of spousal support and coping strategy. *Journal of Psychosocial Oncology, 4*(2), 79-90.

Schwartz, M. D. (1977). An information and discussion program for women after mastectomy. *Archives of Surgery, 112*(3), 277-281.

Schwartz, W. (1976). Between client and system: The mediating function. In R. W. Roberts & H. Northen (Eds.), *Theories of social work with groups* (pp. 44-66). New York, NY: Columbia University Press.

Sheafor, B. W., & Horejsi, C. R. (2008). *Techniques and guidelines for social work practice* (8th ed.). 남기철, 정선욱, 조성희 역(2010), 사회복지실천 기법과 지침 (개정2판). 나남.

Shulman, L. (2016). *The skills of helping: Individuals, families, groups, and communities* (8th ed.). Boston, MA: Cengage Learning.

Spiegel, K., Bloom, J. R., Kraemer, H. C., & Gottheil, E. (1989). Effect of psychosocial treatment on survival of patients with metastatic breast cancer. *Lancet, 2*(8673), 888-891.

Strean, H. (1978). *Clinical social work: Theory and practice*. New York, NY: Free Press.

제 11 장

퇴원계획

퇴원계획은 의료사회복지실천에서 사례관리와 밀접한 관계를 가진 의료사회복지사의 중요한 역할로, 환자에 대한 보호의 연속성(continuity of care)을 증진하는 필수 기능이다. 퇴원계획에서는 클라이언트의 의료적 욕구가 충족되도록 하는 것 못지않게 사회적 환경과 지지체계 사정이 중요하다. 퇴원 이후 클라이언트의 건강을 유지할 수 있는 환경이 제공되지 못하면 재입원의 위험이 커지고 나아가 의료적, 심리사회적 어려움까지 초래되기 때문이다(Dziegielewski & Holliman, 2020). 따라서 퇴원계획에서 의료사회복지사의 역할은 핵심적이라고 할 수 있다.

미국은 퇴원계획 실천에 대한 연방정부 및 주정부 규정을 두고 있으며,[1] 특히 빈곤계

---

1) 미국 연방정부와 뉴욕주 연방정부 규정에 따르면 병원은 퇴원계획과 관련하여 다음의 사항을 반드시 갖추고 있어야 한다.
- 해당 정책과 절차를 포함하는 퇴원계획과정
- 지정된 퇴원계획 담당 직원
- 모든 환자의 의무기록에 퇴원계획 문서화

층을 위한 메디케이드와 65세 이상 노인을 주 대상으로 하는 메디케어에 참여하기 위해서는 병원이 연방 및 주정부의 퇴원계획 규정을 모두 준수하도록 되어 있을 만큼 퇴원계획이 중요하게 간주된다.[2] 초고령 사회에 진입하는 우리나라에서도 정부의 '지역사회 통합돌봄'계획이나 지역사회 연계 사업에서 볼 수 있듯이 퇴원계획의 필요성이 부각되고 있다. 특히 보건복지부는 의료사회복지사 자격증 제도를 실시하면서 의료사회복지사가 '지역사회중심 통합돌봄서비스(커뮤니티 케어)'와 관련하여 의료기관에서 입원초기부터 환자의 퇴원계획을 수립하는 등의 직무를 수행하고, 돌봄통합창구 및 보건의료, 돌봄복지, 정착지원 등의 업무를 담당할 것을 기대한다고 하여 퇴원계획의 중요성과 함께 이 역할을 의료사회복지사의 역할로 명시하고 있다. 이 장에서는 퇴원계획의 정의와 과정을 비롯해 실제 사례를 통해 의료사회복지사의 퇴원계획에 대해 알아보고, 효과적인 퇴원계획 실행을 위한 표준화된 퇴원계획 모델을 소개한다. 마지막으로, 퇴원계획의 궁극적 목적인 돌봄의 연속성을 보장하기 위한 효과적인 퇴원계획의 방향을 논의해 보고자 한다.

1. 퇴원계획의 정의와 핵심요소

1) 퇴원계획의 정의와 의의

퇴원계획이란 한 환경에서 다른 환경으로 환자의 전환(transition)을 용이하게 해 주는 모든 활동으로서, 환자와 가족을 도와 퇴원 후 보호계획을 개발할 수 있도록 해 주는 병원 차원의 팀 접근적 과정이다(American Hospital Association, 1984). 다시 말하면, 의학적으로 준비가 되었을 때 환자가 병원에서 지역사회로 돌아가서도 권고된 치료가 잘 이

- 퇴원계획이 환자와(또는) 지정된 대리인과 논의되었음을 나타내는 문서
- 퇴원 후 서비스가 준비되거나 합리적으로 이용할 수 있도록 했다는 문서
- 환자와(또는) 지정된 대리인이 퇴원계획 서면사본을 제공받았다는 문서

2) https://www.health.ny.gov/press/reports/docs/discharge_plan_brief.pdf, 「Improving the Discharge Planning Process in New York State」 2016. 1.

루어지도록 함으로써 병원체제비용을 줄이고 재입원이나 불필요한 내원을 피할 수 있게 해 주는 활동이다. 그 결과 병원 측으로서는 병상 및 의료시설의 효과적인 이용을 꾀할 수 있게 되고 환자에게는 의료적, 사회적, 경제적 욕구를 충족시켜 주는 잘 계획된 프로그램이 퇴원계획이다(Schrager et al., 1978, p. 66). 따라서 의료사회복지사는 환자가 병원에서 지역사회로 전환하는 동안 정서적 지지를 제공해야 하며, 가족이 재정적 지원을 받을 수 있는 선택지들을 찾도록 원조하고, 환자가 새로운 자아상에 적응할 수 있도록 도와주며, 퇴원 후 보호를 제공하는 지역사회자원을 통합, 조정하는 역할을 한다(Germain, 1984, p. 173).

퇴원계획은 단순히 재원기간의 관리, 사회적 입원의 방지를 넘어 환자의 퇴원 후 삶의 질을 보장하고 보건과 복지를 연계하여 촘촘한 서비스망을 구축하는 중요한 활동이다. 입원에서부터 퇴원하는 과정까지 질병이 개인의 일상생활에 미치는 영향을 파악하여 병원 내부에서 지원할 수 있는 의료서비스를 연계하고, 지역사회에서 필요한 서비스도 개발해야 하는 일로(이유진, 성희자, 2022), 환자와 가족에 대한 생태체계적 접근을 하는 의료사회복지사의 전문성이 발휘되는 영역이다. 복잡하고 산업화된 사회에서 지역사회자원의 동원과 정보 및 의뢰 서비스를 제공하는 것이나 환자와 가족들이 자신들의 목표를 찾고 자신들의 강점을 제대로 잘 이용하고 이러한 목표를 현실적이고 잘 조정된 목표로 변환하도록 원조하는 퇴원계획의 기술은 사회복지가 상당한 전문성을 축적해 온 분야이다. 관련 체계(내적·외적 힘의 관계, 대인관계, 가족, 기관 및 지역사회)에 대한 사회복지의 오랜 전문적 관심과 환자나 가족 또는 기관의 욕구라는 관점에서 볼 때 의료사회복지사는 퇴원계획과정에서 중심이 된다고 할 수 있다(Foster & Brown, 1978, p. 56).

2) 퇴원계획의 핵심요소와 퇴원계획 전문가의 역할

미국병원협회(1984)는 퇴원계획을 학제 간 과정으로 정의하면서 퇴원계획이 다음의 필수요소들에 따라 이루어진다고 하였다(Beder, 2006, pp. 10-11).

- 퇴원 후 복합적 보호가 필요한 환자를 조기에 발견
- 퇴원 후 보호에 대한 환자의 선호도를 표시
- 환자와 가족 교육
- 환자와 가족 사정 및 상담
- 퇴원 후 지속적 보호를 보장하기 위해 지역사회자원에 대한 계획수립, 개발 및 조정
- 서비스를 보장하고 성과를 계획하기 위한 퇴원 후 추수 관리

의료사회복지사가 관여하는 퇴원계획은 철저히 클라이언트의 자기결정권을 존중하여 환자와 가족의 참여를 보장하고 퇴원 이후 의료서비스의 연속성까지도 포함되어야 한다. 사회복지사가 수행하는 퇴원계획이 전문성을 띨 수 있는 것은 그것이 사회복지실천 가치, 지식 및 기술을 필요로 하며 임상적 실천과정으로 통합되어 수행되기 때문이다. 동시에 사회복지사에게는 의료기관이 여러 전문가가 함께 일하는 2차 세팅이기 때문에 자칫 퇴원계획의 목표가 서로 다를 수 있다. 퇴원계획에서는 다음과 같은 점을 유의할 필요가 있다(Blumenfield et al., 1986).

첫째, 병원의 효율성을 제고하되 퇴원계획이 클라이언트를 위한 서비스가 되어야 하며 단순히 병상가동률을 높이는 침상 비워 주기가 되어서는 안 된다.

둘째, 퇴원계획은 정교한 기술을 요하는 복합적 과정으로 매뉴얼에 따르는 능력만 있으면 되는 단순한 과정은 아니다.

셋째, 퇴원계획이 입원 보호를 종결하는 하나의 분리된 사건이라기보다는 돌봄의 연속성이라는 의료의 연계선상 통합적 부분으로 보아야 한다.

넷째, 퇴원계획가의 책임이 환자가 병동을 떠남으로써 종료된다기보다는 지역사회에까지 확장될 수 있어야 한다.

다섯째, 여러 전문가 간 역할갈등이 발생할 수 있으므로 퇴원계획의 역할조정을 명확히 한다.

특히 당사자인 환자가 반드시 퇴원계획 과정의 일부가 되도록 해야 하며, 환자의 권익이 침해되지 않도록 한다. 또한 다양한 전문가가 참여하게 되므로 각 전문가의 역할을 명시함으로써 전문가 간 역할 갈등을 줄일 수 있을 뿐 아니라 업무의 중복과 누락을

표 11-1 퇴원계획 과정에서 각 전문가의 역할

• 퇴원계획 의사

환자에 대한 평가 및 퇴원계획 수립 총괄, 치료 및 관리 계획 수립, 지역 내 타 의료 기관 및 보건의료서비스 연계, 가정간호 의뢰, 다학제적 접근 시 관련 회의 소집

• 퇴원계획 간호사

환자의 건강상태 및 의료요구도 파악, 치료 이후 상처 관리, 식이, 영양, 운동관리 등의 간호관리 정보제공 및 교육

• 퇴원계획 의료사회복지사

환자 및 가족의 사회적 욕구, 사회적 위험요인 및 사회·경제적 상황 평가, 이용 가능한 사회복지 서비스 정보제공 및 연계, 심리·정서적 지지 상담

• 환자 주치의

치료 요약지(Treatment summary) 및 퇴원계획 의사와 함께 향후 치료계획 수립, 퇴원(치료) 이후 암재발, 이차암, 예방접종, 만성질환 등의 치료 관리 일정 수립

• 연계(협력) 의사

필요시 정신건강의사, 재활의사, 1차 의료기관 의사 등이 퇴원계획에 참여

• 연계(협력) 전문가 의료진

필요시 병동전담간호사, 심리·영양·재활 상담사, 치료사, 진료협력팀, 가정간호팀, 지역사회 사회복지사 등이 퇴원계획에 참여

출처: 국립암센터(2021), p. 67.

방지할 수 있다. 국립암센터의 가이드북에서는 암환자 퇴원계획 과정에서 〈표 11-1〉과 같이 해당 전문가 역할을 명시하고 있다(국립암센터, 2021, p. 67).

2. 퇴원계획의 과정과 기술

1) 퇴원계획 과정

퇴원계획의 과정은 다음과 같이 의료사회복지의 일반적인 실천 과정과 유사하게 진행되며, 응급상황이거나 환자 및 의료기관의 특성에 따라 융통성 있게 진행될 수 있다 (James, 1987, pp. 52-55).

(1) 고위험환자 스크리닝 및 확인

고위험환자 스크리닝은 대체로, ① 의료기관 내 고위험환자 스크리닝 절차가 마련되어 있거나, ② 의료팀의 의뢰에 의해 이루어지거나 ③ 퇴원예정 환자나 보호자에 대해 퇴원 자가체크리스트를 활용하는 방법 등을 통해 이루어진다.

최근 많은 병원에서 고위험 선별프로그램을 도입하여 사회복지사들이 자체적으로 입원리스트에서 사전 고위험군 중 잠재적 클라이언트를 선별하고 있다. 제한된 자원과 인력의 한계 내에서는 현실적으로 모든 환자에 대해 퇴원계획을 수행하기는 불가능하기 때문에 고위험군을 스크리닝하여 개입할 수밖에 없다. 따라서 클라이언트 욕구조사나 만족도 조사를 통해 고위험군 지표를 개발하고 지속적으로 갱신하는 일이 매우 중요하다. 그러나 대규모 급성기병원과 같이 병상 회전이 급속하게 이루어지고, 익명성이 보장되며, 각 영역의 경계를 오가는 복잡한 학제 간 접촉이 이루어지는 의료기관에서는 잠재적으로 사회복지서비스를 필요로 하는 퇴원위험을 조기에 확인하는 것이 어려울 수 있다. 실제로 종합병원이나 상급병원에서 퇴원계획은 의료팀의 의뢰로 시작되는 경우가 많다. 장기요양 세팅이나 의료사회복지실천이 의료 진단과 치료에 필수가 되는 재활병원, 호스피스 시설 및 일반병원의 전문병동에서는 사회복지사 면담이 입원과정의 공식절차로 포함되어 상시 사례 발견이 이루어지기도 한다. 우리나라와 같이 의료기관 내 사회복지인력이 부족한 현실에서는 사전에 확인된 위험군에 대해서 의료진이나 다른 입원 담당 직원이 사회복지사에게 정기적으로 의뢰하도록 요청하는 경우도 있다. 또한 집으로 퇴원하는 모든 퇴원환자에 대해 환자나 보호자가 스스로 퇴원 체크리스트를 작성하도록 하여 퇴원 시 위험군을 확인할 수도 있다.

　대한의료사회복지사 협회에서는 의료사회복지사의 퇴원계획이 주로 의료적 상황에 따른 취약계층(중증 암환자, 희귀난치성 질환자 등 4대 중증 질환자, 미숙아, 만성질환자, 응급환자 등), 사회적 상황에 따른 취약계층(독거노인, 노숙자, 학대 및 폭력 피해자, 외국인 근로자, 다문화 가정, 미혼모, 자살 시도자 등), 경제적 상황에 따른 취약계층(의료급여 수급자, 차상위계층 등)과 같이 취약계층을 대상으로 퇴원계획이 이루어진다고 하였다(대한의료사회복지사협회, 2017; 임정원 외, 2019에서 재인용).

　특히 고령화가 급속도로 진행되면서 노인은 퇴원계획의 가장 큰 부분을 차지하는 대상군이 되어가고 있으며, 미국의 한 연구에서는 병원에서 가정으로의 전환에서 고위험과 유의한 상관관계가 있는 것으로 확인된 다음의 열 가지 노인 퇴원계획 고위험군 스크리닝 범주를 제시하였다(Bixby & Naylor, 2010). 이 연구는 다음의 열 가지 범주 중에서 두 가지 이상에 해당하면 퇴원계획을 즉각 시작하도록 권고하고 있다.

- 80세 이상
- 중도에서 중증도의 기능적 결함
- 적극적인 행동상 및(혹은) 정신적 건강이슈
- 네 가지 이상 공존하는 질병상태
- 여섯 가지 이상의 약물처방
- 지난 6개월간 2회 이상의 입원
- 지난 30일 내 입원경력
- 부적절한 지지체계
- 낮은 건강정보 이해력(low health literacy)[3]

---

3) 건강정보 이해력(Health literacy)이란 '개인이 적절한 건강과 관련된 결정을 내리는 데 필요한 기본적인 건강 정보과 서비스를 얻고, 처리하고, 이해하는 능력의 정도'를 의미하며, 건강정보 이해력이 건강상의 결과에 유의한 영향을 미치는 것으로 나타나 건강행동을 포함, 질병예방과 관리에서 중요한 개념으로 자리 잡고 있다.

• 치료요법 미준수에 대한 기록이 있음

이상과 같이 좀 더 집중적인 퇴원계획을 필요로 하는 고위험군을 식별하는 표준화된 스크리닝 기준은 암병동, 재활병원, 노인환자 등과 같이 환자의 특성에 따라 주된 위험을 중심으로 구체화할 수 있다. 예를 들면, 국립암센터는 암환자를 대상으로 사회적 욕구 스크리닝, 사회력 조사 및 사회적 위험요인 등과 같이 표준화된 스크리닝 서식지를 개발하였다(국립암센터, 2021).

(2) 관여와 자료수집

퇴원계획의 욕구를 확인하기 위해서는 의료진을 비롯하여 클라이언트 및 가족구성원과 협동적 관계를 수립하여야 한다. 또한 다양한 출처에서 얻은 정보를 사정의 기초로 일관되게 통합해야 한다. 클라이언트뿐 아니라 클라이언트의 가족이나 소속 직장 및 의료진들은 클라이언트에 대해 다른 정보를 수집하고 이에 따라 서로 다른 기대를 가질 수 있기 때문이다. 따라서 퇴원계획과정 동안 효과적 사정과 지지를 제공하려면 일대일 면담이나 가족회의 등을 통해 이들과 초기에 동맹관계가 잘 형성되도록 하는 것이 중요하다.

취약한 환자의 사회적 욕구에 대한 정보수집은 환자가 드러내고 싶지 않은 개인 정보나 가족관계 등을 포함하고 있어 민감성이 요구되는 작업이다. 의료사회복지사는 환자가 민감한 정보와 자료 수집과정에 참여할 수 있도록 적절한 질문을 적절한 방식으로 해야 한다. 미국병원협회는 환자가 사회적 욕구 정보와 같은 민감한 대화에 참여할 수 있도록 하기 위한 기술을 다음과 같이 제시하였다(American Hospital Association, 2019, p. 9).

최근 미국의 「Healthy People 2030」에서는 이 개념을 확장하여 개인의 건강정보 이해력뿐 아니라 조직 차원의 건강정보이해력을 포함하는 것으로 보고, 조직차원의 건강정보 이해력은 조직이 각 개인의 건강정보 이해력을 공평하게 증진시키는 능력으로 정의하였다(U.S. Department of Health and Human Services, 「Healthy People 2030」, https://health.gov/healthypeople).

표 11-2 민감한 대화 참여를 유도하는 기술

접근방법	내용
문화적 능력(cultural competency) 다양한 문화의 사람들과 효과적으로 상호작용하는 능력	문화적 능력훈련은 돌봄계획에 참여하는 팀 성원들이 문화적 다양성에 대한 민감성을 높이고 언어장벽을 낮추며 개인의 정체성을 형성한 삶의 경험에 대한 이해를 구축할 수 있게 해 줌.
동기강화 상담(motivational interviewing) 사람들이 당면한 도전을 해결하고 자신의 행동을 변화시키기 위한 내적 동기를 찾을 수 있게 도와주는 상담 방법	동기강화 상담은 환자들이 자신의 소망과 현재 상황에 기반하여 목표를 설정함으로써 자신의 건강과 행동을 통제할 수 있게 함.
적극적 경청(active listening) 클라이언트가 현재 하는 이야기에 충분히 집중하고, 이해하며 반응하고 기억하는 기법	적극적 경청은 환자가 말하는 것을 적절하게 잘 듣고 드러내지 않는 망설임을 파악하여, 당면한 도전과 관련하여 개방형, 폐쇄형, 반성적 질문을 하게 해 줌.
공감적 질문(empathic inquiry) 협력과 정서적 지지를 촉진하는 동기강화 상담과 트라우마-정보기반케어(trauma-informed care)를 통합한 기법	공감적 질문은 건강증진을 위해 케어 팀 성원들이 환자와 유대감 및 관계를 형성하고 비심판적 접근을 할 수 있게 해 줌.
강점기반(asset-based) 개인의 강점과 잠재력에 초점을 둔 접근	환자와 지역사회가 단순히 사회적 욕구만 가지고 있는 것이 아니라 이를 해결하기 위해 활용할 수 있는 많은 자산이 있음을 인식하는 것을 말함. 따라서 환자와의 대화에서 결핍이 아닌 강점과 관심사 및 자신들에게 의미 있는 것에 초점을 두게 해 줌.
트라우마 정보기반 케어(trauma-informed) 트라우마로 인한 행동과 욕구에 반응하고 이해하는 것을 포함하는 접근	트라우마-정보기반 케어는 개인이 트라우마와 이에 대한 대처기제의 이력을 가지고 있다고 생각될 때 환자를 대하는 통합적 접근. 적응유연성을 증진시키고 개별화된 환자 케어를 지원하는 질문을 실천에 통합하게 해 줌.

출처: AHA (2019), p. 9.

(3) 사정, 계획개발 및 실행

환자는 물론 환자를 둘러싼 환경의 제약과 자원을 제대로 잘 파악하여 퇴원계획을 수립하는 것이 쉬운 일은 아니다. 어떤 경우에는 가족보다 지역사회복지관이나 학교 등에서 더 많은 지지자원을 발견할 수도 있으므로 병원과 지역사회 내에 있는 다양한 자원을 파악하여 활용할 필요가 있다. 그러므로 퇴원계획을 담당하는 병원의 사회복지사는 지역사회와 적절한 관계망을 수립하고, 주로 연결하게 되는 해당 지역사회의 사회복지사와 긴밀한 협조관계를 유지하는 것이 중요하다. 퇴원이 가능한 요양원, 1·2차 의료기관, 지역사회복지관, 정신건강복지센터, 동주민센터, 가정방문간호사 등 지역사회의 자원에 관한 목록표를 작성하여 활용한다면 효과적인 연계에도 도움이 될 뿐 아니라 이들 기관 간의 유기적 협조도 더 원활할 수 있다. 또한 기관 간 전환과정에서 병원, 요양원, 지역사회 담당자 간의 정확한 의사소통이 잘 이루어져야 퇴원계획이 차질 없이 수행될 수 있다.

의료사회복지사는 다양한 공공·민간 자원의 가용성과 수급 자격을 정확히 파악하고 항상 업데이트해야 한다. 최근에는 대한의료사회복지사 협회에서 발간하는 「만성콩팥병 환자'가 꼭 알아두어야 할 복지정보」「희귀·난치성 질환 환자를 위한 복지정보」와 같은 브로슈어나 의료급여제도 안내 리플릿[4] 등이 발간되어 다양한 의료비 지원제도의 내용과 자격기준을 한눈에 알아볼 수 있도록 소개하고 있다.

퇴원계획에 대한 사회복지사의 개입 수준은 병원의 크기, 위치, 고용된 사회복지사의 수, 정책, 규정에 따라 다를 수 있다. 의사들은 경제적 문제 등의 실질적 서비스 제공 때문에 사회복지사에게 의뢰를 하는 경우가 많으나 병원 입원의 40~50%가 심리사회적 문제와 관련되어 있으며 80%는 퇴원 후 사회적 욕구가 제대로 다루어지지 못한 것으로 나타나 사회복지사는 퇴원계획과정에서 실질적 서비스뿐 아니라 상담 서비스에 대한 욕구도 함께 사정하고 제공해야 한다(Holliman et al., 2001).

(4) 모니터링, 평가 및 수정

모니터링과 평가는 직원의 수, 병원 정책에 따라 달라지지만 특정 사례에 대한 문제,

---

4) 보건복지부(2021).

목표, 희망 결과 및 전략이 얼마나 명확하게 서술되어 있는지에도 달려있다. 상습적 오류에 대한 조사는 수정의 기회를 제공한다. 특히 퇴원 이후 환자에 대한 추수관리는 퇴원계획의 과정에 대한 평가와 수정에 중요한 정보를 제공한다. 이러한 퇴원계획의 과정은 그 세팅의 특성에 따라 조금씩 다를 수 있으며, 급성기병원의 경우에는 이 단계에서 종결과 사후평가가 이루어지기도 한다.

(5) 의료사회복지사의 퇴원계획과정 실제

다음 사례는 의료진으로부터 의뢰된, 고위험 스크리닝 기준상 여러 범주에 동시에 해당되는 64세 남성 환자로, 의료사회복지사의 퇴원계획으로 퇴원 후 돌봄의 연속성이 높아진 결과를 잘 보여 주는 사례이다.[5] 약 5개월간 총 23회의 개입이 이루어졌다.

표 11-3 퇴원계획 사례 예시

I. 심리사회적 자료수집(psychosocial study)
■ 환자의 의료적 상황

1. 의뢰기관: ○○병원(신장내과)
2. 의뢰당시 제시된 문제
  −상기 64세 남환 미혼의 독거노인가구로, '부위가 명시되지 않은 요로감염' 진단하 응급실 경유 본원 내원하였으며 환자 양측 하지마비(지체장애, 심한 장애인)로 홀로 체위변경 어렵고 지지체계 부재하여 욕창 악화된 상태로 엎드려서 생활해야 하는 바 치료 유지, 생계, 돌봄 등의 문제로 의료진으로부터 지역사회자원 연계 및 퇴원계획 수립 위해 2020. 04. 신장내과에서 의뢰됨.
3. 의료력 및 현병력
  −1979 사고로 허리수술 및 양측 하지 마비/심한 정도의 지체장애(중증 지체장애 2급) 판정
  −2003 고혈압, 당뇨 진단, 2020년 우울 진단받아 약 복용
  −2020. ○○. 요로감염으로 신장내과에서 약물치료

-2020.○○. 욕창궤양 및 압박부위 제4단계로 성형외과 치료

　■ 환자의 심리/사회/경제적 배경

1. 개인력
　　-25세 때 건설현장에서 근로 중 철제합관에 깔리는 사고로 척추 수술 받았으나, 거동 불가능
　　　한 상태가 되어 지체장애 진단 받음(중증 지체장애 2급).
　　-장애인활동보조지원사업 서비스 받으며 생활함.
　　-2020년 조카가 환자 돌봄 위해 한 달간 방문하였고, 조카의 도움을 받아 집에 전동 침대 마
　　　련함.
　　-조카가 환자 돌보기 시작하여, 지역사회 내 사례관리 및 서비스 모두 종결됨.
　　-주 보호제공자의 역할을 하던 조카와 잦은 마찰 있었으며, 15일간 춘천 소재의 요양병원에
　　　입원함.
　　-요양병원에서의 생활이 우울하고 힘들어 집으로 퇴원하였으나, 조카는 부양을 거부하고
　　　연락 단절됨.
　　-지지체계 전무한 상태로 케어받지 못하고 집에서 홀로 생활함.
2. 가족력
　　1) 아버지(死)
　　　　-장기요양서비스 받으며 환자와 생활하다, 2020년 91세에 노환으로 사망함.
　　2) 형(死)
　　　　-관계 단절되었다가 조카로부터 사망 소식만 전해 들음.
　　3) 조카(40대)
　　　　-서울 거주(과거 단기간 춘천 거주)
　　　　-2020년 2개월간 환자 돌봤으나, 환자 요양병원 입원시킨 이후부터 부양 거부함.
　　　　-현재 관계 단절되어 연락처 있으나 연락하지 않는 관계임.
3. 사회경제적 상황
　　-의료보장: 의료급여 1종
　　-주소득원/월소득: 정부보조금(생계 및 주거급여, 장애연금) 월 80만 원
　　-주거형태: 보증부 월세(보증금 500만 원, 월세 15만 원)
　　-차량: 없음
　　-일반재산(부동산 등): 없음
　　-부채: 없음
　　-저축액: 없음
　　-사보험: 없음

Ⅱ. 사정과 개입

  1) 환자의 의료적인 측면

    욕창궤양 및 압박부위 제 4단계로 성형외과적 치료 필요

  2) 환자의 강점과 약점

    −강점: 종교적 신앙으로 심리적 어려움 극복하고자 노력, 강한 생활력

    −약점: 가족 및 지역사회 지지체계 부재, 청력저하 및 인지저하로 원활한 의사소통의 어려움

Assessment 1: Care giver의 부재로 인한 퇴원 후 일상생활의 어려움

  −양측 하지 마비, 청력 저하, 인지기능 저하 등으로 혼자서 일상생활 수행에 어려움이 있으나 환자 케어를 도와줄 수 있는 자원이 부재하여 전반적인 일상생활(돌봄문제, 병원 외래진료 시 방문문제, 식사문제 등)에 어려움이 있음.

[Intervention 1−1] 관할 행정복지센터 사례관리 의뢰

−현재 입원치료받고 있는 내용 및 가족 지지체계 단절에 대한 상황을 행정복지센터 맞춤형 복지 담당자에게 전달하고 사례관리를 의뢰 및 연계함.

[Intervention 1−2] 병원 동행서비스 지원

−환자 원활한 진료를 위해 병원 내원 시 동행서비스 제공함.

[Intervention 1−3] 장애인활동보조지원사업 연계

−춘천시장애인복지관 담당자와 상의하여 중단되었던 장애인활동보조지원서비스 받을 수 있도록 연계함.

[Intervention 1−4] 노인장기요양보험 연계

−환자 0월달 65세되어 장애인활동보조지원사업 서비스 중단됨. 이에 따라 노인장기요양보험 서비스 이용 필요하여 지역사회기관들(장애인복지관, 행정복지센터)와 협의함.

−2020년 0월 0일 노인장기요양 3등급 판정. 방문요양서비스 이용 중.

[Assessment 2] 의료비 마련에 대한 어려움

  −환자 기초생활 수급자로 정부보조금으로 생계유지하고 있으며 사보험 및 저축액 전무한 상황에서 욕창궤양으로 인해 수술이 필요하나 경제적 부담감 있음

[Intervention 2] 301네트워크 통한 의료비 지원

−환자 성형외과 수술 후 지속적인 F/U 필요하여 입원 및 외래치료비 100만 원 한도로 지원함.

[Assessment 3] 질환 및 가족관계 단절에 따른 우울감

  −환자 가족들 모두 사망하였고, 조카와도 관계 단절된 상황에서 질환으로 인한 일상생활 어려움이 있어 이에 대해 우울감 느낌.

> [Intervention 3] 지속적 병실 방문을 통한 정서적 지지 제공
> −환자 총 3차례 입원기간(신장내과, 성형외과) 중 지속적으로 병실 방문하여 환자에게 정서적 지지 제공함(정신건강의학과 진료 권유하였으나 환자가 거부함).

[추가 개입 4]

1. 다학제간 사례관리
  −회진 및 콘퍼런스 참여를 통해 담당 의료진과 치료적 계획 논의.
  −의료진: 현재 치료과정 및 향후 치료 계획 공유
  −사회복지사: 퇴원 후 치료유지위한 지역사회자원 연계 내용 공유 및 의료비 지원 계획 공유
2. 가정방문 및 사례회의 시행
  −관할 행정복지센터 맞춤형복지 담당자와 가정방문하여 환자 주거환경 평가 시행하고, 사례 관리 진행 방향 협의

Ⅲ. 종결 및 사후관리

[**의뢰된 시점**] 2020. 04. ○○.
[**종결시점**] 2020. 09. ○○.

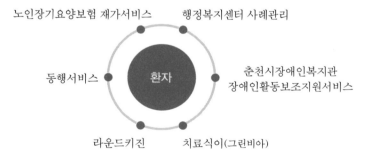

[**종결 후 클라이언트의 변화**] "집으로 오던 활동보조인이 없어서 집에서 어떻게 엎드려서 생활하나 했는데 이제는 밥도 택배로 오고 요양보호사도 매일 오고 …… 나를 걱정해 주는 여러 선생님들이 있어 제 생활이 많이 달라졌고, 저도 힘이 납니다."

출처: 이다영(한림대학교 춘천성심병원 사회사업팀), "퇴원 후 돌봄의 연속성이 높아진 사례", 2019년 사회복지공동모금회 성과확산형 기획사업「의료사각지대 해소를 통한 건강권 증진사업」보건의료복지 301네트워크, 대한의료사회복지사협회·사랑의 열매 주최, 2019.

2) 퇴원계획가로서 의료사회복지사의 기술

의료사회복지사가 단순한 침상 비워 주기가 아닌 임상적 실천과정으로서 퇴원계획을 실행해야 하며 다음과 같은 점에 유의할 필요가 있다(손지현, 2000; 이상진, 2000; 황숙연, 1994, 1995; Holliman et al., 2001).

- 고위험환자를 입원 초기에 심사하여 적극적인 퇴원계획 진행대상으로 삼는다. 이 때 고위험환자군은 위에서 제시한 고위험환자군 스크리닝 범주가 해당된다.
- 퇴원계획을 수립하기에 앞서 환자 및 가족과 효과적인 원조관계가 반드시 수립되어야 한다. 원조관계 수립의 중요성은 이미 앞에서 많이 지적되었지만, 특히 우리나라를 비롯한 아시아 지역의 클라이언트에 대한 원조의 효과성은 바로 관계의 수립에 달려 있다고 할 만큼 중요하며, 이러한 관계의 수립 없이 곧바로 퇴원계획 수립에 들어가게 될 경우 퇴원계획의 실행에 많은 착오를 가져올 수 있다.
- 퇴원계획을 할 때 의사결정과정에 환자와 가족을 반드시 포함시킨다. 이것은 사회복지실천과정에서 제시된 동기화나 자율성의 문제와도 관련된 중요한 임상적 과정이다. 환자의 참여는 퇴원 후 만족도와 밀접한 관계가 있다는 연구들이 이미 제시되었으며, 의사결정과정에서 배제됨으로써 학습된 무기력은 이후의 인생에서의 자율성의 발휘에 부정적인 영향을 미칠 수 있다.
- 한국에서 가족은 환자의 가장 중요한 환경(사회적 자원)이자 1차적 돌봄 담당자로서, 환자에게 가장 큰 영향을 주는 요소임과 동시에 질병이나 장애로 인해 환자와 마찬가지로 영향을 받는 대상이기 때문에 환자와 함께 또 다른 중요한 클라이언트 체계로 간주되어야 한다.
- 환자와 가족의 퇴원 후 욕구에 따라 적절한 지역사회자원을 연결한다. 이때 의료사회복지사는 욕구를 제대로 사정하기 위해 사정에서 사용되는 여러 기술을 활용하며, 적절한 정보를 제공하기 위해 지역사회자원, 정보, 타기관 사회복지사와의 연계에 대해 제대로 파악하고 활용하여야 한다. 필요한 경우 지역사회자원을 적극 발굴하고 개발하여야 하며 이때 의료사회복지사는 자원연결자, 중재자로서의 역할을

담당할 수 있다.

- 다양한 사회복지제도와 법규에 대한 지식을 가지고 있어야 하며, 제도의 변화나 새로운 제도의 출현에 따라 지식을 끊임없이 갱신하여야 한다. 예를 들면, 국민기초생활보장제도, 의료급여제도의 구체적 적용대상과 급여조건, 「산업재해보상보험법」및 노인장기요양보험제도 등에 대한 지식은 퇴원계획에 필수적인 자원이 된다. 이러한 제도를 활용하면서 필요한 경우 클라이언트를 위한 옹호자로서의 역할도 수행한다.

- 일반적인 종결과정에서 나타나는 클라이언트의 반응이 퇴원계획과정에서도 나타날 수 있으며, 종종 이러한 반응은 퇴원 이후에는 의료진이 아닌 자신이나 가족이 만성질환과 장애에 바로 대처해야 하는 현실에 대한 불안감과 이로 인한 퇴원을 지연시키고자 하는 동기에서 비롯된다. 그러므로 의료사회복지사는 클라이언트의 감정에 도달하기나 간접적 단서에 직접적으로 대응하기 등의 기술을 활용해 종결 시 나타나는 감정을 적절히 다루어야 할 것이다.

3. 퇴원계획 모형

1) 표준화된 퇴원계획 모형의 필요성

퇴원계획이 환자의 만족도 향상, 재원기간 및 재입원의 감소, 신체건강과 정신건강상의 결과 호전 등을 가져온다는 퇴원계획의 효과에 대한 연구들(Dziegielewski & Holliman, 2020; Fabbre et al., 2011; Fontanella et al., 2010; Maloney et al., 2017; Maus, 2010; Parsons et al., 2012, Wilson, 2012; Xie et al., 2012)이 축적되면서 표준화된 퇴원계획의 모델에 대한 필요성도 제기되었다.

좋은 퇴원계획 실천 모형을 개발하고 실행함으로써 환자에게는 궁극적으로 퇴원과정과 퇴원 이후 삶의 질을 증진시키고, 개인과 사회에 불필요한 의료비 절감을 가져오는 효과적인 퇴원계획이 실현될 수 있도록 하는 것은 매우 중요한 일이다. 퇴원계획 시스템에서 표준화된 프로세스가 부족하면 불일치가 발생하여, 피할 수 있는 병원 재입원을 포함하여 환자에게 부정적 결과를 가져올 수 있고 사회적 비용의 낭비도 초래되기 때문이다. 이에 미국 뉴욕주는 퇴원계획과 관련하여 병원에서 다른 세팅으로의 돌봄전환을 개선하고 고위험 메디케어 수급자의 재입원을 감소시키며 궁극적으로 삶의 질을 증진시키기 위한 다양한 돌봄전환모델(Care Transition Models) 시범 프로젝트를 시행하여 좋은 성과를 보고하였다.[6] 더구나 퇴원계획 업무가 건강보험제도의 수가와 연동되기 위해서는 표준화된 퇴원계획 절차와 내용이 잘 갖추어져 있어야 한다.

2) 퇴원계획 모형

우리나라에서도 요양병원에서는 지역사회 연계업무의 형태로 퇴원계획이 시행되고 있고 최근 퇴원계획과 관련된 연구와 모형개발이 이루어지고 있다. 의료사회복지사를 대상으로 질적·양적 연구를 통해 개발한 퇴원계획 모형(임정원 외, 2019)을 비롯해 케어의 수준에 따른 급성기 환자 퇴원지원모형(보건복지부, 2020), 암환자를 위한 퇴원계획 가이드북(국립암센터, 2021) 등이 그것이다. 여기서는 간략하게 각 모형들에 대해 살펴보고자 한다.

(1) 요양병원 퇴원환자 지역사회 연계

정부는 인구 고령화 및 복합 만성질환 증가로 요양 및 간호, 주거욕구 등 사회·경제적 문제에 대한 대처의 필요성을 인식하고 지역사회 통합돌봄의 일환으로 2019년 전국의 모든 요양병원을 대상으로 환자지원실 설치를 법제화하였다. 의사, 간호사, 사회복지사로 구성된 요양병원 환자지원팀이 환자의 의료·사회경제적 욕구를 포괄적으로 파악하여 욕구를 반영한 지역사회자원을 연계함으로써 퇴원 후 환자의 안정적 지역사회 복귀를 지원하는 '요양병원 환자지원체계'를 마련하는 것이 그 목적이다(국민건강보험,

---

6) New York Department of Health (2024), https://www.health.ny.gov/press/reports/docs/discharge_plan_brief.pdf, 「Improving the Discharge Planning Process in New York State」.

2019). 이를 보장하기 위해 요양병원 지역연계 수가를 신설하여 환자지원심층평가를 실시, 퇴원지원 표준계획을 수립·작성하고 지역사회자원 연계를 하게 되면 퇴원 시 수가를 산정해서 인정하도록 하였다.

그러나 기대와는 달리 사업 참여도가 낮은 것으로 나타났다. 물론 좀 더 긴 기간을 두고 분석할 필요는 있으나, 낮은 수가로 인해 환자지원팀 전담인력을 두고 운영하는 이 사업에 참여하는 요양병원의 수도 많지 않고, 참여 병원 중에서 퇴원환자 지원에 참여하여 지역사회 연계료를 청구한 병원도 저조한 것으로 나타났다.[7] 퇴원계획 수가와 전담인력 확충은 향후 지역사회 통합돌봄을 효과적으로 운용하기 위해서 고려되어야 할 부분으로 생각된다. 다음 〈표 11-4〉와 〈표 11-5〉는 요양병원 퇴원환자 지역사회 연계 매뉴얼의 기본 서식인 「환자지원 심층평가표」와 「퇴원지원 표준계획서식」이다.

---

7) 2020년 6월 기준으로 요양병원 1,467개 가운데 380개가 참여하고 있으며, 지역사회 통합돌봄 선도사업 지역의 경우, 219개 요양병원 가운데 76개(34.7%)만 환자지원팀을 설치한 것으로 보고되었다. 또한 2019년 11월부터 2020년 6월까지 요양병원 퇴원환자 지원사업을 통해 지역사회자원 연계가 의뢰된 인원은 35명에 불과한 것으로 나타났다(의료&복지뉴스, 2020. 10. 7.). 또한 국회보건복지위에서 건강보험심사평가원으로부터 제출받은 자료에 의하면1기(2020. 3.~2021. 4.) 재활의료기관(45개소)의 건강보험청구 현황을 분석한 결과, 환자의 지역사회 복귀 지원 활동을 했을 경우 청구 가능한 지역사회 연계 수가를 한 번도 청구하지 않은 재활의료기관이 45개소 중 9곳이나 되는 것으로 나타났다(병원신문, 2021. 10. 5.).

표 11-4 환자지원 심층평가표 서식

[별지 제17호 서식]　　　　　　　　　　　　　　　　　　　　　　(앞면)

요양병원 환자지원 심층평가표

A. 일반적 사항

1. 환자성명:

2. 입원일:　　　　　　　　　　　3. 작성일:

4. 읽고 쓰기가 가능합니까?　□ 1. 가능　　□ 2. 불가능　　□ 3. 확인 불가

5. 주민등록상의 가구원 수　(　　　)명

6. 가구형태

　6-1. 주민등록기준　□ 1. 1인 가구　□ 2. 부부가구 [□ 2-1. 둘 다 노인　□ 2-2. 한 쪽만 노인　□ 2-3. 둘 다 노인이 아님]
　　　　　　　　　　□ 3. 자녀동거가구　　　　　　　□ 4. 기타 가구 (　　)

　6-2. 실제거주기준　□ 1. 1인 가구　□ 2. 부부가구 [□ 2-1. 둘 다 노인　□ 2-2. 한 쪽만 노인　□ 2-3. 둘 다 노인이 아님]
　　　　　　　　　　□ 3. 자녀동거가구　　　　　　　□ 4. 기타 가구 (　　)

7. 입원 전 거주지

　□ 1. 환자본인 집　　□ 2. 자녀/친인척/지인 등의 집　　□ 3. 의료기관 [□ 3-1. 요양병원　□ 3-2. 요양병원 외의 의료기관]
　□ 4. 장기요양시설　　□ 5. 장기요양시설 외 사회복지시설　　□ 6. 기타 (　　　)

8. 의료보장유형

　□ 1. 건강보험　　　□ 2. 건강보험 차상위 1종　　　□ 3. 건강보험 차상위 2종

　□ 4. 의료급여 1종　□ 5. 의료급여 2종　　　　　　　□ 6. 기타 (　　　)

B. 경제적 측면

1. 현재 직업 유무

　□ 1. 현재 일을 하고 있음　　□ 2. 과거에는 일을 하였으나 지금은 하지 않음　　□ 3. 평생 일을 하지 않음

　1-1.(1번 문항의 답이 '2' 인 경우에만 응답) 현재 일을 하지 않는 이유?

　　□ 1. 정년퇴직　　　　□ 2. 장애/질병으로 인한 휴직　　　□ 3. 장애/질병으로 인한 중도퇴직

　　□ 4. 해고 등으로 인한 실직　□ 5. 본인 스스로 퇴사　　　　□ 6. 기타 (　　)

2. 주 수입원의 종류 (해당항목 모두 체크)

　□ 1. 근로소득 [□ 1-1. 노인일자리사업　□ 1-2. 그 외]　□ 2. 부동산 등 재산소득　　□ 3. 사회보험

　□ 4. 정부보조금　　□ 5. 가족, 친척 등 지원　　□ 6. 후원금　　　　　　□ 7. 기타 (　　)

　2-1. (2번문항의 답이 '3'인 경우에만 응답) 사회보험 종류 (해당항목 모두 체크)

　　□ 1. 공적연금　　　　□ 2. 고용보험　　　　□ 3. 산재보험　　□ 4. 기타 (　　)

　2-2. (2번 문항의 답이 '4'인 경우에만 응답) 정부보조금 종류 (해당항목 모두 체크)

　　□ 1. 국민기초생활보장급여 [□ 1-1. 생계급여　□ 1-2 주거급여　□ 1-3. 자활급여]　□ 2. 장애수당 및 장애아동 부양수당

　　□ 3. 기초노령연금　　　□ 4. 긴급복지지원금　　□ 5. 잘 모름　　□ 6. 기타 (　　)

3. 월 가구 소득

　□ 1. 50만원 미만　　□ 2. 50만원~100만원 미만　　□ 3. 100만원~200만원 미만　　　□ 4. 200만원 이상

4. 가구의 현재 재산 규모 (해당항목 모두 체크)

　□ 1. 동산 (　　　)원　□ 2. 부동산 (　　　)원　　□ 3. 기타 (　　　)원

5. 과거에 정부보조금을 받기위해 주민자치센터나 복지관을 통해 신청을 의뢰하였던 적이 있습니까?

　□ 1. 아니오　　　　□ 2. 예 [□ 2-1. 승인되어 수혜를 받고 있음　□ 2-2. 기각됨　□ 2-3. 신청 중]

6. 병원비 보상을 받을 수 있는 민간보험이 있습니까?　　　　　□ 1. 아니오　　□ 2. 예

7. 부양 의무자로부터 부양을 받을 수 있습니까?　　　　　　　□ 1. 아니오　　□ 2. 예

C. 심리사회적 측면

■ 가족 및 지지체계

1. 가족 교류(왕래) 정도
　□ 1. 전혀 없음　　□ 2. 가끔(2개월에 한번)　□ 3. 보통 (한 달에 한번)　□ 4. 자주　　　　□ 5. 가족 없음

2. 친척/친구/이웃/지인 교류(왕래) 정도
　□ 1. 전혀 없음　　　　　　　□ 2. 가끔(2개월에 한번)　　　□ 3. 보통 (한 달에 한번)
　□ 4. 자주　　　　　　　　　□ 5. 친척/친구/이웃/지인 없음

3. 여가 및 사회활동참여 (해당항목 모두 체크)
　□ 1. 경로당　□ 2. 사회(노인)복지관　□ 3. 동호회　　□ 4. 종교단체　□ 5. 봉사단체　□ 6. 지역단체　□ 7. 기타 (　　)

4. 가족과의 관계에 어려움이 있습니까?　□ 1. 아니오　　　　□ 2. 예 (답이 '예'인 경우만 4-1평가)
　4-1. 가족관계 평가(대처자원, 가족발달주기, 의사소통, 가족역할의 유연성 등에 대해서 평가하여 기술)

5. 도움을 받을 수 있는 지지체계가 있습니까?　　　□ 1. 아니오　　□ 2. 예 (답이 '예'인 경우만 5-1평가)
　5-1. 지지체계의 종류　　　　　□ 1. 가족　　□ 2. 가족 외(　　)

■ 질병의 이해 및 수용 정도 (※ 6번~8번 문항은 평가자가 환자와 가족의 상담을 통해 평가)

6. 질병(장애)에 대한 환자의 이해정도　□ 1. 명확히 이해　　　　□ 2. 일부 이해　　　□ 3. 이해 못함

7. 질병(장애)에 대한 환자의 수용정도　□ 1. 명확히 이해하고 수용　□ 2. 일부 이해　　　□ 3. 이해 못함

8. 질병(장애)에 대한 가족의 이해정도　□ 1. 명확히 이해　□ 2. 일부 이해　　□ 3. 이해 못함　　□ 4. 해당 없음

9. 사회복귀 후 다음의 역할 수행이 가능합니까?
　9-1. 일상생활　　　　　　　□ 1. 가능　　□ 2. 불가능　　□ 3 기타 (　　)
　9-2. 가족 역할　　　　　　　□ 1. 가능　　□ 2. 불가능　　□ 3 기타 (　　)
　9-3. 사회적 역할　　　　　　□ 1. 가능　　□ 2. 불가능　　□ 3 기타 (　　)

D. 퇴원관련사항

■ 환자와 가족의 퇴원준비

1. 환자의 퇴원 고려 정도
　□ 1. 의료적 치료가 완료 되는대로 퇴원 희망　□ 2. 퇴원과 관련된 어려움(걱정)이 있어 거부　　□ 3. 기타 (　　)
　1-1.(1번 문항의 답이 '2' 경우만 응답) 퇴원방해 요인 (해당항목 모두 체크)
　　□ 1. 퇴원 후 거처 없음　　　□ 2. 돌봄 제공자 부재　　□ 3. 병원비　　□ 4. 경제적 어려움
　　□ 5. 식사 준비　　　　　　□ 6. 가족 간의 불화　　　□ 7. 질병과 관련한 막연한 불안/두려움
　　□ 8. 의료적 관리가 필요한 부분에 대한 대처(호흡기, 욕창, 배뇨, 기관절개, 감염 등)
　　□ 9. 이동의 어려움　　　　□ 10. 고립감/외로움　　　□ 11. 기타 (　　)

2. 가족의 퇴원 고려 정도
　□ 1. 의료적 치료가 완료 되는대로 퇴원 희망　□ 2. 퇴원과 관련한 어려움(걱정)이 있어 거부　　□ 3. 기타 (　　)
　2-1. (2번 문항의 답이 '2'인 경우에만 응답)퇴원방해 요인 (해당항목 모두 체크)
　　□ 1. 퇴원 후 모실 곳이 없음　□ 2. 돌봄 제공자 부재　　□ 3. 병원비　　□ 4. 경제적 어려움
　　□ 5. 식사 준비　　　　　　□ 6. 가족 간의 불화　　　□ 7. 질병과 관련한 막연한 불안/두려움
　　□ 8. 의료적 관리가 필요한 부분에 대한 대처(호흡기, 욕창, 배뇨, 기관절개, 감염 등)
　　□ 9. 이동의 어려움　　　　□ 10. 기타 (　　)

■ 퇴원 후 거주지

3. 퇴원 후 거주지가 있습니까?　　　□ 1. 아니오　　　　　　□ 2. 예
　3-1. (3번 문항의 답이 '예'인 경우에만 응답)퇴원 후 거주지
　　□ 1. 환자 본인 집　　　□ 2. 자녀/친인척/지인 등의 집　　　□ 3. 장기요양시설
　　□ 4. 장기요양시설 외 사회복지시설　　　□ 5. 기타 (　　)

4. 일상생활이 불편한 경우, 거주하고 싶은 곳
- ☐ 1. 환자 본인 집　　　　☐ 2. 자녀/친인척/지인 등의 집
- ☐ 3. 돌봄, 식사, 생활편의 서비스 등이 제공되는 장기요양시설을 포함한 사회복지시설
- ☐ 4. 기타 (　)　　　　☐ 5. 해당 없음 (　)

5. 주택 임차료, 유지수선비 등 주거안정비용 지원이 필요합니까? (국민기초생활수급권자인 경우만 체크)
- ☐ 1. 아니오　　　　☐ 2. 예　　　　☐ 3. 해당 없음

■ 퇴원 후 돌봄제공자

6. 치료 및 돌봄 주 의사결정자
- ☐ 1. 환자 본인　　　　☐ 2. 가족 (관계:　)　　　　☐ 3. 기타 (관계:　)

7. 입원 전 돌봄 제공자 (해당항목 모두 체크)
- ☐ 1. 환자 본인　　　　☐ 2. 가족 (관계:　)　　　　☐ 3. 유급 간병인
- ☐ 4. 요양보호사(노인장기요양보험등)　☐ 5. 기타 (관계:　　)

8. 퇴원 후 돌봄 제공자 (해당항목 모두 체크)
- ☐ 1. 환자 본인　　　　☐ 2. 가족 (관계:　)　　　　☐ 3. 유급 간병인
- ☐ 4. 요양보호사(노인장기요양보험등)　☐ 5. 기타 (관계:　　)

■ 주거환경개선

9. 주택소유 형태　☐ 1. 자가　☐ 2. 공공임대　☐ 3. 일반 전·월세　☐ 4. 기타 (　)

10. 주택유형
- 10-1. 가옥형태　☐ 1. 아파트　☐ 2. 빌라　☐ 3. 단독주택　☐ 4. 다세대주택　☐ 5. 기타 (　)
- 10-2. 진입형태 (복수선택 가능)　☐ 1. 엘리베이터　☐ 2. 계단　☐ 3. 경사로　☐ 4. 난간　☐ 5. 기타 (　)

11. 화장실 유형　☐ 1. 양변기　☐ 2. 화변기　☐ 3. 이동변기　☐ 4. 기타 (　)

12. 집으로 퇴원 시 주거환경 개선 지원이 필요합니까?　☐ 1. 아니오　☐ 2. 예

13. (12번 문항의 답이 '예'인 경우에만 응답) 주거환경 개선 필요 부분 (해당항목 모두 체크)
- 13-1. ☐ 안전관리　[☐ 1. 문턱　☐ 2. 미끄럼방지　☐ 3. 손잡이　☐ 4. 기타 (　)]
- 13-2. ☐ 이동　[☐ 1. 계단　☐ 2. 문턱　☐ 3. 안전 바　☐ 4. 기타 (　)]
- 13-3. ☐ 일상생활　[☐ 1. 화장실　☐ 2. 부엌　☐ 3. 거실　☐ 4. 침실　☐ 5. 기타 (　)]
- 13-4. ☐ 기타 (　)

■ 퇴원 후 이동수단

14. 퇴원 시 또는 퇴원 후 이동 시 도움 제공자 유무　☐ 1. 없음　☐ 2. 있음　☐ 3. 도움이 필요 없음

15. 이동수단
- ☐ 1. 자가용　[☐ 1-1. 자가운전　☐ 1-2. 타인운전]
- ☐ 2. 대중교통　[☐ 2-1. 자립이용　☐ 2-2. 도움필요]
- ☐ 3. 구급차　☐ 4. 교통약자 이동지원　☐ 5. 도보　☐ 6. 기타 (　)

E. 활용가능자원파악

1. 장애정도
- ☐ 1. 해당 사항 없음　☐ 2. 신청이 필요하나 신청하지 못함　☐ 3. 신청 중
- ☐ 4. 신청하였으나 인정 못 받음　☐ 5. 장애정도 인정받음(장애인복지법에 따른 등록장애인)

1-1.(1번 문항의 답이 '5'인 경우에만 응답) 장애의 종류
- ☐ 1. 지체장애　☐ 2. 뇌 병변장애　☐ 3. 시각장애　☐ 4. 청각장애　☐ 5. 언어장애
- ☐ 6. 안면장애　☐ 7. 신장장애　☐ 8. 심장장애　☐ 9. 간장애　☐ 10. 호흡기장애
- ☐ 11. 장루·요루장애　☐ 12. 간질장애　☐ 13. 정신지체장애　☐ 14. 정신장애　☐ 15. 발달장애

1-2. (1번 문항의 답이 '5'인 경우에만 응답) 장애 정도　☐ 1. 심한 장애인　☐ 2. 심하지 않은 장애인

2. 이용 중이거나 경험한 사회복지 서비스가 있음　　□ 1. 아니오　　□ 2. 예

　2-1.　(2번 문항의 답이 '예'인 경우에만 응답) 사회복지 서비스의 종류 (해당항목 모두 체크)

　　□ 1. 사례관리　　　□ 2. 재가서비스　　　□ 3. 노인돌봄서비스　　□ 4. 방문보건서비스
　　□ 5. 가사간병서비스　□ 6. 장애인활동보조서비스　　　　　　□ 7. 기타(　　)

F. 문제사정

문제유형	문제여부
■ 경제적 문제	
1. 병원비 마련에 어려움이 있습니까?	□ 1. 아니오　□ 2. 예
2. 퇴원 후 생계유지에 어려움이 있습니까?	□ 1. 아니오　□ 2. 예
3. 퇴원 후 치료유지에 어려움이 있습니까?	□ 1. 아니오　□ 2. 예
■ 심리사회적 문제	
4. 질병, 장애에 대한 이해가 부족합니까?	□ 1. 아니오　□ 2. 예
5. 질병, 장애에 대한 수용이 어렵습니까?	□ 1. 아니오　□ 2. 예
6. 사회복귀에 어려움이 있습니까?	□ 1. 아니오　□ 2. 예
7. 사회적 지지체계가 부족합니까?	□ 1. 아니오　□ 2. 예
8. 가족기능에 문제가 있습니까?	□ 1. 아니오　□ 2. 예
■ 퇴원계획 문제	
9. 퇴원 후 거주지 문제가 있습니까?	□ 1. 아니오　□ 2. 예
10. 퇴원 필요성에 대한 인식이 부족합니까?	□ 1. 아니오　□ 2. 예
11. 퇴원 후 환자 돌봄에 문제가 있습니까?	□ 1. 아니오　□ 2. 예
12. 퇴원 후 주거환경에 문제가 있습니까?	□ 1. 아니오　□ 2. 예
13. 퇴원 또는 외래 치료 시 이동수단의 문제가 있습니까?	□ 1. 아니오　□ 2. 예

■ 지역사회 자원연계 문제

14. 사회복지서비스 연계 필요합니까?　　□ 1. 아니오　　　□ 2. 예

　14-1.　(14번 문항의 답이 '예'인 경우에만 응답)필요한 지역사회 자원의 종류(해당항목 모두 체크)

　　□ 1. 일자리　　　　□ 2. 주거　　　　□ 3. 일상생활　　　□ 4. 신체건강 및 보건의료
　　□ 5. 정신건강 및 심리정서　　□ 6. 보호 및 돌봄, 요양　　□ 7. 안전 및 권익보장

G. 개입계획 및 개입수준

유형	개입계획	
	문제의 심각성	개입수준
심리사회적문제	□ 1. 문제없음　□ 2. 심하지 않음 □ 3. 중간 정도　□ 4. 심함	□ 1. 해당 없음　□ 2. 단순연계 □ 3. 서비스연계　□ 4. 집중사례관리
경제적문제	□ 1. 문제없음　□ 2. 심하지 않음 □ 3. 중간 정도　□ 4. 심함	□ 1. 해당 없음　□ 2. 단순연계 □ 3. 서비스연계　□ 4. 집중사례관리
퇴원계획문제	□ 1. 문제없음　□ 2. 심하지 않음 □ 3. 중간 정도　□ 4. 심함	□ 1. 해당 없음　□ 2. 단순연계 □ 3. 서비스연계　□ 4. 집중사례관리
지역사회자원연계문제	□ 1. 문제없음　□ 2. 심하지 않음 □ 3. 중간 정도　□ 4. 심함	□ 1. 해당 없음　□ 2. 단순연계 □ 3. 서비스연계　□ 4. 집중사례관리

환자지원팀 : 의사(　　　), 간호사(　　　), 사회복지사(　　　), 기타1(　　　), 기타2(　　　)

평가자(직종) : _____(서명 또는 인)

(뒷면)

출처: 국민건강보험(2019), 요양병원 퇴원환자 지역사회연계 업무 안내서.

표 11-5 요양병원 퇴원지원 표준계획서

[별지 제18호 서식] (앞면)

요양병원 퇴원지원 표준계획서

기본 사항	성명		성별 :		생년월일 :				년 월 일 (만 세)
	행정 주소지 :				환자 전화번호 :				
	퇴원 후 거주지 :				보호자 전화번호:				

보건 의료 정보	입원일		년 월 일			퇴원 예정일				년 월 일
	담당의									
	퇴원 후 관리가 필요한 부분	☐ 해당 없음 ☐ 기관지 절개관 관리				☐ 흡인 ☐ 산소요법 ☐ 욕창간호 ☐ 암성통증간호				
		☐ 도뇨관리 ☐ 장루간호				☐ 투석간호 ☐ 당뇨발 간호 ☐ 기타 질병에 대한 유의점 ( )				
	만성질환	☐ 해당 없음 ☐ 고혈압 ☐ 당뇨 ☐ 만성폐쇄성폐질환				☐ 천식 ☐ 고지혈증 ☐ 심부전 ☐ 치매 ☐ 기타 ( )				
	약제 관리	☐ 해당 없음 ☐ 완전자립 ☐ 투약도움 필요								
	- 다제 약물	☐ 해당 없음 ☐ 5개 미만 ☐ 5개 ~ 9개				☐ 10개 ~ 14개 ☐ 15개 이상				

건강 수준 (신체 정신)	식사 하기	☐ 완전자립 ☐ 감독필요 ☐ 약간의 도움		☐ 상당한 도움 ☐ 전적인 도움 ☐ 행위 발생안함
	- 형태	☐ 일반식 ☐ 잘게 썰어줌 ☐ 죽 또는 미음		☐ 경관영양
	- 삼킴 장애	☐ 없음 ☐ 있음 [☐ 간헐적 ☐ 항상]		☐ 확인불가
	체위 변경하기	☐ 완전자립 ☐ 감독필요 ☐ 약간의 도움		☐ 상당한 도움 ☐ 전적인 도움 ☐ 행위 발생안함
	옮겨 앉기	☐ 완전자립 ☐ 감독필요 ☐ 약간의 도움		☐ 상당한 도움 ☐ 전적인 도움 ☐ 행위 발생안함
	보행능력	☐ 완전자립 ☐ 감독필요 ☐ 1명 도움필요		☐ 2명 도움필요 ☐ 걷지 못함
	- 이동방법(실내)	☐ 도보 ☐ 지팡이 ☐ 보행기		☐ 휠체어 ☐ 기타 ( )
	화장실 사용하기	☐ 완전자립 ☐ 감독필요 ☐ 약간의 도움		☐ 상당한 도움 ☐ 전적인 도움 ☐ 행위 발생안함
	- 방법	☐ 화장실 ☐ 이동식변기 ☐ 간이식 침상변기		☐ 기저귀
	인지기능	☐ 스스로 일관성 있고 합리적인 의사결정을 함 ☐ 인식기술이 다소 손상됨		
		☐ 새로운 상황에서만 의사결정의 어려움이 있음 ☐ 인식기술이 심하게 손상됨		
	문제행동	☐ 없음 ☐ 망상 ☐ 환각 ☐ 초조/공격성 ☐ 우울/낙담 ☐ 불안 ☐ 수면/야간행동		
		☐ 들뜬 기분/다행감 ☐ 탈억제 ☐ 과민/불안정 ☐ 배회 ☐ 무감동/무관심		
		☐ 이상운동증상 또는 반복적 행동 ☐ 식욕/식습관의 변화 ☐ 케어에 대한 저항 ☐ 배회		

사회 환경 상황	퇴원 후 거주지	☐ 환자 본인 집 ☐ 자녀/친척/지인 등의 집 ☐ 장기요양시설 ☐ 장기요양시설 외 사회복지시설 ☐ 기타 ( )
	가구 형태	☐ 1인 가구 ☐ 부부가구 ☐ 자녀동거부부 ☐ 기타 ( )
	퇴원 후 돌봄 제공자	☐ 환자 본인 ☐ 가족(관계:) ☐ 유급 간병인 ☐ 요양보호사 ☐ 기타 (관계:)
	주거환경 개선 필요성	☐ 안전관리 ☐ 문턱 ☐ 미끄럼방지 ☐ 손잡이 ☐ 기타 ( )
		☐ 이동 ☐ 계단 ☐ 문턱 ☐ 안전 바 ☐ 기타 ( )]
		☐ 일상생활 [☐ 화장실 ☐ 부엌 ☐ 거실 ☐ 침실 ☐ 기타 ( )]
		☐ 기타 ( ) ☐ 해당없음
	이동 수단	☐ 자가용 [☐ 자가운전 ☐ 타인운전] ☐ 대중교통 [☐ 자립이용 ☐ 도움필요]
		☐ 구급차 ☐ 교통약자 이동지원 ☐ 도보 ☐ 기타 ( )
	장기요양등급	☐ 해당 없음 ☐ 신청 [☐ 신청 예정 ☐ 진행 중 ☐ 완료:___등급] ☐ 기 등급자(등급) ☐ 추후 재의뢰
	장애정도	☐ 해당 없음 ☐ 신청 필요하나 신청하지 못함 ☐ 3. 신청 중
		☐ 신청하였으나 인정 못 받음 ☐ 5. 장애정도 인정받음
	기초생활수급 및 차상위	☐ 해당 없음 ☐ 의료급여수급권자 1급 ☐ 의료급여수급권자 2급 ☐ 생계급여수급권자
		☐ 주거급여수급권자 ☐ 자활급여수급권자 ☐ 차상위 ※ 해당사항 모두 체크

지역 사회 자원 연계 계획	일자리	☐ 해당 없음 ☐ 직업상담 및 알선 ☐ 직업능력개발 및 직업교육 ☐ 창업지원
		☐ 자활 및 일자리사업 ☐ 직업유지 및 자립지원 ☐ 구직관련 비용지원
	주거	☐ 해당 없음 ☐ 주거환경개선 ☐ 거처마련 및 이주지원 ☐ 주거관련 비용지원
	일상생활	☐ 해당 없음 ☐ 가사지원 ☐ 식사(식품)지원 ☐ 활동(이동)지원
		☐ 위생(이미용)지원 ☐ 생활용품 지원 ☐ 일상생활관련 비용지원 ☐ 복합지원
	신체건강 및 보건의료	☐ 해당 없음 ☐ 검진, 진단 및 치료 ☐ 재활치료 ☐ 질병예방 및 건강관리
		☐ 의약품, 의약외품 및 보장구 지원 ☐ 보건의료관련 비용지원
	정신건강 및 심리정서	☐ 해당 없음 ☐ 정신건강교육 ☐ 심리검사 및 진단 ☐ 정서발달 및 치유지원
		☐ 정신, 심리상담 ☐ 정신질환자 치료 및 사회복귀 지원 ☐ 정신건강관련 비용 지원
	보호 및 돌봄, 요양	☐ 해당 없음 ☐ 장기시설보호 ☐ 단기 시설보호 ☐ 주야간 보호
		☐ 간병 및 돌봄 서비스 ☐ 장제서비스 ☐ 돌봄, 요양관련 비용지원
	안전 및 권익보장	☐ 해당 없음 ☐ 안전 및 인권교육 ☐ 학대 및 폭력피해자 지원
		☐ 법률 및 재무상담 ☐ 법률지원관련 비용지원
	퇴원 후 연계 필요 기관	☐ 해당 없음 ☐ 지자체(케어안내창구) ☐ 보건소 ☐ 사회복지기관(복지관 등)
		☐ 중독관리센터 ☐ 치매 안심센터 ☐ 건강보험공단(건강관리사업, 노인장기요양운영센터 등)
		☐ 정신건강증진센터 ☐ 건강생활지원센터 ☐ 사회복지시설(요양시설 등) ☐ 기타 ( )

종합 평가 의견	환자지원팀: 의사( ), 간호사( ), 사회복지사( ), 기타1( ), 기타2( ), 기타3( )
	작 성 일 : 년 월 일
	상기 내용에 대해 충분히 설명을 들었고, 환자지원팀의 지원 계획에 동의하십니까?
	환자(보호자) : (서명)

요양기관명: _____ 전화: _____
주소: _____ 팩스: _____

출처: 국민건강보험(2019), 요양병원 퇴원환자 지역사회연계 업무 안내서.

(2) 종합병원 의료사회복지사의 퇴원계획 모형

임정원 등(2019)은 의료사회복지사의 퇴원계획에 대한 명확한 정의와 업무, 역량 등을 포함한 표준화된 모델 개발의 필요성을 지적하고, 표준화된 퇴원계획 모델을 통해 퇴원계획의 업무, 소요시간, 지역사회자원 등에 대한 체계적이고 전문화된 지식과 기술을 제공함으로써 환자에게 보다 나은 서비스를 제공할 수 있다고 하였다.

이 모형에서는 퇴원 후 갈 곳이 없는 환자, 보호자가 없는 환자, 경제적 어려움이 있는 환자, 후유증이 많은 환자, 가족문제가 있는 환자 등을 우선적 대상자로 보고, 성공적

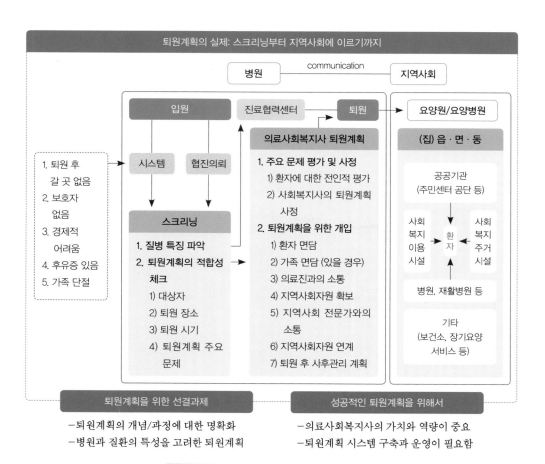

그림 11-1 의료사회복지사의 퇴원계획 모형

출처: 임정원 외(2019), p. 56.

인 퇴원계획을 위해서는 환자와 가족, 의료진 회의, 지역사회 자연연계 등 총 10회 이상의 면담이 필요한 것으로 보았다. [그림 11-1]은 임정원 등(2019)에 의해 개발된 종합병원 의료사회복지사의 퇴원계획과정을 나타낸 모형이다.

(3) 급성기 환자 퇴원지원 모형

보건복지부는 환자가 의료기관에서 퇴원 시 온전한 사회복귀를 위해 환자상태에 대한 합리적 서비스 연계가 필요함을 인식하고, 종합병원급 의료기관에서 퇴원 시 환자상태를 통합적으로 평가하고 적절한 퇴원계획을 통해 지역사회로 원활히 복귀할 수 있는 체계를 구축하기 위해 급성기 환자 퇴원지원 모형을 수립하고 시범사업을 추진하였다(보건복지부, 건강보험심사평가원, 2020). 이 모형은 환자별 치료요구도 및 사회경제적 지원 필요성 등을 종합적으로 파악하고 이를 바탕으로 적정 서비스(의료적·지역사회자원)와 연계하고 관리하는 활동에 대한 보상 체계를 마련하기 위한 것으로, 급성기(종합병원 등)―회복기(재활의료기관)―유지기(요양병원) 병원과 같이 의료기관별로 적정 의료기관 또는 지역사회 서비스 기관과 연계하는 것이다.

[그림 11-2]는 급성기 의료기관에서 뇌혈관 질환자를 대상으로 환자지원팀이 의료적, 사회·경제적 요구도를 평가하고 적절한 퇴원계획을 수립하여 적정 의료기관 및 지역사회 기관으로 연계·관리하는 활동에 건강보험 적용할 수 있도록 하는 시범사업 모형도이다. 환자지원팀의 인력과 자격은 시범기관 소속 재활의학과·신경과·신경외과 전문의

표 11-6 급성기 환자 퇴원지원 환자 맞춤형 통합서비스 과정

① 초기(선별)평가
② 연계활동 등이 필요한 환자 통합평가 실시
③-1 팀회의*를 통해 퇴원계획 수립 (③-2 지역사회 연계활동 실시)
④ 진료협력센터, 가정간호팀 등 병원 내 유관부서와 퇴원 준비
⑤ 퇴원(회복기·유지기 의료기관 전원, 가정 또는 요양시설 등)
⑥ 사후관리(퇴원환자 재택관리 및 의료기관 간 환자관리)

* 환자지원팀 포함 최소 4인 이상(의사인력은 재활의학과 전문의 포함 2인 필수)
출처: 보건복지부, 건강보험심사평가원(2020), p. 4.

와 정규직 간호사 및 1급 사회복지사 1인 이상이다. 이 사업을 통해 지역사회 연계관리 등 퇴원계획을 수립하는 의료사회복지사의 활동은 요양급여 수가를 인정받게 된다.

급성기 환자 퇴원지원 모형의 과정과 절차는 다음과 같다(〈표 11-6〉, [그림 11-3] 참조).

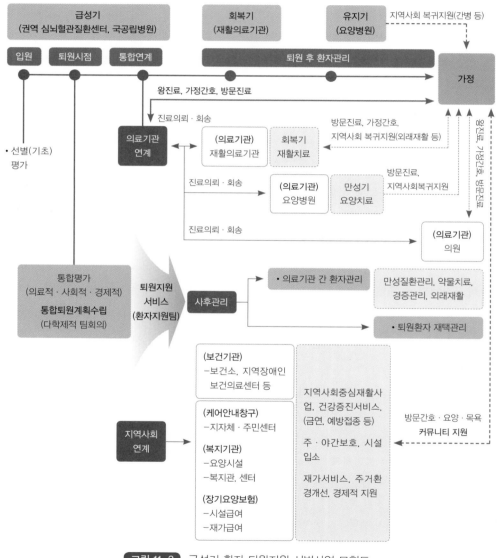

그림 11-2 급성기 환자 퇴원지원 시범사업 모형도

출처: 보건복지부, 건강보험심사평가원(2020), p. 2.

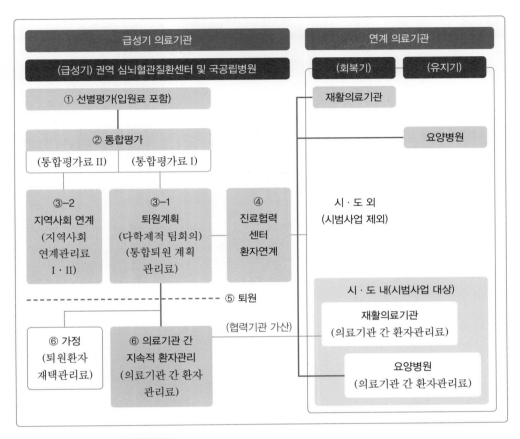

그림 11-3 급성기 환자 퇴원지원 및 지역사회 연계 흐름도

출처: 보건복지부, 건강보험심사평가원(2024), p. 7.

(3) 암환자 퇴원계획

국립암센터에서는 암환자 퇴원계획 수립 서식지를 개발하고 수행 매뉴얼을 제작하여 퇴원계획에 참여하는 전문가인 의사, 의료사회복지사, 간호사의 역할과 각 전문가의 수행시점(예: 입원일—수술 전, 수술 후, 퇴원 예고시점, 퇴원 당일, 퇴원 1일 후, 퇴원 한 달 후 등)과 장소(외래 및 병동, 전화, 외래 대면 등)를 명시하고, 각 서식지의 작성 책임자를 지정함으로써 표준화된 퇴원계획이 이루어질 수 있도록 하였다. 국립암센터(2021)에서 수립한 퇴원계획 과정 모형은 [그림 11-4]와 같다.

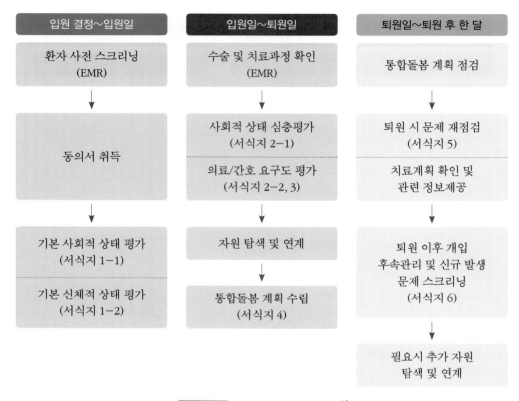

그림 11-4 암환자 퇴원계획 흐름[8]

출처: 국립암센터(2021), p. 66.

4. 효과적인 퇴원계획의 방향

고령화가 가속화되면서 퇴원계획의 가장 많은 부분을 차지하는 대상층은 노인 환자라고 할 수 있다. 우리나라는 저출산과 평균수명 연장으로 고령화가 급격한 속도로 진행되고 있다. 2025년 2월 기준 65세 이상 노인이 20.3%로 이미 초고령사회에 진입하였

---

8) [그림 11-4]에 제시된 서식지는 국립암센터(2021), 「건강의 사회적 결정요인을 적용한 암환자 퇴원계획 의료
　사회복지 가이드북」 붙임4의 서식지를 참조할 것.

고, 2030년에는 25.0%에 도달할 것으로 예상된다(KOSIS 국가통계포털, 2025). 2020년 노인 실태조사 결과 전체 조사 노인의 84%가 1개 이상의 만성질병이 있다고 응답하였고, 2개 이상의 만성질병을 지니고 있는 복합이환자는 54.9%에 달하며, 연령별 복합 만성질환 유병률은 65~69세 42.2%, 70~74세 54.4%, 75~79세 61.4%, 80~84세 66.2%, 85세 이상 73.1%로, 연령이 높아질수록 복합 만성질환 유병률이 현격하게 높아지는 것으로 나타났다(이윤경 외, 2020). 또한 2017년 요양병원에서 퇴원한 이력이 있는 환자 중 의료기관에 재입원환자는 전체의 82.3%로 이 중 15.4%는 4회 이상 입원한 것으로 나타났으며, 한국보건사회연구원의 장기입원 수급자 실태조사에 따르면, 요양병원 장기입원자 중 48%가 간병인의 부재 등 의료 외의 필요에 의해 사회적 입원을 하였다고 응답하였다 (황명진, 2020).

이러한 문제들에 대응하기 위해 정부에서는 2018년 노인 커뮤니티 케어 중심의 '지역사회 통합돌봄 기본계획'을 수립하여 커뮤니티 케어를 도입하기 위한 핵심과제와 로드맵을 제시하였다. 이는 장기요양보험제도 이외에 노인에 대한 지역사회돌봄정책을 강화하는 방향으로, 결국 돌봄의 연속성을 제공하려는 것이다(전용호, 2020). 이와 함께 만성질환을 앓고 있는 환자가 급성기 치료를 마치고 지역사회에 돌아와 일상성을 회복할 수 있도록 돕는 체계가 만들어졌다. 2019년 요양병원에 환자지원실 설치를 법제화하여 지역사회 연계를 실시하고 있으며, 나아가 공공병원을 중심으로 지역연계실을 만들고, 지역사회와 연결하는 서비스를 제공할 사회복지사를 배치하며, 지역사회와 연계하는 퇴원계획 업무에 대해 보험수가를 인정하는 등의 시범사업도 시행되었다(이유진, 성희자, 2022). 그동안 돌봄문제로 인하여 지역으로 돌아가지 못하고 사회적 입원으로 연결되는 악순환을 막기 위해 앞의 [그림 11-2]에서와 같이 급성기병원에서부터 의료사회복지사의 퇴원환자 상담을 통해 지역사회 내 자원을 찾아 연계할 수 있도록 한 것이다.

그러나 퇴원계획이 커뮤니티 케어와 관련하여 제대로 작동하기 위해서는 다음과 같은 점들이 고려되어야 할 것이다.

첫째, 퇴원계획업무의 수가체계와 관련된 것이다. 이는 2019년부터 시행된 요양병원 퇴원환자 지원제도가 수가 등의 문제로 큰 성과를 거두지 못하고 있는 데서 확인된다. 국민건강보험공단 자료에 따르면 장기입원자 퇴원을 지원하는 환자지원팀을 설치한 요양병원은 2019년 357개에서 2022년 916개로 157%나 증가하였으나 퇴원지원 후 수가를 청구한 의료기관 비율은 2019년 10.6%에서 2022년 4.3%로 감소하여 참여율이 오히려 매우 낮아졌다(의료 & 복지뉴스, 2022. 10. 14.). 이는 지역사회 연계 활동 관련 수가가 낮으며 청구가 제한되고 인정되지 않는 부분이 많아 참여율이 저조한 것으로 보인다. 합리적 수가체계는 현재 종합병원 등을 중심으로 시범 실시되고 있는 지역사회 연계 사업에서 유념해야 할 부분이다.

둘째, 전문 의료사회복지사의 증원이 필요하다. 퇴원계획 업무는 앞에서도 기술한 것처럼 단순한 행정업무가 아니라 상당한 전문지식과 기술이 요구되며 시간적으로도 많은 시간이 소요되는 의료사회복지사의 업무이다. 의료사회복지사를 대상으로 한 임정원 등(2019)의 연구에서도 퇴원계획의 가장 큰 장애요인이 업무시간의 부족으로 나타났다. 정부가 제시한 급성기 환자 퇴원지원 모형에서처럼 '환자별 치료요구도 및 사회경제적 지원 필요성 등을 종합적으로 파악하고 이를 바탕으로 적정 서비스(의료적 · 지역사회자원)와 연계하고 관리하는 활동'을 제대로 하기 위해서는 숙련된 전문 의료사회복지사가 절대적으로 필요하다. 퇴원계획 수립은 기존의 의료사회복지 업무와 구분된 별개의 활동이 아니라 심리사회적 상담 및 개입과 함께 진행되는 경우가 대부분이다. 따라서 전문 의료사회복지사 인력을 현격하게 증원하지 않으면 정부가 의도한 급성기-회복기-유지기로 이어지는 효과적인 지역사회 연계가 이루어지기는 어려울 것이다.

셋째, 퇴원계획을 통해 지역사회보호로 이어지는 돌봄의 연속성에서 생애말기 케어를 포함하는 체계가 필요하다. 고령화로 사람들이 복합적이고 다중질환상태로 더 오래 살아가게 되면서 완화의료 및 생애말기 케어에 대한 요구는 급격히 증가될 것으로 전망된다. 사실 커뮤니티 케어란 '자신이 살던 곳에서 나이 들어가기(Aging in Place)'를 지향하며 죽음의 순간까지 존엄한 돌봄을 제공하는 것을 의미한다(석재은, 2018). 의학기술의 발달로 병이나 사고 이후에도 장기간 생존하며, 암과 같은 치명적 질환도 점차 만성질환화 되면서, 전체 사망자 중 사망 전 투병기간이 한 달 이상인 경우가 84%에 달했으며, 그중 1년 이상도 40%나 되는 것으로 나타나(정경희 외, 2019). 생애말기 환자에 대한 관심이 크게 요구되고 있다. 2018년 현재 65세 이상 노인의 1인당 진료비가 전체인구와 비교할 때 2.9배 높으며(통계청, 2021). 특히 동일 연령대에서 1인당 의료비 지출이 생애말기의 경우가 그렇지 않은 경우에 비해 5~20배에 이르는 것으로 보고되었다(윤난희, 김홍수, 권순만, 2016). 따라서 의료사회복지사의 퇴원계획에서 생애말기 환자에 대한 복지서비스와 함께 가정형 호스피스, 의료기관 방문간호제도 등의 보건의료서비스의 연계가 이루어져 지역사회에서 말기환자의 의료적 돌봄의 공백이 없도록 하는 것이 필요하다(황숙연, 2023). 동시에 생애말기 환자에 대한 지역사회의 보건의료서비스의 확충으로 지역사회에서도 질적인 케어가 가능하도록 하여 사회적 비용의 감소와 존엄한 죽음이 보장되어야 할 것이다.

넷째, 질병의 특성에 따른 맞춤형 퇴원계획이 필요하다. 장기적인 지역사회보호가 필요한 만성질환, 암과 같은 중증질환, 수술 및 치료 후 장애가 남는 질환(예: 뇌졸중, 척수손상) 등과 같이 질병의 예후와 경로에 따라 퇴원계획이 수립될 필요가 있다. 정부의 정책 이외에도 의료사회복지사는 전문가로서, 병원의 특성 및 질병의 특성을 고려한 효과적인 퇴원계획 매뉴얼을 마련하여 퇴원 후 돌봄의 연속성이 보장될 수 있도록 해야 할 것이다.

🌱 참고문헌

국가통계포털(2025). 인구로 보는 대한민국. https://kosis.kr/visual/populationKorea/PopulationDashBoardMain.do

국립암센터 암환자토탈헬스케어연구단·의료사회복지팀(2021). 건강의 사회적 결정요인을 적용한 암환자 퇴원계획 의료사회복지 가이드북.

국민건강보험(2019). 요양병원 퇴원환자 지역사회 연계 업무 안내서(2019) (pp. 305-314).

보건복지부, 건강심사평가원(2024). 급성기환자 퇴원지원 및 지역사회연계활동 제2단계 시범사업 지침.

보건복지부(2021). 2021 의료급여제도가 함께 합니다.

손지현(2000). 장기재원환자를 위한 퇴원계획. 대한 의료사회사업가협회, 21세기 의료사회복지사의 새로운 역할 모색: 제19차 대한의료사회사업가협회 workshop 자료집.

석재은(2018). 커뮤니티 케어와 장기요양 정책과제. 월간 복지동향, 238, 28-33.

윤난희, 김홍수, 권순만(2016). 생애말기 노인의 장기요양서비스 이용특성과 영향요인. 보건행정학회지, 26(4), 305-314.

이다영(2019). 퇴원 후 돌봄의 연속성이 높아진 사례. 2019년 사회복지공동모금회 성과확산형 기획사업 「의료사각지대 해소를 통한 건강권 증진사업」. 보건의료복지 301네트워크, 대한의료사회복지사협회 · 사랑의 열매 주최.

이상진(2000). 의료환경변화에 따른 의료사회복지사의 역할 기대. 대한의료사회사업가협회, 21세기 의료사회복지사의 새로운 역할 모색: 2000년도 제19차 대한의료사회사업가협회 workshop 자료집.

이유진, 성희자(2022). 종합병원 의료사회복지사가 경험한 퇴원환자의 지역사회 연계 활동. 사회과학 담론과 정책, 15(2), 1-37.

이윤경, 김세진, 황남희, 임정미, 주보혜, 남궁은하, 이선희, 정경희, 강은나, & 김경래(2020). 2020년도 노인실태조사. 보건복지부 · 한국보건사회연구원.

임정원, 장수미, 유조안, 김민영(2019). 종합병원 의료사회복지사의 퇴원 계획 모델 개발과 수가 적용방안. 한국사회복지학, 71(4), 31-65.

정경희, 김경래, 유재언, 이윤경, 서제희, 이선희(2019). 웰다잉을 위한 제도적 기반 마련 방안. 한국보건사회연구원.

전용호(2020). 커뮤니티케어와 노인장기요양보험에 관한 연구. 2020 사회복지 공동학술대회 자료집, 287-302.

질병관리본부(2018). 만성질환 현황과 이슈. 질병관리본부 홈페이지(www.cdc.go.kr).

통계청 (2021). 2020년 사망원인통계결과.

황명진(2020). 인구고령 사회의 노인복지와 커뮤니티케어. 공공사회연구, 10(2), 5-28.

황숙연 (1994). 만성질환자에 대한 의료사회사업가의 퇴원계획과정에 관한 연구 (박사학위논문). 서울대학교.

황숙연(1995). 병원 내 의료사회사업가의 역할. 남세진 편. 한국사회 복지의 선택: 쟁점과 대안. 나남.

황숙연(2023). 지역사회 노인 생애말기 케어 정책에 관한 탐색적 고찰. 사회과학연구, 33(4), 259-282.

Bixby, M. B., & Naylor, M. D. (2010). The transitional care model (TCM): Hospital discharge screening criteria for high-risk older adults. *Medsurg Nursing, 19*(1).

Blumenfield, S., Bennett, C., & Rehr, H. (1998). Discharge planning: A key function. In H. Rehr, G. Rosenberg, & S. Blumenfield (Eds.), *Creative social work in health care* (pp. 83-91). New York, NY: Springer.

Dziegielewski, S. F., & Holliman, D. C. (2020). *The changing face of health care social work: Opportunities and challenges for professional practice.* New York, NY: Springer.

Fabbre, V. D., Buffington, A. S., & Altfeld, S. J. (2011). Social work and transitions of care: Observations from an intervention for older adults. *Journal of Gerontological Social Work, 54*(6), 615-626. https://doi.org/10.1080/01634372.2011.589100

Fontanella, C. A., Pottick, K. J., Warner, L. A., & Compo, J. V. (2010). Effects of medication management and discharge planning on early readmission of psychiatrically hospitalized adolescents. *Social Work in Mental Health, 8*(2), 117-133. https://doi.org/10.1080/15332980902958149

Foster, Z., & Brown, D. (1978). The social work role in hospital discharge planning: An administrative case history. *Social Work in Health Care, 4*(1), 1-12.

Germain, C. B. (1984). *Social work practice in health care.* New York, NY: The Free Press.

Holliman, D. C., Dziegielewski, S. F., & Datta, P. (2001). Discharge planning and social work practice. *Social Work in Health Care, 32*(3), 1-19.

James, C. S. (1987). An ecological approach to defining discharge planning in social work. *Social Work in Health Care, 12*(4), 47-59.

Maloney, P., Clancy, I., Bernard, P., O'Riordan, Y., Lyons, O., Keogh, E., Reddy, C. (Eds.). (2017). Frailty intervention therapy team (FITT): A step in the right direction – Integration of early interdisciplinary assessment in the emergency department. *International Journal of Integrated Care, 17*, 1-3. https://doi.org/10.5334/ijic.3739

Maus, S. (2010). Geriatric social work in a community hospital: High-touch, low-tech work in a high-tech, low-touch environment. In T. Kerson & J. McCoyd (Eds.), *Social work in health settings* (3rd ed.). London, UK: Routledge.

New York Department of Health. (2024). *Improving the discharge planning process in New York State.* https://www.health.ny.gov/press/reports/docs/discharge_plan_brief.pdf

Parsons, M., Senior, H., Kerse, N., Chen, M., Jacobs, S., Vanderhoorn, S., & Anderson, C. (2012). Should care managers for older adults be located in primary care? A randomized controlled trial. *Journal of the American Geriatrics Society, 60*(1), 86-92. https://doi.org/10.1111/j.1532-5415.2011.03763.x

Schrager, J., Holman, M., Myers, D., Nichols, R., & Rosenblum, L. (1978). Impediments to the course and effectiveness of discharge planning. *Social Work in Health Care, 4*(1), 65–79. https://doi.org/10.1300/j010v04n01_07

Wilson, A. (2012). Improving life satisfaction for the elderly living independently in the community: Care recipients' perspective of volunteers. *Social Work in Health Care, 51*, 125–139. https://doi.org/10.1080/00981389.2011.602579

Xie, C., Hughes, J., Sutcliffe, C., Chester, H., & Challis, D. (2012). Promoting personalization in social care services for older people. *Journal of Gerontological Social Work, 55*, 218–232. https://doi.org/10.1080/01634372.2011.639437

병원신문(2021). http://www.khanews.com.

의료 & 복지 뉴스(2022). 요양병원 퇴원후 지역연계 저조…문제는 수가. http://www.mediwelfare.com/news/articleView.html?idxno=3240

제12장
지역사회자원과 의료사회복지

전통적으로 지역사회는 의료사회복지 활동과 불가분의 관계에 있다. 지역사회 환경은 환자들의 건강과 직결되어 있으며, 궁극적으로 환자들이 퇴원 후에 다시 복귀하고, 적응해서 살아가야 하는 삶의 터전이고, 병원 등 의료기관에서 환자들이 필요로 하는 지원 및 서비스를 제공하기 위한 자원의 보고이다. 병원에서는 환자들의 다양한 욕구를 모두 직접 서비스를 제공할 수 없기 때문에 다양한 형태의 지역사회자원을 활용하여 환자들에게 서비스를 제공한다. 환자는 치료 이후에 재활 및 재적응을 위해서 다양한 지역사회자원을 활용하게 된다. 마지막으로 전염성 질환에서 만성질환으로 현대 사회의 주요 질병이 변화함에 따라 예방과 건강증진에 대한 관심이 고조되고 있으며, 인구 고령화는 '자신이 살던 곳에서 나이 들어가기'를 강조하면서 지역사회 내 만성질환 관리체계 수립을 위한 정책변화가 진행되고 있다. 이에 따라 지역사회와 의료체계의 연계의 중요성이 더욱더 강조되고 있다. 그 결과 의료사회복지에서의 지역사회와 연계된 활동을 더욱 강화하게 되었으며, 이러한 맥락에서 의료사회복지사의 역할 중 지역사회자원 연계 및 동원의 중요성이 더 부각되고 있다. 이 장에서는 의료사회복지사가 지역사회의 자원을 활용하여 클라이언트를 도와주는 방법들에 대해 살펴보고자 한다.

1. 지역사회자원 동원

기관의 자산 병원 등의 의료체계에서 환자들에게 필요한 다양한 서비스를 제공하기 위해서 기관은 다양한 자원을 활용한다. 사회복지기관 행정에서 자원 동원이란, 기존의 예산, 외부에서 모금해야 하는 자금, 인력과 자원봉사자, 이사회의 지식과 재능 그리고 그 밖에 도움을 줄 수 있는 사람들을 모으고, 활용 가능할 수 있도록 동원하는 과정으로 정의한다(Baker, 2014). 기관에서 서비스를 제공하기 위해 동원하는 자원을 나누어 보면, 크게 인적자원과 재정자원으로 나누어 볼 수 있다. 이 중 기관에서 내부적으로 동원할 수 있는 자원도 있으나, 한정된 내부 자원을 가지고 더 많은 서비스를 제공하기 위해서는 궁극적으로 지역사회에서 외부 자원을 확보하여 이를 활용할 수 밖에 없다. 이 중 지역사회에서 동원하는 대표적인 인적자원으로는 자원봉사를 꼽을 수 있으며, 재정자원으로는 후원자개발 및 모금활동을 통한 기금모금(fund-raising)을 꼽을 수 있다. 이 두 가지 대표적인 지역사회자원 동원에 대해 살펴보면 다음과 같다.

1) 자원봉사자

자원봉사활동은, '재정적인 이득에 대한 기대 없이 개인의 가족 밖에서 사회적인 기여를 하기 위한 의도로 수행하는 개인의 활동'을 의미하며(Grotz & Leonard, 2022), 자원봉사자는 '개인의 영리나 물질적인 이득에 대한 기대 없이 타인을 돕기 위해 시간을 내주는 사람'을 의미한다(Wilson & Musick, 1999). 대한민국 「자원봉사 기본법」(제3조 제1항)에 따르면, '자원봉사활동'이란 개인 또는 단체가 지역사회·국가 및 인류사회를 위하여 대가 없이 자발적으로 시간과 노력을 제공하는 행위를 말한다. 이러한 기본적인 정의 이외에 자원봉사자가 갖는 공통적인 특성을 살펴보면 다음과 같다(Sillah, 2022).

첫째, 자원봉사자는 자신의 시간을 할애할 의향이 있다.

둘째, 자원봉사자는 자신이 중요하다고 생각하는 신념을 토대로 특정 과업을 수행하기 위해 자신의 능력과 에너지를 기부할 동기를 가지고 있다.

셋째, 자원봉사자는 서비스를 제공하거나 과업을 수행함에 있어서 공식적인 기관(예: 비영리 기관, 공공기관 등)을 통해서 제공한다.

넷째, 자원봉사자는 보상을 받지 않으며, 자신의 자유의지에 의해 활동을 수행한다.

다섯째, 자원봉사자는 서비스를 제공하는 과정에서 도덕적 신용(moral credit)을 쌓는다.

반면에 기관 차원에서 자원봉사자들은 새로운 프로젝트를 시작하거나 서비스를 제공하는 데 부족한 인력을 채울 수 있는 비용 효과적인 방법이며, 자원봉사의 관리는 클라이언트에게 필요한 서비스를 제공하기 위한 인적 자본 및 사회적 자본을 축적할 수 있는 조직적인 활동을 의미한다(Sillah, 2022).

의료기관도 비영리 기관으로서 직원들이 제공하기 어려운 서비스들을 제공할 인력을 확보하기 위해 자원봉사자들을 많이 활용한다. 특히 의료기관 서비스평가, 공급자 중심에서 소비자 중심으로의 의료개념의 이동 등과 같은 의료환경의 변화로 인해 자원봉사자의 중요성이 더욱더 강조되고 있다. 이때 대부분의 의료기관에서 자원봉사자 관리는 의료사회복지과의 소관 업무이다. 자원봉사자 활동은 의료기관의 이미지 개선과 홍보라는 간접적 효과 외에 실질적으로 기관의 유급 인력 대체효과를 가져오기 때문에 의료사회복지과의 효과적인 자원봉사자 관리는 의료기관의 경영이윤 확대에 간접적으로 기여하게 된다.

(1) 의료기관에서의 자원봉사활동

의료기관에서의 자원봉사활동은 활동 장소인 병원, 활동 대상인 병원이용자, 자원봉사자 자신 등의 세 측면에서 살펴볼 수 있다. 서로 다른 세 이해관계자는 자원봉사활동에 대해 서로 다른 효과와 결과를 기대하고 있으며, 이들의 각기 다른 욕구가 조화롭게 충족되었을 때 자원봉사활동이 적절하게 수행되었다고 볼 수 있다.

① 의료기관 측면

자원봉사활동에 대한 의료기관의 기대와 관심은 지속적으로 증가하고 있는 추세이다. 의료시장의 해외시장 개방, 의료기관 서비스에 대한 평가, 의료서비스에서의 소비자 권리의 강화, 전반적인 의료욕구의 상승 등으로 인해 의료기관들은 이전에 경험한 바 없는 경쟁체제에 직면하게 되었고, 이로 인해 병원의 경쟁력 향상이 지상의 과제가 되었다. 경쟁력 향상은 바로 의료서비스의 질적 향상을 의미하며, 이를 위해 병원들은 병상의 증설, 고가 의료장비의 도입, 특수 클리닉 개설 등 다양한 형태의 발전 방안을 모색하게 되었다. 또한 병원 서비스 및 친절도 향상, 병원 이미지 증진 등 소프트웨어 부분에서도 많은 변화들이 시도되었다.

이러한 의료환경의 변화는 의료기관이 자원봉사활동을 새롭게 바라보는 계기를 제공하였으며, 실제로 효과적인 자원봉사 프로그램의 운영은 의료서비스의 질적 향상과 의료기관의 경쟁력 제고에 긍정적으로 기여하였다. 자원봉사활동이 병원에 미치는 기여도를 구체적으로 살펴보면 다음과 같다.

첫째, 의료서비스의 양적 확대를 가지고 올 수 있다. 이전에는 제공하면 환자들에게 더 친절하고 좋은 경험을 줄 수 있지만, 의료기관 차원에서 봤을 때 우선 순위가 높지 않은 서비스를 더 많이 제공할 수 있다는 장점을 갖는다. 안내데스크에서 제공하는 병원관련 정보, 병원 내의 도서관 운영, 키오스크에서의 안내 등을 그 예로 들 수 있다.

둘째, 자원봉사자들의 자원봉사 경력도 늘고, 전문성을 갖춘 자원봉사자가 증가하면서 의료서비스에 대한 질적 보완도 가능해졌다. 특히, 구체적인 과업을 집중적으로 수행하는 자원봉사활동은 서비스의 질을 높이는 데 도움을 준다. 주로 이러한 과업은 환자들이나 그 가족들과 대면하는 서비스들이 많기 때문에 이들과 더 많은 시간을 함께 보내며, 더 많은 상호작용을 한다는 장점을 갖는다(Hotchkiss, Unruh, & Fottler, 2014).

셋째, 효과적으로 관리되는 자원봉사 프로그램은 병원에서 유급인력을 대체하는 효과를 가져온다. 이러한 비용효과적인 의료서비스의 양적·질적 개선은 환자의 만족도를 높임으로써 병원의 경쟁력도 증진시킬 수 있다(Hotchkiss, Unruh, & Fottler, 2014).

② 병원이용자 측면

병원이용자나 그 가족을 위한 자원봉사활동들은 치료적 혹은 임상적인 부분 이외에 환자나 그 가족이 가질 수 있는 욕구를 충족시켜 줄 수 있다는 장점을 갖는다. 특히 잘 관리된 자원봉사 프로그램은 환자들의 정서적인 안녕감이나 사회적 고립을 줄일 수 있다(Glanz, Ellis, McLeod, Thompson, Melady, & Nelson, 2019). 그러나 자원봉사활동이 이러한 긍정적인 효과를 가져오기 위해서는 자원봉사자를 활용한 의료서비스가 수혜자인 이용자에게 만족스럽게 느껴져야 한다. 이는 자원봉사자 개인의 노력도 물론 필요하지만 적절한 교육과 훈련, 사후관리 등 자원봉사자 관리에 대한 병원 측의 관심과 노력이 지속적으로 경주되어야 한다. 환자가 만족스러운 서비스 경험을 하기 위해서는 서비스가 일관성 있게 지속적으로 제공되어야 한다. 이는 자원봉사자가 성실하게 서비스에 임해야 할 뿐만 아니라, 같은 자원봉사자가 중도탈락 없이 꾸준히 서비스를 제공할 수 있도록 병원에서 효과적으로 자원봉사자들을 관리해야 한다(Skoglund, 2006). 또한 환자에게 긍정적인 경험을 주기 위해서 자원봉사자는 병원에서 운영하는 프로그램의 대체인력이기 때문에 효과적으로 그 역할을 수행할 수 있는 역량을 갖춰야 하며, 적정한 경계(boundary)를 유지하는 준전문가로서의 관계 맺음이 필요하다(Romaioli, Nencini, & Meneghini, 2016). 자원봉사자들의 역량은 병원에서 효과적인 교육ㆍ훈련 및 모니터링 과정을 통해 개발할 수 있다.

③ 자원봉사자

자원봉사자는 자신의 신념이나 가치 혹은 열정 등을 바탕으로 금전적인 이득 없이 자발적으로 참여하는 활동이기 때문에 이들의 중도탈락을 예방하기 위해서는 이들이 가지고 있는 욕구도 고려해야 한다. 자원봉사자들이 자원봉사활동을 하는 이유에 대해서는 정확하게 알려진 바가 거의 없다고(Fischer, Mueller, & Cooper, 1991) 할 정도로 자원봉사의 동기는 매우 다양할 뿐만 아니라 봉사자 자신조차도 미처 의식하지 못하는 경우도 많다. 그럼에도 불구하고 자원봉사의 동기를 밝히고자 하는 노력은 중요한데, 그것을 통해 자원봉사자가 자원봉사활동으로부터 얻고자 하는 보상이나 기대를 알 수 있기 때문이다. 많은 경험적 연구에 따르면, 자원봉사활동에는 이타적 동기와 이기적 동기가 동시에 작용하고 있다(Oda, 1991; Stukas et al., 2016). 자원봉사자의 동기에서 '자신을 위한' 동기가 충족되지 않는다면 자원봉사자들의 만족도는 떨어지고 중도탈락의 현상을 빚게 된다. 또한 자원봉사활동이 지속되기 위해서는 그 경험이 자원봉사자에게도 긍정적이어야 한다. 자원봉사자들은, ① 자신의 역할에 대한 중요성을 인식하고, 기관에 대한 소속감을 느낄 때, ② 프로그램 내에서 자신의 역할에 대한 정체성이 명확할 때 그리고, ③ 자원봉사활동을 통해 새로운 것을 배우거나 성장할 수 있을 때 자원봉사활동을 더 긍정적으로 평가한다(Skoglund, 2006). 그러므로 병원의 자원봉사관리 업무를 관장하는 의료사회복지사는 봉사자들의 이러한 욕구를 충족시킬 수 있도록 적합한 교육과 훈련, 업무배치, 적절한 피드백과 인정(recognition) 등의 방법을 통해 봉사자들이 자원봉사활동을 통해 자아를 발견하고 의미 있는 경험이 될 수 있도록 지속적으로 관리해야 한다.

(2) 의료기관 자원봉사자의 역할과 활동 영역

① 역할

의료기관에서의 자원봉사자의 역할은 자원봉사활동의 전문성 정도, 자원봉사자 개인적 조건, 개별 의료기관의 고유 특성 등에 따라 매우 다양한데, 대체로 다음과 같은 일곱 가지의 역할로 정리될 수 있다(강흥구, 1991).

역할	설명
정보제공	병원의 의료서비스를 이용하는 과정에서 이용자가 필요한 정보를 제공함으로써 병원서비스의 이용이 용이하도록 도와주는 활동(예: 안내데스크 혹은 키오스크 안내 업무 등)
환자 돌봄 및 심리상담	무의무탁한 환자 혹은 보호자가 항상 대기할 수 없는 환자를 간호하거나 돌보는 역할, 또는 환자의 불안심리를 완화시키고 투병의지를 강화시키는 심리 상담자로서의 역할
업무보조	병원의 단순한 업무나 반복적인 업무 그리고 일과성의 업무 부분에서 직원을 보조하는 역할(예: 문서작업, 행정보조, 물품정리 등)
알선	병원과 지역사회를 연결하는 활동 구체적으로 주민들에게 병원에 대한 정확한 정보를 알려줌으로써 주민들이 효율적으로 병원이용을 하게 도와주고, 환자의 재활이나 그 밖의 환자에게 필요한 지역사회자원을 연결함.

옹호	병원에 대한 이용자들의 불만사항을 청취하고 이들의 입장에서 병원에 건의사항을 전달하여 문제가 해결되도록 조력하는 매개 역할
후원	환자의 진료에 도움이 되는 다양한 프로그램들을 수행하며 자금동원자로서의 역할을 수행(예: 서울대학병원 소아병원의 소아환자들에게 한 달에 한 번 방원하여 퍼레이드를 보여 주는 롯데월드 퍼레이드팀, 자선 패션쇼를 통해 기금을 모아 서울대학병원에 정기적으로 기부하는 미스코리아 친목모임인 녹원회 등)
조사	병원에서 실시하는 다양한 의학적 조사, 병원이용자 만족도 조사, 지역사회에서의 역학조사 등과 같은 조사 활동 지원

② 활동 영역

의료기관에서의 자원봉사활동 영역은 크게 병실봉사, 외래봉사, 응급실봉사, 의료서비스지원, 기타 등의 영역으로 분류되며 영역별 구체적인 자원봉사활동 내용은 다음과 같다(이찬희, 1996).

- **병실봉사**: 병실 봉사란 입원환자를 대상으로 병실에서 이루어지는 봉사활동을 의미한다. 구체적으로는 간병봉사(식사보조, 체조, 운동보조, 환자 이동 시 부축, 환자복 교환, 손·발톱 깎기, 환자의 외출 돕기 등), 도서봉사(도서대여, 반납), 미용봉사(두발 손질), 탁아봉사(입원아동을 위한 놀이방 운영 등), 학습지도봉사(입원 아동을 위한 학습보조 등), 환자위문봉사(환자를 위한 병문안, 말벗, 책 읽어 주기 등), 종교봉사(환자의 종교에 맞는 기도 및 대화를 나눔), 호스피스봉사(임종을 앞둔 환자와 가족의 정서적 지지 등), 기타(신생아실·중환자실·물리치료실 보조, 정신과 집단활동프로그램 보조 등) 등이 있다.

- **외래봉사**: 외래 진료 이용자들에 대한 봉사활동인 외래봉사에는 안내센터운영(진료과상담, 위치안내, 보험안내, 대필 서비스 등), 번호표 발행기 봉사(번호표 발행기 이용안내, 질서유지), 라운딩 봉사(불편사항 처리, 질서유지), 에스코트 봉사(거동 불편 환자 부축), 기타(약국투약 대기환자 안내, 검사 및 진료업무 보조 등)가 있다.

- **응급실봉사**: 응급실에서 수행되는 자원봉사활동으로는 환자지원(응급실 질서 유지, 환자 보조), 기타(간호업무 보조, 전화 안내 등)가 있다.
- **의료서비스지원**: 의료진에 의한 의료서비스를 지원하는 자원봉사는 의무기록과(차트 정리 등 업무보조), 중앙공급실(진료에 필요한 거즈나 솜 등 의료 소모품 정리, 포장), 수술실(수술에 필요한 거즈나 면봉 등 의료 소모품 정리, 포장) 등에서 주로 수행되며, 그 밖에 제약보조, 수술환자 옮기기 등의 활동이 있다.
- **기타**: 앞의 어디에도 속하지 않는 활동으로는 사회복지 업무 보조, 환자의 행정업무 대행봉사, 헌혈·장기기증봉사, 후원금 지원봉사, 환자가정을 방문하여 가사일을 도와주는 가정봉사 등이 있으며, 그 밖에 병원 환경정비와 같은 자원봉사활동이 있다.

(3) 자원봉사활동 관리

앞에서 언급된 바와 같이 자원봉사자로 제공되는 의료서비스가 효과적이기 위해서는 자원봉사자의 일관성 있고, 지속적인 활동 참여가 주요하다. 특히, 자원봉사자의 과도한 중도탈락은 프로그램의 효과성과 효율성을 떨어뜨리며, 궁극적으로는 이용자의 이용 만족도에도 부정적인 영향을 미칠 수 있다. 자원봉사자의 중도탈락을 예방하기 위해서는 보다 체계적이고 적극적인 자원봉사관리가 중요하다(황선영, 2006). 자원봉사활동관리란 기관의 자원봉사의 욕구와 필요를 파악하여 자원봉사프로그램을 계획하고 그에 따라 자원봉사자를 모집, 교육 및 훈련, 모니터링 및 지원, 배치, 평가, 인정과 보상을 하는 일련의 활동을 의미한다. 각 단계를 간략하게 살펴보면 다음과 같다.

자원봉사활동 관리 단계	주요 내용
계획수립	• 의료세팅에서 자원봉사활동의 욕구가 발생하면 그것을 해결하는 구체적인 실천 방안을 모색하는 것을 의미함. • 분명하게 기술된 자원봉사활동의 의의, 목표 그리고 직무는 자원봉사자의 역할 정체성 확립에 매우 중요하며, 자원봉사활동의 성패를 좌우할 수 있음.
모집	• 자원봉사활동에 필요한 자원봉사자를 확보하는 일을 의미함. • 자원봉사자들의 역량, 경력 그리고 관심과 구체적인 자원봉사활동을 적절하게 매칭하기 위해서는 기존 자원봉사자들에 관한 데이터베이스를 관리해야 하며, 다양한 배경(예: 연령, 경험 등)을 가진 자원봉사자들을 적극적으로 모집할 수 있는 여러 경로 및 기관 확보가 중요함(예: 대학 내 자원봉사 프로그램, 노인복지관 봉사단 등).
교육 및 훈련	• 자원봉사자가 활동에 필요한 기본적인 기술을 습득하고, 역할에 대한 이해를 숙지하는 과정임. • 자원봉사자의 역할 정체성을 형성하고, 자원봉사자들이 가지고 있는 성장 및 발전에 대한 욕구를 충족시킬 중요한 기회임.
배치	• 자원봉사자의 역량, 기술 그리고 관심을 고려하여 구체적인 직무에 배치하는 과정임. • 의료기관의 목적에 부합되는 결과를 가져오기 위한 직무와 자원봉사자의 욕구, 동기, 관심 등의 적절한 매칭이 자원봉사자의 중도탈락을 예방하고, 자원봉사활동의 지속성을 유지할 수 있음.
모니터링 및 지원	• 자원봉사자가 활동하는 기간 동안 역할 수행에 대한 모니터링 및 이와 관련된 피드백을 제공하며, 도움이 필요할 때 적절한 지원을 제공해 주어야 함. • 병원에서 정서적인 어려움, 관계상의 어려움 등을 경험할 수 있는데, 자원봉사자가 이러한 경험을 할 때 적절한 도움을 줄 수 있어야 함.
평가	• 평가는 자원봉사활동의 개선과 서비스 증진을 위해 중요함. • 대표적으로 자원봉사자 개인에 대한 평가, 자원봉사서비스에 대한 이용자의 평가, 정규직원에 의한 자원봉사활동에 대한 평가, 자원봉사활동의 재정적 기여도 등이 포함됨(이성록, 1998).
인정과 보상	• 자원봉사자들에게 이들의 노력과 기관에서의 기여도에 대해 인정하고 감사함을 표시하는 과정임. • 인정과 보상에는 경제적 보상(예: 교통비지급)과 정신적 보상(예: 자원봉사자 친목회 결성, 자원봉사자의 봉사영역 확대, 활동사례집 발간, 감사의 표현, 자기개발의 기회제공 등)으로 나눌 수 있음.

2) 기금모금

(1) 의료사회복지서비스 기금모금의 필요성

대한의료사회복지사협회에서 의료사회복지사의 정의 가운에 일부를 "기부금 모금 및 기부자 관리 등의 공익적 활동을 계획 및 관리하여 환자 및 지역사회 의료복지증진에 이바지하는 역할"이라고 명시하고 있듯이, 기금모금(fund-raising) 및 기부자의 관리는 실천 현장에서 의료사회복지사가 행하는 여러 역할 중 중요한 역할로 자리매김하고 있다. 의료 현장에서 기금모금이 갖는 의미는 다른 사회복지실천 현장과는 조금 다른 의미를 가질 수 있지만, 클라이언트에게 필요한 서비스를 제공하기 위해서 반드시 필요하다느 점에서는 큰 차이가 없다.

의료 현장에서 기금모금이 중요한 이유를 꼽으면 다음과 같다(강홍구, 2014). 먼저, 환자들의 경제적 해결을 위한 기금 마련이 필요하다. 장기간의 경기 침체로 인해 국민의 경제적 수준이 낮아지면서 환자들과 그 가족의 경제문제해결이 의료사회복지사의 중요한 역할로 부상하였다(남석인, 최권호, 2014; 노연희, 이채원, 2005). 최근에 의료보험 적용 범위가 확대되면서 의료비에 대한 부담이 줄기는 하였으나, 여전히 비급여 항목, 희귀질환 등으로 인하여 고액의 진료비를 부담하는 사례들이 다수 존재하고 있다(강홍구, 2014; 김우종, 송그룸, 신영전, 2023). 우리나라는 OECD 국가들 중 의료비의 본인부담율이 높은 나라 중에 하나로 꼽히고 있어서 환자들의 느끼는 의료비에 대한 부담이 여전히 큰 편이다(OECD, nd). 또한 사고, 심각한 질환 등으로 인해 치료가 장기화됨에 따라, 이들이 활용할 수 있는 자원이 점차 줄어들고, 제도나 법의 보호 밖에 방치된 경우가 있어 이들에 대한 경제적 지원을 위한 자금이 필요하다(강홍구, 2014).

또한 새로운 프로그램이나 기존 프로그램의 지속을 위해 기금모금이 필요하다. 의료사회복지사들이 새로운 프로그램을 시작하고자 할 때 프로그램의 운영에 필요한 기금을 마련해야 한다. 환자들의 욕구가 점차 다양해지고, 개입하는 영역도 넓어지면서 기존에 지속적으로 운영되었던 프로그램들뿐만 아니라 새로운 프로그램 개발을 위한 노력들이 늘고 있다. 반면에 민간기관에서 지원받아 운영하던 프로그램들의 지원 기간이 종료되는 프로그램들도 존재한다. 효과적인 프로그램들에 대해서 정부에서 예산지원을 하거나, 병원에서 재원을 마련하여 안정적인 재원을 활용하면 가장 좋지만, 지원이 종료되는 프로그램들 중 환자나 그 가족의 요구도가 높은 프로그램에 대해서는 새로운 재원을 마련해야 지속이 가능한 경우도 있다. 이러한 경우에도 의료사회복지사는 기금 마련을 위한 다각적인 노력이 필요하다.

(2) 기금의 출처와 유형

의료사회복지사가 기금을 동원할 수 있는 원천은 매우 다양한데, 대체적으로 정부, 지역사회의 공동모금체, 복지관련재단, 민간후원회, 병원 자체의 기금모금활동, 병원예산, 기타 등이 포함된다.

첫째, 정부기관 중에서 보건복지부는 대표적인 기금출처인데, 의료사회복지기능 중에서 주로 연구조사활동에 대한 지원을 한다.

둘째, 지역사회의 공동모금체로는 사회복지공동모금회나 백혈병어린이 후원회 같은 공공기관에서 운영하는 모금주체를 꼽을 수 있다.

셋째, 복지관련 재단은 크게 일반적 목적의 재단(general-purpose foundation)과 특정목적의 재단(special-purpose foundation)으로 분류할 수 있다. 예를 들어, 삼성복지재단이나 아산재단 등은 일반적 목적의 재단이라고 볼 수 있으며, 심장병어린이재단이나 한국실명예방재단은 특정목적의 재단에 속한다.

넷째, 병원 자체로부터 동원할 수 있는 자원을 꼽을 수 있다. 병원 자체에서 동원하는 자원은 크게 병원예산에 편성된 사회복지기금, 자체 후원 조직의 개발을 통해 후원을 받는 기금 그리고 병원 내의 봉사단체나 의료사회사업실 등이 주체가 되어 원내·외로부터 바자, 음악회 등 다양한 프로그램을 통해 모금을 하는 기금 등을 꼽을 수 있다.

다섯째, 외부에서 주체하는 특별한 프로그램이나 이벤트를 통해 모금을 하는 방법이다. 그 예로, 백만인걷기대회, 카니발, 오페라, 발레, 자선골프대회, 카드발매 등이 있다.

(3) 기금모금기술

의료사회복지사는 많은 경우 기관의 기금모금 활동에서 주도적인 역할을 수행하기 때문에 기금의 개발과 동원에 필요한 창조적·기술적인 역량을 갖추고 있어야 한다. 디후

퍼(Dhooper, 2012)는 재정적 자원의 창조자며 동원자로서 의료사회복지사는 다양한 자원의 출처에 대해 소상히 파악하고 있어야 함은 기본이며 이들 출처로부터 자원을 동원하기 위해 특히 교부금 신청서 작성, 기금모금을 위한 기술은 중요하다고 강조하였다.

① 교부금 신청서 작성

정부나 복지관련 재단의 재정지원 형태 가운데 가장 대표적인 기금은 경쟁을 통해 선별적으로 지급하는 프로젝트 교부금을 꼽을 수 있다(Staines, 2016). 우리나라의 사회복지 공동모금회나 기업 복지 재단들은 기관에서 제출한 프로그램 계획서에 대한 평가에 기초하여 지원할 프로젝트를 선정하고, 지원한 계획서에 맞춰서 지원금을 교부하는 방식을 주로 택한다. 경우에 따라서 기금지원 재단에서 먼저 프로그램 주제나 영역을 지정하여 제안요청서를 게시하는 경우도 있으나, 이 때에도 기관의 지원서를 평가하여 지원 기관을 선정한다. 이러한 지원서는 기본적인 공통 항목이 포함되며 대체적으로 다음과 같은 순서로 구성된다.

- 서론
- 문제진술 혹은 사정된 욕구
- 프로그램의 목표
- 프로그램의 적용 계획과 방법론
- 평가 계획
- 예산
- 프로그램에 대한 추후 지원계획 및 지속가능 방안

교부금 신청서를 작성할 때 사회복지사가 명심해야 할 대표적인 사항들을 살펴보면 다음과 같다(Dhooper, 2012).

첫째, 교부금을 신청할 때 교부금의 성격과 의도, 지원기관에 대한 정보를 자세하게 알고 있어야 하며, 특히 지원기관이 선정에서 역점을 두는 부분이 무엇인지 파악하여 프로그램 계획서에 반영하도록 해야 한다.

둘째, 기관을 소개하는 부분에서 자신이 속한 병원의 신뢰성을 충분히 입증하여 지원금 수급자격이 있음을 보여 주어야 한다.

셋째, 문제와 표적집단을 구체적으로 진술하며, 프로그램의 필요성을 기술해야 한다. 병원의 서비스 수혜집단과 프로그램의 잠재적 수혜자들에 대해 진솔하게 밝힌다.

넷째, 목표를 현실적이며 측정 가능하도록 구체적으로 나열한다.

다섯째, 문제에 대해 참신한 시각으로 접근하되 구체적인 접근방법을 기술함으로써 제시한 방법론의 타당성을 보여 주어야 한다. 이를 위해 프로젝트/프로그램을 수행할 병원의 능력, 특히 병원의 경험과 인력의 강점을 강조한다. 대부분의 지원기관은 자신들이 지원한 프로젝트/프로그램의 일반적 적용 여부를 중요하게 고려하는데, 이 점에 대해서 자신감을 보여 주어야 한다.

여섯째, 프로젝트/프로그램의 수행과정과 수혜자에게 가져오는 결과에 대한 진행 중 평가와 최종 평가방법을 기술한다.

일곱째, 적절성, 합리성, 정당성을 확신할 수 있도록 예산을 기안하며, 예산집행과 회계관리 방법에 대해 기술하여야 한다.

여덟째, 지원기간이 종료된 후에 프로그램의 지속가능 계획을 제시한다.

아홉째, 계획서의 기술은 명확하고 논리적이어야 하며, 계획서 초안 작성 이후에는 충분한 검토를 통해 의미가 명확하게 전달할 수 있도록 하고, 여러 차례의 퇴고 과정을 통해 오류를 최소화 한다. 또한 미흡한 부분이 없도록 충분한 시간을 두고, 계획서를 작성하고 제출한다.

② 기금모금과 사회복지사의 기술

사회복지사가 실천 활동에 활용하는 대인관계기술이나 의사소통 관련 기술은 클라이언트에 대한 서비스를 제공할 때뿐만 아니라, 성공적인 자원동원자가 되기 위해 반드시 필요한 능력이다. 이러한 지식과 기술체계는 클라이언트에게 서비스를 제공할 때 사회복지사가 갖추어야 하는 것과 다르지 않다.

사람들이 기부를 하는 행위에 대해 여러 분야에서 연구가 활발하게 진행되고 있으며, 이와 관련된 여러 가지 이론이 있다. 이 중 대표적으로 몇 가지를 꼽으면 다음과 같다

(Andereoni, 2001).

첫째, 공공의 선을 최대화하기 위해서 돈을 기부한다는 관점이다(Drezner & Huehls, 2014). 공공선 이론(public good theory)에 따르면, 사람들이 병원과 같은 비영리 기관에 기부를 하는 이유는 자신의 기부를 통해 사회 전체에 이익이 있을 것으로 판단하기 때문이다. 즉, 자신이 기부함으로써, 사회 구성원의 한 사람인 자신도 이에 대한 이득을 얻을 것이라는 합리적인 판단에 기인한다고 보았다.

둘째, 교환이론(exchange theory)에 따르면, 기부자는 자신의 기부를 통해 뭔가 실질적인 보상을 받을 것으로 믿기 때문이라고 보고 있다. 이러한 보상은 세금 혜택, 병원 입구 등에 걸려 있는 기부자 현판, 일정액 이상 기부했을 때 갖게 되는 고액기부자 멤버십에 대한 인정과 보상 등을 예로 꼽을 수 있다.

셋째, 따뜻하게 빛나는 효과(warm-glow effect)를 꼽을 수 있으며, 이는 실질적인 이득보다는 심리적인 긍정효과에 초점을 맞춘다. 즉, 기부자는 단순하게 기부를 통해 자신은 좋은 사람이라고 스스로를 자랑스럽게 여길 수 있으며, 이렇게 따뜻해지는 심리적인 기분만으로도 사람들은 기부를 한다는 것이다. 또 다른 학자들은 이타주의 이론(altruistic theory)을 꼽고 있다(Drezner & Huehls, 2014). 이타주의 이론에 따르면, 사람들은 다른 사람이 어려움에 처했을 때 자신에게 돌아올 이득에 대해서는 고려하지 않고, 단순히 이타심에서 다른 사람으로 인해 생겨난 걱정이나 우려를 해결하기 위해 기부한다고 보았다(Piliavin & Charng, 1990).

그 밖에도 감정적인 요인에 영향을 받아 사람들이 기부를 할 수 있다고 보았으며, 공감, 연민, 죄책감, 정의감 등 다양한 감정에 동기화가 되어 기부를 한다고 이야기한다(Drezner & Huehls, 2014). 즉, 기부자도 각자 가지고 있는 욕구들이 다양하며, 이들의 기부를 장려하기 위해 이들이 가지고 있는 욕구를 정확하게 파악하는 것이 중요하다. 이러한 기술은 사회복지사가 가지고 있는 초기 관계 형성과 이들이 사회복지사에게 자신의 의견을 잘 전달할 수 있도록 도움을 주는 라포형성이 똑같이 중요하다. 감정이입의 능력, 상대를 가치 있는 존재로 받아들이는 인정적 태도, 온정적 태도, 진실성 있는 태도 등은 잠재적 후원자와 긍정적 관계를 형성하고 결과적으로 그들을 후원자로 개발하는 데 필요한 능력이며, 다양한 언어적 · 비언어적 의사소통 기술 또한 기금모금을 위한 중요한 기술이다(Bakal, 1979).

기부자는 합리적인 판단에 따라서 기부를 할 수도 있지만, 자신이 동일시하고 관심을 갖고 있는 이슈나, 자신의 마음을 움직일 수 있는 사안이 있을 때 기부를 하기도 한다. 이럴 때 기부자의 마음을 움직이는 기술이 바로 설득력이다. 설득이란 상대방의 느낌, 생각, 행동을 새로운 방식으로 변화시킬 수 있는 정보를 제공하는 전략을 의미한다(Simon & Aigner, 1985). 사회복지사가 성공적인 설득자가 되기 위해서는 전문적 태도, 진실성, 호감 등을 갖추고 있어야 한다. 전문적 태도와 진실성은 기관의 사명, 프로그램, 활동 등에 대해 정확하게 파악하고 있을 때 그리고 사회복지 가치에 대한 확고한 신념을 가지고 있을 때 자연스럽게 드러난다.

사람들의 기부행위에는 기부자 개인의 내적 동기 외에 사회복지사에 의한 동기부여가 있을 수도 있다. 그것은 바로 기부행위에 대해 인정과 보상이다. 기부자는 이러한 인정과 보상을 통해 기부행위에 대한 '기쁨'을 느낄 수 있으며, 이후 기부행위에 대한 긍정적인 고려를 할 수 있는 동기가 부여된다. 사회복지사는 기부자들의 기부행위에 대한 동기를 부여하기 위해 이들의 기부행위를 타인들에게 알릴 수 있는 작은 선물이나 기부자명단을 작성하여 배포하는 것이 효과적이다(Nickelberg, 1988). 반면에 조직을 상대로 기부행위의 동기를 부여하기 위해서는 직접적으로 조직의 이익과 자부심, 사회적 가치에 직접적으로 호소하는 방법이 효과적이다. 예컨대 기부행위로 인한 기업이미지 제고가 제품판매 상승을 가져온다는 것을 강조하거나 '최고기업'으로서의 사회적 역할과 책임을 강조하는 것이 하나의 전략이 될 수 있다.

2. 사례관리

1) 사례관리의 개념

점차 환자들이 경험하는 질환의 형태가 만성질환으로 변화됨에 따라 환자들은 병원에서 퇴원 후에 지역사회에 다시 적응하고, 스스로 건강관리를 하면서 지내야 한다. 환자들의 만성질환 관리와 지역사회 적응을 돕기 위해 의료 돌봄의 연속성(contiumum of care)과 함께 의료체계 안과 밖에서 제공하는 종합적인 서비스(comprehensive service)에 대한 욕구가 강해지고 있다. 그러나 환자들과 그 가족들은 자신들에게 필요한 의료적 · 사회적 돌봄 서비스를 파악하는 정보력이 약하고 다양한 자원에 대한 접근성이 용이하지 않기 때문에 이러한 서비스들을 의뢰하고, 조정해 줄 수 있는 서비스가 필요하다.

사례관리란 클라이언트의 강점과 안녕을 증진시켜 궁극적으로 그들이 원하는 목표를 달성할 수 있도록 도움을 주기를 위해 다양한 사회복지 기관으로부터 서비스, 자원 그리고 지지 등을 받을 수 있도록 계획하고, 탐색하며, 옹호하고, 모니터링을 하는 일련의 과정이라고 볼 수 있다(Baker, 2014). 또한 사례관리인증위원회(Commission for Case Management Certification, 2017)에 따르면, 사례관리란 "클라이언트의 건강과 사회서비스 욕구를 해결하기 위해 필요한 서비스와 대안을 사정, 계획, 적용, 조정, 모니터링 그리고 평가하는 협력과정"으로 정의하고 있다. 즉, 복합적인 욕구를 가진 클라이언트가 적절한 시점에 필요한 서비스를 받을 수 있도록 돌봄의 연속성을 지향하는 개입 방법이라고 볼 수 있다. 좀 더 쉽게 풀이를 하면, 사례관리는 클라이언트가 의료체계와 지역사회 서비스 체계를 잘 활용하여 자신의 문제를 해결할 수 있도록 도와주는 개입 방법이라고 볼 수 있다(Powell & Tahan, 2019).

사례관리는 클라이언트와 클라이언트의 가족 체계를 포함하여 다양한 서비스 제공자들과의 협업을 통해 이루어지는 개입방식이다. 보통은 한 기관에서 클라이언트에 대해 주된 책임을 가지고, 이 기관의 사례관리자가 개입 전략을 조정하는 것이 일반적이다(Baker, 2014). 사례관리의 과정은 한 기관 또는 다양한 기관에 있는 사회복지사들이 특정 클라이언트에게 전문적인 팀워크를 통해 자신들의 노력을 조정(coordinate)하며, 이를 통해 클라이언트가 필요로 하는 서비스의 제공 범위를 더 확대시킬 수 있다(NASW, 2013). 사례관리를 통해서 클라이언트는 복잡한 사회복지 및 의료체계에서 제공하는 다양한 서비스를 더 쉽고 효과적으로 이용할 수 있다는 점 그리고 한 기관 혹은 사례관리자가 지속적으로 모니터링을 진행함으로써 클라이언트에게 필요한 서비스가 적절하게 제공되었는지 확인할 수 있다는 점뿐만 아니라, 각 기관의 원활한 서비스 제공과 상호 협력에 대한 책무성을 확인할 수 있다는 점 등을 대표적인 의의로 꼽을 수 있다.

2) 사례관리의 원칙

사례관리의 원칙과 목표는 다음과 같다(Woodside and McClain, 2006).

첫째, 서비스 통합이다. 사례관리자는 통합적 견해를 가지고 클라이언트를 전인으로 바라보며, 서비스 전달에서도 인간의 다양한 차원들인 심리적, 사회적, 의료적, 교육적, 재정적, 직업적 차원들을 모두 고려해야 한다. 대부분의 클라이언트는 이러한 영역들 중 한 가지 이상의 문제가 있으며, 복합적 문제가 있는 클라이언트는 필요한 서비스들이 통합되었을 때 최적의 서비스를 받을 수 있게 된다.

둘째, 케어의 지속성으로 횡단적 차원과 종단적 차원을 포함한다. 횡단적 차원은 케어의 포괄성을 지칭하는 것으로 클라이언트가 어느 시점에서도 다양한 욕구를 충족할 수 있도록 광범위하고 조정된 서비스를 제공받는 것을 의미한다. 종단적 차원은 클라이언트가 처음 전화했을 때부터 종결 시까지, 때로는 그 이상까지 클라이언트의 변화하는 일련의 욕구에 대하여 장기적이며 지속적으로 원조를 제공하는 것을 의미한다(Test, 1979).

셋째, 서비스에 대한 동등한 접근성이다. 이는 도움이 필요한 사람은 누구나 인종, 종교, 사회경제적 지위 등으로 인한 차별 없이 사례관리 서비스에 접근하여 사용할 수 있는 동등한 기회를 가진다는 것이다.

넷째, 서비스의 질적 보장(quality assurance)이다. 이는 서비스 전문가의 책임성과 클라이언트 권리 존중을 기반으로 모든 클라이언트에게 탁월한 서비스를 제공하는 것을 뜻한다. 즉, 전문적 수월성, 높은 수준의 케어와 지속적 개선을 의미한다(Mullay & Jensen, 2004).

다섯째, 클라이언트 임파워먼트이다. 임파워먼트란 클라이언트를 존중하며, 그들의 강점과 관심사에 기초하고, 파트너로서 대하며, 스스로 욕구를 충족할 수 있도록 돕는 것을 뜻한다. 클라이언트 임파워먼트는 실천과정에서 클라이언트에게 기본적인 서비스 조정기술을 교육하고, 더 나아가 클라이언트 스스로 서비스 전달체계에 의존하지 않고 자신의 삶을 관리할 수 있도록 하는 것이 목표이다.

여섯째, 평가는 사례관리의 필수적 부분으로 과정과 결과, 과정의 질에 대한 사정이다. 이러한 평가는 사례관리 과정 전반에 걸쳐서 일어나며 전문가와 클라이언트 모두 평가과정에 관여한다. 그리고 클라이언트에 대한 관련성, 클라이언트의 진전과 만족, 서비스의 질과 결과, 서비스 통합 등에 초점을 맞추어 평가한다.

3) 사례관리의 기능

사례관리의 형태는 매우 다양하지만, 거의 모든 사례관리에서 공통적으로 수행되는 기본적인 기능들이 있다. 사례관리의 기본적 기능은 욕구사정, 필요한 서비스의 확인 및 계획수립, 클라이언트와 서비스의 연계, 클라이언트의 최상의 이익을 위한 권리옹호, 서비스 조정, 모니터링 그리고 평가 등을 포함한다. 구체적으로 윌리엄스(Williams, 1993)는, ① 서비스 수급 자격 결정(경제적, 의료적, 기타), ② 보호수준 결정, ③ 의료적, 신체적, 기능적·심리사회적 욕구 사정, ④ 보호장소의 결정, ⑤ 보호계획수립, ⑥ 서비스 선정, ⑦ 다양한 공급자로부터의 다양한 서비스의 조정, ⑧ 서비스 개체, 기간 등에 관한 재정계획, ⑨ 욕구 재사정, ⑩ 서비스 전달과 서비스 질에 관한 모니터링, ⑪ 가족에 대한 지원 등으로 정리하였다. 물론 모든 사례관리 개입에서 이 기능들이 전부 수행되는 것은 아니며, 사례 특성에 따라 선택적으로 수행된다(Williams, 1993).

사례관리의 기능 수행에는 모든 사회복지사가 기본적으로 훈련받는 문제해결능력이 적절히 활용된다. 환자의 총체적인 심리사회적 평가는 환자의 모든 욕구와 해결해야 될 문제의 정도를 파악하게 해 준다. 계획단계에서 환자의 욕구를 해결하는 데 필요한 공식적·비공식적 자원, 환자 자신의 자원이나 지역사회의 자원 등에 관하여 환자와 의논하고 개발한다. 지역사회에 필요한 자원이 부족하거나 지역사회에 기관 간의 연계나 조정이 부족할 때는 사례관리자로서 사회복지사는 지역사회차원의 집단—지역사회 내의 권리옹호집단이나 자문조직—에도 관여한다.

조정과 모니터링 또한 사례관리의 중요한 기능이다. 조정에는 협력과 팀워크도 포함된다. 모니터링은 과정과 결과를 개입과 동시에 평가하는 것이다. 종결 시에 행해지는 평가와 달리, 모니터링은 자기 규제적 활동이다. 이건(Egan, 1990)은 "과정 끝에 행해지는 평가는 '효과가 없었다.'와 같이 심판적이기 쉬운 반면에 진행형 평가는 훨씬 긍정적이다. 그것은 클라이언트와 사회복지사 모두에게 그때까지 그들이 수행해 온 것으로부터 무엇인가를 배우도록 하고, 그들이 잘한 것을 칭찬해 주고, 잘못된 것을 교정하게 해 준다."라고 하였다. 즉, 모니터링은 개입 과정에서 어떤 일이 일어나고 있는지를 파악하며, 잘되고 있는 일은 더욱더 잘될 수 있도록 독려하고, 잘못되고 있는 일은 더 늦기 전에 바로 잡을 수 있는 기회를 제공한다.

보울레스키와 엘(Vourleski & Ell, 2007)은 의료 현장에서 사례관리 서비스가 효과적이기 위해서는 다음과 같은 특성을 갖춰야 한다고 보았다.

첫째, 임상적 의료 돌봄 과정에 정교하게 통합되어야 한다. 효과적인 개입을 위해서는 의료 현장에 지정된 사례관리자가 있어야 하고, 그 사례관리자는 의료기록, 스케줄 그리고 환자에 대한 시기적절한 정보 접근이 가능해야 하며, 의료진들이 쉽게 소통할 수 있어야 한다.

둘째, 문화적 역량을 갖춰야 한다. 특히 의료적 개입에 대한 환자의 순응도를 높이기 위해서는 문화적 역량을 갖춰야 하며, 환자의 의료 결정 과정에 영향을 미칠 수 있는 신념, 실천 그리고 선호 등에 대한 이해와 존중의 태도를 갖춰야 한다.

셋째, 개별화되어야 하며 관계적이어야 한다. 효과적인 사례관리는 개별화, 상호작용 그리고 환자 중심적 접근을 통해 환자의 구체적인 건강 상황과 사정을 통해 나타난 장애요인과 욕구 등에 대한 개별화된 개입이 이루어져야 한다.

넷째, 다양한 체계에 대한 개입이 이루어져야 한다. 사례관리의 서비스 계획은 문제에 잠정적으로 영향을 미치는 다양한 요인에 대한 개입이 이루어질 수 있어야 한다. 그러기 위해서는 다체계적 접근이 필요하다. 예를 들어, 의료사회복지사는 사례관리를 위해 환자가 자신의 질병에 대한 이해 증진 및 건강 관리를 위해 필요한 교육 프로그램, 정서적 지지를 강화시키기 위한 사회적 지지 집단 확충, 환자와 의료진의 소통을 증진시키기 위한 개입 그리고 의료비 절감을 위한 지원 재단 연결 등 여러 체계에 다양한 개입을 할 수 있으며, 실제로 사례관리 서비스가 효과적이기 위해서는 다체계적 접근이 필요한 경우가 많다.

다섯째, 질적 개선을 위해 돌봄 체계에 환류를 제공해야 한다.

4) 사례관리자의 역할

사례관리자의 역할은 클라이언트의 특성이나, 사례관리자가 근무하고 있는 기관의 환경 그리고 진행하고 있는 사례관리 프로그램의 특성에 따라 달라진다(Powell & Tahan, 2019). 우리나라의 경우 점차 지역사회 통합돌봄정책이 본격적으로 도입됨에 따라 병원에 근무하는 의료사회복지사가 진행하는 사례관리의 특성이 많이 변화하고 있고, 앞으로 더 많이 변화할 것으로 예상된다. 사례관리 과정에서 사례관리자는 크게, ① 클라이언트와 직접적인 개입, ② 조직 혹은 지역사회에서의 개입 그리고 ③ 정치적·문화적·사회적 맥락에서의 개입 등 세 가지 영역에 대해 사정하고 개입을 진행하게 된다(Frankel, Gelman, & Pastor, 2018).

사례관리자는 가장 근본적으로는 클라이언트와 직접적인 도움의 관계를 맺고, 클라이언트와 그 가족에게 도움을 제공하는 역할을 하게 된다. 따라서 임상사회복지에서 사회복지사와 클라이언트의 관계 맺기에서 강조하는 좋은 라포의 형성, 신뢰 관계 구축 그리고 효과적인 소통을 위해 필요한 경청, 공감, 초점화, 명확한 목표설정 등의 모든 개입 전략들을 활용하게 된다(Frankel et al., 2018). 또한 의료사회복지사에게 클라이언트가 경험하는 질병이나 상해 상황이 클라이언트와 그 가족에게는 위기 상황이 될 수 있으므로, 위기개입을 진행할 수 있다(Dhooper, 2012). 단기개입을 필요로 하고 사례관리자가 단기개입 전문가로서 충분한 자격을 갖춘 상황에서는 상담가로서 직접적인 상담 서비스를 제공할 수 있다(Woodside and McClam, 2006).

의료 현장에서 포괄적인 서비스와 돌봄에 대한 강조는 생심리사회적 관점에 대한 강조뿐만 아니라, 의료체계와 그 밖에 있는 사회복지체계 등 다양한 곳에서 클라이언트의 질병과 건강에 관련된 자원 활용의 중요성을 부각시켰다(Dhooper, 2012). 의료 현장에서 기대하는 사례관리자의 대표적인 역할은 클라이언트가 자율성과 자기결정권을 가지고, 자신에게 최선의 이익이 되는 방향으로 의사결정을 할 수 있도록 지지하고 옹호하는 옹호자의 역할과 이러한 결정을 토대로 수립된 계획이 잘 수행이 될 수 있도록 다양한 곳에서 클라이언트가 필요로 하는 서비스와 지역사회자원을 연계하고, 이를 모니터링하는 중개자 혹은 조정자의 역할이라고 볼 수 있다(Powell & Tahan, 2019).

옹호자로서 사례관리자는 조직부터 입법적 수준까지 다양한 영역에서 클라이언트의 이익을 대변하고, 서비스에 대한 접근을 획득하거나 서비스의 질을 향상시키도록 원조한다(Woodside & McClam, 2006). 옹호자로서 사회복지사의 역할은 크게, 개인적 차원의 옹호와 집단적 차원의 옹호로 나뉘어진다. 개인적 차원의 옹호는 클라이언트가 필요로 하는 개인 내적, 대인 간 그리고 사회적 자원을 증대시켜 개인의 심리사회적 기능을 향상시키는 일을 의미한다(Dhooper, 2012). 개인적 차원의 옹호 활동은 중개자 혹은 조정자로서 수행하는 사회복지사의 역할과 그 맥을 같이 한다. 중개자 혹은 조정자로서 사회복지사의 역할은 클라이언트가 필요로 하는 자원과 서비스를 얻을 수 있도록 사회복지 기관, 정부 혹은 지역사회 단체 그리고 그 밖의 사람들을 연계하는 일이다(Dziegielewski & Holliman, 2020). 효과적인 자원 연계를 위해서 사회복지사는 클라이언트와 그 가족에 대한 욕구 파악뿐만 아니라, 의뢰하는 기관에 대한 사정, 전문가로서의 소통의 방식, 추적 그리고 프로그램 평가에 대한 전문적인 역량을 가지고 있어야 한다(Frankel et al., 2018).

반면에 집단적 차원의 옹호활동은 취약계층을 보호하고 그들의 웰빙을 향상시키는 활동, 클라이언트와 함께 효과적인 지지체계와 서비스를 개발하여 클라이언트의 기능을 향상시키는 활동, 클라이언트가 가지고 있는 실체적 · 절차적 권리를 행사할 수 있도록 청구 혹은 항소(appeal)한 내용들이 진행될 수 있도록 도와주거나 보호하는 활동, 또는 사회적으로 억압을 받거나 차별을 받는 대상들이 자신의 정체성과 삶에 대한 통제력을 증진시켜 주는 활동으로 나눌 수 있다(Freddolino, Moxley, & Hyuduk, 2004). 이러한 집단적 옹호 활동은 좀 더 거시적인 차원에서 정치적 · 문화적 · 사회적 맥락에서의 개입 활동을 포함하고 있다. 이때 클라이언트를 위한 옹호활동을 하더라도, 항상 이들의 자율성(autonomy)과 통제감이 보장될 수 있어야 한다(Dhooper, 2012).

3. 지역사회자원 연계

사례관리의 핵심은 클라이언트가 필요로 하는 서비스를 연계하는 일이라고 볼 수 있으며, 서비스 제공자와 서비스 체계의 책임성을 담보할 수 있는 하나의 기능으로서 작용을 한다(Frankel, Gelman, & Pastor, 2019). 사회복지사는 지역자원에 대한 지식, 의사소통 능력, 옹호와 중계자로서의 능력, 자원을 확보하도록 사람들을 돕는 전문적 능력, 개인과 환경 간의 상호작용 촉진 능력, 조직들을 변화시키는 능력 등으로 인해 사례관리자로서 탁월한 전문가로 평가된다(Dhooper, 2012).

사회복지에서 연계란, 일반적으로 '클라이언트나 사회적 목적을 대신하여 다양한 기관, 인사(personnel), 자원봉사 단체 그리고 관련된 사람들의 자원을 모으고, 그들의 노력을 중재하고 조정하는 기능'을 의미한다(Baker, 2014). 구체적으로 지역사회자원 연계에 대한 학자들의 정의를 살펴보면, 이현주(1998)는 지역사회자원 연계를 "사회복지서비스에 대한 정보의 공유가 이루어지며 서비스를 필요로 하는 클라이언트에게 서비스를 연결해 줄 수 있는 사회복지서비스 기관 간 협력"으로 정의하였다. 반면에 김정우, 이주열, 엄명용(1998)은 "각종 보건 및 사회복지서비스를 제공하는 기관 및 시설들이 서비스 대상자를 상호 의뢰 또는 협조 요청을 통해 서비스 이용자로 하여금 통합적, 연속적으로 서비스를 받을 수 있도록 하는 노력"을 서비스 연계라고 정의하였다. 또한 이금진(2003)은 "두 개 이상의 다른 기관이 공동의 목적을 달성하기 위하여 함께 일하는 것으로 기관 간 의뢰, 정보 교류, 공동사업추진, 재정 공유 등의 직·간접적인 상호작용"으로 자원 연계를 정의하였다. 이처럼 우리나라에서는 자원 연계라는 개념은 여러 기관이 함께 공통의 목적을 가지고 클라이언트에게 필요로 하는 서비스를 제공하기 위해 서로 협력하고, 노력하는 행위를 의미한다.

지역사회에서 연계할 수 있는 자원은 크게 공식적으로 제공되는 의료 및 사회복지서비스, 다양한 자조집단, 그리고 클라이언트가 자생적으로 가지고 있는 지지체계로 나눌 수 있다(Dhooper, 2012). 공식적으로 제공되는 의료 및 사회복지서비스에는 의료비 지원, 특정 질환자에 대한 보건의료 서비스 지원, 경제적 지원, 주거지원 그리고 그 밖에 사회복지 기관 등에서 제공하는 다양한 서비스가 여기에 포함된다. 자조집단은 특정한 삶의 문제에 대처하는 사람들이 서로 도움이 될 수 있도록 정기적으로 만나는 비전문가로 형성된 집단이다(APA, n. d.). 자조집단의 구성원들은 정기적으로 자조집단에 참여함으로써 상호지지, 경험적 지식, 소속감 그리고 긍정적인 집단 활동에서 얻을 수 있는 여러 가지 부수적인 효과를 얻을 수 있다. 특히 의료사회복지에서는 질병을 중심으로 자조집단이 많이 형성되어 있으며, 질병을 가지고 있는 환자뿐만 아니라, 이들을 돌보는 보호자들이 참여하는 자조집단도 많이 있다. 클라이언트가 가지고 있는 자생적인 지지체계에는 클라이언트의 가족, 친척, 친구, 이웃, 동료, 소속된 종교단체, 학교 그리고 그 밖의 단체에서 알게 된 지인 등을 모두 포함한다(Dhooper, 2012).

사회복지사가 지역사회자원 연계를 잘하기 위해서는 가장 먼저 지역사회의 자원에 대해 정확한 정보를 가지고 있어야 할 뿐만 아니라 이러한 자원체계들과 네트워크를 형성하고 있어야 한다. 사회복지사는 기관과 함께 활용할 수 있는 서비스 자원에 대한 데이터베이스를 구축하여 쉽게 찾아볼 수 있어야 한다(Rothman, 2009). 이 데이터베이스에는 기관에 대한 기본적인 정보뿐만 아니라, 언제, 어떻게 서비스를 제공하는지, 이용 자격은 어떻게 되는지에 대한 정보도 있어야 한다(Dhooper, 2012). 이러한 정보는 가장 최신의 정보여야 하므로, 기관 간의 협력, 서비스 조정 그리고 주기적인 정보 공유 등이 반드시 동반되어야 한다. 또한 원활한 서비스의 의뢰 및 연계를 위해서는 개인적으로 주요 기관과는 관계를 형성하는 노력이 필요하다. 활용 가능한 자원을 파악함에 있어서 공식적인 자원뿐만 아니라, 자조집단과 클라이언트의 자생적인 지지체계 등의 비공식적 자원도 고려해야 한다(Roberts-DeGennaro, 2013).

그다음 공식적으로 기관 혹은 프로그램과의 연계가 진행이 된다. 이 연계 과정에는 클라이언트가 필요한 서비스가 무엇인지를 명료화하는 작업, 기관과 클라이언트를 정교하게 매칭하는 작업, 의뢰 기관과의 초기 연락, 의뢰하는 기관에 대해 클라이언트에게 오리엔테이션 제공, 필요한 서류 작업 그리고 기관 방문 등이 포함된다(Rothman, 2009). 클라이언트와 기관을 연계를 할 때에는 클라이언트의 과거 의뢰 기관과의 경험이 있는지를 파악하고, 만약 있다면, 클라이언트와 의뢰 기관의 입장에서 서로 그 경험이 어떠했는지를 파악하여 의뢰의 적절성을 다시 한번 판단해 볼 필요가 있다. 특히, 과거에 부정적인 경험이 서로 있다면, 이 연계는 성공적이지 못할 가능성이 높기 때문에 이에 대한 사전 정보와 평가가 매우 중요하다. 또한 클라이언트가 의뢰에 적극적으로 임할 준비가 되었는지, 선택된 자원에 대한 적합성에 대해 클라이언트도 동의하는지 그리고 의뢰를 통해 서비스를 받을 수 있는 역량이 되는지에 따라 의뢰의 성공여부가 달라질 수 있으므로, 이에 대한 충분한 사정과 고려가 있어야 한다(Dhooper, 2012). 클라이언트가 성공적인 경험을 할 수 있도록 사회복지사는 미리 기관 및 프로그램에 대한 자세한 정보를 제공하고, 경험할 수 있는 난관에 대해 미리 예측하며, 적절한 클라이언트의 자세에 대한 역할극을 하거나, 정서적인 지지를 제공하는 등의 도움을 제공할 수 있다(Rothman, 2009).

또한 자조집단과 클라이언트의 자생적인 지지체계 등 비공식적 자원에 대한 연계를 진행할 수 있다. 대부분의 사람에게 가족은 중요한 지지체계이지만, 현재 상황에서 얼마큼 도움이 될 수 있는지 그리고 얼마큼 그 역할을 수행할 여건이 되는지에 대한 사정이 선행되어야 한다(Rothman, 2009). 또한 개인의 지지체계는 이미 수립된 관계에서 형성되기 때문에 생각보다 복잡할 수 있으며, 개인의 성격, 과거의 경험, 현재 클라이언트의 상황에 대한 상대방의 이해의 정도에 따라 도움을 요청하는 일의 난이도가 결정될 수 있다. 따라서 사회복지사는 클라이언트로 하여금 누구를 지지원으로 선정할 것인지에 대한 도움을 주어야 하며, 어떻게 다가가서 도움을 요청할 것인지 그리고 도움을 요청함에 있어서 직면하게 되는 어려움들에 대해 어떻게 대처할 것인지에 대한 충분한 논의가 있어야 한다(Dhooper, 2012). 비공식적인 지지원들로부터 도움을 받기로 결정된 이후에는 선정된 지지원들이 클라이언트에게 충분한 도움이 될 수 있도록, 클라이언트의 동의를 얻은 후에 이들과 따로 만나 오리엔테이션, 훈련, 자문 등의 필요한 정보와 훈련을 제공해야 한다(Dhooper, 2012; Rothman, 2009).

사회복지사는 자원을 연계한 이후에는 수시로 공식적·비공식적 자원과 연락을 하면서 모니터링을 진행해야 한다. 사회복지사는 체계적으로 서비스 전달을 확인하고 기록해야 하며, 어떠한 서비스들이 어떻게 제공되고 있으며, 이 과정에서 클라이언트는 얼마만큼 참여하고 있는지를 파악하고 있어야 한다(Roberts-DeGennaro, 2013). 이러한 모니터링은 제공된 서비스들을 통해 지역사회 내에서 클라이언트의 삶이 잘 유지될 수 있는지를 평가하는 것에 그 목적이 있다고 볼 수 있다(Rothman, 2009).

사례관리 안에서 지역사회자원 연계는 매우 중요한 활동으로 꼽히고 있으며, 일반적으로 생각하는 것을 보다 더 많은 지식과 정보 그리고 더 정교한 실천적 기술을 요하는 작업이다. 정보통신의 발달로 지역사회자원에 대한 정보 수집은 과거에 비해 더 용이해졌으나, 너무나도 빨리 바뀌고 있는 제도와 서비스 환경으로 인하여 각 기관의 가장 최신의 정보를 파악하는 데에는 어려움이 있다. 그러나 최근에는 통합사례관리나 지역사회 통합돌봄 등의 정부 주도 사업으로 인하여 지역사회 내에서 의료 및 사회복지 기관들이 협의체를 형성하여 서비스를 조정하고, 제공되는 체계가 정착되고 있어 앞으로 의료기관과 지역사회의 연계가 더 유기적으로 형성될 것으로 기대하고 있다.

4. 지역 돌봄 통합지원(커뮤니티 케어)

1) 커뮤니티 케어의 개념

현재 한국 사회에서 가장 많이 이슈가 되고 있는 사회문제는 저출산 · 고령화 문제이며, 이와 관련하여 노인인구의 증가, 생산인력의 감소, 노인돌봄 문제들에 대한 논의가 활발하게 진행되고 있다. 우리나라의 고령 인구(65세 이상)의 비율을 살펴보면, 2022년을 기점으로 17.4%를 차지하고 있으며, 2030년에는 65세 이상의 고령인구가 전체 인구의 25%를 차지할 것으로 전망하고 있다(통계청, 2023). 또한 의학기술의 발달로 인한 수명 연장, 만성질환으로의 질병 변화로 인한 장기 요양에 대한 수요 증가 그리고 이로 인한 의료비용의 증가 또한 중요한 사회적 문제로 대두되고 있다. 특히 2022년을 기준으로 전체 의료비 가운데 노인의료비가 차지하는 비중이 43%였으며(건강보험공단, 2023), 이는 지속적으로 증가하고 있어 초고령 사회에 맞는 돌봄 체계 구축이 시급하다는 지적이 늘고 있다.

이에 대한 방안으로 우리나라는 병원 중심의 치료에서 지역사회 안에서의 돌봄으로 전환하고자 하는 커뮤니티 케어 정책을 도입하였다. 이미 외국에서 1960년대부터 사용된 커뮤니티 케어의 개념적 정의는 명확하지 않으며(Lewis, 1999), 시대나 사용하는 나라에 따라 구체적인 의미를 달리하고 있다. 포괄적인 의미에서 커뮤니티 케어란 '돌봄(Care)을 필요로 하는 사람들이 지역사회(Community)에서 고립되지 않고 존엄성과 독립성을 갖고 살아갈 수 있도록 지원하는 활동'이며, 이들이 자신의 집에서 최대한 독립적인 삶을 영위할 수 있도록 다양한 서비스와 지원을 제공하는 제도라 볼 수 있다(석재은, 2018). 반면에 보건복지부(2018)는 커뮤니티 케어를 "돌봄을 필요로 하는 주민이 자택이나 그룹홈 등 지역사회에 거주하면서 개개인의 욕구에 맞는 복지급여와 서비스를 누리고, 지역사회와 함께 어울려 살아가며 자아실현과 활동을 할 수 있도록 하려는 혁신적인 사회서비스 체계"로 정의하고 있다.

커뮤니티 케어의 제도적 특성을 살펴보면, 먼저 병원이나 시설 중심의 돌봄체계에서 탈시설화를 추진하면서 지역사회 중심의 돌봄체계로의 전환을 의미한다. 또한 제도나 사업 중심적 접근으로 인해 나타났던 서비스의 분절적 제공의 한계에서 벗어나 사람 중심적 접근을 통해 돌봄 및 서비스의 연속성을 보장하고, 이들에게 통합적인 서비스를 제공한다는 서비스 전달 방식의 전환을 포괄하고 있다. 마지막으로, 소득, 재산 등의 자격 요건을 검토하여 제한적으로 제공했던 잔여적 복지에서 벗어나, 욕구를 가진 사람에게는 서비스를 제공하는 보편적 복지의 특성이 있다(김연수, 김경희, 김진숙, 최명민, 2022).

한국에서 커뮤니티 케어에 대한 논의는 문재인 정부 때 본격적으로 논의가 되었으며, 2018년에 「지역사회 통합돌봄 기본계획(1단계: 노인 커뮤니티 케어)」이 발표되고, 2019년부터 2022년까지 선도 사업이 추진되면서 구체적인 제도적 논의가 활발하게 진행되었다. 이후 정권의 교체로 인해 지역사회 통합돌봄 선도 사업은 '의료·돌봄 통합지원 시범사업'으로 전환되었으며(보건복지부, 2023), 2024년에 「의료·요양 등 지역 돌봄의 통합지원에 관한 법률」이 제정되었다. 현재 이 법은 2년의 준비기간을 거쳐 2026년에 전국적으로 시행될 예정이다.

2) 의료·요양 등 지역 돌봄의 통합지원 정책

2024년에 제정된 「의료·요양 등 지역 돌봄의 통합지원에 관한 법률」은 "노쇠, 장애, 질병, 사고 등으로 일상생활 수행에 어려움을 겪는 사람이 살던 곳에서 계속하여 건강한 생활을 영위할 수 있도록 의료·요양 등 돌봄 지원을 통합·연계하여 제공하는 데에 필요한 사항을 규정함으로써 국민의 건강하고 인간다운 생활을 유지하고 증진하는 데에 이바지함을 목적"으로 하고 있다. 즉, 이 법을 통해 노인, 장애인 그리고 그 밖에 질병이나 사고로 인해 일상생활에 어려움을 경험하고 있는 사람들에게 보건의료, 요양, 돌봄, 주거 그리고 그 밖의 서비스를 제공할 수 있는 근거를 마련하였다. 이 법에서 말하는 통합지원이란, "통합지원 대상자에게 이 법에 따라 국가와 지방자치단체의 장이 보건의료, 건강관리, 장기요양, 일상생활돌봄, 주거, 그 밖에 대통령령으로 정하는 분야의 서비스 등(이하 "보건의료 등"이라 한다)을 직접 또는 연계하여 통합적으로 제공하는 것을 말한다(제2조 1항)."

이 법에서 국가와 지방자치단체가 노쇠, 장애, 질병, 사고 등의 이유로 일상생활 유지에 어려움을 겪는 사람이 자신이 살던 곳에서 건강하고 존엄한 생활을 영위할 수 있도록 지원을 해 주어야 한다는 법적 근거를 마련하였으며, 국가(행정 및 재정 지원), 광역자치단체(인프라 구축 및 재원 확보) 그리고 지방자치단체가 이를 실현하는 데 필요한 역할들을 명시하고 있다. 특히 지방자치단체는 다음과 같은 사항들이 실현될 수 있도록 노력해야 한다는 점을 명시하고 있다(제4조 2항).

1. 통합지원 대상자의 특성과 욕구에 따라 예방적 건강관리부터 생애 말기 돌봄까지 필요 서비스를 포괄적으로 제공할 수 있는 지원체계를 구축할 것
2. 통합지원 대상자가 필요에 따라 의료기관과 사회복지시설 등에 입원 또는 입소하여 이용한 이후에도 자신이 살던 곳을 중심으로 끊김 없이 필요 서비스를 이용할 수 있는 재가 완결형 통합지원 연계 체계를 마련할 것
3. 지역주민 참여를 바탕으로 하는 생활권 단위의 충분하고 지속 가능한 통합지원 생태계를 조성할 것
4. 통합지원 대상자가 통합지원의 내용, 이용 방법 등에 관하여 충분한 설명을 들은 후 이용 여부나 범위, 방식 등을 스스로 결정할 수 있도록 자기결정권을 보장할 것
5. 통합지원을 위한 각종 서비스 등의 제공 시 공공성을 높일 수 있도록 할 것
6. 통합지원 대상자를 돌보는 가족과 보호자에 대한 지원과 보호를 제공할 것

동법 제2장 통합지원 기본계획 수립 등에서는 통합지원 기본계획과 통합지원 지역계

획 수립 원칙 및 시행에 필요한 사항들을 규정하고 있다. 특히 기본 계획에는 통합지원 정책을 추진함에 있어서 기본적으로 필요한 인프라·서비스 확충 방안, 통합지원에 필요한 관련 기관 간의 연계·협력 방안, 지방자치단체에 대한 지원 그리고 통합지원에 필요한 인력 및 재원 확보 방안에 대한 내용을 포함해야 한다고 명시하고 있다(제5조). 기본계획을 수립하고 난 다음에는 저출산·고령사회위원회의 심의를 거쳐 확정이 되며, 지방 정부에서는 이 기본계획을 토대로 매년 통합지원 지역계획(이하 지역계획)을 수립하여 시행하도록 명시되어 있다(제6조). 지역계획에는 통합지원 전달체계의 조직·운영, 통합지원 대상자의 발굴과 지원체계의 구축, 통합지원 재원 조달과 운용, 통합지원 제공 공공기반시설과 자원의 공급 그리고 관련 부서와 기간 간의 연계·협력 등의 내용을 포함하도록 규정하고 있으며, 지역계획 수립 이후에는 보건복지부장관에게 제출하도록 되어 있다. 그 밖에도 제2장에서는 5년마다 통합지원 실태조사를 실시하고, 매년 지방자치단체장은 지역계획에 따른 추진성과를 보건복지부장관에게 제출하고, 보건복지부장관은 지역계획 추진성과를 평가하여 저출산·고령사회위원회에 보고하도록 되어 있다.

동법 제 3장 통합지원 절차에서는 지원 신청·발굴 및 조사 등에 관한 사항(제10조), 의료기관, 장기요양기관, 또는 그 밖의 시설에서 퇴원 또는 퇴소를 하고자 하는 퇴원환자의 지원에 관한 절차(제11조), 지원에 관한 욕구 및 필요도에 따른 종합 판정 절차(제12조) 그리고 개별지원계획 수립(제13조) 및 지원 제공(제14조)에 관한 내용을 명시하고 있다. '2023년 노인 의료·돌봄 통합지원 시범사업 안내서'에 따르면, 통합지원 추진체계는 다음과 같이 형성되어 있음을 파악해 볼 수 있다([그림 12-1] 참조).

조금 더 구체적으로 시범 사업에서 제시한 각 기관의 역할에 대해 간략하게 살펴보면, 광역지방자치단체(시·도)는 의료·돌봄 통합지원모형을 개발하고, 보급하며, 추진 조직 및 예산지원 방안을 마련하도록 되어 있다. 시·군·구는 전담부서인 노인통합지원센터를 설치·운영하도록 하여 통합지원 사업 전반에 대한 운영 및 관리를 담당하도록 되어 있으며, 읍·면·동에는 통합안내창구를 설치하여 읍·면·동에 거주하고 있는 대상자에 대한 사례 발굴부터 읍·면·동 제공 가능 서비스 연계까지 직접적인 개입을 담당하고 있다. 반면에 보건소, 복지관, 치매안심센터, 건보공단지사, 노인맞춤돌봄

보건복지부

광역시 · 도청
(광역형 통합지원모형 전파)

국민건강보험공단

[본부 추진단]
- 빅데이터 활용 대상자 선제
  발굴
- 정보시스템 구축 · 운영
- 제도화 · 홍보 · 포럼 등 정책
  지원

[지사 전담팀]
- 통합안내창구(대상자 발굴 등)
- 지자체 통합지원회의 참여
- 공단 사업(건강 · 장기) 연계
- 서비스 제공과정 모니터링

[연구원]
- 모니터링 및 효과성 평가

시 · 군 · 구 본청
[노인통합지원센터]
- 노인 의료 · 돌봄 기획 및 발굴 ·
  개발
- 조직체계 구축 및 인력배치
- 대상자 의뢰 · 접수 및 정보 관리
- 필요도 조사 및 결과 관리
- 통합지원계획 수립
- 통합지원회의 운영
  (개별 통합지원계획 승인 등)
- 서비스 연계 · 조정 · 배정 · 최종
  결정
- 대상자 욕구 충족 모니터링
- 시범사업 전문인력 교육 지원
- 민관협의체 운영
- 부족한 분야 연계 서비스 발굴
  (협력기관 확대)

보건(지)소 · 복지관 · 병 · 의원 등
[통합안내창구]
- 이용자 대상 상담을 통해 통합
  지원 대상자 발굴
- 시범사업 안내 및 정보제공
- 선별평가 실시
- 평가결과 근거 대상자 의뢰
- 통합지원회의 참여
- 통합지원센터로부터 요청받
  은 의료 · 요양 · 돌봄 서비스
  제공
- 서비스 대상자 지속 모니터링
  (사례관리) 및 정보공유

민관협의체
【지역전문가 등】
- 지자체 의료 · 돌봄 사업계획
  등 논의
- 시범사업 안정적 운영 지원
- 시범사업 자문 및 평가

읍 · 면 · 동 행정복지센터
【통합지원창구】
- 신규 대상자 상담 · 선별평가
- 대상자 필요도 조사 지원
- 통합지원계획 수립 지원
- 대상자 모니터링 지원
- 통합지원회의 참여
- 읍 · 면 · 동 사례회의 운영
- 읍 · 면 · 동 내 제공 가능 서비스
  연계

병 · 의원, 장기요양기관 등
【서비스 제공기관】
- 대상자 의뢰(→ 시 · 군 · 구 또
  는 건보공단 지사)
- 통합지원센터로부터 요청받은
  의료 · 요양 · 돌봄 서비스 제공
- 서비스 대상자 지속 모니터링
  (사례관리) 및 정보공유

요양병원(시설) 이용 경계선상에 있는 75세 이상 노인
(장기요양 재가급여자 · 등급외자(A, B), 급성기 · 요양병원 퇴원환자, 노인맞춤돌봄서비스 중점돌봄군)

그림 12-1 노인 의료 · 돌봄 통합지원 시범사업 추진 체계도

출처: 보건복지부(2023).

수행기관은 통합안내창구를 설치 · 운영하여 통합지원 대상자를 발굴하고, 선별평가를 진행하며, 필요한 서비스를 제공하는 등의 역할을 수행하게 된다. 또한 병 · 의원이나 장기요양기관 등은 서비스 제공기관으로서 통합지원 대상자를 의뢰하거나 사례관리를 통해 대상자에 대한 서비스를 모니터링하고, 필요한 서비스를 직접 제공하는 등의 역할을 수행한다.

통합지원 절차를 살펴보면 [그림 12-2]와 같다. 새롭게 진입하는 대상자는 읍 · 면 · 동 신규 발굴자와 통합안내창구 의뢰자 및 퇴원환자로 나뉘는데, 읍 · 면 · 동 신규 발굴자는 읍 · 면 · 동 통합지원창구를 통해, 통합안내창구 의뢰자 및 퇴원환자는 건보공단,

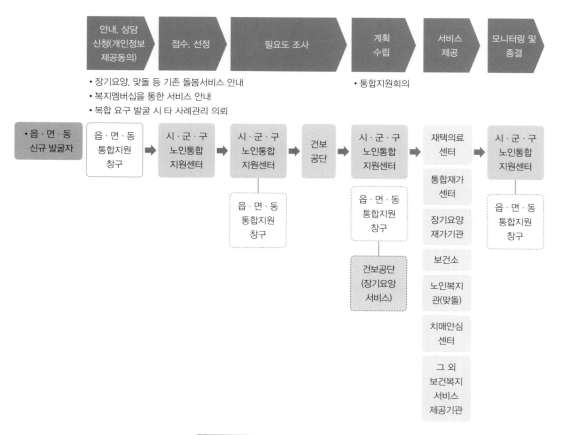

그림 12-2 통합지원 업무 흐름도

출처: 보건복지부(2023).

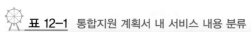

표 12-1 통합지원 계획서 내 서비스 내용 분류

구분		서비스 내용
보건 의료 (001)	방문진료 (001-1)	질병관리(1), 운동(2), 낙상관리(3), 감염관리(4), 수액주입(5), 영양관리(6), 통증관리(7), 약물 부작용(8), 정기검진 및 예방접종(9), 욕창관리(10), 응급상황(11), 침습적 처치(12), 기타(13)
	방문간호 (001-2)	기초건강관리(1), 투약관리(2), 운동관리(3), 영양관리(4), 정신심리상담(5), 통증관리(6), 튜브관리(7), 욕창관리(8), 지역자원 연계(9), 기타(10)
	방문재활 (001-3)	기초사정(1), 운동관리(2), 상담(3), 교육(4), 기타(5)
	건강관리 (001-4)	기초사정(1), 복약관리(2), 프로그램 제공(운동/인지)(3), 자원 연계(4), 기타(5)
	기타(001-5)	기타(1)
요양 (002)	방문요양 (002-1)	신체활동지원(1), 인지활동지원(2), 인지관리지원(3), 정서지원(4), 가사 및 일상생활지원(5)
	방문간호 (002-2)	건강관리(1), 간호관리(2)
	방문목욕 (002-3)	차량 내 목욕(1), 가정내 목욕(2)
	주야간보호 (002-4)	신체활동지원(1), 인지관리 및 의사소통(2), 건강 및 간호관리(3), 기능회복훈련(4)
	단기보호 (002-5)	신체활동지원(1), 인지관리 및 의사소통(2), 건강 및 간호관리(3), 기능회복훈련(4)
생활 지원 (003)	가사지원 (003-1)	청소(1), 빨래(2), 식사준비(식재료 구입 등)(3), 기타(4)
	이동/활동지원 (003-2)	외출준비(1), 외출동행(2), 차량지원(3), 기타(4)
	식사지원 (003-3)	도시락배달지원(1), 기타(2)
	기타(003-4)	기타(1)

주거 지원 (004)	주거공간개선 (004-1)	주출입구/접근로(1), 현관/출입문(2), 거실/복도(3), 주방(4), 화장실(5), 바닥/발코니(6), 문(7), 스위치/콘센트(8), 기타(9)
	주거지이동 (004-2)	주거지 이동(1)
기타 (005)	기타(005-1) …	기타(1)

출처: 보건복지부(2023).

복지관 그리고 의료기관을 통해 시·군·구 노인통합지원센터에 신청 및 접수를 진행한다는 차이점을 갖는다. 시·군·구 노인통합지원센터에 접수 및 선정된 사례는 필요도조사를 진행하게 되며, 조사된 내용을 토대로 개인별 통합지원계획을 수립하게 된다. 지원 계획에 따라 필요한 서비스를 제공하게 되며, 제공되는 서비스의 내용은 〈표 12-1〉에 제시되어 있다. 사례가 진행되는 과정에서 노인통합지원센터에서는 3개월에 한 번씩등 주기적으로 모니터링을 실시하여 서비스 제공 이후에 나타나는 대상자의 상황 등에대한 변화를 기록하도록 되어 있으며, 대상자가 사망·입원·입소 하거나 사업에 참여했을 때 수립했던 목표를 달성하면 통합지원회의를 거쳐 사례를 종결하게 되어 있다.

지금까지 많은 논의와 모형 개발이 진행되어 왔던 커뮤니티 케어가 이제 「의료·요양등 지역 돌봄의 통합지원에 관한 법률」로 제도화가 되었기 때문에 구체적으로 어떻게시행될지에 대해서는 조금 더 시간을 두고 살펴볼 필요가 있다. 다만, 기존의 논의에서는 노인, 장애인, 정신질환자 등 돌봄을 필요로 하는 사람들에 대한 논의가 포괄적으로이루어지고, 이에 대한 지원 모델이 함께 개발되었던 반면에 현재의 통합지원 논의에서는 노인의 돌봄을 중심으로 이루어지고 있어 향후에는 장애인 및 정신장애인의 지역사회 내의 통합지원을 위한 적극적인 지원 방안 모색이 필요할 것으로 판단된다. 또한 서비스 내용에서도 자신의 혹은 가족구성원의 질병, 장애, 사고 등으로 인하여 나타날 수있는 심리·사회·정서적 어려움에 대한 지원은 드러나지 않고 있어 의료 및 요양 그리고 생활 및 주거에 대한 지원뿐만 아니라 심리·사회·정서적 부분에 대한 고려도 필요할 것으로 예상된다.

커뮤니티 케어가 본격적으로 시행되면서 이와 관련하여 현재 병원이나 요양시설에서 근무하고 있는 의료사회복지사들의 역할이 더욱더 확대될 것으로 예상된다. 현재 의료사회복지사는 환자지원팀의 구성원으로서 환자의 의료적·사회경제적 요구도를 평가하고 다학제적 팀회의를 통해 퇴원계획을 수립하고 있으며, 적정 의료기관 및 지역사회 서비스 기관으로 연계 및 사후관리도 담당한다. 퇴원계획 및 사후관리에 대한 역할은 최근에 시범사업을 통해 수가 활동으로 인정할 것인지에 대한 연구 및 논의가 진행되고 있으며, 수가로 책정이 될 경우 병원에서 퇴원계획 및 사후관리는 보다 보편적인 활동으로 자리 잡을 것으로 예상한다.

또한 전통적인 의료 현장뿐만 아니라 지역사회 내에서도 의료사회복지사에 대한 수요는 증대될 것으로 예상된다. 지역 돌봄 통합지원 정책이 안정적이고 효과적으로 정착을 하기 위해서는 양질의 인력을 확보하고, 이들의 역량을 강화하여 제대로 된 서비스를 제공할 수 있는 인프라 구축이 핵심이다. 이 가운데 생심리사회적 관점을 가지고 의료와 지역사회에 대한 폭넓은 지식과 기술을 갖춘 인력으로 의료사회복지사를 가장 먼저 꼽아 볼 수 있다. 통합지원 정책에서 시·군·구의 노인통합지원센터, 읍·면·동의 통합지원창구 그리고 보건소, 복지관 그리고 병·의원 등에서의 통합안내창구 등 많은 기관에 의료사회복지사들이 필요할 것으로 예상된다. 그러나 양질의 인력을 확보하고, 이들이 자신의 역할을 수행할 수 있도록 하기 위해서는 적당한 보수체계, 적절한 교육 및 훈련, 적정 사례 수 담당 그리고 안전하고 안정적인 근무 환경 등에 대한 재정 및 인프라 구축이 반드시 선행되어야 한다.

▲ 참고문헌

강흥구(1991). 병원운영의 효율성 제고를 위한 자원봉사자 활용방안. 대한병원협회지, 20(5), 15-22.

건강보험공단(2023). 2022 건강보험통계연보. 건강보험공단.

김우종, 송그룸, 신영전(2023). 한국 고액진료비의 현황 및 영향요인에 관한 체계적 문헌고찰. 한국사회정책, 30(4), 71-100.

김정우, 이주열, 엄명용(1998). 보건복지서비스 전달체계의 효율적 운영방안에 관한 연구 I: 모델 개발을 위한 사례관리 적용. 한국사회복지학, 35, 107-131.

남석인, 최권호(2014). 의료사회복지사의 역할. 대한의료사회복지사협회 2014년 춘계 심포지엄 발표 자료.

노연희, 이채원(2005). 공공병원 의료사회복지사의 경제적 지원서비스 제공활동에 관한 연구. 한국사회복지행정학, 7(1), 1-28.

보건복지부(2018). 한국형 "커뮤니티 케어(Community Care)" 전문가와 현장의 참여로 함께 만든다. 보건복지부 보도자료.

보건복지부(2023). 2023년 노인 의료 · 돌봄 통합지원 시범사업 안내.

석재은(2018). 커뮤니티 케어와 장기요양 정책과제. 월간복지동향, 238, 28-33.

이금진(2003). 지역기반 정신장애인 직업재활수행기관 간 연계강화에 관한 연구: 연계경험 및 예측요인 분석을 중심으로. 한국사회복지학, 54, 35-64.

이찬희(1996). 병원자원봉사활동의 발전방안. 부산대학교 석사학위논문.

이현주(1998). 사회복지조직 구성원의 조직간 관계: 장애인복지 관련 조직을 중심으로. 서울대학교 박사학위 논문.

통계청(2023). 장래인구추계: 2022~2072년. 통계청.

황선영(2006). 자원봉사활동 만족도 및 지속성의 결정요인에 관한 연구. 한국사회복지행정학, 8(1), 99-124.

Andreoni, J. (2001). The economics of philanthropy. In N. J. Smelser & P. B. Baltes (Eds.), *International encyclopedia of the social and behavioural sciences*. London: Elsevier.

APA. (n. d.). Self-help group. In *APA Dictionary of Psychology*. https://dictionary.apa.org/self-help-group

Bakal, C. (1979). *Charity U.S.A.* Times Books.

Baker, R. L. (2014). *The Social Work Dictionary* (6th ed.). NASW Press.

Commission for Case Management Certification. (2017). Definition and philosophy of case management. https://ccmcertification.org/about-ccmc/about-case-management/definition-and-philosophy-case-management

Dhooper, S. S. (2012). *Social Work in Health Care: Its past and future* (2nd ed.). Sage

Publications.

Drezner, N. D., & Huehls, F. (2014). *Fundraising and Institutional Advancement: Theory, Practice, and New Paradigms.* Routledge. https://doi.org/10.4324/9780203123850

Dziegielewski, S. F., & Holliman, D. C. (2020). *The Changing Face of Health Care Social Work.* Springer Publishing Company.

Fischer, L. R., Mueller, D. P., & Cooper, P. W. (1991). Older volunteers: A discussion of the Minnesota senior study. *The Gerontologist, 31*(2), 183-193.

Frankel, A. J., Gelman, S. R., & Pastor, D. K. (2018). *Case Management: An Introduction to Concepts and Skills* (4th ed.). Oxford University Press.

Glanz, S., Ellis, B., McLeod, S. L., Thompson, C., Melady, D., & Nelson, M. (2019). Volunteer contributions in the emergency department: A scoping review. *Patient Experience Journal, 6*(3), 105-113.

Grotz, J., & Leonard, R. (2022). Introduction. In J. Grotz & R. Leonard (Eds.), *Volunteer Involvement: An Introduction to Theory and Practice.* Palgrave Macmillan.

Hotchkiss, R. B., Unruh, L., & Fottler, M. D. (2014). The Role, Measurement, and Impact of Volunteerism in Hospitals. *Nonprofit and Voluntary Sector Quarterly, 43*(6), 1111-1128.

Lewis, P. J. (1999). The concepts of community care and primary care in the UK: The 1960s to the 1990s. *Health & Social Care in the Community, 7*(5), 333-341.

Mullahy, C., & Jensen, D. (2004). *The Case Manager's Handbook* (3rd ed.). Boston, MA: Jones and Bartlett.

National Association of Social Workers. (2013). NASW standards for social work case management. https://www.socialworkers.org/LinkClick.aspx?fileticket=acrzqmEfhlo%3D&portalid=0

Nickelberg, B. (1988). Getting a grant. *Association Management, Nov.*, 126-129.

Oda, N. (1991). Motives of volunteer works: Self-and other-Oriented Motives. *Tohoka Psychological Folia, 50,* 55-61.

OECD. (n. d.). Health Spending. Retrieved from: https://data.oecd.org/healthres/health-spending.htm

Piliavin, J. A., & Charng, H. W. (1990). Altruism: A Review of Recent Theory and Research. *Annual Review of Sociology, 16*(1), 27-65.

Powell, S. K., & Tahan, H. M. (2019). *Case Management: A Practical Guide for Education and Practice* (4th ed.). Wolters Kluwer.

Roberts-DeGennaro, M. (2013). Case Management. In *Encyclopedia of Social Work*. https://oxfordre-com.libproxy2.usc.edu/socialwork/view/10.1093/acrefore/9780199975839.001.0001/acrefore-9780199975839-e-42

Romaioli, D., Nencini, A., & Meneghini, A. M. (2016). How to foster commitment among volunteers: A social constructionist study in Italian nonprofit organizations. *Journal of Social Service Research, 42*(5), 718-728.

Rothman, J. (2009). An Overview of Case Management. In A. R. Roberts & J. M. Watkins (Eds.), *Social workers' desk reference* (2nd ed., pp. 751-755). Oxford University Press.

Sillah, A. (2022). *Public Sector Volunteer Management: Best Practices and Challenges*. Routledge.

Simon, R. L., & Aigner, S. M. (1985). *Practice principle: A problem-solving approach to social work*. Macmillan.

Skoglund, A. G. (2006). Do not forget about your volunteers: A qualitative analysis of factors influencing volunteer turnover. *Health & Social Work, 31*(3), 217-220.

Staines, G. M. (2016). Go get that grant!: A practical guide for libraries and nonprofit organizations. Rowman & Littlefield Publishers, Incorporated.

Stukas, A. A., Hoye, R., Nicholson, M., Brown, K. M., & Aisbett, L. (2016). Motivations to volunteer and their associations with volunteers' well-being. *Nonprofit and Voluntary Sector Quarterly, 45*(1), 112-132.

Test, M. A. (1979). Continuity of care in community treatment. *New Directions for Mental Health Services*, 15-23.

Wilson, J., & Musick, M. (1999). The effects of volunteering on the volunteer. *Law and Contemporary Problems, 62*, 141-168.

Woodside, M., & McClam, T. (2006). *Generalist case management: A method of human service delivery* (3rd ed.). Thomson Brooks/Cole.

제**13**장

보건의료 현장의 실천윤리

보건의료 현장이야말로 윤리적 사회복지실천에서 가장 역동적이고 도전적인 현장이라고 할 수 있다. 의료사회복지사는 복잡한 도덕적, 윤리적 이슈의 가장 핵심 영역에서 일하게 된다. 즉, 건강과 정신건강상의 문제에 대한 지식과 서비스를 통합하면서 동시에 부족한 자원을 배분하고 실험적 치료에 접근하며, 환자와 가족의 상충하는 바람을 중재하고, 완화의료 및 생애말기 케어를 시행한다(Strom-Gottfried, 2019). 의료사회복지사는 의료 현장의 수준에 따라 클라이언트인 환자에게 치료 및 퇴원과 관련된 선택사항에 대한 정보를 주고, 다학제 혹은 초학제적 팀 내에서 환자를 옹호하며, 윤리위원회 활동을 하고 때로는 정책을 형성한다. 그러므로 의료사회복지사는 보건의료와 관련된 윤리적 딜레마나 그 딜레마를 해결하기 위한 의료사회복지의 실천윤리와 적용에 대한 실질적인 지식을 가지고 있어야 한다.

윤리는 모든 전문직에서 중시되지만, 특히 사회복지직의 경우 다른 직종보다 더 많은 윤리성을 요구받는다. 사회복지직은 개인, 집단, 가족, 지역사회 및 사회적 차원에서 다양한 스트레스에 직면하고 있는 클라이언트들에게 직·간접적인 지지와 정보제공, 옹호, 연계 등 다양한 접근방법을 적용하여 스스로 문제해결을 할 수 있도록 돕게 되며 이 과정에서 수많은 윤리적 이슈에 직면하기 때문이다(우국희 외, 2015, p. 84). 특히 의료 현장은 삶과 죽음, 의료정보, 치료와 관련된 선택 등의 첨예한 윤리적 이슈들이 상존하므로 의료사회복지사는 윤리적 문제의 존재를 인식하고 이 상황을 해석하여 대안을 모색하는 윤리적 민감성을 갖추고 있어야 한다. 따라서 이 장에서는 먼저 사회복지의 일반적 가치와 윤리 및 윤리강령에 대해 간략하게 알아보고, 생윤리학에서는 어떻게 가치와 윤리의 문제에 접근하고 있는지, 그리고 의료사회복지실천 현장의 주된 윤리적 이슈와 딜레마에는 어떤 것이 있는지를 살펴보며, 마지막으로, 이러한 윤리적 딜레마를 해결하기 위한 윤리적 의사결정에 대해 알아본다.

1. 의료사회복지실천에서 가치와 윤리에 대한 이해

1) 사회복지전문직 가치와 윤리에 대한 이해

(1) 가치와 윤리

가치는 지식, 기술과 함께 사회복지실천의 3대 요소 중의 하나이며, 사회복지직은 전문직 중에서도 가장 가치 중심적 직업이다(우국희 외, 2015). 『사회복지사전』에 따르면 가치란 "문화나 사람들의 집단 혹은 개인에 의해 바람직하다고 생각되는 관습, 행동기준 및 원칙"이라고 정의되어 있다(Barker, 1991, p. 246). 한편 윤리는 "옳고 그름에 대한 도덕적 원칙 및 인식의 체계 그리고 그에 따른 개인, 집단, 전문직 혹은 문화에 의해 수행되는 행동철학"으로 정의된다(Barker, 1991, p. 77). 로웬버그와 돌고프(Lowenberg & Dolgoff, 1988, p. 17)에 따르면 윤리는 가치로부터 도출되며, 따라서 반드시 가치와 일치해야 한다.

사회복지실천에서 윤리문제를 논의할 때 가치문제를 중요하게 다루는 것은 이러한 전문가 가치로부터 윤리적 원칙들이 나올 수 있기 때문이다. 가치를 기반으로 하지 않은 원칙이나 규칙은 관료적 규칙이거나 실천의 지혜로부터 나온 원칙이라고 할 수 있다. 그러므로 사회복지전문가가 가진 가치체계와 일반사회의 가치체계는 사회복지사가 윤리적 결정을 내리는 데 선택의 바탕이 된다. 즉, 윤리는 가치에서 나오므로 반드시 가치와 일치한다. 윤리와 가치의 차이점은 가치는 무엇이 좋고 중요하며 바람직한가와 관련되어 있고, 윤리는 무엇이 옳고 바르냐를 다루는 행동규범이라고 할 수 있다(김정자, 1996, pp. 20-21; Cowles, 2000, p. 49).

(2) 전문직과 윤리

사회복지실천에서 윤리가 중요한 위치를 차지하는 이유는 다음과 같다.

첫째, 사회복지가 모든 전문직 중 가장 가치중심적 직업이라고 할 만큼(Reamer, 1995, p. 3) 사회복지의 사명과 목적 자체가 가치와 밀접한 관계를 가지고 있기 때문이다.

둘째, 윤리 자체가 전문직의 구성요소라는 데서도 비롯된다. 전문직이란 체계화된 지식기반과 기술, 전문적 권위, 전문직으로서의 사회적 승인, 고유한 윤리강령, 공유된 전문적 가치와 규범 등을 갖추고 있는 직종을 말한다(우국희 외, 2015, p. 78). 사회복지실천의 전개과정에서 전문직 논쟁은 1915년 플렉스너(Flexner)가 「전국 자선 및 교정학회」에서 '사회사업은 전문직인가?'라는 주제로 강연을 하면서 촉발되었으며, 이후 전문성을 인정받기 위해 사회복지직은 교육과정, 체계적 이론과 기술 등을 구축하기 위해 다양한 노력을 기울였다. 이 과정에서 사회복지 전문직의 가치에 기반한 전문가 윤리를 체계화하는 노력도 함께 이루어졌으며 결국 사회복지윤리강령의 제정으로 이어지게 되었다.

(3) 사회복지실천의 핵심가치

사회복지실천의 여러 가치 중에서 핵심적 가치는 인간의 존엄성과 사회정의라고 할 수 있다.

① 인간의 존엄성

사회복지실천에서 일관되게 수용되고 지지되는 중심적인 가치전제 중 하나는 모든 사람은 존중해야 할 본래적인 존엄성을 지닌 독특한 개인이라는 것이다. 즉, 사람은 목적 그 자체이며 다른 목적을 위한 수단으로 취급되어서는 안 된다. 특히 의료사회복지실천 현장은 클라이언트가 고유한 특성과 욕구를 지닌 한 개인보다는 자칫 특정 질환을 가진 하나의 케이스로 정형화되기 쉬워 인간의 존엄성이 무시되기 쉬운 환경이다. 따라서 인간의 존엄성을 구체적으로 조작화할 수 있는 다음과 같은 지침이 도움이 된다(장인협, 1989, pp. 24-25).

- 클라이언트의 존엄성에 관하여 의사소통하는 내용을 민감하게 인식할 것
- 클라이언트를 스테레오 타입화하지 말 것
- 클라이언트가 그들의 강점을 발견하여 활용하도록 도와줄 것
- 문제해결에서 클라이언트의 참여를 기대할 것
- 클라이언트와 요구(wants)보다 욕구(needs)에 초점을 둘 것

인간의 존엄성에 대한 가치는 클라이언트 자기결정권, 개별화와 같은 수단적 가치와 연결된다. 따라서 의료사회복지사는 치료에 대한 선택과 동의, 퇴원계획에서 퇴원 이후 돌봄에 대한 결정 등에서 클라이언트의 존엄성에 대한 가치에 기반하여 자기결정을 최대화하고, 개인의 차이나 문화적 다양성을 반영한 개별화된 접근을 하도록 노력해야 한다.

② 사회정의

사회정의는 사회적 공평이라고도 할 수 있으며, 사회적 연대감 및 공동체 의식에 기초하여 사회의 책임성과 참여를 중시하는 가치이다(이순민, 2016). 따라서 사회복지사는 모든 사람이 기본적인 사회자원을 배분받도록 하며 사회적 정의가 이루어지도록 노력해야 한다. 의료사회복지사는 의료급여를 비롯하여 취약계층을 대상으로 한 다양한 제도와 사업을 적극적으로 연결하고 지원하는 데서 나아가 부족한 자원을 발굴하고, 이슈화하며 정책 건의 등을 통해 의료 현장에서 사회정의를 실현하는 역할을 할 수 있다.

(4) 사회복지전문직 윤리강령

전문직은 지식의 기초에 덧붙여서 해당 전문직의 근본적인 가치를 반영하고 성원들의 전문적 행동을 위한 기준을 서술해 주는 윤리강령을 가져야 한다. 즉, 전문직은 외부

로부터의 감독에 대해 상대적인 자율성을 부여받기 때문에 그 성원들을 규제할 책임을 지는 것이다(Cowles, 2000, p. 48).

전문가 윤리란 전문가 역할을 수행하는 데 수반되는 특수한 의무를 성문화한 것으로 (Lowenberg et al., 2005), 전문직이 중요하다고 생각하는 가치를 고려하여 전문가로서 마땅히 지키고 행해야 할 도리와 규범을 말한다(우국희 외, 2015, p. 84). 전문가 윤리에 기반하여 전문가의 윤리적 행동을 기술한 윤리강령은, ① 윤리적 딜레마에 대해 일반적 지침을 제공하며, ② 자신의 전문직을 외부의 규제로부터 보호해 주고, ③ 전문직의 사명과 관련해 규범을 수립하며, ④ 위법행위에 대한 주장이 있을 경우 판결을 도와주는 기준을 공포하는 기능을 수행한다(Reamer, 1995, p. 44). 사회복지전문가 윤리는 사회복지사의 서비스 실천이 도덕적으로 바른 방법이어야 함을 인식하도록 돕기 위한 것이며, 윤리적 결정이 요구될 때 어떻게 결정하며 어떻게 바르게 행동하는가를 배우도록 돕는 기준이다. 따라서 각국에서는 사회복지사협회가 중심이 되어 사회복지사 윤리강령을 채택해서 종합적인 윤리결정의 지침을 제공하는 틀을 마련하고 있다.

① 미국의 사회복지사 윤리강령(NASW Code of Ethics)

미국은 1920년에 실험적 윤리강령이 출판되었고, 1960년에 이르러 미국사회복지사협회(NASW)가 최초의 윤리강령을 채택하였다. 그 후 1979년 사회적 변화에 따라 새로운 윤리강령이 채택되었고 1990년과 1993년에 다시 개정되었다(Reamer, 1995, pp. 44-46). 2008년에는 '성별인식 및 표현'의 용어를 추가하면서 트랜스젠더와 같은 성전환자에 대한 고려를 포함하는 개정이 이루어졌다. 2017년의 3차 개정판에서는 디지털 기술 관련 표준에 대한 내용이 대폭 추가되었으며, 2021년에 다시 개정이 이루어졌다. 2021년 개정에서는 트라우마에 대한 노출을 포함하여 다양한 전문적 요구와 도전에 대해 사회복지사의 전문적 자기돌봄(self-care)의 중요성을 강조하고, 전자매체의 활용에 대한 기준(예: 개인적 목적의 SNS나 이메일, 온라인 채팅을 피할 것, 전자매체활용과 관련된 문화적 차이의 인식 등) 등이 추가된 점이 주목할 만하다(NASW, 2023). 2021년 개정 윤리강령은 전문, 윤리강령의 목적, 윤리적 원칙 및 윤리적 기준으로 구성되어 있으며, 윤리적 기준에는 클라이언트에 대한 사회복지사의 윤리적 책임, 동료에 대한 사회복지사의 윤리적 책임, 실천 현장에 대한 사회복지사의 윤리적 책임, 전문가로서의 사회복지사의 윤리적 책임, 사회복지전문직에 대한 사회복지사의 윤리적 책임 그리고 사회에 대한 사회복지사의 윤리적 책임을 규정하고 있다(NASW, 2023).

② 한국 사회복지사 윤리강령

우리나라에서는 1970년대부터 사회복지사 윤리강령의 필요성이 논의되어 오다가 한국사회복지사협회에 의해 1982년 제정되었으며, 1988년 1차 개정에 이어 2023년 5차 개정까지 이루어졌다. 현재의 사회복지사 윤리강령은 전문, 윤리강령의 목적, 윤리강령의 가치와 원칙, 사회복지사의 윤리기준으로 구성되어 있으며, 인간존엄성과 사회정의를 핵심 가치와 원칙으로 삼고 있다. 사회복지사의 윤리강령은 다음과 같은 윤리기준을 담고 있다(한국사회복지사협회, 2023).

- 기본적 윤리기준
- 클라이언트에 대한 윤리기준
- 사회복지사의 동료에 대한 윤리기준
- 기관에 대한 윤리기준
- 사회에 대한 윤리기준

2. 생윤리학의 원칙과 의료사회복지실천

1) 생윤리학의 발전

기원전 400년경에 쓰인 히포크라테스 선서 이후 수세기 동안 의료 분야에서 윤리적 원칙에 대한 인식은 있었으나 생명과학이나 의료와 관련된 윤리적 문제를 연구하는 생윤리학이 독립된 분야로 자리 잡은 것은 1960년대에 이르러서이다. 1960년대 생윤리학에 대한 관심의 배경은 대체로, ① 의료비의 엄청난 상승으로 의료체계나 의료에 대한 접근성 등에 대한 일반대중의 관심이 증가하였고, ② 장기이식과 같은 신의학기술의 발전으로 기술의 혜택에 대한 공평성과 접근성 및 개인의 의사결정과 관련하여 많은 문제가 제기되었으며, ③ 의학 실험과 관련하여 부적절한 절차나 비윤리적 행위들에 대한 사회적 비판제기[1] 등에서 찾을 수 있다(Weitz, 1996, pp. 399-405).

1972년에 이르러서는 생윤리학과 관련된 주요 센터들이 설립되기 시작하였고,[2] 생윤리학이 의과대학의 교과과정의 하나로 자리 잡게 되었다(Weitz, 1996, pp. 405-406). 이후 죽을 권리와 결부된 안락사의 문제, 시험관 아기로 시작된 생명복제 기술과 관련된 문제 등이 또한 의료윤리의 주요 관심사로 대두되었다. 이러한 윤리적 이슈에 대응하고 기준을 마련하기 위해 다양한 공식 기구가 설립되었다. 대표적으로 병원윤리위원회(hospital ethics committee), 실험윤리위원회(research ethics committee) 및 전문가윤리위원회(professional ethics committee) 등을 들 수 있다(Weitz, 1996, pp. 415-417).

(1) 병원윤리위원회

병원윤리위원회는 1982년 미국 전역에 1%에 불과하던 것이 1988년에는 200병상 이상의 병원 중 60% 이상이 병원 내 윤리위원회를 가지고 있을 만큼 보편화되었다(Weitz, 1996, p. 415). 1950년대 처음 병원윤리위원회가 설립되었을 때는 신장투석환자를 선별하거나 어떤 여성에게 낙태를 허용할 것인지를 결정하기 위해 위원회가 활용되었다. 그러나 점차 의뢰된 개별사례에 대한 자문보다는 말기환자에 대한 연명치료 중단이나 HIV 환자들에 대해 병원의 스태프들이 의료를 제공할 의무가 있는가와 같은 광범위한

---

1) 1966년 의과대학의 교수였던 헨리 비처(Henry Beecher)가 처음으로 당시 의학분야의 유수 학술지에 출판된 22개의 조사연구들이 윤리적으로 문제가 되는 방법을 사용했다고 의학분야의 권위 있는 학술지인 「New England Journal of Medicine」에 기술하였다. 그 후에도 충분한 정보에 의한 동의를 얻지 않고 수행된 많은 논문에 대해 지적하였다. 이러한 사실은 대중매체를 통하여 곧 일반 대중에게 알려졌고 이는 즉각 의회에 대한 압력으로 나타났다(Weitz, 1996, pp. 404-405).
2) 미국 헤이스팅스 생윤리학 센터(the Hasting Center for Bioethics), 건강 및 인간의 가치 학회(the Society for Health and Human Values), 조지타운대학 생윤리학 센터(the Center for Bioethics at Georgetown University) 등이 그 예이다.

윤리적 문제에 대해 정보를 제공하고 충고해 주는 쪽으로 방향을 선회하고 있다.

(2) 실험윤리위원회

1960년대에 시작되어 대학이나 병원들 역시 실험윤리를 검토할 위원회를 설립하였고 1970년대에는 이러한 위원회가 보편화되었다. 1974년 의회는 '생의학 및 행동연구에서 인간 피실험자의 인권을 위한 국가위원회'를 설립하였으며 이 위원회의 보고서들이 실험윤리에 대한 현재 지침의 기초를 마련하였다. 같은 해 「국립실험법(the National Research Act)」이 인간을 대상으로 하는 모든 연방지원 연구 프로젝트를 검토하는 역할을 담당하는 기관윤리위원회(Institutional Review Boards)의 개발을 명시하였다. 1979년에는 인간대상 실험연구에서 인간에 대한 존중, 선의, 정의라는 세 가지 윤리원칙을 벨몬트 보고서를 통해 천명하였다.

(3) 전문가윤리위원회

현재 많은 전문가 단체에 윤리위원회가 설치되어 있으며, 이들은 전문적 실천을 위한 지침을 수립하는 일을 한다. 예를 들면, 미국출산협회는 실험실에서 생성된 인간 배아의 도덕적 지위에 대한 원칙을 출판하였고, 미국 산부인과학회의 윤리위원회는 여성이 다태아 임신인 경우(이 경우는 하나 혹은 그 이상이 비정상일 수 있다) 선택적으로 태아를 낙태하는 윤리에 관한 지침을 출판하였다.

2) 의료윤리의 주요 원칙

윤리이론은 크게 공리론과 의무론으로 나뉘며 이 이론들에서 다음과 같은 주요 의료윤리의 원칙들이 나온다. 즉, 자율성에 대한 존중, 악행금지(피해회피), 선행 및 정의의 네 가지 도덕적 원칙이다(김일순 외, 1999, p. 16; Beauchamp & Childress, 2009).

(1) 자율성 존중의 원칙(respect for autonomy)

자율성 존중 원칙은 일차적으로 진료행위나 실험과정에서 발생할 수 있는 피해로부터 환자나 실험대상자를 보호하는 데 그 목적이 있지만, 그 배경에는 인간 존중의 사상이 깔려 있다. 왜냐하면 한 사람의 자율적인 선택을 존중하지 않고서는 그 사람을 존중한다고 말하는 것이 아무 의미가 없기 때문이다(김일순 외, 1999, p. 16).

　개인의 자율적 의사를 존중해야 한다는 자율성 존중 원칙은 너무도 당연해 보이지만, 의료 현장에서는 이 원칙이 이론적 논의를 넘어서 한 개인의 생명 또는 건강과 관계되는 중요한 이슈들을 노출시킨다. 의료 현장에서 자율성 존중은, ① 진료에 대한 환자의 동의, ② 동의 능력을 지니지 못하는 경우의 대리결정의 문제로 나타난다.

① 충분한 정보에 근거한 동의(informed consent)

　자율성 존중원칙과 관련되어 나온 동의의 문제를 생명의료윤리학에서는 '충분한 정보에 근거한 동의(informed consent)'라고 부른다. 환자나 연구대상자가 치료 또는 연구의 내용을 실질적으로 이해하고 또한 타인에 의한 강요 없이 환자 스스로 의사나 연구자에게 무엇을 하도록 위임한 경우를 충분한 정보에 근거한 동의라고 할 수 있다. 한마디로 이는 환자나 연구대상자의 자율적인 선택을 의미한다(김일순 외, 1999, pp. 19-20).

　우리는 이 개념에 대해 다음의 세 가지 질문을 제기할 수 있다.

　첫째, 모든 환자의 동의는 인정될 수 있는가?

　둘째, 어느 정도의 정보에 근거해야 '충분하다'고 할 수 있는가?

　셋째, '동의'라는 말속에 함축된 의미는 무엇인가?

　세 번째 질문에 대해 의사의 의료행위에 대한 환자의 동의는 대체로 환자가 의사가 제시한 치료계획에 찬성하며, 그 계획의 추진을 의사에게 위임하겠다는 결정이 함축되어 있다고 할 수 있다. 그러나 처음 두 질문은 쉽게 답하기 어려운 철학적 요소를 포함하고 있다. 생의료윤리학에서 첫 번째 질문은, 자율성 존중원칙 선결요건에 관한 것으로 흔히 문지방 요소(threshold elements)라 불린다. 즉, 환자가 동의를 표명하는 데 요구되는 능력은 무엇이며 그 능력의 정도는 얼마만큼이어야 하는가(예: 정신상태나 연령 등)? 외부적 강제 없이 환자가 자발적으로 내린 동의인가? 하는 질문이 여기서 다루어진다. 두 번째 질문은, 동의에 필요한 정보요소라 불린다. 동의에 요구되는 정보의 종류는 어떠하며 그 양은 어느 정도이어야 하는가, 주어진 정보를 환자가 제대로 이해하였는가 등이 논의된다(김일순 외, 1999, pp. 20-21). 예를 들면 부작용에 대한 설명을 충분히 하였고, 환자가 제대로 이해하고 동의하였는지와 같은 문제이다.

② 대리결정의 문제

대리결정은 앞에서 살펴본 충분한 정보에 의한 동의가 불가능한 경우에 해당하는 것으로, 대리결정을 한다면 누가 그 대리인이 되어야 하는가, 그 대리인은 어떤 기준에 의거해서 대리결정을 내려야 하는가 하는 문제가 제기된다.

여기에 관한 학자들의 논의는 대체로 세 가지 입장으로 나뉜다. ① 대리판단 기준, ② 순수자율성 기준, ③ 환자 최선의 이익 기준(patient's best interest standard)이다(김일순 외, 1999, pp. 42-46).

대리판단 기준이란 환자가 의사결정 능력이 없는 경우에 다른 의사결정권자가 그 환자의 개인적 욕구와 필요 및 가치관에 근거하여 판단을 내리는 것을 의미한다. 순수자율성 기준이란 이전에 이미 결정이나 의사표명이 자율적이었던 환자에게 적용되는 것이다. 마지막으로, 환자 최선의 이익 기준이란 이용 가능한 대안들이 환자에게 미치는 이해득실을 따져 환자 본인에게 최선의 이익이 되도록 대리결정권자가 결정하는 것이다. 예를 들면 임종단계의 환자가 의식이 없거나 의사결정능력이 없을 때 무의미한 연명치료와 관련하여 환자 본인이 '사전의료의향서'를 작성하지 않았다면 법적 결정권한이 있는 가족들이 평소 본인의 가치와 의사에 따라 연명의료에 대한 결정을 내리게 되는 경우가 이에 해당한다.

(2) 악행금지의 원칙(the principle of nonmaleficence)

"나는 나의 능력과 판단에 따라 환자를 돕는 데 의술을 사용하지 환자에게 피해를 입히거나 환자의 상태를 악화시키는 데 결코 사용하지 않겠다."라는 히포크라테스 선서는 의술의 사용에 관한 두 가지 원칙을 제시해 주고 있는데, 하나는 선한 일을 위해 의술을 사용하라는 것이고, 다른 하나는 피해를 주는 일에는 의술을 사용하지 말라는 원칙이다. 생의료윤리학에서는 전자를 선행의 원칙이라 하고 후자를 악행금지 원칙이라 한다(김일순 외, 1999, p. 47).

악행금지(무해성)의 기능은 고의적으로 해를 가하는 것을 피하거나 해가 될 위험성을 피하는 것이다. 해가 될 위험성과 고의적인 유해성과의 차이는 분명치 않다. 그러나 의도적인 가해를 주는 것과 상해의 위기가 가해질 수 있는 상황을 구별하는 것은 중요하다. 상해의 위험이 있는 경우 법과 윤리에 따라 의무적인 보호의 표준이 정해진다. 이 표준은 합리적으로 상해의 가능성, 위험성, 중대성이 정당화될 수 있을 만큼 심각할 때 사용되어야 한다. 그러나 현실에서 이 원리가 상충하기도 한다. 예를 들면, 암환자 치료과정에서 항암치료를 제공할 경우 환자에게 피로, 통증, 오심, 면역체계의 억제 등과 같은 부작용, 즉 심각한 해를 초래할 수 있다. 그러나 이 부작용과 같은 위해는 환자의 생명을 연장하거나 구하기 위한 이득을 제공한다. 이 경우 악행금지와 선행의 원칙이라는 구별된 윤리원칙이 상충하지만, 결국 선행의 원칙이 우선되는 경우라고 할 수 있다(Beauchamp & Childress, 2009).

(3) 선행의 원칙(beneficence)

선행은 타인을 돕기 위해 적극적이고 긍정적인 단계를 요구하기 때문에 무해성보다는 이타적이고 포용적인 것으로 생각된다. 선행의 원칙은 악행금지의 원칙에 비해 해악의 예방과 제거는 물론 더 긍정적이고 적극적인 선의 실행을 요구한다. 선행은 선을 행하는 하나의 의무이자 적극적 윤리로, 친절과는 구분되어야 한다. 만약, 임종에 가까운 환자가 계속 치료를 보류하기를 원할 때 그 요구를 들어주는 것이 자선적인 행위인지, 환자의 자율성을 존중하는 것인지 아니면 악행금지 원칙에 반하는 행위인지 고려할 필요가 있다(한국 가톨릭의사협회 편, 1992, p. 113).

선행의 원칙은 종종 환자의 자율성과 상충하기도 한다(Beauchamp & Childress, 2009). 환자는 치료를 거부하는데, 의료진은 이 치료를 제공해야 할 의무가 있는 경우이다. 전문적 지식과 기술 및 경험에 기반하여 필요하고 최선이라고 생각되는 치료과정을 환자가 거부하는 경우 어떻게 해야 하는가? 이러한 딜레마는 선행의 원칙에 타인의 선을 적극적으로 증진시키라는 '온정주의(paternalism)'라는 개념이 포함되어 있기 때문이다. 이는 보호한다는 선의와 선행의 기본원리를 가지고 보호받는 개인의 바람과 희망을 고려하지 않고 보호자의 주관으로 이롭다고 생각되고 해로움을 예방한다고 생각되는 행동을 우선으로 선택하는 것이다. 예를 들면, 아동 환자에서 온정주의가 정당화되는 경우는, ① 결과가 아동에게 이익이 된다는 것이 확실할 때, ② 아동이 문제가 되는 행위와 자신의 이익 사이의 연관을 이해할 능력이 없을 때, ③ 아동이 보호자의 목적이나 논리를 이해할 수 있는 시기가 되면 보호자의 행위를 인정하고 동의하리라고 추측하는 것이 합리적일 때이다(한국 가톨릭의사협회 편, 1992, p. 114).

(4) 정의의 원칙(justice)

정의의 원칙은 주로 분배에 관한 것으로 의료를 비롯하여 모든 재화의 분배가 정의롭게 이루어져야 한다는 것이다. 예를 들어, 부족한 의료자원으로 모든 사람을 치료할 수 없을 때 누구를 치료하기로 결정할 것인지, 신장이식을 받기 원하는 환자는 많으나 이식할 수 있는 장기는 제한되어 있을 때 이를 누구에게 주는 것이 정의로운가 하는 것이다. 의료에서 정의의 문제는 크게 거시적 차원과 미시적 차원으로 나누어진다. 거시적 차원은 의료자원을 어떻게 할당(allocation)할 것인가와 같은 의료제도와 관련된 것으로, 국가가 보건의료에 예산을 얼마나 할당할 것인지, 할당된 예산을 어느 대상에 혹은 어떤 질병에 할당하는 것이 정의로운가 하는 물음에 관한 것이며, 미시적 차원은 할당된 자원을 누구에게 어떻게 분배하는 것이 정의로운가 하는 것과 관련되어 있다(김일순, 1999, pp. 40-41).

3. 의료사회복지실천 현장의 윤리적 이슈

1) 의료사회복지실천에서 윤리적 이슈에 대한 관심

의료사회복지실천에서 윤리적 이슈에 대한 관심의 초점은 1970년대까지는 주로 사회복지의 가치와 가치전제에 대한 것이었다. 그러나 1970년대 의학, 법, 기업 및 신문학, 공학, 간호학 및 범죄와 같이 다양한 전문직이 이 주제에 대해 지속적인 관심을 보이기 시작하면서 전문가 윤리에 대한 관심이 증가하였다. 이에 따라 많은 학부와 대학원 교과과정에 응용 및 전문가 윤리가 개설되었고, 전문학회에서 관련 주제 발표나 전문적

윤리에 대한 출판도 현저하게 늘어났다(Reamer, 1995, p. 8).

이러한 관심은 여러 요인에 의한 것으로 그 요인들은 다음과 같다.

첫째, 의료 분야를 중심으로 생명유지장치의 제거, 장기이식, 유전공학 및 시험관 아기와 같은 의학기술의 발전과 관련된 이슈들에 대한 윤리적 논쟁이 촉발되었다. 예를 들면, 의료 욕구가 있는 환자 중 심장이나 신장과 같은 희귀한 장기를 받아야 할 환자를 결정하는 데 어떤 범주가 사용되어야 하는가? 뇌사상태에 있는 가족성원의 생명유지장치를 종결하는 것이 합당한 일인가? 실험적 개입을 통하여 태아의 성에 영향을 미치는 것이 어느 정도 합당한가? 손상된 심장을 가지고 태어난 신생아의 몸에 동물의 장기를 이식하는 것이 윤리적으로 정당화될 수 있는가?

둘째, 의사, 심리학자, 성직자, 사회복지사 등의 전문가들이 당연히 보호해야 할 클라이언트나 환자들을 정서적으로, 신체적으로 혹은 금전적으로 학대하거나 이용하였다는 보도들이 늘어났다. 이에 전문가들은 현장에서 발생할 수 있는 학대나 이를 방지하는 방법들에 대하여 실천가들을 교육시켜야 하는 책임을 더욱 진지하게 받아들이게 되었다고 할 수 있다(Reamer, 1995, p. 8).

셋째, 의료제도와 관련된 변화는 구체적으로 사회복지사에게 많은 윤리적 갈등을 초래하였다. 대표적으로, 퇴원계획과 관련하여 의사결정과정에 클라이언트의 의사가 반영되지 못하고 병원이나 기관의 효율성에 따라 퇴원 후 배치가 이루어지면서 자기결정권과 관련된 윤리적 이슈들이 제기되었고, 또한 의료관리제도(managed care)가 도입되면서 의료전문가가 아닌 경영과 관리에 일차적 관심이 있는 의료관리회사(managed care company)가 환자에 대한 정보를 관리하고 또한 의료서비스의 적정성을 결정함으로써 환자의 비밀보장이나 적절한 서비스의 제공과 관련해 많은 문제가 제기되었다.

2) 보건의료 현장의 주요 윤리적 딜레마

사회복지사는 매일 복잡한 윤리적 이슈와 관련된 결정을 한다. 클라이언트 자신의 윤리적 문제를 가려내도록 돕는 결정을 해야 할 때도 있지만, 많은 경우 사회복지사가 취하고자 하는 행동이 윤리적 관점에서 적절한 것인가를 결정해야 한다. 윤리적 딜레마

는 사회복지사가 두 가지 이상의 윤리적 의무를 갖고 있지만 한 가지를 위반하지 않고
는 다른 것을 지키거나 따를 수 없는 상황에서 필연적으로 발생하며, 어느 한 측에게는
피해 혹은 고통을 초래하는 상황을 일컫는다(Sheafor & Horejsi, 2010). 사회복지사는 클
라이언트 참여, 자기결정, 비밀보장 등이 기본적인 사회복지 가치라는 점에는 동의하지
만, 이러한 전문가 가치를 이행할 때 사회복지사에 따라 우선순위, 특수목적, 수단 등이
다를 수 있으므로, 사회복지사에 따라 다른 윤리적 관점에서 다른 윤리적 선택을 할 수
있다(김정자, 1996, p. 20).

의료사회복지실천에서의 윤리적 갈등은 다음과 같은 영역에서 주로 나타날 수 있다.

(1) 인간 관계상에서 나타나는 윤리적 갈등

이 영역에는 의료와 관련된 모든 사람과의 관계에서 일어날 수 있는 윤리 문제가 포
함된다. 의사와 환자와의 관계, 의사와 다른 의료팀원과의 관계 그리고 의사, 환자, 보
호자와의 관계 등에서 일어날 수 있는 윤리 문제가 이 영역에 포함된다고 할 수 있다.
여기에서 중요하게 다루어지는 것이 거짓말을 할 수 있는 예외적인 경우, 환자의 권리,
비밀보장, 진료행위에 대한 환자의 승낙과 같은 이슈들이다(김일순, 1999, p. 43).

사례

> A는 한 종합병원의 의료사회복지사로 암 환자와 그 가족들을 담당하고 있다. B는 78세
> 남자 노인으로 시험 개복술을 받기 위해 입원하였는데, 환자는 정서적으로 불안정한, 쇠
> 약한 노인이다. B는 검사 결과 말기 췌장암으로 진단되었고 다른 장기에도 전이되어 수술
> 이 의미가 없고 여명이 3개월 정도로 판단되었다. 주치의는 보호자인 딸에게 먼저 이 사실
> 을 알려 주었다. B의 딸은 의료사회복지사를 찾아와 자신과 가족이 큰 충격에 빠져 있으며,
> 아버지가 그렇게까지 심각하게 아프리라고는 상상도 못했다고 말하였다. 가족들은 아버지
> 생명이 얼마 남지 않았다고 도저히 말씀드릴 수가 없고, 아버지도 감당하기 어려우실 것이
> 라고 하면서 의료진이 아버지에게 말기 암이라는 사실을 알리지 않도록 도와달라고 부탁하
> 였다.

출처: Reamer(1995), 고미영, 우국희, 황숙연 역(2000, p. 142)의 사례를 일부 수정함.

(2) 삶과 죽음과 직접 관련된 윤리적 이슈

보건의료 현장에서 가장 첨예하고 어려운 윤리적 이슈가 바로 삶과 죽음과 관련된 윤리적 딜레마이다. 삶과 죽음과 관련된 윤리 문제의 많은 부분은 이미 사회적인 문제로 대두되고 있고, 안락사, 인공유산, 심각한 유전적 질환이 있는 태아의 출산, 회복할 수 없는 젊은 환자가 삶을 포기하고자 할 때 뇌사, 존엄사, 안락사, 임종에 가까운 환자에 대한 치료연장, 인공수정된 난자의 처리 등과 같은 문제들이 이 영역에 속한다(김일순, 1999, p. 43).

① 퀸란 케이스

1973년 미국병원협회가 『환자권리장전』에서 법령이 허용하는 범위 안에서 환자는 치료를 거부할 권리가 있다고 규정하였고 2년 뒤 '퀸란(Quinlan) 케이스'로 알려진 사건이 발생하였다.[3] 결국 식물인간 퀸란으로부터 생명유지장치를 제거해 달라는 가족들의 요구가 받아들여짐에 따라 온정주의보다는 환자의 자율적 결정권을 더 중요하게 간주하는 계기가 되었다(황상익, 1999). 생명과학과 의료기술이 발전함에 따라 뇌사, 안락사 등 새로운 윤리적 문제들이 끊임없이 생겨나고 있으며, 많은 경우 환자의 자율적 결정권의 존중이라는 측면에서 사회적 합의가 이루어지고 있는 추세이다.

② 보라매 병원 사건과 김 할머니 사건

우리나라에서도 1997년 '보라매병원 사건'과 2009년 '김 할머니 사건'으로 임종과 관련된 소송이 진행되고 대법원 판례가 나오면서 연명의료결정에 대한 논의가 공론화되었다. 이후 2016년 「호스피스·완화의료 및 임종과정에 있는 환자의 연명의료결정에 관한 법률(이하 「연명의료결정법」)」이 제정되고 2018년 2월 4일부터 시행되기에 이르렀다. 1997년

---

3) 1975년 미국에서 일어난 사건으로, 21세 여성인 퀸란은 약물과 알코올 혼합으로 인한 중독으로 몇 달 동안 혼수상태에 있었다. 뇌조직의 손상으로 회복이 불가능하다는 의료진의 말을 듣고 그녀의 부모는 인공 호흡장치를 제거해 달라고 요구하였다. 의사들이 이를 거부하자 법원에 제소하였고 결국 허가를 받아 장치를 제거하였다. 그런데 퀸란은 장치 제거 후에도 자가호흡을 하면서 10년을 더 살았고, 이 사건으로 생명유지장치를 언제 제거해야 하는지, 혼수상태에서 생명을 유지하는 것이 가치가 있는 것인지, 식물인간에게 어떤 치료를 제공하는 것이 유익한 것인지 등의 윤리적 문제가 제기되었다(조병희, 2006; Levine, 2006, pp. 504-505).

발생한 보라매 병원 사건은 의사의 의학적 권고에도 불구하고 보호자가 치료를 요하는 환자의 퇴원을 강청하여 담당 전문의와 주치의가 치료중단 및 퇴원을 허용하는 조치를 취함으로써 환자가 사망에 이르게 된 사건이다(한상훈, 2005). 결국 해당 의료인들에게 살인방조죄가 적용되었고, 이를 계기로 의료계는 연명의료중단과 관련하여 소극적이고 방어적인 태도를 취하게 되었다. 당시 연명의료중단의 결정에 대한 기준과 법이 존재하지 않았으며 이를 계기로 연명의료중단에 대한 사회적 논의가 시작되었다고 할 수 있다.

십여 년 뒤 김 할머니 사건[4]을 통해, 의학적으로 회생 가능성이 없는 환자라면 해당 환자가 남긴 사전의료지시나 환자 가족이 진술하는 환자의 평소 의사에 따라 연명치료

🎡 표 13-1 안락사, 존엄사, 웰다잉의 구분

안락사(euthanasia): 환자의 고통을 덜어 주기 위해 생명을 인위적으로 종결시키는 모든 행위를 의미하는 용어로서, 사망을 위한 방법과 시기를 제한하지 않는다는 점에서 연명의료중단 등 결정의 이행과 다름.

존엄사(尊嚴死, death with dignity): 사망하는 사람의 존엄성 확보를 목적으로 환자의 자기결정권을 강조하는 용어로서, '임종과정'에 있다는 의학적 판단이 전제된 환자에 대하여 제한적으로 환자의 자기결정을 인정하는 연명의료중단 등 결정의 이행과는 구별됨.

웰다잉(well-dying): 행복한 죽음이라는 뜻을 지닌 웰다잉은 유언작성, 장례절차 준비, 유산의 상속 및 기부 등을 포함하여 임종 문화에 관한 포괄적 용어로 정확한 정의 없이 사용되고 있음.

*우리나라에서는 2009년 5월 대법원이 무의미한 연명치료 장치제거 등을 인정하는 판결을 내림으로써 사실상 소극적 안락사를 인정하고 있으며, 적극적 안락사는 허용하고 있지 않다. 적극적 안락사를 법제화한 나라는 네덜란드를 비롯해 벨기에, 룩셈부르크, 캐나다, 콜롬비아, 호주 일부 지역, 뉴질랜드 등이 있으며, 스위스에선 '조력 사망(조력자살)'이 합법이다.

출처: 법제처, 찾기쉬운 생활법령정보 "연명의료 결정제도", 2023. 6. 15.
https://easylaw.go.kr/CSP/CnpClsMain.laf?csmSeq=1663&ccfNo=1&cciNo=1&cnpClsNo=1 자료를 요약함

---

[4] 김 할머니는 2008년 2월 폐암 조직검사를 받다가 과다출혈로 지속적 식물인간 상태가 되었고, 김 할머니의 자녀들은 인공호흡기 등의 연명치료 중단을 요구하였다. 병원 측은 '김할머니의 의사를 확인할 수 없고, 사망에 임박한 상태가 아닌데 연명치료를 중단하는 것은 의사의 생명보호의무에 반하고 형법상 살인죄 또는 살인방조죄로 처벌할 수 있다.'고 하여 그 요청을 거부하였다. 이에 자녀들은 소송을 제기하였고, 최종적으로 대법원에서 승소하였다. 이를 계기로 존엄사에 대한 논의가 본격화되었다.

를 중단하는 것이 가능하다는 대법원 판결이 2009년에 내려졌다.

③ 연명의료결정법

김 할머니 사건의 대법원 판결 이후 2013년 대통령 소속 국가생명윤리심의위원회에서 특별위원회를 구성하여 연명의료중단 등 결정과 관련된 구체적인 기준과 내용을 제시하면서 특별법 제정을 권고하였고, 2015년 임종과정에 있는 환자에 대한 연명의료 유보 및 중단에 관한 법률안이 제안되었다(보건복지부, 2019). 이후 법률안에 대한 검토 과정에서 임종 돌봄의 병행 제공 필요성이 강력하게 제기되면서 2016년 2월 호스피스·완화의료와 연명의료를 함께 다루는 「호스피스·완화의료 및 임종 과정에 있는 환자의 연명의료결정에 관한 법률」이 제정되었고 2018년 2월 4일부터 시행되었다. 이에 따라 임종과정에 있는 환자의 연명의료중단에 대한 윤리적 기준이 법으로 상당 부분 규정되었다고 할 수 있다.

여기서 말기환자와 임종과정에 있는 환자의 법적 구분이 중요한데 호스피스 완화의료의 대상은 말기환자와 임종과정에 있는 환자가 모두 포함되지만, 연명의료중단 결정 대상은 임종 과정에 있는 환자이다(〈표 13-2〉 참조).

표 13-2 임종과정에 있는 환자와 말기환자의 구분과 판단기준

	임종과정에 있는 환자 (법 제2조 제2호)	말기환자 (법 제2조 제3호 및 규칙 제2조)
대상 질병	질병 제한 없음	질병 제한 없음
상태	회생의 가능성이 없고, 치료에도 불구하고 회복되지 아니하며, 급속도로 증상이 악화되어 사망에 임박한 상태	적극적인 치료에도 불구하고 근원적인 회복의 가능성이 없고 점차 증상이 악화되어 수개월 이내에 사망할 것으로 예상
확인	담당의사와 해당 분야 전문의 1인이 판단(별지 제9호 서식)	▲임상적 증상 ▲다른 질병 또는 질환의 존재 여부 ▲약물 투여 또는 시술 등에 따른 개선 정도 ▲종전의 진료 경과 ▲다른 진료방법의 가능 여부를 종합적으로 고려하여 담당의사와 해당 분야 전문의 1인이 진단

출처: 보건복지부(2019), p. 34.

의료사회복지사는 연명의료중단과 관련하여 클라이언트에게 가능한 행동 절차와 이에 따른 결과를 알리고, 클라이언트 스스로 생명을 결정할 수 있도록 격려할 필요가 있다. 또한 다른 의료진과의 연계자로서 행동해야 하며, 클라이언트와 가족들이 의료진과 논의할 수 있도록 도와야 한다(이순민, 2016). 우리나라 호스피스·완화의료는 입원형, 가정형, 자문형이 있으며 각 대상과 서비스 내용은 다음 〈표 13-3〉과 같다.

표 13-3 호스피스 완화의료 대상과 서비스 내용

구분	대상 질환	서비스 내용
입원형 호스피스	• 말기 암	• 포괄적인 초기평가 및 돌봄 계획 수립과 상담 • 통증 및 신체증상 완화 • 환자 및 가족의 심리/사회/영적 문제 상담 • 자원 연계 및 돌봄 프로그램 운영 • 환자와 가족 교육(환자를 돌보는 방법, 증상 조절 등) • 음악/미술 요법 등 프로그램 • 호스피스·완화의료 자원봉사자의 돌봄 봉사 • 임종 관리 • 사별가족 돌봄 서비스 • 24시간 전화상담 및 응급 입원 서비스
가정형 호스피스	• 말기 암 • 말기 후천성 면역 결핍증 • 말기 만성 폐쇄성 호흡기 질환 • 말기 만성 간경화 • 말기 만성호흡부전	• 포괄적인 초기 평가 및 돌봄 계획 수립과 상담 • 통증 및 신체증상 완화 • 환자 및 돌봄 제공자 교육 • 심리적/사회적/영적 지지 • 주·야간 상담전화 • 장비 대여/연계 및 의뢰 서비스 • 임종 준비교육 및 돌봄 지원 • 사별가족 돌봄 서비스
자문형 호스피스		• 생애말기 돌봄 계획 및 상담 지원 • 심리적/사회적/영적 지지 • 자원 연계/경제적 지원 • 임종 준비 교육 및 돌봄 지원 • 호스피스 입원 연계(말기 암인 경우) • 재가서비스 연계

소아청소년 완화의료 (현재 만 24세 이하인 환자에 한해 시범운영 중)	생명을 위협하는 질환에 걸린 소아청소년 환자와 그 가족 중에서 완화의료가 필요하다고 판단되는 경우로 성인 호스피스와 달리 진단 병명이나 질병 단계에 제한이 없음	• 포괄적인 초기 평가 및 돌봄 계획 수립과 상담 • 신체적 돌봄 • 심리적 · 영적 돌봄 • 사회적 돌봄 • 의사소통 지원 • 환자 및 가족, 돌봄 제공자 교육 • 자원봉사자 교육 및 프로그램 운영 • 퇴원 지원 • 임종 돌봄 • 사별가족 돌봄

출처: 법제처, 찾기쉬운 생활법령정보 "연명의료 결정제도", 2023. 6. 15.
https://www.easylaw.go.kr/CSP/CnpClsMain.laf?popMenu=ov&csmSeq=1663&ccfNo=1&cciNo=2&cnpClsNo=1&search_put

(3) 의료분배와 관련된 영역

　의료자원은 항상 부족하므로 올바르게 또는 정의롭게 분배하는 문제가 항상 중요한 이슈로 대두된다. 여기에는 미시적 관점과 거시적 관점의 두 가지로 구분할 수 있는데, 거시적 관점은 의료자원을 필요로 하는 사람들에게 공평하게 분배하는 것과 관련되며 국가의 의료 분야에 대한 예산배정, 건강보험제도 그리고 의료전달제도와 같은 의료제도와 관련된 윤리적 문제이다. 미시적인 것으로는 희귀약품, 고가의 진료, 공급이 부족한 이식해야 할 장기의 분배문제 등이 이 영역에 속한다. 즉, 최신 의료지식과 기술을 적용한 대가가 대단히 고가이기 때문에 모든 사람이 혜택을 받을 수 없고, 일부 사람만 혜택을 받는다는 면에서 우선순위의 윤리문제가 대두된다. 예를 들면, 치료에 큰 비용이 드는 경우, 완전히 치료될 수 없는 사람에게 집중적으로 비용을 쓰는 것이 정당한가? 아니면 치료될 수 있는 더 많은 사람을 지원하는 것이 정당한가? 장기이식과 같이 희귀한 자원을 모든 사람에게 동등하게 배분할 수 없다면 욕구에 따라 우선순위를 결정하는 것이 정당한 기준이 될 수 있는가 하는 문제가 여기에 해당한다.

(4) 의료기술의 발전에 따른 윤리문제

인간복제, 유전자 재조합, 시험관 아기, 태아의 성감별과 같이 의료기술의 발전으로 전에는 전혀 예상치 못했던 이슈들이 새롭게 윤리문제로 대두되는 경우를 말한다. 앞으로 의학이 발전하면 할수록 현재로서는 상상할 수 없는 새로운 윤리문제들이 더 많이 나타날 것으로 예상된다.

4. 윤리적 의사결정

이상에서 제시된 윤리적 갈등과 딜레마의 상황들에 대해 의료사회복지사는 어떤 원칙에 근거하여 대처할 수 있을까? 윤리적 딜레마를 해결하기 위해 사회복지사가 활용할 수 있는 도구로는 대체로 두 가지가 있는데, 그 하나는 윤리강령이며, 그다음으로 여러 실천 행위의 대안 중에서 최선의 윤리적 선택을 안내하는 윤리적 의사결정 모델이 있다.

1) 윤리강령

윤리강령은 윤리적 실천기준을 포함하고 있고, 윤리원칙과 전문적 행동의 일반적 지침을 제공한다. 윤리강령 준수에 대한 요구는 사회복지직에서 가장 규범적인 것이다. 또한 강령은 사회복지사를 상대로 제기되는 비윤리적 행위에 대한 책임에 반응하고 평가하는 기준이다. 예를 들어, NASW에 가입하려면 사회복지사는 강령을 따를 것임을 나타내는 진술에 서명해야 한다. 매년 회원자격이 갱신될 때마다 사회복지사는 강령을 지지할 것임을 다시 한번 다짐한다. 그러므로, 윤리강령은 특정 대안 혹은 윤리적으로 신뢰할 수 있는가를 결정하기 위해 특정 상황을 검토하는 데 사용될 수 있는 중요한 기준이다.

전문가 윤리강령은 윤리적인 결정을 위한 포괄적인 원칙을 제공한다. 그러나 사회복지실천과정에서 직면하게 되는 복합적인 윤리적 갈등이나 전문적 의무가 상충되는 경우 어떻게 결정하며 어떻게 행동해야 하는지에 대한 구체적 지침을 제공하지는 못한다. 따라서 최근의 사회복지학계에서는 윤리적인 딜레마나 갈등의 상황에서 좀 더 윤리적인 실천과 결정을 할 수 있도록 돕기 위한 다양한 윤리적 의사결정 모델이 제시되고 있다.

2) 윤리적 의사결정 모델의 활용

윤리적 딜레마를 해결하기 위한 지침으로 많은 학자가 윤리적 의사결정 모델을 개발 하였다(Congress, 1999; Lowenberg & Dolgoff, 1996; Reamer, 1999). 윤리적 의사결정 모델 에 대해서는 『사회복지 윤리와 철학』 교과목 교재들에서 상세하게 다루고 있으므로 여 기서는 콩그레스(Congress)의 ETHIC 모델과 리머(Reamer)가 제시한 윤리적 의사결정과 정을 간략하게 소개하고, 마지막으로, 다양한 윤리적 의사결정 모델을 종합하여 스트 롬-고트프라이드(Strom-Gottfried)가 제안한 의사결정의 단계를 제시하고자 한다.

(1) 콩그레스의 ETHIC 모델

콩그레스의 ETHIC 모델의 ETHIC는 다음 각 단계의 앞 철자를 딴 명칭으로 상대적 으로 간결하며, 사회복지실천에 적용하거나 활용하기 쉽다는 장점이 있다(Congress, 1999).

표 13-4 콩그레스의 ETHIC모델

1. Examine	사회복지사 개인, 사회, 기관, 클라이언트 그리고 전문가의 가치를 검토한다
2. Think	상황에 적용되는 윤리강령의 윤리기준, 관련 법과 판례를 고려한다.
3. Hypothesize	각기 다른 결정으로 나타날 수 있는 가능한 결과에 대해 가설을 설정한다.
4. Identify	가장 취약한 대상에 대한 사회복지의 헌신의 관점에서 누가 혜택을 받고, 누가 피해를 입게 되는지를 확인한다
5. Consult	최선의 윤리적 선택에 대해 슈퍼바이저와 동료들의 자문을 구한다.

출처: Congress (1999).

(2) 리머의 윤리적 의사결정 모델

리머는 그워스(Gewirth)의 자유와 행복의 권리를 위한 세 가지 욕구의 위계를 바탕으로 기본적 소유물의 추구(생명유지, 건강보호, 의식주 등)를 가장 우선되는 지침으로 하여 다음과 같은 윤리적 의사결정과정을 제시하였다(Reamer, 1995).

표 13-5 리머의 윤리적 의사결정과정

1. 상충되는 사회복지 가치와 의무를 포함해서 윤리적 이슈가 무엇인지 확인한다.
2. 윤리적 결정으로 영향을 받을 수 있는 개인, 집단, 조직 등이 누구인지 확인한다.
3. 모든 가능한 행동방침들과 각각의 방침에 포함되는 당사자 및 그에 따른 이득과 위험 등을 잠정적으로 규명한다.
4. 각각의 행동방침에 대한 찬성과 반대의 이유와 근거를 아래의 사항을 고려하여 충분히 검토한다.
    • 윤리이론, 원칙, 지침
    • 윤리강령과 법적 원칙
    • 사회복지실천이론과 원칙
    • 개인적 가치(종교, 문화, 인종, 정치적 이념을 포함해서), 특히 자신의 개인적 가치와 충돌하고 있는 가치
5. 동료 혹은 적절한 전문가와의 상의한다(기관 직원, 슈퍼바이저, 기관행정가, 변호사, 윤리학자 등).
6. 결정을 내리고 의사결정과정을 기록한다.
7. 결정 내용을 모니터, 평가, 문서화한다.

출처: Reamer (1995), pp. 64-65.

(3) 스트롬-고트프라이드의 의사결정 단계

스트롬-고트프라이드는 기존의 다양한 의사결정과정 모델을 기반으로 의료 현장에서 유용한 실천적 틀을 10단계로 제시하였다(Strom-Gottfried, 2019, pp. 63-64.).

표 13-6 스트롬-고트프라이드의 의사결정 10단계

① 클라이언트를 포함하여 가능한 다양한 관점에서 해당상황에 대한 많은 정보를 수집하여 문제 혹은 딜레마를 확인한다.

② 핵심 원칙 및 갈등적 이슈를 정한다.

③ 관련 윤리강령을 검토한다.

④ 적용가능한 법과 규정을 검토한다.

⑤ 동료, 슈퍼바이저, 전문가 및(혹은) 윤리위원회의 자문을 구한다.

⑥ 실행가능한 행동과정을 고려하고 다양한 선택지의 결과를 검토한다.

⑦ 현재 가지고 있는 정보와 다른 선택지의 영향을 견주어 보고 특정 행동방침을 정한다.

⑧ 이 결정을 효과적으로 실행하기 위한 전략을 개발한다.

⑨ 의도한 결과가 달성되었는지를 결정하기 위해 과정과 결과를 평가하고 향후 결정을 위한 수정방안을 고려한다.

⑩ 의사결정의 각 단계에서 고려된 투입과 고려사항들을 문서화한다. 문서화는 문서기록을 위한 적절한 지침으로 클라이언트의 공식기록, 의료사회복지사의 비공식적 노트 혹은 슈퍼비전 세션의 노트에 포함될 수 있다.

3) 자문 및 공식위원회의 활용

점점 더 많은 윤리적 이슈가 의료사회복지사들이 혼자서 해결할 수 있는 범위를 넘어서고 있다. 따라서 리머의 의사결정과정에서 제시된 것처럼 의료사회복지사는 동료 및 관련 전문가로부터 자문을 구할 수 있다. 특히 임종 과정에서 환자나 가족이 겪는 고통이나 부담은 너무나 크기 때문에 이를 관련 당사자들에게만 결정의 책임을 부여하기는 어렵다. 그러므로 의료기관윤리위원회[5]와 같은 기구를 통해 의사결정을 하는 시도는 현재 주어진 여건 가운데 가장 합리적이고 윤리적 해결책 강구에 현실적 도움이 되는

---

5) 우리나라에서도 「호스피스·완화의료 및 임종과정에 있는 환자의 연명의료결정에 관한 법률」에 따라 연명의료중단결정 및 이행에 관한 업무를 수행하려는 의료기관은 의료기관윤리위원회를 설치·운영하도록 하고 있다(2023. 12. 31.). 현재 전국에 430개 병원에 의료기관윤리위원회가 설치되어 있다[보건복지부(2024), https://www.data.go.kr/data/15075103/fileData.do].

방법이다. 즉, 법적으로나 윤리적으로 복잡한 의료문제를 한두명의 담당 의사의 의견이나 사회복지사의 의견만으로 결정하기보다 여러 분야 전문가의 의견을 종합하여 결정하는 것이 보다 합리적일 것이다(한인영, 최현미, 2000, p. 316). 의료기관윤리위원회에서는 특정 의료윤리에 관련된 의료진과 환자 측과의 갈등이 의료분쟁으로 진행되는 것을 사전에 예방할 수 있고, 의료사회복지사가 경험하는 윤리적 갈등에 대한 자문을 얻을 수 있으므로 의료사회복지사는 앞에서 제시한 체크리스트의 활용과 더불어 동료, 나아가서 윤리위원회의 활용을 통해 해결책을 모색하는 것이 바람직할 것이다.

4) 문서화

마지막으로, 이러한 윤리적 결정과정은 반드시 기록하고 문서화하도록 한다. 특히 윤리적 문제와 관련하여 문서화의 중요성은 많은 학자가 지적하고 있다(Reamer, 1995; Lowenberg & Dolgoff, 1996). 근거를 쓰는 것은 그 문제에 대해 보다 정밀하게 생각하도록 도울 뿐 아니라 만약 사회복지사가 이러한 결정의 결과로 강령위반에 따르는 처벌을 받게 될 경우에도 유용한 기록이 될 수 있기 때문이다.

이상과 같이 윤리적 딜레마를 해결하기 위한 윤리적 의사결정과정에 대해 알아보았다. 여기서 유의할 점은 윤리적 딜레마를 해결하는 과정에서 자칫 클라이언트의 다른 욕구나 어려움보다 윤리적 딜레마 자체의 논리에만 함몰되는 위험을 경계해야 한다는 것이다. 윤리적 딜레마는 클라이언트가 처한 다양한 현실적 어려움과 같이 나타나는 경우(예: 경제적 어려움, 심리적 이슈)가 많으므로 의료사회복지사는 윤리적 딜레마를 해결해 가는 과정에서 클라이언트와 가족의 욕구 사정을 기반으로 한 다차원적 개입을 동시에 진행해야 한다.

▲ 참고문헌

김일순(1999). 생명의료윤리의 원리와 영역. 서울대 의과대학 의학교육연수원 편, 임상윤리학. 서울대출판부.

김일순, 손명세, 김상득(1999). 의료윤리의 네 원칙. 계축문화사.

김정자(1996). 사회복지실천의 윤리적 제고찰.

보건복지부(2019). 「연명의료결정제도안내」.

보건복지부(2024). 의료기관윤리위원회 설치 의료기관 현황(2023. 12. 31). https://www.data.go.kr/data/15075103/filed.ata.do 2024. 1. 11. 접속

법제처, 찾기쉬운 생활법령정보, 연명의료 결정제도, 2023. 6. 15.https://easylaw.go.kr/CSP/CnpClsMain.laf?csmSeq=1663&ccfNo=1&cciNo=1&cnpClsNo=1

양옥경 외(1993). 사회복지실천과 윤리. 한울아카데미.

우국희(2015). 사회복지 윤리와 철학(제2판). 공동체.

이순민(2016). 사회복지윤리와 철학(제2판). 학지사.

장인협(1989). 사회사업실천방법론(하). 서울대출판부.

조병희(2006). 질병과 의료의 사회학(개정판). 집문당

한국가톨릭의사협회편(1992). 의학윤리. 수문사.

한국사회복지사협회(2023). 윤리강령. https://www.welfare.net/welfare/cm/cntnts/cntntsView.do?mi=1036&cntntsId=1044 2023. 5. 2. 접속

한상훈(2005). 치료중단과 작위, 부작위의 구별−대법원 2004. 6. 24. 선고 2002도995 판결(보라매병원 사건)−. 법학연구, 15(1), 249−274.

한인영, 최현미(2000). 의료사회사업론. 학문사.

황상익(1999). 생명의료윤리의 역사. 서울대 의과대학 의학교육연수원 편. 임상윤리학. 서울대출판부.

Barker, R. L. (1991). *The Social Work Dictionary*, Silver Spring, U.S.A: NASW.

Beauchamp, T. L., & Childress, J. F. (2009). *Principles of Biomed.ical Ethics* (6th ed.). New York: Oxford University Press.

Congress, E. (1999). *Social Work Values and Ethics: Identifying and Resolving Professional Dilemmas*, Belmont, CA: Wadsworth Publishing Company.

Cowles, L. A. F. (2000). *Social Work in the Health Field: A Care Perspective*. New York: The

Haworth Press

Gehlert, S. (2012). "The conceptual underpinnings of social work in health care", in

Gehlert, S., & Browne, T. (2012). *Handbook of health social work* (2nd ed.). John Wiley & Sons.

Levine, R. J. (2006). Ethics of clinical trials: Do they help the patient?, *Cancer, 72*(S9). 2805-2910.

Lowenberg, F. & Dolgoff, R. (1988). *Ethical Decisions for Social Work Practice*, Itasca, Ill: Peacock Publishers.

Lowenberg, F., Dolgoff, R., & Harrington, D. (2005). *Ehtical Decisions for Social Work Practice* (7th ed.). CA: Brooks/Cole.

NASW(2023). '*2021 Highlighted. Revisions to the Code of Ethics*', https://www.socialworkers. org/About/Ethics/Code-of-Ethics/Highlighted.-Revisions-to-the-Code-of-Ethics

Reamer, F. G. (1995). *Social Work Values and Ethics,* 고미영, 최경원, 황숙연 역(2000). **사회복지실천의 가치와 윤리**, 사회복지실천연구소

Reamer, F. G. (1999). *Social Work Values & Ethics* (2nd ed.). N. Y.: Columbia University Press

Sheafor, B. W., & Charles, R. H. (2010). *Techniques and Guidelines for social Work Practice,* (8th ed.). 남기철, 정선욱, 조성희 역(2010). **사회복지실천 기법과 지침** (개정2판). 나남.

Strom-Gottfried., K. (2019). Ethics in Health Care., In Gehlert, S. & Browne, T. (Ed.), *Handbook of Health Social Work* (3rd ed.). San Francisco: John Wiley & Sons, Inc., 39-70

Weitz, R. (1996). *The Sociology of Health, Illness, and Health Care: A Critical Approach,* Belmont, CA: Wadsworth Publishing Company.

제**14**장
의료사회복지실천의 환경

1. 의료보장제도

1) 건강보험제도

(1) 건강보험제도 운영 현황

① 의의

국민건강보험제도는 생활상의 질병·부상에 대한 예방·진단·치료·재활과 출산·사망 및 건강증진에 대하여 보험급여를 실시함으로써 국민보건을 향상시키고 사회보장을 증진함으로써 보험의 원리를 이용하여 의료비의 지출 부담을 국민건강보험 가입자 모두에게 분산시켜 국민생활의 안정을 도모하기 위한 사회보험제도이다.

② 적용 현황

1989년 7월 1일부터 전 국민의료보험이 실시되어 모든 국민이 건강보험과 의료급여에 의하여 의료보장을 받고 있다. (2023년 기준) 전 국민의 97.1%인 5,145만 명이 국민건강보험제도의 적용을 받고 있으며, 나머지 2.9%인 151만 명이 기초생활보장 대상자 등으로 의료급여제도에 편입되어 있다. 건강보험의 가입자는 직장가입자 및 지역가입자로 구분되며, 모든 사업장의 근로자 및 사용자와 공무원 및 교직원은 직장가입자가 되며, 직장가입자 및 그 피부양자를 제외한 농어촌주민, 도시자영업자 등은 지역가입자가 된다. 2019년 7월 16일부터는 6개월 이상 국내에 체류하는 외국인(재외국민 포함)에 대해 건강보험 지역가입자 임의가입에서 당연가입으로 변경되었으며, 2024년부터는 직장가입자 피부양자 조건도 6개월 이상 국내거주 등 요건을 충족한 이후로 조정되었다.

표 14-1 의료보장 적용 현황(2023. 12. 31. 기준)   (단위: 천 명, %)

구분		적용인구	구성비
계		52,964	100.0
건강보험	소계	51,453	97.1
	직장	36,365	68.7
	지역	15,089	28.5
의료급여	소계	1,511	2.9
	1종	1,164	2.2
	2종	357	0.7

출처: 2023년 국민건강보험 통계연보.

③ 관리운영 체계

국민건강보험은 보건복지부, 국민건강보험 공단, 건강보험심사평가위원에 의하여 관리 운영되고 있다. 보건복지부는 건강보험사업의 관장자로서 건강보험관련 정책을 결정하고 건강보험 업무 전반을 총괄하고 있다.

국민건강보험 공단은 건강보험의 보험자로서 「국민건강보험법」 제13조의 규정에서 정한 업무에 의하여 가입자 및 피부양자의 자격관리 및 보험료의 부과·징수, 보험급여

비용의 지급 및 사후관리, 건강증진 및 예방사업, 건강보험에 관한 교육훈련 및 홍보와 조사연구·국제협력, 기타 건강보험과 관련하여 보건복지부 장관이 필요하다고 인정하는 업무 등의 사업을 수행하고 있다. 건강보험심사평가원은 「국민건강보험법」 제63조의 규정에 의해 요양급여비용 심사 및 요양급여 적정성 평가, 심사 및 평가기준 개발 및 그 외 관련된 조사연구·국제협력, 요양급여대상여부확인, 급여비용의 심사 또는 의료의 적정성 평가에 관하여 위탁받은 업무, 기타 보건복지부장관이 필요하다고 인정한 업무 등의 기능을 수행한다.

④ 재원조달 체계

사회보험방식에 의하여 운영되는 건강보험은 가입자 및 사용자로부터 징수한 보험료와 국고 및 건강증진기금 등 정부지원금을 그 재원으로 한다. 보험료는 임금근로자가 대상인 직장가입자의 경우에는 소득비례 정률제가 적용되며, 농·어민과 도시자영자가 대상인 직장가입자의 경우에는 대상범위가 광범위할 뿐 아니라, 소득의 형태가 다양하고 정확한 소득파악에 어려움이 있어 소득비례 정률제 대신 보험료부과점수(소득, 재산, 생활수준 등의 등급별 점수합)에 점수당 단가를 곱하여 산정한 금액을 적용한다.

직장가입자의 경우 근로자가 일정기간 동안 지급받은 보수를 기준으로 산정한 보수월액에 보험료율을 적용하여 산정한 금액을 가입자와 사용자가 각각 1/2씩 부담하고 있으며, 지역가입자의 경우에는 소득·재산, 생활수준 등 부과요소별 점수를 합산하여 산출한 보험료부과점수에 점수당 단가를 곱하여 산정, 세대별로 부과하고 있다.

한편, 자영업자 등 지역주민의 경우에는 1988년 지역의료보험을 처음 실시할 당시부터 보험료 부담을 경감시켜 주기 위하여 보험료의 일부와 보험사업 운영에 소요되는 관리운영비를 국고에서 지원하여 왔다.

2007년부터는 당해연도 전체 보험료 예상수입액의 14%에 상당하는 금액을 국고에서 6%에 해당하는 금액(단, 담배부담금 예상수입액의 65% 이내 상한)을 건강증진기금에서 지원하고 있다. 또한 2008년 7월부터는 장기요양보험료율을 함께 부과하고 있으며, 2023년부터는 산정방식이 변경되어 장기요양보험료율에 건강보험료율을 나눈 뒤 건강보험료를 곱한 금액을 부과하고 있다.

표 14-2 재원조달 체계(2023년도 기준)

구분		직장근로자	지역가입자
재원조달	보험료	• 보수월액의 7.09% (장기요양보험료: 0.9082%) • 사용자, 근로자가 각 50%씩 부담 • 사용자가 원천징수해 공단에 납부 • 교직원은 본인, 학교경영자, 정부가 각 50%, 30%, 20%씩 부담	• 소득 · 재산(자동차포함) 등의 등급별 점수를 합산한 보험료부과점수에 점수당 단가(208.4원)를 곱한 금액 • 세대주가 납부
	국고지원금	당해연도 보험료 예상수입액의 14%	
	건강증진 기금	당해연도 보험료 예상수입액의 6% (단, 담배부담금 예상수입액의 65% 상한)	

⑤ 보험급여 체계

건강보험의 급여형태는 의료 그 자체를 보장하는 현물급여와 의료비의 상환제도인 현금급여 두 가지 형태가 있으며, 우리나라는 현물급여를 원칙으로 하되 현금급여를 병행하고 있다. 현물급여에는 가입자 및 피부양자의 질병 · 부상 · 출산 등에 대한 요양급여 및 건강검진이 있고, 현금급여에는 요양비, 장애인보장구 급여비 등이 있다.

표 14-3 직장가입자 보험료 부과체계

구분	내용
보험료 부과기준	• 보수월액: 보수총액 기준(근로소득 · 사업소득 등)
보험료 부담방법*	• 보수월액×7.09% (※ 통합이전: 조합에 따라 3~6%)
평균보험료 (장기요양보험료 포함)	• 73,356원(사용자 포함 146,712원)
부담주체	• 근로자: 보험료 부담(피부양자: 보험료 부담 없음)

주: 2008년 1월부터 직장가입자의 보험료는 보수월액×7.09% 부과(삭제).

표 14-4 지역가입자 보험료 부과체계

구분	내용
보험료부과기준	• 보험료 부과점수: 소득(종합소득, 농업소득), 재산(주택, 건물, 토지, 선박, 항공기, 전월세), 자동차 (차량 잔존가액이 4천만 원 이상인 승용차량만 부과) 경제활동능력(성·연령)
보험료율*	• 보험료부과점수를 나타내는 점수에 보험료 환산금액(148.9원 → 208.4원)을 곱하여 부과
보험료 부담방법	• 가입자 전액 부담: (※ 2023년 기준) 정부지원: 당해연도 보험료 예상수입액의 20%) 정부지원(14%), 담배부담금(6%)
평균보험료	• 83,722원 (연간평균 세대당 월보험료)
부담주체	• 세대주·세대원 모두 보험료 부담

주: 2008년 1월부터 보험료부과점수에 208.4원을 곱하여 부과.

가입자 또는 피부양자가 요양급여를 받을 때에는 그 진료비용의 일부를 본인이 부담해야 하는 본인부담금제를 적용하여 입원치료를 받으면 진료비의 20%를, 외래진료의 경우에는 요양기관 종별에 따라 비용의 30~60%를, 약제비는 30%를 본인이 부담해야 한다.

(2) 건강보험제도 향후 과제

① 건강보험 재정의 안정화

건강보험이 안정적으로 운영되기 위해서는 보험 재정의 수입과 지출이 균형을 이루어야 한다. 이는 가입자가 부담하는 적정 수준의 보험료와 국고지원금을 포함한 수입 범위 내에서 지출이 이루어져야 함을 의미한다. 최근 급속한 고령화와 이에 따른 만성질환자 증가 및 신의료기술 개발 등 보건의료 환경이 변화하면서 건강보험 급여비 지출이 매년 10% 이상씩 늘어 그 규모가 거의 매 5년마다 2배씩 커지고 있는 실정이다.

2005년부터 본격 추진된 암 중증질환에 대한 급여 확대를 비롯한 보장성 강화조치와 노인인구 증가 및 의료기술의 발달 등으로 2006년도 보험급여비 지출이 전년대비 17.7%, 2007년도 보험급여비 지출이 전년대비 14.3%나 급증, 2006년 747억 원, 2007년 2,847억 원의 당기적자를 기록하였다. 2008년에는 지출합리화 방안의 영향 등으로 급여비 증가율이 7.9%로 감소하였으나 2009년도에는 보험료율 동결, 신종플루 영향 등으로 다시 당기수지 32억 원의 적자를 기록했다.

건강보험에 대한 국고지원은 1998년 지역의료보험 도입 당시에는 직장가입자와 달리 사용자가 별도로 존재하지 않는 지역가입자 보험료의 1/2을 지원한다는 취지에서 출발하였으나 현재까지도 계속 시행되어 당해연도 보험료 예상수입액의 14%에 상당하는 금액을 국고에서, 6%에 상당하는 금액(단, 담배부담금 예상수입액의 65% 상한)을 국민건강증진기금에서 지원하고 있어 건강보험 재정의 건정성이 위협받고 있음을 보여 준다.

건강보험 재정 안정화를 위해서는 수가체계와 지불제도를 비롯한 의료시스템의 구조적 개선을 통한 보다 근본적인 재정안정대책을 수립 · 시행해야 할 필요가 있다. 이와 함께 자영자의 소득파악 제고를 통한 부담의 형평성 제고, 보험자의 경영 혁신 노력 및 의약단체의 과잉진료, 허위 · 부당청구 형태 개선 역시 필요하다. 이러한 노력들을 바탕으로 단계적 보장성 확대조치에 상응한 적정 수준의 보험료율 인상 또한 불가피할 것으로 예상된다.

② 고령화 및 노인의료비 증가(출처: 이은경. 건강보험 재정의 현황과 정책과제)

우리나라 전체 인구 중 65세 이상 노인인구 비중은 2009년 10.5%에서 2016년 13.2%로 꾸준히 증가하고 있다. 그런데 65세 이상 노인인구가 사용한 의료비 지출은 2009년 기준 전체 진료비의 1/3이고, 2016년에는 그 비중이 40%에 이른다. 2016년 기준 1인당 진료비 역시 전체 인구는 127만 원인데 반해 노인인구는 381만 원으로 3배 이상 높다. 국민건강보험공단(2017)에 따르면, 노인 의료비는 2030년 91조 원으로 2015년 22조 원에 비해 4배 이상 증가하며, 1인당 노인 의료비도 2015년 357만 원에서 2030년 760만 원으로 2배 가까이 증가할 것으로 전망된다. 그렇듯 65세 이상 노인인구의 의료비 지출이 증가하는 이유는 급성기 질환보다는 만성질환 유병률이 높기 때문이다. 2016년 65세 이상 노인의 외래 및 입원의 다빈도 상병을 살펴보면 대부분이 만성질환에 속한다. 예를 들면, 외래의 경우 고혈압, 당뇨병, 관절염, 입원의 경우 치매, 뇌 혈관질환, 심장질환 등이 만성질환에 해당한다. 따라서 노인 의료비 급증을 막기 위해서는 만성질환의 예방 및 관리 정책이 강화되어야 할 것이다.

현재 우리나라의 만성질환 예방 정책으로 보건복지부의 국가건강검진 사업, 국가예방접종 사업 등이 있지만 한국의 보건의료체계는 여전히 예방보다는 치료 중심으로 운영되고 있다. 그러나 만성질환 예방을 위해서는 건강한 생활습관(금연, 금주, 운동) 형성, 건강관리 프로그램 참여 등 일상의 노력부터 동네 의원을 통한 단골 주치의 제도 등과 같은 정부 차원의 노력에 이르기까지 광범위한 관심과 투자가 필요하다.

③ 건강보험 보장성 강화 측면(출처: 이은경. 건강보험 재정의 현황과 정책과제)

현재 건강보험제도가 당면한 재정의 가장 큰 부담 요인으로는 보장성 확대 정책을 들 수 있다. 우리나라는 2005년부터 세 차례에 걸쳐 중기 보장성 강화 계획을 발표하여 점진적으로 건강보험이 커버하는 범위를 확대하고 있다. 문재인 정부는 국민의 의료비 부담을 낮추고 의료 안전망 역할을 강화하고자 2018년 보장률 63.4%에서 2022년까지 보장률 70% 확대를 목표로 하는 건강보험 보장성 강화 계획을 발표하였다.

이 계획의 주요 내용은 3대 비급여 부담 경감(선택진료제 폐지, 상급병실 단계적 급여화, 간병통합서비스 확대), 취약계층(노인, 아동, 여성, 장애인)의 본인부담 경감, 저소득층의 본인부담 상한액 감소 등이다. 보건복지부는 보장성 강화 계획에 따른 추가 재정 소요액이 2022년까지 30조 6,000억 원이고, 재원 조달 방안으로 20조 원의 누적 적립금 활용, 국고지원 확대, 보험료 부과 기반 확대, 보험료율 인상(과거 10년 평균인 3.2% 이내), 제도 개선 등을 추진하겠다고 발표하였다. 국회예산정책처(2017)는 시계열 방식을 사용하여 건강보험 보장성 강화 계획을 반영한 중기 재정 추계를 실시하였다. 현행 보장률을 유지할 경우, 2022년 건강보험 지출은 82조 7,000억 원으로 추계되지만, 보장성 강화 정책을 반영하면 2022년 건강보험 지출은 91조 원으로 약 8조 3,000억 원의 추가 재정이 필요할 것으로 전망된다.

그러나 이미 발표된 보장성 강화 계획을 2023~2027년에 반영하게 되면 지출 규모가 52조 5,000억 원에 달할 것으로 예측되므로, 2022년 이후 중장기적 관점에서 건강보험 재정건전성을 확보하기 위한 방안이 필요하다.

이에 건강보험공단은 점점 증가하는 재정 불확실성에 대응해 재정건전화 과제를 발굴·추진하고 지출효율화 및 재정절감을 추진하기 위해 정부가 발표한 '건강보험 지속가능성 제고방안'(2023. 2. 28.)에 따라 보험료 부담 형평성 제고 및 자격관리 강화로 수입을 확충했고, 위험분담제 고도화를 통한 약품비 관리 강화, 불법개설 기관 및 부당청구 관리 강화 등으로 재정을 효율적으로 관리하기 위해 노력하여, 2022년도 국민건강보험 재정 당기수지(현금흐름기준)는 연간 3조 6,291억 원 흑자로 집계됐고, 누적 적립금은 23조 8,701억 원을 보유하게 됐다고 밝혔다. 건강보험은 2년 연속 당기수지 흑자 상황이나, 글로벌 경기침체, 저출산·고령화로 인한 생산인구 감소, 초고령사회 도달(2025년), 의료이용 회복 등으로 향후 재정 불확실성은 증가할 것으로 예상된다(메디포뉴스. 2023). 따라서 보장성 강화 계획을 실시하여 국민들의 의료비 부담을 완화하는 것은 좋지만 건강보험 재정이 큰 타격을 입을 수 있기 때문에 보장성 강화와 더불어 전달체계 및 수가체계 등과 같은 제도의 개선이 반드시 필요하다.

④ 본인부담상한제 개선

건강보험제도에서는 본인부담상한제를 적용하여 고액·중증질환의 경우, 과중한 진료비 부담으로 진료비를 체납하거나 진료를 중도에 포기하는 결과를 가져오고 있다. 정부에서는 본인이 부담하는 진료비용이 일정액을 초과하는 부분에 대하여 건강보험공단이 내주는 본인부담상한제도를 2004년 7월 실시하여, 2009년 1월부터 보험료 부과수준에 따라 하위 50%는 200만 원, 중위 30%는 300만 원, 상위 20%는 400만 원으로 연간 본인부담상한액을 차등 적용하고 있다. 2014년 1월 1일부터 개정된 「국민건강보험법 시행령」이 시행됨에 따라 기존 보험표 수준별로 하위 50%는 연간 200만 원, 중위 30%는 300만 원, 상위 20%는 400만 원의 상한액 등 기존 3단계로 구분하여 적용하던 것을 7단계로 세분화되었다. 그리고 2015년부터는 전국소비자물가지수 변동률(최대 5%)이 적용되어 본인부담상한액이 매년 변동되고 있다. 이에 대한 해당 연도 본인부담상한액은 '전년도 본인부담상한액×(1＋전국소비자물가변동률)'으로 계산된다.

2023년부터는 요양병원 장기(연 120일 초과) 입원자의 불필요한 사회적 입원 방지를 위해 하위 50% 미만에만 적용해 왔던 별도 상한액 적용을 전 구간으로 확대하여 소득계층 간의 형평성을 제고하였다. 하지만 보험이 적용되지 않는 비급여항목이 많기 때문에 상한제의 효과가 크게 제한되고 있어 비급여 항목을 단계적으로 급여항목으로 전환하여야만 제도시행의 실질적 효과를 높일 수 있을 것이다.

또한 생존기간 동안 지속적인 약제 투여 및 치료가 필요한 환자 중 다른 질환에 비해 평균 진료비가 높고, 정상적인 사회생활을 유지하기 어려운 희귀ㆍ난치성 질환자와 암 질환 및 심장ㆍ뇌혈관질환과 같은 고액중증질환자에 대해서도 본인부담금을 줄여 주는 범위가 확대 적용되어야 할 것이다.

⑤ 건강보험 보장성 강화(문재인 케어)

문재인 케어란 문재인 정부에서 주도하는 정책으로, 건강보험 보장성 강화 대책이다. 내용으로는, 우선 비급여의 급여화[국민의 부담이 큰 이른바 '3대 비급여(선택진료비, 상급병실료, 간병비)'] 문제를 해소하기 위해 선택진료비를 폐지, 병원급 이상의 2~3인실에 건강보험 적용, 간호ㆍ간병 통합서비스를 두 배 이상 확대(2017년 26,381병상 → 2021년 60,287병상)했다. 또한 초음파 및 MRI 검사 등 치료에 필요한 비급여 항목에 대해 단계적으로 건강보험을 적용, 국민의 의료비를 경감하였고, 취약계층의 의료비 부담을 완화(아동, 노인, 장애인의 본인부담금 경감 및 급여대상자 확대)하였다. 또한 의료안전망을 강화하여 소득 하위 50%의 국민이 연간 부담하는 건강보험 본인부담금의 상한액 기준을 본인 연소득의 10% 수준으로 인하해 저소득층의 환급금을 확대하였다. 또한 치료적 비급여 의료비를 지원하는 재난적 의료비 지원사업 대상을 기존 4대 중증질환에서 전체 질환으로 확대하고 지원 한도를 최대 2,000만 원에서 3,000만 원으로 인상하였다.

전 국민 건강보험이 되면서 의료기관들은 건강보험 급여의 적자를 보존하고자 비급여의 확대를 꾀해 왔으며, 건강보험 보장률은 낮은 상태로 유지하게 되었다. 또한 건강보험의 획일적 급여체계에 묶여 수요에 맞는 공급의 변화를 억제하고 있다.

윤석열 정부는 보건의료정책 과제 중 하나로 의료복지 필요 국민에 대한 집중 지원을 발표하였다. 의료보장성을 국제적으로 비교한 지표에는 두 가지가 있는데, 경상의료비 중 공공의료비의 분율과 재난적 의료비 경험률이다. 한국은 공공의료비 분율이

2019년 61.0%(OECD 평균 74.1%)이며, 소득 25% 기준의 재난적 의료비 경험률은 한국이 4.6%(OECD 평균 1.6%)로, OECD 국가 중 하위권이다. 문재인 정부에서는 전체 국민을 대상으로 하여 재원 소요가 많이 드는 공공의료비 분율 감소에 중점을 두었다면, 윤석열 정부에서는 재난적 의료비 지원을 강화하여 의료비 지원이 시급한 국민에게 집중적으로 지원하고자 한다(박은철, 2022).

⑥ 건강보험 급여체계의 합리화

요양급여기준(보건복지부령)에 따라 고시된 진찰, 처치·수술 등의 '진료행위별 분류항목 및 상대가치점수'는 전문적이고 객관적인 분석이 요구되는 사항이며, 약제비나 치료재료 비용은 생산자(또는 판매자)와 수요자 사이에 시장에서 결정된 가격인 실거래가로 보상하고 있다.

요양급여비용은 2001년부터 해당 의료행위의 자원 투입량을 기준(resource-based)으로 상대가치 점수(relative value)를 부여하는 상대가치 점수체계를 도입하였으며, 2008년부터 전면 개정된 새로운 상대가치 점수체계를 적용하고 있다. 하지만 여전히 수가 항목 간의 난이도, 진료시간, 신의료기술의 발전, 대외적인 의료환경의 변화, 새로운 의료정책의 도입, 물가수준 변동 및 진료비용 구성요인 변동 등을 제대로 반영하지 못하고 있다는 문제가 제기되고 있다.

현행 건강보험 수가제도는 행위별 수가제를 근간으로 하며, 동 제도는 의료기관의 진찰, 처치 등 각각의 진료행위들을 일일이 계산하여 사후적으로 비용을 지불하는 방식이다. 이러한 행위별 수가제는 급격한 진료량 증가와 이에 따른 의료비용의 상승이 가속화되는 요인이 되며, 그 밖에도 의료서비스 공급형태의 왜곡, 수가관리의 어려움, 의료기관의 경영효율화 유인장치 미비 등 많은 문제점이 파생되었다. 이러한 문제점을 개선하기 위한 대안으로 질병군별 포괄수가제도(DRG)가 도입되어 2003년부터 7개 질병군(수정체수술, 편도선수술, 항문수술, 탈장수술, 충수절제술, 자궁수술, 제왕절개분만)을 선택하여 적용하고 있다. 행위별 수가제를 근간으로 한 일본, 대만, 독일과 예산제 방식을 채택한 유럽에서도 효율성, 투명성, 질 향상이라는 목표하에 포괄수가제 도입을 확대하는 추세이다(건강보험심사평가원, 2021).

또한 정부는, 2009년도부터 매년 '신포괄지불제도' 시범사업을 확대 운영하고 있다. 신포괄수가제도는 행위별 수가제와 일부 질병군(7개 질병군)에만 적용하는 기존 포괄수가제도를 개선하기 위해 개발된 대안적 모델로, 포괄적 보상(기준 수가＋일당수가)과 행위별 보상방식이 혼합 적용된 지불제도이다. 대부분의 의료서비스를 포괄로 묶고, 진료비 차이를 유발하는 고가서비스를 행위별 수가로 보상하는 제도이다.

포괄수가제도는 진료량을 제한하여 의료비 상승을 억제할 수 있다는 장점을 지녔으나 동시에 진료행위를 제한하여 진료서비스의 질적 수준이 저하되는 문제가 있어 포괄수가제도의 효과성에 대한 철저한 평가를 통해 제도가 보완되어야 한다.

2) 의료급여제도

(1) 의료급여제도 운영현황

① 의의

1977년도부터 의료보호라는 이름으로 시작된 의료급여제도는 저소득층을 위한 의료보장제도로, 「국민기초생활보장법」에 의한 수급권자와 이재민, 의사상자, 국가유공자 및 중요무형문화재 보유자 등 타법에 의한 대상자 및 법령상 일정한 조건을 갖춘 행려환자를 의료급여 수급권자로 선정하여 국가재정으로 질병이나 부상, 출산 등에 대한 진찰, 검사, 약제·치료재료의 지급, 처치·수술과 그 밖의 치료, 예방·재활, 입원, 간호, 이송, 기타의 의료목적 달성을 위한 조치를 제공한다.

② 적용 현황

■ 수급권자 자격

의료급여 수급권자 중 「국민기초생활보장법」에 의한 수급자는 1종 및 2종 수급권자로 구분하여 본인부담금에 차등을 둔다. 1종과 2종을 구분하는 근거는 근로능력의 유무인데 기초생활보장수급자 중 근로능력이 없는 자는 1종, 근로능력이 있는 자는 2종이

표 14-5 2022년도 의료급여 종별 대상자 및 선정기준

구분	수급권자
1종	• 국민기초생활보장법에 의한 수급자 중 근로능력이 없는 자 • 국가유공자, 중요무형문화재, 이재민 • 의상자 및 의사자 유족 • 북한이탈주민 • 5·18 광주민주화운동관련자 • 18세 미만 국내입양아동 • 행려환자 • 노숙인
2종	• 국민기초생활보장법에 의한 수급환자 중 의료급여 1종 수급권자 기준에 해당되지 않는 자

된다. 2002년도에 142만 명이던 의료급여 수급권자수가 건강보험 차상위 계층에 대한 의료급여 적용에 따라, 2005년도에 176만 명, 2006년 183만 명으로 확대되었으며, 2007년 말 기준으로 총 수급권자 수는 185만 명으로 증가하였으나 복지재원의 합리적 배분을 위해 2008년부터 단계적으로 차상위계층을 건강보험가입자로 전환하였고, 2009년 말 기준으로 총 수급권자 수는 168만 명이다. 2017년부터 2019년까지 약 148만 명을 유지하다가 2020년 152만 명, 2021년 기준 151만 명(의료보장 인구의 2.9%)의 수급권자가 급여를 적용받고 있다.

본인부담금을 포함한 의료급여 총 진료비(증가율)는 2005년도 3조 2,337억 원(23.8%)에서 2006년도에는 3조 9,251억 원(21.4%), 2007년도 4조 2,238억 원(7.6%), 2009년도에는 4조 7,548억 원(6.2%)으로 총 진료비는 증가하였으나, 최근 5년간 23%를 상회하던 총 진료비 증가율은 6% 수준으로 둔화되었다.

■ 의료급여 수준과 본인부담금

국가는 법령에서 정한 수급권자의 법정본인부담금을 제외한 금액의 전액을 지원하는데, 법정본인부담금은 수급권자의 종별(1, 2종) 구분에 따라 달리 적용된다. 이와 함께

수급권자들의 부담을 완화하기 위해 대불제도, 본인부담보상제, 본인부담상한제 등을 운영하고 있다.

대불제도는 2종 수급권자에 대해서만 적용되며, 진료비의 15%를 부담하는 2종 수급권자가 최저생계비 이하의 계층임을 고려하여 입원진료 시 본인부담금이 20만 원 이상인 경우 20만 원 초과분은 의료급여기금에서 대불하여 주고 무이자로 분할 상환하는 제도이다. 본인부담보상제는 일정 기간 동안 본인부담금이 법령이 정한 금액을 초과하는 경우 초과금액의 50%을 되돌려주는 제도로, 1종 수급권자는 매 30일간 2만 원, 2종 수급권자는 매 30일간 20만 원 초과 여부가 적용기준이 된다. 본인부담상한제는 일정 기간 동안 본인부담금이 법령이 정한 금액을 초과할 경우 초과금액의 전부를 되돌려주는 제도로, 1종 수급권자는 매 30일간 5만 원, 2종 수급권자는 매 6개월간 80만 원(요양병원에 연간 240일을 초과하여 입원한 경우에는 연간 120만 원)을 초과할 경우 초과금의 전액을 사후에 보상한다. 단, 긴급지원 등 타 사업에서 지원되는 경우(이중지급 금지)와 본인이 100%부담하여야 하는 진료비 및 비급여 항목은 지원대상에서 제외된다.

③ 진료체계

의료급여 수급권자는 「의료급여법 시행규칙」 제3조의 규정에 따라 제1차 의료급여기관—2차 의료급여기관—제3차 의료급여기관에서 단계적으로 진료를 받을 수 있다.

표 14-6 2022년도 의료급여 진료비 부담기준

구분		본인부담금
1종	외래	• 보건소 · 보건지소 및 보건진료소에서 진료하는 경우: 무료 • 1차 의료급여기관 1,000원(원내 직접 조제 1,500원) • 2차 의료급여기관 1,500원(원내 직접 조제 2,000원) • 3차 의료급여기관 2,000원(원내 직접 조제 2,500원) • PET, MRI, CT 등: 급여비용의 5%
	입원	• 무료, 단, 식대 본인부담 20% (특정 중증질환자, 행려환자, 자연분만 환자, 제왕절개 환자, 6세 미만 아동 제외)
	약국	• 처방전당 500원(처방전 없이 약국 직접 조제 시 900원)

2종	외래	<ul><li>보건소 · 보건지소 및 보건진료소에서 진료하는 경우: 무료</li><li>1차 의료급여기관: 1,000원 (단, 장애인의 경우 250원)</li><li>2차 의료급여기관: 보건복지부 고시 만성질환에 대한 외래진료 1,000원, 그 이외의 질환은 의료급여비용 총액의 15%(단, 장애인의 경우 무료)</li><li>3차 의료급여기관: 15%</li><li>PET, MRI, CT 등: 급여비용의 15%(단, 장애인의 경우 무료)</li></ul>
	입원	<ul><li>의료급여기관의 입원 진료(암 등 중증질환은 5% 부담): 10% [단, 식대 본인부담 20%(단, 특정 중증질환자 및 행려환자 제외)]</li></ul>
	약국	<ul><li>처방전당 500원(처방전 없이 약국 직접 조제 시 900원)</li></ul>

제1차 의료급여기관은 「의료법」에 따라 시장 · 군수 · 구청장에게 개설 신고한 의료기관, 보건소 · 보건의료원 및 보건지소, 약국이 포함되며, 제2차 의료급여기관은 「의료법」에 따라 시 · 도지사가 개설 허가한 의료기관이다. 아울러, 제3차 의료급여기관은 제2차 의료급여기관 중에서 보건복지부장관이 지정하는 의료기관이다.

표 14-7 의료기관 종별 가산율

구분	3차 의료급여기관	종합병원	병원	의원
의료급여가산율	22%	18%	15%	11%
건강보험가산율	30%	25%	20%	15%

※ 정신건강의학과 정액수가, 혈액투석 정액수가, 조산원, 보건소, 보건지소, 보건진료소, 약국은 종별 가산율을 적용하지 아니함.

※ 제3차 의료급여기관을 「의료법」에 따른 상급종합병원과 일치('17. 7.부터).

 **표 14-8** 의료급여 진료체계

의료 급여기관	진료범위
1차	가. 간단한 외과적 처치 그 밖의 통원치료가 가능한 질병의 진료 나. 장기치료가 필요한 만성질환으로서 입원할 필요가 없는 질병의 진료 다. 질병상태·이송거리 및 이송시간을 고려할 때 환자를 다른 의료급여기관으로 이송을 하여서는 환자의 생명에 위험이 초래되는 경우의 입원진료 라. 제1차 의료급여기관에서 입원진료를 받는 것이 수급권자에게 유리하다고 판단하여 보건복지부장관이 정하여 고시하는 입원진료 마. 「지역보건법」에 의한 보건의료원에서의 입원진료 바. 제3조 제2항 각 호 외의 부분 본문에 따라 노숙인 등인 수급권자가 의료급여를 신청한 경우의 진료(노숙인진료시설인 제1차 의료급여기관만 해당한다) 사. 「의료급여법 시행규칙」 제3조 제5항에 따라 제2차 의료급여기관 또는 제3차 의료급여기관으로부터 회송받은 환자의 진료 〈약국〉 가. 처방전에 의한 조제 나. 「약사법」 제23조 제3항 단서의 규정에 의하여 처방전에 의하지 아니한 직접 조제
2차	가. 「의료급여법 시행규칙」 제3조 제1항 각 호의 어느 하나 또는 같은 조 제2항 각 호의 어느 하나에 해당하는 경우의 진료 나. 「의료급여법 시행규칙」 제3조 제2항 각 호 외의 부분 본문에 따라 노숙인 등인 수급권자가 의료급여를 신청한 경우의 진료(노숙인 진료시설인 제2차 의료급여기관만 해당한다) 다. 「의료급여법 시행규칙」 제3조 제3항 제1호 및 제2호에 따라 제1차 의료급여기관 또는 다른 제2차 의료급여기관으로부터 의뢰받은 환자의 진료 라. 당해 의료급여기관에 입원하였던 환자로서 퇴원 후 경과의 관찰이 필요한 환자의 진료 마. 「의료급여법 시행규칙」 제3조 제5항에 따라 제3차 의료급여기관으로부터 회송받은 환자의 진료
3차	가. 「의료급여법 시행규칙」 제3조 제1항 제1호부터 제8호까지의 규정 및 같은 조 제2항 각 호에 해당하는 경우의 진료 나. 「의료급여법 시행규칙」 제3조 제3항 제2호 및 제3호에 따라 제2차 의료급여기관 또는 다른 제3차 의료급여기관으로부터 의뢰받은 환자의 진료 다. 당해 의료급여기관에 입원하였던 환자로서 퇴원 후 경과의 관찰이 필요한 환자의 진료

④ 수가체계

의료급여 수가수준은 건강보험행위별 수가를 준용하여 산정(단, 정신건강의학과 입원·혈액투석 수가는 건강보험과 달리 정액수가로 운영)하고, 요양기관 종별 가산율에 다소간의 차이를 두고 있다.

⑤ 관리운영체계

의료급여업무의 관리운영체계는 의료급여 사업기관인 보건복지부와 지방자치단체, 건강보험 공단, 건강보험심사평가원으로 나누어 의료급여 수급권자가 원활한 의료급여를 받을 수 있도록 각각의 역할을 부여하고 있다.

보건복지부는 의료급여 주요 정책 개발·결정 및 의료급여 사업의 총괄적인 조정 및 지도감독 업무를 수행하고, 시·도는 의료급여기금 관리·운영 및 보장기관에 대한 지도감독업무를 담당한다. 보장기관인 시·군·구는 수급권자의 자격선정과 관리업무를 수행한다. 이외에 건강보험심사 평가원은 진료비 심사 및 급여 적정성 평가를, 국민건강보험 공단은 진료비 지급업무, 수급권자 자격 및 급여내역의 전산관리 등을 각각 위탁받아 업무를 수행하고 있다.

⑥ 기금운영 및 관리

의료급여비용의 지급을 충당하기 위해 시도에 일반회계와 구분하여 의료급여기금을 설치하고 있다. 의료급여기금은 국고보조금과 지방자치단체 출연금, 대출상환금, 부당이득금, 과징금, 기금의 결산상 잉여금 및 그 밖의 수입금으로 조성된다. 국고보조금의 비율은 보조금 예산 및 관리에 관한 법령에 따라 서울은 50%, 기타 80%를 적용하고 「지방재정법시행령」 제 26조 제 1항의 규정에 의한 지방자치단체 경비부담의 기준 등에 관한 규칙 중 별표에 따라 특별시 및 광역시의 자치구는 부담비율이 없고 시는 6%, 군은 4%를 부담하도록 하고 있다.

(2) 의료급여제도 향후 과제

① 의료급여 재정의 안정화

수급권자 확대, 보장성 강화 등에 따라 의료급여 진료비가 증가하고 있으나 부족한 예산확보로 미지급금 발생이 지속되고 있다. 미지급금 발생 현황을 보면 2012년 4,726억 원, 2013년 1,329억 원, 2014년 537억 원, 2015년 168억 원, 2016년 2,258억 원으로 연례적 미지급금 발생에 따른 청구지연으로 공급자의 수급권자 진료 차별이 문제가 될 우려가 있다. 의료급여 수급권자 특성상 건강상태가 열악하고 의료이용 수요가 높은 반면, 경제적 빈곤층이므로 진료비 변동성이 커 재정소요의 예측이 어렵다. 이후 의료급여 진료비 지출 증가추세는 뚜렷하나 저성장 기조(new normal) 지속, 저출산·고령화 심화 등으로 인해 재정지출이 급증할 것으로 전망된다. 의료급여 재정 관리의 예측가능성을 향상하여, 필요한 재정을 선제적으로 확보하기 위한 대응체계 마련이 시급하다(한국보건사회연구원, 2017).

② 의료서비스 이용에 대한 체계적인 관리

효율적인 의료급여 관리를 통해 의료급여 제도가 지속적으로 유지될 수 있는 기전 마련이 필요하다. 우리나라 의료보장 인구 전체의 약 2.97%를 차지하는 의료급여 대상자의 총 진료비 규모는 건강보험 재정의 10%인 약 6조 원 수준에 있다. 의료급여는 국민기초생활보장제도에서 가장 많은 재정이 투입되고 있지만, 생계나 주거급여 등과 달리 사후적 성격의 현물급여로서 제도의 지속가능성을 위한 효율적 재정관리가 필요하다. 의료급여 대상자의 높은 진료비 지출 수준은 고령, 만성질환, 근로무능력 등 수급권자의 특성이 반영된 것이기도 하나, 일부 수급권자의 불필요한 의료이용으로 인한 진료비 지출은 의료급여 대상자와 보장성 확대를 위한 재정 안정화에 걸림돌로 작용할 수 있다.

2. 노인장기요양보험제도

1) 노인장기요양보험제도의 도입 배경

급속한 고령화의 진전으로 노령, 치매·중풍 등으로 장기요양을 필요로 하는 노인의 수는 늘어나고, 가족에 의한 간병은 핵가족화, 여성의 사회 참여 증가 등에 따라 약화되었다. 반면, 현재까지 노인복지서비스 체계는 저소득층, 공급자 중심으로 제한적으로 제공되는 공공부조 방식을 유지함으로써, 기초수급 노인과 고소득층 가정을 제외한 중산, 서민층 가정이 이용할 수 있는 요양시설이 절대적으로 부족하고, 노인의료비 또한 급증하고 있는 상태였다. 이러한 문제의식에서 2007년 7월부터 고령화 초기에 공적노인요양보장체계를 확립하여 국민의 노후불안을 해소하고 노인요양 가정의 부양 부담을 경감하고자, 일반 국민 대상, 수요자 선택권 중심의 전문적이고 다양한 서비스를 제공하는 노인장기 요양보험이 도입 되었다.

2) 노인장기요양보험제도의 주요내용 및 추진 현황

「노인장기요양보험법」의 주요 내용을 살펴보면 다음과 같다.

첫째, 적용대상은 전국민이며 장기요양 신청대상자는 65세 이상 노인 및 노인성질환을 가진 65세 미만 국민으로 하되, 6개월 이상 혼자 일상생활이 어려운 자로서 장기요양 등급판정 위원회에서 등급판정을 받은 국민으로 하였다.

둘째, 장기요양 등급판정은 1차적으로 건강보험공단의 조사요원이 방문조사를 통해 파악한 기능상태(G영역 52개 항목) 결과를 수형분석도에 적용하여 장기요양인정 여부 및 장기요양등급을 산출하도록 하였다. 그다음 등급판정위원회에서 1차 판정결과와 특기사항 및 의사소견서, 기타 심의 참고자료 등을 종합하여 최종 결정을 하는 것으로 하였다.

시행 초기에는 2008년도 대상자 수가 전체 노인인구의 약 3% 수준인 17만 명 정도로 예상하였으나 장기요양서비스에 대한 인지도 및 만족도 증가로 신청자 및 인정자가 지속적으로 증가하여 2008년 12월 말에는 전체 노인인구의 4.3%인 21만 명, 2009년 12월 말 전체 노인인구의 5.5%인 28만 명이 이용하였다. 노인장기요양보험에서는 보험형태의 가입자와 공공부조 형태의 의료급여 대상자가 함께 관리되고 있다는 점에서도 특징적이다. 따라서 노인장기요양보험 적용인구의 개념도 모호하다. 2019년에는 가입자로서 보험료 납입자를 기준으로 하면 5,288만 명이지만, 보험급여를 받는 65세 이상 인구를 기준으로 하면 800만 명으로 전체인구의 15.1%가 이용하고 있다(보험연구원, 2020, p. 13).

셋째, 급여종류는 재가급여와 시설급여 그리고 특별현금급여로 구분했다. 재가급여는 요양보호사, 간호사 등이 수급자의 가정을 방문하여 신체활동 및 가사활동 등을 지원하는 서비스로 방문요양, 방문목욕, 방문간호, 주야간보호, 단기보호, 기타재가급여(복지용구) 서비스가 있다. 시설급여는 수급자가 노인요양시설 등에 장기간 동안 입소하여 신체활동지원 등의 서비스를 제공받는다. 이외에도 특별현금급여인 가족요양비, 특례요양비 및 요양병원간병비가 급여서비스에 포함되었다.

2023년 장기요양보험 수가는 2022년 대비 평균 4.70% 인상하는 것으로 결정되었다. 유형별 인상률로는 방문요양급여 4.92%, 노인요양시설 4.54%, 공동생활가정 4.61% 등 전체 평균 4.70% 인상될 예정이다. 주야간보호, 방문요양, 방문간호 등의 재가서비스 이용자의 월 이용한도액도 등급별로 27,000~212,300원 정도가 늘어나게 된다. 재가의 중증(1・2등급) 수급자가 충분한 서비스를 이용하여 돌봄가족의 부담을 덜 수 있도록 월 한도액을 인상하기로 하였다. 또한 그간 확대 요구가 있었던 65세 미만 노인성 질병 인정 범위에 대한 논의한 결과, 루게릭・다발성 경화증 등(질병코드 기준: G12, G13, G35)을 추가로 포함하기로 하였다. 노인의 복합적 욕구를 고려하여, 요양・목욕・주야간보호 등 여러 가지 서비스가 통합적으로 제공될 수 있도록 하는 통합재가 서비스 확산과 방문진료・간호서비스를 제공하는 재택의료 모형 도입을 제안하였다. 또한 2021년 장기요양위원회에서 의결(2021. 9.)한 인력배치기준 개선안*을 차질 없이 추진하는 등 시설 내 요양서비스의 질을 지속적으로 개선해 나갈 예정이다[*수급자 대 요양보호사 비율: 2.5:1(현행) → 2.3:1(2022. 10.) → 2.1:1(2025.)].

넷째, 보험료는 장기요양보험료율에 건강보험료율을 나눈 뒤 건강보험료를 곱한 금액을 부과하며 국민건강보험료와 구분하여 통합 징수하되, 각각의 독립회계로 관리 운영하는 것으로 하였다. 2023년 장기요양보험료율은 건강보험료의 0.9082%로 결정되었으며, 이는 소득대비 건강보험료 기준 2022년 12.27%에서 2023년 12.81%로 약 0.54% 인상된 금액이다. 건강보험료 대비 장기요양보험료율은 2023년 12.81%로 2022년 12.27% 대비 4.40%가 인상하였다. 이번 장기요양보험료율은 초고령사회를 대비하여 장기요양보험의 수입과 지출의 균형 원칙을 지키면서 국민들의 부담 최소화와, 제도의 안정적 운영 측면을 함께 고려하여 논의·결정하였으며, 특히, 빠른 고령화에 따라 장기요양 인정자 수 증가로 지출 소요가 늘어나는 상황이나, 어려운 경제 여건을 고려하여 2018년도 이후 최저 수준으로 보험료율이 결정되었다.

다섯째, 노인장기요양보험에 필요한 재원은 장기요양보험료, 국가지원, 본인일부부담으로 구성된다. 장기요양보험료율에 건강보험료율을 나눈 뒤 건강보험료를 곱하여 산정하며, 장기요양위원회의 심의를 거쳐 대통령령으로 정하도록 되어 있다. 국가지원은 보험료 예상수입액의 20%로 의료급여 수급권자 장기요양급여비용을 부담(국가와 지자체 부담)하는 것을 내용으로 한다. 또한 본인도 비용을 일부 부담하는데, 시설급여는 20%, 재가급여는 15% 부담하도록 되어 있다. 단, 40% 감경대상자, 60% 감경 및 기타의료급여 수급권자는 재가급여 각각 9%, 6%, 시설급여 각각 12%, 8%으로 본인부담금 감경률을 적용받으며, 국민기초생활에 따른 의료급여 수급자는 본인부담금이 면제이다. 한편, 2023년 장기요양보험 국고지원금(약 1조 9,916억 원)은 2022년(1조 8,014억 원) 대비 10.6% 이상 확대 편성되었으며, 국회에서 최종 확정될 경우 보험 재정의 건전성 제고에 기여할 것으로 보인다.

3) 노인장기요양보험제도의 향후 과제

(1) 예방서비스 제공

보험적용을 받지 못하는 경중노인의 기능상태 개선 및 유지에 도움을 주어 삶의 질과 건강을 향상시키고 중중 이상으로 악화되어 장기요양대상자로 진입하는 것을 사전에 막기 위해서는 예방서비스의 제공이 절실히 필요하다.

(2) 요양서비스 품질의 향상

장기요양 이용자의 기능저하를 방지하는 적극적인 요양서비스를 제공하여 시설입소를 방지하는 요양서비스가 되도록 해야 한다. 특히, 지역사회 재가급여, 지역사회서비스, 의료서비스 간 연계망을 구축하여 연속적이고 포괄적인 서비스가 제공되어야 하며, 치매나 뇌졸중과 같은 특정 질환에 대한 예방과 재활서비스 프로그램이 개발되어 제공되어야 할 것이다. 시설의 경우 전담주치의제도를 두거나 의료기관과의 연계망을 구축하여 의료서비스가 원활하게 제공되어야 한다.

요양서비스에 대한 지속적 평가와 모니터링체계를 도입하여 양질의 서비스가 제공될 수 있어야 한다. 정부에서 계획하고 있는 성과(outcome) 중심의 품질평가제를 통해 어르신의 기능·건강 개선정도를 측정하는 〈노인장기요양서비스 삶의 지수〉를 개발·표준화하여 장기요양기관의 평가에 적용하며, 성과가 있는 시설에 대해서는 요양급여 지불에 가산되도록 하는 지불시스템을 도입할 필요가 있다.

(3) 요양보호사의 전문성 향상과 역량강화

노인장기요양보험제도의 도입으로 직접적인 요양보호서비스를 제공하는 요양보호사가 양성 되었다. 한국조세연구원에 의하면 2021년 연도 말 기준, 장기요양보험 관련 일자리는 총 약 57만 개로 요양보호사 507,473명, 사회복지사 33,736명, 간호사 3,645명, 간호조무사 14,196명 등이 포함된다. 시행초기 요양보호사의 수급 부족을 우려하여 교육기관에 대한 자격부여와 관리운영이 엄격하게 이루어지지 못하였으며, 그 결과 자격을 갖추지 못한 요양보호사를 대량 양산하는 결과를 가져와 요양서비스의 질이 크게 떨어지는 문제를 낳게 되었다. 요양보호사 자격시험제도 도입을 통해 자격을 강화하고, 교육기관에 대해서도 현행 신고제에서 인가제로 전환하여 철저하게 감독할 수 있는 체계가 마련되어야 한다. 또한 현재 활동하고 있는 요양보호사의 역량을 강화할 수 있는 보수교육제도가 강화되어야 하며, 요양보호사의 승급체계 및 경력사다리를 개발 적용하여 직업적 자긍심 고취와 이직을 방지할 수 있는 대책이 마련되어야 한다.

(4) 보험재정의 안정화

장기요양보험의 경우 국민기초생활보호 대상자에 대해서는 지방자치단체가 전체 부담하고, 건강보험가입자에 대해서는 보험료 수입 외에 보험료 예상수입액의 20%에 상당하는 국고지원이 있어 전체 보험재정의 35~40%를 국가와 지방자치단체가 부담하고 있다. 보험적용 대상자를 확대하는 것 외에도 65세 노인인구의 연평균 3% 증가, 85세 이상의 후기고령인구의 연평균 8% 정도의 증가에 따라 자연적인 대상자 증가도 지속될 전망이다. 이에 따라 대상자 증가에 따른 보험급여비충당에 필요한 안정적인 재원 구조 마련이 요구된다.

3. 의료기관 조직의 특성

「의료법」 제3조에 의하면 '의료기관'이라 함은 의료인이 공중 또는 특정 다수인을 위하여 의료 · 조산의 업(이하 '의료업'이라 한다)을 행하는 곳을 말한다. 병원은 의료기관의 한 종류로, 다시 종합병원, 병원, 치과병원, 한방병원, 요양병원으로 나누어진다(문창진, 1997, p. 212).

종합병원은 입원환자 100인 이상을 수용할 수 있는 시설을 갖추고 진료과목이 적어도 내과 · 일반외과 · 소아과 · 산부인과 · 진단방사선과 · 마취과 · 임상병리과 또는 해부병리과 · 정신건강의학과 및 치과가 설치되어 있으며 각 과마다 필요한 전문의를 갖추고 있는 의료기관을 말한다. 병원, 치과병원, 한방병원은 의사, 치과의사 또는 한의사가 각각 그 의료를 행하는 것으로 입원환자 30인 이상을 수용할 수 있는 시설을 갖춘 의료기관을 말한다(다만, 치과병원의 경우에는 입원시설의 제한을 받지 않는다). 1994년 「의료법」 개정으로 신설된 '요양병원'의 개념은 '의사 또는 한의사가 그 의료를 행하는 곳으로, 요양환자 30인 이상을 수용할 수 있는 시설을 갖춘 의료기관'으로 정의되고 있다.

병원은 다른 조직과 공통적인 특성을 지니고 있으며 동시에 병원조직만이 갖고 있는 고유의 특성도 있다. 이 장에서는 병원조직이 다른 조직과 구별되는 특성에 초점을 두어 크게 다음의 여섯 가지 측면에서 살펴보고자 한다(문창진, 1997, pp. 212-240; 정경균 외, 1998, pp. 149-177; 한달선, 1992, pp. 1-4).

1) 병원조직의 분업화와 전문화

합리성과 효율성을 중시하는 산업사회는 이를 달성하기 위한 수단으로 조직을 발전시켰고 조직은 분업화된 구조에서 이러한 목표를 달성한다. 병원의 조직구조는 의학기술의 발전과 규모의 성장 등의 요인에 의해 더욱 분화된 구조를 갖는다. 예를 들어, 과거에 외과로 통칭되던 분야가 일반외과, 흉부외과, 정형외과, 성형외과, 신경외과 등으로 세분되었으며, 분업화된 구조에서 병원은 보다 많은 환자에게 보다 전문화된 치료를 제공할 수 있다는 이점과 함께 조직의 거대화, 복잡화로 인한 문제를 갖는다(정경균 외, 1998, pp. 156-158).

병원조직의 분업화는 병원에 근무하는 종사자의 직업이 매우 다양화된다는 점에서도 이해될 수 있다. 대학병원의 경우 직종을 크게 나누어 의무직, 사무직, 간호직, 약무직, 보건직, 기술직, 전산직, 의공직, 별정직, 기능직, 고용직, 임시직 등으로 구분하는데, 각 직종별로 다양한 기술과 자격수준별 구분이 이루어진다. 이외에도 영양사, 의료사회복지사 등이 포함되어 수십 종의 직업을 갖는 성원들로 구성되어 있으며, 구성원이 수천 명에 이르는 대규모 구조를 지녔다.

2) 진료부문과 행정부문

병원의 업무는 의사를 중심으로 하는 진료업무와 이를 뒷받침하는 행정업무로 크게 나누어진다. 입·퇴원처리, 수납, 인사, 보수유지 등의 일반업무는 관료제적 행정조직에 따라 업무가 진행된다. 병원장을 정점으로 하여 그 아래에 총무팀, 원무팀, 재무팀, 심사팀, 전기시설팀, 전산팀 등이 있어 일반행정업무를 담당한다. 이들은 일반적인 관료조직과 유사한 방식으로 운영되며 각과는 독자적인 소관업무를 담당하고 업무의 책임소재가 분명하다. 각 행정과는 최종적으로 병원장의 업무통제와 지도감독을 받는다(정경균 외, 1998, pp. 158-167).

　진료부문에도 행정부문과 같이 위계적 조직이 존재하여 병원장 아래 각 과별 주임교수 혹은 과장들로 구성된다. 그러나 의사들의 경우 상급자로부터 일방적으로 업무지시를 받고 수행하기보다는 보다 수평적인 의사소통이 가능하며, 다른 과의 성원과도 상의하여 일을 처리할 수 있다. 예를 들어, 내과의사는 일차적으로 내과과장의 업무지시를 받지만, 진료에 필요한 경우 다른 과의 의사와 수술이나 치료방안에 대해 상의할 수 있는 것이다.

　병원을 구성하는 진료부문과 행정부문 간의 관계는 효율적으로 병원을 관리 운영하는 데 매우 중요한 영역이다. 서양의 경우 이 두 부문은 서로 다른 자격을 소지한 사람들에 의해 담당되고 있다. 진료부문은 의사에 의하여, 행정부문은 의사가 아닌 행정전문가에 의해 운영된다. 병원의 운영은 재단에 전적으로 책임소관이 있으며 의사는 운영에 직접적인 책임이 없는 형태의 조직인 것이다. 때에 따라서는 이 두 부문 간에 갈등이 일어나는 경우가 있다. 행정부문에서는 경영을 원활하게 하기 위하여 많은 환자를 치료하여 재원을 확보하기를 원하지만 환자진료는 의사의 고유권한이라 의사들은 자신의 능력 이상의 환자를 보려 하지 않는다. 행정부문에서는 경영의 합리화에 관심을 갖게 되고 진료부문에서의 자원의 낭비를 규제하고 합리적 평가를 하려 하지만 의사들은 이를 자율성의 침해나 업무에 대한 간섭으로 인식하고 거부한다. 진료부문과 행정부문은 서로 보완적인 것이나 서로의 업무내용이나 관심사의 차이, 즉 조직의 목표에 대한 차이로 인해 갈등이 발생하기도 하는 것이다. 우리나라는 서양의 구조와는 조금 다른 양상을 보인다. 병원조직은 의사에 의하여 전반적으로 관장되어 의사출신의 병원장이 진료부문과 행정부문 모두를 감독한다. 행정부문은 행정만을 담당할 뿐이고 간호사나 의료기사 등은 진료부원장의 직접적인 통제를 받는 경우가 많다.

　간호업무나 의료기술업무가 의사에 의하여 보다 철저하게 지도감독받는 것으로 볼 수 있다. 그러나 행정부문은 다른 의미에서 진료부분을 통제하기도 하는데, 특히 사립병원의 경우 병원의 경영을 우선시하는 일반적인 행정원칙에 예속되기도 한다. 예를 들어, 환자의 진단, 치료, 입원, 퇴원 등의 모든 의료과정이 전적으로 의사의 자율성에 있기보다는 병원의 행정규칙에 얽매이게 되는 것이다.

3) 의료전문직의 특성

병원조직에서 의료전문직, 특히 의사가 주도적 위치를 차지하고 있다는 사실은 병원조직을 이해하는 데 매우 중요하다. 의료전문직은 다른 전문직과 구별되는 특성이 있으며, 병원조직이 다른 조직과 구별되는 차이가 의료전문직의 특성에 의한 것이기도 하다(한달선, 1992, p. 2).

모든 전문직의 공통적인 속성은 자율성을 인정받고 있다는 점이다. 사회가 전문직에 자율성을 부여하는 것은 전문분야에 대한 특정의 지식과 기술, 가치관이 있다는 것을 인정하며, 동시에 다른 분야에서는 해당 전문직의 과업을 이해하고 평가하는 것이 불가능하기 때문이다.

그러나 어느 전문직에서도 자율성의 영역을 확대하려는 경향이 있으며, 그 결과 전문적 지식이나 식견과는 무관한 일에 대해서도 자율성을 확보하려 함으로써 결정권을 독점하려 한다. 의료전문직은 그 과업의 특성 때문에 이러한 현상이 더욱 보편화되어 있으며 그 결과로 심각한 문제를 야기하기도 한다.

의료는 지식의 탐구과정이나 지식 자체의 전개가 아니라 지식의 실용과정이다. 지식의 실용은 지식체계와는 관계없는 많은 사회적 관계의 요소를 수반한다. 병원의 치료는 지식 자체의 전개가 아니라 실용과정이기 때문에 의료인과 환자 간의 인간관계, 환자의 치료비 지불능력, 환자의 치료에 관한 태도와 행위, 환자의 사회적 역할, 의료인의 자질 등 질병에 관한 지식이나 치료기술과는 무관한 여러 요인의 영향을 받는 것이다. 이것은 진료과정에 관하여 환자의 자기결정권을 비롯한 타 분야 전문가의 영역에 속하는 내용이 많다는 것을 의미한다. 그럼에도 불구하고 의료전문직은 의료전반에 걸친 자율성을 주장하고 행사하려는 경향이 있어 환자를 포함한 타 전문직과 갈등을 일으키기도 하며, 나아가서는 병원에서 불합리한 결정과 조치가 이루어지는 결과를 가져오기도 한다. 의료전문직은 단일직종, 즉 의사가 지배적 역할을 맡고 있다는 구조적 특성을 갖고 있다. 의료 분야에서 의사 이외의 직종은 전문직으로서의 지위를 확보하는 데 극히 미흡한 상태에 있다고 보아도 좋을 만큼 의사가 의료에 관한 자율성을 거의 모두 독점하고 있는 것이다. 의사는 치료방법이나 내용에 관하여 폭넓은 재량권을 갖고 있기 때문에 약 품선정이나 검사내용, 입퇴원 결정 등 환자의 질병경과나 진료비부담은 물론, 병원 조직의 모든 영역에 걸쳐 커다란 영향력을 행사할 수 있으며, 이러한 의료전문직의 구조는 병원에서 의사가 아닌 다른 직종의 불만과 소외감을 일으키는 중요한 원인이 되고 있다. 전문직업인의 경력발전에는 조직 내에서의 직급보다 직업동료들로부터 전문가적 역량을 인정받는 것이 더 중요하다. 그렇기 때문에 의료전문직은 병원에서 일하면서도 해당 직종에 대한 소속감이 강하여 병원 내의 다른 전문분야와 직업적 이해에 연유하는 갈등 현상을 자주 보이는 경향이 있다. 또한 전문직업인은 조직 내에서의 승진보다는 사회적 평가가 높고 직무조건이 좋은 기관으로의 수평이동을 더 높이 평가하며, 이러한 경향은 전문직의 경우 일반적으로 이직률이 높을 가능성이 있음을 뜻한다.

의료전문직과 병원조직의 관계에 대한 이해는 몇 가지 과제를 제기한다. 우선 의료전문직, 특히 의사의 자율성에 합리적 한계를 인정하는 일이다. 이 문제는 진료과정에 관여하는 여러 전문분야에 대한 분석과 의사의 병원조직에 관한 이해증진, 환자의 자기결정권에 대한 존중 등을 통하여 접근해야 할 것이다. 또한 전문직종 간의 이해를 높여서 편협한 전문가적 견해를 탈피하고 병원의 동료로서 서로를 수용하게 하는 것이 무엇보다도 중요하다. 한편 의료전문직의 병원에 대한 귀속감을 강화시키고 의사가 아닌 다른 전문분야 직원들의 사기를 높이기 위한 제도적 장치도 마련되어야 한다.

4) 경영목표

조직의 목표는 그 조직이 추구하는 가치, 이념, 태도에 대한 표명이다. 이러한 목표는 병원과 병원을 둘러싼 사회적 환경의 영향을 받는다(한달선, 1992, p. 2). 병원에 대한 사회적 기대는 사회적 환경을 구성하고 있는 각 부분에 따라 다르게 나타난다. 예를 들어, 의과대학은 교육과 연구에 충실하길 바랄 것이며, 보험자단체는 능률을 중시할 것이다. 그리고 일반대중은 친절하고 우수한 의료를 기대할 것이다. 이와 같은 차이는 병원 직원들 사이에서도 직업배경에 따라 다르게 나타날 수도 있다. 따라서 병원조직의 목표에 대해 병원과 사회적 환경 모두 만족할 만한 합의에 도달하기는 매우 어렵기 때문에 병원조직의 목표가 이념적 성격을 갖게 되면 모호하고 추상적일 수밖에 없는 결과를 가져온다.

의료와 영리는 동반관계를 맺어서는 안 된다고 보는 사회적 통념은 세계적 현상이다. 보호와 동정의 대상인 환자를 대상으로 영리행위를 한다는 것은 부도덕한 일이라고 생각하는 것이다. 우리나라도 예외가 아니며 의료계의 현실적 여건과 이러한 통념 간에 괴리가 있다는 데 문제가 있다. 의원은 물론이고 대부분의 병원도 개인투자에 의하여 설립되어 진료수입으로 운영되고 있는 것이다. 그러나 의료법인은 비영리법인으로서의 이윤은 목적사업에만 사용할 수 있기 때문에 이와 같은 상황은 병원이 재정운용에서 변칙적 방안을 동원할 가능성이 있다는 것을 의미하기도 한다.

민간부문이 주도하는 미국의 병원산업에서도 비영리 병원이 대부분이나 우리나라와는 다른 양상을 지녔다. 미국의 비영리 민간병원은 개인투자가 아닌 지역사회의 기금과 정부보조로 설립되는 것이 일반적이며 영리법인체 병원도 인정되고 있다. 병원의 소유형태별로 비영리 병원이 효율보다는 서비스의 양과 질에 치중하는 데 반하여 영리병원은 효율 및 이윤의 증대를 중시하는 방향으로 경영된다는 차이가 있다. 이것은 소유형태가 병원조직의 기능과 성과에 크게 영향을 미치며, 따라서 병원의료의 적합성을 결정하는 중요한 요인임을 뜻한다. 우리의 경우도 병원에 대한 정부지원이 증대되며, 의료의 공익성과 효율성이 더욱 중시되는 상황에서 병원조직의 소유형태를 어떤 방향으로 이끌어 갈 것인지는 중요한 과제로 남아 있다.

5) 기술체계

조직이론에서 말하는 기술체계란 조직에서 다루어지는 과업들의 성격을 의미하고 과업의 성격은 크게 세 측면으로 나누어 분석한다.

첫째, 조직 내의 과업들이 서로 어떤 관계를 얼마나 긴밀하게 유지하면서 이루어져야 하는 것이다.

둘째, 과업내용이 동일한 채 계속 반복되는 일상적인 것인지, 아니면 담당자가 예측할 수 없는 상황에 자주 당면하는 비일상적인 것인지에 관한 것이다.

셋째, 어떤 과정에 관련된 지식과 기술이 충분히 개발되어 있어 확실한 성과를 얻을 수 있으며, 예외적 상황이 생기더라도 쉽게 이해하고 처리할 수 있는 기법과 절차가 마련되어 있는지의 여부이다. 이와 같은 기술체계의 속성은 조직에 다각적으로 영향을 미치며, 조직을 설계·관리하는 데 중요한 요소이다(한달선, 1992, p. 3).

병원에서 행해지는 과업들은 거의 모두가 환자로부터 직접 발생한다. 각종 진료활동은 물론이거니와 입퇴원 업무, 의무기록, 회계, 병실관리에 이르기까지 환자 한 사람 한 사람으로부터 다양한 과업이 파생된다. 이러한 과업들은 각각 병원조직을 구성하고 있는 다른 직종에 의하여 수행되며 서로 긴밀한 관계를 이루기 마련이다. 한 과업이 완료되어야 다른 과업의 착수가 가능한 경우도 있고, 몇 가지가 동시에 이루어져야만 전체적 효율을 기할 수 있는 업무도 있다. 이것은 병원에서 업무 간의 통합조정이 원활하지 못하면 조직의 효율이 저하될 뿐만 아니라 직종 간의 마찰과 갈등이 심해질 수 있다는 것을 의미한다.

어느 조직에서나 통합조정이 쉽게 이루어지는 것은 아니지만 병원에서는 더욱 그러한 경향이 있다. 기계화가 거의 되어 있지 않은 업무의 성격 때문에 물리적 계획으로 조정할 수 있는 일은 거의 없다. 진료부서, 특히 의사들의 경우에는 관리계층에 의한 통합조정이 극히 제한되어 있다. 병원은 조직규모에 비하여 매우 다양한 직종을 내포하고 있는데 이들은 교육배경, 가치관, 병원기능에 대한 시각 등의 차이 때문에 서로 의사소통이 원활하지 못한 경우가 종종 발생한다. 또 병원에서는 응급상황이 많기 때문에 목표지향적 관리절차를 정착시키기 어렵고, 경우에 따라 임기응변적 조치가 취해지는 일이 많아 통합조정을 더욱 어렵게 한다.

일반적으로 비일상적이고 과업수행에 관한 지식과 기술이 충분히 개발되지 않은 상황에서는 권한의 집중도와 공식화의 정도를 낮추고 개인별 직무범위를 넓게 책정하는 것이 효과적이라고 알려져 있다. 그런데 기술체계의 속성은 완전히 객관적으로 규정할 수 있는 성질이 못 된다. 예컨대, 진료업무에 관하여 의사들은 예측하기 어려운 예외적 상황을 강조하는 데 반하여, 관리자들은 반복되는 일상적 요소에 초점을 맞추는 경향이 있는 것이다. 따라서 기술체계의 속성은 조직 내에서 영향력이 큰 집단의 의견에 따라 결정되고, 그 결과에 따라 조직구조의 성격도 정해지는 경향이 있다고 볼 수 있다. 누구나 권한의 집중도와 공식화의 정도가 낮은 구조의 조직에서 일하기를 원하는 것이 보통이며, 전문직업인들은 특히 그러하다. 의사들은 병원 내에서의 영향력을 토대로 진료업무의 비일상성을 강조하여 필요 이상의 재량권을 확보하는 경우가 많은데, 이것이 병원조직의 전체에 악영향을 미치게 될 수도 있다.

 직능상의 감독자가 없는 의사들에게 전문직으로서의 자율성과 그들이 다루는 과업의 비일상성만을 감안하여 활동 내용과 방법에 관한 재량권을 지나치게 부여하면 의료의 질 관리에 문제를 야기할 수 있다. 의사도 실수를 범할 수 있음은 물론이고 새로운 지식과 기술에 뒤떨어질 수 있으며 다른 요인 때문에 잘못된 진료를 행할 가능성도 있는 것이다. 그러나 업무의 표준화, 긴밀한 지도감독 등의 관리방법은 의사에게 수용되기 어렵고, 업무성격에 부합하지 못하는 면도 있다. 그러므로 진료내용과 결과를 사후에 철저히 평가하여 전문가 스스로 개선하도록 유발하는 것이 진료의 질 관리를 위한 접근으로 제시되고 있으나 우리나라에서는 아직도 본격적으로 시작되지 못하고 있는 형편이다. 병원의 기술체계가 갖고 있는 특성은 병원조직에 고유한 과제를 시사한다. 관리계층이나 규정 이외의 여러 가지 통합조정기전을 활용해야 서로 긴밀한 관계를 갖고 있는 다양한 병원과업이 조화를 이루어 환자진료 및 관리에 차질이 생기지 않을 것이다. 그러기 위해서는 상이한 직종 간의 병원업무에 관한 대화를 조장하여 공감대를 넓히는 노력이 선행되어야 한다. 의사를 비롯한 전문직의 경우 자율성을 지나치게 제한하면 직무만족도를 낮추게 되어 병원조직의 효과에 악영향을 줄 것이나 이미 언급한 바와 같이 부당한 영역에까지 재량권을 부여해서는 안 될 것이다. 따라서 전문직의 활동 내용을 면밀히 분석하여 그 기술체계적 속성에 부합되는 정도의 자율성만을 보장하는 노력이 필요하다. 그렇게 함으로써 전문직업인으로서의 기술체계와 조직구조의 조화를 통하여 효과를 높일 수 있는 것이다. 병원의료의 질 관리도 이러한 시각에서 접근하기 위해서는 진료과정의 엄격한 통제보다는 실적 위주의 철저한 사후 분석평가와 그 결과에 대한 피드백을 제공하는 것이 바람직한 방법이다. 물론, 진료내용이나 여건 중에서 객관적으로 누구나 납득할 만한 표준화가 가능한 요소를 선별해서 규정화하여 지켜 나가도록 하는 노력도 있어야 한다.

6) 사회적 환경

병원은 사회적 환경의 영향을 받고 이에 적응하여야 한다. 병원의 주요한 환경적 요인을 경제적 요인, 사회문화적 요인, 기술적 요인, 정책적 요인으로 나누어 살펴보고자 한다(정경균 외, 1998, pp. 171-176).

첫째, 병원이 성장할 수 있는 것은 사회 일반의 경제적 수준과 밀접한 관계가 있다. 물론, 의료정책과 의료체계의 구조에 따라 의료비 상승의 속도나 절대적 비중은 달라지지만 경제적 생산력 수준이 병원의 성장에 필요한 자원을 기본적으로 결정해 준다는 점에서 중요한 환경적 요인이 된다.

경제적 요인은 병원의 고객인 환자의 의료요구의 질과 양에 영향을 주고 병원조직의 변화를 가져온다. 산업화의 진전으로 각종 직업병과 산업재해 환자가 늘어남에 따라 병원은 이에 전문적으로 대처할 요원을 훈련하거나 시설을 만들어야 한다. 또한 산업사회의 발전은 일상생활을 조직생활화하고 복잡한 인간관계 속에 자리 잡음으로써 많은 스트레스를 양산한다. 따라서 정신질환의 수요가 급증한다. 생활수준의 향상은 전염병 등 급성 전염성 질환의 감염은 줄이지만 고혈압, 암 등의 만성퇴행성질환을 증가시킨다. 이러한 질환들은 장기적인 치료와 요양을 필요로 하므로 의료수요를 급격히 증가시킨다. 생활수준의 향상은 국민건강 일반의 관심을 제고시키고 따라서 보다 고급의 의료를 요구하게 된다. 따라서 병원이 계속 발전하기 위해서는 환자의 의료요구의 변화에 기민하게 대처하여 필요한 시설과 장비를 확보하고 조직운영방식을 새롭게 하여 사회의 경제적 변화에 적응하고 적절히 대처하는 노력이 필요하다.

둘째, 연령, 성별, 가족구조, 도시화의 정도 등의 제반 사회인구학적 요인도 병원조직과 긴밀한 관련이 있다. 예를 들어, 노인인구의 증가는 단순히 노인병환자의 증가를 가져오는 것이 아니라 이들의 특성상 장기적인 요양을 필요로 하므로 기존의 급성질환 치료 위주의 병원조직이 부적합하게 된다. 사회적 규범과 문화에 따른 영향도 크다. 예를 들어, 인공유산에 대한 사회적 태도나 음주나 흡연에 대한 사회의 관용적 태도는 질병 발생과 관리에 중요한 영향을 미친다.

셋째, 병원의 발전은 기술적 요인에도 크게 의존한다. 의학기술의 발달로 각종 진단과 치료장비와 의약품이 개발되고 있으며, 의료서비스 생산에서 의사의 임상경험보다 기술적 요인이 차지하는 비중이 점차 커지고 있다. 새로운 기술의 도입은 단순히 치료효과를 높이는 데서 끝나지 않고 치료양식 자체를 변화시키기도 한다. 정신질환에 대한 약물치료나 정보기술의 발달에 따른 원격치료와 같은 새로운 유형의 치료형태가 생겨나는 것이다.

넷째, 새로운 기술은 대부분 외부에서 도입되기 때문에 병원은 이에 의존하게 된다. 기술의존은 치료의 효과나 생산성을 높이지만 고가의 장비를 구입하는 데 따르는 비용부담을 가져오기도 한다. 고가의 장비 도입 시 다른 병원과의 공동관리운영체계의 확립보다는 의료수가의 인상으로 문제를 해결하기 때문에 환자의 불만을 야기하는 새로운 문제를 발생시킬 수도 있다.

다섯째, 정부의 정책이나 정치과정은 병원이 필요로 하는 자원의 상당 부분을 통제하기 때문에 병원조직에 직접적인 영향을 미친다. 의료보험제도의 도입으로 모든 환자가 보험기관을 매개로 하여 진료비를 지불하게 되면 한편으로는 환자가 증가하여 재정에 도움을 주지만, 반면에 병원은 의료수가를 마음대로 정할 수 없어 보험기관과 협상을 해야 하는 어려움이 따르게 된다. 정부는 또한 의료서비스의 지역 간, 계층 간 형평성 제고를 위하여 병원의 신설이나 병상의 증설에 일정한 제한을 가하기도 한다. 정부의 정책은 병원의 발전에 큰 영향을 미치기 마련이고, 따라서 병원은 다른 병원과 연대하여 정책대안을 마련하거나 정치적 활동을 통해 자신들의 이해관계가 정책에 반영되도록 행동한다.

4. 의료팀과의 협력관계

1) 협력관계의 필요성

신체적 질병이나 장애는 개인과 가족의 생물적 · 심리적 · 사회적 균형(biopsychosocial equilibrium)을 파괴하여 신체기능의 손상은 물론, 불안이나 우울 등과 같은 심리적 고통을 동반하며, 일상생활과업을 수행하고 사회적 관계를 유지하는 사회적 기능에 손상을 가져온다. 특히 현대 의학기술의 발달은 만성중증질환의 증가를 가져와 완전한 치료(definite medical care)가 이루어질 수 없는 상황이 많아지게 되었으며, 따라서 중증질환을 지닌 상태에서 단지 증상을 줄이거나 더 이상의 악화를 막고 개인이 지닌 기능 혹은 능력을 최대한 향상시키는 것을 목표로 하는 치료상황이 많아지게 되었다. 따라서 질병에 대한 생의학적 접근 혹은 의학적 치료만으로는 개인과 그 가족의 사회적 기능을 회복하는 데 필요한 심리사회적 문제를 해결할 수 없기 때문에 다양한 여러 전문가의 협력적 개입을 필요로 하게 되었다.

의료사회복지실천은 환자의 질병과 장애가 환자 자신과 그 가족에게 미치는 심리사회적 문제를 다루기 때문에 자연히 여러 분야의 전문가와 함께 일을 하게 된다. 의사, 간호사, 물리치료사, 작업치료사, 언어치료사, 임상심리사, 영양사 등의 의료전문직과 의료기관의 관리, 운영을 담당하는 행정직원들은 물론 경우에 따라서는 지역사회의 다양한 전문가를 만나 환자와 가족의 문제해결이라는 공통의 목적을 위해 협력적 관계를 맺는다.

2) 협력관계의 이점

김용득(조흥식 외, 2000, pp. 402-403)은 팀 협력을 통한 서비스는 클라이언트뿐만 아니라 팀 구성원들에게도 이익을 가져다준다는 점을 강조하면서, 협력관계가 가져다주는 이익을 클라이언트와 팀 구성원으로 나누어 설명하였다. 먼저 팀 협력이 서비스를 이용하는 클라이언트에게 가져다주는 이익은 크게 세 가지로 요약될 수 있다(Arnold, 1992).

첫째, 여러 분야가 동시에 한 사람의 문제에 통합적으로 관여하게 됨으로써 서비스제공자 중심의 서비스에서 클라이언트 중심의 서비스로 전환된다는 점이다. 즉, 보행에 관한 물리치료, 인지에 관한 특수교육, 의사소통에 관한 언어치료가 분절적으로 진행될 때는 장애인이 가지고 있는 하나하나의 문제에 초점을 두게 되지만, 팀에 의해 장애인의 생활에서 달성하고자 하는 목표가 제시되고, 이 목표를 위하여 각 전문영역이 동시에 재활계획의 수립에 참여함으로써 이용자의 필요에 보다 통합적으로 적응할 수 있게 된다는 점이다.

둘째, 재활계획의 수립과 계획의 실천을 위한 하위 목표의 수립과정에서 클라이언트에게 보다 친숙한 방법으로 접근하게 된다는 점이다. 전문 기능별로 하나하나 분화된 서비스 체계 속에서는 각 전문분야의 특수용어들에 의해 재활계획이 수립되고, 동시에 하위 목표들도 특수용어로 제시된다. 그러나 여러 분야가 동시에 참여하는 서비스에서는 특수한 전문분야 용어로 표현되기보다는 여러 전문분야가 동시에 이해할 수 있는 용어로 표현됨으로써 클라이언트의 입장에서도 보다 접근하기 쉬운 용어로 재활계획 수립과 실천이 이루어지게 된다는 점이다.

셋째, 클라이언트의 예후에 대하여 보다 정확한 정보를 클라이언트에게 제공할 수 있게 된다는 점이다. 한 사람의 클라이언트에 대하여 관련된 분야들이 일상적으로 진전에 관한 의사소통을 유지할 수 있기 때문에 클라이언트의 단기 또는 장기 예후에 관한 보다 객관적인 정보가 수집될 수 있으며, 객관적으로 종합된 예후에 관한 정보가 클라이언트에게 전달됨으로써 현실적으로 미래를 예측하고 설계할 수 있도록 도와준다.

팀 협력이 팀의 구성원에게 가져다주는 이익은 크게 다섯 가지로 요약될 수 있다 (McCann & Margerison, 1989).

첫째, 재활계획의 수립과 실천과정에서 임상적인 결정을 내려야 할 경우에 다른 전문가들로부터 결정에 도움이 될 수 있는 다양한 정보를 수집할 수 있게 된다는 점이다.

둘째, 전문영역 간 상호작용을 통하여 사람들의 다양한 문제에 대해 신속하고 적절하게 반영할 수 있도록 준비시켜 준다는 점이다.

셋째, 협력하는 전체 팀의 여러 전문분야 간의 적절한 균형을 계속 유지할 수 있도록 해 준다는 점이다.

넷째, 각 전문영역이 고유의 능력에 가장 적합한 사례에 대하여 서비스를 제공할 수 있도록 사례별 업무할당이 적절하게 이루어지도록 해 준다는 점이다.

다섯째, 계속적인 상호작용을 유지함으로써 팀 구성원들 간에 상호 이해와 존경을 유지할 수 있도록 해 준다는 점이다.

3) 협력관계의 유형

(1) 협의

협의(case to case collaboration)는 의료영역에서 가장 일반적인 협력관계의 형태로 하나의 사례에 대해 둘 이상의 전문가들이 환자 또는 가족과 함께 공동의 노력을 하는 것이다. 이 경우 사례는 환자 개인이 될 수도 있으며 경우에 따라서는 가족이나 집단, 프로그램이 될 수도 있다(Carlton, 1984, p. 127).

전문가들은 하나의 사례에 대해 각자의 전문영역에서 문제를 파악하고 치료계획을 수립하며 가능한 해결방안을 제시하여 환자에게 가장 이익이 되는 서비스를 제공하기 위해 상호 협의하는 과정을 거친다.

예를 들어, 재활의학과에서 척수손상으로 하반신이 마비되어 휠체어를 사용해야 하는 환자를 위해 의료사회복지사는 의사, 간호사, 물리치료사, 작업치료사와 함께 협의하여 퇴원계획을 수립하고 퇴원 후의 지속적인 재활훈련과 재가서비스에 대한 정보를 제공하며 환자와 가족에 대한 지지도 제공한다. 일반적으로 사례회의를 통해 협의가 이루어지며 필요한 경우에는 장애인종합복지관이나 아동보호기관, 가정폭력 상담소, 학교와 같은 외부기관과의 관계에서도 활용될 수 있다.

(2) 자문

자문(consultation)은 자신의 전문분야에 대한 전문적 혹은 기술적 조언과 지도를 제공하는 것으로, 환자와 가족의 문제해결에 필요한 타 전문직의 의견을 필요로 할 때 요청한다. 의료사회복지사의 입장에서 보면 타 전문직에 대해 환자와 가족의 심리사회적 문제와 개입방법에 대한 조언을 제공하여 심리사회적 지식과 이해를 높일 수 있는 기회로 활용될 수 있으나 자문을 구한 사람이 타 전문가의 자문을 따를지의 여부는 자문을 구한 사람의 의지에 달려 있다는 한계가 있다(Carlton, 1984, pp. 127-128). 다나(Dana)는 의료전문직은 환자의 문제를 사정하고 해결하기 위한 전문가 자신의 능력을 향상시키는 수단으로 타 전문직의 조언과 지도를 요청하는 경향이 있다고 했다(Carlton, 1984 p. 128에서 재인용).

(3) 팀

팀이란 다양한 역할과 기능의 통합을 통한 여러 전문직의 조직화된 협력관계를 의미한다. 팀의 개념을 포괄적 관점에서 보면 팀은 두 사람 이상의 구성원이 있고, 달성하여야 할 구체적 과업이 존재하며, 목표달성을 위해서 팀 구성원들 사이의 조정이 필요한 경우에 일반적으로 적용되는 용어이다. 그리고 팀 협력은 팀의 특정한 과업을 보다 효과적으로 달성하기 위하여 구성원들이 상호 협조적으로 일하는 과정을 의미한다고 볼 수 있다(조홍식 외, 2000, p. 39).

듀카니스와 골린(Ducanis & Golin, 1981)의 연구에서는 팀 협력은 '클라이언트나 클라이언트의 집단에 서비스를 제공하기 위하여 특별한 훈련을 받은 개인들로 구성된 전문 분야들이 서로의 활동을 조정하는 과정'이라고 정의하고 있다. 그 외에 다양한 정의가 있음에도 불구하고 공통적으로 조직 내의 협력은 다양한 분야의 전문가, 공통의 목적, 협력, 상호 조정된 의사결정 등의 개념을 포함한다(Andrew, 1990; Bennett, 1982; Billups, 1987; Kane, 1983; 조홍식 외, 2000, p. 400에서 재인용).

4) 협력관계를 위한 요건

여러 명의 사람이 한 공간에 단순히 모이는 것만으로 팀 협력이 발생되지는 않는다. 협력을 위해 모인 팀은 특정과업을 수행하기 위하여 모인 개인들의 집합체로 정의될 수 있으며, 집단의 역동성에 관한 선행연구들을 통해 팀이 잘 기능하기 위해서는 공통적으로 필요한 요건을 찾아내어 활용할 수 있다.

팔크(Falck, 1977; Carlton, 1984, pp. 130-135에서 재인용)는 효과적인 협력관계는 무엇보다 '클라이언트의 이익'을 위해 이루어져야 한다는 것을 강조하면서, ① 클라이언트는 다양한 지식과 기술을 통해 더 많은 도움을 받고, ② 클라이언트에게 유용한 지식과 기술은 하나의 특정 전문분야 혹은 전문가로부터 얻어질 수 없기 때문에 여러 전문직 간의 협력관계가 필요하며, ③ 의료 관련 전문직은 공통적인 지식과 기술을 지녔기 때문에 협력관계가 가능하다고 주장하였다. 또한 이러한 협력관계를 이루기 위해서는 다음과 같은 요건이 필요하다고 제시하였다.

첫째, 팀 구성원 각자 자신의 전문직이 지니는 가치와 윤리에 투철해야 하며, 자신의 전문성이 협력관계에 반드시 필요하고, 왜 필요한 것인지에 대한 확신이 있어야 한다.

둘째, 클라이언트의 문제에 대해 포괄적 혹은 전체적 접근(holistic approach)에 대한 확신이 있어야 한다. 환자의 질병이나 장애를 단지 신체적 혹은 병리적 이상으로 볼 것이 아니라 질병이나 장애의 원인이 되거나 질병이나 장애의 회복과 재활에 장애가 되는 심리사회적 요인들을 파악하며, 환자의 질병이나 장애가 가족에게 미치는 영향에 대해서도 파악하는 전체적 시각이 필요한 것이다.

셋째, 따라서 환자와 그 가족의 문제를 해결하기 위해서는 여러 전문직 간의 상호의존이 필요하다는 것을 인정해야 한다.

넷째, 동시에 타 전문분야의 전문성도 인정해 주어야 한다.

의료팀의 협력관계를 위해 필요한 요인을 구성원들 간의 목표의 공유, 상호 간의 역할과 기대의 명확성, 의사소통에 적합한 분위기, 적절한 지도력으로 나누어 구체적으로 살펴보고자 한다(조흥식 외, 2000, pp. 407-410).

(1) 목표

팀 협력에서 목표의 중요성에 대한 논의는 라슨과 라파스토(Larson & Lafasto, 1989)의 각종 분야의 75개 팀에 관한 면접결과를 분석한 연구에서 잘 나타난다. 이 연구에서 효과적으로 잘 기능하는 팀들은 팀의 목표에 대한 이해가 매우 분명하다는 공통적 특징을 가진 것으로 밝혀졌다. 이 구성원들은 소속팀이 이룩해야 하는 목표에 대하여 분명한 이해를 갖고 있었으며, 동시에 팀이 추구하는 목표가 가치 있고 중요한 결과를 가져올 것임을 확신하고 있는 것으로 나타났다.

여러 전문분야가 동일장소에서 함께 일하는 경우에 명확한 목표를 설정하는 것은 매우 어려운 일이다. 왜냐하면 각 전문직은 자기 전문직의 목표를 중심으로 협력할 가능성이 높을 것이기 때문이다. 이러한 면에서 각 전문직은 함께 일하는 다른 전문직의 목표를 이해하는 것이 필요하다. 인접 전문분야에 대한 이해를 통해서 인접분야의 목표와 자기분야의 목표를 연관해서 이해할 수 있고, 이러한 기반에서 전체 팀의 목표에 대한 보다 분명한 이해에 도달할 수 있게 될 것이다.

(2) 역할

역할은 어떤 지위에 대하여 자기 스스로가 가지는 기대와 다른 사람이 그 지위에 대하여 가지는 기대의 상호작용을 통하여 결정된다. 역할수행에서 자기 전문분야가 가지는 기대와 다른 전문분야가 예상하는 기대의 차이가 적을수록 협력이 원활해진다. 이러한 점에서 역할분화(role differentiation)와 역할정의(role definition)는 효과적인 팀 수행에 영향을 미치는 필수적인 요인이다(Kopfstein, 1994). 따라서 동일한 목적을 위해 함께 일하는 전문가들은 자기 역할과 다른 전문분야의 역할을 연관해서 이해해야 비로소 역할기대와 역할행위 간의 갈등이 발생되지 않을 수 있다. 따라서 각 분야는 인접분야의 역할에 대한 이해를 통하여 조직 내에서 하나의 하위구조로 인정될 수 있는 자기역할을 수립할 수 있는 것이며, 이러한 역할관계가 효과적인 팀의 수행에 매우 중요한 영향을 미치게 될 것이다.

역할에 대한 기대가 불명확할 때 구성원들은 누가 어떤 역할을 하는지 잘 모르고 우왕좌왕하게 된다. 다음 경우와 같이 의료사회복지사의 역할에 대해 의료사회복지사 자신의 기대와 다른 팀 구성원의 기대가 다를 때 명확성이 부족하게 되며 역할갈등이 야기된다(한인영, 최현미, 2000, pp. 241-242).

의료사회복지사는 자신이 임상가라고 생각하지만 의사와 간호사는 처음부터 의료사회복지사의 역할은 교통서비스, 요양원, 양로원 등의 기관과의 연계, 경제적 지원, 재가서비스, 주거문제를 위한 서비스 기능이라고 국한시켰다.

이와 같은 상황에서 의료사회복지사는 자신의 역할을 확고히 하기 위해 직접 직면하여 갈등을 야기하거나 그만둘 수도 있으며, 잘 타협하여 자신의 역할을 분명히 할 수도 있을 것이다. 어떤 방법을 선택하든 간에 중요한 것은 팀 구성원 간의 협력관계를 수립하는 것이다.

우선, 다른 전문가들이 인정하고 수용할 수 있는 범위 내에서 의료사회복지사의 유능함을 증명하도록 노력하는 것이 중요하다. 기본적인 신뢰감을 형성한 후에 팀 내에서 의료사회복지사가 할 수 있는 영역을 확장시켜 나가는 것이다. 사례가 의뢰된 경우에만 서비스를 제공하기보다 타 전문가들과 함께 진료기록을 보거나 환자에 대한 결정을 내리는 데 참여하여 의견을 경청하고 질문하고 토론하면서 환자에게 최적의 서비스를 제공하기 위한 노력을 기울여야 한다. 또한 문제가 되는 환자들을 찾아내어 직접 찾아가 환자가 가족의 요구가 무엇인지를 발견하는 좀 더 적극적 자세를 취할 필요가 있다.

(3) 의사소통

언어·문서에 의한 의사소통 그리고 공식적·비공식적 의사소통은 팀 전체의 분위기를 결정하는 중요한 요인이 된다(Andrew, 1990; Skidmore, 1983).

전체의 팀을 구성하는 각 전문영역은 특징적 성격을 가지고 있으며 각 팀의 고유한 스타일에 따라 의사소통하는 양상이 다르게 나타난다(Kopfstein, 1994). 의사소통의 장애는 개인의 성격, 조직 전체의 분위기, 의사소통의 절차 등에 의해서도 발생되지만 상당한 부분은 타 영역에 대한 이해의 부족에서 발생하는 경향이 있다. 전문직이 보유한 내용은 각기 독특한 개성과 방법론을 가지고 있기 때문에 사용하는 용어부터 다르다. 따라서 각 팀 구성원 간의 의사소통을 활성화시키기 위해서는 기본적으로 인접 전문분야에 대한 기본적 이해가 필요하다.

팀의 노력을 분산시키는 갈등이나 숨은 의도들은 개방적이고 직접적으로 드러내도록 한다. 사고와 견해의 차이에서 비롯되는 갈등은 건전하지만 편견이나 적대감 또는 과거 행동에 대해 무분별한 집착에서 생겨나는 갈등은 팀의 와해를 초래한다. 따라서 갈등은 표출되어야 한다. 부인, 포기, 지배로 갈등이나 의견의 중대한 차이를 억누르거나 회피하려는 시도는 결국 일을 더 악화시킨다. 견해의 차이를 나타낼 필요가 있다면 '나 전달법(I-messege)'을 사용하고, 분명하고 명료하며 비위협적인 방법으로 자신의 의견을 전달할 수 있는 기술들을 활용한다. 협상기술을 사용하거나 공유된 가치와 목표에 초점을 둠으로써 전문가 간 그리고 기관 간 갈등을 해결하도록 시도한다(서울대 사회복지실천연구회 역, 1998 p. 628).

진정한 팀 협력은 우연히 생기지는 않는다. 그것은 고무되고 조성되어야 한다. 감사의 표현, 칭찬, 인정, 팀 성원에 대한 개인적 관심 등은 보다 협조적 태도를 강화하도록 돕는다. 적절한 장소에서 관계형성과 친선도모의 일환으로 사무실 파티와 사회적 모임에 팀의 다른 성원을 초대한다. 그러나 다른 기관이나 전문가에 대한 존경을 감소시킬 수 있는 활동이나 잡담을 하지 않는다(서울대 사회복지실천연구회 역, 1998, p. 628).

(4) 지도력

팀의 성공은 전체 팀의 상호작용에 일차적 책임을 가지고 있는 지도력에 의해 결정되며, 지도력은 사회·정서적 측면, 대인관계의 측면, 목표중심의 측면 등 다양한 요소를 가지고 있다(Kopfstein, 1994). 그러나 이러한 다양한 요소에도 불구하고 효과적인 팀 협력을 달성하기 위해서는 모든 구성원에 의해 지도력이 공유되어야 하며, 동시에 지도자는 모든 구성원이 능동적으로 참여자가 될 수 있도록 지원해야 한다.

지도력이 모든 구성원에 의해 공유되기 위해서는 구성원과 지도자 간의 원활한 의사소통이 필수적이다. 지도력에 관련된 쌍방적인 의사소통이 가능하기 위해서는 지도자는 여러 전문분야에 대한 균형 있는 이해를 가지고 있어야 하며, 전체 팀에 대하여 목표제시가 가능하고, 각 팀 간의 조정자의 역할을 수행할 수 있어야 한다.

의료 분야에서는 의사가 팀의 지도자로 기능하게 되는 경우가 많다. 의사는 의료 분야에서 가장 오래된 전문직이며, 전문화된 지식과 기술을 지니고 있으며, 환자에 대한 일차적인 법적 책임을 지니고 있기 때문에 팀을 이끌어 가는 책임을 지게 되는 것이다. 그러나 의사가 생의학적 이외에 심리사회적 요인들을 무시하고 부적절하다고 생각하거나 중요하지 않은 것으로 여기게 되면 의료사회복지사와 갈등을 일으키게 된다. 의료사회복지사를 포함하여 타 전문가를 지도감독하거나 권위적이고 명령적인 자세로 팀을 이끄는 경우 이러한 갈등관계는 더욱 심해지기도 한다. 타 분야의 전문성을 인정하지 못한 경우인데, 이러한 경우 의료사회복지사는 의료기관에서 사회복지사가 왜 필요하며, 사회복지사의 역할이 무엇인지, 환자와 가족의 문제를 해결하기 위해 사회복지사가 무엇을 할 수 있는지에 대해 구체적으로 명확하게 설명해 주어야 한다. 사회복지 전문직의 정체성에 대한 확고한 신념을 갖고 자신의 의견을 분명히 말할 수 있는 자기주장적 태도가 요구된다.

팔크(Falck, 1977)는 효과적인 팀의 협력관계에 방해되는 요인으로, ① 모호한 역할분담과, ② 지나친 역할 세분화, ③ 타전문영역을 침범하며 자신의 전문영역을 확장하려는 의도, ④ 타전문가에 대한 우월성과 지위향상에 대한 욕구를 제시하였다(Carlton, 1984, pp. 135-137에서 재인용). 김용득(조흥식 외, 2000, p. 411)은 팀 협력의 방해요인에 관한 여러 연구를 종합하여, ① 공동목표에 대한 인식의 부족, ② 상호 전문분야에 대한 지적인

⚙️ **표 14-9** 효과적인 협력관계의 구성요소

1. **문제규명.** 전문직 간의 팀 접근을 필요로 하는 환자/클라이언트의 생심리사회적(biopsychosocial) 상황과 문제에 대한 규명
2. **협력관계의 목적에 대한 서술** 협력관계가 왜 필요한지 목적에 대한 명확한 서술. 문제해결을 위해 어떤 전문분야가 필요하며, 어떠한 유형의 협력관계를 형성할 것인지 확정.
3. **목표설정.** 협력관계의 목적달성에 필요한 구체적인 목표설정
4. **과업설정.** 각각의 목표를 달성하기 위해 수행해야 하는 과업의 설정. 과업수행을 위해 제공되는 서비스는 어떤 것이며, 서비스 간의 조정은 어떻게 할 것인지 결정.
5. **역할분담 및 개입.** 팀 구성원에게 구체적인 책임과 역할을 분담. 팀 구성원에게 주어진 역할 수행.
6. **평가와 수정.** 협력적 과정과 개입에 대한 지속적인 사정과 수정

이해의 부족, ③ 역할개념의 혼란, ④ 자기 전문분야 중심주의로 요약하여 설명하였다.

칼튼(Carlton, 1984, p. 138)은 협력관계에 방해가 되는 이러한 요인들을 제거하고 보다 효과적인 협력관계를 이루기 위해서는 전문교육과정에 팀 협력의 중요성과 방법에 대한 내용이 포함되어야 하며, 특히 의과대학이나 간호대학 등 의료 관련 대학에 사회복지학 교수들이 참여하여 사회복지실천의 기본적인 목적과 가치, 기술을 가르치고, 의료기관에서 사회복지실천 활동의 필요성과 의료사회복지사의 역할 등에 관해 교육하는 노력이 필요하다고 강조하였다. 칼튼이 효과적인 협력관계를 형성하기 위해 요구되는 구성요소들을 표로 설명한 것을 제시하면 〈표 14-9〉와 같다.

🔺 **참고문헌**

건강보험심사평가원(2021). 건강보험심사평가원 기능과 역할.

건강보험심사평가원(2023). 건강보험통계연보. https://www.hira.or.kr/bbsDummy. do?pgmid=HIRAA020045020000.

김용득(2000). 사회복지조직 내 팀 협력, 사회복지실천분야론. 조흥식 외 공저. 학지사.

문창진(1997). 보건의료사회학. 신광출판사.

박은철(2022). 윤석열 정부의 보건의료정책 방향과 과제.

보험연구원(2020). 노인장기요양보험 제도의 현황과 과제(보고서 번호 2020-13)

서울대 사회복지실천연구회(1998). 사회복지실천기법과 지침. 김혜란 감수, 나남.

이은경(2018). 건강보험 재정의 현황과 정책과제. 보건복지포럼, 256, 51-64.

정경균, 김영기, 문창진, 조병희, 김정선(1998). 보건사회학. 서울대출판부.

한국보건사회연구원(2017). 의료급여 제도 평가 및 기본계획 수립 연구.

한달선(1992). 진료의 질관리에 대한 시론−장애와 접근. 보건행정학회지, 2(2), 112-130.

한인영, 최현미(2000). 의료사회사업론. 학문사.

Carlton, T. O. (1984). *Clinical Social Work in Health Settings : A Guide to Professional Practice with Exemplars.* New York: Springer Publishing Company.

McCann, D., & Margerison, C. (1989). Managing high-performance teams. *Training & Development Journal, 43*(11), 52-61.

제**15**장

의료환경의 변화와
의료사회복지실천의 과제

1. 의료환경의 변화

토바 슈바버 케르슨(Toba Schwaber Kerson, 1997)은 사회복지실천은 사회적 맥락 속에서 이루어진다는 점을 강조하면서(practice in context) 의료사회복지실천이 이루어지는 사회적 맥락을, ① 정책(policy)과 ② 기술(technology), ③ 조직(organization)으로 나누어 설명하였다. 정책이란 보건의료 및 사회복지의 법제와 제도 등을 말하며, 기술은 생명과학과 의공학 분야의 기술발전을 통한 새로운 의학기술의 발전을 의미한다. 조직은 의료사회복지사들이 활동하고 있는 의료기관의 정책과 운영, 의료서비스 전달체계 등이 포함된다.

1) 보건의료정책의 변화

(1) 인구의 고령화와 만성질환의 증가로 인한 의료 개념의 변화

인구의 고령화와 만성질환이 증가할 것이다. 때문에 의료 개념 또한 생심리사회적 모델에 입각하여, 치유(cure)보다는 관리(management) 혹은 보호(care)의 관점이 강조될 것이다. 단기보호보다는 장기 요양 진료체계 내에서 사회복지사의 역할이 재조명될 필요가 있으며, 만성 퇴행성 질환의 관리와 예방(prevention)에 대한 사회복지사의 역할 기대가 증가할 것이다. 또한 지역사회의 자원 연계가 중요하게 부각될 것이며, 재가서비스에 대한 요구와 사례관리에 대한 수요도 증가할 것이다. 병원의 기능 변화도 예측되는데, 질병의 치유와 손상의 회복 기능에서 지역사회에 기반(community practice)을 둔 복합적인 건강서비스를 제공하는 곳(multi-service health care center)으로 개념이 확대될 것이다. 그 예로 고령인구 비율이 높은 농어촌 등 의료접근성이 낮은 지역에 방문진료 서비스를 확대하고 연속혈당측정 검사 건강보험 적용을 추진하는 등의 대안이 나오고 있다. 또한 지역사회 중심 보건복지정책 혁신 방향으로 지역사회중심 선진 사회보장체계를 구축하고 정보통신기술(Information and Communication Technology: ICT, 이하 ICT)을 활용해 예방적 건강관리 강화를 주요 과제로 제시하고 있다. 따라서 사회복지사는 환자와 가족의 생활 관리 및 포괄적인 개입을 통하여 클라이언트의 삶의 통제력을 향상시키는 데 집중해야 한다.

(2) 단기 치료의 강조와 비용 효과성에 대한 관심 제고

의학 기술의 발달로 입원진료가 점차 외래(ambulatory care) 진료로 개편될 것이다. 불필요한 입원이 제한되고 비용 효과성을 추구하는 정책의 추진, 환자의 시간 가치를 존중하는 프로그램들이 경쟁적으로 개발될 것이다. 외래수술이 활성화될 것이며, 병상 이용 극대화, 수익성 제고, 환자의 만족도 제고를 위한 평균 재원일수 단축 노력이 가속화될 것이며, 퇴원계획의 중요성이 계속 강조될 것이다. 따라서 사회복지사는 단기개입 기술의 향상과 새로운 프로그램 구축 능력을 개발해야 한다.

(3) 보건 재정에 대한 통제와 새로운 수가체계의 개발

건강보험의 확대 적용과 의료이용 욕구의 증가, 고급화된 서비스에 대한 기대로 인하여 의료비용이 증가될 것이 예상된다. 정부에서는 양질의 의료서비스를 제공하는 동시에 비용을 통제해야 할 이중적 책임이 있게 된다. 7개 질병군에 대한 포괄수가제도(DRG)의 확대 적용과 해당 의료행위의 자원 투입량을 기준(resource-based)으로 상대가치 점수(relative value)를 부여하는 상대가치점수 체계도입 등의 예에서 찾아볼 수 있다. 정부나 보험자 단체에서는 적은 비용으로 의료성과를 거두려 할 것이기 때문에 새로운 수가체계 개발이 요구되며 특히 퇴원계획과 관련된 연계자원의 개발과 기술습득이 필요하게 될 것이다.

(4) 의료시장의 개방과 의료서비스의 전문화 요구

의료시장의 개방과 병원 간 치열한 경쟁은 의료의 전문화 속도를 가속화시킬 것이다. 의학기술의 발달, 첨단장비의 증가로 의료기관의 대형화, 전문화가 가속화될 것이다. 또한 병원과 중소병원은 경쟁력 확보를 위하여 전문병원, 요양병원 등으로 기능 전환을 꾀할 것이며 병원 간 연계가 활성화될 것이다. 또한 개방병원(attending system) 등 새로운 진료체계가 등장할 것이다. 따라서 사회복지사는 새로운 제도의 도입과 환경 변화 등에 대처할 수 있어야 하며, 전문병원체제 등에서 활용 가능한 프로그램의 개발에 주목해야 한다.

(5) 서비스평가제도의 시행을 통한 수요자 중심의 의료서비스 제공

서비스평가제도가 정착되면서 각 병원은 의료주체인 환자와 가족의 권익을 보호하기 위한 노력을 경주하지 않을 수 없게 되었으며, 질적 서비스를 제공하지 않으면 안 되는 상황이 되었다. 이제 수요자의 욕구를 감안한 접근이 필요하여 수요자를 만족시키지 못하는 병원은 도태하게 된다. 사회복지실천 영역에서도 이러한 환경 변화에 민감하게 대처해야 하며, 사회복지서비스 이용자의 만족도를 제고하는 방안을 강구해야 한다.

(6) 의료기관 평가제도 및 인증제 도입

의료기관 평가제도는 의료서비스 수준의 평가를 통해 의료기관의 자발적 질 향상 노력을 유도하고, 평가결과를 공표함으로써 소비자의 알권리를 증진하고자 하는 데 그 목적이 있다. 의료기관은 평가준비과정에서 서비스 질 관리를 위한 자체 노력을 강화할 수 있고 평가결과가 공표됨에 따라 환자 만족도 제고 및 경쟁력 확보가 가능하다. 국가 전체 측면에서는 의료서비스의 질적 수준의 향상으로 국민의 건강이 증진되고, 의료기관 선택기준이 확보되어 의료자원의 효율성이 제고된다. 의료기관평가제도는 1994년 우리나라 보건의료 전반의 문제점을 검토하고 개혁과제를 도출하기 위해 운영된 의료보장개혁위원회의 제안으로 1995년부터 2003년까지 시범평가가 실시되었으며 2004년 본격 도입되었다. 의료기관평가는 종합병원과 300병상 이상의 병원을 대상으로 종별과 병상규모에 따라 3개 그룹으로 나누어 3년 주기로 평가를 실시하였으며 2004년부터 2009년까지 563개소를 대상으로 평가를 실시하였다.

의료기관평가의 가장 큰 성과는 의료기관의 의료서비스 수준의 지속적인 향상을 들수 있다. 1주기와 2주기 평가결과를 그룹별로 비교한 결과, 1주기 대비 2주기 평가결과가 크게 향상된 것으로 나타났으며, 의료기관 종사자를 대상으로 설문조사를 실시한 결과에서도 의료기관 평가가 의료서비스 개선에 도움이 되었다는 응답이 84%를 차지하였으며, 실제 업무개선과 질 향상 조치가 이뤄졌다는 응답도 78%인 것으로 나타났다.

그러나 그동안 실시된 의료기관평가가 의료기관의 서비스 질 향상에 성과가 있었음에도 불구하고, 강제평가에 따른 의료기관의 피동적 대응과 전담평가기관 부재에 따른 평가의 전문성 부족과 일시적 대응이 가능한 평가기준이 많아 의료기관의 서비스 수준과 평가 결과와의 차이가 발생하는 등 의료기관의 서비스 질을 개선하는 데 한계가 있다는 지적이 제기되었다. 이에 따라 정부는 의료기관평가의 문제점을 개선하고 의료기관의 자발적이고 지속적인 질 향상을 유도할 수 있는 의료기관 인증제로의 전환을 추진하였으며 2011년부터 의료기관의 자율 신청에 의한 인증제를 시행할 계획이다.

의료기관 인증제는 의료기관이 인증을 신청한 경우, 해당 의료기관의 의료서비스 수준을 평가하며, 평가결과 인증기준을 충족할 경우 인증을 부여하는 제도로 미국과 캐나다, 호주 등 주요 선진국에서는 의료기관의 서비스 수준 향상과 환자 안전 수준을 높이기 위해 대부분의 국가에서 시행되고 있으며, 해당국의 국민들도 인증을 받은 의료기관을 우선적으로 선택하여 이용하는 등 제도적으로 정착되어 있다. 정부는 의료기관의 자율 신청 인증제를 도입하되 질 관리가 필요한 요양병원과 정신병원 등에 대해서 2013년부터 정기적으로 의료기관평가인증을 받도록 하였으나, 2020년 「의료법」 개정에 따라 '정신병원'은 요양병원과 분리되어 의무인증대상에서 제외되었다.

정부는 의료기관 인증제 시행을 통해 인증을 받은 의료기관의 인증등급과 인증기준별 평가결과 등을 인터넷 홈페이지를 통해 상시 제공하여 국민의 알권리와 의료기관 선

택권을 보장하고, 인증결과를 상급종합병원 지정, 전문병원 지정 등에 활용함으로써 의료기관의 인증 참여를 유도하고 있다.

2) 의학기술의 발달

'인간 게놈 프로젝트'의 성공으로 유전자 DNA의 구조를 완벽하게 설명할 수 있게 되었으며, 이로 인해 그동안 치료될 수 없었던 암이나 AIDS, 심장질환, 당뇨병 등에 대한 치료가 가능하게 되었고, 이식된 장기에 대한 거부반응을 제거함으로써 장기이식이 보다 활성화될 것으로 기대되며, 약물중독이나 정신질환에 대한 치료도 가능할 것으로 예측되고 있다. 이러한 의학기술의 발달은 질병에 대한 새로운 치료의 가능성을 제시하면서 동시에 질병을 미리 예측하고 예방할 수 있도록 하는 '유전자 진단 센터'가 운영되고 있다. 환자에게 특정 질환의 유전인자가 있다는 것을 어떻게 알려 줄 것이며, 환자가 이러한 사실을 알게 되었을 때 의료사회복지사가 환자의 심리사회적 적응을 어떻게 도울 것인지 등이 논의되고 있다.

또한 의학기술의 발달로 건강을 미리 예측하고 예방할 수 있게 됨으로써 건강에 대한 개인의 책임이 강화되는 결과를 가져올 것으로 예상되기도 한다. 개인이 병원을 가지 않고 혼자서도 손쉽게 자신의 건강상태를 점검해 볼 수 있다는 다양한 검사방법과 도구들이 개발될 것이며, 이러한 검사결과가 전산시스템을 통해 의료기관에 전달되어 처방을 받는 새로운 형태의 의료서비스 전달체계가 형성되어 기존의 의료기관이 치료중심에서 건강관리 중심의 종합의료센터(multisystem health care center)로 그 기능이 변화될 것으로 예상되고 있다.

핸콕과 베롤드(Hancock & Bezold, 1994)는 「The Hospital Is Not a Place」라는 글에서 미국의 경우 병원의 입원환자 수가 1990년대에 비해 50% 정도 감소할 것으로 예측하면서 병원은 입원 위주의 치료에서 개인의 생애주기에 맞게 평생에 걸쳐 건강을 관리해 주는 종합의료센터로 전환되어 지역사회의 주민들이 자신의 건강상태에 관한 정보를 센터로 보내면 그에 맞는 진단과 처방을 해 주고, 환자가 병원에 오기보다 병원이 지역사회로 나가는 지역사회활동이 강화될 것으로 보았다. 클랜시(Clancy, 1996)도 「Beyond

2000: The Future of Hospital-Based Social Work Practice」라는 글에서 의학기술의 발달로 인해 의료사회사업 활동이 병원 중심에서 지역사회 중심으로 변화될 것을 예측하면서 지역사회 진료, 지역사회 치료, 종합의료센터 실무자의 역할을 강조하였다.

한편, 의학기술의 발달로 새로운 치료법과 약물이 개발되어 질환에 대한 치료 가능성이 높아졌으나 여전히 새로운 치료법과 약물로도 완전한 치료(definite care)가 불가능한 질환이 많아지게 되고, 이러한 경우 질병으로 인한 위기 상황은 벗어났으나 질병을 지닌 상태에서 남아 있는 능력을 최대한 발휘하여 기능할 수 있도록 하는 것을 목표로 하게 되어 의료사회복지사의 심리사회적 개입의 필요성이 더욱 높아지게 될 것이다. 예를 들어, 뇌 손상의 경우, 과거에는 거의 생명을 잃게 되었지만 의학기술의 발달로 뇌수술 등을 통해 뇌 손상으로 인한 생명의 위협은 벗어날 수 있으나 이미 손상된 뇌를 원래의 상태로 돌이키지는 못하기 때문에 뇌 손상과 함께 살아가야 하며, 남아 있는 능력을 최대한 발휘하여 기능할 수 있도록 하는 것이 치료의 목표가 되기 때문에 재활동기와 심리사회적 적응을 높이는 사회복지사의 개입이 요구되는 것이다.

3) 의료기관의 변화

(1) 의료기관 간의 경쟁

의료인과 의료기관의 수가 양적으로 급격하게 늘어나면서 '공급자주도 시장'에서 '소비자 주도 시장'으로 변화가 일어났으며, 그 결과 전에 없던 의료기관 간의 경쟁이 치열하게 전개되었다. 이러한 경쟁이 가열되면서 서비스의 질에 대한 관심이 제고되었다. 대기업의 의료기관 진출과 대학병원을 위시한 대형병원들의 증가는 향후 의료기관 간 경쟁을 가속화시킬 전망이며, 이는 자연스럽게 서비스의 질 관리로 연계될 수밖에 없는 요인이 되었다.

(2) 의료기관 운영의 효율성

한정된 자원을 가지고 환자에게 더 나은 진료를 하자면 동일한 노력으로 최대의 성과 혹은 동일한 성과를 얻는 데 가급적이면, 최소의 노력으로 하는 것이 필요하게 되었다.

이러한 효율성 문제가 질 보장(Quality Assurance: QA)의 직접적인 동기가 되고 있다. 이러한 관점에서 주목받고 있는 개념이 '수준 이하의 질로 인하여 발생하는 비용 COPQ(Cost of Poor Quality)이다. 데밍(Deming)은 실수, 태만, 헛된 노력, 부적합한 체계, 미숙함 등의 질 문제를 해결함으로써 조직 내 비용의 30% 정도를 줄이는 것이 가능하다고 하였다.

(3) 의료의 질 향상에 대한 사회적 압력

의료의 질에 대한 사회적 압력은 여러 가지 형태로 나타난다. 환자들의 의식변화, 의료분쟁의 증가, 정부의 정책, 언론의 관심 등이 모두 사회적 압력에 해당된다. 구체적이고 체계적인 사회적 압력의 형태는 의료서비스 평가와 의료기관 신임제도 등이다. 병원신임제도는 1917년 미국의 외과학회(American College of Surgeons)가 병원표준화프로그램을 시행한 데서 출발하여, 1919년부터 공식적으로 시행하고 있으며, 지금은 6,500여 개의 미국 병원 중 5,000개가량과 2,800여 개의 관련 기관을 심사하는 대규모 프로그램으로 발전하였다.

콜로피(Collopy, 1994)는 질 보장(QA) 활동의 세계적 추세라는 연설에서 QA활동에 영향을 미친 과정을 병원신임제도의 시행, 정부의 관심, QA 전담기구의 설립, 산업 모델에 대한 관심의 증가, 임상 진료 지표의 개발 등을 지적하였다(Collopy. 1994, pp. 26-31).

의료의 질 향상은 의료인과 의료기관, 환자로 구성된 세 집단의 책임을 통해 이루어진다. 의료인은 자신이 제공하는 의료서비스를 평가하고 향상시킬 책임이 있으며, 의료기관은 의료인의 행위를 변화시키고 동기를 부여할 수 있는 체계를 개발하여야 한다. 또한 소비자는 양질의 의료서비스를 요구하고, 이에 필요한 정보를 활용해야 할 책임이 있다(Dollabedian, 1989). 의료의 질 향상은 이러한 의료인과 의료기관의 책임을 강조함과 동시에 보건의료의 현안을 해결할 수 있는 정책 대안으로 제시되기도 한다. 이는 의료의 질 향상이 윤리적 동기와 안전의 동기, 효율의 동기를 기반으로 시행되기 때문이다(조성현, 1997).

질 향상 사업은 전 세계적으로 보건의료 제도가 당면하고 있는 의료비 상승 억제와 효율성 증대, 환자 만족도 향상을 해결하고자 시행되고 있다. 우리나라에 질 향상 개념이 도입된 것은 병원표준화 심사가 처음 실시된 1981년 이후로 볼 수 있으나(신영수,

1994) 의료의 질에 대한 관심이 고조된 시기는 전 국민 의료보험이 실시된 1987년 이후로 볼 수 있다. 전 국민 의료보험의 실시로 재정적 접근성이 향상되면서 소비자들은 양질의 의료서비스를 요구하게 되었고, 정부와 의료기관은 의료의 질 관리를 우리나라 보건정책의 핵심과제로 삼게 되었다(문옥륜, 1990). 이러한 의료환경의 변화 속에서 보건복지부는 1995년부터 의료기관 서비스 평가제를 실시하여 소비자의 불만을 해소하고, 의료기관들이 의료서비스 향상에 관심을 가지도록 유도했다(김창엽, 1994).

또한 사회복지 분야에서도 최근 사회복지시설의 평가와 관련하여 책임성의 추구를 통한 전문성의 확보 움직임이 활발하다. 몇 명의 연구에서는 총체적 질 관리의 필요성을 제시하고 있기도 하다(김영란, 1998; 김통원, 1997; 최재성, 1997). 이는 더 이상 사회복지 분야도 이용자인 고객의 욕구를 충족시키지 않으면 안 되는 당위성을 설명하고 있다. 대형화, 기업화된 의료기관의 증가로 병원 간의 경쟁이 심화되고 고도화된 의료시설과 전문화된 진료체계는 의료비를 상승시켰다(김영주, 1998, p. 26). 이러한 의료환경의 변화는 소극적 개념의 적정 진료보장에서 더욱 포괄적이고 적극적 개념인 환자 중심의 의료 질 향상 및 질 관리로 그 영역을 확대하게 되었고, 병원의 관리 측면에서도 병원의 이미지 제고, 비용절감, 의료분쟁의 예방 등을 위해 질 향상 활동이 필수적인 당면과제로 인식되고 있다.

2. 의료사회복지실천의 과제

1) 의료환경의 변화에 따라 새롭게 요구되는 업무 개발 및 강화

(1) 지역사회자원 개발 및 연계 활동의 강화

① 진료비 지원을 위한 자원개발 및 연결
1989년 이후 국민건강보험제도가 실시되었음에도 불구하고, 본인부담금과 급여범위의 제한, 암, 희귀난치성질환자의 증가와 고액의 진료비 및 높은 비급여 등으로 진료비 지불에 어려움을 겪는 환자는 계속 발생하고 있다. 일부 병원에서는 진료비 후불제나 감면제를 실시하거나 의료보험환자를 의료보호환자로 전환시키는 등 진료비지원을 위한 자구 노력을 하고 있으나 환자의 부담을 줄이는 데 크게 부족한 실정이며, 병원 또한 엄청난 규모의 미수가 발생하여 경영의 부담으로 작용하고 있다. 그러나 최근 한국심장재단이나 초록우산 어린이재단, 사회복지공동모금회 등 의료비를 지원하는 사회적 자원이 꾸준히 증가하는 추세다. 의료사회복지사는 이러한 사회적 자원들을 찾아내어 정확히 파악하고 있어야 하며, 자원을 동원하여 연결함으로써 어려운 환자의 진료비 부담을 해결해 주고, 병원 수익에도 기여할 수 있을 것이다.

② Home Health Care의 개발

최근 정부는 지역사회 통합 돌봄, 즉 커뮤니티 케어 정책을 추진하고 있다. 지역사회 혹은 가정 중심의 보건의료서비스 체계가 개발되어 이미 실시되고 있는 방문간호사업과 요양보호사의 가정방문(재가급여서비스), 주간 및 단기보호서비스가 더욱 강화되며, 병원에서 지역사회로 나가 지역주민의 건강을 관리하는 활동이 개발될 것이다. 지역사회를 대상으로 무료진료를 하거나 건강교육을 실시하는 활동을 제외하고 아직 구체적인 업무가 개발되지 않았으나 간호사나 가정을 방문하여 서비스를 제공하는 것처럼 의료사회복지사가 지역사회로 나아가 서비스를 제공하는 업무가 개발되어야 한다.

③ 예방 및 건강교육 활동의 강화

지역사회주민을 대상으로 질병을 미리 예방할 수 있도록 교육을 제공하는 활동이 증가될 것이다. 실제 교육을 제공하는 팀은 의사, 간호사, 영양사, 물리치료사, 의료사회복지사 등으로 구성되며, 의료사회복지사는 교육프로그램을 구상하여 팀을 조직하고 조정하며, 심리사회적 문제에 대해 교육을 실시하고 프로그램을 홍보하는 역할이 요구된다.

④ 자원봉사자 활용 강화

성인은 물론, 대학생, 중고생의 자원봉사활동을 활용하여 지역주민들의 병원업무에 참여할 수 있고, 병원은 고객을 확보하고 홍보하는 기회가 되며, 실제 병원의 운영비를 절감하는 효과도 얻을 수 있다.

⑤ 가정폭력 방지센터, 아동학대 방지센터의 기능

「아동학대범죄의 처벌 등에 관한 특례법」의 강화로 아동학대 예방 및 보호체계확립을 위한 신고가 의무화되었으며, 지역별로 아동보호 긴급전화 및 아동보호 전문기관이 설치된다. 폭력과 학대의 희생자는 일차적으로 병원 응급실을 이용할 가능성이 매우 높기 때문에 응급실 사회복지사의 역할이 강화되며, 병원 내에 가정폭력이나 아동학대 방지센터를 설치하여 활동할 필요가 있다.

(2) 병원의 서비스 개선을 위한 활동

① 환자 고충처리업무 참여

고충처리업무를 통해 병원의 서비스개선에 기여할 수 있으며, 병원의 진료, 진료지원 및 행정부서 운영의 문제점을 파악하고 함께 작업할 수 있는 기회를 가질 수 있기 때문에 병원조직상 중요한 위치를 차지하고, 병원 운영에도 직접적으로 참여하여 영향력을 발휘할 수 있게 된다. 백화점 등 소비자 중심 경영을 하고 있는 기관의 고충처리 운영방식을 습득하여 적용할 필요도 있을 것이다.

② 병원이용 및 서비스 만족도 조사

병원의 서비스 개선을 위해 병원이용도 조사(utilization review)와 서비스 만족도 조사를 실시하여 그 결과를 병원의 경영진은 물론 직원 모두에게 공표하며, 조사결과에 따른 개선이 제대로 이루어지는지를 모니터링하도록 한다.

(3) 새로운 임상프로그램의 개발

① 퇴원계획의 강화

포괄수가제란 질병군(또는 환자군)별로 미리 책정된 일정액의 진료비를 지급하는 제도를 의료서비스의 종류나 투약량, 입원기간 등과 관계없이 특정 질병군별로 미리 정해진 진료비가 지급되기 때문에 의료기관은 가능한 한 적은 양의 진료서비스를 제공하려 할 것이며, 최대한 빠른 시일 내에 퇴원을 유도하게 될 것이다. 따라서 사회복지사의 퇴원계획에 대한 요구가 증가할 것이며, 특히 노인이나 장기입원환자에 대한 퇴원계획의 요구가 크게 높아질 것이다. (신)포괄수가제는 의료비 절감과 수가관리의 용이성 등 여러 가지 장점에도 불구하고, 근본적으로 충분한 양의 양질의 서비스가 제공되지 못할 가능성이 높기 때문에 환자에게 충분한 양의 양질의 서비스가 제공되도록 환자의 이익을 보호하면서 퇴원계획을 수립하여야 한다.

더불어 정부에서는 2018년 지역사회 통합돌봄(커뮤니티 케어)를 발표하며 돌봄이 필요한 노인, 장애인 등이 지역사회에서 자택이나 그룹홈 등에서 적절한 서비스와 복지를 받으며, 지역사회와 함께 살아갈 수 있는 사회서비스 정책을 실시하고 있다(보건복지부, 2018). 지역사회 통합 돌봄을 추진하기 위해 2025년까지 목표를 세우고 건강의료, 주거, 요양돌봄, 서비스 연계 등 네 가지 핵심 분야에서 다양한 정책 방향을 제시하고 있다. 건강의료 분야에서는 주민건강센터를 확충하고 방문건강 서비스와 방문의료를 제공하며, 지역사회 기반의 만성질환 예방과 관리를 강화하고자 하였다. 또한 병원 퇴원 후 재활기관과의 연계를 강화하여 지역사회로의 복귀를 원활하게 지원하고자 정부는 「의료법」 개정을 통해 병원급 이상 의료기관에 '지역연계실'을 설치하여 퇴원환자의 서비스 연계를 강화시켰다.

퇴원계획은 환자와 가족을 도와 퇴원 후 보호 계획을 수립하고 지역사회로의 원활한 이전을 지원하는 과정이다. 의료사회복지사는 다양한 역할을 수행하며, 환자의 권익 옹호, 퇴원 시기의 조정, 가족의 역할 조정, 가정 구조 변경, 다른 기관으로의 전원, 경제적 지원, 보장구 및 보호장비 준비, 복지정보 및 지역사회자원 연계 등을 통해 효과적인 퇴원계획이 이루어지도록 해야 한다(최경애, 2020).

최근 미국에서는 사회사업 부서에서 해 오던 퇴원계획업무를 간호부서에서 가져가 독점하고, 사회복지사가 간호사의 지도감독을 받는 경우가 흔히 일어나 의료사회사업의 심각한 문제로 제기되고 있다. 우리나라의 경우도 간호부의 업무영역이 점차 확대되어 가족치료나 집단지도, 사례관리 등 전통적인 사회사업업무영역을 침범하는 경향이 나타나고 있다. 교육과 훈련을 통해 의료사회복지사가 퇴원계획에 대해 충분히 준비하고 있어야 할 것이다.

② 장기이식 개입의 강화

「장기 등 이식에 관한 법률」이 제정되어 장기이식이 더욱 활발하게 진행될 것으로 예상되며, 장기이식 상담 평가와 장기이식 환자와 가족에 대한 심리사회적 개입이 요구될 것이다. 장기이식 분야에서 의료사회복지사와 장기이식 코디네이터의 역할이 부분적으로 중복되어 갈등상황에 놓이는 경우가 종종 발생하기 때문에 역할을 명백하게 분담하는 작업이 필요하다.

③ 응급의료 활동의 강화

보건복지부의 「21세기 보건의료발전 종합계획안」을 보면 응급의료체계가 크게 강화되는 것을 알 수 있다. 응급의료체계의 구성을 위한 기본요건으로 환자이송 및 기관관리체계를 정비하고, 중앙 응급의료센터를 운영하여 응급의료체계의 관리와 모니터링, 질적 관리체계를 수행하며, 응급의료 진료권의 설정 및 진료권 내 응급의료자원의 배치, 중증응급환자의 진료를 위한 권역별 센터 및 외상센터의 설립을 지원할 계획을 갖고 있다.

실제 미국의 경우, 응급실을 통한 입원율이 꾸준히 증가하고 있기 때문에 응급실에서의 사회복지실천 활동이 크게 강화되어 의료사회복지사가 3교대로 34시간 응급실 업무를 담당하는 병원이 늘어나고 있다. 의료사회복지사가 필요에 따라 직접 정신상태검사(mental status examination)를 실시하고, 입원 전부터 개입이 시작되어 미리 입원계획을 세운 후 해당 진료부서로 옮겨지기 때문에 사회복지실천 업무의 효율성이 크게 향상되는 것으로 나타났다.

2) 의료사회복지사 정원제 도입을 통한 법적 지위 강화

현행 「의료법 시행규칙」 제38조(의료인 등의 정원)에서는 "종합병원에는 「사회복지사업법」에 따른 사회복지사 자격을 가진 자 중에서 환자의 갱생·재활과 사회복귀를 위한 상담 및 지도 업무를 담당하는 요원을 1명 이상 둔다."라고 명시하고 있다. 병원의 규모나 기능을 고려하지 않고 최소기준의 의료사회복지사만을 확보한 경우에는 본 법의 취지가 실효를 거두기 어려운 실정이다.

병원 의료인 등의 법정정원에 관하여는 「의료법」 제36조(준수사항) 제5호 및 「의료법 시행규칙」 제38조(의료인 등의 정원)의 별표 5 등에 규정되어 있는데, 의사·치과의사·한의사·조산사 및 간호사 등 의료인에 대해서는 「의료법」 제3조에서 정한 의료기관의 종별에 따라 입원환자 및 외래 환자 수를 일정 비율로 입원환자 수로 환산한 기준으로

표 15-1 의료사회복지사 담당 사례 수

구분		내용
내·외과 병원에서 기준	정신과 환자 범부	• 환자 14~54명에 사회복지사 1명 • 환자 265~365명에는 사회복지사 7명
	외·내과 등에 단위	• 환자 1~125명에 사회복지사 1명 • 환자 751~875명에는 사회복지사 7명
	지역사회에 배치된 사회복지사 수	• 병원에서 입원환자를 담당한 사회복지사의 3.7명당 1명
	일반외과환자기준	• 병원에 내원한 연인원을 4,500으로 나눈 수로 결정, 즉 외래 환자 4,500명당 사회복지사 1명
정신과 병원에서 기준	정신과 환자류	• 환자 24~100명에 사회복지사 1명 • 환자 871~947명에 사회복지사 12명
	내·외과 환자류	• 환자 1~125명에 사회복지사 1명 • 환자 751~875명에는 사회복지사 7명
	지역사회에 배치된 사회복지사 수	• 입원환자를 담당하는 사회복지사 2.5명당 사회복지사 1명
	회복실 환자	• 환자 40명당 사회복지사 1명

* 사회복지사 5명당 사무원과 속기 타자수 1명씩.

의료인의 정원을 책정하고 있고, 약사·의료기사 및 의료 관련 인력 등에 대해서는 의료기관의 종별 구분 없이 별도 규정을 두고 있다.

베르다인 홀스틴(Verdaine Holsteen, 1983)은 병원에서 의료사회복지사로 일한 오랜 경험을 바탕으로 병원에서 사회복지사가 담당할 수 있는 사례 수에 대하여 다음과 같은 의견을 〈표 15-1〉로 제시하였다(이광재, 2000; Holsteen, 1983, pp. 30-31).

3) 건강보험 수가개선을 통한 의료사회복지사의 지위 강화

(1) 현행 의료사회사업 수가

① 장기기증 관련 상담 수가의 적용

의료사회복지사가 장기기증 순수성 평가를 위한 상담을 하는 경우, 혈연·비혈연을 막론하고 살아있는 자의 이식대상자를 선정하는 경우에 이에 대한 상담료로 비급여 수가를 적용할 수 있다.

② 정신의학적 사회사업의 급여 수가

(2022년 기준) 건강보험요양급여비용의 내역에 따른 〈정신요법료〉를 정리하면, 정신의학적사회사업 (아-11) 은 사회복지사가 직접 실시한 경우에만 산정하며, 지지표현적 집단정신치료(아-2-가), 정신치료극(아-2-다), 작업 및 오락요법(아-4), 정신의학적 재활요법(아-9), 정신의학적 응급처치(아-10)에 대해서는 정신의학과 전문의 지도하에 정신건강의학과 전공의 또는 상근하는 정신건강전문요원이 실시한 경우에도 산정할 수 있다.

따라서 의료사회복지사만이 산정할 수 있는 고유의 전문적 활동에 대한 항목은 정신의학적 사회사업이며, 또한 사업의 전문적 활동은 아니지만 의료사회복지사가 활동을 하고 산정할 수 있는 항목은 지지표현적 집단정신치료, 정신치료극, 작업 및 오락요법, 정신의학적 재활요법, 정신의학적 응급처치 등임을 알 수 있다.

③ 재활의료사회사업 활동과 급여 수가

국민건강보험 요양급여기준, 진료수가 및 약제비 산정기준의 재활의료사회사업에서는 개인력 조사(사–128–가), 사회사업상담(사–128–나)과 가정방문(사–128–다)에 대하여 재활의료사회사업 활동에 대한 수가를 인정하고 있다.

(2) 국민건강보험 인정 수가에 대한 문제점과 개선안

① 수가의 대상범위 (형평성의 문제)

• 문제점

현재 각 의료기관에서는 정신과 및 재활의학과 외에 장기이식, 당뇨환자 및 간경화환자(내과), 뇌 손상 환자(신경외과, 신경과), 화상환자(일반외과, 성형외과, 정형외과, 재화의학과 등), 암환자(소아과, 내과, 산부인과, 신경외과. 외과, 마취과 등), 절단환자(정형외과), 미혼모 및 장애아동(산부인과, 소아과), 심장질환자(내과, 흉부외과), 알코올중독자(내과, 정신과 등) 거의 모든 임상과에 걸쳐 의료사회복지실천 활동과 팀 접근이 활발하게 이루어지고 있다.

이와 같이 의료기관에서 시행되는 의료사회복지서비스는 임상 각 과의 각종 환자에 대하여 등질의 '환자의 심리사회적 기능향상과 재활. 사회복귀를 위한 상담지도 및 자원연결 서비스'를 제공함에도 불구하고, 정신과와 재활의학과 환자에 대해서만 제한적으로 의료수가를 인정함으로써 국민건강보험의 보장적 형평성에 모순이 되고 있다.

현행의 제도는, 첫째, 의료사회복지사가 치료팀의 일원으로 치료과정에 참여하는 것을 전제로 치료시술 기관을 인정(「장기 등 이식에 관한 법률 시행령」 제17조, 동 법률 시행규칙 제5조 및 조혈모세포이식의 보험급여 범위에 관한 기준, 제4조 실시기관의 인력, 시설 및 장비 등 기준) 하면서도 치료과정에 참여하는 의료사회복지사의 상담 활동에 대해서는 수가를 인정하지 않고 있으며, 둘째, 기타 임상과에 대한 개입이 정신과나 재활의학과의 활동 내용과 차이가 없음에도 불구하고 정신건강의학과와 재활의학과 환자들을 제외한 타 임상과에 대한 활동에 대하여 정당한 보험수가를 인정받지 못하고 있다.

따라서 병원 내의 대부분 환자의 계속 변화되는 다양한 문제에 대하여 능동적, 탄력적으로 개입하거나 대응하기 어렵다는 점이며, 이로 말미암아 현「의료법 시행규칙」내용인 환자의 갱생, 재활과 사회복귀를 위한 상담 및 지도업무에 대한 활동이 유명무실해지거나 상당 부분 왜곡, 위축, 축소되어 진행될 수밖에 없다는 점이다. 즉,「의료법 시행규칙」에서의 전 국민에 대한 의료사회사업 행위의 취지가 자칫 정신·재활 등 일부 임상과 위주의 활동으로 오해받기 쉬우며, 결국 대부분의 국민이 의료사회사업서비스 획득 및 참여의 기회를 박탈당할 수도 있으므로 현행 국민건강보험 수가가 정신건강의학과와 재활의학과로 제한되어 시행되고 있다는 점은 기회균등 및 서비스 제공을 받을 권리의 형평성에 문제로 나타나고 있다.

• 개선안

현재 우리나라에서 이루어지고 있는 의료사회사업 행위는 정신건강의학과, 재활의학과는 물론, 모든 임상과에 있어서 질병의 원인이 되거나 치료의 효과를 방해하는 환자의 심리적·사회적·경제적인 문제들을 해결하기 위해 도움을 제공함으로써 환자의 심리사회적 기능 향상과 재활, 사회복귀를 돕고 있으므로, 이를 위한 상담 및 지도행위가 인정받을 수 있는 기준이 마련되어야 할 것으로 사료된다. 특히 의료사회사업 행위에 대한 수가는 모든 임상의학적 사회사업을 포함하는 '의료사회사업 행위료'로 별도항목을 만들어 확대 적용되어야 한다. 이렇게 되어야만 많은 환자의 권리와 이해증진, 의료 서비스의 질과 수준의 향상과 발전을 기대할 수 있을 것이다.

② 적용항목 및 용어상의 문제점과 개선안

• 문제점

현행 국민건강보험 요양급여기준 및 진료수가 산정기준은 대상범위의 제한에 따른 형평성의 문제 이외에 다음과 같은 문제점도 있다.

첫째, 의료사회복지 활동 가운데 환자의 심리적·사회적·경제적인 문제들을 해결하고 도움을 제공하기 위한 상담과 지도행위에 있어서 수가를 적용, 인정받을 수 있는 정신건강의학적 사회사업과 재활사회사업 기준 항목을 비교하면, 정신과에서는 사회사업지도(Social Work Counseling)로, 전문적으로 보면 동일한 행위에 사용되는 용어가 통일되어 있지 않다.

둘째, 의료사회복지사의 활동이 포괄적인 부분으로 일반화되어 상담의 내용과 대상별로 급여 항목이 세분화, 서비스활동에 대한 구체적인 근거를 제시할 수 있도록 되어 있지 않다. 보험수가항목은 오·남용의 소지가 있어서는 안 되므로 행위에 대한 통일성과 명확한 구분, 전문적인 기능을 명시할 필요성이 있다.

셋째, 개인력 조사(Individual History Talking)와 사회조사(Social Investigation)는 그 내용과 개념상 명확한 구분이 모호하며, 전문적 기능(예컨대 평가 등)의 의미가 없어, 보험급여의 오·남용을 초래할 소지가 있다.

넷째, 의료사회사업부분에서 공히 가장 높은 수가를 인정해 주고 있는 것이 가정방문(Home Visit)의 항목이다. 그러나 현실적으로 보면 가정방문의 필요성은 인정된다 하더라도 실제 가정방문을 하는 사례 수가 많지 않으며 가정방문을 하는 경우에도 대개 지역사회자원 연계를 위한 행위까지도 가정방문 항목에 포함하는 경우가 대부분이다.

• 개선안

따라서 의료사회사업 행위에 대한 용어 가운데, 첫째, '개인력 조사'와 '사회조사'는 개념상 상호 구분이 모호하며 전문적 기능의 의미가 있으므로, '개인력조사·평가' '사회환경조사·평가'로 그 대상과 개념을 명확히 구분하여야 하며, 둘째, '사회사업상담'(재활의학과) '사회사업지도'(정신건강의학과)의 경우, 현행 우리나라의 보험환경 현실을 감안, 우선은'사회사업상담·지도'로 서비스 행위에 대한 용어의 통일과 일반적인 근거를 제시할 수 있도록 하고, 향후 상담의 내용과 대상별로 급여항목을 세분화하여 서비스활동에 대한 구체적인 근거를 제시할 수 있도록 하는 방안이 마련되어야 할 것이다. 셋째, '가정방문'은 현실적으로는 대개 지역사회자원 연결을 위한 항목까지도 포함하여, 처리하는 경우가 대부분이므로, 행위에 대한 근거를 마련한다는 의미에서 '지역사회·가정방문'으로 용어를 변경할 필요가 있다.

이에 대한 개선안으로서 대한의료사회복지사협회에서 보건복지부에 건의한 '의료사

표 15-2 의료사회사업 행위의 통합수가안

항목별 분류	빈도	해당 진료과목	활동 내용
1. 개인력 평가	치료기간 중 1회	모든 진료과	개인의 인격형성과 심리사회적 문제 등에 대한 평가
2. 사회환경 평가	치료기간 중 1회	모든 진료과	환자의 가정환경 사회문화, 경제적 배경조사 (경제적 환경요인 평가)
3. 개별상담	주 1회	모든 진료과	자아기능 보강, 정서적 지지
4. 집단상담	주 1회	모든 진료과	집단 활동과 집단의 역동성을 통한 심리적 지지
5. 사회적응력 증진프로그램	주 1회	모든 진료과	환자의 사회복귀능력을 증진시키기 위해 대인관계 기술과 문제 상황에 대처하는 능력 증진
6. 사회사업교육	주 1회	모든 진료과	의료 관련 지식 또는 사회 적응, 가족의 역할 복지정보 등과 관련된 교육
7. 가족상담	주 1회	모든 진료과	질병과 관련된 가족 간의 문제조정 및 해결
8. 입·퇴원계획 상담	치료기간 중 1회	모든 진료과	치료계획에 따른 입원 전 준비상황과 상대평가, 퇴원시기 조정 및 퇴원계획 수립
9. 지역사회자원 연계	치료기간 중 1회	모든 진료과	재활 및 사회복귀과정, 경제적 문제해결을 위해 필요한 자원연계와 시설알선
10. 가정·지역사회·기관방문	치료기간 중 2회	모든 진료과	개인력 및 사회환경 평가와 퇴원계획 및 사회복귀를 돕기 위한 활동

회사업 행위의 통합수가안'을 개발하여 건강보험심사평가원에 제출하였다. 의료사회사업 행위에 대한 통합수가안은 현재 개별 상담으로 치중되어 있는 의료사회사업 행위에 대한 수가를 모든 임과에 걸쳐 집단, 가족, 교육 등의 다양한 의료사회사업 행위 항목을 첨가시킴으로써, 각 임상과에 걸쳐 의료사회복지사가 좀 더 다양한 프로그램과 상담기법을 개발하고, 지역사회자원 연계 및 퇴원계획 등 여러 가지 다양한 의료사회사업 행위를 적극적으로 수행할 수 있는 여지를 만들어 주는 것이라고 할 수 있다.

이는 궁극적으로 환자에 대한 다양하고 포괄적인 서비스를 제공함으로써 의료의 질적 서비스에 기여할 수 있을 것으로 보인다.

4) 의료사회복지사 자격제도 정비를 통한 전문성 강화

　의료기관은 보건의료에 관한 수많은 전문자격증과 면허증을 소지한 전문가들이 근무하는 곳이다. 이에 반해 사회복지사 자격은 보건의료에 관한 전문교육과 훈련이 부족하여 보건의료전문가로 인정받는 데 어려움이 있으며, 별도의 전문자격제도가 전문성을 확보하는 데 도움이 될 수 있다.

　따라서 대한의료사회복지사협회는 한국사회 복지사협회와 공동으로 2008년부터 의료사회복지사 자격제도를 운영하고 있다. 의료 현장에서의 사회복지실천의 전문성을 강화하고, 보다 차별화된 의료사회복지서비스를 제공하며, 의료사회복지실천의 질 관리를 위해 자격시험을 통해 전문자격을 부여해 왔다. 2018년 개정된 「사회복지사업법」 제11조 제3항에서 "의료사회복지사의 자격은 1급 사회복지사의 자격이 있는 사람 중에서 보건복지부령으로 정하는 수련기관에서 수련을 받은 사람에게 부여한다"라고 명시하고 있어, 1973년 병원에서의 사회복지사가 법적으로 규정된 지 약 46년 만에 의료사회복지사가 전문자격인 국가자격으로 전환되었다. 또한 수련 교육을 이수하기 위한 자격기준은 교육부에서 인정한 학사학위 소지자로 사회복지(사업)학을 전공한 학사 이상인 자, 사

표 15-3 실습 및 수련 의료사회복지사 슈퍼바이저 자격 기준

구분	자격기준
수련 슈퍼바이저	• 사회복지(사업)학을 전공한 석사 이상의 학위소지자 • 임상경력 5년 이상 • 의료전문사회복지사 자격소지자 • 협회 자격관리위원회에서 인정한 자이거나 그와 동일한 자격이 있다고 협회에서 인준을 받은 자 • 매년 협회에서 정한 보수교육을 이수한 자
실습 슈퍼바이저	• 사회복지(사업)학을 전공한 학사 이상의 학위소지자 • 임상경력 3년 이상 • 협회 자격관리위원회에서 인정한 자이거나 그와 동일한 자격이 있다고 협회에서 인준을 받은 자 • 매년 협회에서 정한 보수교육을 이수한 자

출처: 대한의료사회복지사협회.

회복지사 1급 자격증 소지자, 이와 동등 이상의 자격이 있다고 협회에서 인정한 자와 같다. 이 자격 기준을 갖추면 1년의 수련기간, 수련종결 평가, 자격시험을 거쳐 영역별 의료사회복지사 자격증을 발급받는다. 따라서 수련기관에서 수련을 시행하기 위해서는 〈표 15-3〉의 슈퍼바이저 자격기준을 갖추어야 한다.

의료사회복지사가 국가 자격으로 전환됨에 따라, 향후 의료사회복지에도 다음과 같은 변화가 필요하다.

첫째, 수련기관의 수를 확대하고, 수련기관에서 표준화된 이론 및 실습 교육을 제공할 수 있는 수련지침서를 개발하는 등 실질적이고 표준화된 교육이 제공될 필요가 있다. 특히, 현재 소수의 병원에서만 이루어지고 있는 수련 및 보수교육체계에 대한 구조적 정비를 통해 적정 수의 훈련된 의료사회복지사를 배출되고 유지될 수 있는 방안을 논의할 필요가 있다.

둘째, 의료사회복지사 인력 인프라가 구축되어야 한다. 적당한 수의 훈련된 의료사회복지사가 꾸준히 배출되기 위해서는 병원의 의료사회복지사가 일정 수(예: 100병상 당 1명) 확보될 필요가 있다. 병원은 의료사회복지사를 위한 2차 세팅이기 때문에 병원 수익 구조에 따라 많은 수의 의료사회복지사를 고용하는 데 한계가 있다. 따라서 이와 같은 문제를 해결하기 위해서는 정부의 정책적 지원이 절대적으로 필요하다. 이와 더불어 병원에서 의료사회복지사의 역할과 중요성에 대한 인식 확산과 충분한 공감대가 이루어질 필요가 있다.

셋째, 의료사회복지사가 병원에서 일할 수 있는 근거를 마련해 준 하나는 「의료법」, 다른 하나는 재활의료사회사업 및 정신의학적 사회사업 부문에서 적용되는 의료보험수가이다. 하지만 이와 같은 수가 적용은 1980년대에 이루어진 이래 보건의료 환경의 변화에도 불구하고 전혀 바뀌지 않고 있다. 의료사회복지사의 국가 자격증 전환은 전문성을 강화한다는 의미이다. 또한 병원에서 의료사회복지사의 전문성 확보는 보험 수가 인정 등을 통한 적절한 보상 체계의 구축과도 관계가 있다. 이와 같은 보험 수가 인정 등을 통한 전문 의료사회복지사의 활동은 병원에서 일정 수의 의료사회복지사를 확보하는 것과도 연관성이 있다.

🔺 참고문헌

대한의료사회사업가협회(1999). 통합의료보험수가에 대한 실무방안, 제18차 대한의료사회사업가협회 Workshop 자료집.

대한의료사회사업가협회(2000). 의료환경의 변화에 따른 의료사회사업의 대응방안. 21세기 의료사회복지사의 새로운 역할모색, 제19차 대한의료사회사업가협회 workshop자료집. pp. 1-16.

윤현숙(1995). Sickness Impact Profile을 이용한 신체질환자의 삶의 질에 관한 연구. 한국사회복지학, 25, 105-128.

윤현숙(1997). 스트레스 관리 프로그램의 효과성에 관한 연구-신장이식인 집단과 정신 장애인 집단을 대상으로. 한국사회복지학, 33, 262-286.

이광재(2002). 의료사회사업원론. 인간과 복지.

대한의료사회복지사 홈페이지. https://kamsw.or.kr

찾아보기

저자 소개

◯●◯ **윤현숙**(Yoon, Hyunsook)

　　　이화여자대학교 사회학과 학사
　　　이화여자대학교 대학원 사회복지학과 석사
　　　미국 워싱턴주립대학교 사회복지대학원 사회복지학 석사
　　　이화여자대학교 대학원 사회복지학 박사
　　　전　한국사회복지학회 회장
　　　　　　대한의료사회복지사협회 회장

◯●◯ **황숙연**(Hwang, Sookyeon)

　　　서울대학교 영어영문학과 학사
　　　서울대학교 대학원 사회복지학과 석사
　　　서울대학교 대학원 사회복지학과 박사
　　　현　덕성여자대학교 사회복지학전공 교수

◯●◯ **유조안**(Yoo, Joan P.)

　　　서울대학교 사회복지학과 학사
　　　서울대학교 대학원 사회복지학과 석사
　　　미국 위스콘신주립대학교 사회복지대학원 사회복지학 석사
　　　미국 위스콘신대학교 사회복지대학원 사회복지학 박사
　　　현　서울대학교 사회복지학과 교수

사회복지총서

의료사회복지론
Social Work in Health Care

2025년 3월 5일 1판 1쇄 인쇄
2025년 3월 10일 1판 1쇄 발행

지은이 • 윤현숙 · 황숙연 · 유조안
펴낸이 • 김진환
펴낸곳 • ㈜ **학지사**

04031 서울특별시 마포구 양화로 15길 20 마인드월드빌딩
대표전화 • 02-330-5114   팩스 • 02-324-2345
등록번호 • 제313-2006-000265호

홈페이지 • http://www.hakjisa.co.kr
인스타그램 • https://www.instagram.com/hakjisabook

ISBN 978-89-997-3377-2 93330

정가 25,000원

출판미디어기업 **학지사**

간호보건의학출판 **학지사메디컬** www.hakjisamd.co.kr
심리검사연구소 **인싸이트** www.inpsyt.co.kr
학술논문서비스 **뉴논문** www.newnonmun.com
교육연수원 **카운피아** www.counpia.com
대학교재전자책플랫폼 **캠퍼스북** www.campusbook.co.kr